CATALOGUE

DE

LA BIBLIOTHÈQUE ADMINISTRATIVE

(SECTION ÉTRANGÈRE)

RÉPUBLIQUE FRANÇAISE

LIBERTÉ — ÉGALITÉ — FRATERNITÉ

PRÉFECTURE DU DÉPARTEMENT DE LA SEINE

CATALOGUE

DE

LA BIBLIOTHÈQUE ADMINISTRATIVE

(SECTION ÉTRANGÈRE)

DRESSÉ

PAR A. CANOT

TRADUCTEUR GÉNÉRAL DE LA PRÉFECTURE DE LA SEINE

PARIS

IMPRIMERIE NATIONALE

M DCCC XCII

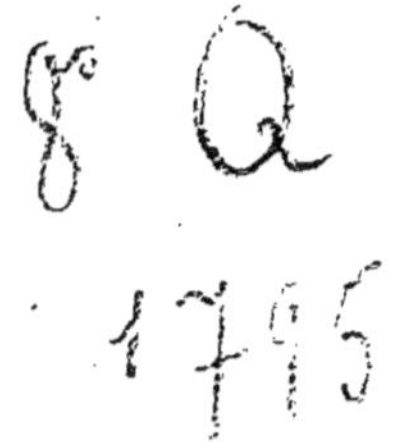

RÈGLEMENT

DE

LA BIBLIOTHÈQUE ADMINISTRATIVE ÉTRANGÈRE.

ARTICLE PREMIER.

Les livres et documents qui font partie de la Bibliothèque administrative étrangère de la Préfecture de la Seine ne pourront, jusqu'à nouvel ordre, être consultés que sur place.

Tout prêt au dehors est formellement interdit.

Seuls, les directeurs et chefs de service de l'administration pourront être autorisés à se faire remettre, contre récépissé, les livres ou documents indispensables pour leurs travaux; ils sont, d'ailleurs, invités à ne pas les faire sortir de la Préfecture et à les réintégrer dans le délai de quinze jours.

ART. 2.

Les personnes étrangères à l'administration qui désireront être admises à travailler à la Bibliothèque devront adresser au chef du cabinet du Préfet une demande écrite indiquant leurs nom, profession et domicile, ainsi que l'objet de leurs recherches.

ART. 3.

La salle de travail est ouverte tous les jours non fériés de midi à 5 heures.

Paris, le 22 août 1889.

Vu et approuvé :
Le Préfet de la Seine,
POUBELLE.

CATALOGUE

DE

LA BIBLIOTHÈQUE ADMINISTRATIVE.

(SECTION ÉTRANGÈRE.)

Le Catalogue de la Bibliothèque étrangère comprend CINQ parties :

Ire PARTIE. — Catalogue des ouvrages classés d'après les États, les provinces, les villes d'où ils proviennent ou qu'ils concernent et formant *six* grandes divisions.

    1° EUROPE, du numéro 1 au numéro 4281.
    2° AMÉRIQUE, du numéro 4282 au numéro 5397.
    3° ASIE, du numéro 5398 au numéro 5627.
    4° OCÉANIE, du numéro 5628 au numéro 5692.
    5° AFRIQUE, du numéro 5693 au numéro 5708.
    6° INTERNATIONAUX (ouvrages concernant plusieurs États différents), du numéro 5709 au numéro 5897.

IIe PARTIE. — Table alphabétique des États, des provinces, des villes figurant au Catalogue.

IIIe PARTIE. — Catalogue des ouvrages groupés par ordre de matières et représentés par leurs numéros respectifs joints au nom du pays auquel ils se rapportent.

IVe PARTIE. — Table alphabétique des matières.

Ve PARTIE. — Table alphabétique des auteurs, avec un mot indiquant la matière qu'ils traitent.

PREMIÈRE PARTIE.

CATALOGUE

PAR

ÉTATS, PROVINCES, VILLES.

EUROPE.

ALLEMAGNE.

1. — **Reise-Bericht der Commission zur Besichtigung auswärtiger Schlachthäuser und Viehmärkte.** *Danzig*, 1890; 1 broch. in-4° et planches.

   Compte rendu du voyage de la Commission chargée de visiter les abattoirs et les marchés aux bestiaux à l'étranger.

2. — **Heiden (E.), Müller (A.), Langsdorff (K. von).** Die Verwerthung der städtischen Fäcalien. *Hannover*, 1885; 1 vol. in-8°.

   Utilisation des matières fécales des villes.

3. — **Kleines Staatshandbuch des Reichs und der Einzelstaaten.** *Berlin*, 1884-1890; 7 vol. in-12.

   Petit manuel officiel de l'Empire et des États fédérés.

4. — **Relation sur le Mycothanaton. (Destruction des mérules.)** *Berlin*, 1 broch. in-8°.

5. — **L'Allemagne, par un officier français.** *Paris*, 1871; 1 vol. in-12.

6. — **Rascon (Comte de), Paniagua (A. de).** L'armée de l'Allemagne du Nord. *Paris*, 1880; 1 vol. in-8°.

7. — **Witzleben (V.), Le Maître (L.).** Organisation de l'armée de l'Allemagne du Nord. *Paris*, 1872; 1 vol. petit in-8°.

8. — **Kaulbars (Baron), Le Marchand (L.).** Rapport sur l'armée allemande. *Paris*, 1880; 1 vol. grand in-12.

9. — **Rivière.** L'armée allemande sur le pied de guerre. *Paris*, 1884; 1 vol. in-8°.

10. — L'armée allemande, son histoire, son organisation actuelle. *Paris-Limoges;* 1 broch. petit in-18.

11. — Dossow (Von), Bernard (F.-V.). Instruction pour le fantassin allemand. *Paris,* 1881; 1 vol. in-12.

12. — Goltz (Baron C. von der), Jaeglé (E). La nation armée. Organisation militaire et grande tactique modernes. *Paris,* 1884; 1 vol. in-8°.

13. — Dubois (G.). Loi militaire de l'Empire d'Allemagne. *Paris,* 1875; 1 broch. petit in-8°.

14. — Deutscher Hülfsverein in Paris. Bericht. *Paris,* 1889; 1 broch. petit in-8°.

Société allemande de secours à Paris. Rapport.

15. — Exposition universelle de Paris, 1878. Catalogue de l'exposition allemande des beaux-arts. *Paris;* 1 vol. petit in-8°.

16. — Weise (A.). Bibliotheca germanica. Verzeichniss aller auf Deutschland und Deutsch-Oesterreich bezüglichen Originalwerke, die in den Jahren 1880-1885 im gesammten Auslande erschienen sind. 1 broch. petit in-8°.

Bibliothèque germanique. Catalogue des ouvrages originaux sur l'Allemagne et sur l'Autriche allemande qui ont paru à l'étranger de 1880 à 1885.

17. — Mollat (Dr Jur.-C.). T. O. Weigel's systematisches Verzeichniss der Hauptwerke der deutschen Literatur aus dem Gebiete der Rechts-und Staatswissenschaften von 1820-1882. *Leipzig,* 1886; 1 vol. grand in-8°.

Catalogue systématique de Wengel contenant les principaux ouvrages de la littérature allemande sur la science du droit et sur les sciences politiques de 1820 à 1882.

18. — Musterkatalog für Volksbibliotheken. *Leipzig, Berlin,* 1886; 1 broch. in-8°.

Catalogue modèle pour les bibliothèques populaires.

19. — Katalog für Volksbibliotheken. *Leipzig,* 1882; 1 broch. in-8°.

Catalogue pour les bibliothèques populaires.

20. — Lyon-Caen. Étude sur la loi du 25 mai 1877 relative aux brevets d'invention dans l'Empire d'Allemagne. *Paris,* 1878; 1 broch. in-8°.

21. — Morillot (A.). De la protection accordée aux œuvres d'art, aux photographies, aux dessins et modèles industriels et aux brevets d'invention dans l'Empire d'Allemagne. *Paris, Berlin,* 1878; 1 broch. in-8°.

22. — **Karte der deutschen Wasserstrassen.** *Berlin*, 1887; 1 atlas.
Carte des voies navigables de l'Allemagne.

23. — **Mozin-Peschier.** Vollständiges Wörterbuch der deutschen und französischen Sprache. *Stuttgart*, 1873; 5 vol. in-8°.
Dictionnaire complet des langues française et allemande et supplément.

24. — **Sachs (Ch.).** Dictionnaire encyclopédique français-allemand et allemand-français. *Berlin*, 1875-1877; 2 vol. in-8°.

25. — **Thibaut (A.).** Nouveau dictionnaire français-allemand et allemand-français. *Braunschweig*; 1 vol. in-8°.

26. — **Groos (J.).** Wörter-Verzeichniss der neuen deutschen Orthographie. *Paris*; 1 broch. in-8°.
Liste de mots d'après la nouvelle orthographe allemande.

27. — **Lieut. Ribbentrop.** Vocabulaire militaire français-allemand. *Leipzig*, 1879; 1 vol. in-8°.

28. — **Wershoven (F.-J.).** Vocabulaire technique français-allemand. *Leipzig*, 1878; 1 broch. in-12.

29. — **Minssen (F.).** Dictionnaire des sciences militaires allemand-français. *Paris, Leipzig*, 1880, 1 vol. in-12.

30. — **Wolowski (L.).** Résultats économiques du paiement de la contribution de guerre en Allemagne et en France. *Paris*, 1874; 1 broch. in-8°.

31. — **Seinguerlet (E.).** Les banques du peuple en Allemagne. *Paris*, 1865; 1 vol. in-12.

32. — **Bères (A.), Nourais (P.-A. de la).** L'association des douanes allemandes. *Paris*, 1841; 1 vol. grand in-8°.

33. — **Worms (E.).** L'Allemagne économique ou Histoire du Zollverein allemand. *Paris*, 1874, 1 vol. in-8°.

34. — **Schulze Delitzsch, Schneider, Simonin (E.).** Manuel pratique pour l'organisation et le fonctionnement des sociétés coopératives de production. *Paris*, 1876; 2 vol. in-12.

35. — **Reitlinger (F.).** Les sociétés coopératives en Allemagne et le projet de loi français. *Paris*, 1867; 1 vol. in-8°.

36. — **Cherbuliez (V.).** L'Allemagne politique depuis la paix de Prague, 1866-1870. *Paris*, 1870; 1 vol. in-8°.

37. — Holtzendorff (D^r v.), Brentano (D^r). Jahrbuch für Gesetzgebung, Verwaltung und Volkswirthschaft im deutschen Reich. *Leipzig*, 1877-1879; 3 vol. in-8°.

Annuaire de législation, d'administration et d'économie sociale pour l'Empire d'Allemagne.

38. — Brentano (L.), Caubert (L.). La question ouvrière. *Paris*, 1885; 1 vol. in-12.

39. — Die Wohnungsnoth der ärmeren Klassen in deutschen Grosstädten und Vorschläge zu deren Abhülfe. *Leipzig*, 1886, 2 vol. in-8°.

Le manque d'habitations pour les classes indigentes dans les grandes villes d'Allemagne et les moyens d'y remédier.

40. — Morhain (C.). De l'Empire allemand; sa constitution, son administration. *Paris*, 1886, 1 vol. in-8°.

41. — Redes (F.). Ein Stückchen Kosmos und der Kohlenconsum als allgemein schädlich wirkende Ursache auf Alles was lebt und webt auf Erden. *Greifenberg i. P.*, 1886; 1 broch. petit in-8°.

Courte étude sur le Cosmos. La consommation de la houille considérée comme agissant d'une manière pernicieuse sur tout ce qui vit et se meut sur la terre.

42. — Kuntzemüller (O.). Deutsches Staatshandbuch. *Berlin*, 1886; 1 vol. petit in-8°.

Manuel de l'Empire allemand.

43. — Fadejeff (A.), Menzel (O.-J.). Die Unschädlichmachung der städtischen Kloakenauswürfe durch den Erdboden. *Leipzig*, 1886; 1 broch. in-8°.

L'eau des égouts des villes rendue inoffensive par son emploi comme engrais.

44. — Dobbel. Anlage und Bau städtischer Abzugskanäle und Hausentwasserungen. *Stuttgart*, 1886; 1 broch. in-8° et un atlas.

Établissement et construction des égouts, et enlèvement des eaux ménagères.

45. — Liernur (C.-T.). Rationelle Städteentwässerung. *Berlin*, 1883-1887; 2 vol. in-8°.

Traitement rationnel des eaux d'égouts des villes.

46. — Laboulaye (E.). De l'enseignement et du noviciat administratif en Allemagne. *Paris*, 1843; 1 broch. petit in-8°.

**47. — Welt-Ausstellung in Paris, 1878. Deutsche Abtheilung :
Verzeichniss der ausgestellten Werke.** *Berlin*, 1 broch. in-8°.

Exposition universelle de Paris en 1878. Section allemande : liste des objets exposés.

**48. — Bähr (Dr O.), Langerhaus (W.). Das Gesetz über
die Enteignung von Grundeigenthum vom 11. Juni 1874.** *Berlin*, 1878; 1 vol. in-8°.

Loi du 11 juin 1874 sur l'expropriation de la propriété foncière.

**49. — Zander (C.). Handbuch enthaltend das Gesetz vom
11. Juni 1874 über die Enteignung von Grundeigenthum nebst
Ergänzungen und Erläuterungen.** *Breslau*, 1881; 1 vol. in-12.

Manuel concernant la loi du 11 juin 1874 sur l'expropriation de la propriété foncière, avec suppléments et éclaircissements.

**50. — Œhlschläger (O.), Bernhardt (A.). Gesetze über
die Verwaltung und Bewirtschaftung von Waldungen der
Gemeinden und öffentlichen Anstalten.** *Berlin*, 1878; 1 vol. in-18.

Lois concernant l'administration et la mise en valeur des bois appartenant aux communes ou à des établissements publics.

51. — Deutsche Städtekunde. 1862-1866; 1 vol. in-4°.

Renseignements divers sur les villes allemandes.

52. — Bourloton (E.). L'Allemagne contemporaine. *Paris*, 1872; 1 vol. in-12.

53. — Otto (E.). Nouvelle grammaire allemande. *Heidelberg*, 1878; 1 vol. grand in-12.

**54. — Joanne (A.). Itinéraire descriptif et historique de
l'Allemagne. Allemagne du Nord.** *Paris*, 1862; 1 vol. in-12.

55. — Guides Conty. Les bords du Rhin en poche. *Paris*, 1 vol. petit in-18.

**56. — Bædeker (K.). Allemagne du Nord. Manuel du voya-
geur.** *Leipzig, Paris*, 1888; 1 vol. in-12.

**57. — Bædeker (A.). Les bords du Rhin, de la frontière
suisse à la frontière de Hollande.** *Leipzig*, 1877; 1 vol. in-12.

**58. — Ranke (L.), Porchat (J.-J.). Histoire de France,
principalement pendant le XVIe et le XVIIe siècle.** *Paris*, 1854-1856; 3 vol. petit in-8°.

59. — **Mommsen (Th.), Alexandre (C.-A.).** Histoire romaine. *Paris*, 1863-1872; 8 vol. petit in-8°.

60. — **Zeller (J.).** Histoire d'Allemagne. *Paris*, 1876; 4 vol. petit in-8°.

61. — **Rambaud (A.).** La domination française en Allemagne : l'Allemagne sous Napoléon Ier, 1804-1811; les Français sur le Rhin, 1792-1804. *Paris*, 1880; 2 vol. in-12.

62. — **Véron (E.).** Histoire de l'Allemagne depuis la bataille de Sadowa. *Paris*, 1874; 1 vol. in-12.

63. — **Bœrt.** La guerre de 1870-1871, d'après le colonel fédéral suisse Rustow. *Paris*, 1872; 1 vol. in-12.

64. — **Costa de Serda.** La guerre franco-allemande de 1870-1871, rédigée par la section historique du grand État-major prussien. *Berlin, Paris*, 1874-1882; 5 vol. in-8° et 1 atlas in-folio.

65. — **Bernon (J. de).** Les assemblées politiques en Allemagne. *Paris*, 1881; 1 broch. in-8°.

66. — **A History of Germany from its invasion by Marius down to the year 1867, on the plan of Mrs Markham's histories.** *London*, 1876; 1 vol. in-12.

Histoire de l'Allemagne depuis son invasion par Marius jusqu'à l'année 1867, sur le plan des histoires de Mme Markham.

67. — **Stübben (J.).** Reisebericht über die Besichtigung auswärtiger Badeanlagen. Aachen. 1880; 1 broch. in-8°.

Relation d'un voyage entrepris pour visiter les établissements balnéaires à l'étranger.

68. — **Bœrner (Dr P.).** Bericht über die allgemeine deutsche Ausstellung auf dem Gebiete der Hygiene und des Rettungswesen. *Berlin*, 1882-1883; *Breslau*, 1885; 3 vol. in-8°.

Rapport sur l'Exposition universelle allemande d'hygiène et de sauvetage.

69. — **Arbeiten aus dem kaiserlichen Gesundheitsamte. Sonderabdruck.** *Berlin*, 1891; 3 vol. grand in-8°.

Travaux du bureau impérial d'hygiène. Impression séparée.

70. — **Lent (Dr).** Festschrift für die Mitglieder und Theilnehmer der 61 Versammlung deutscher Naturforscher und Aerzte. *Köln*, 1888; 1 vol. in-8°.

Mémoire pour les membres du 61e congrès des naturalistes et des médecins allemands.

71. — Gerson (G.-H.). Die Verunreinigung der Wasserlaüfe durch die Abflusswässer aus Städten und Fabriken und ihre Reinigung. *Berlin*, 1889; 1 vol. in-8°.

Infection des cours d'eau par les eaux impures provenant des villes et des fabriques et leur assainissement.

72. — Rosenthal (D' F.). Vorlesungen über die öffentliche und private Gesundheitspflege. *Erlangen*, 1890.

Leçons sur l'hygiène publique et privée.

73. — Platz (R.). Die Unfallverhütungs-Vorschriften. *Berlin*, 1889; 1 vol. grand in-8°.

Prescriptions pour prévenir les accidents.

74. — Ritter von Bilinski (D' L.). Die Gemeindebesteuerung, deren Reform. *Leipzig*, 1878; 1 vol. in-8°.

Les taxes communales et leur réforme.

75. — Wagner (A.). Communalsteuerfrage. *Leipzig*, *Heidelberg*, 1878; 1 broch. in-8°.

La question des taxes communales.

76. — Ritter von Bilinski (L.). Die Luxussteuer als Correctiv der Einkommensteuer. *Leipzig*, 1875; 1 vol. in-8°.

L'impôt sur le luxe comme correctif de l'impôt sur le revenu.

77. — Birnnbaum (D' K.). Ueber die Anwendbarkeit der Einkommensteuer und Steuerreformen überhaupt. *Leipzig*, 1873; 1 broch. petit in-8°.

Sur l'utilité pratique de l'impôt sur le revenu, et sur la réforme des impôts en général.

78. — Kayser (R.). Le laboratoire municipal de la ville de Paris et le contrôle des denrées alimentaires en Allemagne. *Nuremberg*, 1885; 1 cahier in-4°.

79. — Steinbeis (F. v.). Die Elemente der Gewerbeförderung nachgewiesen an der belgischen Industrie. *Stuttgart*, 1853; 1 vol. in-8°.

Les principes du progrès dans le travail industriel indiqués à l'industrie belge.

80. — Engel (D'). Die deutsche Industrie 1875 und 1861. *Berlin*, 1880; 1 broch. in-8°.

L'industrie allemande.

81. — **Riedler (A.).** Die Kraftversorgung von Paris durch Druckluft. *Berlin,* 1889; 1 vol. in-8°.

Distribution de force dans Paris au moyen de l'air comprimé.

82. — **Rendu (E.).** De l'instruction populaire dans l'Allemagne du Nord. *Paris,* 1855; 1 vol. petit in-8°.

83. — **Saint-Marc-Girardin.** De l'instruction intermédiaire et de son état dans le Midi de l'Allemagne. *Paris,* 1839; 1 vol. petit in-8°.

84. — **Cuyper (C. de).** L'enseignement technique supérieur dans l'Empire d'Allemagne. *Liège,* 1875; 1 vol. in-8°.

85. — **Souvenirs de captivité.** De l'instruction en Allemagne, par un officier général. *Paris,* 1872; 1 broch. in-12.

86. — **Hippeau (C.).** L'instruction publique en Allemagne. *Paris,* 1873; 1 vol. in-12.

87. — **Martinet.** Étude sur le projet de Code pénal de la Confédération de l'Allemagne du Nord. *Paris,* 1870; 1 broch. in-8°.

88. — **Daguin (F.).** Code de procédure pénal allemand (1er février 1877). *Paris,* 1884; 1 vol. in-8°.

89. — **Garabed Artin Davoud-Oghlou.** Histoire de la législation des anciens Germains. *Berlin,* 1845; 2 vol. in-8°.

90. — **Dubarle (L.).** De l'organisation judiciaire en Allemagne. *Paris,* 1876; 1 broch. in-8°.

91. — **Gide (L.), Lyon-Caen (Ch.).** Code de commerce allemand et loi allemande sur le change. *Paris,* 1881; 1 vol. in-8°.

92. — **Schulte (F.), Fournier (M.).** Histoire du droit et des institutions de l'Allemagne. *Paris,* 1882; 1 vol. in-8°.

93. — **Lyon-Caen.** Analyse d'un projet de loi sur l'acquisition et la perte de la nationalité fédérale dans la Confédération de l'Allemagne du Nord. *Paris,* 1871; 1 broch. petit in-8°.

94. — **Jaccoud (Dr).** De l'organisation des Facultés de médecine en Allemagne. *Paris,* 1864; 1 broch. in-8°.

95. — **Bauerband (S.).** Institutionen des französischen in den deutschen Landen des linken Rheinufers geltenden Civilrechts. *Bonn,* 1873; 1 vol. in-8°.

Dispositions du droit civil français en vigueur dans les pays allemands de la rive gauche du Rhin.

96. — **Die Justiz-Gesetze für das deutsche Reich.** *Strasbourg*, 1879; 1 vol. in-12.

Les lois de justice pour l'Empire d'Allemagne.

97. — **Straf-Gesetzbuch für das deutsche Reich.** *Strasbourg*, 1878; 1 vol. in-12.

Code pénal de l'Empire d'Allemagne.

98. — **Gaupp (D' E.-T.). Deutsche Stadtrechte des Mittelalters.** *Breslau*, 1851-1852; 1 vol. in-8°.

Le droit municipal allemand au moyen âge.

99. — **Gengler (D' H.-G.). Codex juris municipalis Germaniæ medii ævi.** *Erlangen*, 1867; 1 vol. in-8°.

Code du droit municipal de l'Allemagne au moyen âge.

100. — **Laband (P.). Das Staatsrecht des deutschen Reiches.** *Tübingen*, 1880; 3 vol. in-8°.

Le droit public dans l'Empire d'Allemagne.

101. — **Meyer (G.). Lehrbuch des deutschen Staatsrechtes.** *Leipzig*, 1878; 1 vol. in-8°.

Traité du droit public allemand.

102. — **Hinschius (P.). Das Reichsgesetz über die Beurkundung des Personenstandes und die Eheschliessung vom 6. Februar 1875.** *Berlin*, 1876; 1 vol. petit in-8°.

Loi impériale du 6 février 1875 sur l'enregistrement de l'état civil et sur le mariage.

103. — **Gerber (F. v.). System des deutschen Privatrechts.** *Iena*, 1878; 1 vol. petit in-8°.

Système du droit privé allemand.

104. — **Bluntschli (D'). De la naturalisation en Allemagne d'une femme séparée de corps en France et des effets de cette naturalisation.** *Paris*, 1876; 1 broch. petit in-8°.

105. — **Thöl (D' H.). Das Handelsrecht.** *Leipzig*, 1878-1879; 2 vol. petit in-8°.

Le droit commercial.

106. — **Rosenthal (D' E.). Beiträge zur deutschen Stadtrechtsgeschichte.** *Würzburg*, 1883; 1 vol. in-8°.

Pièces relatives à l'histoire du droit municipal allemand.

107. — Gengler (Dr H.-G.). Germanische Rechtsdenkmäler. Leges. Capitularia. Formulæ. *Erlangen,* 1875; 2 vol. in-8°.

Monuments du droit germanique. Lois, capitulaires, formules.

108. — Archiv für Verwaltungsrecht. *Berlin,* 1884-1890; 7 vol. in-8°.

Archives du droit administratif.

109. — Gengler (H.-G.). Deutsche Stadtrechts-Alterthümer. *Erlangen,* 1882; 1 vol. in-8°.

L'ancien droit municipal allemand.

110. — Gengler (H.-G.). Deutsche Stadtrechte des Mittelalters. *Nürnberg,* 1866; 1 vol. in-8°.

Le droit municipal allemand au moyen âge.

111. — Holtzendorff (Dr F. von). Encyklopädie der Rechtswissenschaft. *Leipzig,* 1882; 5 vol. in-8°.

Encyclopédie de la science du droit.

112. — Daguin (F.). Code de procédure pénal allemand (1er février 1877). *Paris,* 1884; 1 vol. in-8°.

113. — Dubarle (L.). Code d'organisation judiciaire allemand (27 janvier 1877). *Paris,* 1885; 2 vol. in-8°.

114. — Mayer (Dr O.). Theorie des französischen Verwaltungsrechts. *Strassburg,* 1886; 1 vol. in-8°.

Théorie du droit administratif français.

115. — Pann (Dr A.). Das Recht der deutschen Schutzherrlichkeit. *Wien,* 1887; 1 broch. in-8°.

Le droit de protectorat de l'Allemagne.

116. — Fromm. Das positive Staatsrecht der preussischen Monarchie und des deutschen Reiches. *Berlin,* 1887; 1 vol. grand in-8°.

Le droit politique positif de la monarchie prussienne et de l'Empire d'Allemagne.

117. — Glasson, Lederlin, Dareste. Code de procédure civile pour l'Empire allemand, 30 janvier 1877. *Paris,* 1887; 1 vol. in-8°.

118. — Archiv für soziale Gesetzgebung und Statistik. *Tübingen,* 1888-1890; 3 vol. in-8°.

Archives de législation et de statistique sociale.

119. — Mühlbrecht (O.). Wegweiser durch die neuere Literatur der Staats- und Rechts-Wissenschaften. *Berlin*, 1886; 1 vol. in-8°.

Guide à travers la nouvelle littérature traitant des sciences politiques et de la jurisprudence.

120. — Hartstein (E.). Der londoner Viehmarkt und seine Bedeutung für den Continent insbesondere Deutschland. *Bonn*, 1867; 1 broch. in-8°.

Le marché aux bestiaux à Londres et son importance pour le continent et particulièrement pour l'Allemagne.

121. — Maurer (G.-L. von). Geschichte der Markenverfassung in Deutschland. *Erlangen*, 1856; 1 vol. in-8°.

Histoire de l'organisation des Marches en Allemagne.

122. — Pettenkofer (V.). Berichte der Cholera-Commission für das deutsche Reich. Die Cholera-Epidemie in der königl.-bairischen Gefangenanstalt Laufen a. d. Salzach. *Berlin*, 1875; 1 vol. in-4°.

Rapports de la Commission allemande du choléra. Le choléra dans la prison de Laufen, dans le district bavarois de Salzach.

123. — Denkschrift über das Vorkommen der Rinderpest in Deutschland während der Jahre 1872 bis 1877 und über die bei den Massregeln zur Abwehr und zur Unterdrückung der Seuche gemachten Erfahrungen. *Berlin*, 1 broch. in-4°.

Mémoire sur la présence de la peste bovine en Allemagne, de 1872 à 1877, et sur les mesures prises pour détourner et faire cesser la contagion.

124. — Stolp (H.). Die Gemeinde-Verfassungen Deutschland's und des Auslandes. *Berlin*, 1870-1875; 6 vol. petit in-18.

L'organisation municipale en Allemagne et à l'étranger.

125. — Lambert (Dr E.-M.). Die Entwickelung der deutschen Städte-Verfassungen im Mittelalter. *Halle*, 1865; 2 vol. in-8°.

Développement de l'organisation des villes allemandes au moyen âge.

126. — Heusler (A.). Der Ursprung der deutschen Stadtverfassung. *Weimar*, 1872; 1 vol. in-8°.

Origine de l'organisation des villes allemandes.

127. — Morier (R.-B.-D.). Die deutsche Gemeindeverwaltung auf Grundlage der preussischen Kreis-Ordnung im Vergleich zum englischen Selfgovernment. *Leipzig*, 1876; 1 vol. petit in-8°.

L'administration communale allemande, basée sur la loi concernant l'organisation des cercles prussiens, comparée au *selfgovernment* anglais.

128. — Weiske (Dr J.). Ueber Gemeindegüter und deren Benutzung durch die Mitglieder nach den Bestimmungen der neuen Gemeindegesetze insbesondre in Württemberg, Hessen und Baden. *Leipzig*, 1849; 1 vol. in-8°.

Les biens communaux et leur exploitation par les membres de la commune, d'après les dispositions des nouvelles lois communales, spécialement dans le Wurtemberg, la Hesse et le grand-duché de Bade.

129. — Maurer (G.-L. von). Geschichte der Städteverfassung in Deutschland. *Erlangen*, 1869-1871; 4 vol. in-8°.

Histoire de l'organisation des villes en Allemagne.

130. — Maurer (G.-L. von). Geschichte der Dorfverfassung in Deutschland. *Erlangen*, 1865-1866; 2 vol. in-8°.

Histoire de l'organisation des villages en Allemagne.

131. — Schmitz (J.). Die Bürgermeisterei- und Amts-Verwaltung mit Berücksichtigung der neusten socialpolitischen Gesetze. *Neuwied, Leipzig*, 1884; in-8°.

Les bourgmestres et la question des mairies au point de vue des nouvelles lois de politique sociale.

132. — Deutsche Gemeinde-Zeitung. *Berlin, Charlottenburg*, 1884-1892; 7 vol. in-4°.

La Gazette communale de l'Allemagne.

133. — Lallemand (Ch.-A.), Hessem (L. de). La police en Allemagne. *Paris;* 1 vol. petit in-8°.

134. — Bochmann. Die Baupolizei im Gebiete des allgemeinen Landrechts. *Berlin*, 1887; 1 vol. in-12.

La police des constructions au point de vue du droit commun.

135. — Holtzendorff (Dr F. von), Jagemann (Dr E.-V.). Handbuch des Gefängnisswesens. *Hamburg*, 1888; 1 vol. in-8°.

Manuel des prisons.

136. — Wolf. Naturwissenschaftlich-mathematisches, medicinisches, juristisches Vademecum. *Leipzig*, 3 broch. in-12.

Vade-mecum de Wolf. Sciences naturelles, mathématiques, médecine, jurisprudence.

137. — Ramdohr (L.). Feuerungskunde oder Theorie und Praxis des Verbrennungs-Processes und der Feuerungs-Anlagen in allgemein verständlichen Darstellung. *Halle a. S.,* 1887; 1 broch. petit in-8°.

L'art du chauffage, ou théorie et pratique de la combustion et des appareils de chauffage mises à la portée de tous.

138. — Statistisches Jahrbuch für das deutsche Reich. *Berlin,* 1886; 1 vol. in-8°.

Annuaire statistique de l'Empire d'Allemagne.

139. — Conferenz der Directoren der statistischen Bureaux deutscher Städte. *Berlin,* den 4. bis 6. October 1879; 1 broch. in-8°.

Conférence des directeurs des bureaux de statistique des villes allemandes.

140. — Stübben (J.). Paris in Bezug auf Strassenbau und Stadterweiterung. Reisebericht. *Berlin,* 1879; 1 broch. grand in-4°.

Paris au point de vue de son extension et de la construction de ses rues. Relation de voyage.

141. — Zeitschrift für Bauwesen und Atlas. *Berlin,* 1851-1892; 76 vol. in-4° et in-folio.

Journal des travaux publics et atlas.

142. — Centralblatt der Bauverwaltung. *Berlin,* 1881-1892; 10 vol. grand in-4°.

Feuille centrale de l'Administration des travaux publics.

ÉTATS DE L'ALLEMAGNE.

ALSACE-LORRAINE.

143. — Pietzsch (J.). Studien über Katasterfragen in Elsass-Lothringen. 1878; 1 vol. in-8°.

Études sur la question du cadastre en Alsace-Lorraine.

144. — Grad (Ch.). Études statistiques sur l'industrie de l'Alsace. *Colmar, Strasbourg, Paris,* 1879-1880; 2 vol. in-8°.

145. — Loi du 6 avril 1875 sur la constatation de l'état civil des personnes et sur le mariage, suivie de l'instruction du 22 juin 1875. *Colmar;* 1 vol. in-8°.

146. — Recueil de lois pour l'Alsace-Lorraine. 1873; 2 broch. in-12.

147. — **Robinet de Cléry.** Questions concernant la nationalité des habitants de l'Alsace-Lorraine. *Paris*, 1873-1876; 2 vol. in-8°.

148. — **Lederlin (M.).** Exposé de l'organisation judiciaire en Alsace-Lorraine. *Paris*, 1872; 1 broch. in-8°.

149. — **Gonse (R.).** Alsace-Lorraine. Actes législatifs publiés par le Gouvernement allemand. *Paris*, 1871-1872; 2 broch. in-8°.

150. — **Grunewald (E.).** Recueil de lois relatives au commerce, aux lettres de change et aux associations de l'Alsace-Lorraine. 1874; 1 vol. petit in-8°.

151. — **Reichlin (Fred. von).** Die Gemeindegesetzgebung in Elsass-Lothringen. *Strassburg*, 1881; 1 vol. grand in-12.

La législation communale de l'Alsace-Lorraine.

152. — **Hack (C.).** Manuel de police et du service de sûreté en Alsace-Lorraine. *Gebweiler*, 1885; 1 vol. petit in-8°.

METZ.

153. — Département de la Lorraine. Ville de Metz. Compte administratif pour l'exercice **1876.** 1 vol. in-8°.

STRASBOURG.

154. — **Brucker (J.).** Strassburger Zunft- und Polizei Verordnungen des **14.** und **15.** Jahrhunderts. *Strassburg*, 1889; 1 vol. in-8°.

Ordonnances de la police et des corps de métiers à Strasbourg pendant le xive et le xve siècle.

BADE (GRAND-DUCHÉ DE).

155. — Geschichte des badischen Frauenvereins. *Karlsruhe*, 1881; 1 vol. grand in-12.

Histoire de la Société des femmes badoises.

156. — Volz (v. R.). Das Spitalwesen und die Spitäler des Grossherzogthums Baden. 1861 ; 1 vol. petit in-8°.

Les hôpitaux dans le grand-duché de Bade.

157. — Entwurf eines Gesetzes die Sparkassen betreffend. *Baden*, 1879; 3 broch. in-8°.

Projet d'une loi sur les caisses d'épargne.

158. — Carte du grand-duché de Bade. 1 carte sur toile.

159. — Gr. bad. Handels-Ministerium. Plane über ausgeführte Feldbereinigungen. 1 atlas.

Ministère du commerce du grand-duché de Bade. Plans des travaux d'assainissement exécutés dans les campagnes.

160. — Bildliche Darstellung des Verkehrs auf den wichtigeren Strassen des Grossherzogthums Baden. 1860-1877 ; cartes.

Tableaux représentant la circulation sur les principales routes du grand-duché de Bade.

161. — Nachweisungen über den Betrieb der grossh.-badischen Staats-Einsenbahnen. 1886-1887 ; 15 vol. in-8°.

Renseignements sur l'exploitation des chemins de fer de l'État dans le grand-duché de Bade.

162. — Jahres-Bericht des grossh.-badischen Handels-Ministeriums. 1873-1879 ; 5 vol. in-8°.

Rapport annuel du Ministère du commerce du grand-duché de Bade.

163. — Wielandt (F.). Neues badisches Bürgerbuch. *Heidelberg*, 1877; 1 vol in-12.

Nouveau rôle de la bourgeoisie badoise.

164. — Kunst- und Gewerbe-Ausstellung für das Grossherzogthum Baden zu Karlsruhe, 1877. Katalog. 1 vol. in-12.

Exposition artistique et industrielle pour le grand-duché de Bade, en 1877, à Carlsruhe. Catalogue.

165. — Der Rhein von Basel bis Lauterburg. *Karlsruhe*, 1 broch. grand in-8°.

Le Rhin de Bâle à Lauterbourg.

166. — Karte über den Lauf des Rheins längs der badisch-französischen Grenze und längs der badisch-bayerischen Grenze. *Karlsruhe*, 1817-1861 ; 1 broch. in-8°.

Carte du cours du Rhin le long de la frontière franco-badoise et entre le duché de Bade et la Bavière.

167. — Gerster (S.). Leitfaden zum Gebrauch der Karte von Baden, Württemberg und angrenzenden Gebieten. *Freiberg i. B.*, 1877; 1 broch. petit in-8°.

Guide pour l'usage de la carte représentant Bade, le Wurtemberg et les pays limitrophes.

168. — Baden. Zusammenstellung der Grund-Häuser-Kapital-renten- und Gewerb-Steuer-Kapitalien in Städten über 3000 Einwohner. 1 broch. in-4°.

Bade. La production des impôts sur les terrains, les maisons, les rentes et les capitaux industriels dans les villes de plus de 3,000 habitants.

169. — Meindinger (H.). Badische Gewerbezeitung. 1867-1886; 12 vol. petit in-8°.

Journal de l'industrie badoise.

170. — Erhebungen über die Lage des Kleingewerbes. *Karlsruhe*, 1885; 3 vol. in-8°.

Enquête sur la situation de la petite industrie.

171. — Verordnungsblatt des grossherzoglich-badischen Ober-schulraths. 1862-1892; 12 vol. in-4°.

Feuille officielle du Conseil supérieur des écoles du grand-duché de Bade.

172. — Weilget (C.). Beiträge zur Forderung des naturwis-senschaftlichen und landswirthschaftlichen Unterrichts. *Karlsruhe*, 1872; 1 vol. petit in-8°.

Les desiderata de l'enseignement des sciences naturelles et de l'économie agricole.

173. — Jahres-Bericht des grossh.-badischen Ministeriums des Innern über seinen Geschäftskreis. 1880-1888; 3 vol. in-8°.

Rapport annuel du Ministère de l'intérieur du grand-duché de Bade sur les affaires de ce département.

174. — Kab (K.). Das badische Landrecht in seiner jetzigen Geltung. Annotirt. *Mannheim, Strassburg*, 1874-1877, 1 vol. petit in-8°.

Le Code civil badois dans son application actuelle. Annotations.

175. — Kah (K.). Die Ehe und das bürgerliche Standesamt nach badischem Recht. *Heidelberg*, 1870; 1 broch. in-12.

Le mariage et l'état civil d'après le droit badois.

**176. — Gesetzes-Entwurf die Aufbringung des Gemeindeauf-wandes in den Städten welche der Städteordnung unterstehen betreffend, und Denkschrift zur Begrundung eines solchen Entwurfes. *Baden;* 2 vol. in-4°.

Projet de loi pour l'introduction des dépenses communales dans les villes soumises à la loi municipale, et mémoire à l'appui.

177. — Wielandt (F.). Handbuch des badischen Gemeinde-Rechtes. Die badische Gemeindegesetzgebung im engeren Sinne mit Erlauterungen. *Heidelberg,* 1883; 1 vol. in-8°.

Manuel de droit commercial badois. La législation communale badoise au sens restreint, avec éclaircissements.

178. — Anecdota Chisiana de re metrica edidit G. Mangelsdorff. *Carolsruhæ,* 1876; 1 broch. in-8°.

Notes inédites sur la métrique, extraites d'un ouvrage de la *Bibliotheca Chisiana,* à Rome, et éditées par G. Mangelsdorff.

179. — Schnetzler (K.), Neumann (F.). Die medicinischen Geheimmittel, ihr Wesen und ihre Bedeutung. *Karlsruhe,* 1882; 1 brochure petit in-8°.

Les secrets de la médecine, leur nature, leur importance.

180. — Mittheilungen über das badische Veterinärwesen. 1872-1881; 2 vol. in-8°.

Renseignements sur le service vétérinaire dans le grand-duché de Bade.

181. — Bericht des grossherzoglichen Obermedizinalrathes über den Zustand des Medizinalwesens im Grossherzogthum Baden im Jahre 1887. 1 vol. in-8°.

Rapport du Conseil médical supérieur du grand-duché de Bade sur l'état du service médical dans le grand-duché.

182. — Jahresbericht des Centralbureaus für Meteorologie und Hydrographie des Grossherzogthums Baden. 1869-1889; 19 vol. in-8° et petit in-4°.

Rapport annuel du Bureau central de météorologie et d'hydrographie du grand-duché de Bade.

183. — Beiträge zur Statistik der inneren Verwaltung des Grossherzogthums Baden. 1855-1891; 13 vol. petit in-4°.

Supplément à la statistique de l'Administration intérieure du grand-duché de Bade.

184. — Statistisches Jahrbuch für das Grossherzogthum Baden. 1868-1889; 9 vol. in-8°.

Annuaire statistique du grand-duché de Bade.

185. — Statistische Mittheilungen über das Grossherzogthum Baden. 1876-1891; 8 vol. in-8°.

Renseignements statistiques sur le grand-duché de Bade.

186. — Nachweisung über die im Grossherzogthum Baden zur Correction des Rheinstromes vom Austritt aus schweizerischem Gebiet bis unterhalb Lauterburg in den Jahren 1862-1872 ausgeführten Arbeiten. 1 broch. in-8°.

Compte rendu des travaux exécutés de 1862 à 1872 dans le grand-duché de Bade, pour régulariser le cours du Rhin depuis sa sortie du territoire suisse jusqu'à Lauterbourg.

187. — Die Correction des Rheins von Basel bis zur grossh. hessischen Grenze. Denkschrift. *Karlsruhe*, 1862; 1 broch. in-8°.

Mémoire sur la régularisation du cours du Rhin, de Bâle à la frontière du grand-duché de Hesse.

188. — Der Binnenfluss-Bau im Grossherzogthum Baden. Denkschrift. *Karlsruhe*, 1863; 2 broch. in-8°.

Travaux de construction sur les cours d'eau intérieurs du grand-duché de Bade. Mémoire.

BADEN–BADEN.

189. — Das Friedrichsbad in Baden-Baden. 1878; 1 broch. petit in-8°.

Le *Bain de Frédéric* à Baden-Baden.

BADENWEILER.

190. — Siegel (A.). Die neuen Bassinbäder (thermae novae) in Badenweiler. 1878; 1 broch. petit in-8°.

Les nouveaux thermes de Badenweiler.

CARLSRUHE.

191. — Lydtin. Gutachten über die Anlage eines städtischen Schlacht- und Viehhofs zu Karlsruhe. 1883; 1 broch. in-8°.

Avis sur l'établissement d'un abattoir municipal et d'un parc aux bestiaux à Carlsruhe.

192. — Sammlung ausgeführter Bauten von Joseph Durm Architect. *Carlsruhe*, 1872; 2 albums.

Collection d'édifices construits par l'architecte J. Durm.

193. — Weltzien (C.), Lang (H.). Das chemische Laboratorium an der grossherzoglichen-polytechnischen Schule zu Carlsruhe. 1853; 1 carte in-folio.

Le laboratoire de chimie à l'École polytechnique grand-ducale de Carlsruhe.

194. — Die Armenkinder-Pflege in Karslruhe. 1879; 1 broch. petit in-8°.

Les enfants assistés à Carlsruhe.

195. — Carlsruhe. Collection de photographies. Travaux entrepris par Lang. 16 feuilles.

196. — Städtische Schulsparkasse Karlsruhe. Sparbuch. 1 broch. in-12.

Caisse d'épargne scolaire de la ville de Carlsruhe. Livret.

197. — Schück. Auszug aus der Denkschrift die Kanalisirung Karlsruhes betreffend. 1878; 1 broch. in-8°.

Extrait d'un mémoire concernant les égouts de Carlsruhe.

198. — Residenzstadt Karlsruhe. Rechenschaftsberichte und Voranschläge. 1867; 9 vol. in-8°.

Comptes et budgets de la ville de Carlsruhe.

199. — Karlsruhe. Verschiedene Documente. 1 vol. petit in-8°.

Carlsruhe. Documents divers.

200. — Illustrirter Führer durch die Haupt- und Residenzstadt Karlsruhe. 1 vol. in-18.

Guide illustré de la ville de Carlsruhe.

201. — Vorschläge des Stadtraths über die Durchführung des Reichs-Krankenversicherungsgesetzes in hiesiger Stadt Karlsruhe. 1884; 1 broch. in-8°.

Propositions du Conseil municipal sur la mise en pratique dans la ville de Carlsruhe de la loi impériale d'assurance contre les maladies.

202. — Die grossh. badische Haupt- und Residenzstadt Karlsruhe in ihren Massregeln für Gesundheitspflege und Rettungswesen. 1876-1882; 2 vol. in-8°.

La ville de Carlsruhe au point de vue de ses règlements concernant l'hygiène et les moyens de sauvetage.

**203. — Schetzler. Entwurf einer Verbrauchssteuer-Ordnung

und eines Verbrauchssteuer-Tarifs für die Haupt- und Residenzstadt Karlsruhe. 1879; 1 broch. in-8°.

Projet d'ordonnance au sujet de l'impôt sur les consommations et du tarif de l'octroi dans la ville de Carlsruhe.

204. — **Programm des grossherzoglichen Gymnasiums zu Karlsruhe.** 1875-1880; 5 broch. in-8°.

Programme du collège grand-ducal de Carlsruhe.

205. — **Jahresbericht des grossherzoglichen Gymnasiums zu Karlsruhe.** 1880-1883; 3 broch. in-8°.

Rapport annuel du collège grand-ducal de Carlsruhe.

206. — **Wendt (S.). Zum Lehrplan des Gymnasiums. Karlsruhe.** 1877; 1 broch. in-8°.

Le plan d'études du collège de Carlsruhe.

207. — **Jahresberichte des Realgymnasiums und der höheren Bürgerschule in Karlsruhe.** 1867-1884; 5 vol. petit in-8° et in-8°.

Rapports annuels du collège dit *réal* et de l'école bourgeoise supérieure à Carlsruhe.

208. — **Jahresbericht der Handelsschule zu Carlsruhe.** 1874-1878; 1 vol. petit in-8°.

Rapport annuel de l'école de commerce de Carlsruhe.

209. — **Statuten der Handelsschule zu Carlsruhe.** 1877; 1 broch. petit in-8°.

Statuts de l'école de commerce de Carlsruhe.

210. — **Programm der städtischen höhern Töchterschule in Karlsruhe.** 1875-1877; 3 broch. in-8° et petit in-8°.

Programme de l'école communale supérieure pour jeunes filles à Carlsruhe.

211. — **Jahresbericht der städtischen höheren Mädchenschule zu Karlsruhe.** 1877-1885; 1 vol. in-8°.

Rapport annuel de l'école communale supérieure pour jeunes filles à Carlsruhe.

212. — **Programm des grossh. Lyceums zu Karlsruhe.** 1867-1875; 1 vol. petit in-8°.

Programme du lycée grand-ducal à Carlsruhe.

213. — **Jahresbericht über den Stand der dem Ortsschulrath**

unterstellten städtischen Schulen in Karlsruhe. 1880-1881; 1 broch. in-8°.

Rapport annuel sur la situation des écoles municipales de Carlsruhe qui dépendent du conseil local des écoles.

214. — **Karlsruhe. Orts-Statuten und Ordnungen.** 1880-1883; 2 feuilles petit in-8°.

Carlsruhe. Règlements locaux et ordonnances.

215. — **Entwurf der Satzungen der städtischen Spar- und Pfandleihkasse. Karlsruhe.** 1881; 1 broch. in-8°.

Projet de règlement pour la caisse d'épargne et le mont-de-piété de la ville de Carlsruhe.

216. — **Statuten der städtischen Leihhaus- und Ersparnisskasse zu Karlsruhe.** 1867; 1 broch. petit in-8°.

Statuts du mont-de-piété et de la caisse d'épargne de la ville de Carlsruhe.

217. — **Beschlüsse des Bürgerausschusses. Karlsruhe.** 1868; 1 cahier in-4°.

Décisions de la Commission des bourgeois à Carlsruhe.

218. — **Carlsruhe. Vorträge des Gemeinderaths zur Sitzung des Bürgerausschusses.** 1871-1881; 7 vol. in-8°.

Rapports du Conseil municipal présentés aux séances de la Commission des bourgeois à Carlsruhe.

219. — **Protokoll die Aufstellung eines neuen Bauplanes für die Stadt Karlsruhe betreffend.** 1871; 1 broch. in-8°.

Procès-verbal touchant l'exposé d'un nouveau plan de construction pour la ville de Carlsruhe.

HEIDELBERG.

220. — **Lang (H.). Das chemische Laboratorium an der Universität in Heidelberg.** *Carlsruhe*, 1856; 1 cahier in-folio.

Le laboratoire de chimie à l'université d'Heidelberg.

221. — **Lehrplan für eine sechsklassige höhere Bürgerschule ohne Lateinunterricht.** *Heidelberg*, 1873; 1 broch. petit in-8°.

Plan d'études pour une école bourgeoise supérieure à six classes sans enseignement du latin.

ILLENAU.

222. — **Falret (M.).** Visite à l'établissement d'aliénés d'Illenau. *Paris*, 1845; 1 broch. petit in-8°.

223. — **Grossherzoglich badische Heil- und Pflegeanstalt Illenau eröffnet.** 1842; atlas.

Grand-duché de Bade. Établissement sanitaire et de charité ouvert à Illenau.

224. — **Illenau. Geschichte, Bau, inneres Leben, Statut, Hausordnung, Bauaufwand und finanzielle Zustände der Anstalt.** *Karlsruhe*, 1865; 1 broch. petit in-8°.

L'établissement d'Illenau, son histoire, sa construction, la vie qu'on y mène, ses règlements, ce qu'il a coûté et sa situation financière.

225. — **Statistik der Heil- und Pflegeanstalt Illenau.** *Carlsruhe*, 1866; 1 broch. grand in-8°.

Statistique de l'établissement sanitaire et de charité d'Illenau.

BAVIÈRE.

226. — **Reise-Bericht der Deputation zur Besichtigung auswärtiger Schlachthäuser und Viehmärkte.** *München*, 1878; 1 broch. grand in-8°.

Relation du voyage de la Commission chargée de visiter les abattoirs et les marchés aux bestiaux à l'étranger.

227. — **Denkschrift über die Pflege der Kunst an den öffentlichen Bauwerken.** *München*, 1877; 1 broch. in-4°.

Mémoire sur la construction des édifices publics au point de vue de l'art.

228. — **Müller (Dr L.-A. v.). Riedel's (V.) Commentar zum bayerischen Gesetze über öffentliche Armen- und Krankenpflege, vom 29. April 1869.** *Nördlingen*, 1883; 1 vol. in-8°.

Commentaire de de Riedel sur la loi bavaroise du 29 avril 1869 concernant l'Assistance publique et les hôpitaux.

229. — **Ergebnisse einer Erhebung über die in bayerischen Fabriken und grösseren Gewerbebetrieben zum Besten der Arbeiter getroffenen Einrichtungen.** 1874; 1 broch. grand in-8°.

Résultats d'une enquête sur les mesures prises pour assurer le bien-être des ouvriers dans les fabriques et les grands établissements industriels de Bavière.

230. — **Mayr (G.). Die Verbreitung der Blindheit, der Taubstummheit, des Blödsinns und des Irrsinns in Bayern.** 1877; 1 vol. in-8°.

Les aveugles, les sourds-muets, les idiots et les aliénés en Bavière.

231. — **Exposition internationale des beaux-arts de Munich, 1879. France. Catalogue des ouvrages de peinture, sculpture, architecture, gravure.** *Paris, Munich,* 1 broch. in-12.

232. — **Mayr (G.). Statistik der bayerischen Sparkassen.** 1873-1885; 8 broch. petit in-folio.
Statistique des caisses d'épargne en Bavière.

233. — **Sparkassen von Gemeinden und Distrikten in Bayern.** 1874; 1 broch. in-8°.
Les caisses d'épargne des communes et des districts en Bavière.

234. — **Karten zur Bavaria.** 1 cahier grand in-8°.
Cartes de Bavière.

235. — **Bavaria, Landes- und Volkskunde des Königreichs Bayern.** 1866-1868; 9 vol. et 1 broch. petit in-8°.
Bavaria. Description des pays et des populations du royaume de Bavière.

236. — **Europäische Wanderbilder. Augsburg, von Adolf Buff.** *Zurich, Paris, London,* 1 broch. in-12.
Esquisses de voyages en Europe. Augsbourg, par A. Buff.

237. — **Mayr (G.). Statistische Nachweisungen über das Immobiliar-Brand-Versicherungswesen im Gebiete des Königreichs Bayern diesseits des Rheins.** 1870; 1 broch. petit in-folio.
Renseignements statistiques sur les immeubles assurés contre l'incendie dans le royaume de Bavière en deçà du Rhin.

238. — **Ministerialblatt für Kirchen- und Schul-Angelegenheiten im Königreiche Bayern.** 1865-1890; 25 vol. petit in-8°.
Feuille ministérielle ecclésiastique et scolaire du royaume de Bavière.

239. — **Mayr (G.). Statistik der Vereine für Bildungs-Zwecke in Bayern, nach dem Stande des Jahres 1872.** 1 broch. petit in-folio.
Statistique des sociétés d'éducation en Bavière, d'après leur situation en 1872.

240. — **Mayr (G.). Statistik des Unterrichts und der Erziehung im Königreiche Bayern.** 1869-1872; 2 broch. petit in-folio.
Statistique de l'instruction publique et de l'éducation dans le royaume de Bavière.

241. — Die Ergebnisse der Unterrichts-Statistik im Königreich Bayern. 1884-1889; 2 vol. et 3 broch. grand in-8°.

Données statistiques sur l'enseignement dans le royaume de Bavière.

242. — Entwurf eines Gesetzes über das Volksschulwesen im Königreiche Bayern. *München*, 1867; 1 vol. in-8°.

Projet d'une loi sur les écoles populaires dans le royaume de Bavière.

243. — Zusammenstellung der über den verbotenen Wirthshausbesuch der Schuljugend und die Vernachlässigung des Schulbesuches erschienenen Verordnungen und Vollzugsvorschriften. *München*, 1867; 1 broch. petit in-8°.

Recueil des ordonnances et prescriptions sur la fréquentation illicite des cabarets par les élèves des écoles et sur leur négligence à assister aux cours.

244. — Vatel (Ch.). Code pénal du royaume de Bavière. *Paris*, 1852; 1 vol. in-8°.

245. — Weber (K.). Bayerische Gemeinde-Ordnung für die Landestheile diesseits des Rheins. *Nördlingen*, 1882; 1 vol. grand in-12.

Règlements commerciaux pour la partie de la Bavière en deçà du Rhin.

246. — Mayr (G.). Statistische Nachweisungen über den Vollzug der Bodenkultur-Gesetze in Bayern. 1871; 1 broch. petit in-folio.

Renseignements statistiques sur l'exécution des lois concernant la culture du sol en Bavière.

247. — Die bayerische Gemeindeordnung sammt den Gesetzen über Armen- und Krankenpflege, Heimath, Verehelichung und Aufenthalt. *Bamberg*, 1876; 1 vol. in-8°.

Règlements commerciaux pour la Bavière, et lois sur l'Assistance publique, les hôpitaux, le pays d'origine, le mariage et le lieu de séjour.

248. — Müller (Dʳ L.-A. v.). Riedel's (V.) Commentar zum bayerischen Gesetze über Heimat, Verehelichung und Aufenthalt vom 16. April 1868. *Nördlingen*, 1881; 1 vol. in-8°.

Commentaire de de Riedel sur la loi bavaroise du 16 avril 1868 concernant le pays d'origine, le mariage et le lieu de séjour.

249. — Sitzungen Protokolle der bayerischen acht Aerztekammern. 1873-1882; 1 vol. et 3 broch. in-8°.

Procès-verbaux des séances des huit chambres médicales de Bavière.

250. — Majer (F.). General-Bericht über die Cholera-Epide-

mieen im Königreiche Bayern während des Jahres 1873-
1874. 1 broch. in-4°.

Rapport général sur l'épidémie cholérique de 1873-1874 dans le royaume
de Bavière.

251. — **Hahn (C.). Die Rinderpest in Bayern im Jahre 1867.**
1 broch. in-8°.

La peste bovine en Bavière en 1867.

252. — **Medicus (L.-F.). Die neuen Gemeinde-Gesetze für
das Königreich Bayern.** *Nördlingen,* 1869; 1 vol. in-8°.

Les nouvelles lois communales pour le royaume de Bavière.

253. — **Schöller (E.), Mayer (J.). Die Gemeindeordnung
für die Landestheile diesseits des Rheins vom 29. April 1869.**
Erlangen, 1882; 1 vol. in-8°.

Règlements communaux du 29 avril 1869 pour les parties du territoire situées en deçà du Rhin.

254. — **Stadelmann. Die Gemeindeverfassung des Königreichs Bayern.** *Bamberg,* 1882-1884; 2 vol. in-8°.

L'organisation communale du royaume de Bavière.

255. — **Die Bewegung der bayerischen Bevölkerung.** 1862-
1884; 4 vol. et 5 broch. in-8° et petit in-folio.

Mouvement de la population en Bavière.

256. — **Die bayerische Bevölkerung nach Geschlecht, Alter,
Civilstand und Gebürtigkeit.** 1871-1880; 3 vol. in-8°.

La population de la Bavière d'après le sexe, l'âge, la profession et l'origine.

257. — **Ergebnisse der Volkszählung im Königreiche Bayern
vom 1. Dezemb. 1875.** 1 vol. in-8°.

Résultats du recensement de la population du royaume de Bavière au 1ᵉʳ décembre 1875.

258. — **Mayr (G.). Die Gebäudezählung im Königreiche
Bayern vom Sommer 1867.** 1 broch. petit in-folio.

Nombre des maisons et constructions diverses dans le royaume de Bavière
dans l'été de 1867.

259. — **Die Ergebnisse der Berufszählung im Königreich
Bayern vom 5. Juni 1882.** 1 vol. grand in-8°.

Résultats du recensement des professions dans le royaume de Bavière, au
5 juin 1882.

260. — **Zeitschrift des königlich bayerischen statistichen Bureaus.** *München*, 1881-1890; 6 vol. et 2 broch. in-4°.

Journal du bureau de statistique du royaume de Bavière.

AUGSBOURG.

261. — **Die Zurückführung der in dem protestantischen Wohl-
thätigkeits-Fond der Stadt Augsburg vereinigten Stiftungen
auf ihre Fondationgemässen Zwecke.** 1862; 1 vol. in-8°.

Les dotations réunies aux revenus de la société protestante de bienfaisance
de la ville d'Augsbourg rendues à une destination conforme à la volonté des
donateurs.

262. — **Statistischer Jahresbericht über das städtische Kran-
kenhaus zu Augsburg.** 1868-1889; 23 broch. in-8°.

Rapport statistique annuel sur l'hôpital municipal d'Augsbourg.

263. — **Das Augsburger Rathhaus und die darin zur Schau
gestellten Gemälde und sonstigen Kunstgegenstände Augsburg.** 1 broch. in-12.

L'hôtel de ville d'Augsbourg et les tableaux et autres objets d'art qui y sont
exposés.

264. — **Schletterer (M.).** Katalog der in der Kreis- und Stadt-
Bibliothek, dem städtischen Archive und der Bibliothek des
historischen Vereins zu Augsburg befindlichen Musikwerke.
Berlin, 1878; 1 broch. in-8°.

Catalogue des ouvrages sur la musique qui se trouvent dans la Bibliothèque
provinciale et municipale d'Augsbourg, dans les archives municipales et dans
la Bibliothèque de la Société historique.

265. — **Die Trinkwasserverhältnisse der Stadt Augsburg.**
1876; 1 broch. in-8°.

Le service des eaux à Augsbourg.

266. — **Bestimmungen über die Abgabe von Wasser aus
der städtischen Brunnenwerksanlage in Augsburg.** 1878;
1 broch. in-8°.

Indications pour les personnes qui veulent faire usage de l'eau fournie par
les fontaines municipales à Augsbourg.

267. — **Voranschlag der Einnahmen und Ausgaben der Stadtgemeinde Augsburg.** 1871-1891; 3 vol. in-4°.

Budget des recettes et des dépenses de la ville d'Augsbourg.

268. — **Vorschriften über die Führung und Untersuchung der der Verwaltung des Magistrates untergebenen Kassen.** *Augsburg*, 1 broch. in-8°.

Instructions pour une enquête sur la manière dont sont gérés les fonds confiés à l'administration du magistrat.

269. — **Satzungen für die städtische Spar-Kasse in Augsburg.** 1876; 1 broch. in-8°.

Règlements de la caisse municipale d'épargne d'Augsbourg.

270. — **Meyer (C.). Urkundenbuch der Stadt Augsburg.** 1104-1399; 2 vol. in-4°.

Le cartulaire de la ville d'Augsbourg.

271. — **Die Luther-Feier in Augsburg. 10. und 11. November 1883.** 1 broch. petit in-8°.

La fête de Luther à Augsbourg le 10 et le 11 novembre 1883.

272. — **Meyer (C.). Das Stadtbuch von Augsburg insbesondere das Stadtrecht vom Jahre 1276.** 1872; 1 vol. in-8°.

Les annales municipales d'Augsbourg et en particulier le droit municipal de l'année 1276.

273. — **Verwaltungs-Bericht des Stadtmagistrats. Augsburg.** 1869-1889; 4 vol. grand in-8° et in-8°.

Rapport administratif du magistrat de la ville d'Augsbourg.

274. — **Intelligenz-Blatt der königlich-bayerischen Stadt Augsburg.** 1870-1892; 22 vol. in-8°.

Feuille d'annonces de la ville d'Augsbourg.

275. — **Offizieller Catalog der Schwäbischenkreis-Industrie-Gewerbe- und kunsthistorischen Ausstellung in Augsburg, 1886.** 1 vol. grand in-12.

Catalogue officiel de l'exposition industrielle, professionnelle et artistico-historique du cercle de Souabe à Augsbourg, en 1886.

276. — **Bericht über die schwäbische Kreisausstellung.** *Augsburg*, 1886; 1 vol. in-8°.

Rapport sur l'exposition du cercle de Souabe en 1886.

277. — **Lehrordnung für die deutschen Schulen des Kreises Schwaben und Neuburg.** *Augsburg*, 1876; 1 broch. in-8°.

Règlement scolaire pour les écoles allemandes du cercle de Souabe et Neubourg.

278. — **Verhandlungen des Landraths von Schwaben und Neuburg.** *Augsburg*, 1877-1891; 4 vol. et 8 broch. in-8°.

Délibérations du Conseil provincial de Souabe et Neubourg.

MUNICH.

279. — **Motivirter Entwurf eines Bau-Programmes für das neuen Schlachthause und Viehmarkte zu München.** 1 broch. petit in-4°.

Projet motivé d'un plan de construction pour le nouvel abattoir et le nouveau marché aux bestiaux de Munich.

280. — **Zenetti. Der Vieh- und Schlacht-Hof in München.** 1880; 1 vol. in-folio.

Le parc aux bestiaux et l'abattoir à Munich.

281. — **Programm für den Bau von Schulhäusern in München.** 1 broch. in-4°.

Programme pour la construction de maisons d'école à Munich.

282. — **Voranschlag für den Gemeinde-Stiftungs- und Armenpflege Haushalt der Stadt München.** 1880-1891; 7 vol. petit in-4°.

Projet de budget pour la commune, les établissements de charité et l'Assistance publique de la ville de Munich.

283. — **Rechenschafts-Bericht des Armenpflegschafts-Rathes der kgl. Haupt- und Residenz-Stadt München.** 1857-1867; 1 vol. petit in-4°.

Compte rendu du conseil de l'Assistance publique de la ville de Munich.

284. — **Statuten zur Benützung der Schulbibliothek für das Lehrpersonal in München.** 1868; 1 broch. petit in-8°.

Dispositions réglant l'usage de la bibliothèque scolaire destinée au corps enseignant à Munich.

285. — **Katalog der städtischen Volksbibliothek 1 München.** 1881; 1 broch. grand in-12.

Catalogue de la Bibliothèque populaire municipale n° 1 à Munich.

286. — **Die städtische Sparkasse in München im Jahre 1882.** 1 broch. petit in-4°.

La caisse d'épargne de Munich en 1882.

287. — **Bericht über die Verhandlungen und Arbeiten der vom Stadtmagistrate München niedergesetzten Commission für**

Wasserversorgung, Canalisation und Abfuhr. 1878-1879; 4 vol. petit in-4°.

Rapport sur les travaux de la commission chargée, par le *Magistrat* de la ville de Munich, du service des eaux et des égouts.

288. — **Die Wasserversorgung der kgl. Haupt- und Residenz-Stadt München. Project von Schmick.** 1877; 1 broch. petit in-4°.

Le service des eaux dans la ville de Munich. Projet Schmick.

289. — **Die Wasserversorgung der Stadt München. Vorproject von Thiem und III Nachtrag von Salbach.** 2 broch. petit in-4°.

Le service des eaux à Munich. Avant-projet Thiem et appendices par Salbach.

290. — **Auszug aus den Regulativen und den Preistarifen für die Wasserversorgung von 51 Städten Deutschlands, Oesterreichs und der Schweiz zusammengestellt vom Stadt-Bau-Amt München.** 1883; 1 vol. grand in-8°.

Extraits des règlements et des tarifs pour le service des eaux de 51 villes d'Allemagne, d'Autriche et de Suisse, recueillis par le département des travaux de la ville de Munich.

291. — **Bericht der münchener Commission über die Besichtigung der Canalisations- und Berieselungs-Anlagen in Francfurt-a.-M., Berlin, Danzig und Breslau, sowie der Liernur-Anlagen in Amsterdam, Leiden und Dordrecht.** *München*, 1879; 1 broch. petit in-4°.

Rapport de la commission chargée par la ville de Munich d'aller visiter les égouts et les champs d'irrigation de Francfort-sur-le-Mein, de Berlin, de Danzig et de Breslau, ainsi que le fonctionnement du système Liernur à Amsterdam, à Leyde et à Dordrecht.

292. — **Gordon. Die Canalisation der kgl. Haupt- und Residenzstadt München.** 1876; 1 broch. petit in-4°.

Rapport sur les égouts de la ville de Munich.

293. — **Voranschlag der Einnahmen und Ausgaben der Stadtgemeinde München.** 1875-1877; 3 vol. in-8°.

Budget des recettes et des dépenses de la ville de Munich.

294. — **Bericht über die gesammten Rechnungs-Ergebnisse der Stadtgemeinde München.** 1877-1889; 1 vol. petit in-4°.

Rapport sur les résultats généraux des comptes de la ville de Munich.

3

295. — Das münchener Schulwesen im Jahre 1875. 1 broch. petit in-4°.

Les écoles de Munich en 1875.

296. — Die münchener Volksschulen. 1874-1883; 7 broch. petit in-4°.

Les écoles primaires de Munich.

297. — Satzungen für die städtische Handelsschule in München. 1877-1878; 4 broch. petit in-4°.

Règlements de l'école municipale de commerce de Munich.

298. — Satzungen für die gewerblichen Fortbildungsschulen in München. 1872-1876; 3 broch. petit in-4°.

Règlements des écoles industrielles de perfectionnement à Munich.

299. — Satzungen für die städtische höhere Töchterschule in München. 1875; 2 broch. petit in-4°.

Règlement de l'école municipale supérieure de jeunes filles à Munich.

300. — Grundsatzungen der münchener Frauenarbeitsschule. 1 broch. petit in-4°.

Règlements fondamentaux de l'ouvroir de Munich.

301. — Jahresbericht der münchener Fraueharbeitsschule und des Arbeitslehrerinnen-Seminars. 1874-1890; 16 broch. petit in-4°.

Rapport annuel de l'ouvroir de Munich et de l'École normale destinée à former des maîtresses pour l'ouvroir.

302. — Satzungen und Lehrplan des münchener Arbeitslehrerinnen-Seminars. 1876-1879; 2 broch. in-8°.

Règlements et plan d'études de l'École normale destinée à former des maîtresses pour l'ouvroir de Munich.

303. — Linsmayer (A.). Die münchener Schulbank. 1876; 1 broch. petit in-8°.

La banque des écoles à Munich.

304. — Verwaltungsbericht des münchener Volksbildungs-Vereins. 1881; 1 broch. petit in-4°.

Rapport administratif de la Société d'éducation populaire à Munich.

305. — Geschäfts-Repartition für den Magistrat der königl. Haupt- und Residenzstadt München. 1866; 1 broch. petit in-4°.

Répartition des affaires entre les membres du *Magistrat* de la ville de Munich.

306. — Bericht über die gesammte Verwaltung und den Stand der Gemeinde-Angelegenheiten der k. Haupt- und Residenz-stadt München. 1875-1890; 4 vol. et 1 broch. in-8°.

Rapport sur l'administration générale et sur la situation des affaires communales de la ville de Munich.

307. — Münchener Gemeinde-Zeitung. 1873-1890; 14 vol. in-4°.

Gazette communale de Munich.

308. — Die Bevölkerung Münchens. Geburten, Sterbefälle und Eheschliessungen. 1875. 1 broch. petit in-4°.

Population de la ville de Munich. Naissances, décès et mariages en 1875.

309. — Die Eheschliessungen in München. 1877-1878; 3 broch. petit in-4°.

Les mariages à Munich.

310. — Bericht über die Geburten und Sterbefälle in München. 1883-1888; 3 broch. petit in-4°.

Rapport sur les naissances et les décès à Munich.

311. — Die Einwohnerschaft Münchens nach ihrer Berufstellung. 1882; 1 broch. petit in-4°.

La population de Munich d'après les professions.

312. — Mittheilungen des statistischen Bureaus der Stadt München. 1877-1890; 5 vol. petit in-4°.

Communications du bureau de statistique de la ville de Munich.

NUREMBERG.

313. — Schuh (D^r). Motivirter Entwurf eines Programmes für Einrichtung eines Schlacht- und Viehhofes in Nürnberg. 1 broch. petit in-4°.

Projet motivé d'un programme pour l'érection d'un abattoir et d'un enclos aux bestiaux à Nuremberg.

314. — Central-Vieh- und Schlachthof Nürnberg. 1 carte petit in-4° oblong.

Le marché aux bestiaux et l'abattoir central à Nuremberg.

315. — Motivirtes Programm für Einrichtung eines Schlacht- und Viehhofes in Nürnberg. 1 broch. petit in-4°.

Programme motivé pour l'érection d'un abattoir et d'un enclos aux bestiaux à Nuremberg.

3.

316. — **Hase (H.-F.).** Erläuterungs-Bericht zum Projekte über den Ausbau der für den Vieh- und Schlachthof in Nürnberg bestimmten städtischen Areals. 1881 ; 1 broch. petit in-4°.

Mémoire explicatif du projet d'achèvement des travaux sur le terrain municipal choisi pour l'établissement de l'abattoir et d'un enclos aux bestiaux à Nuremberg.

317. — **Adressbuch von Nürnberg.** 1880-1891 ; 12 vol. in-8°.

Almanach du commerce de Nuremberg.

318. — **Statistischer Jahresbericht über das allgemeine Kránkenhaus der Stadt Nürnberg.** 1852-1889 ; 18 vol. et broch. in-8° et petit in-8°.

Rapport statistique annuel sur l'hôpital général de la ville de Nuremberg.

319. — **Gutachtlicher Bericht über einige Bronzedenkmäler dem Magistrate der Stadt Nürnberg, erstattet von Prof. Dr Hermann Kämmerer, Stadtchemiker.** 1 vol. in-4°.

Avis sur quelques monuments en bronze présentés au *Magistrat* de Nuremberg par le Dr Hermann Kämmerer, chimiste municipal.

320. — **Katalog der Stadtbibliothek in Nürnberg.** 1876 ; 1 broch. petit in-8°.

Catalogue de la bibliothèque de la ville de Nuremberg.

321. — **Plan der k. b. Stadt Nürnberg.** 1 carte in-8°.

Plan de la ville de Nuremberg.

322. — **Uebersichts-Karte der k. b. Stadt Nürnberg.** 1 carte in-12.

Plan général de la ville de Nuremberg.

323. — **Ordnung für den Friedhof der Stadtgemeinde Nürnberg.** 1 broch. petit in-8°.

Ordonnance concernant le cimetière de la ville de Nuremberg.

324. — **Central Friedhof Nürnberg.** 1 broch. in-8°.

Le cimetière central de Nuremberg.

325. — **Bedingungen zur Herstellung eines Wasserversorgungs-Projectes der Stadt Nürnberg.** 1 broch. in-4°.

Conditions à remplir dans un projet de plan pour fournir l'eau à la ville de Nuremberg.

326. — **Vortrag die Wasserversorgung der Stadt Nürnberg betreffend.** 1880 ; 1 broch. in-4°.

Exposé du service des eaux dans la ville de Nuremberg.

327. — Das Wasserwerk der Stadt Nürnberg, Project von A. Thiem. *Leipzig*, 1879; 1 vol. petit in-8°.

Le service des eaux de la ville de Nuremberg. Projet Thiem.

328. — Kämmerer (H.). Untersuchungen des Pegnitzwassers in Nürnberg. 1 broch. in-8°.

Examen des eaux de la Pegnitz à Nuremberg.

329. — Stenographischer Bericht über das Gutachten des H. Ingenieur J. Gordon aus Frankfort-a.-M. hinsichtlich der Kanalisationsfrage in Nürnberg. 1 broch. petit in-8°.

Rapport sténographique sur l'avis de l'ingénieur Gordon, de Francfort-sur-le-Mein, au sujet de la question des égouts à Nuremberg.

330. — Statut der Pensions-Anstalt für die besoldeten Mitglieder des Magistrats und für die Bediensteten der Stadtgemeinde Nürnberg. 1874; 1 broch. petit in-8°.

Règlement pour l'établissement des pensions des membres payés du *Magistrat* et des employés de la municipalité de Nuremberg.

331. — Summarische Uebersichten über die wesentlichen Ergebnisse der Gemeinde-Rechnungen der Stadtgemeinde Nürnberg. 1869-1889; 21 vol. in-8°.

Aperçu sommaire des résultats essentiels des comptes de la ville de Nuremberg.

332. — Voranschlag der Kämmerei der k. b. Stadt Nürnberg. 1860; 1 broch. petit in-8°.

Budget de l'administration des finances de la ville de Nuremberg.

333. — Voranschlag für Gemeinde-Stiftungs- und Armenpflege-Haushalt der Stadt Nürnberg. 1881-1891; 6 vol. petit in-4°.

Projet de budget pour les établissements communaux et pour l'Assistance publique à Nuremberg.

334. — Voranschlag für den Gemeinde-Haushalt der Stadt Nürnberg. 1887-1890; 4 vol. petit in-4°.

Projet de budget pour la ville de Nuremberg.

335. — Faber (L.-V.). Die Zukunft Nürnbergs. 1879; 1 broch. grand in-8°.

L'avenir de Nuremberg.

336. — Die sanitären Verhältnisse und Anstalten der Stadt Nürnberg. 1877; 1 vol. petit in-8°.

Les établissements et les institutions hygiéniques de la ville de Nuremberg.

337. — Goldschmidt (Dr F.). Die öffentliche Desinfektions-Anstalt der Stadt Nürnberg. 1 broch. in-8°.

L'établissement officiel de désinfection de la ville de Nuremberg.

338. — Mittheilungen aus dem Verein für öffentliche Gesundheitspflege der Stadt Nürnberg. 1879; 1 broch. petit in-8°.

Communications de la Société d'hygiène publique de la ville de Nuremberg.

339. — Wolfermann (F.). Die Entwickelung des Feuerlösch-wesens der Stadt Nürnberg. 1878; 1 broch. in-8°.

Le développement du service des secours contre l'incendie dans la ville de Nuremberg.

340. — Nürnberger Feuertelegraph. 1 feuille in-4°.

Le pyrotélégraphe à Nuremberg.

341. — Competenz des Magistrats und der k. Schulbehörde in Schulsachen, dann Rechte und Pflichten der k. Local-Schul-inspectionen in den Städten. *Nuremberg*, 1870; 1 broch. in-4°.

Compétence du *Magistrat* et des autorités scolaires en ce qui concerne les écoles; droits et devoirs des inspecteurs des écoles municipales.

342. — Orts-Statut betreffend die Einrichtung eines gewerb-lichen Schiedsgerichtes für die Stadt Nürnberg. 1876-1891; 1 broch. petit in-8°.

Règlement local concernant l'établissement dans la ville de Nuremberg d'un tribunal d'arbitres pour l'industrie et le commerce.

343. — Die Sterblichkeit an Diphterie und Croup in den Jahren 1875-1884. Nürnberg. *Würtzburg*, 1885; 1 broch. petit in-8°.

La mortalité à Nuremberg par la diphtérie et le croup de 1875 à 1884.

344. — Zusammensetzung und Geschäfts-Vertheilung des Magistrats und des Gemeindecollegiums der Stadt Nürnberg. 1876-1886; 5 vol. petit in-8°.

Constitution et attributions respectives du *Magistrat* et du Conseil municipal de la ville de Nuremberg.

345. — Haushalts-Etat der königl.-bayer. Stadt Nürnberg. 1879; 1 vol. in-8°.

Budget de la ville de Nuremberg.

346. — Verwaltungsbericht des Magistrats der k. b. Stadt Nürnberg. 1869-1889; 19 vol. in-8°.

Rapport administratif du *Magistrat* de la ville de Nuremberg.

347. — Nürnberger Stadtzeitung. 1874-1890 ; 29 vol. grand in-4° et in-folio.

La Gazette municipale de Nuremberg.

348. — Ortspolizeiliche Vorschriften für die Stadt Nürnberg. 1869-1891 ; 2 vol. in-8° et in-4°.

Prescriptions de la police spéciales à la ville de Nuremberg.

349. — Reise-Bericht. Strassendampfwalze. Nürnberg. 1 broch. in-4°.

Relation de voyage. Les cylindres à vapeur pour chaussées. Nuremberg.

350. — Frauenholz (W.), Frank (A.). Generelles Projekt zur Verhütung der Ueberschwemmungen in Nürnberg. *München*, 1886 ; 1 broch. grand in-8°.

Projet général pour mettre Nuremberg à l'abri des inondations.

351. — Antrag die Strassen betreffend. Nürnberg. 1878 ; 1 broch. in-4°.

Proposition concernant la voirie à Nuremberg.

352. — Chaussee-Reinigung in der Stadt Nürnberg. 1883 ; 1 broch. in-4°.

Nettoyage des rues dans la ville de Nuremberg.

WURTZBOURG.

353. — Die Schlachthof-Anlage in Würzburg. 1877 ; 1 broch. petit in-4°.

L'abattoir de Wurtzbourg.

354. — Verzeichniss der conscribirten Armen der Stadtgemeinde Würzburg. 1878 ; 1 broch. in-18.

Liste des indigents inscrits sur les registres de la ville de Wurtzbourg.

355. — Statistischer Bericht über Pfründen und Kranken-Anstalt des k. Juliusspitals in Würzburg. 1878 ; 1 broch. in-8°.

Rapport statistique sur l'installation des pensionnaires et des malades à l'hôpital Julius, à Wurtzbourg.

356. — Plan de Wurtzbourg. In-8°.

357. — Bau eines Hochreservoirs für das städtische Wasserwerk zu Würzburg. 1877 ; 1 broch. in-4°.

Construction d'un réservoir principal pour le service municipal des eaux à Wurtzbourg.

**358. — Hügel (L.-P.). Kanalisation und Abfuhr in Würz-
burg.** 1886; 1 broch. in-8°.

Les égouts et l'enlèvement des immondices à Wurtzbourg.

**359. — Summarische Uebersicht der Rechnungs-Ergebnisse
der unter Verwaltung des Stadtmagistrats stehender Kassen-
Anstalten und Stiftungen der k. b. Kreis-Hauptstadt Würzburg.** 1865-1868; 1 vol. in-8°.

Aperçu sommaire des résultats des comptes des établissements financiers et
des fondations qu'administre le *Magistrat* de la ville de Wurtzbourg.

**360. — Voranschlag der Einnahmen und Ausgaben der Stadt-
gemeinde Würzburg.** 1880-1887; 9 cahiers in-4°.

Budget de la ville de Wurtzbourg.

**361. — Vortrag die Revision des Getreide-, Mehl- und Brod-
Aufschlag-Tarifs betr. Würzburg.** 1 broch. in-4°.

Projet de révision du tarif de la hausse sur les grains, la farine et le pain à
Wurtzbourg.

**362. — Sammlung von Regulativen, Statuten, Tarifen und
Verwaltungs-Vorschriften der Stadt Würzburg.** 1878; 1 broch.
in-8°.

Recueil de règlements, de statuts, de tarifs et de prescriptions administratives
de la ville de Wurtzbourg.

363. — Medicinische Statistik der Stadt Würzburg. 1871-
1887; 9 broch. in-8°.

Statistique médicale de la ville de Wurtzbourg.

**364. — Berichte über die Verwaltung und den Stand der Ge-
meinde-Angelegenheiten der Stadt Würzburg.** 1868-1888;
4 vol. in-8°.

Rapports sur l'administration et la situation des affaires communales de la
ville de Wurtzbourg.

365. — Ortspolizeiliche Vorschriften für die Stadt Würzburg.
1868; 1 broch. in-8°.

Prescriptions de la police locale de la ville de Wurtzbourg.

**366. — Nachtrag zu den ortspolizeilichen Vorschriften für die
Stadt Würzburg.** 1877; 1 broch. in-8°.

Appendice aux prescriptions de la police locale de la ville de Wurtzbourg.

**367. — Ortspolizeiliche Vorschriften über die Bauführungen
ausserhalb der Stadt Würzburg.** 1874; 1 broch. in-8°.

Prescriptions de la police locale de Wurtzbourg au sujet des constructions
faites en dehors de la ville.

368. — Finanz-Bericht über das Stadterweiterungs-Unternehmen in Würzburg. 1883 ; 1 broch. in-4°.

Rapport financier sur les travaux entrepris pour l'agrandissement de Wurtzbourg.

369. — Die Luitpoldbrücke in Würzburg. 1 broch. grand in-4°.

Le pont Luitpold à Wurtzbourg.

BRÊME.

370. — Bremen. Verhandlungen zwischen dem Senate und die Bürgerschaft. 1870-1890 ; 11 vol. in-4°.

Débats entre le Sénat et la bourgeoisie de Brême.

371. — Gesetzblatt der Freienhansestadt Bremen. 1870-1890 ; 9 vol. in-8°.

Bulletin des lois de la ville libre et hanséatique de Brême.

372. — Jahrbuch für die amtliche Statistik des Bremischen Staats. 1870-1874 ; 5 vol. in-4°.

Annuaire de la statistique officielle de l'État de Brême.

373. — Jahrbuch der Bremische Statistik. 1875-1890 ; 11 vol. in-8°.

Annuaire de la statistique de Brême.

BRUNSWICK (DUCHÉ DE).

374. — Revidirte Städteordnung für das Herzogthum Braunschweig. 1871 ; 1 broch. petit in-8°.

Revision des lois municipales du duché de Brunswick.

BRUNSWICK.

375. — Die Burg Dankwarderode zu Braunschweig. 1883 ; 1 vol. in-folio.

Le château de Dankwarderode à Brunswick.

376. — Bugenhagens Kirchenordnung für die Stadt Braunschweig. *Wolfenbüttel*, 1885 ; 1 vol. grand in-12.

Rituel de Bugenhagen pour la ville de Brunswick.

377. — Haushalts-Etat der Stadt Braunschweig. 1880-1886 ; 1 vol. grand et petit in-8°.

Budget de la ville de Brunswick.

378. — Stadt Braunschweig. Verschiedene Dokumente. 1862-1879; 1 vol. petit in-8°.

Ville de Brunswick. Documents divers.

379. — An hochlöblichen Stadtmagistrat Braunschweig. Schadenfeuer und Feuerwehr. 1871-1885; 1 vol. in-4°.

Rapport au *Magistrat* de la ville de Brunswick sur le service des secours contre l'incendie.

380. — Verhandlungen der Stadtverordneten zu Braunschweig. 1877-1885; 4 vol. in-8°.

Délibérations du Conseil municipal de Brunswick.

381. — Uebersicht über die Verwaltung der städtischen Angelegenheiten zu Braunschweig. 1852-1875; 2 vol. in-8°.

Aperçu de l'administration des affaires de la ville de Brunswick.

382. — Die Stadt Braunschweig. Verwaltungs-Bericht des Stadt-Magistrats. 1880-1885; 1 vol. in-8°.

Rapport administratif du *Magistrat* de la ville de Brunswick.

383. — An die Verwaltungs-Deputation für die städtischen Gas- und Wasserwerke. Braunschweig. 1870-1886; 2 vol. in-4°.

Rapport à la Commission administrative de l'établissement municipal du gaz et du service des eaux à Brunswick.

HAMBOURG.

384. — Protokolle und Ausschuss-Berichte der Bürgerschaft Hamburg. 1878-1890; 13 vol. in-8°.

Procès-verbaux et rapports de la Commission de la bourgeoisie à Hambourg.

385. — Verhandlungen zwischen Senat und Bürgerschaft Hamburg. 1870-1890; 21 vol. in-8°.

Débats entre le Sénat et la bourgeoisie à Hambourg.

386. — Hamburgs Handel und Schiffahrt. 1876-1890; 4 vol. in-4°.

Le commerce et la navigation à Hambourg.

387. — Neues hamburger Handels-Archiv. 1876-1887; 7 vol. in-8°.

Nouvelles archives commerciales de Hambourg.

388. — **Statistischer Auszug und verschiedene Nachweise in Bezug auf Hamburgs Handelszustände.** 1876-1889; 3 vol. petit in-8°.

Extrait statistique et informations diverses ayant rapport à la situation du commerce de Hambourg.

389. — **Grahn (E.), Meyer (A.). Reisebericht einer von Hamburg nach Paris und London ausgesandten Commission über künstliche Centrale Sandfiltration zur Wasserversorgung von Städten.** 1877; 1 vol. in-8°.

Rapport sur le voyage de la Commission hambourgeoise envoyée à Paris et à Londres pour étudier le filtrage artificiel au travers du sable des eaux destinées à la consommation.

390. — **Jahresbericht der Verwaltungsbehörden Hamburgs.** 1880-1889; 5 vol. in-8°.

Rapports annuels des fonctionnaires de l'administration à Hambourg.

391. — **Gesetzsammlung der freien und Hansestadt Hamburg.** 1870-1890; 10 vol. in-8°.

Bulletin des lois de la ville libre et hanséatique de Hambourg.

392. — **Bericht des Medicinal-Inspectorats über die medicinische Statistik des hamburgischen Staates.** 1873-1890; 4 vol. in-8°.

Rapport des médecins-inspecteurs sur la statistique médicale de l'État de Hambourg.

393. — **Das Medicinalwesen des hamburgischen Staates.** 1877-1878; 2 vol. grand in-12.

Le service médical de l'État de Hambourg.

394. — **Statistik des hamburgischen Staats.** 1867-1885; 4 vol. grand in-8°.

Statistique de l'État de Hambourg.

395. — **Statistisches Handbuch für den hamburgischen Staat.** 1880; 1 vol. petit in-8°.

Manuel de statistique pour l'État de Hambourg.

HESSE-DARMSTADT (GRAND-DUCHÉ DE).

396. — **Programm der Grossherzoglich-Hessischen polytechnischen Schule zu Darmstadt.** 1876-1878; 2 broch. in-8°.

Programme de l'école polytechnique du grand-duché de Hesse à Darmstadt.

397. — **Gesetz betreffend die Städte-Ordnung für das Gross-herzogthum Hessen.** *Darmstadt*, 1874; 1 broch. in-8°.

Loi concernant les règlements municipaux applicables au grand-duché de Hesse.

DARMSTADT.

398. — Ohly, Oberbürgermeister zu Darmstadt. Bericht über den dem Bundesrath des deutschen Reiches vorliegenden Gesetzes-Entwurf vom 30 Mai 1877 betreffend die Aenderung und Ergänzung des Reichsgesetzes über den Unterstutzungswohnsitz. *Darmstadt*, 1878; 1 broch. in-4°.

Rapport sur le projet de loi présenté le 3o mai 1877 au Conseil fédéral de l'empire d'Allemagne, projet ayant pour but de modifier et de compléter la loi impériale sur le domicile de secours.

399. — Voranschlag des städtischen Hospitals der Haupt- und Residenzstadt Darmstadt. 1872-1878; 4 cahiers in-4°.

Budget de l'hôpital municipal de la ville de Darmstadt.

400. — Voranschlag der Armenkasse der Haupt- und Residenzstadt Darmstadt. 1872-1875; 4 cahiers in-4°.

Budget de l'Assistance publique de la ville de Darmstadt.

401.—Armenordnung für die Stadt Darmstadt. 1876; 1 broch. petit in-8°.

Ordonnance sur l'Assistance publique pour la ville de Darmstadt.

402. — Vorarbeiten für die Wasserversorgung Darmstadts. 1873; 1 broch. in-8°.

Travaux préliminaires pour la distribution de l'eau dans la ville de Darmstadt.

403. — Gutachten der Herren Bose und Renner über das Project einer Wasserversorgung Darmstadts. 1874; 1 broch. in-8°.

Avis de MM. Bose et Renner sur le projet de distribution de l'eau dans la ville de Darmstadt.

404. — Die Wasserversorgung von Darmstadt nebst Kostenvoranschlag. 1876; 1 broch. in-8°.

La distribution de l'eau à Darmstadt et devis des dépenses.

405. — Vortrag des grossherzoglichen Bürgermeisters an die

Stadtverordneten-Versammlung betreffend die Wasserversorgung von Darmstadt. 1877; 1 broch. grand in-8°.

Rapport du bourgmestre de Darmstadt au Conseil municipal concernant la distribution de l'eau à Darmstadt.

406. — **Wasserversorgung der Stadt Darmstadt.** 1877; 1 broch. in-4°.

Le service des eaux à Darmstadt.

407. — **Erläuterungsbericht und Kostenanschlag zu einem abgeänderten Project für die Wasserversorgung der Haupt- und Residenzstadt Darmstadt.** 1877; 1 broch. in-8°.

Rapport explicatif et devis des dépenses du nouveau projet de distribution de l'eau dans la ville de Darmstadt.

408. — **Entwurf-Voranschlag der Haupt- und Residenzstadt Darmstadt.** 1876-1890; 5 vol. petit in-8°.

Projet de budget de la ville de Darmstadt.

409. — **Voranschlag der Haupt- und Residenzstadt Darmstadt.** 1870-1875; 5 cahiers in-4°.

Budget de la ville de Darmstadt.

410. — **Untersuchungen der Heiz- und Ventilationsanlagen in den städtischen Schulgebäuden zu Darmstadt.** 1880; 1 broch. in-8°.

Enquête sur les appareils de chauffage et de ventilation dans les écoles communales de Darmstadt.

411. — **Vortrag des grossherzoglichen Bürgermeisters an die Stadtverordneten-Versammlung betreffend Aufhebung der Mittelschulen für Mädchen und Freistellen für Kinder armer Eltern an den Mittelschulen.** *Darmstadt*, 1876; 1 broch. in-4°.

Rapport du bourgmestre de Darmstadt au Conseil municipal concernant la suppression des écoles secondaires de jeunes filles et les bourses pour enfants de parents indigents dans les écoles secondaires.

412. — **Vortrag des grossherzoglichen Bürgermeisters an die Stadtverordneten-Versammlung betreffend Erhebung neuer Volksschulhäuser und Beschaffung provisorischer Räume für die Realschule.** *Darmstadt*, 1876; 1 cahier in-4°.

Rapport du bourgmestre de Darmstadt au Conseil municipal concernant la construction de nouvelles écoles et la disposition d'un local provisoire pour l'école dite *réale*.

413. — **Lehrplan der Lehrerinnen-Bildungsanstalt zu Darmstadt.** 1877; 1 broch. petit in-8°.

Plan d'études de l'École normale pour institutrices à Darmstadt.

414. — Programm der grossherzoglich-hessischen technischen Hochschule zu Darmstadt. 1878-1879; 1 broch. in-8°.

Programme de l'École supérieure technique du grand-duché de Hesse, à Darmstadt.

415. — Programm der grossherzoglichen Realschule zu Darmstadt. 1876; 1 broch. in-8°.

Programme de l'école dite *réale*, à Darmstadt.

416. — Lehrverfassung der höheren Mädchenschule zu Darmstadt. 1877; 1 broch. grand in-8°.

Organisation de l'enseignement dans l'École supérieure pour jeunes filles à Darmstadt.

417. — Schäffer (L.). — La Farce du Maître Pathelin. Grammatische Abhandlung. *Darmstadt*, 1877; 1 broch. in-8°.

Dissertation grammaticale sur la *Farce de Maître Pathelin*.

418. — Verwaltungsbericht des grossherzoglichen Bürgermeisters der Haupt- und Residenzstadt Darmstadt. 1874-1890; 5 vol. petit in-8°.

Rapport administratif du bourgmestre de la ville de Darmstadt.

LUBECK.

419. — Lübeck. Protocoll der Bürgerschaft. 1860-1877; 2 vol. in-8°.

Procès-verbaux des séances de la Bourgeoisie de Lubeck.

420. — Lübeck. Protocoll des Bürgerausschusses. 1860-1877; 2 vol. in-8°.

Procès-verbaux des séances de la Commission des Bourgeois de Lubeck.

421. — Lübeck. Antrage des Senates an die Bürgerschaft. 1860-1881; 7 vol. in-8°.

Propositions du Sénat de Lubeck à la Bourgeoisie.

422. — Verhandlungen des Senates mit dem Bürgerausschusse und der Bürgerschaft. *Lubeck*, 1878-1890; 12 vol. in-8°.

Débats du Sénat de Lubeck avec la Commission des Bourgeois et avec la Bourgeoisie.

423. — Allgemeiner Bericht der Central-Armen-Deputation. Lübeck. 1863-1882; 1 vol. grand in-8°.

Rapport général de la Commission de l'Assistance publique à Lubeck.

424. — Verzeichniss der Privat-Wohlthätigkeits-Anstalten im lübeckischen Freistaate. 1877; 1 broch. in-8°.

Liste des établissements de bienfaisance fondés par des particuliers dans l'État libre de Lubeck.

425. — Jahres-Berichte der Verwaltungsbehörden der freien und Hansestadt Lübeck. 1882-1889; 9 vol. in-8°.

Rapports annuels des fonctionnaires de l'administration de la ville de Lubeck.

426. — Abrechnung der Verwaltungsbehörde für städtische Gemeindeanstalten. Lübeck. 1875-1881; 1 vol. in-8°.

Arrêté de comptes de l'administration des établissemeuts municipaux de la ville de Lubeck.

427. — Rechnung der Stadt-Casse : Lübeck. 1872-1881; 1 vol. et 2 broch. in-8°.

Comptes de la caisse municipale de Lubeck.

428. — Generalbericht des Ober-Schulcollegiums über das lübeckische Unterrichtswesen. 1866-1881; 1 vol. in-8°.

Rapport général du Conseil supérieur des écoles sur l'état de l'enseignement à Lubeck.

429. — Sammlung der lübeckischen Verordnungen und Bekanntmachungen. 1860-1890; 11 vol. in-8°.

Recueil des ordonnances et des avis de l'administration lubeckoise.

430. — Statistik des lübeckischen Staates. 1871-1885; 2 vol. grand in-8°.

Statistique de l'État de Lubeck.

OLDENBOURG.

431. — Kollmann (P.). Die Vertheilung des Bodens und Viehstandes im Herzogthum Oldenburg. 1874; 1 broch. in-4°.

La distribution des terres et du bétail dans le duché d'Oldenbourg.

432. — Revidirte Gemeinde-Ordnung für das Herzogthum Oldenburg, 1873 April 15. 1 broch. petit in-8°.

Revision des règlements communaux pour le duché d'Oldenbourg, 15 avril 1873.

**433. — Kollmann (P.). Das Herzogthum Oldenburg in

seiner wirthschaftlichen Entwickelung während der letzen fünf und zwanzig Jahre. 1879; 1 vol. in-8°.

Le duché d'Oldenbourg au point de vue de son développement économique pendant les dernières vingt-cinq années.

434. — Statistische Nachrichten über das Grossherzogthum Oldenburg. 1855-1890; 13 vol. grand in-8°.

Renseignements statistiques sur le grand-duché d'Oldenbourg.

PRUSSE.

435. — Hoffmann (W.). Report on the chemical laboratories in process of building in the Universities of Bonn and Berlin. 1 broch. petit in-8°.

Rapport sur les laboratoires de chimie en voie de construction à l'Université de Bonn et à l'Université de Berlin.

436. — Adler (F.). Mittelalterische Backstein-Bauwerke des preussischen Staates. *Berlin*, 1 vol. in-folio et 1 vol. de dessins.

Les constructions en briques au moyen âge dans l'État prussien.

437. — Ludinghausen (Von), Timmerhans (F.). L'armée prussienne. *Bruges, Paris*, 1868; 1 vol. in-8°.

438. — Die unter staatlicher Aufsicht stehenden gewerblichen Hülfskassen für Arbeitnehmer. *Berlin*, 1876; 1 vol. petit in-4°.

Les caisses de secours pour travailleurs placées sous la surveillance de l'État.

439. — Petzholdt (J.). Katechismus der Bibliothekenlehre. *Leipzig*, 1877; 1 vol. in-12.

Catéchisme de Bibliothéconomie.

440. — Beiträge zur Statistik der Sparkassen im preussischen Staate. *Berlin*, 1876; 1 broch. in-4°.

Supplément à la statistique des caisses d'épargne en Prusse.

441. — Statistische Nachrichten von den preussischen Eisenbahnen. *Berlin*, 1855-1879; 28 vol. in-4°.

Renseignements statistiques sur les chemins de fer prussiens.

442. — Erläuterungen zu dem ausgeführten Project eines Abtritts-Gebäudes für grössere Bahnhöfe kön.-preuss.-Ostbahn. 2 planches in-4°.

Éclaircissements au sujet de l'exécution d'un projet de construction de lieux d'aisance pour les gares principales du chemin de fer de la Prusse royale orientale.

443. — **La politique prussienne et le catholicisme en Allemagne. Considérations sur la dernière guerre franco-allemande, par un catholique allemand, traduites par un catholique annexé.** *Paris, Luxembourg*, 1872; 1 vol. petit in-8°.

444. — **Kirchliches Gesetz- und Verordnungs-Blatt.** 1876-1890; *Berlin*, 8 vol. in-8°.

Bulletin des lois et ordonnances ecclésiastiques.

445. — **Hinschius (P.). Die preussischen Kirchengesetze der Jahre 1873, 1874, 1875.** *Berlin*, 2 vol. in-8°.

Les lois ecclésiastiques prussiennes des années 1873, 1874 et 1875.

446. — **Hinschius (P.). Die Orden und Kongregationen der katholischen Kirche in Preussen.** *Berlin*, 1874; 1 vol. in-8°.

Les ordres et les congrégations de l'Église catholique en Prusse.

447. — **Die Einrichtungen für die Wohlfahrt der Arbeiter im preussischen Staate.** *Berlin*, 1876; 2 vol. petit in-4°.

Institutions pour le bien-être des ouvriers en Prusse.

448. — **Wohlfahrts-Einrichtungen für die Arbeiter. Atlas.** *Berlin*, 1 vol. grand in-4°.

Institutions pour le bien-être des ouvriers. Atlas.

449. — **Rumpf (F.), Noël (Ch.). Droits et devoirs des fonctionnaires et employés prussiens.** *Paris*, 1840; 1 vol. in-8°.

450. — **Mosel (A.). Gesetz- und Verordnungs-Blatt für preussische Verwaltungs-Beamte.** *Berlin*, 1 broch. in-12.

Bulletin des lois et ordonnances pour les fonctionnaires et employés de l'administration en Prusse.

451. — **Les budgets en Prusse de 1862 à 1866.** *Paris*, 1877; 1 broch. in-8°.

452. — **Narjoux (F.). En Allemagne. La Prusse et ses annexes : le pays, les habitants, la vie intérieure.** *Paris*, 1884; 1 vol. grand in-12.

453. — **Euler, Eckler. Verordnungen und amtliche Bekanntmachungen das Turnwesen in Preussen betreffend.** *Leipzig*, 1869; 1 vol. in-12.

Ordonnances et avis officiels concernant la gymnastique en Prusse.

454. — **Ernouf (Baron). Les Français en Prusse, 1807-1808.** *Paris*, 1872; 1 vol. in-12.

455. — **Véron (E.).** Histoire de la Prusse depuis la mort de Frédéric II jusqu'à la bataille de Sadowa. *Paris*, 1867; 1 vol. in-12.

456. — **Die Gesundheitspflege in der Schule.** *Berlin*, 1876; 1 broch. in-8°.

Les soins hygiéniques dans les écoles.

457. — **Durand-Claye (A.). Les travaux d'assainissement de Danzig, Berlin, Breslau. Atlas.** 1 broch. grand in-4°.

458. — **Fischer (O.). Die preussische Klassensteuer nach den Gesetzen vom 1. Mai 1851, 25. Mai 1873, 16. Juni 1875 und 12. März 1877.** *Magdeburg*, 1878; 1 broch. in-8°.

L'impôt par classes en Prusse d'après les lois du 1er mai 1851, du 25 mai 1873, du 16 juin 1875 et du 12 mars 1877.

459. — **Meitzen. Die Vorschriften über die Klassen- und klassifizirte Einkommensteuer in Preussen.** *Berlin*, 1879; 1 vol. in-8°.

Prescriptions concernant l'impôt sur le revenu en Prusse, impôt par classes et classifié.

460. — **Winiker (R.). Die Klassen- und klassifizirte Einkommensteuer in Gemässheit der neuesten gesetzlichen Vorschriften und Ausführungsbestimmungen.** *Berlin*, 1880; 1 vol. in-8°.

L'impôt sur le revenu en Prusse, impôt par classes et classifié d'après les lois les plus récentes et les prescriptions qui en règlent l'exécution.

461. — **Kantz (G.). Das preussische System der direkten Steuern.** *Berlin*, 1889; 1 broch. in-8°.

Le système prussien des impôts directs.

462. — **Amtliche Mittheilungen aus den Jahres-Berichten der mit Beaufsichtigung der Fabriken betrauten Beamten.** *Berlin*, 1879-1888; 10 vol. in-8°.

Communications officielles tirées des rapports annuels des fonctionnaires chargés de la surveillance des fabriques.

463. — **Jahres-Berichte der Fabriken-Inspektoren.** *Berlin*, 1875-1878; 4 vol. in-8°.

Rapports annuels des inspecteurs des fabriques.

464. — **Quelques mots sur l'instruction primaire en Prusse, par Monseigneur l'évêque d'Orléans.** *Paris*, 1872; 1 broch. in-8°.

465. — Keller (E.). Geschichte des preussischen Volksschul-
wesens. *Berlin*, 1873; 1 vol. grand in-12.

Histoire des écoles populaires en Prusse.

466. — Schneider (Dʳ). Volksschulwesen und Lehrer-
bildung in Preussen. *Berlin*, 1875; 1 vol. petit in-8°.

Les écoles populaires et les écoles normales en Prusse.

467. — Wiese (L.). Verordnungen und Gesetze für die höheren Schulen in Preussen. *Berlin*, 1867-1875; 3 vol. in-8°.

Lois et ordonnances pour les écoles supérieures en Prusse.

468. — Wiese (L.). Das höhere Schulwesen in Preussen.
Historisch-statistische Darstellung. *Berlin*, 1864-1873; 3 vol.
in-8°.

Histoire et statistique des écoles supérieures en Prusse.

469. — Die öffentlichen Volksschulen in Preussen. *Berlin*,
1878-1882; 2 vol. in-4°.

Les écoles populaires publiques en Prusse.

**470. — Nachweisung der mittleren und niederen gewerblichen
Unterrichts-Anstalten in Preussen.** 1 cahier in-4°.

Renseignements sur les établissements d'enseignement industriel primaire et
secondaire en Prusse.

**471. — Verordnungen über die Umgestaltung der bestehenden
und Errichtung neuer Gewerbeschulen in Preussen.** 1 broch.
grand in-8°.

Ordonnances concernant la création de nouvelles écoles industrielles en
Prusse et la réforme de celles qui existent actuellement.

**472. — Verordnungen und Reglement für die Gewerbeschulen
in Preussen.** 1 vol. in-4°.

Ordonnances et règlement pour les écoles industrielles en Prusse.

473. — Das technische Unterrichtswesen in Preussen. *Berlin*,
1879; 1 vol. in-8°.

L'enseignement technique en Prusse.

**474. — Technisches Unterrichtswesen in Preussen. Denkschrif-
ten.** 1879; 4 broch. in-4° et grand in-8°.

L'enseignement technique en Prusse. Mémoires.

**475. — Denkschrift betreffend die Frage der Ueberbürdung
der Jugend in den höheren Schulen. — Gutachten der preus-**

sischen wissenschaftlichen Deputation für das Medizinal-
wesen. 1883; 2 broch. grand in-8°.

Mémoire concernant la question du surmenage des jeunes gens dans les
écoles supérieures.

Avis de la Commission médico-scientifique de Prusse.

**476. — Centralblatt für die gesammte Unterrichts-Verwaltung
in Preussen.** *Berlin*, 1872-1891; 20 vol. in-8°.

Feuille centrale pour l'administration générale de l'instruction publique en
Prusse.

**477. — Thilo (W.). Preussisches Volksschulwesen nach
Geschichte und Statistik.** *Gotha*, 1867; 1 vol. in-8°.

Les écoles populaires en Prusse d'après l'histoire et la statistique.

478. — Nypels. Code pénal prussien du 14 avril 1851. *Paris*,
1862; 1 vol. in-12.

**479. — Gide (P.). La réforme hypothécaire en Prusse, tra-
duite des lois du 5 mai 1872.** *Paris*, 1873; 1 broch. in-8°.

480. — Vainberg (S.). La profession d'avocat en Prusse.
Paris, 1870; 1 broch. in-8°.

481. — Preussen. Rechnungswesen-Gesetze. *Berlin*, 1878;
1 vol. in-8°.

Les lois financières en Prusse.

482. — Preussen. Vormundschaftsordnung vom 5. Juli 1875.
Berlin., 1 broch. in-8°.

Prusse. Ordonnance du 5 juillet 1875 sur la tutelle.

**483. — Städte-Ordnung für die sechs östlichen Provinzen der
preussischen Monarchie vom 30. Mai 1853.** *Berlin*, 1878;
1 broch. in-12.

Loi municipale du 30 mai 1853 concernant les six provinces orientales de la
Monarchie prussienne.

**484. — Gesetz-Sammlung für die königlich-preussischen
Staaten 1806-1877.** *Berlin*, 1878; 7 vol. in-8°.

Recueil de lois pour les États prussiens.

**485. — Koch (F.). Allgemeines Landrecht für die preus-
sischen Staaten.** 4 vol. in-8°.

Droit coutumier pour les États prussiens.

**486. — Bornhak (C.). Geschichte des preussischen Verwal-
tungsrechts.** *Berlin*, 1884-1886; 3 vol. in-8°.

Histoire du droit administratif prussien.

487. — Otte (E.). Preussisches Stadtrecht. *Berlin*, 1875; 1 vol. grand in-12.

Le droit municipal prussien.

488. — Backoffner (R.). Die Städte-Ordnungen der preussischen Monarchie. *Berlin*, 1880; 1 vol. grand in-12.

Lois municipales de la Monarchie prussienne.

489. — Stolp (D''). Kreis-Ordnung für die Provinzen Preussen, Brandenburg, Pommern, Posen, Schlesien und Sachsen vom **13. Dezember 1872.** *Breslau*, 1874; 1 vol. in-12.

Loi du 13 décembre 1872 concernant l'organisation des cercles dans les provinces de Prusse, de Brandebourg, de Poméranie, de Posen, de Silésie et de Saxe.

490. — Dennsted (H.). Herrschaft und Gesinde in ihren rechtlichen Beziehungen zu einander, zu Polizei- und Gerichts-Behörden. *Berlin*, 1876; 1 broch. in-12.

Maîtres et serviteurs au point de vue de leurs rapports normaux entre eux et avec les autorités judiciaires et la police.

491. — Kotze (O.). Die preussischen Städte-Ordnungen. *Berlin*, 1883; 1 vol. petit in-8°.

Les lois municipales en Prusse.

492. — Möller (D'' E. von). Preussisches Stadtrecht. *Breslau*, 1864; 1 vol. in-8°.

Le droit municipal prussien.

493. — Möller (D'' E. von). Landgemeinden und Gutsherrschaften nach preussischem Recht. *Breslau*, 1865; 1 vol. in-8°.

Les communes rurales et les grands propriétaires fonciers d'après le droit prussien.

494. — Parey (K.). Die Rechtsgrundsätze des königl.-preussischen Ober-Verwaltungsgerichts. *Berlin*, 1886-1889; 3 vol. in-8°.

Les principes de droit du tribunal administratif supérieur en Prusse.

495. — Koslik (P.). Das Bürgerrecht in den preussischen Provinzen. *Berlin*, 1888; 1 broch. in-8°.

Le droit de bourgeoisie dans les provinces prussiennes.

496. — Eulenberg (H.). Das Medicinalwesen in Preussen. *Berlin*, 1874; 1 vol. in-8°.

Le service médical en Prusse.

497. — Otte (E.), Brandt (E.). Der preussische Gemeinde-vorsteher. *Halle*, 1883-1888; 2 vol. in-8°.

Le maire en Prusse.

498. — Förster (O.). Aus der Praxis der Gemeinde-Verwaltung. *Köln, Neuss*, 1877; 1 vol. in-8°.

L'administration communale au point de vue pratique.

499. — Zander (C.). Handbuch der Polizei- und Steuer-Bestimmungen über den Betrieb der Gast- und Schankwirthschaft, sowie des Kleinhandels mit geistigen Getränken im preussischen Staate. *Breslau*, 1880; 1 vol. grand in-12.

Manuel des ordonnances de police et des impôts concernant l'exploitation des restaurants et des débits de boissons, ainsi que le petit commerce de spiritueux dans l'État prussien.

500. — Mascher (Dr H.-A.). Die Polizei-Verwaltung des preussischen Staates. Handbuch. *Bernburg*, 1 vol. in-8°.

L'administration de la police en Prusse. Manuel.

501. — Otte. Die Geschäfte der Kreis-Ausschüsse. Handbuch. *Berlin*, 1876; 1 vol. in-8°.

Les travaux des commissions de cercles. Manuel.

502. — Preussische Statistik. *Berlin*, 1867-1892; 53 vol. in-4°.

Statistique prussienne.

503. — Jahrbuch für die amtliche Statistik des preussischen Staats. *Berlin*, 1862-1883; 6 vol. in-8°.

Annuaire de la statistique officielle de la Prusse.

504. — Statistisches Handbuch für den preussischen Staat. *Berlin*, 1888; 1 vol. in-8°.

Manuel de statistique pour l'État prussien.

505. — Zeitschrift des königl.-preussischen statistischen Bureaus. *Berlin*, 1877-1891; 14 vol. in-4°.

Journal du bureau de statistique de Prusse.

506. — Blenck (E.). Caubert (L.). Le bureau royal de statistique à Berlin. *Paris, Genève*, 1887; 1 vol. petit in-8°.

507. — Schulz (W.). Der Verwaltungsdienst der königl.-preussischen Kreis- und Wasser-Bau-Inspectoren. *Berlin*, 1886; 1 vol. in-8°.

Le service administratif des inspecteurs royaux des travaux publics dans les arrondissements et sur les cours d'eau en Prusse.

HANOVRE (PROVINCE DE).

508. — Ebert (A.). Die Heimaths-, Armen- und Gemeindegesetzgebung nebst Ausführungs-Vorschriften in der Provinz Hannover. *Hannover*, 1873; 1 vol. in-8°.

Législation concernant le pays d'origine, l'Assistance publique et les communes dans la province de Hanovre, et prescriptions touchant l'exécution de la loi.

HESSE (ÉLECTORAT DE).

509. — Althaus. Die Gemeinde-Ordnung vom 23. October 1834 für die Städte und die Landgemeinden des früheren Kurfürstenthums Hessen. *Cassel*, 1878; 1 vol. petit in-8°.

Règlements communaux du 23 octobre 1834 pour les villes et les communes rurales du ci-devant électorat de Hesse.

NASSAU (DUCHÉ DE).

510. — Bertram (Dʳ Ph.). Die Nassauische Gemeindeordnung. *Wiesbaden*, 1876; 1 vol. in-8°.

Règlements communaux pour le duché de Nassau.

PRUSSE ORIENTALE.

511. — Wiedemann (A.). Die communale Verfassung und Verwaltung der Provinz Ostpreussen. *Königsberg i. Pr.*, 1881; 1 vol. in-8°.

L'organisation et l'administration des communes dans la province de la Prusse orientale.

RHÉNANES (PROVINCES).

512. — Cramer (J.). Sammlung von Gesetzen und Vrordnungen welche in den königlich-preussischen Rheinpovinzen gelten. *Düsseldorf*, 1850; 1 vol. in-18.

Recueil des lois et ordonnances qui sont en vigueur dans les provinces rhénanes du royaume de Prusse.

513. — Grotefend (A.). Rheinisches Civilgesetzbuch. *Düsseldorf*, 1879; 1 vol. in-18.

Code civil rhénan.

514. — Brandts (M.). Die neuen preussischen Verwaltungs-Gesetze für die Rheinprovinz. *Aachen,* 1887; 1 vol. in-8°.

La nouvelle législation administrative prussienne pour la province rhénane.

515. — Gemeinde-Ordnung für die preussische Rheinprovinz vom 23. Juli 1845, 15. Mai 1856, 18. Juni 1856, 31. Juli 1856, 1. März 1858. *Köln,* 1878; 1 broch. in-8°.

Règlements communaux émis à diverses dates pour la province prussienne du Rhin.

516. — Dasbach (F.). Die Gemeinde-Ordnung für die Rheinprovinz. *Trier,* 1884; 1 vol. grand in-12.

Règlements communaux pour la province rhénane.

517. — Schmitz (J.). Die Gemeinde-Ordnung für die Rheinprovinz vom 23. Juli 1845. *Köln,* 1879; 1 vol. grand in-12.

Règlements communaux du 23 juillet 1845 pour la province rhénane.

SCHLESWIG-HOLSTEIN.

518. — Städte- und Fleckens-Ordnung für Schleswig-Holstein. *Berlin,* 1870; 1 vol. petit in-8°.

Ordonnance concernant les villes et les bourgs du Schleswig-Holstein.

519. — Hasse (Dr P.). Das schleswiger Stadtrecht. *Kiel,* 1880; 1 vol. in-8°.

Le droit municipal de Schleswig.

520. — Krueger (C.). Die Organisation der Staats- und Selbst-Verwaltung in der Provinz Schleswig-Holstein. *Kiel, Leipzig,* 1889; 1 vol. in-8°.

Organisation de l'administration de l'État et de l'autonomie dans la province de Schleswig-Holstein.

SILÉSIE.

521. — Bericht über die Thätigkeit der Section für öffentliche Gesundheitspflege der schlesischen Gesellschaft. 1876; 1 broch. grand in-8°.

Rapport sur les actes de la section de la compagnie silésienne chargée de veiller sur l'hygiène publique.

AIX-LA-CHAPELLE.

**522. — Revidirtes Statut für den aachener Verein zur Beför-
derung der Arbeitsamkeit.** *Aachen*, 1877; 1 broch. grand
in-8°.

Revision du règlement de la Société d'encouragement au travail à Aix-la-
Chapelle.

523. — Etat der aachener Armen-Verwaltung. 1876-1892;
5 vol. in-8°.

Budget de l'administration de l'Assistance publique à Aix-la-Chapelle.

524. — Erläuterungs-Bericht der aachener Armen-Verwaltung.
1877-1880; 1 vol. grand in-8°.

Rapport explicatif de l'administration de l'Assistance publique à Aix-la-
Chapelle.

**525. — Die Canalisation und Wasserversorgung auf der
internationalen Aufstellung für Gesundheitspflege und Rettungswesen zu Brussel 1876. Bericht an die Verwaltung
der Stadt Aachen von Stübben.** 1 broch. grand in-8°.

Les égouts et le service des eaux à l'exposition internationale d'hygiène et de
sauvetage de Bruxelles en 1876. Rapport à l'administration de la ville d'Aix-
la-Chapelle, par Stübben.

526. — Etat für den Haushalt der Stadt Aachen. 1876-1892;
5 vol. grand in-8°.

Budget de la ville d'Aix-la-Chapelle.

**527. — Verwaltungs-Bericht zu dem Haushalts-Etat der Stadt
Aachen.** 1876-1882; 1 vol. grand in-8°.

Rapport administratif sur le budget de la ville d'Aix-la-Chapelle.

528. — Final-Abschluss der Stadt-Rentei-Casse zu Aachen.
1877-1890; 4 vol. grand in-8°.

Arrêté des comptes de la caisse municipale à Aix-la-Chapelle.

**529. — Jahresbericht über das königliche Gymnasium (Kaiser-
Karls-Gymnasium) zu Aachen.** 1830-1891; 6 vol. in-8°.

Rapport annuel sur le collège royal d'Aix-la-Chapelle.

**530. — Jahresbericht über die kombinirte höhere Bürger- und
provinzial-Gewerbeschule zu Aachen.** 1844-1862; 1 vol.
in-4°.

Rapport annuel sur l'école industrielle supérieure bourgeoise combinée avec
l'école industrielle provinciale à Aix-la-Chapelle.

531. — **Bericht über die königl.-provinzial-Gewerbeschule zu Aachen.** 1858-1874; 2 broch. in-8°.

Rapport sur l'école industrielle royale et provinciale d'Aix-la-Chapelle.

532. — **Die Reorganisation der Provinzial-Gewerbeschule zu Aachen.** 1877; 1 broch. in-8°.

Réorganisation de l'école industrielle provinciale d'Aix-la-Chapelle.

533. — **Bericht über die Realschule mit Fachklassen und die Handwerker-Fortbildungsschule zu Aachen.** 1878-1891; 3 vol. in-8°.

Rapport sur l'école dite *réale*, école avec enseignement professionnel, et sur l'école de perfectionnement pour les artisans.

534. — **Etat der katholischen Elementarschulen der Stadt Aachen.** 1879-1880; 1 broch. in-8°.

Budget des écoles catholiques élémentaires à Aix-la-Chapelle.

535. — **Programm des Real-Gymnasiums zu Aachen.** 1861-1890; 3 vol. in-8°.

Programme du collège dit *réal*, à Aix-la-Chapelle.

536. — **Spennzath (J.). Bericht über die Gewerbeschule zu Aachen für die Zeit vom 1. November 1886 bis 14. April 1891.** 3 broch. in-8°.

Rapport sur l'école industrielle d'Aix-la-Chapelle pour la période comprise entre le 1er novembre 1886 et le 14 avril 1891.

537. — **Jahresbericht über die städtische höhere Mädchenschule bei St Leonhard zu Aachen.** 1878-1885; 1 vol. in-8°.

Rapport annuel sur l'école municipale supérieure pour jeunes filles établie à Saint-Léonard.

538. — **Jahresbericht über die städtische höhere Mädchenschule auf Bergdrisch zu Aachen.** 1880-1885; 1 vol. in-8°.

Rapport annuel sur l'école municipale supérieure pour jeunes filles établie à Bergdrisch.

539. — **Jahresbericht über die höhere Stiftsschule zu Aachen.** 1865-1881; 1 vol. et 1 broch. petit in-8°.

Rapport annuel sur l'école épiscopale supérieure à Aix-la-Chapelle.

540. — **Bericht über die Verwaltung und den Stand der Gemeinde-Angelegenheiten der Stadt Aachen.** 1852-1892; 5 vol. et 2 broch. grand in-8°.

Rapport sur l'administration et la situation des affaires communales de la ville d'Aix-la-Chapelle.

541. — Verhandlungen der Stadtverordneten-Versammlung zu Aachen. 1875-1890; 6 vol. grand in-8°.

Procès-verbaux des séances du Conseil municipal d'Aix-la-Chapelle.

ALTONA.

542. — Haushaltungsplan der Stadt Altona. 1878-1887; 1 vol. et 1 broch. in-8°.

Budget de la ville d'Altona.

543. — Altona. Verordnungen. 1870; 1 vol. in-12.

Altona. Ordonnances diverses.

544. — Verwaltungs-Bericht des Magistrates zu Altona. 1870-1881; 2 vol. in-4°.

Rapport administratif du *Magistrat* d'Altona.

545. — Bericht über die Gemeinde-Verwaltung der Stadt Altona in den Jahren 1863 bis 1888. *Altona,* 1889; 1 vol. grand in-8°.

Rapport sur l'administration communale de la ville d'Altona de 1863 à 1888.

BARMEN.

546. — Katalog der Stadt-Bibliothek in Barmen. 1879; 1 vol. petit in-8°.

Catalogue de la bibliothèque de la ville de Barmen.

547. — Berichte über die Wasserleitungs-Angelegenheit in Barmen. 1879-1881; 1 vol. petit in-8°.

Rapports sur l'état des conduites d'eau à Barmen.

548. — Urkunden zur Geschichte Barmens. 1245-1600. *Barmen,* 1873; 1 broch. in-8°.

Documents pour l'histoire de Barmen.

549. — Verordnungen über das Feuerlöschwesen der Stadt Barmen. 1879; 1 broch. petit in-8°.

Ordonnances concernant le service des secours contre l'incendie dans la ville de Barmen.

550. — Barmen. Écoles (1873-1885). 1 vol. in-8°.

551. — Barmen-Wupperfeld Realschule. 1872-1885; 1 vol. in-8°.

L'école dite *réale,* à Barmen-Wupperfeld.

552. — Bericht über die Entwickelung, die Verfassung und den Lehrplan der höheren und niederen Gewerbeschule zu Barmen. 1868; 1 broch. in-8°.

Rapport sur le développement, l'organisation et le plan d'études de l'école industrielle supérieure et de l'école industrielle inférieure à Barmen.

553. — Jahresbericht über die höhere und niedere Gewerbeschule zu Barmen. 1864-1876; 1 vol. in-8°.

Rapport annuel sur l'école industrielle supérieure et sur l'école industrielle inférieure à Barmen.

554. — Verzeichniss der Volksschulen der Stadt Barmen. 1878, 1 broch. petit in-8°.

Liste des écoles populaires de la ville de Barmen.

555. — Statuten der städtischen höheren Töchterschule für Mittel- und Ober-Barmen. 1 broch. petit in-8°.

Règlements de l'école communale supérieure pour jeunes filles du haut et du moyen Barmen.

556. — Programm der städtischen höheren Töchterschule für Mittel- und Ober-Barmen. 1876-1878; 3 broch. petit in-8°.

Programme de l'école communale supérieure pour jeunes filles du haut et du moyen Barmen.

557. — Jahresbericht der städtischen höheren Töchterschule für Mittel- und Ober-Barmen. 1879-1885; 1 vol. petit in-8°.

Rapport annuel de l'école communale supérieure pour jeunes filles du haut et du moyen Barmen.

558. — Städtische höhere Töchterschule zu Unter-Barmen. 1876-1885; 1 vol. petit in-8°.

École communale supérieure pour jeunes filles du bas Barmen.

559. — Sammlung von Local- und anderen Verordnungen. *Barmen*, 1857-1878; 2 vol. petit in-8°.

Recueil d'ordonnances locales et autres.

560. — Bericht über die Verwaltung und den Stand der Gemeinde-Angelegenheiten der Stadt Barmen. 1856-1886; 7 vol. in-8°.

Rapport sur l'administration et la situation des affaires communales de la ville de Barmen.

561. — Barmen Stadtraths Protocolle. 1872-1877; 3 vol. in-12.

Procès-verbaux des séances du Conseil municipal de Barmen.

562. — Nachtrag zur Statistik des Stadtkreises Barmen. 1865-
1875; 2 vol. in-8°.

Supplément à la statistique du cercle de Barmen.

BERLIN.

563. — **Blankenstein (H.), Lindemann (A.). Der Cen-
tral-Vieh- und Schlachthof zu Berlin. Seine baulichen Anlagen und Betriebs-Einrichtungen.** *Berlin*, 1885; 1 vol. in-folio.

L'abattoir central et le parc aux bestiaux à Berlin. Construction et fonctionnement.

564. — **Die städtische Irren-Anstalt zu Dalldorf.** *Berlin*, 1883;
1 vol. in-folio.

L'établissement municipal pour aliénés à Dalldorf.

565. — **Berlin und seine Bauten.** 1877; 1 vol. in-8°.

Berlin et ses édifices.

566. — **Neumann (Dr S.). Der Arzneiverbrauch in der
städtischen Armenkrankenpflege Berlins.** 1855; 1 broch. in-8°.

La consommation des médicaments dans les soins donnés aux malades assistés
par la municipalité de Berlin.

567. — **Statut der königlichen Academie der Kunste zu Berlin.**
1882; 1 broch. grand in-8°.

Statut de l'Académie royale des beaux-arts à Berlin.

568. — **Katalog der Bibliothek des königl.-statistischen Bureaus zu Berlin.** 1874; 2 vol. in-8°.

Catalogue de la bibliothèque du bureau royal de statistique de Berlin.

569. — **Die Bauwerke der Berliner Stadt-Eisenbahn.** *Berlin*,
1886; 1 vol. in-folio.

Les travaux du chemin de fer métropolitain de Berlin.

570. — **Gaudin (P.), Zuber (J.). Le chemin de fer métropolitain de Berlin.** *Paris*, 1887; 1 broch. in-8°.

571. — **Constructions hydrauliques de Berlin. Établissement
de la Hutte.** 1 vol. in-folio.

572. — **Ermittellungen über die Lohn-Verhältnisse in Berlin.**
Mai 1877-1889; 3 vol. grand in-8°.

Recherches sur la proportion des salaires à Berlin.

573. — Hobrecht (J.). Die Canalisation von Berlin. 1884; 1 vol. grand in-8° et 1 atlas.

Les égouts de Berlin.

574. — Personal-Nachweisung der berliner Gemeinde-Verwaltung. *Berlin*, 1877-1890; 6 vol. petit in-8°.

Adresses du personnel de l'administration municipale de Berlin.

575. — Entwurf zum Haushalts-Etat der Stadt Berlin. 1878-1879; 1 vol. in-4°.

Projet de budget pour la ville de Berlin.

576. — Entwurf zur Declaration des Stadthaushalt-Etats der Stadt Berlin. 1878; 1 broch. in-4°.

Projet de déclaration du budget municipal de la ville de Berlin.

577. — Haushalts-Etat der Stadt Berlin. 1873-1892; 11 vol. in-4°.

Budget de la ville de Berlin.

578. — Final-Abschluss der Stadt-Haupt-Kasse der Haupt- und Residenzstadt Berlin. 1858-1890; 16 vol. in-8°.

Arrêté des comptes de la caisse municipale de Berlin.

579. — Etat für die Stadt-Haupt-Kasse der Haupt- und Residenzstadt Berlin. 1862-1866; 1 vol. grand in-8°.

Budget de la caisse municipale de Berlin.

580. — Das berlinische Stadtbuch aus dem Ende des XIV. Jahrhunderts. *Berlin*, 25 janvier 1883; 1 vol. in-8°.

Les annales municipales de Berlin depuis la fin du xive siècle. 25 janvier 1883.

581. — Mille (M.). Note sur l'assainissement de Berlin. *Paris*, 1 broch. petit in-8°.

582. — Das Grundbuch der Stadtgemeinde Berlin. 1872; 1 vol. petit in-8°.

Le cadastre de la ville de Berlin.

583. — Eberty (E.). Die Aufgaben der berliner Communalverwaltung und die Erhöhung der städtischen Steuern. *Berlin*, 1878; 1 broch. in-8°.

Travaux de l'administration communale de Berlin et augmentation des taxes municipales.

584. — Lavisse (E.). La fondation de l'Université de Berlin, avec note sur l'Université allemande de Strasbourg. *Paris,* 1876; 1 broch. petit in-8°.

585. — Deutsches Gewerbe-Museum. Bestimmungen für den Besuch der Unterrichts-Anstalt. *Berlin,* 1 broch. petit in-8°.

Indications pour les personnes qui fréquentent les cours du Musée industriel allemand.

586. — Organisations-Plan der Unterrichts-Anstalt des deutschen Gewerbe-Museums zu Berlin. 1877; 1 broch. petit in-8°.

Plan pour l'organisation des cours du Musée industriel allemand.

587. — Satzungen des Kuntsgewerbe-Museums zu Berlin. 1879; 1 broch. in-8°.

Règlements du Musée industriel artistique de Berlin.

588. — Rechenschafts-Bericht des Lette-Vereins. *Berlin,* 1878-1879; 1 broch. petit in-8°.

Compte rendu des opérations de la Société Lette (éducation des femmes), à Berlin.

589. — Verwaltungs-Bericht des Magistrats zu Berlin. 1872-1890; 18 vol. in-4°.

Rapport administratif du *Magistrat* de Berlin.

590. — Rapport de M. D.-E. Mayer sur les institutions municipales de Berlin. *Paris,* 1886; 1 broch. in-8°.

591. — Bericht über die Gemeinde-Verwaltung der Stadt Berlin. 1861-1888; 11 vol. in-8°.

Rapport sur l'administration communale de la ville de Berlin.

592. — Gemeinde-Blatt der Haupt- und Residenzstadt Berlin. 1871-1892; 29 vol. in-4°.

Feuille communale de la ville de Berlin.

593. — Verwaltungs-Bericht des königlichen Polizei-Präsidiums von Berlin. 1871-1880; 1 vol. in-4°.

Rapport administratif de la police à Berlin.

594. — Böckh (R.). Die Bevölkerungs-, Gewerbe- und Wohnungs-Aufnahme vom 1. Dezember 1875 in der Stadt Berlin. 4 vol. in-4°.

Relevé de la population et du nombre des établissements industriels et des maisons d'habitation dans la ville de Berlin au 1er décembre 1875.

595. — Schwabe (H.). Die Resultate der berliner Volks-zählung vom 3. Dezember 1867. *Berlin*, 1869; 1 vol. in-8°.

Résultats du recensement de la population de Berlin au 3 décembre 1867.

596. — Schwabe (H.). Die königlich Haupt- und Residenz-Stadt Berlin in ihren Bevölkerungs-, Berufs- und Wohnungs-verhältnissen. *Berlin*, 1874; 1 vol. in-8°.

La ville de Berlin au point de vue de sa population, de ses établissements industriels et commerciaux et de ses maisons d'habitation.

597. — Böckh (R.). Die Bevölkerungs- und Wohnungs-Aufnahme vom 1. |Dezember 1880 in der Stadt Berlin. 3 vol. in-4°.

Relevé de la population et du nombre des maisons d'habitation dans la ville de Berlin au 1ᵉʳ décembre 1880.

598. — Die berliner Volks-Zählung vom 3. Dezember 1861 und 1864. *Berlin*, 1863-1866; 2 vol. in-4°.

Recensement de la population de Berlin en 1861 et 1864.

599. — Erläuterungen zu dem Modell des neuen Strafgefängnisses bei Berlin, und den Projekt-Zeichnungen zu einem Ge-schäftshause. 1 broch. in-8°.

Éclaircissements au sujet du modèle de la nouvelle maison de correction de Berlin et des plans d'une maison de travail.

600. — Schwabe (H.). Berliner städtisches Jahrbuch für Volkswirthschaft und Statistik. *Berlin*, 1874-1877; 3 vol. in-8°.

Annuaire municipal de Berlin au point de vue de l'économie sociale et de la statistique.

601. — Statistisches Jahrbuch der Stadt Berlin. 1866-1888; 21 vol. in-8°.

Annuaire statistique de la ville de Berlin.

602. — Veröffentlichungen des statistischen Bureaus der Stadt Berlin. 1878-1892 ; 7 vol. in-4°.

Publications du bureau de statistique de la ville de Berlin.

603. — Reinigung und Entwässerung Berlins. 1870-1871; 3 vol. petit in-8°.

Balayage et arrosage de Berlin.

BRESLAU.

604. — Aufsichts-Verein für Kostkinder in Breslau. Rechen-schafts-Bericht. 1874-1890; 3 vol. petit in-8°.

Compte rendu de la Société de surveillance des enfants assistés, à Breslau.

605. — Breslauer Asyl-Verein für Obdachlose. Rechenschafts-Bericht. 1876; 1 broch. petit in-8°.

Compte rendu de la Société de refuge pour les personnes sans asile.

606. — Stadt-Haushalts-Etat für Breslau. 1876-1892; 15 vol. grand in-8°.

Budget de la ville de Breslau.

607. — Verwaltungs-Bericht des Magistrats der königl. Haupt-und Residenzstadt Breslau. 1870-1889; 3 vol. in-8°.

Rapport administratif du *Magistrat* de la ville de Breslau.

608. — Protokolle zu den Sitzungen der Stadtverordneten-Versammlung zu Breslau. 1878-1890; 13 vol. in-8°.

Procès-verbaux des séances du Conseil municipal de Breslau.

609. — Breslauer Statistik. 1876-1891; 13 vol. in-8°.

Statistique de Breslau.

610. — Wochen-Berichte des städtischen statistischen Bureaus zu Breslau. 1880-1890; 2 vol. et 2 broch. in-8°.

Rapports hebdomadaires du bureau municipal de statistique de Breslau.

611. — Monats-Berichte des städtischen statistischen Bureaus zu Breslau. 1884-1889; 1 vol. in-8°.

Rapports mensuels du bureau municipal de statistique de Breslau.

612. — Breslau. Reinigung und Entwässerung. 1873-1876; 1 vol. in-8°.

Breslau. Nettoyage et arrosage.

BRIEG.

613. — Noeggerath (E.). Bericht über die königliche Gewerbeschule zu Brieg. 1878-1879; 1 broch. in-8°.

Rapport sur l'École royale industrielle de Brieg.

COLOGNE.

614. — Köln und seine Bauten. 1888; 1 vol. in-8°.
Cologne et ses édifices.

615. — Armen-Deputation zu Köln. Final-Cassen-Abschluss.
1875-1889; 4 vol. grand in-8°.
Arrêté des comptes de la caisse de l'Assistance publique à Cologne.

616. — Armen-Deputation zu Köln. Entwurf des Budgets.
1878-1889; 4 vol. grand in-8°.
Projet de budget de l'Assistance publique à Cologne.

617. — Stadt-kölnische Wasser-Werke. 1876-1885; 1 vol.
grand in-8°.
Le service des eaux dans la ville de Cologne.

**618. — Bericht über den Betrieb der städtischen Gaswerke
der Stadt Köln.** 1876-1890; 4 vol. grand in-8°.
Rapport sur l'exploitation de l'usine à gaz de la ville de Cologne.

**619. — Bemerkungen zum Entwurfe des Haushalts-Etats der
Stadt Köln.** 1877-1878; 1 broch. in-8°.
Remarques sur le projet de budget pour la ville de Cologne.

620. — Haushalts-Etat der Stadt Köln. 1878-1892; 4 vol.
in-8°.
Budget de la ville de Cologne.

621. — Final-Abschluss der Stadt-Casse zu Köln. 1876-1890;
2 vol. grand in-8°.
Arrêté des comptes de la caisse municipale de Cologne.

**622. — Jahresbericht über die städtische höhere Töchter-
schule zu Köln.** 1876-1890; 4 vol. grand in-8°.
Rapport annuel sur l'École municipale supérieure pour jeunes filles à
Cologne.

**623. — Erkeleng (Dr H.). Die höhere Bürgerschule für Mäd-
chen zu Köln.** 1882; 1 broch. in-8°.
L'école bourgeoise supérieure pour jeunes filles à Cologne.

**624. — Verhandlungen der Stadtverordneten-Versammlung zu
Köln.** 1862-1886; 25 vol. in-8°.
Procès-verbaux des séances du Conseil municipal de Cologne.

625. — **Bericht über den Stand der Gemeinde-Angelegenheiten der Stadt Köln, 1875.** 1 broch. grand in-8°.

Rapport sur la situation des affaires communales de la ville de Cologne en 1875.

626. — **Bericht über die Verwaltung und den Stand der Gemeinde-Angelegenheiten der Stadt Köln.** 1876-1890; 4 vol. grand in-8°.

Rapport sur l'administration et la situation des affaires communales de la ville de Cologne.

627. — **Mittheilungen des statistischen Bureaus der Stadt Köln.** 1884-1890; 2 broch. grand in-8°.

Communications du bureau de statistique de la ville de Cologne.

DANZIG.

628. — **Reise-Bericht der Commission zur Besichtigung auswärtiger Schlachthäuser und Viehmärkte.** *Danzig*, 1890; 1 broch. in-4° et planches.

Compte rendu du voyage de la Commission chargée d'examiner les abattoirs et les marchés aux bestiaux à l'étranger.

629. — **Wasserleitung, Canalisation und Rieselfelder von Danzig.** 1876; 1 broch. in-12.

Les conduites d'eau, les égouts et les champs d'irrigation à Danzig.

630. — **Zusammenstellung der finanziellen Resultate der städtischen Verwaltung zu Danzig.** 1860-1875; 1 vol. in-8°.

Récapitulation des résultats financiers de l'administration municipale de Danzig.

631. — **Einnahmen und Ausgaben der Stadt Danzig.** 1876-1890; 3 vol. grand in-8°.

Recettes et dépenses de la ville de Danzig.

632. — **Protocoll der Stadt-Verordneten-Versammlung. Danzig.** 1878-1890; 7 vol. in-8°.

Procès-verbaux des séances du Conseil municipal de Danzig.

633. — **Verwaltungs-Bericht des Magistrats zu Danzig.** 1860-1870; 1 vol. in-8°.

Rapport administratif du *Magistrat* de Danzig.

634. — **Bericht des Magistrats der Stadt Danzig.** 1877-1891; 3 vol. grand in-8°.

Rapport du *Magistrat* de la ville de Danzig.

635. — Wochentlichen Nachweis der Bevölkerungs-Vorgänge der Stadt Danzig. 1876-1890; 6 vol. grand in-4°.

Renseignements hebdomadaires sur le mouvement de la population dans la ville de Danzig.

DORTMUND.

636. — Bericht der Verwaltung des Armenwesens der Stadt Dortmund. 1880-1890; 3 vol. in-8°.

Rapport de l'administration de l'Assistance publique de la ville de Dortmund.

637. — Bericht über den Stand und die Verwaltung der Gemeindeangelegenheiten der Stadt Dortmund. 1876-1890; 3 vol. grand in-8°.

Rapport sur la situation et l'administration des affaires communales de la ville de Dortmund.

DUSSELDORF.

638. — Stadt Düsseldorf. Haushalts-Etat. 1877-1892; 11 vol. in-8°.

Budget de la ville de Dusseldorf.

639. — Stadt Düsseldorf. Bericht über die Verwaltung und den Stand der Gemeindeangelegenheiten. 1867-1890; 5 vol. grand in-8°.

Rapport sur l'administration et la situation des affaires communales de la ville de Dusseldorf.

ELBERFELD.

640. — Bericht über die Verwaltung und den Stand der Gemeinde-Angelegenheiten der Stadt Elberfeld, und Haushalts-Etat. 1860-1885; 10 vol. grand in-8° et in-4°.

Rapport sur l'administration et la situation des affaires communales de la ville d'Elberfeld, et budget.

641. — Statistische Darstellung des Stadtkreises Elberfeld. 1864-1867; 1 vol. petit in-folio.

Description statistique du cercle d'Elberfeld.

ELBING.

642. — Verwaltungsbericht des Magistrats zu Elbing. 1864 ;
1 broch. grand in-8°.

Rapport administratif du *Magistrat* d'Elbing.

EMS.

643. — Promenoir couvert à Ems. 1 photographie.

ERFURT.

**644. — Promemoria die städtische Wasserleitung zu Erfurt
betreffend.** 1874-1876 ; 2 broch. petit in-8°.

Mémoire concernant le service des eaux à Erfurt.

645. — Etat für die Stadt-Haupt-Casse zu Erfurt. 1875-1891 ;
4 vol. grand in-4°.

Budget de la ville d'Erfurt.

**646. — Denkschrift die Aufnahme einer neuen städtischen
Anleihe betreffend.** *Erfurt*, 1877 ; 1 broch. grand in-8°.

Mémoire à propos d'un projet de nouvel emprunt municipal à Erfurt.

647. — Verwaltungs-Bericht. Erfurt. 1863-1890 ; 3 vol. in-4°.

Rapport administratif de la ville d'Erfurt.

FRANCFORT—SUR—LE—MEIN.

648. — Handelskammer zu Frankfurt-am-Main. Jahresbericht.
1877-1891 ; 13 vol. in-8°.

Rapport annuel de la Chambre de commerce de Francfort-sur-le-Mein.

**649. — Die Anlage von Klärbecken und Rieselfeldern zur
Reinigung der Abflüsse aus den städtischen Schwemmsielen.
Frankfurt-am-Main.** 1877 ; 1 broch. in-4°.

Création de bassins épurateurs et de champs d'irrigation pour la purification
des eaux d'égout de la ville de Francfort-sur-le-Mein.

**650. — Entwässerung von Sachsenhausen. Erläuterungsbericht
vom 20. März 1877.** *Frankfurt-am-Main*, 1 broch. in-8°.

Rapport explicatif sur les travaux de drainage de Sachsenhausen.

651. — **Documente über die Wasserleitungen und Kanal-anlagen. Frankfurt-am-Main. 1 vol. petit in-8°.**

Documents relatifs au service des eaux et aux égouts de Francfort-sur-le-Mein.

652. — Haushalts-Etat der Stadt Frankfurt-am-Main. 1870-1892; 7 vol. grand in-8°.

Budget de la ville de Francfort-sur-le-Mein.

653. — Entwurf des Haushalts-Etats der Stadt Frankfurt-am-Main für das Jahr 1880-1881. 1 broch. grand in-8°.

Projet de budget de la ville de Francfort-sur-le-Mein pour l'exercice 1880-1881.

654. — Frankfurt-am-Main. Verschiedene Documente. 1 vol. grand in-8°.

Documents divers concernant la ville de Francfort-sur-le-Mein.

655. — Oven (E. von). Neue Sammlung von Gesetzen, Statuten und Verordnungen für Frankfurt-am-Main. 1872; 1 vol. in-12.

Nouveau recueil de lois, de règlements et d'ordonnances pour Francfort-sur-le-Mein.

656. — Geschäftsordnung für den Magistrat der Stadt Frankfurt-am-Main. 1869; 1 broch. in-8°.

Règlement pour le *Magistrat* de la ville de Francfort-sur-le-Mein.

657. — Reyntiens (N.). Débats de l'Assemblée de Francfort sur les questions de l'Église et de l'instruction publique. *Bruxelles*, 1849, 1 vol. in-8°.

658. — Mittheilungen aus den Protokollen der Stadtverordneten-Versammlung der Stadt Frankfurt-am-Main. 1881-1891; 15 vol. in-8°.

Extraits des procès-verbaux des séances du Conseil municipal de Francfort-sur-le-Mein.

659. — Bericht des Magistrats an die Stadtverordneten-Versammlung die Verwaltung und den Stand der Gemeinde-Angelegenheiten betreffend. *Frankfurt-am-Main*, 1871-1890; 6 vol. grand in-8°.

Rapport du *Magistrat* de la ville de Francfort-sur-le-Mein au Conseil municipal concernant l'administration et la situation des affaires communales.

660. — **Statistische Mittheilungen über den Civilstand der Stadt Frankfurt-am-Main.** 1870-1890; 2 vol. in-8°.

Renseignements statistiques sur l'état civil de la ville de Francfort-sur-le-Mein.

661. —Mittheilungen des statistischen Amtes der Stadt Frankfurt-am-Main. 1876; 1 broch. in-8°.

Communications du bureau de statistique de la ville de Francfort-sur-le-Mein.

FRANCFORT-SUR-L'ODER.

662. — Etat der Kämmereikasse zu Frankfurt-an-der-Oder pro 1877. 1 cahier in-4°.

Budget de Francfort-sur-l'Oder pour 1877.

663. — Bericht über die Verwaltung und den Stand der Gemeinde-Angelegenheiten der Stadt Frankfurt-an-der-Oder. 1867-1872; 2 broch. in-8°.

Rapport sur l'administration et la situation des affaires communales de la ville de Francfort-sur-l'Oder.

GLUCKSTADT.

664. — Warnstedt (Dr A. von). Kritische Beleuchtung des Rechtsstreits betreffend die glückstädter Strafanstalten und den Neubaufonds. *Hannover,* 1878; 1 vol. in-8°.

Examen critique de la contestation en justice concernant les établissements pénitentiaires de Gluckstadt et les fonds réservés aux nouvelles constructions.

GOERLITZ.

665. — Haushalts-Etat der Stadt Görlitz. 1869; 1 broch. grand in-8°.

Budget de la ville de Gœrlitz.

666. — Etat für die Stadt-Haupt-Kasse zu Görlitz. 1871-1884; 2 broch. in-4°.

Budget de la caisse municipale de Gœrlitz.

667. — Etat der städtischen Institutenkasse und der Sparkasse Görlitz. 1883-1884; 1 broch. in-4°.

Budget des établissements municipaux et de la caisse d'épargne de Gœrlitz.

668. — Görlitz. Verschiedene Documente. 1 vol. in-8°.

Documents divers concernant la ville de Gœrlitz.

669. — Bericht über die Verwaltung und den Stand der Gemeinde-Angelegenheiten der Stadt Görlitz. 1868-1885; 1 broch. et 4 vol. in-8°.

Rapport sur l'administration et la situation des affaires communales de la ville de Gœrlitz.

HALLE.

670. — Kämmerei-Etat der Stadt Halle a.-S. 1871-1892; 7 vol. in-8°.

Budget de la ville de Halle.

671. — Verzeichniss der auf der königlichen vereinigten Friedrichs-Universität Halle-Wittenberg in 1881-1882 zu haltenden Vorlesungen. *Halle*, 1881, 1 broch. in-4°.

Programme des cours de l'Université Frédéric (Halle-Wittemberg) pour 1881-1882.

672. — Lambert (Dr E.-M.). Das hallische Patriciat. *Halle*, 1866; 1 vol. in-8°.

Le Patriciat à Halle.

673. — Die Stadt Halle nach amtlichen Quellen, und Verwaltungsberichte vom Magistrat der Stadt. 1867-1879; 3 vol. in-8°.

La ville de Halle d'après des sources officielles, et rapports administratifs du *Magistrat* de cette ville.

674. — Bericht über den Stand und die Verwaltung der Gemeinde-Angelegenheiten der Stadt Halle-a.-Saale. 1879-1890; 3 vol. in-4°.

Rapport sur la situation et l'administration des affaires communales de la ville de Halle-sur-la-Saale.

KOENIGSBERG.

675. — Entwurf zum Stadthaushalt von Königsberg. 1877-1891; 3 broch. et 3 vol. in-8°.

Projet de budget pour la ville de Kœnigsberg.

676. — Haupt-Uebersicht über die der Stadt-Haupt-Kasse in

Königsberg in Pr. zugewiesenen Verwaltungszweige. 1876-1890; 3 vol. grand in-8°.

Coup d'œil général sur les diverses branches de l'administration rattachées à la caisse municipale de Kœnigsberg en Prusse.

677. — **Bericht über die Verwaltung und den Stand der Gemeinde-Angelegenheiten der könig. Haupt- und Residenzstadt Königsberg.** 1867-1890; 5 vol. in-8°.

Rapport sur l'administration et la situation des affaires communales de la ville de Kœnigsberg.

678. — **Beschlüsse der Stadtverordneten-Versammlung. Königsberg.** 1876-1890; 15 vol. grand in-12.

Décisions du Conseil municipal de Kœnigsberg.

MAGDEBOURG.

679. — **Magdeburger Baudenkmäler.** Photographies.

Monuments architectoniques de Magdebourg.

680. — **Hoffmann. Geschichte der Stadt Magdeburg.** 1856; 3 vol. in-8°.

Histoire de la ville de Magdebourg.

681. — **Festschrift für die Mitglieder und Theilnehmer der 57. Versammlung deutscher Naturforscher und Aerzte. Magdeburg.** 1884; 1 vol. in-8°.

Programme de la 57ᵉ réunion des naturalistes et des médecins allemands à Magdebourg.

682. — **Bericht über die Verwaltung und den Stand der Gemeinde-Angelegenheiten der Stadt Magdeburg, und Haushalts-Etat.** 1864-1892; 10 vol. grand in-8°.

Rapport sur l'administration et la situation des affaires communales de la ville de Magdebourg, et budget.

683. — **Magdeburgische Statistik.** 1887-1890; 1 vol. in-8°.

Statistique de Magdebourg.

MAYENCE.

684. — **Haushalts-Voranschlag der Provinzial-Hauptstadt Mainz.** 1867-1892; 10 vol. in-8°.

Budget de la ville provinciale de Mayence.

685. — **Verwaltungs-Rechenschaft des grossherzoglichen Bürgermeisters der Provinzial-Hauptstadt Mainz.** 1867-1890; 5 vol. in-8°.

Comptes administratifs présentés par le bourgmestre de la ville de Mayence.

686. — **Inventar der der Stadt, dem Stadterweiterungsfonds und dem Orchesterfonds gehörenden Immobilien.** *Mainz,* 1882-1883; 1 broch. in-4°.

Inventaire des immeubles appartenant à la ville de Mayence et faisant partie soit du capital consacré à l'agrandissement de la ville, soit du capital réservé pour la musique.

687. — **Helwig (A.).** **Beiträge zur Mortalitäts-Statistik der Stadt Mainz.** 1873-1874; 2 broch. grand in-8°.

Supplément à la statistique de la mortalité dans la ville de Mayence.

STETTIN.

688. — **Bericht über die Verwaltung des Einquartirungs-Wesens in Stettin während des deutsch-französischen Krieges.** 1871; 1 broch. in-8°.

Rapport sur l'administration chargée des logements militaires à Stettin pendant la guerre franco-allemande.

689. — **Entwurf zum Stadt-Haushalts-Etat von Stettin.** 1872-1892; 9 vol. petit in-4°.

Projet de budget pour la ville de Stettin.

690. — **Instruction für die Kämmerei-Kasse von Stettin.** 1870; 1 broch. in-8°.

Instruction au sujet des finances de Stettin.

691. — **Instruktion für die Schul-Commissionen. Stettin.** 1869; 1 broch. in-8°.

Instruction pour les Commissions des écoles à Stettin.

692. — **Bericht über die Verwaltung und den Stand der Gemeinde-Angelegenheiten in der Stadt Stettin.** 1867-1891; 4 vol. petit in-8°.

Rapport sur l'administration et la situation des affaires communales dans la ville de Stettin.

693. — **Mittheilungen der städtischen Deputation für Statistik. Stettin.** 1876-1880; 1 cahier in-4°.

Communications de la Commission municipale de statistique de Stettin.

SAXE.

694. — Die Viehzählungen im Königreiche Sachsen. 1834-
1853; 1 vol. in-4°.

Recensements du bétail dans le royaume de Saxe.

**695. — Kalender und statistisches Jahrbuch für das König-
reich Sachsen.** 1871-1891; 3 vol. petit in-8°.

Almanach et annuaire statistique du royaume de Saxe.

**696. — Statistischer Bericht über den Betrieb der unter kö-
niglich-sächsischer Staatsverwaltung stehenden Staats- und
Privat-Eisenbahnen.** 1877-1890; 14 vol. petit in-4°.

Rapport statistique sur l'exploitation des chemins de fer de l'État et des
chemins de fer des compagnies particulières soumis à l'administration du
Gouvernement royal saxon.

**697. — Geschichte der königlich-sächsischen Staatseisenbahnen.
Denkschrift zur Feier der achthundertjährigen Herrschaft
des Hauses Wettin in den sächsischen Landen.** *Dresden,*
1889; 1 vol. petit in-8°.

Histoire des chemins de fer de l'Etat dans le royaume de Saxe. Souvenir de
l'anniversaire des huit cents ans de règne de la Maison de Wettin en Saxe.

**698. — Wolff (L.). Die Gesetzgebung über Wegebau und
Expropriation im Königreiche Sachsen.** 1878; 1 vol. in-12.

Législation de la construction des voies et de l'expropriation dans le royaume
de Saxe.

699. — Eintheilung des Königreichs Sachsen. 1874; 1 broch.
in-8°.

Division du royaume de Saxe.

**700. — Generalübersicht sämmtlicher Ortschaften des König-
reichs Sachsen.** 1874; 1 broch. in-8°.

Aperçu général des diverses localités du royaume de Saxe.

**701. — Chronik des sächsischen Könighauses und seiner Re-
sidenzstadt.** 1853-1878; 1 vol. in-folio.

Chronique de la maison royale de Saxe et de sa capitale.

**702. — Jahresbericht der chemischen Centralstelle für öffent-
liche Gesundheitspflege.** *Dresden,* 1880-1884; 1 vol. grand
in-8°.

Rapport annuel de la station centrale de chimie chargée de veiller à l'hygiène
publique.

703. — Gesetz- und Verordnungs-Blatt für das Königreich
Sachsen. 1870-1890; 14 vol. in-8°.

Bulletin des lois du royaume de Saxe.

**704. — Bosse (V.). Königlich-sächsische revidirte Städte-
Ordnung.** *Leipzig*, 1879; 1 vol. in-12.

Revision des lois concernant les villes du royaume de Saxe.

705. — Das Volksschulwesen im Königreiche Sachsen. *Leipzig*,
1879; 1 broch. in-12.

Les écoles populaires dans le royaume de Saxe.

**706. — Prüfungsordnung für Lehrer und Lehrerinnen an
Volksschulen im Königreiche Sachsen.** 1877; 1 broch. in-12.

Règlement pour l'examen d'admission comme instituteur ou institutrice dans
les écoles populaires du royaume de Saxe.

**707. — Exposé über den Stand des öffentlichen Schulwesens
im Königreiche Sachsen.** 1867; 1 broch. in-8°.

Exposé de la situation des écoles dans le royaume de Saxe.

**708. — Bericht über den Stand des Unterrichtswesens im Kö-
nigreiche Sachsen.** 1873; 1 broch. petit in-8°.

Rapport sur la situation de l'instruction publique dans le royaume de Saxe.

**709. — Bericht über den Stand der dem Ministerium des
Cultus und öffentlichen Unterrichtes unterstellten Unter-
richts- und Erziehungs-Anstalten im Königreiche Sachsen.**
1876-1880; 1 vol. petit in-4°.

Rapport sur la situation des établissements d'instruction et d'éducation du
royaume de Saxe qui dépendent du Ministère de l'instruction publique et des
cultes.

**710. — Bericht über die gesammten Unterrichts- und Erzie-
hungsanstalten im Königreiche Sachsen.** *Dresden*, 1884-
1889; 2 broch. grand in-8°.

Rapport sur l'ensemble des établissements d'instruction et d'éducation du
royaume de Saxe.

**711. — Götz (R.). Gesetz über die Gymnasien, Realschulen
und Seminare.** *Leipzig*, 1877; 1 vol. in-12.

Loi sur les collèges, les écoles dites *réales* et les séminaires.

**712. — Handbuch der Schulstatistik für das Königreich
Sachsen.** 1875-1891; 6 vol. in-8°.

Manuel de statistique scolaire pour le royaume de Saxe.

713. — **Verschiedene Documente über die Schulen im Königreiche Sachsen und in Dresden.** 1 vol. in-8°.

Documents divers sur les écoles dans le royaume de Saxe et à Dresde.

714. — **Bosse (H.-A. von).** **Königlich-sächsische revidirte Landgemeindeordnung.** *Leipzig*, 1875; 1 vol. grand in-12.

Revision des lois concernant les communes rurales du royaume de Saxe.

715. — **Marbach (O.).** **Bericht über literarische Leistungen im Königreiche Sachsen lebender Schriftsteller während der Jahre 1847-1867.** *Leipzig*, 1 vol. in-8°.

Rapport sur les productions littéraires des écrivains vivant dans le royaume de Saxe de 1847 à 1867.

716. — **Jahresbericht des Landes-Medicinal-Collegiums über das Medicinalwesen im Königreiche Sachsen.** 1869-1889; 6 vol. in-8°.

Rapport annuel du Conseil de médecine sur le service médical dans le royaume de Saxe.

717. — **Bericht über das Veterinärwesen im Königreiche Sachsen.** 1872-1890; 5 vol. in-8°.

Rapport sur le service vétérinaire dans le royaume de Saxe.

718. — **Bruhns (C.).** **Monatliche Berichte über die Resultate aus den meteorologischen Beobachtungen angestellt an den königlich-sächsischen Stationen im Jahre 1875.** 1 broch. petit in-4°.

Rapports mensuels sur les résultats des observations faites aux stations météorologiques du royaume de Saxe.

719. — **Bosse (V.).** **Leitfaden für die Gemeindevorstände des Königreichs Sachsen.** *Leipzig*, 1880; 1 vol. in-12.

Guide des autorités communales dans le royaume de Saxe.

720. — **Verzeichniss der unter Verwaltung des Stadtrathes zu Dresden stehenden Stiftungen.** 1874; 1 broch. in-8°.

Liste des fondations administrées par le Conseil municipal de Dresde.

721. — **Statistische Mittheilungen aus dem Königreich Sachsen.** 1851-1855; 4 vol. in-4°.

Communications statistiques émanant du royaume de Saxe.

722. — **Zeitschrift des statistischen Bureaus des königlich-sächsischen Ministeriums des Innern.** 1851-1890; 12 vol. grand in-8°.

Journal du bureau de statistique du Ministère de l'intérieur du royaume de Saxe.

723. — Schrotky (A.). Repertorium der in sämmtlichen Publicationen des königl.-sächsischen statistischen Bureaus von 1831 bis 1866 behandelten Gegenstände. 1867; 1 broch. in-8°.

Table des objets traités de 1831 à 1866 dans les diverses publications du bureau de statistique du royaume de Saxe.

CHEMNITZ.

724. — Regulativ das Einquartirungswesen der Stadt Chemnitz in Friedenszeiten betreffend. 1 broch. in-8°.

Règlement concernant le logement des militaires dans la ville de Chemnitz en temps de paix.

725. — Regulativ die Kriegseinquartirung für die Stadt Chemnitz betreffend. 1 broch. in-8°.

Règlement concernant le logement des militaires dans la ville de Chemnitz en temps de guerre.

726. — Local Armen-Ordnung. Chemnitz. 1861; 1 broch. in-12.

Règlement local concernant l'Assistance publique à Chemnitz.

727. — Belehrung über Kinderpflege in den ersten Lebens-jahren für Zieh-Eltern. Chemnitz. 1875; 1 broch. in-8°.

Instructions sur les soins à donner dans le premier âge aux enfants élevés par la charité publique.

728. — Regulativ der Sparkassenanstalt für die Stadt Chemnitz. 1874-1877; 1 broch. in-8°.

Règlement de la caisse d'épargne de Chemnitz.

729. — Revidirte Friedhofs-Ordnung der Stadt Chemnitz. 1876; 1 broch. in-8°.

Revision du règlement concernant le cimetière de la ville de Chemnitz.

730. — Regulativ für die Benutzung der städtischen Wasserleitung von Seiten der Privaten. *Chemnitz,* 1872-1875; 2 broch. in-8°.

Règlement concernant l'eau des conduites de la ville employée par des particuliers.

731. — Haushaltplan der Stadt Chemnitz. 1869-1890; 8 vol. in-4°.

Budget de la ville de Chemnitz.

732. — **Rechnungs-Uebersicht der Stadt Chemnitz.** 1876-1889; 2 vol. in-4°.

Aperçu des comptes de la ville de Chemnitz.

733. — **Regulativ der Stadtbank zu Chemnitz, 1876. Ordnung der Stadtbank zu Chemnitz.** 1875; 2 broch. in-8°.

Règlements de la banque municipale de Chemnitz.

734. — **Rechnungs-Uebersicht der Schulkasse zu Chemnitz.** 1877-1889; 3 vol. in-4°.

Aperçu des comptes de la caisse des écoles à Chemnitz.

735. — **Haushaltplan der Schulkasse zu Chemnitz.** 1877-1890; 6 vol. in-4°.

Budget de la caisse des écoles à Chemnitz.

736. — **Regulativ über die Aufbringung der Commun-Anlagen in der Stadt Chemnitz.** 1 broch. in-8°.

Règlement concernant l'établissement d'impôts communaux dans la ville de Chemnitz.

737. — **Ortsstatut der Stadt Chemnitz.** 1874; 1 broch. petit in-8°.

Règlement local pour la ville de Chemnitz.

738. — **Marktordnung für die Stadt Chemnitz.** 1872; 1 broch. in-8°.

Règlement des marchés de la ville de Chemnitz.

739. — **Revidirte Leihhaus-Ordnung der Stadt Chemnitz.** 1875; 1 broch. in-8°.

Revision du règlement du mont-de-piété de la ville de Chemnitz.

740. — **Bericht über die Verwaltung und den Stand der Gemeindeangelegenheiten der Fabrik- und Handelsstadt Chemnitz.** 1875-1890; 14 vol. in-8°.

Rapport sur l'administration et la situation des affaires communales de la ville de Chemnitz.

741. — **Geschäftsordnung für die Stadtverordneten zu Chemnitz.** 1 broch. petit in-8°.

Règlement pour le Conseil municipal de Chemnitz.

742. — **Mittheilungen des statistischen Bureaus der Stadt Chemnitz.** 1873-1885; 2 vol. petit in-4°.

Communications du bureau de statistique de la ville de Chemnitz.

743. — Revidirte statuten des Johanneums zu Chemnitz. 1875; 2 broch. in-8°.

Revision des règlements du Johanneum de Chemnitz.

744. — Regulativ die öffentlichen Musikaufführungen und sonstigen Lustbarkeiten in der Stadt Chemnitz betreffend. 1 broch. in-8°.

Règlement concernant les concerts publics et autres divertissements dans la ville de Chemnitz.

DRESDE.

745. — Die Bauten von Dresden. 1878; 1 vol. in-8°.

Les constructions à Dresde.

746. — Verein Einheimischer und Fremder zur Wahrung gegenseitiger Interessen zu Dresden. Rechenschafts-Bericht. 1875-1876; 1 broch. in-4°.

Société de nationaux et d'étrangers unis pour la défense de leurs intérêts respectifs à Dresde. Compte rendu.

747. — Geschäfts- und Verwaltungs-Bericht der Armenversorgungs-Behörde zu Dresden. 1874-1876; 1 vol. in-4°.

Rapport administratif sur l'Assistance publique à Dresde.

748. — Bericht über die communliche Armenpflege der Stadt Dresden. 1854-1861; 1 broch. in-8°.

Rapport sur l'Assistance publique municipale de la ville de Dresde.

749. — Einige Bemerkungen zu den Wohlthätigkeitsanstalten Dresdens. 1864; 1 cahier in-4°.

Quelques observations sur les établissements de bienfaisance de Dresde.

750. — Gemeinnütziger Verein zu Dresden. Rechenschafts-Bericht. 1881; 1 broch. in-8°.

Société d'utilité publique de Dresde. Compte rendu.

751. — Bericht über die Verwaltung der königl. Sammlungen für Kunst und Wissenschaft zu Dresden. 1876-1887; 12 vol. grand in-8°.

Rapport sur l'administration des Collections royales d'art et de science à Dresde.

**752. — Decret an die Stände den Bericht über die Verwaltung und Vermehrung der königlichen Sammlungen für

Kunst und Wissenschaft betreffend. Dresden. 1878-1883 ; 2 broch. in-4°.

Décret adressé à la Diète concernant le rapport sur l'administration et l'accroissement des collections royales d'art et de science à Dresde.

753. — **Bibliotheksordnung am königl. Polytechnikum. Dresden.** 1878 ; 1 broch. in-8°.

Règlement pour la bibliothèque de l'Institut polytechnique royal de Dresde.

754. — **Katalog der Bibliothek des statistischen Bureaus der Stadt Dresden.** 1877 ; 1 broch. in-8°.

Catalogue de la bibliothèque du bureau de statistique de la ville de Dresde.

755. — **Musterkatalog für Volksbibliotheken. Gemeinnütziger Verein zu Dresden.** 1 broch. in-8°.

Catalogue modèle-pour bibliothèques populaires. Société d'utilité publique de Dresde.

756. — **Die Feuerbestattung System Friedr. Siemens. Dresden.** 1878 ; 2 broch. petit in-8°.

Procédé de crémation de M. Frédéric Siemens, ingénieur civil et propriétaire d'une verrerie à Dresde.

757. — **Haushaltplan der Stadt Dresden.** 1871-1890 ; 3 vol. in-4°.

Budget de la ville de Dresde.

758. — **Uebersicht des communlichen Haushalts und Vermögens-Abschluss der Stadt Dresden.** 1871-1889 ; 3 vol. in-4°.

Aperçu du budget communal et de l'arrêté de comptes de l'administration financière de la ville de Dresde.

759. — **Verzeichniss des Vermögens der Stadt Dresden.** 1871-1889 ; 3 vol. in-4°.

État des finances de la ville de Dresde.

760. — **Richter (Otto). Verfassungsgeschichte der Stadt Dresden.** 1885 ; 1 vol. petit in-8°.

Histoire constitutionnelle de la ville de Dresde.

761. — **Sanitäre Verhältnisse und Einrichtungen Dresdens.** 1878 ; 1 vol. petit in-8°.

Institutions et établissements hygiéniques de Dresde.

762. — **Statut für das königliche sächsische Polytechnikum zu Dresden.** 1 broch. in-8°.

Règlement organique pour l'Institut polytechnique royal de Dresde.

763. — **Habilitationsordnung am königl. Polytechnikum. Dresden.** 1878; 1 broch. in-8°.

Règlement pour l'examen d'agrégation à l'Institut polytechnique royal de Dresde.

764. — **Prospect des königlichen Lehrerinnen-Seminars und der damit verbundenen Töchterschule zu Dresden.** 1 broch. in-8°.

Prospectus de l'École normale de Dresde pour institutrices et de l'école de jeunes filles qui y est attachée.

765. — **Das Ortsstatut der königlichen Haupt- und Residenzstadt Dresden vom 4. April 1882.** 1 vol. in-8°.

Le règlement local de la ville de Dresde du 4 avril 1882.

766. — **Dresden. Verschiedene Documente.** 1 vol. in-8°.

Dresde. Documents divers.

767. — **Sachregister zu den im dresdener Anzeiger veröffentlichten Protokoll-Auszügen über die Verhandlungen in den Rathsplenarsitzungen.** 1873-1889; 5 vol. in-4°.

Table de matières pour les extraits de procès-verbaux publiés par le *Moniteur de Dresde* au sujet des délibérations du Conseil réuni en séance plénière.

768. — **Verwaltungs-Bericht des Rathes der königlichen Haupt- und Residenzstadt Dresden.** 1877-1888; 5 vol. in-4°.

Rapport administratif du Conseil municipal de Dresde.

769. — **Sammlung von Druckvorlagen für Beschlüsse des Raths zu Dresden.** 1878-1889; 10 vol. in-8°.

Recueil de propositions imprimées pour être soumises à la décision du Conseil municipal de Dresde.

770. Petermann (T.). Die Bevölkerung der Stadt Dresden am 1. December 1871. 1 broch. in-8°.

Population de la ville de Dresde au 1ᵉʳ décembre 1871.

771. — **Mittheilungen des statistischen Bureaus der Stadt Dresden.** 1875-1891; 5 vol. in-8°.

Communications du bureau de statistique de la ville de Dresde.

772. — **Wochen- und Monats-Berichte des statistischen Amtes der Stadt Dresden.** 1884-1891; 2 vol. in-4°.

Rapports hebdomadaires et mensuels du bureau de statistique de la ville de Dresde.

773. — **Rechnungsbericht der im Jahre 1803 errichteten Ar-
menanstalt zu Leipzig.** 1866-1878; 1 vol. in-8°.

Compte rendu de l'établissement d'Assistance publique fondé à Leipzig en
1803.

774. — **Armen-Ordnung für die Stadt Leipzig.** 1 broch. in-12.

Ordonnance concernant l'Assistance publique à Leipzig.

775. — **Das Armenwesen der Stadt Leipzig.** 1881-1882;
1 broch. in-12.

L'Assistance publique dans la ville de Leipzig.

776. — **Bericht über die Verwaltung des städtischen Kran-
kenhauses zu Sanct Jacob in Leipzig.** 1879-1885; 2 vol. petit
in-4°.

Rapport sur l'administration de l'hôpital municipal Saint-Jacques à
Leipzig.

777. — **Thiem (A.). Die Wasserversorgung der Stadt Leipzig. Vorproject.** 1879; 1 broch. grand in-8°.

Le service des eaux dans la ville de Leipzig. Avant-projet.

778. — **Betriebs-Uebersicht und Geschäftsbericht der Stadtwasserkunst. Leipzig.** 1880-1885; 1 vol. in-8°.

Coup d'œil sur l'exploitation et compte rendu du service des fontaines publiques dans la ville de Leipzig.

779. — **Haushaltplan der Stadt Leipzig.** 1866-1891; 7 vol.
in-4°.

Budget de la ville de Leipzig.

780. — **Hauptrechnung der Stadtkasse zu Leipzig.** 1886-1889;
5 vol. in-4°.

Compte général de la caisse municipale de Leipzig.

781. — **Haushaltplan der städtischen Volksschulen. Leipzig**
1877-1891; 2 vol. in-4°.

Budget des écoles populaires de la ville de Leipzig.

782. — **Leipzig. Verschiedene Documente.** 1 vol. in-8°.

Leipzig. Documents divers.

783. — **Personal-Verzeichniss der Universität. Leipzig.** 1878-
1884; 5 vol. petit in-8°.

Liste du personnel de l'Université de Leipzig.

784. — Bericht der höheren Fachschule für alle Zweige der weiblichen Handarbeiten, des Fachlehrerinnen-Seminars, und der weiblichen Gewerbeschule in Leipzig. 1877-1880; 1 broch. petit in-8°.

Rapport sur l'École professionnelle spéciale pour toutes les branches des travaux manuels féminins, sur l'École normale des institutrices pour l'enseignement professionnel spécial, et sur l'École industrielle pour femmes.

785. — **Cerutti.** Revidirte Städteordnung vom 24. April 1873 so wie ortsstatutarische Bestimmungen für die Stadt Leipzig. 1878; 1 vol. in-8°.

Revision de la loi municipale du 24 avril 1873 et instructions réglementaires locales pour la ville de Leipzig.

786. — **Regulativ und Bekanntmachungen.** *Leipzig*, 1 vol. in-12.

Règlements et avis.

787. — **Vortrag betref. die Jahres-Rechnung des Leihhauses und der Sparcasse. Leipzig.** 1879; 1 broch. in-4°.

Exposé concernant le compte annuel du Mont-de-piété et de la Caisse d'épargne à Leipzig.

788. — **Auszug aus dem Protokolle über die Plenarsitzung des Rathes. Leipzig.** 1876-1886; 1 vol. grand in-8°.

Extraits des procès-verbaux des séances plénières du Conseil municipal de Leipzig.

789. — **Plenarverhandlungen der Stadtverordneten zu Leipzig.** 1876-1885; 2 vol. in-4°.

Délibérations du Conseil municipal de Leipzig réuni en séance plénière.

790. — **Verwaltungsbericht der Stadt Leipzig.** 1865-1888; 3 vol. et 1 broch. in-8°.

Rapport administratif de la ville de Leipzig.

791. — **Verwaltungs-Bericht des Rathes der Stadt Leipzig.** 1884-1888; 3 vol. grand in-8°.

Rapport administratif du Conseil municipal de Leipzig.

792. — **Polizeiliche Bekanntmachungen des Rathes und des Polizeiamtes der Stadt Leipzig.** 1879-1881; 1 vol. in-12.

Ordonnances de police émanées du Conseil municipal et du bureau de police de la ville de Leipzig.

793. — Die Ergebnisse der Volkszählung vom 1. December 1885 in der Stadt Leipzig. 1 broch. in-8°.

Résultats du recensement de la population de la ville de Leipzig au 1er décembre 1885.

794. — Mittheilungen des statistischen Bureaus der Stadt Leipzig. 1868-1870; 2 vol. in-4°.

Communications du bureau de statistique de la ville de Leipzig.

795. — Bericht der Tiefbau-Verwaltung des Rathsbauamtes. Leipzig. 1882-1883; 2 broch. in-8°.

Rapport de l'administration des mines dépendant de la direction des travaux de la ville de Leipzig.

SAXE-WEIMAR (GRAND-DUCHÉ DE).

796. — Neue Gemeindeordnung für das Grossherzogthum Sachsen-Weimar-Eisenach, vom 24. Juni 1874. *Weimar,* 1882; 1 broch. grand in-12.

Nouveaux règlements comunaux du 24 juin 1874 pour le grand-duché de Saxe-Weimar-Eisenach.

WURTEMBERG.

797. — Hof- und Staatshandbuch des Königreichs Württemberg. 1877-1885; 3 vol. in-8°.

Royaume de Wurtemberg. Manuel de la Cour et du Gouvernement.

798. — Preislisten der Baugewerbe in Württemberg. 1873; 2 broch. in-8°.

Prix courants des constructions dans le Wurtemberg.

799. — Camerer (W.). Statistik der Fürsorge für Arme und Nothleidende im Königreich Württemberg. 1876; 1 vol. grand in-8°.

Statistique de l'Assistance publique dans le royaume de Wurtemberg.

800. — Wohlthätigkeits-Anstalten im Königreiche Württemberg. 1879; 1 broch. grand in-8°.

Les établissements de bienfaisance dans le royaume de Wurtemberg.

801. — Herdtle (E.). Vorlagen-Werk für den Elementar-Unterricht im Freihandzeichnen. Württemberg. 1864; 1 broch. in-8°.

Les modèles servant à l'enseignement élémentaire du dessin d'imitation.

802. — Camerer (W.). Statistik der Sparkassen des Königreichs Württemberg. 1875; 1 broch. grand in-8°.

Statistique des caisses d'épargne du royaume de Wurtemberg.

803. — Jahresberichte der Handels- und Gewerbekammern in Württemberg. 1857-1890; 28 vol. grand in-8°.

Rapports annuels des chambres de commerce et des conseils de prud'hommes du Wurtemberg.

804. — Das öffentliche Wasser-Versorgungswesen im Königreiche Württemberg. 1876-1881; 1 vol. in-4°.

Le service public des eaux dans le royaume de Wurtemberg.

805. — Königreich Württemberg. Geschäfts-Bericht der Oberämter, Mittel- und Central-Stellen des Departements des Innern. 1872; 1 broch. in-4°.

Comptes rendus des fonctionnaires supérieurs et de l'administration moyenne et centrale du Ministère de l'intérieur du royaume de Wurtemberg.

806. — Zeller (G.). Handbuch für die württembergischen Gemeindebehörden. *Heidelberg*, 1876; 1 vol. in-8°.

Manuel des fonctionnaires et employés municipaux du Wurtemberg.

807. — Verzeichniss der Ortschaften des Königreichs Württemberg. 1874; 1 vol. grand in-8°.

Nomenclature des diverses localités du royaume de Wurtemberg.

808. — Anweisung zur Ertheilung des Turnunterrichts in der Volksschule nach Professor Dr D.-H. Jäger. *Stuttgart*, 1884; 1 broch. in-8°. 2 feuilles.

Ordonnance concernant l'introduction dans les écoles populaires de l'enseignement de la gymnastique d'après le professeur-docteur Jäger.

809. — Verfügung des k. Ministeriums des Kirchen- und Schulwesens, betreffend die Einrichtung der Schulhäuser und die Gesundheitspflege in den Schulen. *Stuttgart*, 1870; 1 broch. in-4°.

Arrêté du Ministère royal des cultes et de l'instruction publique concernant l'organisation et l'hygiène des maisons d'école.

810. — Verfügung des k. Ministeriums des Kirchen- und Schulwesens, betreffend eine Instruktion für die Einrichtung der Subsellien in den Gelehrten-, Real- und Volksschulen. *Stuttgart*, 1868; 1 broch. in-4°.

Arrêté du Ministère royal des cultes et de l'instruction publique concernant la disposition des tables et des bancs, dans les écoles classiques, dans les écoles dites *réales* et dans les écoles populaires.

811. — Rembold (D⁰ S.). Schulgesundheitspflege. *Tübingen*,
1 broch. in-8°.

L'hygiène des écoles.

812. — Das Feuerlösch-Wesen im Königreiche Württemberg.
1876-1877; 1 vol. grand in-8°.

Le service des secours contre l'incendie dans le royaume de Wurtemberg.

**813. — Vischer (L.). Die industrielle Entwicklung im König-
reiche Württemberg.** 1871; 1 vol. in-8°.

Le développement de l'industrie dans le royaume de Wurtemberg.

**814. — Katalog über die Sammlungen der königlich-württem-
bergischen Centralstelle für Gewerbe und Handel.** 1868-
1876; 1 vol. grand in-12.

Catalogue des collections du département central de l'industrie et du commerce dans le royaume de Wurtemberg.

**815. — Gewerbliches Fragenbuch herausgegeben von der
königl.-württembergischen Centralstelle für Gewerbe und
Handel.** 1867-1878; 1 vol. in-8°.

Questionnaire industriel publié par le département central de l'industrie et
du commerce dans le royaume de Wurtemberg.

**816. — Statistik des Unterrichts- und Erziehungswesen im
Königreiche Württemberg.** 1872-1889; 2 vol. et 2 broch
grand in-8°.

Statistique de l'instruction publique et de l'éducation dans le royaume de
Wurtemberg.

**817. — Funke (W.). Der höhere landwirthschaftliche Un-
terricht in Württemberg.** 1873; 1 broch. petit in-8°.

L'enseignement supérieur de l'économie rurale dans le Wurtemberg.

**818. — Das landwirthschaftliche Unterrichtswesen für die
bäuerliche Bevölkerung Württembergs.** 1873; 1 broch.
in-8°.

L'enseignement de l'économie rurale pour les populations des campagnes
dans le Wurtemberg.

**819. — Dienst-Instruktion für die technischen Inspectoren
zwei- oder einklassiger Latein- und Realschulen.** *Stuttgart*,
1877; 1 broch. in-8°.

Instruction concernant le service des inspecteurs spécialistes des écoles de
latin et des écoles dites *réales* à une ou à deux classes.

820. — Dienstvorschrift für die Vorstände und Lehrercollegien der Gymnasien, der Lyceen, u. s. w. *Stuttgart*, 1878; 1 broch. in-8°.

Prescription concernant le service des proviseurs et des professeurs des lycées, des collèges, etc.

821. — Die Entstehung und Entwicklung der gewerblichen Fortbildung-Schulen im Württemberg. 1873; 1 broch. in-8°.

Établissement et développement des écoles de perfectionnement industriel dans le Wurtemberg.

822. — Entwurf zu einer Ministerialverfügung, betreffend die Organisation der Communal-Gewerbe-Schulen, bisher gewerbliche Fortbildungs-Schulen genannt. *Stuttgart*, 1 broch. in-4°.

Projet d'un arrêté ministériel au sujet des écoles industrielles communales nommées jusqu'à présent « écoles de perfectionnement industriel ».

823. — Verfügung der königl. Kult-Ministerial-Abtheilung für Gelehrten- und Real-Schulen, betreffend die Ausdehnung des Unterrichtes in der Naturlehre in niederen Realklassen. Würtemberg. 1869-1888; 1 broch. in-4°.

Arrêté de la direction des écoles classiques et des écoles dites *réales* au Ministère royal des cultes, concernant l'extension à donner à l'enseignement des sciences naturelles dans les classes inférieures des écoles dites *réales*.

824. — **Stirm (V.).** Das Volksschulwesen in Württemberg. *Gotha*, 1873; 1 broch. grand in-8°.

Les écoles populaires dans le Wurtemberg.

825. — Normallehrplan für die württembergischen Volksschulen. 1870; 1 broch. petit in-8°.

Plan normal d'études pour les écoles populaires du Wurtemberg.

826. — **Heberle (F.), Almer (C.).** Die württembergische Gesetze betreffend die Rechtsverhältnisse der Volksschullehrer und die Rechtsverhältnisse der Lehrer und Lehrerinnen an höheren Mädchenschulen. *Stuttgart*, 1878; 1 vol. petit in-8°.

Les lois du Wurtemberg concernant la position légale des instituteurs des écoles populaires, et celle des instituteurs et des institutrices des écoles supérieures pour jeunes filles.

827. — Gesetz betreffend die Rechtsverhältnisse der Volksschullehrer. Württemberg. 1878; 1 broch. petit in-8°.

Loi concernant la position légale des instituteurs des écoles populaires dans le Wurtemberg.

828. — Instruction für die Lehrer an den Ackerbauschulen in Ellwangen, Ochsenhausen, Kirchberg. *Stuttgart,* 1851; 1 broch. grand in-12.

Instruction pour les professeurs des écoles d'agriculture d'Ellwangen, d'Ochsenhausen et de Kirchberg.

829. — Hory (E.). Der Handarbeits-Unterricht in den Mädchenschulen Württembergs, und das Institut zur Heranbildung von Arbeitslehrerinnen in Ludwigsburg. 1872; 1 broch. grand in-12.

L'enseignement des travaux manuels dans les écoles de jeunes filles du Wurtemberg et l'école normale de Ludwigsbourg destinée à former des maîtresses de travail manuel.

830. — Beurtheilung der auf der Schulaustellung von 1881 erschienenen Arbeiten der gewerblichen und weiblichen Fortbildungsschulen. 1 broch. petit in-8°.

Examen des travaux des écoles de perfectionnement industriel et des écoles pour femmes présentés à l'exposition scolaire de 1881.

831. — Statuten der Haushaltungsschule in Aulendorf, Erbach, Herrenberg, Schrozberg, Stubersheim. 1878-1882; 5 broch. petit in-8°.

Statuts des écoles d'économie domestique d'Aulendorf, d'Erbach, de Herrenberg, de Schrozberg, de Stubersheim.

832. — Regeln und Wörterverzeichniss für die deutsche Rechtschreibung zum Gebrauch in den württembergischen Schulen. 1883; 1 broch. grand in-12.

Règles et liste de mots pour l'orthographe allemande en usage dans les écoles du Wurtemberg.

833. — Pfeilsticker (D^r). Medizinal-Bericht von Württemberg. 1873-1887; 4 vol. grand in-8°.

Rapport sur le service médical du Wurtemberg.

834. — Weinheimer (E.). Die Verwaltung der Gemeinden im Königreich Württemberg. *Stuttgart,* 1880; 1 vol. petit in-8°.

L'administration des communes dans le royaume de Wurtemberg.

835. — Bierer (H.). Der Geschäftskreis der Gemeindebehörden und der Gerichtsvollzieher nach den neuen Reichsjustizgesetzen und den württembergischen Ausführungs-Gesetzen. *Tübingen,* 1879; 1 vol. in-12.

Attributions des autorités communales et des huissiers d'après les nouvelles lois judiciaires de l'Empire et les lois de détail du Wurtemberg.

836. — Kull. Beiträge zur Statistik der Bevölkerung des Königreichs Württemberg. 1875; 1 vol. in-8°.

Données statistiques sur la population du royaume de Wurtemberg.

837. — Elben (R.). Zur Mortalitäts-Statistik Württembergs. 1878; 1 broch. in-8°.

Sur la statistique de la mortalité dans le Wurtemberg.

838. — Bericht über die königlich-württembergischen Taub-stummen-Anstalten. 1868-1881; 1 vol. petit in-8°.

Rapport sur les établissements pour les sourds-muets dans le royaume de Wurtemberg.

839. — Württemberg. königl. statistisch-topographisches Bureau. Oberamten. 1866-1886; 20 vol. petit in-8°.

Bureau royal de statistique et de topographie du Wurtemberg. Description des bailliages.

840. — Württembergische Jahrbücher für Statistik und Landeskunde. 1872-1890; 19 vol. in-8°.

Annuaires statistiques et géographiques du Wurtemberg.

841. — Karte der Iller-Correction von Ferthofen bis Ulm. *Stuttgart*, 1880; cartes.

Carte de la rectification du cours de l'Iller de Ferthofen à Ulm.

EHINGEN.

842. — Programm des königlichen Gymnasiums in Ehingen. 1876-1877; 1 broch. in-8°.

Programme du collège royal d'Ehingen.

ELLWANGEN.

843. — Organische Bestimmungen für die Ackerbauschule in Ellwangen. *Stuttgart*, 1883; 1 broch. in-12.

Règlements organiques pour l'école d'agriculture d'Ellwangen.

ESSLINGEN.

844. — Schulnachrichten und Programm der Realschule II. Ordnung zu Esslingen a. N. 1877; 1 broch. in-8°.

Renseignements sur l'école du deuxième degré d'Esslingen sur le Necker, dite *école réale*, et programme de cette école.

GMÜND.

**845. — Bericht über das zu Schwäb-Gmünd bestehende Blin-
den-Asyl.** 1882-1890; 3 vol. petit in-8°.

Rapport sur l'hospice pour aveugles, situé à Gmund en Souabe.

HEILBRONN.

846. — Nachrichten über die Realanstalt zu Heilbronn. 1876-
1877; 1 broch. in-8°.

Renseignements sur l'école dite *réale* à Heilbronn.

**847. — Einladungsschrift zu der den 14. September 1878 statt-
findenden Schlussfeier des Schuljahres im königlichen Karls-
Gymnasium zu Heilbronn.** 1 broch. in-8°.

Invitation à la fête donnée le 14 septembre 1878 au collège Charles à
Heilbronn à l'occasion de la clôture de l'année scolaire.

HOHENHEIM.

**848. — Die unter der Direktion des Land- und Forstwirth-
schaftlichen Gesammt-Instituts in Hohenheim stehende Ackerbauschule und Gartenbauschule.** *Stuttgart*, 1873; 1 broch.
in-8°.

L'école d'agriculture et l'école d'horticulture de Hohenheim dirigées par les
administrations réunies de l'Institut d'économie rurale et de l'Institut d'économie forestière.

**849. — Uebersicht über die Organisation, die Zwecke, den
Lehrplan, die Lehrmittel, Aufnahmebedingungen und sonstigen Verhältnisse der k. württemb. land- und forstwirthschaftlichen Akademie. Hohenheim,** 1873-1883; 3 broch.
in-8°.

Coup d'œil sur l'organisation, le but, le plan d'études, le matériel, les conditions d'admission, et en général, sur tout ce qui concerne l'Académie royale
d'économie rurale et forestière du Wurtemberg à Hohenheim.

850. — Wirthschaftsplan des hohenheimer Gutes. 1881-1890;
2 vol. in-8°.

Tableau de l'administration du domaine de Hohenheim.

**851. — Programm zur 70. Jahresfeier der k. württemb. land-

wirthschaftlichen Academie. Hohenheim. *Stuttgart*, 1888-1891; 1 broch. in-8°.

Programme de la fête du 70° anniversaire de la fondation de l'Académie royale wurtembergeoise d'économie rurale à Hohenheim.

852. — **Statuten für die Studirenden der königl. württemb. land- und forstwirthschaftlichen Akademie. Hohenheim.** *Plieningen*, 1878-1884; 2 broch. grand in-12.

Règlements pour les élèves de l'Académie royale d'économie rurale et forestière du Wurtemberg à Hohenheim.

KIRCHBERG.

853. — **Instruktion für den Vorsteher der Ackerbau-Schule in Kirchberg und organische Bestimmungen.** *Stuttgart*, 1816-1883; 2 broch. grand in-12.

Instruction pour le directeur de l'école d'agriculture de Kirchberg, et dispositions organiques.

854. — **Organische Bestimmungen für die Ackerbauschule in Kirchberg und Ochsenhausen.** 1883; 3 broch. in-12.

Dispositions organiques pour l'école d'agriculture de Kirchberg et pour celle d'Ochsenhausen.

REUTLINGEN.

855. — **Bericht über die landwirthschaftliche Winter-Schule zu Reutlingen.** 1875-1886; 1 vol. in-12.

Rapport sur l'école d'hiver de Reutlingen consacrée à l'étude de l'économie rurale.

856. — **Schul-Nachrichten über die Realanstalt zu Reutlingen.** 1877-1878; 1 broch. in-8°.

Renseignements sur l'école dite *réale* à Reutlingen.

ROTTWEIL.

857. — **Schneiderhahn (D^r). Schul-Nachrichten über das kgl. Gymnasium in Rottweil.** 1877-1878; 1 broch. in-8°.

Renseignements scolaires sur le collège royal de Rottweil.

STUTTGART.

858. — **Stuttgart. Verordnung für das Schlachthaus; Ordnungen für die Erhebung der städtischen Bier-, Fleisch- und**

Gasabgabe; Vorschriften in Betreff der Bereitung von Brod
und des Verkehrs mit demselben. 1877-1881; 1 vol. in-12.

Stuttgart. Règlement concernant l'abattoir; ordonnances sur le prélèvement
des droits sur la bière, la viande et le gaz; prescriptions concernant la prépa-
ration et la vente du pain.

859. — Stuttgart. Die Anstalten und Vereine für Wohlthä-
tigkeit. 1869; 1 broch. petit in-8°.

Les établissements et les sociétés de bienfaisance à Stuttgart.

860. — Bericht von dem Katharinen-Hospital der Stadt Stuttgart. 1870-1879; 1 vol. in-8°.

Rapport de l'hôpital Catherine à Stuttgart.

861. — Statuten der k. Württ.-Kunstschule in Stuttgart.
1877; 1 broch. petit in-8°.

Règlements de l'école royale des beaux-arts du Wurtemberg, à Stuttgart.

862. — Provisorischer Katalog der Plastischen und der Ge-
mälde-Sammlung im k. Museum der bildenden Künste zu
Stuttgart. 1876; 1 broch. grand in-12.

Catalogue provisoire des sculptures et des tableaux de la collection du Musée
royal des arts plastiques, à Stuttgart.

863. — Illustrirte Preisliste der Gypsmodelle für den Unterricht, welche von der k. Commission für die gewerblichen
Fortbildungsschulen als Lehrmittel empfohlen werden. Stuttgart. 1 cahier in-4°.

Tarif illustré des plâtres servant à l'enseignement et recommandés comme
modèles par la Commission royale des écoles de perfectionnement industriel, à
Stuttgart.

864. — Königlich-württembergisches Landes-Gewerbe-Mu-
seum in Stuttgart. Bibliothek. 1848-1876; 2 vol. grand in-12.

Bibliothèque du Musée d'industrie nationale du royaume de Wurtemberg, à
Stuttgart.

865. — Rechenschafts-Bericht der Lebensversicherungs- und
Ersparniss-Bank in Stuttgart. 1864-1887; 1 vol. in-8°.

Compte rendu de la banque d'épargne et d'assurance sur la vie, à Stuttgart.

866. — Stuttgart. Ortsstatutarische Bestimmungen über Gas-
einrichtungen im Innern von Gebäuden und Grundstücken.
1877; 1 broch. in-8°.

Indications réglementaires sur la disposition des appareils à gaz dans l'intérieur des appartements et des habitations.

867. — **Stuttgart. Statut betreffend die Dienst- und Gehalts-verhältnisse der Gemeinde- und Stiftungsbeamten.** 1880; 1 broch. in-4°.

Règlement concernant le service et les émoluments des fonctionnaires publics et municipaux.

868. — **Stuttgart. Stadtpflege-Etat.** 1877-1890; 5 vol. in-4°.

Budget de la ville de Stuttgart.

869. — **Stuttgart. Uebersicht der Rechnungs-Ergebnisse und des Vermögensstands der städtischen Verwaltungen.** 1865-1889; 8 vol. in-4°.

Aperçu des comptes et de l'état des finances de la ville de Stuttgart.

870. — **Rechenschafts-Bericht des Verwaltungsraths der allgemeinen Renten-Anstalt zu Stuttgart.** 1855-1886; 3 vol. petit in-8°.

Compte rendu du conseil d'administration du Comptoir général de Stuttgart.

871. — **Jahres-Bericht des königlichen Polytechnikums zu Stuttgart.** 1873-1889; 2 vol. in-8°.

Rapport annuel de l'école royale polytechnique, à Stuttgart.

872. — **Programm des königlich-württembergischen Polytechnikums zu Stuttgart.** 1868-1891; 3 vol. petit in-8°.

Programme de l'école royale polytechnique du Wurtemberg, à Stuttgart.

873. — **Programm des königlichen Gymnasiums in Stuttgart.** 1877-1878; 1 broch. in-8°.

Programme du collège royal de Stuttgart.

874. — **Programm des königlichen Real-Gymnasiums in Stuttgart.** 1877-1878; 1 broch. in-8°.

Programme du collège royal dit *collège réal*, à Stuttgart.

875. — **Schulnachrichten der stuttgarter Realanstalt.** 1877; 1 broch. in-8°.

Renseignements sur l'établissement scolaire de Stuttgart, dit *école réale*.

876. — **Fortbildungs-Unterricht in der städtischen Gewerbeschule zu Stuttgart.** 1871-1884; 1 vol. in-4°.

Classes de perfectionnement dans l'école industrielle municipale de Stuttgart.

877. — **Programm des königlich-württembergischen Baugewerke-Schule zu Stuttgart.** 1867-1870; 2 broch. petit in-8°.

Programme de l'école royale d'architecture du Wurtemberg, à Stuttgart.

878. — Einrichtungs- und Lehrplan des höheren Lehrerinnen-Seminars zu Stuttgart. 1 broch. grand in-8°.

Organisation et plan d'études de l'école normale supérieure pour institutrices, à Stuttgart.

879. — Statuten des Arbeiter-Bildungs-Vereins in Stuttgart. 1878; 1 broch. grand in-12.

Règlements de la Société pour l'éducation des ouvriers, à Stuttgart.

880. — Haus- und Schulordnung für die Zöglinge der Ackerbauschulen in Ellwangen, Kirchberg und Ochsenhausen. *Stuttgart*, 1871-1883; 3 broch. grand in-12.

Règlements pour les élèves des écoles d'agriculture d'Ellwangen, de Kirchberg et d'Ochsenhausen.

881. — Medicinisch-statistischer Jahres-Bericht über die Stadt Stuttgart. 1873-1888; 4 vol. petit in-8°.

Rapport annuel de statistique médicale sur la ville de Stuttgart.

882. — Medizinalstatistischer Bericht des Stadtarztes. *Stuttgart*, 1888; 1 broch. grand in-4°.

Rapport médico-statistique du médecin municipal de Stuttgart.

883. — Programm der k. württ. Thierarznei-Schule in Stuttgartt. 1868-1880; 2 broch. petit in-8°.

Programme de l'école royale vétérinaire du Wurtemberg, à Stuttgart.

884. — Statuten für die Schüler der k. württ. Thierarzneischule in Stuttgart. 1868-1880; 2 broch. petit in-8°.

Règlement pour les élèves de l'école royale vétérinaire du Wurtemberg, à Stuttgart.

885. — Stadtgemeinde Stuttgart. Bericht über die Verwaltung und den Stand der Gemeindeangelegenheiten. 1873-1888; 2 vol. in-4°.

Municipalité de Stuttgart. Rapport sur l'administration et la situation des affaires communales.

886. — Beiträge zur Statistik über den Civilstand der Haupt- und Residenz-Stadt Stuttgart. 1866; 1 broch. in-8°.

Contributions à la statistique de l'état civil dans la ville de Stuttgart.

887. — Bericht über die Sterblichkeit in Stuttgart. 1880-1884; 1 vol. in-8°.

Rapport sur la mortalité à Stuttgart.

TUBINGEN.

888. — Bestimmungen bezüglich des provisorischen Seminars an der Universität Tübingen. 1867-1869; 2 broch. in-8°.

Prescriptions pour l'école normale provisoire à l'Université de Tubingen.

889. — Programm des königl. Gymnasiums zu Tübingen. 1878-1883; 1 vol. in-8°.

Programme du collège royal de Tubingen.

890. — Gratulationsschrift des Gymnasiums zu Tübingen für die vierte Sæcularfeier der Universität. 9-11. August. 1877; 1 broch. in-8°.

Félicitations du collège de Tubingen à propos du quatrième centenaire de l'Université.

891. — Nachrichten über das königliche Gymnasium zu Tübingen. 1875-1878; 1 vol. in-8°.

Renseignements sur le collège royal de Tubingen.

892. — Verzeichniss der Vorlesungen welche auf der königlich-württembergischen Eberhard-Karls-Universität zu Tübingen gehalten werden. 1878-1884; 1 vol. grand in-8°.

Liste des cours de l'Université royale wurtembergeoise d'Eberhard-Charles, à Tubingen.

ULM.

893. — Rechenschafts-Bericht und Programm der Landw.-Winter-Schule. Ulm. 1881-1883; 3 broch. in-12.

Compte rendu et programme de l'école d'hiver d'économie rurale, à Ulm.

894. — Programm des kgl. Gymnasiums in Ulm. 1876-1877; 1 broch. in-8°.

Programme du collège royal d'Ulm.

WEINSBERG.

895. — Organische Bestimmungen für die Weinbauschule in Weinsberg. 1871; 1 broch. in-12.

Dispositions organiques pour l'école de viticulture de Weinsberg.

896. — Haus- und Schulordnung für die Zöglinge der Weinbauschule in Weinsberg. *Stuttgart,* 1872; 1 broch. in-12.

Règlements pour les élèves de l'école de viticulture de Weinsberg.

AUTRICHE-HONGRIE.

897. — Ritter von Hauer (F.). Geologische Uebersichts-karte der österreichisch - ungarischen Monarchie. 1 vol. in-8°.

Carte géologique-synoptique de la monarchie austro-hongroise.

898. — Dolezal-Berghaus-Gönczy. Wandkarte der öster-reichisch-ungarischen Monarchie. 1871; 1 carte in-folio.

Carte murale de la monarchie austro-hongroise.

899. — Statistische Nachrichten von den österreichisch-un-garischen Eisenbahnen. *Wien*, 1872-1876; 2 vol. in-8°.

Renseignements statistiques sur les chemins de fer austro-hongrois.

900. — Ritter von Malfatti (J.). Handbuch des öster-reichisch-ungarischen Consularwesens. *Wien*, 1879; 1 vol. in-8°.

Manuel des consulats austro-hongrois.

901. — Kay (David). Austria-Hungary. *London*, 1880; 1 vol. in-12.

L'Autriche-Hongrie.

902. — Caix de Saint-Aymour (Vicomte de). Les pays sud-slaves de l'Austro-Hongrie. *Paris*, 1883; 1 vol. grand in-12.

903. — Detail-Conscription der Volksschulen in den im Reichs-rathe vertretenen Königreichen und Ländern. *Wien*, 1865; 1 vol. in-4°.

Liste détaillée des écoles populaires dans les royaumes et les pays repré-sentés à la Diète de l'Empire.

904. — Handbuch der Reichsgesetze und Ministerialverord-nungen über das Volksschulwesen in den im Reichsrathe vertretenen Königreichen und Ländern. *Wien*, 1882-1884; 2 vol. petit in-8°.

Manuel des lois fondamentales de l'empire et des ordonnances ministérielles concernant les écoles populaires dans les royaumes et les pays représentés à la Diète de l'Empire.

905. — **Statistik der Öffentlichen- und Privat-Volksschulen in den im Reichsrathe vertretenen Königreichen und Ländern nach dem Stande des Schuljahres 1880.** *Wien*, 1882; 1 vol. in-8°.

Statistique des écoles populaires de l'État et des particuliers dans les royaumes et les pays représentés à la Diète de l'Empire d'après l'état des choses durant l'année scolaire 1880.

906. — **Bolletino delle leggi dell' Imperio pei Regni e paesi rappresentati nel Consiglio dell' Imperio.** 1870-1887; 16 vol. petit in-4°.

Bulletin des lois de l'empire pour les royaumes et les pays représentés dans la Diète de l'Empire.

AUTRICHE.

907. — **Antoine (F.).** Auszug aus dem Berichte an das k.k. Ministerium für Ackerbau über einige im Sommer des Jahres 1871 in England abgehaltenen Blumenaustellungen. *Wien*, 1 broch. in-4°.

Extrait du rapport au ministère impérial et royal de l'agriculture au sujet de quelques expositions de fleurs qui ont eu lieu en Angleterre dans l'été de 1871.

908. — **Sitte (C.).** Die Städte-Bau nach seinen künstlerichen Grundsätzen. *Wien*, 1889; 1 vol. in-8°.

Les constructions dans les villes d'après les principes de l'art de bâtir.

909. — **Favre (E.).** L'Autriche et ses institutions militaires. *Paris, Leipzig*, 1886; 1 vol. in-8°.

910. — **Exposition universelle de 1878. Musée autrichien des arts appliqués à l'industrie.** *Vienne*, 1 broch. in-8°.

911. — **Eitelberger (E.).** Die Kunstbewegung in Oesterreich seit der pariser Weltausstellung im Jahre 1867. *Wien*, 1874; 1 broch. in-8°.

Le mouvement artistique en Autriche depuis l'Exposition universelle de Paris en 1867.

912. — **Der Unterricht im Zeichnen an gewerblichen Fortbildungsschulen.** *Wien*, 1874; 1 broch. in-8°.

L'enseignement du dessin dans les écoles de perfectionnement industriel.

913. — **Lehrpläne und Instructionen für den Zeichnungsun-**

terricht in den Volks- und Bürgerschulen. *Wien*, 1875; 1 broch. in-8°.

Plans d'études et instructions pour l'enseignement du dessin dans les écoles populaires et les écoles bourgeoises.

914. — Zoll- und Staats-Monopols-Ordnung. *Wien*, 1835; 1 vol. in-8°.

Ordonnance concernant les douanes et le monopole de l'État.

915. — Ritter v. Wex (G.). Abhandlung über die Wasser-abnahme in den Quellen, Flüssen und Strömen bei gleich-zeitiger Steigerung der Hochwässer in den Culturländern. *Wien*, 1879; 1 broch. in-4°.

Traité sur la diminution de l'eau dans les sources, fleuves et rivières par suite d'une hausse simultanée du niveau des grandes eaux dans les terres cultivées.

916. — Matern (D' J.). Licht in der Brodfrage und der sichere Weg zur Lösung derselben. *Wien*, 1885; 1 broch. in-8°.

La lumière dans la question du pain et le plus sûr moyen de la résoudre.

917. — Verordnungsblatt für den Dienstbereich des Ministe-riums für Cultus und Unterricht. *Wien*, 1869-1890; 13 vol. in-8°.

Feuille officielle pour les fonctionnaires et employés du Ministère des cultes et de l'instruction publique.

918. — Silas (F.). Exposition internationale de Paris 1878. Catalogue des produits de l'Autriche. *Vienne*, 1878; 1 vol. in-8°.

919. — Mülinen (Comte C. de). Les finances de l'Autriche. *Paris, Vienne*, 1875; 1 vol. petit in-8°.

920. — Zeng (A.). Das Schul-Turnwesen in Deutschland und der Schweiz. Bericht. *Wien*, 1880; 1 broch. in-8°.

La gymnastique dans les écoles d'Allemagne et de Suisse. Rapport.

921. — Asseline (L.). Histoire de l'Autriche depuis la mort de Marie-Thérèse jusqu'à nos jours. *Paris*, 1877; 1 vol. grand in-12.

922. — Heilmann (A.). Tableau des österreichischen mittleren Reichswappens. *Wien*, 1878; 1 broch. petit in-8°.

Tableau des armoiries secondaires de l'Empire d'Autriche.

923. — **Lotheissen (F.).** Zur Culturgeschichte Frankreichs im **XVII. und XVIII. Jahrhunderte.** *Wien,* 1889; 1 vol. in-8°.

Sur l'histoire de la civilisation en France au xvii° et au xviii° siècle.

924. — **Exposition internationale d'hygiène et de sauvetage de 1876. Catalogue spécial de l'Autriche.** *Bruxelles,* 1876; 1 broch. petit in-8°.

925. — **Statut der österreichischen Gesellschaft für Gesundheitspflege.** *Wien,* 1881; 1 broch. petit in-8°.

Règlements de la Société autrichienne d'hygiène.

926. — **Denkschrift des österreichischen Ingenieur- und Architekten-Vereines über die von ihm beantragten sanitären Verbesserungen.** *Wien,* 1875; 1 broch. petit in-8°.

Mémoire de la Société des ingénieurs et architectes d'Autriche sur les améliorations qu'elle propose au sujet des règlements sanitaires.

927. — **Programme du 6e Congrès international d'hygiène et de démographie du 26 septembre au 2 octobre 1887.** *Vienne,* 1 broch. grand in-8°.

928. — **Durand-Claye (A.).** **Travaux des sections d'hygiène au 6e Congrès international d'hygiène et de démographie de 1887 à Vienne (Autriche).** 1 broch. grand in-8°.

929. — **Uffelmann (Dr J.).** **Handbuch der Hygiene.** *Wien, Leipzig,* 1889-1890; 2 vol. in-8°.

Manuel d'hygiène.

930. — **L'instruction publique en Autriche, par un diplomate étranger.** *Paris,* 1841; 1 vol. petit in-8°.

931. — **Jahresbericht des k.k. Ministeriums für Cultus und Unterricht.** *Wien,* 1870-1876; 3 vol. in-8°.

Rapport annuel du Ministère impérial et royal des cultes et de l'instruction publique.

932. — **Bericht über österreichisches Unterrichtswesen aus Anlass der Weltausstellung 1873.** 2 vol. in-8°.

Rapport sur l'instruction publique en Autriche à propos de l'Exposition universelle de 1873.

933. — **Lemayer (K.).** **Die Verwaltung der österreichischen Hochschulen.** *Wien,* 1868-1877; 1 vol. in-8°.

L'administration des écoles supérieures en Autriche.

934. — **Instructionen für den Unterricht an den Realschulen in Oesterreich im Anschlusse an einen Normallehrplan.** *Wien*, 1883; 1 vol. in-8°.

Instructions concernant l'enseignement dans les écoles dites *réales* en Autriche, d'après un plan normal d'études.

935. — **Instructionen für den Unterricht an den Gymnasien in Oesterreich.** *Wien*, 1884; 1 broch. in-8°.

Instructions concernant l'enseignement dans les collèges en Autriche.

936. — **Edlen von Marenzeller (E.). Normalien für die Gymnasien und Realschulen in Oesterreich.** *Wien*, 1884; 2 vol. in-8°.

Règlements pour les collèges et les écoles dites *réales* en Autriche.

937. — **Auszug aus einem Exposé über die Organisation des gewerblichen Unterrichts in Oesterreich.** *Wien*, 1875-1876; 2 broch. in-8°.

Extrait d'un exposé sur l'organisation de l'enseignement industriel en Autriche.

938. — **Zur Frage der Erziehung der industriellen Classen in Oesterreich.** *Wien*, 1876; 1 broch. in-8°.

Sur la question de l'éducation des classes industrielles en Autriche.

939. — **Möllwald (A.-E.). Oesterreichisches Volks- und Mittelschulwesen.** *Wien*, 1867-1877; 1 broch. in-8°.

Les écoles populaires et les écoles secondaires en Autriche.

940. — **Das Reichs-Volksschul-Gesetz.** *Wien*, 1883; 1 broch. in-12.

La loi de l'Empire concernant les écoles populaires.

941. — **Anweisung für die Distrikts-Schulräthe in Angelegenheit der Durchführung des Gesetzartikels XXXVIII. v. J. 1868 über den Volksschulunterricht.** *Ofen*, 1870; 1 vol. petit in-8°.

Instruction pour les Conseils scolaires de districts à l'occasion de l'exécution de l'article 38 de la loi de 1868 sur l'enseignement dans les écoles populaires.

942. — **Organisations-Statut der Bildungsanstalten für Lehrer und Lehrerinnen an öffentlichen Volksschulen in Oesterreich.** *Wien*, 1874; 1 broch. in-8°.

Règlement organique des écoles normales pour les instituteurs et les institutrices qui se destinent à l'enseignement dans les écoles populaires de l'État en Autriche.

943. — Lehrplan für ungetheilte einclassige Volksschulen. *Wien*, 1874; 1 broch. in-8°.

Plan d'études pour les écoles populaires à une seule classe.

944. — Beilage zum Berichte über Oesterr.-Unterrichtswesen. 1873. *Wien*, 1 cahier in-8°.

Supplément au rapport de 1873 sur l'instruction publique en Autriche.

945. — Bertrand (E.), Lyon-Caen. Code d'instruction criminelle autrichien. *Paris*, 1875; 1 vol. in-8°.

946. — Winiwarter (M. de). Code général de commerce valable pour les royaumes de Bohême, de Galicie et Lodomérie, le royaume lombardo-vénitien, les archiduchés de Haute et Basse-Autriche. *Vienne*, 1865; 1 broch. in-8°.

947. — Salles (F.). Législation autrichienne des faillites. Loi spéciale en vigueur. *Paris*, 1877; 1 broch. in-8°.

948. — Ritter v. Harrasowsky (P.-H.). Geschichte der Codification des österreichischen Civilrechtes. *Wien*, 1868; 1 broch. petit in-8°.

Histoire de la codification du droit civil autrichien.

949. — Das allgemeine Berggesetz vom 23. Mai 1854. *Wien*, 1874; 1 vol. in-12.

Loi générale des mines du 23 mai 1854.

950. — Taschenausgabe der österreichischen Gesetze. Gemeindegesetz vom 5. März 1862. *Wien*, 1882; 1 vol. in-12.

Édition de poche des lois autrichiennes. Loi communale du 5 mars 1862.

951. — Prucha (P.). Die österreichische Polizeipraxis mit besonderer Bedachtnahme auf jene der wiener Polizei-Direktion. *Wien*, 1877; 1 vol. in-8°.

La police autrichienne, avec quelques considérations spéciales sur la direction de la police à Vienne.

952. — Hartinger's Gift-Pflanzen. *Wien*, 1 album in-folio.

Hartinger. Les plantes vénéneuses.

953. — Nachrichten über Industrie, Handel und Verkehr aus dem statistischen Departement. *Wien*, 1871-1891; 29 vol. in-8°.

Renseignements sur l'industrie, le commerce et le mouvement des affaires publiés par le département de la statistique.

954. — **Statistisches Jahrbuch.** *Wien*, 1879-1881 ; 3 vol. in-8°.

Annuaire statistique.

955. — **Statistische Monatsschrift.** *Wien*, 1886 ; 1 vol. grand in-8°.

Revue mensuelle de statistique.

956. — **Mischler (E.).** Oesterreichisches Städtebuch. Statistische Berichte der grösseren österreichischen Städte. *Wien*, 1887 ; 1 vol. grand in-8°.

Le matrologue autrichien. — Rapports statistiques des principales villes de l'Autriche.

AUTRICHE (ARCHIDUCHÉ D').

957. — **Direction der n. ö. Landes-Gebär- und Findelanstalt. Summarischer Ausweis.** 1 broch. in-4°.

Direction de la Maison d'accouchement et de l'hospice des Enfants trouvés de la basse Autriche. Renseignements sommaires.

958. — **Bericht der Handels- und Gewerbekammer für das Erzherzogthum Oesterreich unter den Enns an das k. k. Ministerium für Handel und Volkswirthschaft.** *Wien*, 1872-1876 ; 1 vol. petit in-8°.

Rapport de la Chambre de commerce et du Conseil des prud'hommes pour l'archiduché d'Autriche au-dessous de l'Enns au Ministère impérial et royal du commerce et de l'économie sociale.

959. — **Bericht über den Handel, die Industrie und die Verkehrsverhältnisse in Nieder-Oesterreich.** 1871 ; 1 vol. petit in-8°.

Rapport sur le commerce, l'industrie et le mouvement des affaires dans la basse Autriche.

BOHÊME.

960. — **Mischler (Dr E.).** Der öffentliche Haushalt in Böhmen. *Leipzig*, *Wien*, 1887 ; 1 broch. in-8°.

Les finances publiques en Bohême.

961. — **Verein zur Ermunterung des Gewerbegeistes in Böhmen. — Bibliotheks-Ordnung ; Catalog.** *Prag*, 1864-1879 ; 2 broch. et 1 feuille in-8°.

Société d'encouragement à l'industrie en Bohême. — Règlement de la bibliothèque ; catalogue.

962. — Jednatelská výročni zpráva jednoty ku povzbuzeni průmyslu v čechách. *v Praze*, 1878-1884; 1 vol. petit in-8°.

Rapport administratif annuel de la Société pour l'avancement de l'industrie en Bohême.

STYRIE.

963. — Landesgesetz- und Verordnungsblatt für das Herzogthum Steiermark. *Graz*, 1867; 1 broch. in-8°.

Feuille officielle et bulletin des lois du duché de Styrie.

TRIESTE (PROVINCE DE).

964. — Verbali della Dieta provinciale di Trieste. 1870-1888; 9 fasc. et 1 vol. grand in-8°.

Procès-verbaux des séances de la Diète provinciale de Trieste.

TYROL.

965. — Gemeinde-Ordnung und Gemeinde-Wahlordnung für die gefürstete Grafschaft Tirol. *Innsbruck*, 1881; 1 broch. grand in-12.

Règlements communaux et loi électorale communale pour le comté princier du Tyrol.

BIELITZ.

966. — Programm der k. k. Staats-Gewerbeschule in Bielitz (Oesterr.-Schlesien). 1876; 1 broch. in-8°.

Programme de l'École industrielle de Bielitz (Silésie autrichienne).

BRUNN.

967. — Stand des bewaffneten Bürger- und Schützen-Corps der kön. Landeshauptstadt Brünn. 1876. 1 broch. in-8°.

État de la milice bourgeoise et du corps des francs-tireurs de la ville de Brunn en 1876.

968. — Aufruf an die Bewohner der k. Landeshauptstadt Brünn von der Central-Armen-Commission. 1878; 1 broch. in-4°.

Appel de la Commission centrale d'Assistance publique aux habitants de la ville de Brunn.

969. — **Brünner Handels- und Gewerbe-Adressenbuch nebst einem Behördenschema der Markgrafschaft Mähren.** 1877; 1 vol. grand in-12.

Almanach du commerce et de l'industrie de la ville de Brunn et liste des autorités du Margraviat de Moravie.

970. — **Pospiech (A.). Brünn als Grossgemeinde. 1850-1870. Historisch-statistische Darstellung.** 1871; 1 vol. in-8°.

La commune de Brunn de 1850 à 1870. Exposition historique et statistique.

971. Haupt-Voranschlag der Landeshauptstadt Brünn. 1878-1891; 1 broch. et 1 vol. grand in-4°.

Budget général de la ville de Brunn.

972. — **Haupt-Rechnungs-Abschluss über die Einnahme und Ausgaben der königlichen Landeshauptstadt Brünn.** 1877; 1 broch. et 1 vol. grand in-4°.

Arrêté général du compte des recettes et des dépenses de la ville de Brunn.

973. — **Neues Orientirungs-Schema für die Landeshauptstadt Brünn.** 1877; 1 vol. grand in-12.

Nouveau guide pour s'orienter dans la ville de Brunn.

974. — **Bericht über die städtischen Kindergarten und Kinderbewahranstalten. Brünn.** 1885-1889; 2 broch. in-8°.

Rapport sur les asiles municipaux et les jardins pour enfants à Brunn.

975. — **Wilda (F.). Promemoria über die Organisation der k. k. Gewerbeschule zu Brünn.** *Wien*, 1874; 1 broch. in-8°.

Mémoire concernant l'organisation de l'École industrielle de Brunn.

976. — **Jahres-Bericht der k. k. Staats-Gewerbeschule zu Brünn.** 1877-1878; 1 broch. in-8°.

Rapport annuel de l'École industrielle de Brunn.

977. — **Programm der k. k. Gewerbeschule zu Brünn.** 1878; 1 vol. in-8°.

Programme de l'École industrielle de Brunn.

978. — **Geschäftsordnung für die Versammlungen des Gemeinde-Ausschusses der königl. Landeshauptstadt Brünn.** 1 broch. petit in-8°.

Règlement pour les réunions de la Commission municipale de la ville de Brunn.

979. — **Provisorische Gemeinde-Ordnung für die Landeshauptstadt Brünn.** 1860 ; 1 broch. petit in-8°.

Règlements communaux provisoires pour la ville de Brunn.

980. — **Protokoll aufgenommen über die Sitzung des Gemeinde-
Ausschusses der königl. Landeshauptstadt Brünn.** 1876-
1880 ; 3 vol. in-8°.

Procès-verbaux des séances de la Commission municipale de la ville de
Brunn.

CZERNOWITZ.

981. — **Lehrplan der k. k. Gewerbeschule in Czernowitz.**
1874 ; 1 broch, in-4°.

Plan d'études pour l'École industrielle de Czernowitz.

GRAZ.

982. — **École normale pour les institutrices à Graz.** Dessins
des élèves; 7 collections de feuilles dans des cartons in-folio.

983. — **Neuester Plan von Graz und nächster Umgebung.**
1 vol. in-18.

Nouveau plan de Graz et de ses environs.

984. — **Voranschlag der Stadtgemeinde Graz.** 1879-1892; 3 vol.
grand in-8°.

Budget de la commune de Graz.

985. — **Rechnungs-Abschlüsse und Vermógens-Inventare. Graz.**
1884-1890; 2 vol. grand in-8°.

Arrêté des comptes et inventaires des biens de la ville de Graz.

986. — **Programm der k. k. Staats-Gewerbeschule zu Graz.**
1876-1877; 1 broch, in-8°.

Programme de l'École industrielle de Graz.

987. — **Provisorisches Statut für den Stadtrath der Landeshauptstadt Graz.** 1 broch. petit in-8°.

Règlements provisoires pour le Conseil municipal de la ville de Graz.

988. — **Gemeinde-Ordnung für die Landeshauptstadt Graz.**
1869; 1 broch. grand in-8°.

Règlements communaux pour la ville de Graz.

989. — Geschäfts-Ordnung für den Gemeinderath der Landeshauptstadt Graz. 1870; 1 broch. petit in-8°.

Règlement pour le Conseil municipal de la ville de Graz.

990. — Rechenschafts-Bericht über die Thätigkeit der Gemeindevertretung der Landeshauptstadt Graz. 1872-1890; 2 vol. in-8°.

Compte rendu des actes des représentants municipaux de la ville de Graz.

INNSBRUCK.

991. — Gewerbliche Zeichen- und Modellerschule zu Innsbruck. — Programm und Lehrplan. 1877; 1 broch. petit. in-8°.

École industrielle de dessin et de modelage à Innsbruck. Programme et plan d'études.

LEMBERG.

992. — Postanowienia organizacyjne dla urzędów miejskich, etatu urzędników i sług miejskich, tudzież płác i emolumentow tychźe. *Lwow*, 1875; 1 broch. petit in-8°.

. Règlement organique pour les employés de la municipalité; état des fonctionnaires et des serviteurs de la ville, leur rang, leur traitement.

993. — **Romanowicz (T.).** Wiadomości statystyczne o mieście Lwowie. 1876; 1 broch, grand in-8°.

Renseignements statistiques sur la ville de Lemberg.

PILSEN.

994. — Industrie-Statistik des pilsener und piseker Kreises, von der Handels- und Gewerbekammer in Pilsen. 1865; 1 vol. in-8°.

Statistique industrielle du cercle de Pilsen et du cercle de Pisek par la Chambre de commerce et le Conseil des prud'hommes de Pilsen.

995. — Die Industrie des pilsener Handelskammer-Bezirkes auf der Weltausstellung 1878 in Paris. *Pilsen*, 1878; 1 vol. grand in-8°.

Les produits industriels envoyés par la Chambre de commerce de Pilsen à l'Exposition universelle de 1878 à Paris.

996. — Jahresbericht der k. k. Staats-Gewerbe-Schule zu Pilsen. 1878. *Prag*, 1 broch. in-8°.

Rapport annuel de l'École industrielle de Pilsen pour 1878.

997. — Statistischer Bericht der Handels- und Gewerbekammer in Pilsen. 1870-1880; 4 vol. in-8°.

Rapport statistique de la Chambre de commerce et du Conseil des prud'hommes de Pilsen.

PRAGUE.

998. — Paedagogium jičin, v Praze. Übungen im Zeichnen. 3 fascicules dans un carton in-folio.

Exercices de dessin (Prague).

999. — Statuten der prager Stadt-Sparkasse. 2 broch. grand in-12.

Statuts de la Caisse d'épargne municipale de Prague.

1000. — Rechnungs-Ausweis der prager städtischen Sparkasse. 1875-1889; 1 vol. grand in-8°.

Exposé des comptes de la Caisse d'épargne municipale de Prague.

1001. — Voranschlag der Einnahmen und Ausgaben der prager Gemeinde-Gasanstalt. 1874-1885; 1 vol. grand in-8°.

Budget de l'établissement municipal du gaz à Prague.

1002. — Zpráva o nejdůležitějších účincich městského hospodářství za nynějšího obecního zastupitelstva ve správním čase prošlých 10 let. *v Praze*, 1861; 1 broch. grand in-8°.

Rapport sur les dispositions économiques les plus importantes prises par les représentants de la commune de Prague pendant une administration de dix années.

1003. — K otázce o kanalisaci odplakovaci. *v Praze*, 1883; 1 broch. petit in-8°.

Sur la question de l'enlèvement des immondices par les eaux des égouts à Prague.

1004. — Pensions-Normale für die Gemeinde-Beamten und Gemeinde-Diener der königl. Hauptstadt Prag. 1874; 1 broch. grand in-12.

Règlement concernant les pensions des fonctionnaires, des employés et des serviteurs de la municipalité de Prague.

1005. — Statuten der prager Stadt-Versicherungsanstalt. 1873; 1 broch. grand in-12.

Statuts de l'établissement municipal d'assurances de la ville de Prague.

1006. — Prag. Präliminar der Stadtgemeinde. 1862-1870; 1 vol. grand in-8°.

Préliminaires de l'établissement du budget communal à Prague.

1007. — Bericht der Prüfungs-Kommission über die prager städt. Rechnungen. 1861-1889; 3 vol. grand in-8°.

Rapport de la Commission chargée de vérifier les comptes de la caisse municipale de Prague.

1008. — Voranschlag der Gemeinderenten und Separat-Fonde der königl. Hauptstadt Prag. 1871-1891; 5 vol. grand in-8°.

Budget des rentes municipales et des fonds spéciaux de la ville de Prague.

1009. — Rechnungs-Extract in Betreff des Vermögens-Standes der königl. Hauptstadt Prag. 1861-1876; 1 vol. in-8°.

Extrait des comptes de la ville de Prague au point de vue de l'état des finances.

1010. — Ausweis über das gesammte Aktiv- und Passivvermögen der Stadtrenten und der Stadt-Separat-Fonde der königl. Hauptstadt Prag. 1866-1876; 1 vol. grand in-8°.

Renseignement sur l'actif et sur le passif des rentes municipales et des fonds municipaux spéciaux de la ville de Prague.

1011. — Bericht über die wesentlichsten Ergebnisse im Stadt-Haushalte der jetzigen Gemeinde-Vertretung. *Prag,* 1861; 1 broch. grand in-8°.

Rapport sur les résultats principaux de l'administration actuelle de la ville de Prague au point de vue du budget.

1012. — Rechnungs-Abschluss der königl. Hauptstadt Prag. 1877-1884; 2 vol. grand in-8°.

Extrait des comptes de la ville de Prague.

1013. — Závěra účetni královského hlavního města Prahy. 1886-1889; 5 broch. grand in-8°.

Arrêté des comptes de la ville de Prague.

1014. — Inventar über das Aktiv- und Passiv-Vermögen der königl. Hauptstadtgemeinde Prag. 1877-1888; 5 vol. grand in-8°.

Inventaire de l'actif et du passif de la ville de Prague.

1015. — **Ausweis über das gesammte Aktiv- und Passiv-Gemeindevermögen der königl. Hauptstadt Prag.** 1864; 2 broch. petit in-8°.

Exposé de l'actif et du passif de la ville de Prague.

1016. — **Wagner (D' V.).** Zdravotní zařízení v Paříži a v hlavních městech v Belgii, v severním a středním Německu. v *Praze.* 1889; 1 broch. in-8°.

Les mesures sanitaires à Paris et dans les principales villes de la Belgique, de l'Allemagne septentrionale et de l'Allemagne centrale.

1017. — **Jahresbericht über die von dem böhmischen Gewerbe-vereine gegründete und vom Staate, dem Lande, der Stadtgemeinde und von der Handelskammer subventionirte Gewerbe-Schule in Prag.** 1878; 1 broch. in-8°.

Rapport annuel de l'École industrielle fondée à Prague par la Société industrielle de Bohême et subventionnée par l'État, par la province, par la commune et par la Chambre de commerce.

1018. — **Voranschlag der deutschen Volks- und Bürgerschulen der kgl. Hauptstadt Prag.** 1876-1888; 1 vol. grand in-8°.

Budget des écoles populaires et des écoles bourgeoises allemandes de la ville de Prague.

1019. — **Předchozí rozvrh obecných a měšťánských škol českých obce Pražsk.** 1876-1888; 1 vol. grand in-8°.

Budget des écoles populaires et des écoles bourgeoises tchèques de la commune de Prague.

1020. — **Zeichnungen von Lehramtskandidatinnen an der k. k. deutschen Lehrerinnenbildungsanstalt in Prag.** 1874; 1 vol. in-folio.

Dessins des élèves de l'École normale allemande pour institutrices à Prague.

1021. — **Záhor (H.).** Jahresbericht des Stadt-Physikates über die Gesundheits-Verhältnisse der königl. Hauptstadt Prag. 1889; 2 vol. in-8°.

Rapport du médecin municipal sur les conditions sanitaires de la ville de Prague.

1022. — **Výtah z účtův královského hlavnígo města Prahy.** 1877-1878; 2 broch. grand in-8°.

Extrait des institutions de la ville royale de Prague.

1023. — **Gemeinde-Ordnung für Prag (1850).** *Prag,* 1875; 2 vol. petit in-8°.

Règlements municipaux pour la ville de Prague.

1024. — **Geschäfts-Ordnung des Magistrates. Prag.** 1864;
1 broch. grand in-12.

Règlement du *Magistrat* de Prague.

1025. — **Geschäftsordnung für den Stadtrath und das Stadt-
verordneten-Kollegium der königl. Hauptstadt Prag.** 1864;
2 broch. in-12.

Règlement pour le Conseil municipal et le Collège des délégués municipaux
de la ville de Prague.

1026. — **Verhandlungen des prager Stadtrathes.** 1864-1866;
6 vol. grand in-12.

Procès-verbaux des séances du Conseil municipal de Prague.

1027. — **Zur Aufklärung über die Mortalität in Prag.** 1877;
2 broch. petit in-8°.

Éclaircissements sur la mortalité à Prague.

1028. — **Statistik der königlichen Hauptstadt Prag und der
Vororte.** 1871-1887; 9 vol. in-8°.

Statistique de la ville de Prague et de ses faubourgs.

1029. — **Statistisches Handbüchlein der kgl. Hauptstadt Prag.**
1871-1876; 16 vol. petit in-8°.

Petit manuel de statistique pour la ville de Prague.

1030. — **Referate über die Reinigung und Entwässerung der
Stadt Prag.** 1883; 4 broch. in-8°.

Rapports sur le nettoyage et le drainage de la ville de Prague.

REICHENBERG.

1031. — **Jahresbericht über die k. k. Staatsgewerbeschule in
Reichenberg für das Schuljahre 1876-1877.** 1 broch. in-8°.

Rapport annuel sur l'École industrielle du Gouvernement à Reichenberg,
pendant l'année scolaire 1876-1877.

SALZBOURG.

1032. — **Programm der k. k. Staatsgewerbeschule in Salzburg.**
1876; 1 broch. in-8°.

Programme de l'École industrielle du Gouvernement à Salzbourg.

SECHSHAUS.

1033. — **Bericht über Wirksamkeit der Commission zur Leistung der gewerblichen Fortbildungsschulen im Gerichtsbezirke Sechshaus im Schuljahre 1873-1874.** *Wien*, 1 broch. in-8°.

Rapport sur les actes de la Commission chargée de la direction des écoles industrielles de perfectionnement dans le canton de Sechshaus pendant l'année scolaire 1873-1874.

TRIESTE.

1034. — **Direzione generale di pubblica beneficenza. Resoconto della gestion.** *Trieste*, 1876-1882; 1 vol. in-4°.

Direction générale de l'Assistance publique. Compte rendu de la gestion.

1035. — **Società di beneficenza delle sale di lavoro con macchine da cucire in Trieste. Resoconto.** 1880-1882; 1 vol. in-8°.

Société de bienfaisance des salles de travail avec machines à coudre à Trieste. Compte rendu.

1036. — **Resoconto consuntivo delle sale di lavoro per giovanetti abbandonati.** *Trieste*, 1873-1880; 1 vol. in-4°.

Compte rendu définitif des salles de travail pour les enfants abandonnés.

1037. — **Resa di conto della Cassa di risparmio triestina.** 1878-1883; 1 vol. in-8°.

Compte rendu de la Caisse d'épargne de Trieste.

1038. — **Resoconto del Comitato dirigente dei magazzini generali del municipio e della Camera di commercio e d'industria in Trieste.** 1881-1882; 2 broch. in-8°.

Compte rendu du Comité directeur des magasins généraux de la municipalité et de la Chambre de commerce et d'industrie à Trieste.

1039. — **Relazione della Commissione speciale incaricata di studiare i provvedimenti d'aqua per la città di Trieste.** 1881; 1 vol. grand in-8°.

Rapport de la Commission spéciale chargée d'étudier la question d'approvisionnement d'eau pour la ville de Trieste.

1040. — **Relazione al Consiglio della città circa il progettato acquedotto del Recca.** *Trieste*, 1878; in-4°.

Exposé présenté au Conseil de la ville de Trieste à propos de l'aqueduc projeté de Recca.

1041. — **Atti municipali** [relativi alla questione dell' illuminazione pubblica a gas. *Trieste*, 1862; 1 broch. grand in-8°

Actes de la municipalité relatifs à la question de l'éclairage public au gaz à Trieste.

1042. — **Rapporto al Consiglio della città della Commissione municipale per l'erezione dell' usinà comunale a gas.** *Trieste*, 1864; 1 broch. grand in-8°.

Rapport au Conseil de la ville de la Commission municipale nommée pour la construction de l'usine à gaz.

1043. — **Bilanzio d'esercizio dell' usinà comunale del gas.** *Trieste*, 1881-1883; 1 vol. grand in-8°.

Balance des comptes de l'usine à gaz de la commune de Trieste.

1044. — **Rapporto del Consiglio d'amministrazione dell' usinà comunale del gas.** *Trieste*, 1867-1878; 1 vol. grand in-8°.

Rapport du Conseil d'administration de l'usine à gaz de Trieste.

1045. — **Conto di previsione dell' amministrazione civica di Trieste.** 1870-1883; 2 vol. grand in-8°.

Budget de l'administration municipale de Trieste.

1046. — **Conto consuntivo dell' amministrazione civica di Trieste.** 1870-1886; 3 vol. grand in-8°.

Compte définitif de l'administration municipale de Trieste.

1047. — **Resoconto sanitario dell' ospitale civico di Trieste.** 1873-1882; 3 vol. in-8°.

Compte rendu de l'état sanitaire de l'hôpital municipal de Trieste.

1048. — **Comune di Trieste. Rapporto sanitario.** 1885-1887; 3 vol. in-4°.

Rapport sur l'état sanitaire. Commune de Trieste.

1049. — **Rapporto del Comitato d'amministrazione e sorveglianza dei civici dazi.** *Trieste*, 1874-1887; 1 vol. in-4°.

Rapport du Comité d'administration et de surveillance des taxes municipales à Trieste.

1050. — **Programma del gymnasio comunale superiore di Trieste.** 1877; 1 vol. in-8°.

Programme du collège communal supérieur de Trieste.

1051. — **Programma della civica scuola reale superiore in Trieste.** 1877-1884; 1 vol. in-8°.

Programme de l'École municipale supérieure dite *réale* à Trieste.

1052. — **Relazione annuale del civico liceo femminile di Trieste.**
1881-1884; 3 broch. petit in-8°.

Rapport annuel du lycée municipal de femmes à Trieste.

1053. — **Municipio di Trieste. Cenni statistici sulle scuole comunali.** 1878-1880; 1 vol. in-8°.

Municipalité de Trieste. Aperçus sur les écoles communales.

1054. — **Municipio de Trieste. Stato del personale insegnante.**
1881-1884 ; 3 broch. grand in-8°.

Municipalité de Trieste. État du personnel enseignant.

1055. — **Statuto e regolamento del civico monte di pietà in Trieste.** 1875; 1 broch. in-4°.

Statuts et règlement du Mont-de-piété municipal de Trieste.

1056. — **Conto consuntivo, bilancio e statistica del civico monte di pietà in Trieste.** 1877-1881; 1 vol. in-4°.

Compte définitif, budget et statistique du Mont-de-piété municipal de Trieste.

1057. — **Costituzione della città immediata di Trieste 12 aprile 1850, e leggi diverse.** 1879; 1 vol, in-12,

Constitution de la ville non médiatisée de Trieste au 12 avril 1850, et lois diverses.

1058. — **L'amministrazione comunale di Trieste.** 1870; 1 broch. grand in-8°.

Administration communale de Trieste.

1059. — **Resoconto virtuale della civica amministrazione nel triennio 1870-1873.** *Trieste*, 1873; 1 broch. grand in-8°.

Compte rendu effectif de l'administration municipale de Trieste de 1870 à 1873.

1060. — **Resoconto virtuale dell' amministrazione civica di Trieste nel triennio 1874-1876.** 1 broch. petit in-8°.

Compte rendu effectif de l'administration municipale de Trieste de 1874 à 1876.

1061. — **Verbali del Consiglio della città di Trieste.** 1870-1888 ; 14 vol. grand in-8°.

Procès-verbaux des séances du Conseil municipal de Trieste.

1062. — **La popolazione di Trieste nel 1875.** 1 vol. in-8°.

La population de Trieste en 1875.

VIENNE.

1063. — Die k. k. Gartenbau-Gesellschaft in Wien, und der pomologische Congress. 1864-1876 ; 1 vol. in-8°.

La Société d'horticulture et le Congrès pomologique à Vienne.

1064. — Einige die neuen Hofbauten in Wien betreffend allgemeine Schrift-Stücke. 1 cahier in-4°.

Quelques pièces concernant les nouvelles constructions de la Cour à Vienne.

1065. — Erläuterung zu der verfassten Skizze für das in Wien neu auszuführende österreichische Parlaments-Gebäude. 1874 ; 1 broch. et plans petit in-4° oblong et in-8°.

Explication de l'esquisse offrant le plan des nouveaux bâtiments que l'on doit construire à Vienne pour le Parlement autrichien.

1066. — Ferstel (H. v.). Denkschrift zu dem verfassten Concurrenz-Entwurfe für den Bau neuer Museen. *Wien,* 1867; 1 broch. in-4°.

Mémoire sur le projet de construction de nouveaux musées mis au concours à Vienne.

1067. — Erläuternde Denkschrift Carl Hasenauer's über sein Project für die neu zu erbauenden k. k. Museen. *Wien,* 1867-1868; 1 broch. in-4°, et 1 cahier.

Mémoire explicatif de Ch. Hasenauer sur son projet pour la construction de nouveaux musées à Vienne.

1068. — Einige Accordprotokolle den Bau der k. k. Museen betreffend. *Wien,* 1 cahier in-4°.

Quelques plans d'ensemble concernant la construction de musées impériaux à Vienne.

1069. — Ferstel (H. v.). Denkschrift zu dem verfassten Entwurfe für den Bau der wiener Universität. 1872 ; 1 broch. in-8°.

Mémoire sur le projet de construction du Palais de l'Université à Vienne.

1070. — Ritter v. Ferstel (H.). Der Bau des chemischen Institutes der wiener Universität. 1874 ; 1 broch. in-folio.

Construction des bâtiments de l'École de chimie à l'Université de Vienne.

1071. — Schmidt (F.). Das neue wiener Rathhaus. *Wien,* 1884; 1 album in-4°.

Le nouvel hôtel de ville de Vienne.

1072. — Bericht der k. k. Krankenanstalt Rudolph-Stiftung in Wien. 1882; 1 vol. in-8°.

Rapport de l'hôpital Rodolphe à Vienne.

1073. — Rechenschaftbericht der Bürgerspital-Wirthschafts-Commission über die Verwaltung des wiener Bürgerspital-Fondes im Decennium 1861 bis 1870. 1 broch. in-8°.

Compte rendu par la Commission de l'hôpital civil de Vienne de l'administration des biens de cet hôpital de 1861 à 1870.

1074. — Das Armenwesen in Wien und die Armenpflege im Jahrzent 1863-1872. 2 vol. petit in-8°.

Les indigents à Vienne et l'Assistance publique de 1863 à 1872.

1075. — Sedlaczek (Dr S.). Die Armenpflege im wiener Armenbezirke in den Jahren 1863-1882. *Wien*, 1884; 1 broch. in-8°.

L'Assistance publique dans la circonscription de Vienne de 1863 à 1882.

1076. — Die Armen-Pflege in den Waisenhäusern der Stadt Wien. 1888; 1 broch. in-8°.

Les soins donnés aux enfants assistés dans les orphelinats de la ville de Vienne.

1077. — Weiss (K.). Geschichte der öffentlichen Anstalten, Fonde und Stiftungen für die Armenversorgung in Wien. 1867; 1 vol. in-8°.

Histoire des établissements, des fondations et des capitaux consacrés à l'Assistance publique dans la ville de Vienne.

1078. — Instruktion für die Herren Armeninstituts-Vorsteher und Armenväter des wiener Armenbezirkes. 1870; 1 vol. petit in-8°.

Instruction pour le directeur de l'Assistance publique de la circonscription de Vienne et pour les administrateurs des maisons de charité.

1079. — Das Hilfscomite der Stadt Wien zur Unterstützung und dauernden Versorgung der Hinterbliebenen der beim Brande des Ringtheaters am 8. December 1881 Verunglückten und der bei diesem Anlasse beschädigten Personen. Bericht. 1881-1882; 1 vol. in-8°.

Rapport du Comité de secours de la ville de Vienne établi pour fournir aux besoins et veiller à l'entretien des infortunés qui ont survécu à l'incendie du Ringthéâtre du 8 décembre 1881, ainsi que des personnes qui ont été blessées à cette occasion.

1080. — **Freihandzeichnen.** *Wien*, 1 album in-4° oblong.
Dessins à main levée.

1081. — **Entwurf eines Programmes für die bildnerische Dekoration der Façaden des Hof-Museums für Kunst und Alterthum.** 1 cahier in-4°.
Plan d'un programme à suivre pour décorer de statues les frontons du Musée impérial des arts et des antiquités.

1082. — **Entwurf eines Programmes für die bildnerische Dekoration der Façaden des naturhistorischen Hof-Museums.** 1 cahier in-4°.
Projet d'un programme à suivre pour décorer de statues les frontons du Musée impérial d'histoire naturelle.

1083. — **Photographies de divers monuments de la ville de Vienne.** 24 feuilles.

1084. — **Musil (E.).** Abbildungen der Schreibtheken-Umschläge. *Wien*, 1 album in-4° oblong.
Modèles de couvertures d'albums.

1085. — **Katalog der Bibliothek der k. k. Reichshaupt- und Residenzstadt Wien.** 1865-1868; 2 vol. in-8°.
Catalogue de la Bibliothèque de Vienne.

1086. — **Projekt für die Anlage einer Stadtbahn an Wien.** 1883; 1 broch. petit in-4°.
Projet d'établissement d'un chemin de fer métropolitain à Vienne.

1087. — **Crémation des cadavres.** *Vienne*, 1873; 1 broch. petit in-8°.

1088. — **Das Wasser in und um Wien.** 1860; 1 vol. petit in-8°.
L'eau dans Vienne et autour de Vienne.

1089. — **Stadler (R.).** Die Wasserversorgung der Stadt Wien in ihrer Vergangenheit und Gegenwart. 1873; 1 vol. in-8°.
Le service des eaux dans la ville de Vienne dans le passé et dans le présent.

1090. — **Aktenstücke die Röhren der wiener Hochquellen-Wasserleitung betreffend.** 1871; 1 broch. grand in-8°.
Documents concernant les tuyaux qui amènent à Vienne l'eau des hautes sources.

1091. — Erläuterungsbericht zu dem Projecte einer Wasser-werksanlage zur Beschaffung von Ergänzungswasser für den Hochquellen-Aquäduct. *Wien*, 1878; 1 broch. in-4°.

Mémoire explicatif à propos du projet d'un établissement hydraulique propre à fournir un complément d'eau à l'aqueduc qui amène à Vienne l'eau des hautes sources.

1092. — Kundmachung betreffend die Abgabe von Wasser aus der Kaiser-Franz-Josefs-Hochquellen-Wasserleitung. *Wien*, 1 broch. petit in-8°.

Avis concernant les prises d'eau du canal François-Joseph.

1093. — Bericht über das Offert betreffend den Bau und Betrieb einer Wasserwerks-Anlage zur Beschaffung von Ergänzungs-Wasser für die Kaiser-Franz-Josefs-Hochquellen-Wasserleitung. *Wien*, 1878; 1 broch. petit in-8°.

Rapport au sujet d'une soumission pour la construction et l'exploitation d'un établissement hydraulique propre à fournir un complément d'eau au canal François-Joseph.

1094. — Berichte über die auf das Kanalisirungswesen der Stadt Wien und auf die Abfuhr der Abfallstoffe bezüglichen Fragen. 1878-1882 ; 2 broch. grand in-8°.

Rapports sur les questions concernant les égouts de la ville de Vienne et l'enlèvement des immondices.

1095. — Status und Bezüge der städtischen und der Gemeinde-Fonds-Beamten, Diener und sonstigen Bediensteten. Wien. 1872-1876 ; 2 broch. grand in-12.

État des fonctionnaires, employés et gens de service divers de la ville et de la caisse municipale de Vienne.

1096. — Pensions-Vorschrift für die Gemeinde-Beamten und Diener der Reichshaupt- und Residenzstadt Wien. 1877 ; 1 broch. grand in-12.

Prescription pour les pensions des fonctionnaires, des employés et des serviteurs de la municipalité de Vienne.

1097. — Dienstpragmatik für die Gemeinde-Beamten und Diener der Reichshaupt- und Residenzstadt Wien. 1869-1878 ; 3 broch. grand in-12.

Règles explicatives pour le service des fonctionnaires, des employés et des serviteurs de la municipalité de Vienne.

1098 — Voranschlag der Gross-Commune Wien für die Finanz-

periode vom **1. Nov. 1863 bis Ende Dezemb. 1864.** 1 broch. grand in-8°.

Budget de la commune de Vienne pour l'exercice commençant au 1ᵉʳ novembre 1863 et finissant au 31 décembre 1864.

1099. — **Hauptvoranschlag der k. k. Reichshaupt- und Residenzstadt Wien.** 1865-1891 ; 9 vol. grand in-8°.

Budget de la ville de Vienne.

1100. — **Spezial-Ausweise zum Hauptvoranchlage. Wien.** 1883-1891 ; 5 vol. grand in-8°.

Justification spéciale du budget de Vienne.

1101. — **Hauptrechnungs-Abschluss der Grosscommune Wien.** 1861-1889 ; 12 vol. grand in-8°.

Arrêté des comptes de la commune de Vienne.

1102. — **Erläutern de Bemerkungen zum Hauptrechnungs-Abschlusse der Kommune Wien.** 1879-1889 ; 3 vol. grand in-8°.

Remarques explicatives au sujet des arrêtés de comptes de la commune de Vienne.

1103. — **Spezial-Ausweise zum Hauptrechnungs-Abschlusse der Kommune Wien.** 1879-1881 ; 1 vol. grand in-8°.

Justification spéciale des arrêtés de comptes de la commune de Vienne.

1104. — **Löwy (Dʳ W.). Finanz- und Steuerverhältnisse der Stadt Wien.** 1861-1884 ; 1 broch. in-8°.

Les finances et les impôts à Vienne.

1105. — **Weiss (K.). Geschichts-Quellen der Stadt Wien.** 1877-1879 ; 2 vol. in-4°.

Archives historiques de la ville de Vienne.

1106. — **Weiss (K.). Geschichte der Stadt Wien.** 1872 ; 1 vol. in-8°.

Histoire de la ville de Vienne.

1107. — **Renner (V. v.). Wien im Jahre 1683.** 1 vol. petit in-4°.

Vienne en l'année 1683.

1108. — **Weiss (K.). Festschrift aus Anlass der Vollendung des neuen Rathhauses. Wien.** 1883 ; 1 vol. in-folio.

Livre de circonstance écrit à l'occasion de l'achèvement du nouvel hôtel de ville de Vienne.

1109. — Renner (V. v.). Wien. 1848-1888. 2 vol. in-8°.

Vienne de 1848 à 1888.

1110. — Gruber (F.). Gutachten über das von Professor Dr Carl Böhm vorgelegte Project für die Heizung und Ventilation des neuen Rathhauses der Stadt Wien. 1880; 1 vol. grand in-8°.

Avis sur le projet présenté par le professeur U. Böhm pour le chauffage et la ventilation du nouvel hôtel de ville de Vienne.

1111. — Kataster der Reichshaupt- und Residenzstadt Wien. Text, Pläne. 1886; 3 vol. grand in-8°.

Cadastre de la ville de Vienne. Texte et plans.

1112. — Huybensz (M.). Geschichte und Entwickelung des Feuerlöschwesens der Stadt Wien. *Wien, Pest, Leipzig,* 1879; 1 vol. in-8°.

Histoire et développement du service des secours contre l'incendie dans la ville de Vienne.

1113. — Sammlung der wichtigsten, insbesondere auf die von der Stadt Wien erhaltenen Schulen Bezug nehmenden Gesetze, Verordnungen und Gemeinderathsbeschlüsse. 1870-1885; 3 vol. in-8°.

Recueil des lois, ordonnances et décisions les plus importantes du Conseil municipal, et en particulier de celles qui sont relatives aux écoles entretenues par la ville de Vienne.

1114. — Provisorisches Organisations-Statut und Unterrichts-Programm der subventionirten ersten österreichischen Baugewerbeschule und der mit selber verbundenen allgemeinen Gewerbeschule im IX. Bezirk in Wien. 1874; 1 broch. in-8°.

Règlement organique et programme d'études provisoire pour l'école professionnelle subventionnée d'architecture et pour l'école industrielle de la IXe circonscription de Vienne qui s'y rattache.

1115. — Die communalen Volksschulen in Wien im Jahre 1879 und in dem vorausgegangenen Jahrzent 1869-1878. 1 vol. in-8°.

Les écoles populaires communales à Vienne en 1879, et dans les dix années comprises entre 1869 et 1878.

1116. — Löwy (Dr W.). Das Unterrichswesen in Wien. 1890; 1 broch. grand in-8°.

L'enseignement à Vienne.

1117. — Jahres-Bericht der k. k. Bau- und Maschinen-Gewerbeschule und der damit verbundenen gewerblichen Fortbildungsschule in Wien. 1877-1878; 1 broch. in-8°.

Rapport annuel de l'école professionnelle d'architecture et de construction de machines de Vienne, ainsi que de l'école industrielle de perfectionnement qui s'y rattache.

1118. — Hauptbericht des wiener Bezirks-Schulrathes über den Zustand der Volks- und Bürgerschulen der Stadt Wien. 1879-1883; 2 vol. in-8°·

Rapport général du conseil des écoles de la circonscription de Vienne sur la situation des écoles populaires et des écoles bourgeoises de la ville de Vienne.

1119. — Bericht über die Wirksamkeit der Gewerbeschul-Commission in Wien. 1875-1876; 1 broch. in-8°.

Rapport sur les actes de la Commission des écoles industrielles, à Vienne.

1120. — Statistiche Ausweise über die Preise der Lebensmittel und die Approvisionirung in Wien. 1877-1879; 2 cahiers in-folio.

Renseignements statistiques sur l'approvisionnement de la ville de Vienne et sur le prix des denrées alimentaires.

1121. — Besnier de la Pontonncric (V.). Hallen und Märkte von Wien. Erläuternde Note zur Errichtung und Organisirung von Markthallen. 1871; 1 broch. in-4°.

Note explicative au sujet de la construction et de l'organisation des halles.

1122. — Jahres-Bericht des wiener Stadtfysikates. 1871-1886; 8 vol. in-8°.

Mémoire annuel du médecin préposé au service sanitaire de la ville de Vienne.

1123. — Statistik der Wahlen für den Gemeinderath der Reichshaupt- und Residenzstadt Wien in den Jahren 1861 bis 1880. 1 broch. petit in-8°.

Statistique des élections pour le Conseil municipal de la ville de Vienne, de 1861 à 1880.

1124. — Gemeinde-Ordnung für die Stadt Wien. 1877; 1 broch. in-12.

Règlements communaux pour la ville de Vienne.

1125. — Geschäftseintheilung für den Magistrat der k. k. Reichshaupt- und Residenzstadt Wien. 1877; 1 broch. in-12.

Répartition des affaires entre les membres du *Magistrat* de la ville de Vienne.

1126. — Vorlagen zur Revision der provis. wiener Gemeinde-Ordnung vom 6. März 1850. 1 vol. petit in-8°.

Proposition concernant la revision du règlement municipal provisoire du 6 mars 1850, à Vienne.

1127. — Protokolle der öffentlichen Sitzungen des Gemeinde-rathes der k. k. Reichshaupt- und Residenzstadt Wien. 1861-1889; 38 vol. grand in-8°.

Procès-verbaux des séances du Conseil municipal de la ville de Vienne.

1128. — Berichte über die öffentlichen Sitzungen des Gemeinde-rathes der k. k. Reichshaupt- und Residenzstadt Wien. 1874-1890; 26 vol. grand in-8°.

Rapports sur les séances du Conseil municipal de la ville de Vienne.

1129. — Verwaltungsbericht der Reichshaupt- und Residenz-stadt Wien. 1871-1888; 9 vol. in-8°.

Rapport administratif de la ville de Vienne.

1130. — Die Polizeiverwaltung Wiens. 1874-1884; 7 vol. in-8°.

• Administration de la police à Vienne.

1131. — Die Bewegung der Bevölkerung in Wien. 1875-1882; 3 vol. petit in-8°.

Le mouvement de la population à Vienne.

1132. — Die k. k. Reichshaupt- und Residenzstadt Wien. Er-gebnisse der Volkszählung vom 31. Dezember 1880-1890. 3 broch. in-8°.

Ville de Vienne. Résultats du recensement de la population au 31 décembre 1880 et 1890.

1133. — Die Sterblichkeit in Wien im Jahre 1871. Bericht nach den Ausweisen der städtischen Beschauärzte und der Spitäler. 1 broch. in-8°.

La mortalité à Vienne en 1871. Rapport fait d'après les renseignements donnés par les hôpitaux et par les médecins-inspecteurs.

1134. — Schrank (Dr J.). Die Prostitution in Wien in his-toricher, administrativer und hygienischer Beziehung. 1886; 2 vol. in-8°.

La prostitution à Vienne au point de vue historique, administratif et hygié-nique.

1135. — Statistisches Jahrbuch der Stadt Wien. 1883-1888; 4 vol. in-8°.

Annuaire statistique de la ville de Vienne.

1136. — **Einige Accordprotokolle den Bau des k. k. Hofburg-theaters in Wien betreffend. 1 cahier in-4°.**

Quelques plans d'ensemble concernant la construction du théâtre du palais impérial à Vienne.

1137. — **Einige Accordprotokolle den Bau des k. k. Hofthea-ter-Depot betreffend. Wien. 1 cahier in-4°.**

Quelques plans d'ensemble concernant la construction du dépôt du théâtre de la cour à Vienne.

1138. — **Löhr (M.). Vortrag über die Erweiterung der inneren Stadt Wien. 1864; 1 broch. in-8°.**

Rapport sur l'agrandissement de la partie intérieure de la ville de Vienne.

1139. — **Nachweisung der während der Wirksamkeit der freigewählten Gemeindevertretung der k. k. Reichshaupt- und Residenzstadt Wien in den Jahren 1861 bis incl. 1880 geschaffenen öffentlichen Bauten, Anlagen und sonstigen nennenswerthen ausserordentlichen Herstellungen. 1882; 1 broch. in-8°.**

Indication des constructions publiques, des établissements et autres travaux extraordinaires notables exécutés durant la gestion des représentants municipaux de la ville de Vienne, de 1861 à 1880 inclusivement.

1140. — **Denkschrift zum Motto : «Und das Wort ist Fleisch geworden.» Caserne, Boulevards. Strassennetz, öffentliche Bauten und Anstalten zur Forderung des Verkehres.** *Wien,* **1858; 1 cahier in-4°.**

Mémoire ayant pour devise : «Et le Verbe s'est fait chair», et ayant pour objet les casernes, les boulevards, les rues, les édifices publics et les établissements commerciaux.

1141. — **Ergebnisse der Enquête für die Ringstrassen-Alleen in Wien. 1872; 1 broch. petit in-8°.**

Résultats de l'enquête au sujet des allées dites *Boulevards circulaires*, à Vienne.

1142. — **Berichte und Anträge der Donau-Regulirungs-Commission in Wien. 1868-1875; 1 vol. in-8°.**

Rapports et propositions de la Commission de régularisation du Danube, à Vienne.

1143. — **Bericht der Experten über die Wienfluss-Regulirung.** *Wien,* **1882; 1 broch. petit in-4°.**

Rapport des experts sur la régularisation du cours de la Vienne.

1144. — Projekt für die Wienfluss-Regulirung in Verbindung mit Stadtbahnfrage. Wien. 1882; 1 broch. petit in-4°.

Projet de régularisation du cours de la Vienne, se reliant à la question du chemin de fer métropolitain de Vienne.

1145. — Bestimmungen unter welchen die Besorgung der Strassensäuberung in der Stadt Wien an eine Unternehmung übertragen werden. 1882-1883; 1 cahier in-4°.

Prescriptions en vertu desquelles le nettoyage des rues dans la ville de Vienne est confié à une entreprise.

1146. — Bericht des städtischen statistischen Bureaus über die in Wien vorhandenen Fahrbetriebsmittel und deren Leistungsfähigkeit. 1 broch. petit in-8°.

Rapport du bureau de statistique municipale sur les moyens de transport qui existent à Vienne et sur ce qu'ils peuvent produire.

RÉGION TCHÈQUE.

1147. — Faster (G.). Dictionnaire tchèque-français et français-tchèque. *Prague*, 2 vol. in-12 et petit in-18.

1148. — Kunz (K.). Die Kunst die böhmische Sprache schnell zu lernen. *Wien, Pest, Leipzig*, 1 vol. petit in-8°.

L'art d'apprendre promptement la langue de la Bohême (le tchèque).

RÉGION TZIGANE-SLOVAQUE.

1149. — Kalina (Dr A.). La langue des Tziganes slovaques. *Léopold, Posen*, 1882; 1 broch. in-8°.

HONGRIE.

1150. — Meiszner Ernö jelentése a Bajororszagi, Würtembergi és Baden nagyherczegségi rétmüvelés tanulmányozásáról. *Budapest*, 1874; 1 broch. in-8°.

Rapport d'E. Meiszner sur l'étude de la culture des prairies en Bavière, dans le Wurtemberg et dans le grand-duché de Bade.

1151. — A Hannoveri rétöntözes ismertetése irta Kléh Kalman. *Budapest*, 1874; 1 broch. in-8°.

Notice sur l'arrosement des prairies dans le Hanovre, par K. Kléh.

1152. Hensztmann Jmre (Dr). Magyarország ó-keresztyen

roman és átmenet stylü mŭ-emlekéinek zövid ismertetése. *Budapest*, 1876; 1 vol. in-4°.

Courte notice sur les vieux édifices chrétiens, du style roman et du style intermédiaire qui se trouvent en Hongrie.

1153. — **Gönczy Pál.** Népiskolai épülettervek. *Budan*, 1870; 1 album in-8° oblong.

Plans de maisons d'écoles.

1154. — **Az országos szülesznöi tanintézetek ideiglenes szabályzata.** *Budan*, 1873; 1 broch. petit in-8°.

Règlement provisoire des écoles royales d'obstétrique.

1155. — **Vues de Hongrie et de Budapest.** Photographies.

1156. — **Ügyviteli utasitás a Budapesti k. m. tudomány-egyetemi könyvtár számára.** 1875; 1 broch. in-8°.

Instruction réglementaire concernant la bibliothèque de l'Université scientifique hongroise, à Budapest.

1157. — **Stieler iskolai átlasza.** *Gotha*, 1876; 1 atlas in-8°.

Atlas de Stieler à l'usage des écoles.

1158. — **Atlas servant dans l'enseignement primaire de géographie.** *Budapest*, 1877; 1 vol. petit in-8° oblong.

1159. — **Berghaus-Gönczy.** Wandkarte von Ungarn. 1870; 1 carte.

Carte murale de la Hongrie.

1160. — **Berghaus-Gönczy.** Wandkarte der ungarischen Kronländer. 1877; 1 carte in-folio.

Carte murale des terres appartenant à la couronne de Hongrie.

1161. — **György Endre jelentése az angol vasuti törvényhozas történetérol.** *Budapest*, 1870; 6 broch. in-8°.

Rapport d'A. György sur l'histoire de la législation des chemins de fer anglais.

1162. — **Ludvigh Gyula jelentése a Bécsi világkiállitásról a vasutépitészetet illetőleg.** *Budapest*, 1874; 1 broch. in-8°.

Rapport de J. Ludvigh sur l'Exposition universelle de Vienne, au point de vue de la construction des voies ferrées.

1163. — **Vasuti okmánytar.** *Budan*, 1871; 4 vol. in-8°.

Documents concernant les chemins de fer.

1164. — **Üzlet-Szabályzat érvényes a Magyar korona területen levő összeg vasutakra.** *Budapest*, 1874; 1 broch. in-8°.

Règlement officiel concernant l'exploitation du réseau de chemins de fer existant sur le territoire du royaume de Hongrie.

1165. — **Benignum rescriptum declarationum Nationis Illyri-
cae. Die Instruktion für die erzbischöflichen Assistenten.
Systema Consistoriale.** *Budapest*, 1873; 1 broch. grand in-8°.

Rescrit impérial concernant la nation illyrienne. Instruction pour les assis-
tants de l'archevêque. Règlement pour le consistoire.

1166. — **A görög-keleti szerb nemzeti egyházi Congressus
szervezete.** 1 broch. grand in-4°.

Organisation du congrès de l'église nationale serbe du rit grec oriental.

1167. — **Rendelet a görög-keleti szerb metropolia egyházi, iskolai és ezekre vonatkozó alapitvanyi ügyeinek szabályozása
tárgyában.** *Buda-Pesten*, 1868; 1 broch. in-4°.

Ordonnance concernant la régularisation de l'église métropolitaine serbe du
rit grec-oriental, de l'école de cette communion et des principes d'après lesquels elles fonctionnent.

1168. — **A Magyarországi és Erdélyi görög-keleti roman egy-
ház szervezési szabályzata.** *Buda-Pesten*, 1869; 1 broch. in-4°.

Règlement organique de l'église romaine du rit grec-oriental en Hongrie et
en Transylvanie.

1169. — **Szabályzat a Magyar-és Erdélyhoni isz. hitközségek
szervése tárgyában.** *Buda-Pesten*, 1869; 1 broch. in-4°.

Règlement concernant l'organisation des communautés religieuses israélites
en Hongrie et en Transylvanie.

1170. — **Hamar Pál.** Véleménye a Magyar föpápi javak
és az ezekböl kifolyó vallás alap jogi természete kerdésében.
Budapest, 1875; 1 broch. in-4°.

Avis sur la question du caractère juridique des propriétés des prélats hongrois, et des fondations qui s'y rattachent.

1171. — **Rannicher (J.).** Denkschrift in Angelegenheit des
Rabbiner-Bildungs-Institutes im Auftrage des k. Ung. Minis-
ters für Kultus u. Unterricht verfasst. *Budapest*, 1874;
2 broch. in-8°.

Mémoire au sujet de l'institut normal pour les rabbins israélites, rédigé par
ordre du Ministre des cultes et de l'instruction publique en Hongrie.

1172. — **Molé-Babos.** Nouveau dictionnaire français-hon-
grois et hongrois-français. *Pest*, 1875; 2 vol. in-12.

1173. — **Thibaut (A.).** Nouveau dictionnaire français-hon-
grois et hongrois-français. *Pest*, 1873; 2 vol. in-18.

1174. — Calandra Claudio, György Endre. Olaszorszag vizjogi törvényei.

Législation italienne concernant les eaux.

1175. — Bodoki Lajos jelentése az 1873 évi Bécsi villágtárlaton kiállitott vizmátani és vizépitészeti túrgyakról. *Budapest*, 1874; 1 broch. in-8°.

Rapport de L. Bodoki sur la section d'hydrotechnie et sur les modèles de constructions hydrauliques figurant à l'Exposition universelle de Vienne.

1176. — Catalogue spécial de la section hongroise, publié par la Commission centrale hongroise pour l'Exposition universelle de Paris de 1878. *Budapest*, 1 vol. in-8°.

1177. — Éltető Elek és Brecska 'Adolf mérnökök jelentései a Bécsi világkiállitáson szerzett tapasztalatokról. *Budapest*, 1874; 1 broch. in-8°.

Rapport des ingénieurs A. Elletô et A. Brecska sur les études faites par eux à l'Exposition universelle de Vienne.

1178. — Utasitás a közalapitvanyi erdőségek felmérése, becslése és rendezése iránt. 1 broch. grand in-4°.

Instruction concernant le mesurage, l'estimation et l'organisation des forêts communales.

1179. — Szolgálati utasitás a közalapitvanyi kir. erdészek számára. *Buda*, 1871; 1 broch. grand in-4°.

Instruction concernant le service des gardes des forêts de l'État.

1180. — Az alapitványi alapokhoz tartozó jószágok, gazdászati és erdészeti szervezete. 1 broch. grand in-4°.

Organisation au point de vue économique et forestier des propriétés appartenant à l'État.

1181. — Hoffmann Sandoz. A vallás ès közoktatási m. kir. Ministerium felügyelete alatt álló alapitvanyi erdöségek fatermelési viszonyainak ismertetése. *Budapest*, 1873; 1 broch. in-4°.

Notice concernant l'entretien des forêts qui sont sous la surveillance du Ministère des cultes et de l'instruction publique de Hongrie.

1182. — Singer (J.). Simplified grammar of the hungarian language. *London*, 1882; 1 vol. petit in-8°.

Grammaire simplifiée de la langue hongroise.

1183. — Fauvin (L'abbé L.). Essai de grammaire hongroise. *Pest*, 1 vol. in-12.

1184. — **Ujfalvy (Ch.-E. de).** Éléments de grammaire magyare. *Paris*, 1876; 1 vol. in-8°.

1185. — **Belécza József.** Nyelvtani kézikönyv. *Budapest*, 1881; 1 broch. in-12.

Manuel de grammaire.

1186. — **Sajous (E.).** Histoire des Hongrois et de leur littérature politique de 1790 à 1815. *Paris*, 1872; 1 vol. grand in-12.

1187. — **Hunfalvy (P.).** Die Ungern oder Magyaren. *Wien*, 1881; 1 vol. in-8°.

Les Hongrois ou Magyars.

1188. — **Desjardins (E.).** Monuments épigraphiques du Musée national hongrois. *Budapest*, 1873; 1 vol. grand in-4°.

1189. — Exposé sur le développement et sur l'état actuel de l'instruction publique, des sciences et des arts en Hongrie. *Budapest*, 1878; 1 broch. in-8°.

1190. — Das ungarische Unterrichts-Wesen. *Budapest*, 1881-1890; 3 vol. in-8°.

L'instruction publique en Hongrie.

1191. — **Hamar Pál.** Véleménye a tanulmányi alap jogi természete kerdésében. *Budapest*, 1875; 1 broch. in-4°.

Avis sur la question du caractère juridique des établissements universitaires.

1192. — Néptanitók lapja. *Budapest*, 1874-1890: 13 vol. grand in-8°.

Journal des instituteurs des écoles populaires.

1193. — A közoktatás állapotáról jelentése. *Budapest*, 1870-1880; 14 vol. in-8°.

Rapport sur l'état de l'instruction publique en Hongrie.

1194. — Az országos tanitói nyugdíj-és gyámalap állapotáról jelentése. *Budapest*, 1882-1889; 2 vol. in-8°.

Rapport sur l'état des pensions et des secours destinés aux instituteurs du royaume de Hongrie.

1195. — Az országgyüles elé terjesztett jelentése a népiskolai közoktatás állapotáról. *Budan*, 1870-1871; 1 vol. et 1 broch. grand in-8°.

Rapport sur l'état de l'enseignement dans les écoles populaires présenté à la Diète de Hongrie.

1196. — **Jelentés a Budapesti és Kolozsvari magy-kir. középtanodai tanárképezdék állapotáról és működéséröl.** *Budapest,* 1877; 1 broch. grand in-8°.

Rapport sur l'état et les travaux des écoles nationales hongroises pour l'enseignement secondaire, fondées par le Gouvernement à Budapest et à Kolozsvar.

1197. — **A magyarországi királyi tanulmányi alap jogi természetének megvizsgálására szolgátó vezérokmányok.** *Budapest,* 1875; 1 broch. grand in-8°.

Principaux documents pour servir à la recherche du caractère juridique des établissements universitaires en Hongrie.

1198. — **A vallás és közoktatásügyi m. kir. Ministerium felügyelete alatt álló közalapitványi alapok és alapitványok vagyon s jövedelmi állása az 1875. évi állapot szerint.** *Budapest,* 1877; 1 broch. grand in-8°.

État des biens et des revenus, des fondations et des établissements publics dépendant du Ministère des cultes et de l'instruction publique de Hongrie, état basé sur les données de l'année 1875.

1199. — **Középiskolai rendtartás.** *Budapest,* 1876; 1 broch. grand in-8°.

Règlement disciplinaire pour les écoles secondaires.

1200. — **Utasitás a községi iskolaszékek számára.** *Budan,* 1869; 1 broch. petit in-8°.

Instruction concernant les établissements scolaires municipaux.

1201. — **Szente József. Utasitás a szamológép használására népiskolai tanitók számára.** *Budapest,* 1873; 1 broch. grand in-12.

Instruction aux instituteurs des écoles populaires sur l'emploi de la machine à compter.

1202. — **Utasitás a polgári községi iskolaszékek számára.** *Budapest,* 1876; 2 broch. in-8°.

Instruction concernant les écoles municipales bourgeoises.

1203. — **Utasitás az állami népoktatási tanintézetek gondnoksága számára.** *Budapest,* 1876; 1 broch. in-8°.

Instruction concernant l'administration des écoles d'enseignement populaire de l'État.

1204. — **Utasitás a népiskolai oktatás számára.** *Pest,* 1869; 1 broch. in-8°.

Instruction concernant l'enseignement dans les écoles populaires.

1205. — Utasitás a népnevelési tanfelügyelök számára. *Budapest*, 1876 ; 1 broch. in-8°.

Instruction concernant les inspecteurs des établissements d'éducation populaire.

1206. — Tanterv a népiskolák számára. *Budapest*, 1870-1877 ; 2 broch. in-8°.

Plan d'études pour les écoles populaires.

1207. — Tanterv a felsö népiskolák számára. *Budan*, 1872 ; 1 broch. grand in-12.

Plan d'études pour les écoles populaires supérieures.

1208. — Tanterv a polgári iskolák számára. *Budapest*, 1873-1877 ; 2 broch. in-8°.

Plan d'études pour les écoles bourgeoises.

1209. — Az állami elemi tanitó- és tanitónőképezdék tanterve. *Budapest*, 1877 ; 1 broch. petit in-8°.

Plan d'études pour les établissements d'instruction élémentaire de l'État tenus par des instituteurs ou des institutrices.

1210. — A házi ipari munkatanitonőképezde tanterve. *Budapest*, 1877 ; 1 broch. petit in-8°.

Plan d'études pour les établissements consacrés aux travaux d'économie domestique et tenus par des institutrices.

1211. — A tanitóképezde szervezete. *Budan*, 1870 ; 1 broch. petit in-8°.

Organisation des établissements d'éducation tenus par des instituteurs.

1212. — Az iparos tanulók iskolái szervezete. *Budapest*, 1877 ; 1 broch. petit in-8°.

Organisation des écoles industrielles tenues par des instituteurs.

1213. — Szabályzat a jogtanodak uj szervezéséről. 1 broch. petit in-8°.

Règlement concernant la nouvelle organisation des écoles de droit.

1214. — Szabályrendelet a községi nép- felsö nép-és polgári iskolái tanitók testületekké alakulásáról és ezek működéséről. *Budan*, 1872 ; 1 broch. petit in-8°.

Ordonnance réglementaire concernant la constitution du corps enseignant dans les écoles communales populaires et bourgeoises et le fonctionnement de ces écoles.

1215. — Szabályrendelet az állami elemi és polgári iskolai tanitó és tanitónőképezdék igazgatásáról. *Budapest*, 1877; 1 broch. petit in-8°.

Ordonnance réglementaire concernant la direction des écoles élémentaires et des écoles bourgeoises de l'État tenues par des instituteurs ou des institutrices.

1216. — Szabályrendelet az állami tanitóképezdékben tartandó felső nép-és polgári iskolai tanitók és tanitónők tanitóképességi vizsgálatáról. *Budan*, 1872 ; 1 broch. petit in-8°.

Ordonnance réglementaire concernant l'examen de capacité professorale des instituteurs et des institutrices d'écoles populaires supérieures et d'écoles bourgeoises qui veulent entrer dans les établissements d'instruction de l'État.

1217. — Szabályrendelet az állami tanitóképezdékben tartandó népiskolai tanitók és tanitónök tanitóképességi vizsgálatáról. *Budapest*, 1872-1877; 2 broch. petit in-8°.

Ordonnance réglementaire concernant l'examen de capacité professorale des instituteurs et des institutrices d'écoles populaires qui veulent entrer dans les établissements d'instruction de l'État.

1218. — Instruktion für die Gemeinde-Schulcommissionen in Angelegenheit der Durchführung des Gesetzartikels XXXVIII. v. J. 1868 über den Volksschulunterricht. *Ofen*, 1869; 1 broch. petit in-8°.

Instruction pour les commissions des écoles communales, au sujet de l'exécution de l'article 38 de la loi de 1868 concernant l'enseignement dans les écoles populaires.

1219. — Lehrplan für Volks- und Burgerschulen. *Pest*, 1869; 1 broch. petit in-18.

Plan d'études pour les écoles populaires et les écoles bourgeoises.

1220. — Szabályzat a réáliskolákban tartandó érettségi vizsgálatról. *Budapest*, 1876; 1 broch. grand in-8°.

Règlement concernant l'examen de capacité pour entrer dans les écoles dites *réales*.

1221. — Szabályrendelet a bölcsészeti, s illetőleg bölcsészet-, nyelv-, történettudományi és mathematikai természettudományi egyetemi karoknal tartandó tudorsági szigorlatok iránt. 1 broch. in-4°.

Ordonnance réglementaire concernant l'obtention du grade de docteur en philosophie, ainsi que celui de docteur ès sciences philologiques, mathématiques ou physiques.

1222. — Bock (D[r]), Gönczy Pál. Az iskolas gyermekek

testi és szellemi épsége fentartásáról. *Pesten*, 1872; 1 broch. petit in-8°.

Entretien de la santé corporelle et morale chez les enfants des écoles.

1223. — **Ney Ferenc.** Deak Ferenc emlékünnepélye a Budapesti IV kerületi községi nyilvanos főreáltanodában. 1876; 1 broch. in-8°.

L'anniversaire de François Deak à l'école publique dite *réale supérieure* du IV° district de Budapest.

1224. — **Zichy Antal.** Gr. Széchenyi István mint pedagog. *Budapest*, 1875; 1 broch. in-8°.

Le comte Étienne Széchenyi comme pédagogue.

1225. — **Martinet (C.), Dareste (P.).** Code pénal hongrois : des crimes et des délits (28 mai 1878); des contraventions (14 juin 1879). *Paris*, 1885; 1 vol. in-8°.

1226. — **Instruction pour le procédé des mairies en cas d'héritage.** *Budapest*, 1878; 1 cahier in-4°.

1227. — **Religions u. Ehegesetze Ungarns.** *Pest-Ofen*, 1874; 1 broch. in-18.

Lois sur la religion et le mariage en Hongrie.

1228. — **Boncz Ferencz.** A magyar közígazgatási törveny-tudomany kézikönyve. *Budapest*, 1876; 3 vol. in-8°.

Manuel de la législation administrative en Hongrie.

1229. — **Toldy (D.-F.).** Sylloge legvm Hvngariae fvndamentalivm. *Pesthini*, M D CCC LXVI; 1 vol. in-18.

Recueil des lois fondamentales de la Hongrie.

1230. — **Szabályrendeletek a volt határőrvidék területén levő.** *Budapesten*, 1877; 1 broch. petit in-8°.

Ordonnances réglementaires applicables au territoire des confins militaires.

1231. — **Számolási gyakorlatkönyv a népiskolak számára.** *Budapest*, 1876-1877; 2 broch. in-12.

Livre d'exercices de calcul pour les écoles populaires.

1232. — **Lederer (A.).** Deutsches A. B. C. und Lesebuch für die erste Volksschulklasse nach Paul Gönczy. *Budapest*, 1873; 1 broch. in-12.

Abécédaire allemand et livre de lecture pour la 1re classe des écoles populaires, d'après P. Gönsky.

1233. — Lederer (A.). Leitfaden zu dem deutschen A. B. C und Lesebuch für Lehrer. *Ofen*, 1870 ; 4 broch. in-12.

Guide pour l'abécédaire et livre de lecture allemand destiné aux professeurs.

1234. — Nagy László. Vezérkönyv a magyar nyelvtan tanításában a népiskolak 1 és 11 osztálya számára. *Budan*, 1871; 4 broch. in-12.

Guide pour l'étude du hongrois dans la 1ʳᵉ et dans la 2ᵉ classe des écoles populaires.

1235. — Nagy László. Nyelvtani gyakorlátkönyv a népiskolak 11. osztálya számára. *Budapest*, 1877 ; 3 broch. in-12.

Livre d'exercices de langage pour la 2ᵉ classe des écoles populaires.

1236. — Gáspár (Johann), Lederer (A.). Lesebuch für die zweite Klasse der Volksschule. *Budapest*, 1873; 1 broch. in-12.

Livre de lecture pour la 2ᵉ classe des écoles populaires.

1237. — Ladislas Nagy. Methodischer Leitfaden zu den Denk- und Sprachübungen in den ersten und zweiten Volksschulklassen. *Ofen*, 1870 ; 7 broch. in-12.

Guide méthodique pour exercer à penser et à parler les élèves de la 1ʳᵉ et de la 2ᵉ classe des écoles populaires.

1238. — Gáspár (Johann), Lederer (A.). Lesebuch für die dritte Klasse der Volksschule. *Budapest*, 1873 ; 5 broch. in-12.

Livre de lecture pour la 3ᵉ classe des écoles populaires.

1239. — Gáspár (Johann), Lederer (A.). Lesebuch für die vierte Klasse der Volksschule. *Budapest*, 1873 ; 1 broch. in-12.

Livre de lecture pour la 4ᵉ classe des écoles populaires.

1240. — Nagy László. Vezérkönyv a magyar nyelvtan tanításában a népiskolak III és IV osztályai számára. *Budan*, 1871-1873 ; 2 broch. in-12.

Guide pour l'enseignement du hongrois dans la 3ᵉ et la 4ᵉ classe des écoles populaires.

1241. — Nagy László. Nyelvtani gyakorlókönyv a népiskolak III és IV osztályai számára. *Budapest*, 1875-1877 ; 2 broch. in-12.

Livre d'exercices de langage pour la 3ᵉ et la 4ᵉ classe des écoles populaires.

1242. — **Gáspár János.** Magyar olvasókönyv a népiskolák V és VI osztálya számára. *Budapest,* 1877 ; 1 vol. in-12.

Livre de lecture hongroise pour la 5° et la 6° classe des écoles populaires.

1243. — **Nagy József.** Vezérkönyv az énektanításban elemi és népiskolák számára. *Budan,* 1871 ; 1 broch. in-12.

Guide pour l'étude du chant dans les écoles élémentaires et les écoles populaires.

1244. — **Nagy József.** Gyakorlókönyv az énektanításra az 1-sö és 11.-dik elemi osztály számára. *Budan,* 1872 ; 1 broch. in-12.

Livre d'exercices de chant pour la 1" et la 2° classe élémentaire.

1245. — **Földrajzi eredménytár a népiskolai V, esetleg VI. osztály és az ismétlö iskola számára.** *Budapest,* 1877 ; 1 broch. in-12.

Principes de géographie à l'usage de la 5° et au besoin de la 6° classe des écoles populaires et de l'école de répétition.

1246. — **Vezérkönyv a népiskolai földrajztanításban tanitók és tanítójelöltek számára.** *Budapest,* 1877 ; 1 broch. in-12.

Guide pour l'enseignement de la géographie dans les écoles populaires à l'usage des maîtres et des moniteurs.

1247. — **Gönczy Pál.** A természetrajz rendszeres átnézete. *Pest,* 1871 ; 1 broch. petit in-8°.

Méthode abrégée d'histoire naturelle.

1248. — **Gönczy Pál.** Magyarazó jegyzetek Bopp K. természettani nyolcz fali táblajáhóz. *Pest,* 1870 ; 1 broch. petit in-8°.

Notices en hongrois sur les huit cartes murales d'histoire naturelle de Ch. Bopp.

1249. — **Gönczy Pál.** Utasitás a földgomb és a tellurium ismertetésére és használatára népiskolai tanitók számára. *Pest,* 1872 ; 1 broch. petit in-8°.

Instruction aux instituteurs des écoles populaires sur la connaissance et l'usage du globe terrestre.

1250. — **Gönczy Pál.** — Utasitás a métermértékek rendszere tanulására és tanitására. *Budapest,* 1875 ; 1 broch. petit in-8°.

Instruction sur le calcul métrique, à l'usage des maîtres et des élèves.

1251. — **Bartalus István.** Éneklö ABC népiskolak számára. *Budapest*, 1873-1874 ; 6 vol. petit in-8°.

Abécédaire de chant pour les écoles populaires.

1252. — **Bartalus István.** Ének-tanitó vezékönyv népiskolai tanítók számára. *Budapest*, 1871 ; 6 vol. petit in-8°.

Guide pour l'étude du chant à l'usage des maîtres des écoles populaires.

1253. — **Maszák Húgó.** Utmutató az elemi rajztanitásban vezérkönyv néptanitók számára. *Budapest*, 1873 ; 1 broch. in-8°.

Guide pour l'étude du dessin élémentaire, à l'usage des instituteurs des écoles populaires.

1254. — **Toma Rosiescu.** Indegetariu la propunerea desemnului elementariu. *Buda*, 1871 ; 1 broch. in-8°.

Guide pour l'étude du dessin élémentaire.

1255. — **Macak (X.).** Упутство у постави цртања. *У Будиму*. 1871 ; 1 broch. in-8°.

Hugues Masak. Guide pour l'enseignement du dessin. *Buda*.

1256. — **Hugo Maszák.** Úprava pre vyučovania v kreslení v počiatočnych školaćh navodna kniha pre učitělov. *Budin,* 1871 ; 1 broch. in-8°.

Méthode d'enseignement du dessin : guide des professeurs des écoles élémentaires.

1257. — **Bartalus István.** Bevezetés a zongora s orgona jatszására. *Budan*, 1871 ; 1 vol. in-4°.

Introduction à l'étude de l'orgue et du piano.

1258. — **Fali olvasó tábla.** Séries de feuilles en diverses langues.

Tableaux muraux pour la lecture.

1259. — **Tableaux intuitifs.** 1 album grand in-folio (Hongrie).

1260. — **Herzog Ödön.** A meter-rendszer megismertetése. *Budapest*, 1876 ; 1 vol. in-8°.

L'intelligence du système métrique.

1261. — **Szabályrendelet a tudományegyetemi orvosi karoknal** tartandó tudori szigorlatokról. 1 broch. in-4°.

Ordonnance réglementaire concernant l'obtention du grade de docteur à la Faculté universitaire de médecine.

1262. — **Ritter von Stach (F.).** Die Edelmetallbergbaue Facžebaja und Allerheiligen in der Umgebung von Zalathna. *Wien-Zalathna*, 1885 ; 1 broch. in-8° et 1 atlas.

L'exploitation des mines de métaux précieux de Facebaja et de Toussaint dans les environs de Zalathna (Transylvanie).

1263. — Regelung der Municipien und der Gemeinden. *Pest*, 1870-1871 ; 1 broch. in-8°.

Réglementation des municipalités et des communes.

1264. — Regelung und Modificirung des Gemeinde-Gesetzes. *Budapest*, 1876 ; 1 broch. in-8°.

Réglementation et modification de la loi communale.

1265. — **Anton Till.** Handbuch über Gemeinde-Verwaltung, Vermögens-Gebahrung und Verrechnungswesen. *Budapest*, 1878 ; 1 vol. in-8°.

Manuel concernant l'administration communale, le cens et la comptabilité.

1266. — A kapaszkodó hajózasról irta Kenessey Albert. *Pest*, 1872 ; 1 broch. in-8°.

Sur la navigation à contre-courant (touage), par A. Kenessey.

1267. — Orszagos és Pestvárosi rendőrügyi szabályrendeletek ellátta Kedvessy György. *Pest*, 1872 ; 1 vol. petit in-8°.

Règlements de police pour le royaume et pour la ville de Pest recueillis par G. Kedvessy.

1268. — **Kőrösi (J.).** Plan einer Mortalitäts-Statistik für Grossstädte. *Wien*, 1873 ; 1 broch. in-8°.

Plan d'une statistique de la mortalité pour les grandes villes.

1269. — **Kőrösi (J.).** Ueber den Einfluss der Wohlhabenheit und der Wohnverhältnisse auf Sterblichkeit und Todesursachen. *Stuttgart*, 1885 ; 1 broch. grand in-8°.

De l'influence du bien-être et des conditions d'habitation sur la mortalité et les causes de décès.

1270. — **Kőrösi (J.).** Welche Unterlagen hat die Statistik zu beschaffen um richtige Mortalitäts-Tabellen zu gewinnen? Denkschrift. *Berlin*, 1874 ; 1 vol. in-8°.

Quelles bases la statistique doit-elle établir pour obtenir des tables de mortalité qui soient exactes? Mémoire.

1271. — **Béla Weisz (D^r).** Bericht an der IX. internationalen statistischen Congress zu Budapest. 1876 ; 1 broch. petit in-8°.

Rapport au 9ᵉ Congrès international de statistique tenu à Budapest.

1272. — **Rapports de la Commission composée des ingénieurs étrangers invités à examiner les travaux de régularisation exécutés sur les rivières hongroises.** *Budapest*, 1879 ; 1 vol. grand in-8° ; plans et dessins annexés aux rapports. 1 carton petit in-8° oblong (14 planches).

1273. — **Dékány (M. de).** **Associations de desséchement en Hongrie : Rapport.** *Budapest*, 1878 ; 1 broch. petit in-4°.

1274. — **Rapport du Comité des travaux publics.** *Budapest*, 1875 ; 1 cahier in-4°.

1275. — **Rapport de la section des travaux publics pour l'année 1875.** *Budapest*, 1 cahier in-4°.

1276. — **Herrich Karoly.** **Elöterjesztés a Tiszaszabályozás keletkezéséröl, fejlödéséről és jelenlegi állásáról.** *Pest*, 1873 ; 1 broch. petit in-4°.

Rapport sur l'origine, les progrès et l'état actuel de la régularisation de la Theiss.

1277. — **Boross (F.), Nendtvich (G.).** **Description de la rivière Tisza et de sa régularisation.** *Budapest*, 1878 ; 1 cah. in-4°.

1278. — **Mémoire sur la partie du Danube qui s'étend depuis Dévény jusqu'aux Portes de Fer.** 1878 ; 1 broch. grand in-8°.

1279. — **A középitési bizottmány jelentése az egyesült fővárosi törvényhatosag megalakulasa óta kifejtett tevékenységéről.** *Budapest*, 1875 ; 1 broch. petit in-8°.

Rapport de la Commission des constructions publiques sur l'activité déployée depuis la promulgation de la loi réunissant les deux capitales.

1280. — **Jelentés az országás közlekedési eszközök hálózata tárgyában.** *Pest*, 1873 ; 1 vol. petit in-4°.

Rapport sur le réseau des voies de communication du royaume de Hongrie.

1281. — **A belföldi banyákban termelt burkolat-kövek közettani és erőmütani vizsgálata.** *Budapest*, 1878 ; 1 broch. petit in-8°.

Examen minéralogique et mécanique des pierres propres au pavage fournies par les carrières indigènes.

BUDAPEST.

1282. — **Budapest főváros közvágóhidja és marha-vasárja a városi hatosag megbizásából épitették 1870-1872 évben Hennicke Gyula és V.-D. Hude épiteszek.** 1 vol. in-fol.

L'abattoir public et le marché aux bestiaux construits en 1870-1872 par les architectes J. Hennicke et V.-D. Hude, sur l'ordre de la municipalité de Budapest.

1283. — **A Budapesti királyi magyar tudomány-egyetem almanachja.** 1877 ; 1 broch. in-8°.

Almanach de l'Université royale scientifique de Hongrie à Budapest.

1284. — **Pótfüzet a Budapest főváros számára tervezett uj épitési rendszabályokhoz.** 1876 ; 1 broch. petit in-8°.

Brochure supplémentaire concernant les règlements applicables aux nouvelles constructions projetées à Budapest.

1285. — **Kőrösi (J.). Die Bauthätigkeit Budapest's in den Jahren 1875-1884.** *Berlin,* 1886 ; 1 broch. in-8°.

Les constructions à Budapest de 1875 à 1884.

1286. — **A Budapestvárosi «Erzsébet» czimü léanyárva ház szervezete és rendszabályzata.** 1 cah. in-4°.

Règlement et organisation de l'orphelinat de jeunes filles de Budapest connu sous le nom de *Maison d'Élisabeth.*

1287. — **Az 1875 évi junius hó 26-iki viharok által okozott pusztitások elleni intézkedésekre tanácsi végzéssel kiküldött bizottmány jelentése.** *Budapest,* 1875 ; 1 broch. petit in-8°.

Rapport de la Commission nommée par un arrêté du Conseil municipal de Budapest pour prendre les mesures nécessaires en vue de réparer les désastres causés par les inondations du 26 juin 1875.

1288. — **Une vue à Budapest.** 1 photographie.

1289. — **Wein Janos vizvezeléki igazgató jelentése a Dunafolyam és a balparti vizvezeték vizsgálata alkalmával 1874-1875 ben szerzett adatokról.** *Budapest,* 1877 ; 1 broch. in-8°.

Rapport de J. Wein, inspecteur des eaux, sur l'examen du cours du Danube et des conduites d'eau de sa rive gauche, d'après les données de 1874-1875.

1290. — **Wein Janos. Budapest főváros nyilvános vizmüvei.** 1883 ; 1 vol. in-4°.

Travaux hydrauliques d'utilité publique à Budapest.

1291. — **Regulativ für Wasserversorgung durch die provisorische Stadtwasserkunst.** *Budapest,* 1876 ; 1 broch. in-12.

Règlement pour la fourniture de l'eau à la ville de Budapest au moyen des machines hydrauliques provisoires.

1292. — **Jelentés a Budapest főváros vízvezetéke ügyében
1874 évben történtekről.** 1 broch. in-4°.

Rapport, pour la fin de l'exercice 1874, sur le service des eaux à Budapest.

1293. — **A városi vízvezeték 1871 évi költségvetése és javas-
latok.** *Budapest,* 1873; 1 broch. in-4°.

Propositions concernant le service des eaux à Budapest, et budget de cette administration en 1871.

1294. — **Albizottmányi jelentés a fővárosi légszesz-ügy rendezése tárgyában.** *Budapest,* 1874-1877; 2 broch. in-4°.

Rapport du sous-comité sur l'organisation du service du gaz à Budapest.

1295. — **A légszesz társulaltal való alkudozás okra kiküldött
albizottsag kisebbségenek véléményes jelentése.** *Budapest,*
1874; 1 broch. in-4°.

Rapport faisant connaître l'opinion de la minorité du sous-comité chargé des négociations avec la Compagnie du gaz.

1296. — **Budapest főváros árvaszekenek előterjesztése a
fővárosi árvaszek személyzete létszámanak szaporítasa tárgyában.** 1878; 1 cahier in-4°.

Propositions à l'orphelinat de Budapest concernant l'augmentation du personnel existant dans cet établissement.

1297. — **Fó-zarszámadás Budapest főváros illetöleg.** 1873-
1874; 1 vol. petit in-4°.

Arrêté de comptes général de la ville de Budapest.

1298. — **Budapest főváros zarszámadása és vagyonleltára.**
1874-1889; 12 vol. in-8°.

Arrêté de comptes et inventaire de l'actif de la ville de Budapest.

1299. — **Budapest főváros költségelőirámuzata.** 1874-1890;
5 vol. in-4°.

Budget de la ville de Budapest.

1300. — **Kőrösi (J.).** **Die Hauptstadt Budapest im Jahre
1881.** 3 cahiers in-8°.

La ville capitale de Budapest en 1881.

1301. — **Jelentés Budapest főváros tiszti főorvosi hivatalanak 1874 ik évi müködéséről.** 1 broch. in-4°.

Rapport du bureau du médecin-chef du service de la santé à Budapest, sur le fonctionnement de ce service en 1874.

1302. — **Budapest főváros közegészségi állapota.** 1876-1877; 3 cahiers in-4°.

État de la santé publique dans la ville de Budapest.

1303. — **Conservation du cadastre de la ville de Budapest, rive gauche.** 1 registre grand in-4°.

1304. — **Budapest főváros iparügyi szabályzata.** 1877; 1 broch. grand in-12.

Règlements concernant l'industrie à Budapest.

1305. — **Kőrösi (J.). Die öffentlichen Volksschulen der Stadt Budapest.** 1871-1889; 4 broch. in-8°.

Les écoles populaires publiques de la ville de Budapest.

1306. — **Jelentés a Budapesti m. kir. tudományegyetem állapotáról, müködeséről és haladásáról.** *Budapest*, 1876; 1 broch. grand in-8°.

Rapport sur l'état, les travaux et les progrès de l'Université royale scientifique de Hongrie à Budapest.

1307. — **Jelentés a Budapesti tankerület népoktatási állapotáról az 1873 ik évben.** *Budapest*, 1874; 1 broch. petit in-4°.

Rapport sur l'état de l'enseignement populaire dans la circonscription scolaire de Budapest en 1873.

1308. — **Utasitás a fővárosi községi iskolai hatóságok számára.** *Budapest*, 1877; 2 broch. in-8°.

Instruction concernant la direction dès écoles municipales de Budapest.

1309. — **A Budapesti állami polgári iskolái tanitó-és tanitónóképezdék tanterve.** *Budapest*, 1877; 1 broch. petit in-8°.

Plan d'études pour les écoles bourgeoises de l'État tenues à Budapest par des instituteurs ou des institutrices.

1310. — **A közép ipartanoda szervezete.** *Budapest*, 1877; 1 broch. petit in-8°.

Organisation de l'école industrielle communale.

1311. — **Szabályrendelet a Budapesti állami polg. isk. tanitó- és tanitónóképezdékben tartandó felsó nép-és polgári isko-**

lai tanítók és tanitónők képesitési vizsgálatáról. *Budapest*, 1877; 1 broch. petit in-8°.

Ordonnance réglementaire concernant l'examen de capacité des instituteurs et des institutrices d'écoles populaires supérieures et d'écoles bourgeoises qui veulent entrer dans les écoles bourgeoises de l'État à Budapest.

1312. — **Szabályzat a főváros elemi népiskolainak szervezése és a tanitói fizetések rendezése tárgyában.** *Budapest*, 1877; 1 broch. petit in-8°.

Règlement concernant l'organisation des écoles populaires élémentaires de Budapest et la fixation du traitement des instituteurs.

1313. — **A Budapest fővárosi VI kerületi nyilvános polgári fiu-iskola tudósítványa.** 1870-1890; 3 vol. grand in-8°.

Rapport de l'école publique bourgeoise pour garçons du VIe district de Budapest.

1314. — **A Budapesti fővárosi II kerületi községi nyilvános polgári fíu-iskola ertesitöje.** 1876-1877; 1 broch. in-8°.

Rapport de l'école publique municipale bourgeoise pour garçons du IIe district de Budapest.

1315. — **Bekey Jmre.** Budapest főváros tanügyi hatóságainak, tanárai és tanitóinak névtara; réal-és rajztanodáinak, polgári és elemi népiskolainak és árvanevelő intézeteinek jegyzéke. 1872-1875; 1 broch. in-8°.

Listes nominales des autorités universitaires, des professeurs et des instituteurs de la ville de Budapest, et notice sur les écoles dites *réales,* les écoles de dessin, les écoles bourgeoises, les écoles populaires et l'orphelinat.

1316. — **A Budapest fővárosi VII. kerületi nyilvános polgári léanyiskola tudósítvány.** 1873-1890; 1 vol. in-8°.

Rapport de l'école publique bourgeoise pour jeunes filles du VIIe district de Budapest.

1317. — **A Budapest fővárosi VIII. kerületi községi nyilvános föreáliskola tudósítványa.** 1876-1890; 3 vol. in-8°.

Rapport de l'école municipale publique du VIIIe district de Budapest, école dite *réale supérieure.*

1318. — **A Budapesti II. kerületi állami reáltanodanak évi ertesitöje.** 1875; 1 broch. in-8°.

Rapport annuel de l'école du IIe district de Budapest, dite *école réale de l'État.*

1319. — **A Budapest fővárosi IV. kerületi nyilvános föreáliskola tudósítványa.** 1871-1885; 8 vol. in-8°.

Rapport de l'école publique du IVe district de Budapest, dite *école réale supérieure.*

1320. — **Lakbérleti szabályok.** *Budapest*, 1876; 1 broch. petit in-8°.

Règlements concernant les loyers.

1321. — **Instruction ministérielle réglant le rapport entre la municipalité et la police.** *Budapest*, 1875; 1 cahier in-4°.

1322. — **A fővárosi tanács előterjesztése Budapest főváros epitési rendszabályainak tervezete tárgyában.** 1877; 1 broch. petit in-8°.

Proposition du *Magistrat* de Budapest au sujet du projet de règlement applicable aux constructions de cette ville.

1323. — **Budapest főváros törvényhatosagának szervezete.** 1873; 1 vol. grand in-12.

Organisation judiciaire de la ville de Budapest.

1324. — **Hamar Pál.** Véleménye a Budapesti egyetemi alap jogi természete kerdésében. *Budapest*, 1876; 1 broch. in-4°.

Avis sur la question du caractère juridique des établissements communaux à Budapest.

1325. — **Szepessy Mihály.** A vallás, tanulmányi és egyetemi alap jogi természete irant jogi véleménye. *Budapest*, 1876; 1 broch. in-4°.

Avis juridique sur le caractère juridique des établissements religieux, universitaires et communaux.

1326. — **Évi jelentése Budapest főváros tiszti főorvosi hivatalanak.** 1874-1875; 2 broch. in-4°.

Rapport annuel du bureau du médecin-chef du service de la santé à Budapest.

1327. — **Kőrösi József.** Budapest halandósaga 1874-1875 és annak okai. *Budapest*, 1877. — **Die Sterblichkeit der Stadt Budapest in den Jahren 1876-1881 und deren Ursachen.** *Berlin*, 1885; 2 broch. in-8°.

La mortalité à Budapest de 1874 à 1881 et ses causes.

1328. — **Holász Gejsa.** A Budapesti uralgott járványos betegségek történelmi különös tekintettel a cholerára. *Budapest*, 1879; 1 vol. in-8°.

Histoire des maladies épidémiques ayant régné à Budapest et particulièrement du choléra.

1329. — **Jelentés az v. közig-kerület elöljárosaganak 1873-1874 évi müködéséről.** *Budapest*, 1876; 1 broch. in-8°.

Rapport à l'administration municipale sur l'exercice 1873-1874.

1330. — **Rapport de la 1re section du Conseil administratif.** *Budapest*, 1876; 1 cahier in-4°.

1331. — **Szabályzat az ebtartásról.** *Budapest*, 1877; 1 broch. petit in-8°.

Règlement concernant les chiens.

1332. — **Népszerü oktatás az ebnél elöforduló veszettségröl.** *Budapest*, 1877; 1 broch. petit in-8°.

Avis au public concernant les prodromes de la rage chez les chiens.

1333. — **A Budapest föváros számára tervezett uj építési rend-szábalyok tárgyában a fövárosi középitési bizottmány jelentése.** 1875; 1 broch. in-8°.

Rapport de la Commission des constructions publiques de la capitale touchant les nouveaux règlements projetés pour les constructions à Budapest.

1334. — **Budapest föváros épitési rendszábalyainak tervezete.** 1875; 1 broch. petit in-8°.

Projet de règlements pour les constructions dans la ville de Budapest.

1335. — **Körösi (J.).** **Vorläufiger Bericht über die Resultate der Budapest's Volkszählung vom Jahre 1886.** 1 vol. in-8°.

Rapport provisoire sur les résultats du recensement de la population de Budapest en 1886.

1336. — **Körösi (J.).** **Ouvrages du bureau communal de statistique de la ville de Budapest. Exposition universelle de Paris de 1878. Exposition géographique de Venise de 1881.** 2 broch. in-8° et in-12.

1337. — **Körösi József.** **Budapest föváros statisztikai hivatalanak havi füzetei.** 1875-1892; 18 vol. grand in-8°.

Cahiers mensuels publiés par le bureau de statistique de Budapest.

1338. — **Körösi József.** **Budapest föváros statisztikai hivatalanak heti kimutatásai.** 1879-1892; 6 vol. grand in-8°.

Renseignements hebdomadaires publiés par le bureau de statistique de Budapest.

1339. — **A középitési bizottmány jelentése a budai hegyi vizek levezetése és utak rendezése tárgyában.** *Budapest*, 1875; 1 broch. petit in-4°.

Rapport de la Commission des travaux publics sur l'écoulement des eaux de montagne et la réparation des routes dans le district de Bude.

1340. — **A fővárosi talajvizsgálo bizottság jelentései.** *Budapest,*
1 broch. in-8°.

Rapport de la Commission chargée de l'examen du terrain de la ville de Budapest.

1341. — **A kepviselőhazhoz benyujtott jelentés a Buda-Pesti Dunarész szabalyozásának előhaladasáról.** 1872; 1 broch. petit in-4°.

Rapport à la Chambre des représentants sur les progrès de la régularisation du cours du Danube à Budapest.

1342. — **A fővárosi közmunkak tanacsanak hivatalos jelentése.** *Budapest,* 1870-1888; 4 vol. in-4°.

Rapport officiel du Conseil des travaux publics de la ville de Budapest.

PEST.

1343. — **Behördliche Statuten über das im pester städtischen öffentichen Schlachthause und Viehmarkte zu beobachten Vorgehen.** *Pest,* 1872; 2 broch. in-8°.

Règlements officiels sur la tenue de l'abattoir public et du marché aux bestiaux de la ville de Pest.

1344. — **Kőrösi (J.). Die Bauthätigkeit Pest's in den Jahren 1870 und 1871.** 1 vol. in-8°.

Les constructions à Pest en 1870 et 1871.

1345. — **Sz. kir Pest-város beltelkeinek térképe.** 8 feuilles.

Plan cadastral de la ville de Pest.

1346. — **Viola Jmre. A Pesti vizvezeték müvenek vizsgálatára kiküldött bizottmány jegyzökönyvei.** 1871-1872; 1 broch. in-4°.

Procès-verbal de la Commission nommée pour inspecter les travaux relatifs au service des eaux à Pest.

1347. — **A városi vizvezetéki mű vizsgálatára közgyülésileg kiküldött bizottámny jelentése.** *Pest,* 1872; 1 broch. in-4°.

Rapport de la Commission chargée par le Conseil municipal de l'examen des travaux relatifs au service des eaux dans la ville de Pest.

1348. — **Szakertöi nyilatkozata a vizvezeték megvizsgálására Pest szab. kir. városának.** 1870-1871; 1 broch. in-4°.

Déclaration des experts au sujet de l'inspection du service des eaux dans la ville de Pest.

1349. — **Vortrag zur Einführung der Gasbeleuchtung in der k. Freistadt Pest.** 1855; 1 cahier in-4°.

Rapport sur l'introduction de l'éclairage au gaz dans la ville de Pest.

1350. — **Vortrag des Forst-Ingenieurs Carl Beivinkler die Canalisation der k. Freistadt Pest betreffend.** *Pest*, 1872; 1 broch. petit in-8°.

Rapport de l'ingénieur-forestier C. Beivinkler sur les égouts de la ville de Pest.

1351. — **Nyugdijazasi szabályok szab. kir. Pestvárosa tisztviselői, tanitói, szolgai személyzetének s azok ozvegyei s árvainak ellatása irant.** *Pest*, 1870; 1 broch. in-4°.

Règlements concernant les pensions du personnel des fonctionnaires, des instituteurs, des serviteurs de la ville de Pest, ainsi que l'entretien de leurs veuves et de leurs enfants orphelins.

1352. — **Szab-kir. Pestvárosa penztárainak költség előirányzata.** 1866-1874; 7 broch. in-4°.

Budget des dépenses de la caisse municipale de Pest.

1353. — **Szamadasi kimutatás szab. kir. Pestvárosa összes pénztárai forgalmárol.** 1866-1871; 3 broch. grand in-8°.

Compte rendu du mouvement général des fonds de la ville de Pest.

1354. — **Költségvetési bizottmányi ülés jegyzőkönyve.** *Pest*, 1873; 1 broch. in-4°.

Procès-verbaux des séances de la Commission du budget.

1355. — **Bericht über die Hauptmomente in der Verwaltung der kön. Freistadt Pest im Jahre 1871.** 1 broch. in-8°.

Rapport sur les phases les plus critiques de l'administration de la ville de Pest en l'année 1871.

1356. — **Kőrösi (J.).** **Untersuchungen über die Einkommen- und Hauszins-Steuer der Stadt Pest.** 1871-1872; 1 broch. in-8°.

Discussion de l'impôt sur le revenu et sur le loyer dans la ville de Pest.

1357. — **Tüz-szabály Pest és Buda fővarósok számára.** *Pest*, 1867; 1 broch. in-4°.

Règlement concernant les incendies à Pest et à Bude.

1358. — **Kőrösi József.** **Pestváros halandósága 1872 és 1873 bans és annak okai.** *Budapest*, 1876; 1 broch. in-8°.

La mortalité à Pest en 1872-1873, et ses causes.

1359. — **Utasitás a halottkémek részére.** *Pest*, 1 broch. in-4°.

Instruction pour la vérification des décès.

1360. — **Kőrösi (J.). Vorläufiger Bericht über die Resultate der pester Volkszählung vom Jahre 1870.** 1 vol. in-8°.

Rapport provisoire sur les résultats du recensement de la population de Pest en 1870.

1361. — **Pest város kényszerdologházának hári rendszabályai.** 1 cahier in-4°.

Règlement d'ordre intérieur pour la maison de correction de la ville de Pest.

1362. — **A Pestvárosi kényszer dologház alap szabályai.** 1868; 1 cahier in-4°.

Règlement fondamental de la maison de correction de la ville de Pest.

1363. — **Kőrösi (J.). Statistisches Jahrbuch der Stadt Pest.** 1873; 1 vol. in-8°.

Annuaire statistique de la ville de Pest pour 1873.

SCHEMNITZ.

1364. — **Gedenkbuch zur hundertjährigen Gründung der kőnigl. ungarischen Berg- und Forest-Akademie in Schemnitz.** 1770-1870; 1 vol. in-8°.

Mémorial pour le centenaire de la fondation de l'académie royale minière et forestière de Hongrie, à Schemnitz.

BELGIQUE.

1365. — Statistique de la Belgique. Agriculture. Recensement général de 1880. *Bruxelles*, 1885; 2 vol. in-4°.

1366. — **Baltet (M.-C.)**. L'horticulture en Belgique. *Paris*, 1 vol. grand in-8°.

1367. — **Ducpetiaux (E.)**. De l'état des aliénés en Belgique. Projet de loi relatif au traitement et à la séquestration des aliénés. 1832; 1 broch. in-8°.

1368. — Rapport de la Commission permanente d'inspection des établissements d'aliénés. *Bruxelles*, 1859; 1 vol. in-8°.

1369. — Goudron et ciment lapidifique de MM. Victor Urban et Cie, à Ath-Belgique. 1 broch. petit in-8°.

1370. — Documents parlementaires. Recueil de pièces imprimées par ordre de la Chambre des représentants de Belgique. 1861-1890; 110 vol. in-4°.

1371. — Règlement de la Chambre des représentants. *Bruxelles*, 1 broch. in-12.

1372. — Manuel à l'usage des membres du Sénat et de la Chambre des représentants. *Bruxelles*, 1874; 1 vol. grand in-12.

1373. — **Dauby (J.)**. De l'organisation des sociétés de secours mutuels en Belgique. 1863; 1 broch. in-8°.

1374. — **Dauby (J.)**. De l'amélioration de la condition des classes laborieuses et des classes pauvres en Belgique. *Bruxelles, Paris*, 1885; 1 vol. grand in-12.

1375. — **Belval (Th.)**. Des logements à la nuit. *Bruxelles*, 1876; 1 broch. in-8°.

1376. — **Ducpetiaux (E.)**. La question de la charité et des associations religieuses en Belgique. *Bruxelles, Paris*, 1 vol. in-8°.

1377. — **Overloop (J. van).** Notice historique sur les institutions de bienfaisance et spécialement sur les hôpitaux en
Belgique. 1849; 1 vol. in-8°.

1378. — Programme pour la construction et l'ameublement
des hôpitaux des petites villes et des communes rurales et
règlement pour ces établissements. *Bruxelles*, 1851; 1 broch.
in-8°.

1379. — Conférence sur l'épargne par F. Laurent. Rapport du
jury. *Bruxelles*, 1873; 1 broch. in-12.

1380. — Carte de la Belgique au $\frac{1}{160000}$. 8 feuilles.

1381. — **Dumont (A.).** Carte géologique de la Belgique.
1 feuille.

1382. — Carte des étapes de Belgique, 1857; Bruxelles et ses
environs; Namur; plan du champ de bataille de Ramillies;
tableaux d'assemblage; signes conventionnels. 7 feuilles.

1383. — Carte figurative du mouvement des transports sur
les voies navigables de la Belgique. 1880; 1 feuille.

1384. — Carte de la navigation et des eaux intérieures de la
Belgique. 1881; 1 feuille.

1385. — Royaume de Belgique. Chemins de fer, postes, télégraphes, marine. Compte rendu des opérations. 1867-1889;
10 vol. in-4°.

1386. — **Delpaire (A.).** Traité des dépenses d'exploitation
aux chemins de fer. *Bruxelles, Paris*, 1847; 1 vol. in-8°.

1387. — **Lanckman (J.-B.).** Traité des transports par chemin de fer en Belgique. *Bruxelles, Paris*, 1876; 1 vol. in-8°.

1388. — **Belleroche (E.).** Note sur le système de chauffage
complet des trains de voyageurs. *Liège*, 1876; 1 broch.
in-8°.

1389. — **Molinos (L.).** Les chemins de fer de l'État en Belgique. Lettre. *Paris*, 1880; 1 broch. in-8°.

1390. — **Moulart (J.).** La question des cimetières en Belgique. *Paris, Tournai*, 1874; 1 vol. grand in-12.

1391. — **Davieux (M.)** [Société médico-chirurgicale de Liège]. Choléra et cimetières. *Paris*, 1874; 1 broch. in-8°.

1392. — **Malou (Mᵍʳ J.-B.), évêque de Bruges.** De l'administration des cimetières catholiques en Belgique. *Bruxelles*, 1860; 1 vol. in-8°.

1393. — **Laveleye (E. de).** Le parti clérical en Belgique. *Anvers*, 1873; 1 broch. petit in-4°.

1394. — **Bruxhe (G.-E.), Lion (E.), Demaret (G.).** Dictionnaire des fabriques d'églises. Manuel raisonné par ordre alphabétique de l'administration des fabriques d'églises belges. *Liège*, 1873; 1 vol. grand in-12.

1395. — **Laveleye (E. de).** La propriété du sol en différents pays. *Bruxelles*, 1886; 1 broch. in-8°.

1396. — **Garcia de la Véga (Baron de).** Cérémonial national et cérémonial de la cour en Belgique. *Paris*, 1882; 1 vol. in-8°.

1397. — **Lysen (F.).** Études sur l'histoire de l'économie politique depuis les temps les plus reculés jusqu'au xvɪᵉ siècle. *Bruxelles*, 1853; 1 vol. petit in-8°.

1398. — **Somzée.** Destruction des gaz méphitiques des égouts. *Bruxelles*, 1883; 1 broch. in-8°.

1399. — **Exposition universelle de Paris de 1878.** Catalogue des cartes et plans exposés par le Dépôt de la guerre de Belgique. 1 vol. in-8°.

1400. — **Exposition universelle de Paris de 1878, section belge.** Catalogue officiel des œuvres d'art, des produits de l'industrie et de l'agriculture. *Bruxelles*, 1 vol. grand in-12.

1401. — **Marmol (Ch. del).** Traité de l'expropriation pour cause d'utilité publique en Belgique. *Liège*, 1868-1869; 1 vol. in-8°.

1402. — **Commentaire législatif de la loi du 15 novembre 1887** sur les expropriations pour cause d'utilité publique. *Bruxelles*, 1868; 1 vol. in-8°.

1403. — **Picard (Ed.).** Traité complet de l'indemnité en matière d'expropriation pour utilité publique. *Bruxelles, Paris,* 1877 ; 2 vol. in-8°.

1404. — **Lacomblé (E.).** Dictionnaire de la comptabilité générale de l'État et des provinces. *Bruxelles,* 1854 ; 1 vol. in-8°.

1405. — De la caisse générale de retraite. *Bruxelles,* 1851 ; 1 broch. in-8°.

1406. — **Hochsteyn (C.).** Dictionnaire géographique belge. *Bruxelles,* 1882 ; 1 broch. in-8°.

1407. — **Triangulation du royaume de Belgique.** 1855, 1867, 1878 ; 4 vol. grand in-8°.

1408. — Belgique : Dépôt de la guerre. Positions géographiques et altitudes. 1 vol. petit in-folio.

1409. — Guides Conty. — La Belgique en poche. *Paris,* 1 vol. petit in-18.

1410. — Guides Joanne. Guides diamant. — Belgique, par A. du Pays. — *Paris,* 1879 ; 1 vol. petit in-18.

1411. — **Ardenne (Jean d').** L'Ardenne belge, française, grand-ducale. — Guide du touriste. *Bruxelles,* 1881 ; 1 vol. in-18.

1412. — Bruxelles et la Belgique. — Guide explicatif et illustré. 1 broch. in-12.

1413. — Guides Conty. — La Belgique circulaire. *Paris,* 1 vol. petit in-18.

1414. — Guides Conty. — Ostende en poche. *Paris,* 1 vol. petit in-18.

1415. — Collection de chroniques belges inédites. *Bruxelles,* 1859 ; 16 vol. in-4°.

1416. — **Vercamer (A.).** Histoire du peuple belge et de ses institutions depuis les temps les plus reculés jusqu'en 1880, racontée à la jeunesse. *Bruxelles,* 1 vol. in-8°.

1417. — **Gilliodts (L.).** Études sur l'histoire de la Belgique. *Liège,* 1853 ; 1 vol. in-8°.

1418. — Bruyssel (E. van). Histoire du commerce et de la marine en Belgique. *Bruxelles, Paris,* 1861-1865 ; 3 vol. in-8°.

1419. — Adnet (A.). Histoire du Parlement belge, **1847-1858.** *Bruxelles,* 1862 ; 1 broch. in-8°.

1420. — Espen (Van), Laurent (F.). Étude historique sur l'Église et l'État en Belgique. *Bruxelles, Paris,* 1860 ; 1 vol. grand in-12.

1421. — Allard (E.). L'État et l'Église, leur passé, leur existence et leur avenir en Belgique. 1872 ; 1 vol. in-8°.

1422. — Bibliothèque historique belge. **Programme.** *Bruxelles,* 1885 ; 1 broch. petit in-8°.

1423. — La France et la Belgique. — Une voix européenne sortie de la Flandre. *Ostende,* 1873 ; 1 broch. petit in-8°.

1424. — Putzeys (E.). L'hygiène dans la construction des casernes. *Bruxelles,* 1882 ; 1 vol. in-8°.

1425. — Belval (Th.). De l'organisation de l'hygiène publique en Belgique. 1871 ; 1 broch. petit in-8°.

1426. — Guillery (Dr). Compte rendu raisonné de l'assainissement du champ de bataille de Sedan. *Bruxelles,* 1871 ; 1 broch. in-8°.

1427. — Belval (Th.). L'hygiène scolaire au Congrès international d'hygiène de **Paris (1878).** *Bruxelles,* 1 broch. petit in-8°.

1428. — Janssens (E.). De l'inspection hygiénique et médicale dans les écoles. *Bruxelles,* 1880 ; 1 broch. in-8°.

1429. — Putzeys (Dr F.), Putzeys (E.). L'hygiène dans la construction des habitations privées. *Bruxelles,* 1882 ; 1 vol. in-8°.

1430. — Evrard (L.). La santé du peuple. *Bruxelles,* 1883 ; 1 vol. grand in-12.

1431. — Travaux de la Commission du Musée pédagogique. — Hygiène scolaire. — Projet d'une classe modèle. — Rapport de **M. F. Erisman.** *Bruxelles,* 1876 ; 1 vol. petit in-8°.

1432. — **Belval (Th.).** L'hygiène internationale. *Bruxelles*, 1884; 1 broch. in-8°.

1433. — **Leemans (H.).** Des impositions communales en Belgique. 1866; 1 vol. petit in-8°.

1434. — Documents administratifs. — Machines à vapeur. — Accidents. *Bruxelles*, 1869-1876; 4 broch. in-8°.

1435. — Commission du travail, 15 avril 1886. — Questionnaire relatif au travail industriel. 1886; 1 broch. grand in-8°.

1436. — Statistique de la Belgique. — Industrie. — Recensement général de 1880. 3 vol. in-4°.

1437. — Chambre des représentants. — Enquête scolaire. *Bruxelles*, 1881-1883; 8 vol. in-4°.

1438. — Chambre des représentants. — Commission d'enquête scolaire. — Examens subis par le contingent de milice de 1882. *Bruxelles*, 2 vol. in-4°.

1439. — Chambre des représentants. — Commission d'enquête scolaire. — Statistique des écoles primaires officielles et privées au 31 décembre 1881. *Bruxelles*, 1 vol. in-4°.

1440. — Loi sur l'instruction primaire. — Documents; discussions parlementaires. *Bruxelles*, 1879; 2 vol. in-8°.

1441. — Discussion de la loi sur l'instruction primaire du 23 décembre 1842. *Bruxelles*, 1843; 1 vol. in-8°.

1442. — **Hauleville (F. de).** De l'enseignement primaire en Belgique. 1870; 1 vol. in-8°.

1443. — **Flourens (E.).** L'enseignement supérieur en Belgique. *Paris*, 1879; 1 vol. in-8°.

1444. — **Prat (E.-F.).** Le droit électoral en Belgique. *Liège*, 1871; 1 vol. in-8°.

1445. — **Fooz (N. de).** Le droit administratif belge. *Paris*, *Tournai*, 1859-1866; 5 vol. in-8°.

1446. — Bulletin usuel des lois et arrêtés concernant l'administration générale. *Bruxelles*, 1539-1888; 9 vol. in-8°.

1447. — **Code administratif** des établissements de bienfaisance en Belgique. *Bruxelles*, 1837; 1 vol. in-8°.

1448. — **Bivort (J.-B.).** Commentaire sur la loi communale de la Belgique. *Bruxelles*, 1855; 1 vol. in-8°.

1449. — **Giron (A.).** Essai sur le droit communal de la Belgique. *Bruxelles*, 1868; 1 vol. petit in-8°.

1450. — **Barlet (H.).** Cours élémentaire de droit politique suivi du droit politique de la Belgique. *Malines*, 1874; 1 vol. grand in-12.

1451. — **Biot (H.).** Notions élémentaires de droit civil. — Des contrats ou des obligations conditionnelles en général; de la vente, de l'échange. *Bruxelles*, 1880; 1 vol. in-8°.

1452. — **Thonissen (J.-J.).** La constitution belge annotée. *Bruxelles, Paris*, 1876; 1 vol. in-8°.

1453. — **Bivort (J.-B.).** Commentaire sur la Constitution belge. 1858; 1 broch. in-8°.

1454. — **Nyssens (A.).** L'Église et l'État dans la Constitution belge. *Bruxelles, Paris*, 1880; 1 broch. in-8°.

1455. — **Bivort (J.-B.).** Commentaire sur la loi provinciale de la Belgique. *Bruxelles, Liège*, 1872; 1 broch. in-8°.

1456. — **Dictionnaire** alphabétique et chronologique de la jurisprudence du royaume de Belgique de **1814** à **1850**. *Bruxelles*, 1856; 2 vol. in-8°.

1457. — **Courte esquisse** de l'organisation politique, judiciaire et administrative de la Belgique. 1858; 1 broch. in-12.

1458. — **Giron (A.).** Le droit administratif de la Belgique. *Bruxelles*, 1881; 2 vol. in-8°.

1459. — **Haus (E.).** Du droit privé qui régit les étrangers en Belgique. *Gand*, 1874; 1 vol. in-8°.

1460. — **Haus (J.-J.).** Principes généraux du droit pénal belge. *Paris*, 1879; 2 vol. in-8°.

1461. — **Giron (A.).** Le droit public de la Belgique. *Bruxelles*, 1884; 1 vol. in-8°.

1462. — **Thézard (L.).** De la revision du Code pénal en Belgique. *Paris*, 1867; 1 vol. in-8°.

1463. — **Bivort (J.-B.).** Code communal de Belgique. 1857; 1 vol. in-8°.

1464. — Ministère de l'intérieur. — Code électoral. *Bruxelles*, 1878; 1 broch. in-4°.

1465. — **A. Delebecque, Hoffmann (J.-B.).** Code d'instruction criminelle en vigueur en Belgique. Édition annotée et collationnée. *Bruxelles*, 1873; 2 vol. in-18.

1466. — **Beltjens (G.).** Les Codes belges annotés. Code civil de 1830 à 1880. *Bruxelles*, 1 vol. grand in-8°.

1467. — **Bormans (Th.).** Commentaire législatif et doctrinal du Code de procédure civile belge. *Bruxelles*, 1884; 1 vol. in-8°.

1468. — **Servais (J.).** Les Codes belges. Édition annotée : I. Constitution; II. Code civil. 1888; 1 vol. in-18.

1469. — **Wilmotte (G.).** Code belge de la voirie, des musées et des usines. *Liège*, 1883; 1 vol. petit in-8°.

1470. — **Pont (F. du).** Aide-mémoire ou recueil alphabétique des décisions judiciaires et administratives rendues en Belgique en matière de mines, minières, carrières, etc. 1874; 1 vol. in-8°.

1471. — Royaume de Belgique. Recueil des lois et arrêtés. Comptabilité publique. 1848-1868; 2 vol. in-4°.

1472. — **Henvel (J. van den).** De la situation légale des associations sans but lucratif en France et en Belgique. *Bruxelles, Paris*, 1884; 1 vol. in-8°.

1473. — **Guillery (J.).** Commentaire législatif de la loi du 18 mai 1873 sur les sociétés commerciales en Belgique avec les modifications résultant de la loi du 22 mai 1886 et de la loi sur le faux dans les bilans du 26 décembre 1881. *Bruxelles*, 1 vol. grand in-8°.

1474. — **Servais (J.).** Loi du 28 février 1882 sur la chasse expliquée. *Bruxelles*, 1 vol. in-8°.

1475. — Wodon (L.). Le droit des eaux et des cours d'eau. *Bruxelles,* 1874; *Namur,* 1876; 3 vol. in-8°.

1476. — Coup d'œil sur la propriété privée des rivières et ruisseaux non navigables et non flottables. — Code civil, lois, arrêtés, projets. *Bruxelles, Paris,* 1669-1875; 1 vol. in-4°.

1477. — Lyon-Caen. Le projet de loi belge sur la propriété littéraire et artistique. *Paris,* 1885; 1 broch. in-8°.

1478. — Stasse (A.). Code administratif de l'enseignement primaire en Belgique. *Liège,* 1881; 1 vol. grand in-12.

1479. — État des instituteurs de diverses communes. *Bruxelles,* 1880; 1 liasse petit in-8° oblong.

1480. — Études sur les Constitutions nationales : Pays-Bas autrichiens et pays de Liège. 1 vol. in-8°.

1481. — Prins (A.). La démocratie et le régime parlementaire. *Bruxelles, Paris,* 1884; 1 vol. in-8°.

1482. — Pasicrisie ou recueil général de la jurisprudence : 1° des cours de France et de Belgique; 2° des cours de Belgique; 3° des cours et tribunaux de Belgique. *Bruxelles,* 1814-1892; 137 vol. in-8°.

1483. — Répertoire général de la jurisprudence belge. *Bruxelles,* 1814-1880; 11 vol. in-8°.

1484. — Répertoire quinquennal de la jurisprudence belge. *Bruxelles,* 1881-1885; 2 vol. in-8°.

1485. — Capitaine (A.). Bibliographie nationale. Dictionnaire des écrivains belges et catalogue de leurs publications. *Bruxelles,* 1830-1880; in-8°.

1486. — Règlement-tarif et cahier des charges de l'entreprise de la perception du droit d'occupation des places d'étalage sur les marchés. 1878; 1 broch. in-8°.

1487. — Statistique médicale de l'armée belge. 1870-1874; 1 vol. in-4°.

1488. — Belval (Th.). Étude sur les mesures administratives prophylactiques de la rage. *Bruxelles,* 1864; 1 broch. in-8°.

1489. — **Eich (Dr J.).** Le bégaiement et les autres défectuosités de la parole; leurs causes et leur guérison. *Anvers*, 1883; 1 broch. petit in-8°.

1490. — **Eich (Dr J.).** Les commis-voyageurs en science, exploiteurs des bègues. *Liège*, 1884; 1 broch. petit in-8°.

1491. — De l'influence des quarantaines sur la marche et l'extension des épidémies en Belgique. 1885; 1 broch. in-8°.

1492. — Belgique. Mines et usines de **1845** à **1877**. *Bruxelles*, 1 vol. in-8°.

1493. — Résultats de l'enquête ouverte par les officiers du corps des mines sur la situation des ouvriers dans les mines et les usines métallurgiques de la Belgique. 1869; 1 vol. in-4°.

1494. — Nouveaux documents relatifs au travail des femmes et des enfants dans les manufactures, les mines, etc. *Bruxelles*, 1874; 1 vol. in-4°.

1495. — **Jochames (F.), Witmeur (H.).** Statistique des industries minières et sidérurgiques en Belgique. 1865-1876; 2 broch. in-8°.

1496. — **Chicora (A.).** Jurisprudence du Conseil des mines de Belgique. *Bruxelles*, 1860-1873; 1 vol. in-8°.

1497. — **Arnould (D^r).** Situation administrative et financière des Monts-de-piété en Belgique. 1845; 1 vol. in-8°.

1498. — Des voies navigables en Belgique. 1845; 1 vol. in-4°.

1499. — Rapport sur les octrois communaux de Belgique. 2 vol. in-4°.

1500. — Abolition des octrois communaux en Belgique. — Documents et discussions. 1867; 2 vol. in-8°.

1501. — **Mighem (U. van).** Notice sur la police des étrangers sous le rapport des droits et des devoirs des administrations communales et des mesures préventives et coercitives dont les étrangers peuvent être l'objet en Belgique. *Bruxelles, Liège, Paris*, 1882; 1 broch. grand in-8°.

1502. — **Mighem (U. van).** Manuel de police administrative et judiciaire. *Bruxelles, Liège,* 1879 ; 1 vol. in-12.

1503. — **Drieghe (B.).** L'état civil en théorie et pratique des actes de l'état civil. *Bruxelles, Paris,* 1876 ; 2 vol. in-8°.

1504. — Statistique de la Belgique. Population. Recensement général au **31 décembre 1880.** *Bruxelles,* 1884 ; 1 vol. in-4°.

1505. — Statistique du mouvement de l'état civil et de la population du royaume. *Bruxelles,* 1883-1884 ; 2 broch. in-4°.

1506. — **Stevens (J.).** Les prisons cellulaires en Belgique : leur hygiène physique et morale. *Bruxelles,* 1878 ; 1 vol. in-8°.

1507. — **Rousseau (E.), Melsens (M.).** Exposition internationale d'électricité. *Paris,* 1881. — Paratonnerres. Rapport, notes et commentaires. *Bruxelles,* 1 broch. in-8°.

1508. — Annuaire de l'observatoire royal. *Bruxelles,* 1868 ; 1 vol. petit in-18.

1509. — Statistique générale de la Belgique. Exposé de la situation du royaume de **1861** à **1875.** 2 vol. grand in-8°.

1510. — Annuaire statistique de la Belgique. 1875-1890 ; 16 vol. in-8°.

1511. — Royaume de Belgique. Bulletin de la Commission centrale de statistique. 1878-1890 ; 8 vol. in-8°.

1512. — Annales des travaux publics de Belgique. 1859-1890 ; 31 vol. in-8°.

1513. — **La Fontaine (H.).** Des droits et des obligations des entrepreneurs de travaux publics nationaux, provinciaux et communaux. *Bruxelles,* 1885 ; 1 vol. in-8°.

1514. — Ministère des travaux publics de Belgique. Album des dépenses et des recettes faites par l'État sur le réseau des voies navigables de **1830** à **1880.** *Bruxelles,* 1 album in-folio.

1515. — Ministère des travaux publics. Profils en long des voies navigables de la Belgique. *Bruxelles,* 1880 ; 1 atlas in-4°.

1516. — **Ministère des travaux publics. Voies navigables de la Belgique. Recueil de renseignements.** *Bruxelles*, 1880 ; 2 vol. in-8°.

1517. — **Ministère des travaux publics. Voies navigables de la Belgique. — Guide du batelier.** 1880 ; 1 broch. in-8°.

1518. — **La Meuse. Études faites par ordre du Gouvernement belge.** 1843 ; 1 vol. in-4°.

1519. — **Projets d'amélioration du régime de la Meuse.** *Bruxelles*, 1848-1851 ; 1 vol. et 1 broch. in-4° et petit in-8°.

1520. — **Maganzini (I.). Sui lavori eseguiti nel Belgio pel miglioramento del regime del fiume Mosa. Relazione di Missione.** *Roma*, 1877 ; 1 vol. in-8°.

Sur les travaux exécutés en Belgique pour l'amélioration du régime de la Meuse. Rapport de la Mission.

1521. — **Labye (C.). Législation des travaux publics en Belgique.** *Liège*, 1876 ; 1 vol. petit in-4°.

1522. — **Reisebericht über Strassenbauten in der belgischen Städten Verviers, Lüttich, Antwerpen und Brüssel.** 1877 ; 1 broch. in-8°.

Relation de voyage. Rapport sur les travaux des ponts et chaussées dans les villes belges de Verviers, Liège, Anvers et Bruxelles.

1523. — **Royaume de Belgique. Album du développement progressif du réseau des routes, des voies navigables et des chemins de fer de 1830 à 1880.** 1 vol. in-4°.

1524. — **Bormans (Th.). Traité de l'alignement le long de la voirie par terre et par eau et des droits de voirie.** *Arlon*, 1879 ; 1 vol. in-8°.

ANVERS (PROVINCE D').

1525. — **Exposé de la situation administrative de la province d'Anvers.** 1860-1886 ; 15 vol. petit in-8°.

1526. — **Conseil provincial d'Anvers. Procès-verbaux.** 1860-1886 ; 27 vol. petit in-8°.

BRABANT.

1527. — **Conseil provincial de Brabant. Rapport ayant pour objet l'érection d'asiles d'aliénés provinciaux.** *Bruxelles*, 1881; 1 broch. petit in-8°.

1528. — **Service des architectes provinciaux. Brabant belge.** 1 broch. petit in-8°.

1529. — **Budget provincial.** *Bruxelles*, 1860-1891 ; 4 vol. petit in-8°.

1530. — **Province de Brabant. Finances. Comptes et budgets.** *Bruxelles*, 1874-1891 ; 5 vol. petit in-4°.

1531. — **Province de Brabant. Conversion à l'intérêt de 4 p. 0/0 des emprunts provinciaux émis à 4 1/2 p. 0/0 en 1865 et 1872.** *Bruxelles*, 1881 ; 1 broch. petit in-8°.

1532. — **Instructions relatives à la gestion des finances communales. Brabant belge.** 1885-1887; 1 broch. petit in-8°.

1533. — **Province de Brabant. Rapports de la Commission instituée par le Conseil provincial pour étudier la revision des règlements provinciaux sur les cours d'eau non navigables ni flottables.** *Bruxelles*, 1878; 1 broch. in-8°.

1534. — **Mémorial administratif de la province de Brabant.** *Bruxelles*, 1840-1890; 106 vol. petit in-8°.

1535. — **Exposé de la situation administrative de la province de Brabant.** *Bruxelles*, 1863-1890 ; 21 vol. petit in-8°.

1536. — **Compte rendu des séances du Conseil provincial du Brabant.** *Bruxelles*, 1860-1890; 26 vol. petit in-8°.

1537. — **Conseil provincial du Brabant. Procès-verbaux.** *Bruxelles*, 1861-1890; 13 vol. petit in-8°.

1538. — **Conseil provincial du Brabant. Rapport de la Commission instituée pour étudier les questions relatives au curage et au repeuplement des cours d'eau.** *Bruxelles*, 1868 ; 1 broch. petit in-8°.

1539. — **Province de Brabant. Assainissement de la Senne.** *Bruxelles*, 1863 ; 1 vol. petit in-8°.

FLANDRE OCCIDENTALE.

1540. — **Province de la Flandre occidentale. Budget et compte.** 1878-1888; 2 vol. petit in-8°.

1541. — **Procès-verbaux des séances du Conseil provincial de la Flandre occidentale.** *Bruges*, 1860-1888; 26 vol. petit in-8°.

1542. — **Rapport sur l'état de l'administration dans la Flandre occidentale.** *Bruges*, 1874-1891; 8 vol. in-8°.

FLANDRE ORIENTALE.

1543. — **Vander-Meersch (C.).** De l'état de la mendicité et de la bienfaisance dans la province de la Flandre orientale. *Bruxelles*, 1852; 1 vol. grand in-8°.

1544. — **Wolters (J. et G.).** Recueil de lois, arrêtés, règlements, etc., concernant l'administration des eaux et polders de la Flandre orientale. *Gand*, 1869-1874; 2 vol. in-8°.

1545. — **Budget de la province de la Flandre orientale.** *Gand*, 1860-1890; 3 vol. petit in-8°.

1546. — **Mémorial administratif de la Flandre orientale.** *Gand*, 1860-1888; 54 vol. petit in-8°.

1547. — **Procès-verbaux des séances du Conseil provincial de la Flandre orientale.** *Gand*, 1860-1889; 20 vol. petit in-8°.

1548. — **Exposé de la situation administrative de la province de la Flandre orientale.** *Gand*, 1860-1889; 30 vol. petit in-8°.

1549. — **Annexes à l'exposé de la situation administrative de la Flandre orientale.** 1879-1887; 1 vol. petit in-8°.

HAINAUT.

1550. — **Commission provinciale d'agriculture du Hainaut.** — Rapport sur l'état de l'agriculture. *Mons*, 1870-1890; 5 vol. petit in-8°.

1551. — **Province de Hainaut. Statistique financière des villes et des communes rurales.** 1861-1870 ; 2 cahiers in-folio.

1552. — **Budget des revenus et moyens et des dépenses et besoins de la province de Hainaut.** 1839-1885 ; 5 vol. petit in-8°.

1553. — **Province de Hainaut. Rapport de l'ingénieur en chef des mines.** *Mons*, 1876-1890 ; 3 vol. petit in-8°.

1554. — **Faber (F.). Résultats de l'exploitation de la houille dans le Hainaut.** *Bruxelles*, 1830-1874 ; 1 broch. petit in-8°.

1555. — **Conseil provincial du Hainaut. Rapports de la députation permanente.** *Mons*, 1839-1891 ; 52 vol. petit in-8°.

1556. — **Conseil provincial du Hainaut. Annexe au rapport de la députation permanente.** *Frameries*, 1879-1884 ; 1 vol. in-8°.

1557. — **Recueil des procès-verbaux des séances du Conseil provincial du Hainaut.** *Mons*, 1839-1890 ; 34 vol. petit in-8°.

LIÈGE (PROVINCE DE).

1558. — **Séance d'ouverture du Conseil provincial de Liège, 2 juillet 1878. — Discours de M. le Gouverneur. — Ornementation de la façade du Palais des princes-évêques de Liège.** 1 vol. grand in-8°.

1559. — **Province de Liège. Liste définitive des éligibles au Sénat.** *Liège*, 1885-1886 ; 1 broch. in-8°.

1560. — **Fonds provinciaux. Compte définitif.** *Liège*, 1876-1884 ; 2 vol. petit in-8°.

1561. — **Budget général des revenus et moyens et des dépenses et besoins de la province de Liège.** 1879-1887 ; 2 vol. petit in-8°.

1562. — **Conférences de la Société d'art et d'histoire du diocèse de Liège. — La Révolution française au pays de Liège.** *Liège*, 1889 ; 1 vol. petit in-8°.

1563. — **Exposé de la situation administrative de la province de Liège.** 1860-1887 ; 23 vol. in-8°.

1564. — **Conseil provincial de Liège.** Discours d'ouverture de la session de **1875.** 1 broch. in-8°.

1565. — **Procès-verbaux des séances du Conseil provincial de Liège.** 1860-1887; 22 vol. in-8°.

1566. — **Procès-verbaux des séances de la députation permanente du Conseil provincial de Liège.** 1878-1886; 9 vol. in-8°.

1567. — **Mémorial administratif de la province de Liège.** 1878-1886; 10 vol. in-8°.

1568. — **Thomassin (L.-F.).** Mémoire statistique du département de l'Ourte. *Liège*, 1879; 1 vol. in-folio.

1569. — **Bodson (M.), Detienne (E.), Leclercq (F.).** Le barrage de la Gileppe. Mémoire. *Liège*, 1877; 1 vol. in-8°.

LIMBOURG (PROVINCE DE).

1570. — **Bovy (M.).** Considérations sur la création de fermes-hospices dans les communes rurales de la province de Limbourg. *Hasselt*, 1887; 1 broch. in-8°.

1571. — **Bovy (M.).** Des sociétés de secours mutuels. *Hasselt*, 1878; 1 broch. in-8°.

1572. — **Budget de la province de Limbourg.** *Hasselt*, 1875-1877; 1 vol. petit in-8°.

1573. — **Bovy (M.).** Aperçu sur la marche progressive de la province de Limbourg depuis sa constitution définitive. *Hasselt*, 1876; 1 broch. in-8°.

1574. — **Exposé de la situation de la province de Limbourg.** *Hasselt*, 1860-1890; 27 vol. in-8°.

1575. — **Procès-verbaux des séances du Conseil de la province de Limbourg.** *Hasselt*, 1860-1890; 16 vol. petit in-8°.

1576. — **Mémorial administratif de la province de Limbourg.** *Hasselt*, 1877-1890; 26 vol. in-8°.

LUXEMBOURG (PROVINCE DE).

1577. — **Budget des revenus et moyens et des dépenses de la province de Luxembourg.** *Arlon,* 1874-1877 ; 1 vol. in-4°.

1578. — **Budget de la province de Luxembourg.** *Arlon,* 1878-1889 ; 1 vol. petit in-8°.

1579. — **Rapport sur la situation de l'industrie minérale et métallurgique dans la province de Luxembourg.** *Arlon,* 1876 ; 1 broch. petit in-8°.

1580. — **Exposé de la situation administrative de la province de Luxembourg.** *Arlon,* 1842-1888 ; 35 vol. in-8°.

1581. — **Bulletin des séances du Conseil provincial du Luxembourg.** *Arlon,* 1841-1888 ; 37 vol. petit in-8°.

1582. — **Conseil provincial du Luxembourg. Discours par M. Vandamme.** *Arlon,* 1877 ; in-8°.

NAMUR (PROVINCE DE).

1583. — **Budget des recettes et des dépenses de la province de Namur.** 1850-1889 ; 9 vol. grand in-12.

1584. — **Situation de l'industrie minérale dans la province de Namur.** 1876 ; 1 broch. petit in-8°.

1585. — **Exposé de la situation administrative de la province de Namur.** 1863-1891 ; 12 vol. petit in-8°.

1586. — **Procès-verbaux des séances du Conseil provincial de Namur.** 1850-1890 ; 17 vol. grand in-12.

ANVERS.

1587. — **Catalogue de la Bibliothèque populaire de la ville d'Anvers.** 1 vol. petit in-18.

1588. — **Exposition universelle d'Anvers 1885. Catalogue officiel général et pièces diverses.** 2 vol. in-8°.

1589. — **Budget de la ville d'Anvers.** 1868-1885 ; 2 vol. petit in-4°.

1590. — **Ville d'Anvers. Bulletin communal.** 1870-1892 ; 39 vol. petit in-8°.

1591. — **Rapport sur l'administration et la situation des affaires de la ville d'Anvers.** 1837-1889 ; 11 vol. petit in-8°.

BRUGES.

1592. — **Rapport fait à MM. les bourgmestre et échevins de la ville de Bruges sur le classement de la collection Steinmetz. (Gravures et dessins.)** 1867 ; 1 broch. petit in-8°.

1593. — **Inventaire des archives de la ville de Bruges.** 1871-1878 ; 9 vol. in-4°.

1594. — **Bulletin communal de la ville de Bruges.** 1840-1890 ; 34 vol. in-8°.

1595. — **Rapport sur l'administration et la situation des affaires de la ville de Bruges.** 1884-1889 ; 2 broch. in-8°.

BRUXELLES.

1596. — **Tackels (C.-J.). Salubrité publique des abattoirs et des halles.** *Bruxelles*, 1880 ; 1 vol. petit in-8°.

1597. — **Manuel des premiers secours en cas d'accidents et de maladies subites.** *Bruxelles*, 1875 ; 1 broch. in-12.

1598. — **Province de Brabant. Distribution d'eau.** *Bruxelles*, 1871-1876 ; 2 vol. in-8°.

1599. — **Agglomération bruxelloise. Eau publique.** 1873 ; 1 broch. petit in-8°.

1600. — **Exposition d'hygiène et de sauvetage. Bruxelles, 1876. — A. Le Tellier. Filtration et épuration des eaux. Système multitubulaire.** 1 broch. petit in-4°.

1601. — **Ville de Bruxelles. Service du gaz. Avis.** 1882 ; 1 broch. in-12.

1602. — **Simples conseils aux ouvriers par un de leurs véritables amis.** *Bruxelles*, 1853 ; 1 broch. in-12.

1603. — **Bulletin des conférences préparatoires à l'organisation d'une bourse du travail à Bruxelles.** 1886 ; 1 broch. in-8°.

1604. — **Budget de la ville de Bruxelles.** 1862-1884; 3 vol. in-8°.

1605. — **Ville de Bruxelles. L'unification des emprunts.** 1886 1 vol. in-8°.

1606. — **Historique de l'école professionnelle de tailleurs établie à Bruxelles depuis sa fondation jusqu'au 31 décembre 1885.** 1 vol. in-8°.

1607. — **Hymans (L.).** Bruxelles à travers les âges. 2 vol. in-4°.

1608. — **Wauters (A.).** Ville de Bruxelles. Liste chronologique des doyens des corps de métiers de 1696 à 1795. *Bruxelles*, 1888; 1 vol. grand in-8°.

1609. — **Wauters (A.).** Ville de Bruxelles. Inventaire des cartulaires et autres registres faisant partie des anciennes archives de la ville. *Bruxelles*, 1888; 1 vol. in-8°.

1610. — **Commission centrale des comités de salubrité de l'agglomération bruxelloise. Comptes rendus des séances et rapports.** 1867-1879; 1 broch. in-8°.

1611. — **Bruxelles. Exposition internationale d'hygiène de 1876.** 2 vol. et 1 broch. in-8°.

1612. — **Hygiène publique. Règlements communaux.** *Bruxelles*, 1 vol. in-8°.

1613. — **Le mouvement hygiénique.** *Bruxelles*, 1885; 1 vol. petit in-8°.

1614. — **Rapport de l'Association pour la surveillance des chaudières à vapeur.** *Bruxelles*, 1875 ; 1 broch. petit in-8°.

1615. — **Bruxelles. Règlements divers.** 1 broch.

1616. — **Janssens.** Topographie médicale et statistique démographique de Bruxelles. 1864-1866; 1 vol. petit in-4°.

1617. — **Bulletins hebdomadaires de statistique démographique et médicale de la ville de Bruxelles et de statistique sanitaire comparée des principales villes belges et étrangères.** 1880; 1 broch. in-4°.

1618. — **Ville de Bruxelles. Épidémie cholérique de 1866.**
1 cahier in-4°.

1619. — **Ville de Bruxelles. Statistique mortuaire de la fièvre typhoïde.** 1869; 2 broch. petit in-8°.

1620. — **Janssens (E.), Hertsen (E. van).** Création d'un office vaccinogène communal à Bruxelles. 1871; 1 broch. petit in-8°.

1621. — **Ville de Bruxelles. Bulletin communal.** 1850-1892; 78 vol. in-8°.

1622. — **Ville de Bruxelles. Rapports au Conseil communal.** 1853-1890; 9 vol. in-8°.

1623. — **Exposition universelle d'Anvers, 1885. Rapports présentés à l'administration communale de Bruxelles.** 1 vol. et 2 broch. in-8°.

1624. — **Ville de Bruxelles. Annuaire démographique.** 1862-1887; 4 vol. in-8°.

1625. — **Ville de Bruxelles. Règlements sur la prostitution.** 1877; 1 broch. petit in-8°.

1626. — **Durand-Clayc (A.).** Mémoire sur l'assainissement de la ville de Bruxelles. *Paris*, 1870; 1 broch. in-8°.

1627. — **Ville de Bruxelles. Dénomination des voies publiques.** 1879-1882; 2 broch. grand in-12.

1628. — **Service du nettoyage de la voirie. Heures de passage des tombereaux. Règlements et rapports.** *Bruxelles*, 1881; 3 broch. in-8°.

COURTRAI.

1629. — **Budget de la ville de Courtrai.** 1862-1886; 2 vol. petit in-folio.

1630. — **Compte rendu des recettes et des dépenses de la ville de Courtrai.** 1862-1886; 2 vol. grand in-4°.

1631. — **Mussely (Ch.).** Inventaire des archives de la ville de Courtrai. 1858; 1 vol. in-8°.

1632. — **Mussely (Ch.).** La salle échevinale de Courtrai. Étude historique. 1875 ; 1 vol. in-8°.

1633. — **Potter (F. de).** Geschiedenis der stad Kortrijk. *Gent,* 1873-1876 ; 2 vol. in-8°.
Histoire de la ville de Courtrai.

1634. — Rapport sur l'administration et la situation de la ville de Courtrai. 1842-1887 ; 10 vol. in-8°.

GAND.

1635. — Annales de la Société royale des beaux-arts et de littérature de Gand. 1844-1877 ; 6 vol. in-8°.

1636. — Catalogue méthodique de la bibliothèque de l'Université de Gand. 1839 ; 1 vol. in-8°.

1637. — La Caisse d'épargne dans les écoles communales de Gand. 1867 ; 1 broch. in-12.

1638. — Compte du receveur communal. *Gand,* 1875 ; 1 broch. in-8°.

1639. — Ville de Gand. Documents divers. 1 vol. in-8°.

1640. — Écoles préparatoires et spéciales du génie civil et des arts et manufactures annexées à l'Université de Gand. *Bruxelles,* 1862 ; 1 broch. in-8°.

1641. — **Nérum (G. van).** Essai sur l'instruction primaire et sur les écoles gratuites de Gand. 1838 ; 1 vol. in-8°.

1642. — Mémorial administratif de la ville de Gand. 1843-1890 ; 42 vol. in-8°.

1643. — Ville de Gand. Bulletin communal. 1868-1890 ; 23 vol. in-8°.

1644. — Rapport sur l'administration et la situation des affaires de la ville de Gand. 1876-1890 ; 6 vol. in-8°.

1645. — **Coppée (D.).** Ville de Gand. Statistique communale. 1866 ; 1 vol. in-8°.

LAEKEN.

1646. — **Résidence royale de Laeken. Rapport sur les travaux du Comité de salubrité publique.** 1866-1886 ; 2 vol. in-8°.

1647. — **Rapport sur la situation et l'administration des affaires de la commune de Laeken.** 1876-1886 ; 2 vol. in-8°.

LIÈGE.

1648. — **Ville de Liège. Catalogue et règlement de la bibliothèque populaire communale.** 1869 ; 1 broch. in-8°.

1649. — **Ville de Liège. Cahier des charges pour l'entreprise de l'éclairage à l'huile du 1ᵉʳ mars 1880 au 28 février 1883;** 1 broch. in-8°.

1650. — **Ville de Liège. Budget.** 1881-1891 ; 9 vol. in-8°.

1651. — **Ville de Liège. Rapport présenté au nom de la Commission spéciale chargée de l'examen du projet de budget.** 1881-1882 ; 2 broch. in-8°.

1652. — **Ville de Liège. Compte d'administration.** 1880-1889 ; 8 vol. in-8°.

1653. — **Liège. Histoire, arts, lettres, sciences, industrie, travaux publics.** 1881 ; 1 vol. grand in-8°.

1654. — **Bury (J.-A.).** L'impôt sur le revenu à Liège. *Liège, Paris,* 1 broch. petit in-8°.

1655. — **Écoles spéciales des arts et manufactures et des mines annexées à l'Université de Liège.** *Bruxelles,* 1864 ; 1 vol. in-8°.

1656. — **Ville de Liège. Note sur l'exposition scolaire organisée par la ville de Liège à l'Exposition universelle de Paris en 1878.** 1 broch. in-8°.

1657. — **Ville de Liège. Écoles.** 1 vol. in-8°.

1658. — **Ville de Liège. Bulletin hebdomadaire de statistique démographique et médicale.** 1879 ; 1 fasc. in-8°.

1659. — **Bulletin administratif de la ville de Liège.** 1848-1892 ; 77 vol. in-8°.

1660. — **Catéchisme des chauffeurs et des machinistes, publié par l'Association des ingénieurs sortis de l'École de Liège.** 1868 ; 1 broch. in-8°.

1661. — **Le prix de l'Association des ingénieurs sortis de l'École de Liège.** *Bruxelles*, 1875 ; 1 broch. in-8°.

LOUVAIN.

1662. — **Ville de Louvain. Budget.** 1860-1890 ; 3 vol. petit in-8°.

1663. — **Ville de Louvain. Compte communal.** 1860-1888 ; 2 vol. petit in-8°.

1664. — **Inventaire chronologique et analytique des chartes et autres documents sur parchemin appartenant aux archives de la ville de Louvain (1164-1793).** *Louvain*, 1873 ; 1 vol. petit in-8°.

1665. — **Geschiedenis van Leuven geschreven in de jaren 1593 en 1594 door Willem Boonen, uitgeven door Ed. van Even 1880.**

Histoire de Louvain, écrite dans les années 1593 et 1594 par W. Boonen et publiée en 1880 par E. van Even.

1666. — **Van der Linden (E.). Recueil des principales dispositions des lois et règlements de police en vigueur à Louvain.** 1879 ; 1 broch. in-18.

1667. — **Ville de Louvain. Bulletin communal.** 1860-1889 ; 28 vol. petit in-8°.

1668. — **Rapport sur l'administration et la situation des affaires de la ville de Louvain.** 1860-1887 ; 10 pièces in-8°.

MALINES.

1669. — **Budget de la ville de Malines.** 1855-1891 ; 3 vol. in-8°.

1670. — **Inventaire des archives de la ville de Malines.** 2 vol. in-8°.

1671. — Rapport sur l'administration et la situation des affaires de la ville de Malines. 1838-1890; 10 vol. in-8°.

1672. — Bulletin communal de Malines. 1855-1892 ; 9 vol.
in-4°.

MONS.

1673. — Liste des électeurs pour les Chambres législatives,
le Conseil provincial et le Conseil communal. *Mons*, 1879 ;
1 cahier in-folio.

1674. — Projet de construction de maisons à l'usage des indigents. — Rapport de l'administration du bureau de bienfaisance de Mons au Conseil communal. *Mons*, 1885; 1 broch.
petit in-4°.

1675. — Les salons de l'hôtel de ville de Mons. 1867 ; 1 broch.
petit in-8°.

1676. — Catalogue des livres imprimés de la bibliothèque publique de la ville de Mons. Supplément. 1886 ; 2 vol. in-8°.

1677. — Nouveau plan de Mons. 1877; 1 feuille in-folio.

1678. — Chambre de commerce de Mons. Rapport sur la situation du commerce et de l'industrie en 1870. 1 broch. petit
in-8°.

1679. — Ville de Mons. Distribution d'eau. 1 broch. in-4°.

1680. — Ville de Mons. Contrat pour l'entreprise de l'éclairage
au gaz. 1873; 1 broch. in-8°.

1681. — Budget de la ville de Mons. 1806-1891 ; 3 vol. grand
in-4°.

1682. — Ville de Mons. Compte sommaire des recettes et des
dépenses. 1830-1889 ; 2 vol. grand in-4°.

1683. — Rapport sur l'administration et la situation des affaires de la ville de Mons. 1838-1883 ; 4 vol. petit in-4°.

1684. — Bulletin communal de la ville de Mons. 1861-1892 ;
11 vol. in-8°.

1685. — **Ville de Mons. Cahier de charges général des entre-prises de travaux publics ou de fournitures.** 1869 ; 1 broch. in-8°.

1686. — **Ville de Mons. Démolition des fortifications.** 1 broch. petit in-4°.

1687. — **Ville de Mons. Dénomination des avenues, places, boulevards et rues nouvelles.** 1866 ; 1 feuille in-8°.

1688. — **Note relative au projet de repavage de la ville de Mons.** 1871 ; 1 broch. in-8°.

NAMUR.

1689. — **Budget de la ville de Namur.** 1883-1884 ; 1 vol. in-12.

1690. — **Ville de Namur. Bulletin communal.** 1867-1884 ; 18 vol. grand in-12.

1691. — **Ville de Namur. Rapport sur l'administration et la situation des affaires.** 1881-1884 ; 1 vol. in-12.

SAINT-JOSSE-TEN-NOODE.

1692. — **Comptes rendus des travaux du Comité de salubrité publique de Saint-Josse-ten-Noode.** *Bruxelles,* 1864-1885 ; 2 vol. in-8°.

1693. — **Commune de Saint-Josse-ten-Noode. Secours contre l'incendie. Relevé des bouches d'eau.** 1881 ; 1 broch. in-18.

SCHAERBEEK.

1694. — **Rapport général sur les travaux du Comité local de salubrité de Schaerbeek.** *Bruxelles,* 1866-1889 ; 2 vol. in-8°.

1695. — **Rapport sur la situation et l'administration des af-faires de la commune de Schaerbeek.** *Bruxelles,* 1880-1890 ; 2 vol. in-8°.

1696. — **Commune de Schaerbeek. Budget des recettes et des dépenses.** *Bruxelles,* 1879-1891 ; 6 vol. in-8°.

TOURNAI.

1697. — **Ville de Tournai. Contrat pour l'éclairage par le gaz.**
1 broch. in-8°.

1698. — **Budget de la ville de Tournai.** 1873-1891; 4 vol.
in-4°.

1699. — **Compte de la ville de Tournai.** 1872-1889; 2 vol.
in-4°.

1700. — **Chotin (A.-G.). Histoire de Tournai et du Tournésis.** 1840; 2 vol. in-8°.

1701. — **Ville de Tournai. Écoles.** 1 vol. in-8°.

1702. — **Rapport du collège des bourgmestre et échevins de
la ville de Tournai sur l'administration et la situation des
affaires communales.** 1873-1890; 3 vol. in-4°.

1703. — **Ville de Tournai. Police. Règlement organique.**
1 broch. grand in-12.

1704. — **Ville de Tournai. Règlement général concernant la
police et l'hygiène de la voirie et des constructions.** 1 broch.
in-8°.

1705. — **Recueil de règlements, ordonnances et autres dispositions d'administration et de police de la ville de Tournai
depuis 1701.** *Tournai*, 1880; 1 vol. in-8°.

VERVIERS.

1706. — **Ville de Verviers. Catalogue méthodique de la bibliothèque publique communale.** 1868; 1 vol. in-8°.

1707. — **Ville de Verviers. Service des eaux. Abonnements.**
1866; 1 broch. in-8°.

1708. — **Ville de Verviers. Budget.** 1866-1885; 2 vol. in-8°.

1709. — **Compte de la commune de Verviers.** 1866-1888;
2 vol. in-8°.

1710. — **Ville de Verviers. Documents divers.** 1 vol. in-8°.

1711. — **Chambre de commerce de Verviers. Rapport général sur la situation du commerce et de l'industrie.** 1867-1887; 3 vol. in-8°.

1712. — **Ville de Verviers. Règlement des écoles primaires de garçons.** 1870; 1 broch. in-8°.

1713. — **Ville de Verviers. Règlement des écoles d'adultes.** 1868; 1 broch. in-8°.

1714. — **École professionnelle de Verviers. Règlement organique.** *Bruxelles*, 1862; 1 broch. in-8°.

1715. — **École de musique de Verviers. Règlement organique et d'ordre intérieur.** 1 broch. in-8°.

1716. — **Ville de Verviers. Bulletin communal.** 1870-1884; 16 vol. in-8°.

1717. — **Exposé de la situation de la ville de Verviers sous le rapport administratif.** 1865-1887; 8 vol. in-8°.

1718. — **Lebens (E.). Projet d'agrandissement et d'assainissement de la ville de Verviers.** 1868; 1 vol. in-8°.

DANEMARK.

1719. — **Le Vitruve danois** contient les plans, les élévations et les profils des principaux bâtiments du roiaume de Dannemarc. *Kjøbenhavn*, 1746-1749; 2 vol. in-folio.

1720. — **Høyen (N.-L.).** C.-F. Harsdorff's Værker. *Kjøbenhavn*, 1871; 1 vol. grand in-4°.

Les œuvres de Harsdorff.

1721. — **Hansen (Ch.-Fr.).** Samling af forskjellige offentlige og private Bygninger. *Kjøbenhavn*, 1847; 1 vol. in-folio oblong.

Collection de diverses constructions publiques et privées.

1722. — **Brandes (L.).** Association des couturières. *Copenhague*, 1876; 1 broch. petit in-8°.

1723. — **Représentation cartographique des institutions de prévoyance en Danemark.** 1874.

1724. — **Moldenhawer (J.), Keller (J.).** Nordisk Tidsschrift for Blinde- Døvstumme-og Idiotskolen. *Kjøbenhavn*, 1867-1871; 2 vol. in-12.

Gazette du Nord pour les écoles d'aveugles, de sourds-muets et d'idiots.

1725. — **Fortegnelse over det statistiske Bureau's Bogsamling.** *Kjøbenhavn*, 1880; 1 vol. in-8°.

Catalogue de la bibliothèque du bureau de statistique.

1726. — **Danemark. Représentations graphiques.** *Copenhague*, 1876; atlas en feuilles.

1727. — **Borring (L.-S.).** Dictionnaire danois-français et français-danois (partie danoise-française). *Copenhague*, 1856; 1 vol. grand in-12.

1728. — **Nouveau dictionnaire portatif français-danois et danois-français.** *Leipzig*, 1880; 1 vol. petit in-18.

1729. — Bayer (J.-T.). De danske Kjøbstaeders kommunal-økonomiske Stilling og Formuesforhold under Hensyn til Folketaellingen af 1880. 1 broch. petit in-8°.

Situation économique communale et fortune proportionnelle des bourgeois des villes danoises eu égard au chiffre de la population en 1880.

1730. — Valeur (W.-T.). Praktisk Anvisning for Stævnings-mænd. *Kjøbenhavn*, 1852; 1 broch. in-12.

Instruction pratique pour les huissiers audienciers.

1731. — Nyrop (C.). Le Danemark à l'Exposition de 1878 à Paris. *Copenhague*, 1 broch. in-8°.

1732. — Otté (E.-C.). Denmark and Iceland. *London*, 1881; 1 vol. in-12.

Danemark et Islande.

1733. — Americas arctiske Landes gamle Geographie. *Kjøbenhavn*, 1845; 1 vol. in-8°.

Géographie ancienne des terres arctiques de l'Amérique.

1734. — Broberg (J.). Manuel de la langue danoise à l'usage des étrangers. *Paris, Copenhague*, 1883; 1 vol. in-8°.

1735. — Allen (C.-F.), Beauvois (E.). Histoire du Danemark. *Copenhague*, 1878; 2 vol. in-8°.

1736. — Fortegnelse over de udi Kjøbenhavns Raadstues Archiv bevarede gamle og vigtigste Documenter. 1786; 1 vol. grand in-4°.

Catalogue des documents anciens et importants conservés dans les archives de la chambre du Conseil à Copenhague.

1737. — Le Danemark à l'Exposition internationale d'hygiène et de sauvetage de Bruxelles en 1876. 1 vol. in-4°.

1738. — Jacobsen (C.). Observations sur le chauffage et la ventilation des habitations particulières. *Copenhague*, 1876; 1 broch. in-4°.

1739. — Betaenkning afgiven af den Kommission til at tilve-jebringe Oplysninger om mulige sanitaere Mangler i Ord-ningen af Skolevaesenet. 1882; 1 vol. in-8°.

Avis de la Commission chargée d'une enquête sur l'hygiène des écoles.

1740. — **Meddelelser angaande de laerde Skoler i Kongeriget Danmark.** 1849-1890; 5 vol. in-8°.

Renseignements sur les écoles scientifiques du Danemark.

1741. — **Code pénal danois.** *Copenhague*, 1874; 1 broch. in-8°.

1742. — **Holck (C.-G.).** **Den danske Statsforfatningsret.** *Kjøbenhavn*, 1869; 2 vol. petit in-8°.

Le droit politique danois.

1743. — **Holck (C.-G.).** **Den danske Statsforvaltningsret.** *Kjøbenhavn*, 1860; 1 vol. petit in-8°.

Le droit administratif danois.

1744. — **Scheel (A.-W.).** **Personretten fremstillet efter den danske Lovgivning.** *Kjøbenhavn*, 1876; 1 vol. petit in-8°.

Le droit des personnes d'après la législation danoise.

1745. — **Scheel (A.-W.).** **Familieretten fremstillet efter den danske Lovgivning.** *Kjøbenhavn*, 1877; 1 vol. petit in-8°.

Le droit des familles d'après la législation danoise.

1746. — **Jürgensen (E.).** **Om Ombud.** *Kjøbenhavn*, 1878; 1 broch. petit in-8°.

Sur les charges obligatoires.

1747. — **Bartholdy (G.).** **Veiledning for Laegdsmaend.** *Kjøbenhavn*, 1882; 1 broch. in-12.

Guide des chefs de districts.

1748. — **Larsen (A.-C.).** **Om Forholdstalsvalgmaaden.** *Kjøbenhavn*, 1880; 1 broch. in-12.

Sur le mode d'élection proportionné au nombre.

1749. — **Fortegnelse over autoriserede Laeger, Tandlaeger og Dyrlaeger i Danmark.** *Kjøbenhavn*, 1889; 1 broch. petit in-8°.

Liste des médecins, dentistes et vétérinaires autorisés en Danemark.

1750. — **Stenfeldt (J.-A.).** **Municipalvaesenet i Almindelighed og det danske i Særdeleshed.** *Kjøbenhavn*, 1834; 1 vol. grand in-12.

Les municipalités en général et les municipalités danoises en particulier.

1751. — **Schon (P.-F.).** **Landkommunernes Forfatning og Styrelse.** *Kjøbenhavn*, 1879; 2 vol. in-12.

Organisation et administration des communes rurales.

1752. — **Sørensen (J.-G.).** Samling af Bestemmelser vedrørende Sognecommunernes Styrelse paa Landet i Danmark. *Kjøbenhavn,* 1877; 1 vol. petit in-8°.

Recueil de décisions touchant l'administration des communes villageoises dans les provinces du Danemark.

1753. — **Lov om Landcommunernes Styrelse 6te Juli 1867.** *Kjøbenhavn;* 1 broch. grand in-12.

Loi du 6 juillet 1867 sur l'administration des communes rurales.

1754. — **Møller (J.).** Haandbog for Sognefogder. *Kjøbenhavn,* 1874; 1 broch. petit in-8°.

Manuel des maires de villages.

1755. — **Weiss (Ch.).** Praktisk Veiledning til Behandling af kommunale Sager. *Kjøbenhavn,* 1 vol. in-8°.

Guide pratique pour la gestion des affaires communales.

1756. — **Lov om Kjøbstadkommunernes Styrelse m. v.** *Kjøbenhavn,* 26de Mai 1868. 1 broch. in-8'.

Loi sur l'administration des communes urbaines, etc. Copenhague, le 26 mai 1868.

1757. — **Krœruss (S.).** Haandbog for Sogneraadsmedlemmer. *Kjøbenhavn,* 1880; 1 vol. in-12.

Manuel à l'usage des membres des conseils de paroisses.

1758. — **Ingerslev (V.).** Haandbog for Landvaesenskommissaerer. *Kjøbenhavn,* 1872; 1 vol. petit in-8°.

Manuel à l'usage des commissaires ruraux.

1759. — **Foreløbig Opgjørelse af Hovedresultaterne af Folketaellingen i Danmark den 1ste Februar 1890.** *Kjøbenhavn,* 1 broch. grand in-8°.

Aperçu préliminaire des principaux résultats du recensement du 1er février 1890 en Danemark.

1760. — **Organisation de la statistique officielle du Danemark.** *Copenhague,* 1885; 1 broch. in-8°.

1761. — **Sammendrag af statistiske Oplysninger angaande Kongeriget Danmark.** *Kjøbenhavn,* 1869-1887; 3 vol. et 2 broch. in-8°.

Résumé des principaux faits statistiques du Danemark.

1762. — **Danmarks Statistik. Statistiske Meddelelser.** *Kjø-benhavn*, 1879-1889; 9 vol. in-8°.

Statistique du Danemark. Renseignements statistiques.

1763. — **Danmarks Statistik. Statistisk Tabelvaerk.** *Kjobenhavn*, 1870-1891; 39 broch. petit in-4°.

Statistique du Danemark. Tableaux statistiques.

COPENHAGUE.

1764. — **Beretning om St Hans Hospital for Sindssyge.** *Kjoben-havn*, 1876-1887; 12 broch. grand in-12.

Rapport sur l'hôpital Saint-Jean pour aliénés.

1765. — **Kommunehospitalet. Hôpital de la commune.** *Kjøben-havn*, 1870; 1 collection de plans grand in-4° oblong.

1766. — **Gad (C.-A.).** **Sanct Hans Hospital og Claudi Rossets Stiftelse.** *Kjøbenhavn*, 1 broch. in-4°.

L'hôpital Saint-Jean et la fondation Claude Rosset.

1767. — **Nielsen (O.).** **Efterretninger om Abel Katrines Stif-telse.** *Kjøbenhavn*, 1875; 1 broch. petit in-8°.

Rapport sur la fondation Abel Katrine.

1768. — **Det kongelige Frederiks Hospital i Kjøbenhavn.** 1757-1857; 1 broch. petit in-4°.

L'hôpital royal Frédéric à Copenhague.

1769. — **Beretning om det kongelige Frederiks Hospitals Virksomhed.** *Kjøbenhavn*, 1876-1886; 1 vol. et 8 broch. petit in-8°.

Rapport sur le fonctionnement de l'hôpital royal Frédéric.

1770. — **Beretning om Kommunehospitalet, Øresundshospi-talet samt Epidemilazaretherne i Kjøbenhavn.** 1876-1887; 12 broch. grand in-12.

Rapport sur l'hôpital communal, sur l'hôpital d'Øresund, ainsi que sur les lazarets de Copenhague.

1771. — **Beretning om den kgl. Fødsels- og Pleiestiftelse i Kjø-benhavn.** 1877-1886; 10 broch. in-8°.

Rapport sur l'établissement royal d'accouchement et de secours, à Copen-hague.

1772. — Beretning om det kongelige Frederiks Hospitals samt
den kongelige Fødsels- og Pleiestiftelses Virksomhed. *Kjøbenhavn*, 1886-1888; 2 broch. petit in-8°.

Rapport sur le fonctionnement de l'hôpital royal Frédéric, ainsi que de
l'établissement royal d'accouchement et de secours.

1773. — **Müller (L.)**. Musée Thorvaldsen. *Copenhague*, 1849-
1851 ; 3 vol. in-8°.

1774. — Prospecter af Kjøbenhavn.

Vues de Copenhague.

1775. — **Bruun (Chr.)**. Det store kongelige Bibliotheks Stif-
telse. *Kjøbenhavn*, 1873 ; 1 broch. petit in-8°.

Fondation de la grande bibliothèque royale.

1776. — **Werlauff (C.)**. Historiske Efterretninger om det
store kongelige Bibliotek i Kjøbenhavn. 1844; 1 vol. petit
in-8°.

Renseignements historiques sur la grande bibliothèque royale de Copenhague.

1777. — Aarsberetninger og Meddelelser fra det store kongelige Bibliothek. *Kjøbenhavn*, 1865-1889; 4 vol. in-8°.

Rapports annuels de la grande bibliothèque royale.

1778. — Plan des égouts actuels de Copenhague. 1876 ;
1 carte.

1779. — Forslag til Staden Kjøbenhavns Budget. 1868-1890 ;
15 vol. in-12.

Projet de budget pour la ville de Copenhague.

1780. — Staden Kjøbenhavns Regnskab og Beretning om
Kommunens Anliggender. 1866-1889; 4 vol. et 8 broch.
in-8°.

Compte de la ville de Copenhague et rapport sur les affaires de la commune.

1781. — Description circonstanciée de la résidence roïale et
capitale de Copenhague. 1748; 1 vol. grand in-8°.

1782. — **Lassen (C.-F.)**. Bidrag til Börsens Historie i de
första halvhundrede Aar. *Kjøbenhavn*, 1858 ; 1 broch. grand
in-12.

Supplément à l'histoire de la Bourse dans les cinquante premières années de
son existence.

1783. — Nielsen (O.). Kjøbenhavns Diplomatarium. Samling af Dokumenter, Breve og andre Kilder til Oplysning om Kjøbenhavns aeldre Forhold før 1728. 1872-1887; 8 vol. in-8°.

Le Diplomatarium de Copenhague. Recueil de documents, de lettres et d'autres pièces propres à faire connaître l'ancienne administration de Copenhague avant 1728.

1784. — Pontoppidan (E.). Origines hafnienses, eller den kongelige Residentzstadt Kjøbenhavn forestillet i sin oprindelige Tilstand. 1760; 1 vol. in-8°.

Origines hafniennes, ou la ville royale de Copenhague représentée dans sa situation originelle.

1785. — Both (L.). Kjøbenhavn historisk-topographisk beskreven. 1865; 1 vol. grand in-12.

Description historique et topographique de Copenhague.

1786. — Lassen (C.-F.). Documenter og Actstykker til Kjøbenhavns Befaestnings Historie samlide. 1855; 1 vol. in-8°.

Documents et pièces officielles pour servir à l'histoire des fortifications de Copenhague.

1787. — Rørdam (H.-Fr.). Kjøbenhavns Kirker og Klostere i Middelalderen. 1859-1863; 1 vol. in-8°.

Les églises et les cloîtres de Copenhague au moyen âge.

1788. — Andersen (C.). Rosenborg Mindeblade fra de danske Kongers kronologiske Samling. *Kjøbenhavn*, 1875; 1 vol. grand in-8°.

Souvenirs du Rosenborg tirés de l'histoire chronologique des rois de Danemark.

1789. — Aarsberetning angaande Sundhedstilstanden i Kjøbenhavn. 1876-1890; 1 vol. et 10 broch. petit in-8°.

Rapport annuel sur l'état sanitaire de Copenhague.

1790. — Kjendelser vedrørende Indkomstskatten afsagte i aarene 1862-1876 af Overligningskommissionen i Kjøbenhavn. 1 broch. petit in-8°.

Décisions touchant l'impôt sur le revenu rendues de 1862 à 1876 par la Commission de répartition de Copenhague.

1791. — Beretning om det kiøbenhavnske Borger- og Almue-Skolevaesens Tilstand. 1867-1889; 3 vol. et 8 broch. in-8°.

Rapport sur la situation des écoles bourgeoises et populaires de Copenhague.

1792. — **Kjøbenhavns Borgerrepraesentanters Forhandlinger.**
1841-1889; 32 vol. petit in-8°.
Délibérations du Conseil municipal de Copenhague.

1793. — **Samling af Bestemmelser vedrørende Kjøbenhavns
Kommune.** 1864-1880; 2 vol. in-8°.
Recueil de décisions touchant la commune de Copenhague.

1794. — **Beretning til Justitsministeriet om Kjøbenhavns Po-
liti.** 1876-1889; 2 vol. et 7 broch. grand in-8°.
Rapport au Ministre de la justice sur la police de Copenhague.

1795. — **Love og Vegtaegter m. m. vedkommende Kjøbenhavns Politivaesen.** 1882; 1 vol. petit in-8°.
Lois, règlements, etc., concernant la police de Copenhague.

1796. — **Om Hovedstadens Befolkning efter Folketaellingen d.
1 Febr. 1855.** *Kjøbenhavn*, 1 broch. in-8°.
Sur la population de la capitale d'après le recensement du 1ᵉʳ février 1855.

1797. — **Ugentlig Oversigt over Sygdomme, Dødsfald og Føds-
ler i Kjøbenhavn.** 1876-1887; 12 vol. in-8° et in-4°.
Aperçu hebdomadaire des maladies, des décès et des naissances à Copenhague.

1798. — **Kjøbenhavns Havns Forbedring : Plan over de fores-
laaede Arbeider.** 1862; 1 carte.
Amélioration du port de Copenhague : plan des travaux projetés.

RANDERS.

1799. — **Tegner-Fængselsbygningen paa Vridsløselille Mark.
Den Laerde Skole og Synagoge i Randers.** 1 album in-8°.
Prison près de Vridsløselille. École normale et synagogue à Randers.

SORØ.

1800. — **Meddelelser angaande Sorø Academi.** 1849-1888,
2 vol. in-8°.
Renseignements sur l'Académie de Soro.

ESPAGNE.

1801. — **Aymard (M.).** Irrigations du Midi de l'Espagne. *Paris*, 1864 ; 2 vol. in-4° et in-8°. Texte et atlas.

1802. — **Bailly-Baillière.** Annuario-almanaque del commercio, de la industria, de la magistratura y de la administracion, o Almanaque de las 400,000 señas de Madrid, de las provincias de Ultramar y de los Estados hispano-americanos. *Madrid*, 1879-1882 ; 2 vol. in-8°.

Annuaire-almanach du commerce, de l'industrie, de la magistrature et de l'administration, ou almanach des 400,000 adresses de Madrid, des provinces, des pays d'outre-mer et des États hispano-américains.

1803. — **Barcena (L. de la).** Formulario del constructor. *Madrid*, 1870 ; 1 vol. grand in-12.

Formulaire du constructeur.

1804. — **Laussédat (A.).** Expériences faites avec l'appareil à mesurer les bases appartenant à la Commission de la carte d'Espagne. *Paris*, 1860 ; 1 vol. in-8°.

1805. — **Atlas geografico de España.** *Madrid*, 1 vol. petit in-8° oblong.

Atlas géographique de l'Espagne.

1806. — **Boletin de la Comision del mapa geologico de España.** 1874-1877 ; 4 vol. in-8°.

Bulletin de la Commission de la carte géologique de l'Espagne.

1807. — **Compagnie des chemins de fer des Asturies, Galice et Léon. Rapport du 12 mai 1883.** *Madrid*, 1 broch. in-8°.

1808. — **Carta de los ferro-carriles de España en 1° de enero de 1883. 1 carte.**

Carte des chemins de fer de l'Espagne au 1er janvier 1883.

1809. — **Memoria presentada al Gobierno por la Comision especial encargada de proponer el plan general de ferro-carriles. Texto. Cartas.** *Madrid*, 1867 ; 1 vol. in-4°.

Mémoire présenté au Gouvernement par la Commission spéciale chargée de proposer le plan général des chemins de fer. Texte. Cartes.

1810. — Nuñez de Taboada. Dictionnaire espagnol-français et français-espagnol. *Paris*, 2 vol. in-8°.

1811. — Salva (D.-V.). Nouveau dictionnaire espagnol-français et français-espagnol. *Paris*, 1876 ; 2 vol. grand in-8°.

1812. — Blanc (S.-H.). Nouveau dictionnaire français-espagnol. — Diccionario español-françès. *Lyon*, 1866 ; 1 vol. petit in-18.

1813. — Quintana (J.-F.). Nouveau dictionnaire français-espagnol et espagnol-français. *Paris*, 1 vol. in-32.

1814. — Martin (M.). Las huelgas, sus causas y sus remedios. *Madrid*, 1875 ; 1 broch. in-8°.

Les grèves, leurs causes et leur remède.

1815. — Maria Saurona (J.). Politica del taller. *Madrid*, 1876 ; 1 vol. in-12.

La politique du travail.

1816. — Macanaz (J.-M.). Principios generales del arte de la colonization. *Madrid*, 1873 ; 1 vol. in-8°.

Principes généraux de l'art de la colonisation.

1817. — Exposicion universal de Paris de 1878. Catalogo de la seccion española. *Madrid*, 1 vol. in-8°.

Exposition universelle de Paris en 1878. Catalogue de la section espagnole.

1818. — Leyes y reglamentos novisimos de hacienda. *Madrid*, 1882 ; 1 vol. petit in-8°.

Nouvelle législation des finances.

1819. — Nervo (Le baron de). L'Espagne en 1867. Ses finances, son administration, son armée. *Paris*, 1868 ; 1 vol. in-8°.

1820. — Nuevo nomenclator de las ciudades, villas, lugares y aldeas de las cuarenta y nueve provincias de España. *Madrid*, 1876 ; 1 vol. in-4°.

Nouvelle nomenclature des villes, des bourgs, des villages et des hameaux des quarante-neuf provinces de l'Espagne.

1821. — Memorias del Instituto geografico y estadistico. *Madrid*, 1875-1884 ; 5 vol. grand in-8°.

Mémoires de l'Institut de géographie et de statistique.

1822. — Sotos Ochando (B.). Grammaire complète de la langue espagnole. *Paris*, 1 vol. grand in-12.

1823. — Murray. A handbook for travellers in Spain by A. Ford. *London*, 1882; 2 vol. in-12.

Manuel à l'usage des voyageurs en Espagne, par Ford.

1824. — Reynald (H.). Histoire de l'Espagne depuis la mort de Charles III jusqu'à nos jours. *Paris*, 1873; 1 vol. grand in-12.

1825. — Cock (H.). Relacion del viaje hecho por Felipe II en 1585 a Zaragoza, Barcelona y Valencia. *Madrid*, 1876; 1 vol. in-8°.

Relation du voyage fait par Philippe II en 1585 à Saragosse, à Barcelone et à Valence.

1826. — Cartas de Indias. *Madrid*, 1877; 1 vol. in-folio.

Lettres des Indes.

1827. — Cabrera (L.). Historia de Felipe II, rey de España. *Madrid*, 1876-1877; 4 vol. in-4°.

Histoire de Philippe II, roi d'Espagne.

1828. — Antequera (J.-M.). Historia de la legislacion española desde los tiempos mas remotos hasta nuestros dias. *Madrid*, 1874; 1 vol. in-8°.

Histoire de la législation espagnole depuis les temps les plus reculés jusqu'à nos jours.

1829. — España. Estadistica demografico-sanitaria. 1879-1885; 5 vol. petit in-4°.

Statistique démographico-hygiénique de l'Espagne.

1830. — Torres Muñoz (J.). El impuesto de consumos. Estudios sobre la legislacion vigente. *Madrid*, 1885; 1 vol. in-8°.

L'impôt sur la consommation. Études sur la législation en vigueur.

1831. — Compilacion legislativa de instruccion publica. *Madrid*, 1876-1878; 2 vol. in-8°.

Recueil de lois sur l'instruction publique.

1832. — Coleccion legislativa de primera enseñanza, desde 1º de enero de 1877 hasta 31 diciembre de 1883. *Madrid*, 1 vol. in-8°.

Recueil des lois sur l'enseignement primaire depuis le 1er janvier 1877 jusqu'au 31 décembre 1883.

1833. — **Estadistica general de primera enseñanza.** *Madrid*, 1870-1880; 2 vol. grand in-8°.

Statistique générale de l'enseignement primaire.

1834. — **Lehr (E.).** Éléments du droit civil espagnol. *Paris*, 1880; 1 vol. petit in-8°.

1835. — **Martinez Alcubilla (M.).** Diccionario de la administracion española. *Madrid*, 1877-1880 ; 11 vol. in-8°.

Dictionnaire de l'administration espagnole.

1836. — **Colmeiro (D.-M.).** Derecho administrativo español. *Madrid*, 1876; 2 vol. in-8°.

Droit administratif espagnol.

1837. — **Cos-Gayon (D.-F.), Canoval del Castillo (D.-E.).** Diccionario manual de derecho administrativo español. *Madrid*, 1860; 1 vol. in-8°.

Dictionnaire de droit administratif espagnol.

1838. — **Montalban (J.-M.).** Elementos del derecho civil y penal de España. *Madrid*, 1877 ; 3 vol. in-8°.

Éléments du droit civil et du droit pénal de l'Espagne.

1839. — **Sanchez de Molina Blanco (J.).** El derecho civil español en forma de Codigo, y apendice. *Madrid*, 1873 ; 2 vol. in-8°.

Le droit civil espagnol disposé en forme de Code, avec appendice.

1840. — **Santos Alfaro y Lafuente (D.).** Tratado completo de lo contencioso-administrativo, o sea lecciones dadas sobre los principios generales, legislacion, jurisprudencia y procedimientos de estas materias en la Academia matritense de jurisprudencia y legislacion. *Madrid*, 1873-1874; 1 vol. in-8°.

Traité complet de contentieux administratif ou leçons faites à l'Académie madrilène de jurisprudence et de législation sur les principes généraux de la législation et de la jurisprudence et sur la procédure à suivre en ces matières.

1841. — **Leyes provisionales del matrimonio y del registro civil.** *Madrid*, 1870; 1 vol. in-8°.

Lois provisionnelles sur le mariage et sur l'enregistrement civil.

1842. — **Blas (D. Andrès).** Leyes electoral, municipal y provincial de 20 de agosto de **1870.** *Madrid*, 1877; 1 vol. petit in-8°.

Loi électorale, loi municipale et loi provinciale du 20 août 1870.

1843. — **Coleccion de las leyes decretadas por las Cortes. — Legislatura de 1877.** *Madrid*, 1 vol. grand in-12.

Recueil des lois décrétées par les Cortès. Législature de 1877.

1844. — **Leyes y reglamentos para el gobierno, administracion y contabilidad provincial, con notas y adiciones.** *Madrid*, 1864; 1 vol. grand in-32.

Lois et règlements pour le gouvernement, l'administration et la comptabilité des provinces, avec notes et additions.

1845. — **Fernandez y Bernal (J.).** Anuario juridico-administrativo. *Madrid*, 1882; 1 vol. in-8°.

Annuaire juridico-administratif.

1846. — **Gonzalez Callejo (A.).** Lecciones de derecho administrativo. *Madrid*, 1880; 1 broch. in-8°.

Leçons de droit administratif.

1847. — **Abella (D.-F.).** Derecho administrativo provincial y municipal. *Madrid*, 1877-1880; 6 vol. in-8°.

Droit administratif provincial et municipal.

1848. — **J. M. R. B.** Novisima legislacion organica municipal y provincial de 2 de octubre de 1877. *Valencia*, 1878; 1 vol. petit in-12.

Nouvelle législation organique municipale et provinciale du 2 octobre 1877.

1849. — **Freixa y Rabaso (E.).** Libro de las leyes municipal y provincial de 2 de octubre de 1877. *Madrid*, 1880-1881; 1 vol. grand in-12.

Loi municipale et loi provinciale du 2 octobre 1877.

1850. — **Compilacion de disposiciones penales no comprendidas en el Codigo penal.** *Madrid*, 1884; 1 vol. grand in-12.

Compilation de dispositions pénales non comprises dans le Code pénal.

1851. — **Estadistica minera de España.** 1869-1888; 7 vol. in-4°.

Statistique des mines de l'Espagne.

1852. — **Ramirez (D.-B.-Anton.).** Montes de piedad y Cajas de ahorros. *Madrid*, 1876; 1 vol. petit in-8°.

Monts-de-piété et Caisses d'épargne.

1853. — **Abella (D.-F.).** Manual enciclopedico teorico-practico de los juzgados municipales. *Madrid*, 1883; 1 vol. in-8°.

Manuel encyclopédique théorique et pratique des magistrats municipaux.

1854. — Frias y Pascual (M. de). Manual novisimo de administracion municipal. *Madrid*, 1877; 1 vol. petit in-8°.

Nouveau manuel d'administration municipale.

1855. — Novisima guia del alcalde recopilada por un doctor en administracion. *Madrid*, 1875; 1 vol. in-8°.

Nouveau guide de l'alcade complété par un docteur en administration.

1856. — Mazetti (J.-R.). Completa direccion de alcaldes, regidores y secretarios de ayuntamiento. *Madrid*, 1877; 1 vol. petit in-12.

Guide complet des alcades, des officiers municipaux et des secrétaires de municipalités.

1857. — Tablas de reduccion de las pesas y medidas legales de Castilla a las metrico-decimales. *Madrid*, 1883; 1 broch. in-8°.

Tables pour la réduction des mesures et des poids légaux d'Espagne en mesures et poids décimo-métriques.

1858. — Movimiento de la poblacion de España. **1861-1870.** *Madrid*, 1 vol. petit in-8°.

Mouvement de la population de l'Espagne de 1861 à 1870.

1859. — Ibañez é Ibañez (C.). Estudios sobre nivelacion geodesica. *Madrid*, 1863; 1 broch. grand in-8°.

Études sur le nivellement géodésique.

1860. — Ibañez é Ibañez (C.), etc. Base central de la triangulacion geodesica de España. *Madrid*, 1865; 1 vol. grand in-8°.

Base centrale de la triangulation géodésique de l'Espagne.

1861. — Ibañez é Ibañez (C.). Nuevo aparato de medir bases geodesicas. *Madrid*, 1869; 1 vol. petit in-8°.

Nouvel instrument pour mesurer les bases géodésiques.

1862. — Cabello (F.), Barracher (J.). Memoria sobre la compensacion general de los errores en la red geodesica de España. *Madrid*, 1874; 1 broch. grand in-8°.

Mémoire sur la compensation générale des erreurs commises dans le tracé du réseau géodésique de l'Espagne.

1863. — Ibañez (D.-C.). Reseña de la nueva reunion del Congreso internacional de estadistica. *Madrid*, 1877; 1 broch. grand in-8°.

Compte rendu de la nouvelle réunion du Congrès international de statistique.

1864. — **Estadistica de los delitos y faltas cometidos, y capturas de criminales verificadas en 1887.** *Madrid*, 1 broch. grand in-8°.

Statistique des crimes et délits, et arrestations de criminels en 1877.

1865. — **Memoria sobre las obras publicas.** *Madrid*, 1860-1888; 15 vol. in-4°.

Mémoire sur les travaux publics.

1866. — **Memorias y documentos referentes a la ciencia del ingenero y el arte de las construcciones.** *Madrid*, 1876-1877; 3 vol. in-8°.

Mémoires et documents relatifs à la science de l'ingénieur et à l'art de bâtir.

1867. — **Garran (D.-M.). Tratado de la formacion de los proyectos de carreteras.** *Madrid*, 1862; 1 vol. grand in-8°.

Traité sur la manière de tracer le plan des routes à construire.

1868. — **Situacion de las carreteras del Estado.** *Madrid*, 1881; 1 vol. grand in-8°.

Situation des routes de l'État.

ASTURIES.

1869. — **Cuencas carboniferas de Asturias.** *Madrid*, 1874; 1 vol. grand in-8°.

Couches carbonifères des Asturies.

BALÉARES.

1870. — **Ibañez é Ibañez (C.). Descripcion geodesica de las islas Baleares.** *Madrid*, 1871; 1 vol. grand in-8°.

Description géodésique des îles Baléares.

CACÉRES (PROVINCE DE).

1871. — **Egozeuc (D.-J.), Mallada (D.-L.). Provincia de Caceres.** *Madrid*, 1876; 1 vol. grand in-8°.

Province de Cacérès.

CUENCA (PROVINCE DE).

1872. — Cortazar (D. de). Provincia de Cuenca. *Madrid*, 1875; 1 vol. grand in-8°.

Province de Cuenca.

SARAGOSSE (PROVINCE DE).

1873. — Donayre (F.-R.). Bosquejo de una descripcion fisica y geologica de la provincia de Zaragoza. *Madrid*, 1873; 1 vol. grand in-8°.

Esquisse d'une description physique et géodésique de la province de Saragosse.

VALLADOLID (PROVINCE DE).

1874. — Cortazar (D. de). Provincia de Valladolid. *Madrid*, 1877; 1 vol. grand in-8°.

Province de Valladolid.

MADRID.

1875. — Sanchez y Rubio (E.). Historia de la Beneficencia municipal de Madrid, y medios de mejorarla. *Madrid*, 1869; 1 broch. petit in-8°.

Histoire de l'Assistance publique municipale à Madrid, et moyens de la rendre plus efficace.

1876. — Reglamento general de la Beneficencia municipal de Madrid y particular de las casas de socorro. 1875; 1 broch. petit in-8°.

Règlement général de l'Assistance publique municipale à Madrid et règlement particulier pour les maisons de secours.

1877. — Reglamentos para el servicio del cuerpo facultativo de Beneficencia municipal de Madrid. 1876; 2 broch. petit in-8°.

Règlements concernant le service du corps médical attaché à l'Assistance publique municipale de Madrid.

1878. — Catalogo de la exposicion general de bellas artes de **1876.** *Madrid*, 1 broch. grand in-12.

Catalogue de l'exposition générale des beaux-arts en 1876.

1879. — Plano parcelario de Madrid. 1872-1876; 1 carte grand in-folio.

Plan parcellaire de Madrid.

1880. — Bases generales que presenta a sus compañeros de Comision el Doctor D. José Diaz Benito para llevar a cabo la construccion de dos grandes necropolis en este Corte. *Madrid,* 1876; 1 broch. in-8°.

Principes généraux que le Dr Benito présente à ses collègues de la Commission pour mener à bien la construction de deux grandes nécropoles à Madrid.

1881. — Ayuntamiento constitucional de Madrid. Necropolis del Este. Dictamen de la Comision ponente del jurado nombrado por el mismo para examinar los proyectos presentados en el concurso abierto por aquella corporation en 14 de agosto de 1877. *Madrid,* 1 broch. petit in-8°.

Municipalité de Madrid. Nécropole de l'Est. Avis de la Commission du jury nommé par le Conseil municipal pour examiner les projets présentés au concours ouvert par la municipalité le 14 août 1877.

1882. — Diaz Benito y Angulo (D.-J.). Segundo dictamen sobre las condiciones y circonstancias que han de reunir las dos grandes necropolis que tiene acordado construir el excm. Ayuntamiento de esta Corte. *Madrid,* 1878; 1 broch. petit in-8°.

Second avis sur les conditions que doivent remplir et les exigences auxquelles doivent répondre les deux grandes nécropoles que la municipalité de Madrid a résolu de construire.

1883. — Memoria historico-descriptiva del proyecto de necropolis del Este de Madrid. Arquitectos D. F. Arbos, D. J. Urioste. *Madrid,* 1879; 1 broch. petit in-8°.

Mémoire historique et descriptif du projet d'établissement d'une nécropole à l'Est de Madrid. Architectes F. Arbos et J. Urioste.

1884. — Necropolis del Este de Madrid. Proyecto premiado. 3 plans; photographies.

Nécropole de l'Est de Madrid. Projet couronné.

1885. — Reglamento del ramo de fontaneria-alcantarillas de esta m.-h. villa de Madrid. 1877; 1 broch. petit in-8°.

Règlement pour le service des eaux et des égouts de la ville de Madrid.

1886. — Reglamento organico de la matricula, servicio y ta-

rifas de los aguadores de numero de las fuentes publicas de la villa de Madrid. 1874; 1 broch. petit in-18.

Règlement organique pour l'enrôlement, le service et les tarifs des porteurs d'eau autorisés à puiser l'eau aux fontaines publiques de Madrid.

1887. — **Justo y Villanueva (L.).** Tercera memoria que contiene los trabajos hechos acerca del aprovechamiento de las aguas que discurren por las alcantarillas de Madrid. 1877; 1 broch. in-8°.

Troisième mémoire contenant les travaux exécutés pour utiliser les eaux des égouts de Madrid.

1888. — **Palacio (T.-Domingo).** Manual del empleado en el archivo general de Madrid, con una reseña historica del municipio. *Madrid*, 1875; 1 vol. grand in-12.

Manuel de l'employé aux archives générales de Madrid, et histoire du municipe.

1889. — **Reglamento de pensiones y socorros para las viudas y huerfanos de los empleados municipales de Madrid.** 1875; 1 broch. in-12.

Règlement concernant les pensions et les secours accordés aux veuves et aux orphelins des employés de la municipalité de Madrid.

1890. — **Reglamento para el servicio de serenos de comercio de Madrid.** 1868; 1 broch. in-12.

Règlement pour le service des gardes de nuit à Madrid.

1891. — **Real decreto creando el resguardo civil de consumos.** *Madrid*, 1876; 1 broch. petit in-32.

Décret royal créant un corps d'inspecteurs civils des denrées.

1892. — **Instrucciones para los dependientes del ramo de fontaneria.** *Madrid*, 1877; 1 broch. petit in-32.

Instructions pour les employés du service des eaux.

1893. — **Memoria sobre la exposicion de ganadas celebrada en Madrid en mayo de 1878.** 1 broch. in-8°.

Rapport sur l'exposition de bestiaux qui a eu lieu à Madrid en mai 1878.

1894. — **Presupuesto de ingresos y gastos para el año de 1837.** *Madrid*, 1 broch. petit in-8°.

Budget des recettes et des dépenses pour l'année 1837.

1895. — **Ayuntamiento constitucional de Madrid. — Cuentas**

y balances correspondientes al año economico de **1881-1882.**
1 broch. petit in-4°.

Municipalité constitutionnelle de Madrid. Comptes et bilans correspondant à l'exercice 1881-1882.

1896. — Municipalité de Madrid. Mémoire sur l'emprunt municipal émis en décembre 1868. *Madrid*, 2 broch. in-8°.

1897. — Madrid. Presupuesto de gastos e ingresos. 1850-1889; 8 vol. petit in-4° et petit in-8°.

Madrid. Budget des recettes et des dépenses.

1898. — Presupuesto de gastos e ingresos del ensanche de Madrid. 1881-1884; 2 broch. petit in-4°.

Budget des recettes et des dépenses à faire pour l'agrandissement de Madrid.

1899. — Presupuestos y memoria sobre la administracion municipal de Madrid. 1867; 1 vol. in-4°.

Budgets et mémoire concernant l'administration municipale de Madrid.

1900. — Reglamento de la recaudacion, pagaduria y depositaria del excmo. Ayuntamiento de m.-h. villa. *Madrid*, 2 broch. petit in-8°.

Règlement pour le bureau des recouvrements, la trésorerie et la caisse des dépôts de la municipalité de Madrid.

1901. — D. José Amador de las Rios, D. Juan de Dios de la Rada y Delhado. Historia de la villa y corte de Madrid. *Madrid*, 1861-1864; 4 vol. petit in-folio.

Histoire de la ville et de la cour de Madrid.

1902. — Boletin de sanidad. *Madrid*, 1888-1891; 1 vol. in-8°.

Bulletin hygiénique.

1903. — Reglamento del cuerpo de mangueros del excmo. Ayuntamiento. *Madrid*, 1876; 1 broch. petit in-32.

Règlement du corps des pompiers municipaux.

1904. — Reglamento de la Escuela superior de diplomatica. *Madrid*, 1865; 1 broch. in-8°.

Règlement de l'École supérieure des chartes.

1905. — Estatutos y reglamento del colegio de San Ildefonso. *Madrid*, 1876-1877; 2 broch. petit in-8°.

Statuts et règlement du collège de Saint-Ildefonse.

1906. — **Memoria y cuenta general del Monte de piedad y caja de ahorros de Madrid.** 1874-1890; 2 vol. in-8°.

Rapport et compte géuéral du Mont-de-piété et de la Caisse d'épargne de
Madrid.

1907. — **D. José Dicenta y Blanco.** Memoria sobre la administracion municipal de Paris y breves observaciones
acerca de la de Madrid. *Madrid*, 1879; 1 vol. in-4°.

Mémoire sur l'administration municipale de Paris et courtes observations sur
celle de Madrid.

1908. — **Reglamento para el orden interior del archivo municipal general de Madrid.** 1867; 1 broch. petit in-8°.

Règlement d'ordre intérieur pour les archives municipales générales de
Madrid.

1909. — **Reglamento intérior de la Secretaria del excmo.
Ayuntamiento constitucional de Madrid.** 1867; 1 broch. petit in-8°.

Règlement d'ordre intérieur pour le secrétariat de la municipalité constitutionnelle de Madrid.

1910. — **Reglamento para el orden y celebracion de las sesiones del excmo. Ayuntamiento.** *Madrid*, 1872; 1 broch. petit
in-18.

Règlement pour l'ordre et la conduite des séances du Conseil municipal de
Madrid.

1911. — **Ayuntamiento constitucional de Madrid. Juegos flo-
rales.** *Madrid*, 1879; 1 vol. grand in-8°.

Municipalité constitutionnelle de Madrid. Jeux floraux.

1912. — **Bases, instruccion y tarifas para la administracion y
recaudacion del arbitrio sobre articulos de comer, de beber
y arder.** *Madrid*, 1872; 1 broch. petit in-8°.

Principes, instruction et tarifs concernant l'administration de l'octroi et le
prélèvement des droits sur les denrées alimentaires, les boissons et le combus-
tible.

1913. — **Reglamento de casas consistoriales y festividades.**
Madrid, 1878; 1 broch. petit in-8°.

Règlement concernant les maisons communes et la célébration des fêtes.

1914. — **Ordenanzas de policia urbana y rural para la villa de
Madrid y su termino.** 1865-1874; 1 vol. in-18.

Ordonnances de la police urbaine et rurale pour la ville de Madrid et sa
banlieue.

1915. — **Boletin de estadistica de la villa de Madrid.** 1888 ;
1 vol. grand in-8°.

Bulletin de statistique de la ville de Madrid.

1916. — **D. Carlos Maria de Castro.** Memoria descriptiva
del ante-proyecto de ensanche de Madrid. 1860 ; 1 vol.
in-4°.

Mémoire descriptif de l'avant-projet pour l'agrandissement de Madrid.

1917. — **Reglamento para el servicio de los carruajes a la ca-
lesera, 1877. Reglamento para el servicio de los carruajes
de plaza, 1878.** *Madrid*, 2 broch. petit in-32.

Règlements pour le service des voitures publiques.

VALENCE.

1918. — **Sociedad Valenciana de tranvias. Memoria leida en
junta general de accionistas celebrada el 30 agosto 1889.
Ejercicio 1888-1889 ;** broch. grand in-8°.

Compagnie des tramways de Valence. Mémoire lu à l'assemblée générale des
actionnaires du 30 août 1889.

GRANDE-BRETAGNE ET IRLANDE.

(ROYAUME-UNI.)

1919. — **Agricultural returns of Great-Britain.** 1869-1882; 4 vol. in-8°.

Rapport sur l'agriculture dans la Grande-Bretagne.

1920. — **Robinson (W.). The parks and gardens of Paris.** *London*, 1878; 1 vol. in-8°.

Les parcs et les jardins de Paris.

1921. — **Lavergne (L. de). Essai sur l'économie rurale de l'Angleterre, de l'Écosse et de l'Irlande.** *Paris*, 1862; 1 vol. in-8°.

1922. — **Leroy (E.). Rapport sur la visite des asiles d'aliénés de la Grande-Bretagne.** *Rouen*, 1853; 1 broch. in-8°.

1923. — **Fry (D.-P.). The lunacy acts.** *London*, 1877; 1 vol. petit in-8°.

Lois relatives aux aliénés.

1924. — **Foville (Dr A.). La législation relative aux aliénés en Angleterre et en Écosse. Rapport de missions remplies en 1881 et 1882.** *Paris*, 1885; 1 vol. grand in-8°.

1925. — **Cousins (W.-H.). The law list 1874.** *London*, 1 vol. in-12.

L'almanach judiciaire pour 1874.

1926. — **The statesman's year-book.** *London*, 1874-1891; 12 vol. grand in-12.

Annuaire de l'homme d'État.

1927. — **Hart (Col. H.-G.). The new annual army list, militia list and indian service list for 1874.** *London*, 1 vol. in-8°.

Nouvel annuaire de l'armée et des fonctionnaires civils de l'Inde pour 1874.

1928. — **Robins (E.-C.).** Technical school and college building. *London*, 1887; 1 vol. in-4°.

La construction des collèges et des écoles techniques.

1929. — **Garçon (A.).** L'armée anglaise : son histoire, son
organisation actuelle. *Paris, Limoges*, 1 broch. grand in-32.

1930. — **Palgrave (R.), Foville (A. de).** La Chambre des
Communes. *Paris*, 1878; 1 broch. in-8°.

1931. — **May (T.-E.).** A treatise on the law, privileges, proceedings and usages of Parliament. *London*, 1879; 1 vol.
in-8°.

Traité sur la jurisprudence, les privilèges, les actes et les usages du Parlement.

1932. — **Franqueville (Comte de).** Le Gouvernement et le
Parlement britanniques. *Paris*, 1887; 3 vol. in-8°.

1933. — **Morton Eden (F.).** Extrait d'un ouvrage ayant pour
titre «État des pauvres». *Paris*, an VII de la République;
1 vol. petit in-8°.

1934. — **Friendly and benefit building societies Commission.**
Reports. 1884; 2 vol. in-4°.

Rapports de la Commission des sociétés de secours mutuels et d'avances de
fonds pour achat ou construction de maisons.

1935. — **Friendly societies. Abstract of the quinquennial returns of sickness and mortality.** 1860-1875; 1 vol. in-4°.

Sociétés de secours mutuels. Extrait des relevés quinquennaux des maladies
et de la mortalité de 1860 à 1875.

1936. — **Report of the Commissioners appointed to inquire
into friendly and benefit building societies.** *London*, 1871-
1874; 4 vol. in-4°.

Rapport de la Commission chargée de faire une enquête sur les sociétés de
secours mutuels et d'avance de fonds.

1937. — **Return of the building societies incorporated under
the building societies acts including Great-Britain and Ireland.** 1876-1884; 2 vol. in-4°.

Compte rendu des sociétés d'avances de fonds pour achat ou construction
de maisons, qui ont été constituées dans la Grande-Bretagne et en Irlande en
vertu des lois concernant les sociétés de cette nature.

**1938. — Wurtzburg (E.-A.). The acts relating to building
societies.** *London*, 1886; 1 vol. in-8°.

Les lois relatives aux sociétés d'avances de fonds pour achat ou construction
de maisons.

1939. — Poor rates and pauperism. 1857-1869; 1 vol. in-4°.

La taxe des pauvres et le paupérisme.

1940. — Royal human Society report. 1874-1875 : 1 liasse petit in-8° et grand in-32.

Rapport de la Société royale d'humanité.

**1941. — The Library, a magazine of bibliography and litera-
ture.** *London*, 1889-1892; 3 vol. in-8°.

La Bibliothèque, revue de bibliographie et de littérature.

**1942. — The library Chronicle, a journal of librarianship and
bibliography.** *London, New-York*, 1884-1888; 5 vol. in-8°.

La Chronique des bibliothèques, journal des bibliothécaires et des biblio-
graphes.

**1943. — Transactions and proceedings of the annual meeting
of the library Association of the United Kingdom.** 1877-
1880; 3 vol. petit in-4°.

Actes et délibérations de la réunion annuelle de l'Association des bibliothécaires du Royaume-Uni.

**1944. — Mullins (S.-D.). Free libraries and newsrooms.
Their formation and management.** *London*, 1879; 1 broch.
grand in-12.

Les bibliothèques publiques et les salles pour la lecture des journaux. Leur
établissement et leur fonctionnement.

1945. — Wheatley (H.-B.). How to form a library. *London*,
1886; 1 vol. in-12.

Comment former une bibliothèque.

**1946. — Greenwood (Th.). Free public libraries. Their
organisation, uses and management.** *London*, 1886; 1 vol.
in-12.

Les bibliothèques publiques gratuites. Leur organisation; l'usage qu'on en
fait et leur administration.

**1947. — Malarce (A. de). Les caisses d'épargne scolaires
et les penny-banks.** *Paris*, 1874; 1 broch. in-8°.

1948. — **Railway returns for England, and Wales, Scotland, and Ireland, 1872 to 1876.** 1 vol. in-4°.

Rapport sur les chemins de fer en Angleterre, dans la principauté de Galles, en Écosse et en Irlande de 1872 à 1876.

1949. — **Reports on a general scheme of extramural sepulture for country towns.** *London*, 1850-1853; 2 broch. petit in-8°.

Rapports sur un plan général de cimetières extra-muros pour les villes de province.

1950. — **Labourdette (M.). Rapport sur le commerce des fontes, des fers et des aciers dans la Grande-Bretagne.** *Paris*, 1878; 1 broch. in-8°.

1951. — **Annual statement of the trade of the United Kingdom with foreign countries and British possessions.** 1871-1890; 15 vol. in-4°.

Exposé annuel du commerce du Royaume-Uni avec les pays étrangers et les possessions britanniques.

1952. — **Annual statement of the trade and navigation of the United Kingdom with foreing countries and British possessions.** 1869-1870; 2 vol. grand in-4°.

Exposé annuel du commerce et de la navigation du Royaume-Uni avec les pays étrangers et les possessions britanniques.

1953. — **Levi (Leone). The history of British commerce, 1763-1878.** *London*, 1880; 1 vol. in-8°.

Histoire du commerce de la Grande-Bretagne de 1763 à 1878.

1954. — **The Board of Trade, journal of tariff and trade notices.** *London*, 1889-1891; 3 broch. in-8°.

Journal du *Board of Trade*. Tarifs et renseignements commerciaux.

1955. — **Humber (W.). A comprehensive treatise on the water supply of cities and towns.** *London*, 1876; 1 vol. petit in-folio.

Traité détaillé du service des eaux dans les cités et les villes.

1956. — **Stuart Mill (J.), Cazelles (E.). L'assujettissement des femmes.** *Paris*, 1876; 1 vol. grand in-12.

1957. — **Projet de loi (bill) pour pourvoir de meilleurs logements les artisans et les ouvriers.** 1867; 1 broch. in-8°.

1958. — Dunning Macleod (H.). On the modern science of economics. 1881; 1 broch. petit in-8°.

Sur la science moderne de l'économique.

1959. — Spencer (H.). Descriptive sociology, or group of sociological facts. French, by J. Collier. *London, Edinburgh,* 1881; 1 vol. in-folio.

Sociologie descriptive ou groupe de faits sociologiques. Sociologie française, par Collier.

1960. — Baylis (H.), Monckton (E.). The rights, duties and relations of domestic servants and their masters and mistresses. *London,* 1873; 1 vol. in-12.

Les droits, les devoirs des domestiques et des maîtres et maîtresses, ainsi que leurs rapports entre eux.

1961. — Fawcett (H.), Raffalovich (A.). Travail et salaires. *Paris,* 1885; 1 vol. in-12.

1962. — Jevons (W.-S.). Methods of social reform and other papers. *London,* 1883; 1 vol. in-8°.

Méthodes de réforme sociale et autres pièces.

1963. — George (H.). Progress and poverty. *London,* 1884; 1 vol. in-12.

Progrès et pauvreté..

1964. — Kells Ingram (J.). A history of political economy. *Edinburgh,* 1886; 1 vol. in-8°.

Histoire de l'économie politique.

1965. — Mougey (M.). Notice sur les égouts de Londres, de Liverpool et d'Édimbourg. *Paris,* 1889; 1 broch. petit in-8°.

1966. — Statistical tables relating to emigration and immigration from and into the United Kingdom. 1875-1890; 8 broch. in-4°.

Tableaux statistiques relatifs à l'émigration hors du Royaume-Uni et à l'immigration dans la Grande-Bretagne et dans l'Irlande.

1967. — Guide to employment in the civil service. *London, Paris, New-Nork,* 1882; 1 vol. in-12.

Guide des aspirants à un emploi dans le service civil.

1968. — Exposition universelle de 1878, à Paris. Catalogue de la section des beaux-arts. 1 vol. petit in-8°.

200   EUROPE.

1969. — **Exposition universelle de 1878, à Paris. Notes statistiques et descriptives.** 1 vol. in-12.

1970. — **Dredge (J.). The Paris international Exhibition of 1878.** *London*, 1 vol. petit in-folio.

L'Exposition internationale de Paris en 1878.

1971. — **Wood (H.-T.). The Paris Exhibition. A paper read before the Society of arts, december 11, 1889.** *London*, 1 broch. grand in-8°.

L'Exposition de Paris. Notice lue devant la Société des arts le 11 décembre 1889.

1972. — **Paris universal Exhibition 1889. Report of the executive Council of the British section.** *London*, 1890; 1 broch. in-12.

Exposition universelle de Paris en 1889. Rapport du Conseil exécutif de la section britannique.

1973. — **Bailly (A.). Exposé de l'administration générale et locale des finances du Royaume-Uni de la Grande-Bretagne et d'Irlande.** *Paris*, 1837; 2 vol. petit in-8°.

1974. — **Hübner (Baron de). A travers l'Empire britannique (1883-1884).** *Paris*, 1886; 2 vol. in-8°.

1975. — **The Encyclopaedia britannica.** *Edinburgh*, 1886-1889; 25 vol. petit in-4°.

Encyclopédie britannique.

1976. — **Foreign countries and British colonies. France by the author of «Mademoiselle Mori».** *London*, 1881; 1 vol. in-12.

Pays étrangers et colonies britanniques. La France, par l'auteur de *Mademoiselle Mori*.

1977. — **Norman (C.-B.). Colonial France.** *London*, 1886; 1 vol. in-8°.

La France coloniale.

1978. — **Collection des guides Joanne. Itinéraire descriptif et historique de la Grande-Bretagne et de l'Irlande, par A. Esquiros.** *Paris*, 1865; 1 vol. grand in-12.

1979. — **Guides Garnier frères. Nouveau guide général en Angleterre, en Écosse et en Irlande, par W. Darcey.** *Paris*, 1 vol. in-12.

1980. — **Baedeker.** Londres, ses environs, l'Angleterre, le pays de Galles et l'Écosse. *Leipzig*, 1879; 1 vol. in-12.

1981. — **Murray (J.).** Handbook for visitors to Paris. 1879; 1 vol. in-12.

Manuel à l'usage des visiteurs de Paris.

1982. — **Murray.** A Handbook for travellers in France. *London*, 1879; 2 vol. in-12.

Guide manuel du voyageur en France.

1983. — **Bradshaw's illustrated guide through Paris and its environs.** *London*, 1 vol. petit in-12.

Bradshaw. Guide illustré dans Paris et dans ses environs.

1984. — **Galignani's illustrated Paris guide for 1884.** 1 vol. in-12.

Galignani. Guide de Paris illustré.

1985. — **Laugel (A.).** Lord Palmerston et lord Russell. *Paris*, 1877; 1 vol. in-12.

1986. — **Pebrer (P. de), Jacobi (M.).** Histoire financière et statistique générale de l'Empire britannique. *Paris*, 1839; 2 vol. petit in-8°.

1987. — **Mᶜ Carthy.** A history of our own times. *London*, 1880; 4 vol. in-8°.

Histoire de notre temps.

1988. — **Burke (B.).** A genealogical and heraldic dictionary of the peerage and baronetage of the British Empire. *London*, 1874; 1 vol. in-8°.

Dictionnaire généalogique et héraldique des pairs et des baronnets de l'Empire britannique.

1989. — **Burke (B.).** A genealogical and heraldic history of the landed gentry of Great-Britain and Ireland. *London*, 1871; 2 vol. in-8°.

Histoire généalogique et héraldique de la noblesse territoriale de la Grande-Bretagne et de l'Irlande.

1990. — **Van Laun (H.).** The french revolutionary epoch. *London, Paris, New-York;* 2 vol. in-8°.

L'époque de la Révolution française.

1991. — **Tylor (E.-B.), Barbier (E.).** La civilisation primitive. *Paris*, 1878; 2 vol. in-8°.

1992. — **Hamerton (G.).** Paris in old and present times. *London*, 1885; 1 vol. in-folio.

Paris ancien et moderne.

1993. — **Craven (A.).** Le prince Albert de Saxe-Cobourg-Gotha, époux de la reine Victoria, d'après leurs lettres, journaux, mémoires, etc., extraits de l'ouvrage de sir Theodore Marteri. *Paris*, 1883; 2 vol. in-8°.

1994. — **Garçon (A.).** Guerre du Soudan (Le Mahdi). *Paris, Limoges*, 1884; 1 broch. grand in-32.

1995. — **Carlyle (Th.), Roche (J.).** Histoire de la Révolution française. *Paris, Londres, New-York*, 1866-1867; 3 vol. in-12.

1996. — **Nassau (William).** Conversations with M. Thiers, M. Guizot, and other distinguished persons during the second Empire. *London*, 1878; 2 vol. in-8°.

Conversations avec M. Thiers, M. Guizot et d'autres personnages distingués pendant le second Empire.

1997. — **Markham (M"*).** A history of France from the conquest of Gaul by Julius Caesar continued to the year 1861. 1 vol. grand in-12.

Histoire de la France depuis la conquête de la Gaule par Jules César jusqu'à l'année 1861.

1998. — **Smith (W.).** The student's France. A history of France from the earliest times to the establishment of the second Empire in 1852. *London*, 1878; 1 vol. grand in-12.

La France de l'étudiant. Histoire de la France depuis les temps les plus reculés jusqu'à l'établissement du second Empire.

1999. — **Teale (T.-P.), Kirk (J.).** Dangers au point de vue sanitaire des maisons mal construites. *Paris, London, Leeds*, 1882; 1 vol. petit in-8°.

2000. — **Mille (M.).** Rapport sur le mode d'assainissement des villes en Angleterre et en Écosse. *Paris*, 1854, 1 broch. in-4°.

2001. — **Buckton (M.).** L'hygiène dans la famille. *Paris*, 1884; 1 vol. petit in-8°.

2002. — Acte pour amender la loi relative à la santé publique. 7 août 1866; 1 broch. grand in-8°.

2003. — **Chadwick (E.).** Report on the sanitary condition of the labouring population of Great-Britain : a supplementary report on the results of a special inquiry into the practice of interment in towns. *London*, 1843; 1 vol. petit in-8°.

Rapport sur l'état sanitaire de la population ouvrière de la Grande-Bretagne : rapport supplémentaire sur les résultats d'une enquête spéciale relative à l'usage d'enterrer les morts dans l'intérieur des villes.

2004. — **Chadwick (E.).** Association of public sanitary inspectors. *London*, 1884-1885; 4 broch. petit in-8°.

Association d'inspecteurs de l'hygiène publique.

2005. — **Saunders (Th.-W.).** The public health act 1875. *London*, 1 vol. grand in-12.

La loi de 1875 sur l'hygiène publique.

2006. — **Glen (R.-C.).** — The local Government and public health orders. *London*, 1884; 1 vol. in-8°.

L'administration locale et les ordonnances concernant l'hygiène publique.

2007. — **Patchett (Wm.), Macmorran (A.).** The public health act 1875, annotated with an appendix. *London*, 1884; 1 vol. in-8°.

La loi de 1875 sur l'hygiène publique avec annotations et appendice.

2008. — **Fisco (E.), Straeten (J. van der).** Institutions et taxes locales du Royaume-Uni de la Grande-Bretagne et d'Irlande. *Paris, Bruxelles, Leipzig*, 1863; 1 vol. in-8°.

2009. — **Mᶜ Culloch (J.-R.).** A treatise on the principles and practical influence of taxation and the funding system. *London*, 1845.

Traité sur les principes et sur l'influence pratique des impôts et du système des emprunts.

2010. — **Local taxation returns.** 1862-1877; 6 vol. in-4°.

Comptes rendus des taxes locales.

2011. — Cobden Club essays. Local government and taxation. *London, Paris, New-York*, 1875; 2 vol. in-12 et petit in-8°.

Essais publiés par le Cobden-Club. L'administration locale et les impôts.

2012. — Return of the rates of import duty levied in european countries and the United States upon the produce and manufactures of the United Kingdom. 1869-1882; 5 vol. in-8°.

Rapport sur le taux des droits prélevés dans les pays européens et aux États-Unis sur les productions et les objets manufacturés du Royaume-Uni.

2013. — Specification of a fire escape. *London*, 1871-1877; 2 broch. in-4°.

Description d'un appareil de sauvetage en cas d'incendie.

2014. — The Harden «Star» hand grenade fire extinguisher Co. *London*, 2 broch. in-8° et in-12.

Compagnie de la grenade à main de Harden dite l'*Étoile*, propre à éteindre les incendies.

2015. — **Zachnsdorf (J.-W.).** The art of bookbinding. *London*, 1880; 1 vol. in-8°.

L'art de la reliure.

2016. — **Reyntiens (N.).** L'enseignement primaire et professionnel en Angleterre et en Irlande. *Paris*, 1864; 1 vol. in-8°.

2017. — Report of the special Committee on the comparative cost of school maintenance. *London*, 1880-1881; 1 vol. in-4°.

Rapport de la Commission spéciale sur les frais comparés de l'entretien des écoles.

2018. — Education department. New Code of regulations. *London*, 1878-1891; 2 vol. in-8°.

Département de l'instruction publique. Nouveau Code de règlements.

2019. — Elementary education. *London*, 1870-1871; 1 vol. in-4°.

Enseignement élémentaire.

2020. — Report on the methods of teaching reading. *London*, 1877; 1 broch. in-4°.

Rapport sur les méthodes pour l'enseignement de la lecture.

2021. — **Lyon-Playfair.** Universities in their relation to professional education. *Edinburgh*, 1873; 1 broch. petit in-8°.

Les universités au point de vue de leur rapport avec l'éducation professionnelle.

2022. — **Lyon-Playfair.** On teaching Universities and examining boards. *Dublin*, 1873; 1 broch. petit in-8°.

Sur les universités enseignantes et sur les bureaux d'examens.

2023. — Le Baron (F.-A.). Le Code des étrangers. *Londres*, 1849; 1 vol. petit in-8°.

2024. — Austin (J.). Lectures on jurisprudence. *London*, 1879; 2 vol. in-8°.

Leçons sur la jurisprudence.

2025. — Société de législation comparée. Rapport de la Commission chargée d'étudier la question du notariat. *Paris*, 1 broch. in-8°.

2026. — Reports respecting the law and practice in foreign countries with regard to inventions. *London*, 1876; 1 vol. in-8°.

Rapport au sujet de la législation et des usages des pays étrangers relativement aux inventions.

2027. — Clode (Ch.-M.). The administration of justice under military and martial law. *London*, 1874; 1 vol. in-8°.

L'administration de la justice conformément au Code militaire et aux lois martiales.

2028. — Knight's annotated model bye-laws of the local government board. *London*, 1883; 1 vol. in-8°.

Règlements-modèles du Conseil d'administration locale annotés par Knight.

2029. — Bazalgette (C.-N.), Humphreys (G.). The law relating to local and municipal government. *London*, 1885; 1 vol. in-8°.

Les lois concernant l'administration locale et municipale.

2030. — Wharton's law-lexicon or dictionary of jurisprudence revised and enlarged by J. Shiress Will. *London*, 1876; 1 vol. in-8°.

Dictionnaire de jurisprudence de Wharton revu et augmenté par J. Shiress Will.

2031. — Beeton. Every body's lawyer. *London*, 1 vol. grand in-12.

Le jurisconsulte de tout le monde.

2032. — Lloyd (H.), Lely (M.). The statutes of practical utility in the civil and criminal administration of justice (continuation of Chitty's statutes). 1866-1885; 8 vol. in-8°.

Règlements fondamentaux d'utilité publique dans l'administration de la justice civile et de la justice criminelle (continuation des *Chitty's statutes*).

2033. — Mews (J.), Todd (A.-H.). A digest of the reported decisions of all the Courts during the year **1886**. *London,* 1 vol. in-8°.

Recueil des arrêts rendus par tous les tribunaux durant l'année 1886.

2034. — Glen (A.). The rivers pollution prevention act **1876**. *London,* 1 broch. in-12.

Loi de 1876 pour prévenir la souillure des cours d'eau.

2035. — Sumner Maine. Études sur l'ancien droit et la coutume primitive. *Paris,* 1884 ; 1 vol. in-8°.

2036. — Mews (J.). A digest of the reported decisions of all the Courts. *London,* 1883-1885 ; 2 vol. in-8°.

Recueil des décisions de tous les tribunaux.

2037. — Davis (J.-E.). The master and servant act **1867**. *London,* 1868; 1 vol. grand in-12.

La loi de 1867 concernant les maîtres et les serviteurs.

2038. — Pétersdorff (Ch.). A practical compendium of the law of master and servant in general, and especially of employers and workmen under the acts of **1875**. *London,* 1876; 1 vol. grand in-12.

Abrégé pratique de la législation concernant les maîtres et les serviteurs en général, et spécialement les patrons et les ouvriers, d'après les lois de 1875.

2039. — Davis (J.-E.). The labour laws. *London,* 1875; 1 vol. in-8°.

La législation concernant le travail.

2040. — Giffard (H.-S.). Summary and tutelary jurisdiction of magistrates under **11** and **12 Vic. c. 43,** and **42,** and **43 Vic. c. 49.** *London,* 1880; 1 vol. petit in-8°.

Juridiction sommaire et tutélaire des magistrats d'après la loi 11 et 12 Vic. chap. 43 et la loi 42 et 43 Vic. chap. 49.

2041. — Pritchard (Th.-S.). A handy-book for executors and administrators. *London,* 1861; 1 vol. grand in-12.

Manuel des exécuteurs testamentaires et des administrateurs.

2042. — Purkis (H.-W.). The student's guide to criminal law and magisterial practice. *London,* 1877; 1 vol. in-8°.

Guide de l'étudiant pour la législation criminelle et pour la pratique usitée dans la magistrature.

2043. — **Carter (J.-C.).** Rogers law of elections. *London*, 1885; 2 vol. in-8°.

Rogers. Jurisprudence des élections.

2044. — **Garçon (A.).** Les batailles imaginaires. La bataille de Londres en 188... *Paris-Limoges*, 1885; 1 broch. petit in-8°.

2045. — **Miss Edgeworth, Berger (F.).** Old poz. Le vieux positif ou le Père positif. *Paris*, 1882; 1 broch. in-12.

2046. — **Pictet de Genève (C.).** Éducation pratique. Traduction libre de l'anglais de Maria Edgeworth. An IX (1801); 1 vol. grand in-12.

2047. — **Valframbert (C.).** Régime municipal et institutions locales de l'Angleterre, de l'Écosse et de l'Irlande. *Paris*, 1873; 1 vol. petit in-8°.

2048. — **Lely (M.).** The law of municipal corporations. *London*, 1882; 1 vol. in-8°.

Les lois concernant les corporations municipales.

2049. — **The municipal corporations act.** *London*, 1883; 1 vol. in-8°.

Loi concernant les corporations municipales.

2050. — **Bernardo (B. di).** L'amministrazione locale in Inghilterra, Scozia e Irlanda. *Palermo*, 1877; 1 vol. grand in-12.

L'administration locale en Angleterre, en Écosse et en Irlande.

2051. — **Shaw's parish law being a guide to parish officers in the execution of their duties.** *London*, 1881; 1 vol. grand in-12.

Shaw. Législation des paroisses, ou guide des fonctionnaires des paroisses dans l'accomplissement de leurs devoirs.

2052. — **Saunders (Th.-W.).** The law and practice of municipal registration and elections. *London*, 1879; 1 vol. grand in-12.

La législation et la pratique en fait d'élections municipales et d'établissement des listes d'électeurs municipaux.

2053. — **Grady (S.-G.).** Law and practice of registration and elections parliamentary and municipal. *London*, 1880; 1 vol. petit in-8°.

Loi et pratique en fait d'élections parlementaires et municipales et d'établissement des listes d'électeurs parlementaires ou municipaux.

2054. — **Gaches (L.).** The town councillors and burgesses manual. *London*, 1875; 1 vol. in-12.

Manuel des conseillers municipaux et des bourgeois.

2055. — **Annual statement of the navigation and shipping of the United Kingdom.** *London*, 1871-1890; 14 vol. grand in-4°.

Exposé annuel de la navigation et du commerce maritime du Royaume-Uni.

2056. — **Births and deaths registration act.** *London*, 1874; 1 broch. petit in-8°.

Loi concernant l'enregistrement des naissances et des décès.

2057. — **Regulations for the duties of superintendent registrars, and deputy and interim superintendent registrars.** *London*, 1875; 1 broch. petit in-8°.

Règlements concernant les devoirs des surintendants, des surintendants en second et des surintendants par intérim des bureaux d'enregistrement.

2058. — **Regulations for the duties of registrars of births and deaths, and of deputy and interim registrars.** *London*, 1875; 1 broch. petit in-8°.

Règlements concernant les devoirs des commis chargés de l'enregistrement des naissances et des décès, les devoirs des commis en second et des commis par intérim.

2059. — **Weekly return of births and deaths in London, and in twenty-seven other large towns of the United Kingdom.** 1878-1892; 14 vol. in-8°.

Relevé hebdomadaire des naissances et des décès à Londres et dans vingt-sept autres grandes villes du Royaume-Uni.

2060. — **De l'état actuel et de la réforme des prisons de la Grande-Bretagne.** *Paris*, 1838; 1 vol. petit in-8°.

2061. — **Howard Association.** County and borough prisons. Great-Britain. 1875; 1 liasse in-8°.

Association Howard. Prisons des comtés et des villes de la Grande-Bretagne.

2062. — **Muller (Max.), Perrot (G.) et Harris (G.).** Nouvelles leçons sur la science du langage. Cours professé à l'Institution royale de la Grande-Bretagne en l'année 1863. *Paris*, 1867-1868; 2 vol. in-8°.

2063. — **Statistical abstract for the United Kingdom.** *London*, 1855-1882; 5 vol. in-8°.

Relevés statistiques pour le Royaume-Uni.

2064. — **Statistical abstract for the several colonial and other possessions of the United Kingdom.** *London*, 1854-1889; 7 vol. in-8°.

Relevés statistiques pour les possessions coloniales et autres du Royaume-Uni.

2065. — **Statistical abstract for the principal foreign countries.** *London*, 1860-1889; 7 vol. in-8°.

Relevés statistiques pour les principaux pays étrangers.

2066. — **Miscellaneous statistics of the United Kingdom.** *London*, 1857-1883; 11 vol. in-4°.

Statistiques diverses concernant le Royaume-Uni.

2067. — **Statistical tables relating to the colonial and other possessions of the United Kingdom.** *London*, 1855-1887; 16 vol. in-4°.

Tableaux statistiques relatifs aux possessions coloniales et autres du Royaume-Uni.

2068. — **Crésy (E.).** An encyclopaedia of civil engineering. *London*, 1861; 1 vol. in-8°.

Encyclopédie de l'ingénieur civil.

2069. — **Vuigner (E.).** Note relative aux chemins de halage et aux berges des canaux d'Angleterre et d'Écosse. *Paris*, 1840; 1 broch. petit in-8°.

2070. — **Paget (F.-A.).** Report on the economy of road-maintenance. *London*, 1870; 1 broch. grand in-12.

Rapport sur le système adopté pour l'entretien des routes.

ANGLETERRE.

2071. — **Brooke (E.-A.).** The gardens of England. *London*, 1 vol. in-folio.

Les jardins d'Angleterre.

2072. — **Martin (Ch.).** Constitution et puissance militaire comparées de la France et de l'Angleterre. *Paris*, 1863; 1 vol. in-8°.

2073. — **L'armée anglaise en 1870.** *Paris,* 1879; 1 broch. grand in-12.

2074. — **Dupeyré (M.). Les usages du Parlement anglais.** *Paris,* 1870; 1 vol. in-8°.

2075. — **British Chamber of commerce, 4, rue Drouot, Paris. Annual general meeting.** 1880; 1 broch. petit in-8°.
Chambre de commerce anglaise de Paris. Assemblée générale annuelle.

2076. — **Hansard. The parliamentary history of England and parliamentary debates.** 1066-1890; 435 vol. in-8°.
Histoire parlementaire de l'Angleterre et débats du Parlement.

2077. — **Feldmann (A.). Une séance du Parlement anglais en 1791.** *Paris,* 1879; 1 broch. in-8°.

2078. — **Weil (G.-D.). Mœurs parlementaires anglaises. Du jugement des élections contestées.** *Paris,* 1888; 1 broch. in-8°.

2079. — **Chasles (P.). Le médecin des pauvres, précédé d'un coup d'œil sur le paupérisme, la charité et les institutions charitables en Angleterre.** *Paris,* 1877; 1 vol. in-12.

2080. — **Rapports présentés en 1817 et 1818 à la Chambre des Communes d'Angleterre. Lois relatives aux pauvres.** *Paris,* 1818; 1 vol. petit in-8°.

2081. — **Franqueville (C. de). Étude sur les sociétés de secours mutuels d'Angleterre.** *Paris,* 1863; 1 broch. in-8°.

2082. **Long (J.). Rapport de la répartition des secours faite par la Société anglaise des Amis (Quakers) aux victimes innocentes de la guerre de France, 1870-1871.** *Paris,* 1872; 1 broch. grand in-8°.

2083. — **Lutaud (A.), Hogg (D.). Études sur les hôpitaux d'isolement en Angleterre.** *Paris,* 1886; 1 vol. in-8°.

2084. — **Abstract of accounts of loan societies in England and Wales.** 1876; 1 vol. in-4°.
Résumé des comptes des sociétés de prêts en Angleterre et dans la principauté de Galles.

2085. — **Reports of the chief registrar of friendly societies in England.** 1872-1875; 3 vol. in-4°.
Rapport du greffier en chef des sociétés de secours mutuels en Angleterre.

2086. — **Stuers (A. de).** Rapporten over het kunstonderwijs in Engeland en het South-Kensington-Museum te London. *'sGravenhage*, 1878; 1 vol. in-4°.

Rapport sur l'enseignement artistique en Angleterre et sur le musée de South-Kensington à Londres.

2087. — Notes on the Hildesheim treasure. *London and Birmingham*, 1881 ; 1 broch. petit in-8°.

Notice sur le trésor d'Hildesheim.

2088. — **Malésieux (M.).** Les chemins de fer anglais en **1873.** *Paris*, 1874; 1 vol. in-4°.

2089. — **Franqueville (C. de).** L'État et les chemins de fer en Angleterre. *Paris*, 1880; 1 broch. petit in-8°.

2090. **Wehrmann, Huberti (A.) et Maus (G.).** Étude sur les installations et l'organisation des chemins de fer anglais. *Paris*, 1878; 1 vol. in-8°.

2091. — **Franqueville (C. de).** La Commission des chemins de fer en Angleterre. Réponse. *Paris*, 1881; 1 broch. in-18.

2092. — **Phillimore (Sir Robert).** The ecclesiastical law of the Church of England. *London*, 1873; 2 vol. in-8°.

Les lois ecclésiastiques de l'Église d'Angleterre.

2093. — **Flemming et Tibbins.** Grand dictionnaire français-anglais et anglais-français. *New-Orléans*, 1878; 2 vol. in-4°.

2094. — **Smith and Hamilton.** The international english and french dictionary.

—— **Hamilton et Legros.** Dictionnaire international français-anglais. *Paris*, 1868-1878; 2 vol. in-8°.

2095. — **Clifton (C.) and Grimaux (A.).** A new dictionary of the French and English languages (French-English). *Paris*, 1881 ; 1 vol. grand in-8°.

Nouveau dictionnaire de la langue française et de la langue anglaise (français-anglais).

2096. — **Spiers.** Dictionnaire général français-anglais et anglais-français. *Paris*, 1879-1880; 2 vol. in-8°.

2097. — **Burn (Col.).** A naval and military technical dictionary of the French language : French-English and English-French. *London*, 1870; 1 vol. petit in-8°.

Dictionnaire technique naval et militaire de la langue française (français-anglais et anglais-français).

2098. — **Franqueville (C. de).** Les institutions politiques, judiciaires et administratives de l'Angleterre. *Paris*, 1864; 1 vol. petit in-8°.

2099. — **Freeman (M.), Dehaye (A.).** Étude sur la démocratie anglaise. *Paris*, 1876; 1 broch. in-8°.

2100. — **Les associations ouvrières en Angleterre (Trades-Unions).** *Paris*, 1869; 1 vol. grand in-12.

2101. — **Cochin (A.).** Lettre sur l'état du paupérisme en Angleterre. *Paris*, 1854; 1 broch. in-8°.

2102. — **Daryl (Ph.).** La vie publique en Angleterre. *Paris*, 1 vol. grand in-12.

2103. — **Remo (F.).** L'égalité des sexes en Angleterre. *Paris*, 1886; 1 vol. petit in-8°.

2104. — **Jeans, Baille.** La suprématie de l'Angleterre, ses causes, ses organes et ses dangers. *Paris*, 1887; 1 vol. in-8°.

2105. — **Boutmy (E.).** Le développement de la constitution et de la société politique en Angleterre. *Paris*, 1887; 1 vol. grand in-12.

2106. — **Bailey (J.-R.).** Les sociétés anglaises « limited ». Manuel pratique. *Paris*, 1885; 1 vol. petit in-8°.

2107. — **Mille (A.).** Rapport sur le drainage de Londres et sur l'utilisation des eaux d'égout en Angleterre. *Paris*, 1856; 1 vol. in-4°.

2108. — **Rapport sur le drainage de Londres et l'utilisation des eaux d'égout en Angleterre.** *Paris*, 1866; 1 broch. in-4°.

2109. — **Exposition universelle de 1878 à Paris. Catalogue officiel de la section anglaise, et catalogue des colonies anglaises.** 2 vol. petit in-8°.

2110. — **Calmon (A.)**. Les finances de l'Angleterre depuis les réformes de Robert Peel, 1842-1870. *Paris*, 1871; 1 broch. in-8°.

2111. — **Municipal boroughs (England and Wales)**. Monies received and expended. 1868; 1 broch. in-4°.

Recettes et dépenses des communes d'Angleterre et de la principauté de Galles représentées au Parlement.

2112. — **Escott (T.-H.-S.), Lubersac (R. de)**. L'Angleterre. Le pays, les institutions, les mœurs. *Paris*, 2 vol. in-8°.

2113. — **Fonblanque (A. de), Dreyfus (F.-C.)**. L'Angleterre. Son gouvernement, ses institutions. *Paris*, 1881; 1 vol. in-8°.

2114. — **Taine (H.)**. Notes sur l'Angleterre. *Paris*, 1872; 1 vol. grand in-12.

2115. — **Laroque (J.)**. L'Angleterre et le peuple anglais. *Paris*, 1882; 1 vol. grand in-12.

2116. — **Faucher (L.)**. Études sur l'Angleterre. *Paris*, 1856; 2 vol. in-12.

2117. — **M***. L'Angleterre. Études sur le self-government. *Paris*, 1864; 1 vol. petit in-8°.

2118. — **Bugnottet, Noirpoudre de Sauvigney.** Études administratives et judiciaires sur Londres et sur l'Angleterre. *Besançon*, 1889; 1 vol. in-8° (tome I).

2119. — **Mauron (A.), Gaspey (Th.)**. Nouvelle grammaire anglaise avec de nombreux exercices de traduction, de lecture et de conversation. *Heidelberg*, 1882; 1 vol. petit in-8°.

2120. — **Murray.** Handbook for England and Wales for the use of travellers. *London*, 1878; 1 vol. in-12.

Guide manuel en Angleterre et dans le pays de Galles, à l'usage des voyageurs.

2121. — **Lewis (S.-C.), Mervoyer (M.)**. Histoire gouvernementale de l'Angleterre depuis 1770 jusqu'à 1890. *Paris, Londres, New-York*, 1867; 1 vol. petit in-8°.

2122. — **Reynold (H.)**. Histoire de l'Angleterre depuis la mort de la reine Anne jusqu'à nos jours. *Paris*, 1875; 1 vol. in-12.

2123. — **Buckle (H.-T.)**. Histoire de la civilisation en Angleterre. *Paris*, 1881; 5 vol. in-12.

2124. — **Erskine May (T.)**, **Cornelis de Witt**. Histoire constitutionnelle de l'Angleterre depuis l'avènement de George III (1760-1860). *Paris*, 1865-1866; 2 vol. petit in-8°.

2125. — **Nadaud (M.)**. Histoire des classes ouvrières en Angleterre. *Paris*, 1872; 1 vol. in-8°.

2126. — **Blanc (Louis)**. Lettres sur l'Angleterre. 1861-1862-1863; 2 vol. in-8°.

2127. — **Blanc (Louis)**. Dix ans de l'histoire d'Angleterre (1860-1870). *Paris*, 10 vol. in-12.

2128. — **Green (J.-R.)**, **Monod (A.)**. Histoire du peuple anglais. *Paris*, 1888; 2 vol. in-8°.

2129. — **Markham (Mᵐ)**. A history of England from the first invasions of the Romans down to the present time. *London*, 1881; 1 vol. grand in-12.

Histoire de l'Angleterre depuis les premières invasions des Romains jusqu'aux temps présents.

2130. — **Brewer (J.-S.)**. A history of England from the earliest times to the revolution of 1888, based on the history of David Hume, continued to the treaty of Berlin in 1878. *London*, 1880; 1 vol. grand in-12.

Histoire de l'Angleterre depuis les temps les plus reculés jusqu'à la Révolution de 1688, d'après l'histoire de D. Hume, et continuée jusqu'au traité de Berlin en 1878.

2131. — **Hallam (H.)**. The constitutional history of England from the accession of Henry VII to the death of George II. *London*, 1881; 3 vol. grand in-12.

Histoire constitutionnelle de l'Angleterre depuis l'avènement de Henri VII jusqu'à la mort de George II.

2132. — **Callcott (Lady)**. Little Arthur's history of England. *London*, 1880; 1 vol. in-12.

L'histoire d'Angleterre du petit Arthur.

2133. — **Seeley (J.-R.)**. The expansion of England : two courses of lectures. *Leipzig*, 1884; 1 vol. in-12.

L'expansion de l'Angleterre : deux cours de leçons.

2134. — **Vernon Smith.** History of the English institutions. *London*, 1875; 1 vol. in-12.

Histoire des institutions anglaises.

2135. — **Richmond park.** Extracts from the records of Parliament. 1 vol. in-8°.

Le parc de Richmond. Extraits des *Annales du Parlement*.

2136. — **Hippeau (C.).** L'instruction publique en Angleterre. *Paris*, 1872; 1 vol. grand in-12

2137. — **Marguerin, Motheré.** De l'enseignement des classes moyennes et des classes ouvrières en Angleterre. *Paris*, 1864; 1 vol. in-4°.

2138. — **Wiesener (L.).** Les études classiques en Angleterre au XVIe siècle. *Paris*, 1873; 1 broch. petit in-8°.

2139. — **Buisson (B.).** L'instruction primaire en Angleterre. *Paris*, 1880; 1 broch. in-8°.

2140. — **Report of the Committee of Council on education. England and Wales.** 1859-1891; 30 vol. in-8°.

Rapport de la Commission du Conseil d'éducation. Angleterre et principauté de Galles.

2141. — **Fischel (E.), Vogel (Ch.).** La Constitution d'Angleterre. *Paris*, 1864; 2 vol. in-8°.

2142. — **Jouffroy (H.).** Constitution de l'Angleterre. *Leipzig, Paris*, 1843; 1 vol. in-8°.

2143. — **Le Play (F.), Delaire (A.).** La Constitution de l'Angleterre considérée dans ses rapports avec la loi de Dieu et les coutumes de la paix sociale. *Tours*, 1875; 2 vol. in-12.

2144. — **Freeman (A.), Dehaye (A.).** Le développement de la constitution anglaise. *Paris*, 1877; 1 vol. in-12.

2145. — **Bagehot (W.), Gaulhiac (M.).** La Constitution anglaise. *Paris, Londres, New-York*, 1869; 1 vol. in-12.

2146. — **Glasson (E.).** Histoire du droit et des institutions politiques, civiles et judiciaires de l'Angleterre. *Paris*, 1882-1883; 6 vol. in-8°.

2147. — **Chauveau (F.).** Étude sur la législation électorale de l'Angleterre. *Paris*, 1874; 1 broch. in-8°.

2148. — **Zézas (S.-G.).** Essai historique sur la législation d'Angleterre. *Paris*, 1863; 1 vol. petit in-8°.

2149. — **Laya (A.).** Droit anglais ou résumé de la législation anglaise sous forme de codes. *Paris*, 1845; 2 vol. petit in-8°.

2150. — **Blackstone (W.), Chompré (M.).** Commentaires sur les lois anglaises. *Paris*, 1822-1823; 6 vol. petit in-8°.

2151. — **Lyon-Caen.** Loi anglaise sur la faillite, du 25 août 1883. *Paris*, 1888; 1 vol. in-8°.

2152. — **Ribot (A.).** Acte du 5 août 1873 pour l'établissement d'une cour suprême de justice en Angleterre. *Paris*, 1874; 1 broch. in-8°.

2153. — **Bertrand (M.).** Le régime légal de la presse en Angleterre. *Paris*, 1868; 1 broch. in-8°.

2154. — **Selim (A.).** Aperçu de la loi anglaise au point de vue pratique et commercial. *Paris, Londres, Leipzig, Milan,* 1880; 1 vol. grand in-12.

2155. — **Lajoye (R.).** Le sursis et le pardon en Angleterre. *Paris*, 1877; 1 broch. in-8°.

2156. — **Gneist (D.-R.).** Das englische Verwaltungsrecht. *Berlin*, 1867; 2 vol. in-8°.
Le droit administratif anglais.

2157. — The English citizen : his rights and responsibilities. *London*, 1881-1882; 7 vol. grand in-12.
Le citoyen anglais : ses droits et ses responsabilités.

2158. — Mr Serjeant Stephen's new commentaries on the laws of England. *London*, 1874; 4 vol. in-8°.
Nouveaux commentaires sur les lois anglaises, par Mr S. Stephen.

2159. — The Cabinet lawyer, a popular digest of the laws of England. *London*, 1879; 1 vol. in-12.
Le jurisconsulte de cabinet, recueil populaire des lois anglaises.

2160. — **Thomas (J.-H.).** A systematic arrangement of Lord Coke's first institute of the laws of England on the plan of sir Matthew Hale's analysis. *London*, 1818; 3 vol. in-8°.

Disposition systématique, d'après le plan analytique de sir Matthew Hale, de l'ouvrage de lord Coke intitulé : *Principes de la législation anglaise*.

2161. — **Knyvet Wilson (Sir Roland).** History of modern English law. *London*, 1876; 1 vol. in-12.

Histoire de la législation anglaise moderne.

2162. — **A handbook of the law and practice of public meetings.** *London*, 1867, 1 vol. in-8°.

Manuel de la législation et de la pratique des assemblées publiques.

2163. — **Lebret (G.).** Étude sur la propriété foncière en Angleterre. *Paris*, 1882; 1 vol. in-8°.

2164. — **Lehr (E.).** Éléments du droit civil anglais. *Paris*, 1885; 1 vol. in-8°.

2165. — **Pavitt (A.).** Le droit anglais codifié. *Paris*, 1885; 1 vol. in-8°.

2166. — **Weil (G.-D.).** Juridiction pénale des chambres anglaises pour la défense de leurs privilèges. *Paris*, 1889; 1 broch. in-8°.

2167. — **Selim (A.).** Aperçu de la loi anglaise au point de vue pratique et commercial. 1887; 1 vol. in-8°.

2168. — **Dicey (A.-V.), Stocquart (E.).** Le statut personnel anglais ou la loi du domicile envisagée comme branche du droit anglais. *Paris, Londres, Bruxelles*, 1887; 2 vol. in-8°.

2169. — **Dicey (A.-V.).** The law of domicil as a branch of the law of England stated in the form of rules. *London*, 1879; 1 vol. in-8°.

La législation concernant le domicile considérée comme une branche de la législation anglaise et présentée sous la forme de règles.

2170. — **Filon (A.).** Histoire de la littérature anglaise depuis ses origines jusqu'à nos jours. *Paris*, 1883; 1 vol. grand in-12.

2171. — **Return relating to the past and present supply of live and dead meat to this country and to the Metropolis.** *London*, 1868; 1 broch. in-4°.

Exposé relatif à la manière dont le pays et la métropole ont été et sont approvisionnés aujourd'hui d'animaux vivants et d'animaux tués.

2172. — **Pascal (L.). Les bibliothèques et les facultés de médecine en Angleterre.** *Paris,* 1864; 1 broch. grand in-4°.

2173. — **Gneist (R.), Hippert (Ch.). La constitution communale de l'Angleterre.** *Paris,* 1867-1870; 5 vol. in-8°.

2174. — **Dehaye (A.). Les municipalités anglaises. Loi organique du 18 août 1882.** *Paris,* 1883; 1 vol. in-8°.

2175. — **Acts for the regulation of municipal corporations in England and Wales.** 1837; 1 broch. in-4°.

Lois concernant l'organisation des corporations municipales en Angleterre et dans la principauté de Galles.

2176. — **Second report of the Commissioners appointed to inquire into the municipal corporations in England and Wales.** 1837; 1 vol. in-4°.

Second rapport de la Commission nommée pour faire une enquête sur les corporations municipales de l'Angleterre et de la principauté de Galles.

2177. — **Arnold (Th.-J.), Johnson (S.-G.). A treatise on the law relating to municipal corporations in England and Wales.** *London,* 1883; 1 vol. in-8°.

Traité sur la législation concernant les corporations municipales en Angleterre et dans la principauté de Galles.

2178. — **Gneist (Dr R.). Communalverfassung und Verwaltungsgerichte in England.** *Berlin,* 1871; 1 vol. in-8°.

L'organisation communale et les tribunaux administratifs en Angleterre.

2179. — **Garçon (A.). La marine anglaise. Histoire, composition, organisation actuelle.** *Paris, Limoges,* 1885; 1 vol. grand in-32.

2180. — **Guyau (M.). La morale anglaise contemporaine.** *Paris,* 1879; 1 vol. in-8°.

2181. — **Quarterly return of marriages, births, and deaths registered in the divisions, counties, and districts of England.** 1872-1892; 9 vol. in-8°.

Relevé trimestriel des mariages, des naissances et des décès enregistrés dans les divers comtés et districts de l'Angleterre.

2182. — **Annual report of the registrar general of births, deaths, and marriages in England.** 1871-1889; 11 vol. in-8°.

Rapport annuel du bureau général de l'enregistrement des naissances, des décès et des mariages en Angleterre.

2183. — **Census of England and Wales for 1871. General report.** *London*, 1 vol. in-4°.

Rapport général sur le recensement de l'Angleterre et de la principauté de Galles en 1871.

2184. — **Glen (W.-C.), Glen (A.). The law relating to the registration of births, deaths, and marriages in England.** *London*, 1875; 1 vol. grand in-12.

Législation relative à l'enregistrement des naissances, des décès et des mariages en Angleterre.

2185. — **The law concerning the registration of births and deaths in England and Wales, and at sea.** *London*, 1875; 1 broch. petit in-8°.

La législation concernant l'enregistrement des naissances et des décès en Angleterre, dans la principauté de Galles et sur mer.

2186. — **Franqueville (C. de). Du régime des travaux publics en Angleterre.** *Paris*, 1875; 4 vol. petit in-8°.

2187. — **Clark (C.). The Britannia and Conway tubular bridges.** *London*, 1850; 2 vol. in-8°.

Le pont tubulaire Britannia et le pont tubulaire de Conway.

2188. — **Stanford's road and railway map of England.** 1 carte in-18.

Stanford. Carte des routes et des chemins de fer de l'Angleterre.

DEVON (COMTÉ DE).

2189. — **Wright (W.-K.-K.). A plea for a Devonshire bibliography.** *Plymouth*, 1885; 1 broch. in-32.

Plaidoyer en faveur d'une bibliographie du Devonshire.

JERSEY.

2190. — **Lois et règlements des États de Jersey depuis 1771.** *Jersey*, 1845; 1 vol. in-8°.

2191. — **Lois et règlements passés par les États de Jersey revêtus de la sanction royale et non compris dans le code de 1771.** *Jersey*, 1879; 3 vol. in-8°.

BIRMINGHAM.

2192. — Report of the Committee of visitors of the lunatic asylum for the borough of Birmingham. 1871-1889; 8 vol. petit in-8°.

Rapport de la Commission des inspecteurs de l'asile d'aliénés de Birmingham.

2193. — Free libraries and museums. Conference held in the Council chamber, Birmingham. 1877; 1 broch. petit in-8°.

Bibliothèques et musées publics. Conférence faite dans la chambre du Conseil à Birmingham.

2194. — Borough of Birmingham. Report of the free libraries Committee. 1871-1890; 3 vol. in-8°.

Rapport de la Commission des bibliothèques publiques de Birmingham.

2195. — Langford (J.-A.). The Birmingham free libraries. 1871; 1 broch. petit in-8°.

Les bibliothèques publiques de Birmingham.

2196. — Birmingham closed burial grounds act. *London*, 1878; 1 broch. in-8°.

Loi concernant les cimetières clôturés à Birmingham.

2197. — Borough of Birmingham. Report of the sewage inquiry Committee. 1871; 1 vol. in-8°.

Bourg de Birmingham. Rapport de la Commission d'enquête sur les égouts.

2198. — Borough of Birmingham. General and detailed financial statement. 1871-1890; 12 vol. in-8°.

État général et détaillé des finances de Birmingham.

2199. — Bunce (J.-Th.). History of the corporation of Birmingham. 1878-1885; 3 vol. in-8°.

Histoire de la corporation de Birmingham.

2200. — Report of the health of the borough of Birmingham. 1873-1890; 1 broch. et 3 vol. in-8°.

Rapport sur l'état sanitaire de Birmingham.

2201. — Report of the work accomplished by the Birmingham school board. 1876-1889; 4 vol. petit in-8°.

Rapport sur les travaux accomplis par le Conseil des écoles de Birmingham.

2202. — Borough of Birmingham. Proposed bye-laws. 1878; 1 broch. in-8°.

Règlements locaux proposés pour le bourg de Birmingham.

2203. — Borough of Birmingham. The artizans and laboureurs dwellings improvement act 1875. 1 broch. in-8°.

Bourg de Birmingham. Loi de 1875 concernant l'amélioration des demeures des artisans et des ouvriers.

2204. — Borough of Birmingham. A short history of the passing of the Birmingham gas act and water act. 1875; 1 broch. petit in-8°.

Courte histoire de l'adoption de la loi sur le service du gaz et de la loi sur le service des eaux à Birmingham.

2205. — Borough of Birmingham. Standing orders and bye-laws. 1878-1885; 3 vol. petit in-18 et in-32.

Bourg de Birmingham. Règlements fondamentaux et lois locales.

2206. — Borough of Birmingham. Proceedings of the Council. 1870-1890; 19 vol. in-8°.

Procès-verbaux des séances du Conseil municipal de Birmingham.

2207. — Report of the police establishment and the state of crime in the borough of Birmingham. 1876-1890; 3 vol. in-8°.

Rapport de la police de Birmingham et statistique des crimes.

2208. — The progress of the Birmingham improvement scheme. 1878; 1 broch. in-8°.

Marche des travaux projetés pour l'amélioration de Birmingham.

2209. — Borough of Birmingham. Surveyor's report of works executed. 1874-1890; 2 vol. petit in-8°.

Bourg de Birmingham. Rapport de l'inspecteur sur les travaux exécutés.

BOLTON.

2210. — Annual report of the public free library and museum Committee. Bolton. 1877-1891; 1 vol. in-8°.

Rapport annuel de la Commission de la bibliothèque publique et du Musée de Bolton.

2211. — Borough of Bolton. Abstract of the treasurer's accounts. 1874-1888; 13 vol. in-8°.

Résumé des comptes du trésorier du bourg de Bolton.

2212. — Clegg (J.). A chronological history of Bolton. 1877 ; 1 broch. in-12.

Histoire chronologique de Bolton.

2213. — Borough of Bolton. Report on the health of Bolton. 1878-1890 ; 4 vol. petit in-8°.

Rapport sur l'état sanitaire de Bolton.

2214. — Borough of Bolton. Charter of incorporation. 1838 ; 1 vol. in-12.

Charte d'incorporation du bourg de Bolton.

2215. — Borough of Bolton. Proceedings of the town Council. 1874-1890 ; 14 vol. petit in-8°.

Procès-verbaux des séances du Conseil municipal de Bolton.

2216. — Opening of the Bolton Town Hall. 1873 ; 1 broch. in-8°.

Ouverture de l'Hôtel de Ville de Bolton.

2217. — Borough of Bolton. Criminal and miscellaneous returns of the police force. 1860-1890 ; 5 vol. in-8°.

Comptes rendus de la police de Bolton sur la statistique criminelle et autres.

BRADFORD.

2218. — Report of the public free library and art Museum Committee. Borough of Bradford. 1878-1888 ; 1 broch. in-8°.

Rapport de la Commission des bibliothèques publiques et du Musée artistique de la ville de Bratford.

BRIGHTON.

2219. — Borough of Brighton. Statements shewing the rates levied in the borough. 1878 ; 1 broch. in-8°.

État des taxes levées dans le bourg de Brighton.

BRISTOL.

2220. — Bristol docks. Statement of accounts. 1877-1888 ; 1 vol. in-8°.

Relevé des comptes de l'administration des docks à Bristol.

2221. — Abstract of the audited accounts of the sanitary authority of the city and county of Bristol. 1875-1888; 2 vol. in-8°.

Résumé des comptes de l'administration sanitaire de la ville et du comté de Bristol.

2222. — City and county of Bristol. Report of the medical officer of health on the sanitary condition. 1877-1887; 2 vol. petit in-8°.

Ville et comté de Bristol. Rapport du médecin en chef de la santé sur l'état sanitaire.

2223. — Bristol school board. Review of proceedings. 1871-1885; 2 broch. petit in-8°.

Compte rendu des délibérations du Conseil des écoles de Bristol.

GREAT YARMOUTH.

2224. — The annual report of the free library Committee of the borough of Great Yarmouth. 1888-1889; 2 broch. in-8°.

Rapport annuel du Comité de la bibliothèque publique de la ville de Great Yarmouth.

LEEDS.

2225. — Annual report of the Leeds public library. 1880-1891; 1 vol. in-8°.

Rapport annuel de la bibliothèque publique de Leeds.

2226. — Leeds public library catalogues. 1874-1879; 2 vol. in-12.

Catalogues de la bibliothèque publique de Leeds.

2227. — Borough of Leeds. Abstract of accounts. 1886; 1 vol. in-8°.

Résumé des comptes de la ville de Leeds.

2228. — Town Council of the borough of Leeds. Reports of committees. 1886; 1 vol. in-8°.

Conseil municipal du bourg de Leeds. Rapports des commissions.

LEICESTER.

2229. — Annual report of the free library Committee of the borough of Leicester. 1872-1882 ; 2 broch. petit in-8°.

Rapport annuel du Comité de la bibliothèque publique du bourg de Leicester.

LIVERPOOL.

2230. — Annual report of the Committee of the free public library, Museum, and Walker art gallery of the city of Liverpool. 1882-1886 ; 1 vol. in-8°.

Rapport annuel de la Commission de la bibliothèque publique, du Musée et de la galerie artistique Walker à Liverpool.

2231. — An abstract of the receipts and expenditure of the Liverpool water account. 1876-1885 ; 3 vol. in-8°.

Résumé du compte des recettes et des dépenses du service des eaux à Liverpool.

2232. — International exhibition. *Liverpool*, 1886 ; prospectus et règlement, 2 broch. in-4°.

Exposition internationale de Liverpool.

2233. — The accounts of the treasurer of the city of Liverpool. 1876-1890 ; 8 vol. in-8°.

Comptes du trésorier de la ville de Liverpool.

2234. — An abstract of the receipts and expenditure under the sanitary acts for the borough of Liverpool. 1876 ; 3 vol. in-8°.

Résumé du compte des recettes et des dépenses faites en vertu des lois sanitaires applicables à la ville de Liverpool.

2235. — Parkes (Dr**), Sanderson (D**r**). Reports on the sanitary condition of Liverpool.** 1871 ; 1 broch. in-8°.

Rapport sur l'état sanitaire de Liverpool.

2236. — Newlands (J.). Report of the health Committee of the borough of Liverpool on the sewerage, paving, cleansing. 1869 ; 1 vol. in-8°.

Rapport de la Commission de santé du bourg de Liverpool au sujet des égouts, du pavage, du nettoyage.

2237. — **Taylor (J.-S.). Report of the health of Liverpool during the year 1876.** 1 broch. in-8°.

Rapport sur l'état sanitaire de Liverpool durant l'année 1876.

2238. — **Borough of Liverpool. Proceedings of the Council.** 1875-1889; 11 vol. in-8°.

Procès-verbaux des séances du Conseil municipal de Liverpool.

2239. — **Watch Committee for the borough of Liverpool. Report of the police establishment.** 1876-1888; 1 vol. in-8° et 3 broch.

Commission de surveillance du bourg de Liverpool. Rapport de la police.

LONDRES (MÉTROPOLE).

2240. — **Royal Institute of British architects of London. List of members. Reports of the Council.** 1839-1854; 1 vol. grand in-8°.

Institut royal des architectes britanniques à Londres. — Liste des membres. Rapports du Conseil.

2241. — **Royal Institute of British architects. Sessions.** 1853-1855 ; 1 vol. grand in-8°.

Sessions de l'Institut royal des architectes britanniques.

2242. — **Royal Institute of British architects. The catalogue of the library and collection.** 1 vol. petit in-8°.

Institut royal des architectes britanniques. Catalogue de la bibliothèque et des collections.

2243. — **Institute of British architects. Questions upon various subjects connected with architecture.** *London*, 1835 ; 1 broch. petit in-8°.

Institut des architectes britanniques. Questions sur divers sujets se rattachant à l'architecture.

2244. — **Cole (H.-H.). The architecture of ancient Dehli.** *London*, 1872; 1 vol. petit in-folio.

L'architecture du vieux Dehli.

2245. — **Waring (J.-B.). Stone monuments of remote ages.** *London*, 1870; 1 vol. grand in-4°.

Monuments en pierre des âges reculés.

2246. — **Tableau des sociétés et des institutions religieuses, charitables et de bien public de la ville de Londres.** *Paris*, 1824; 1 vol. in-12.

2247. — **Madinier (H.).** La charité privée à Londres. *Paris,* 1862; 1 broch. in-8°.

2248. — Hôpital et dispensaire français à Londres. Rapport. 1881-1885; 2 broch. petit in-8°.

2249. — **Blondel (M.), Ser (M.-L.).** Rapport sur les hôpitaux civils de la ville de Londres. *Paris,* 1862; 1 vol. grand in-8°.

2250. — Société française de bienfaisance (French benevolent Society) fondée à Londres le 9 février 1842. — Assemblée générale. 1881-1891; 5 broch. in-12.

2251. — **Sarazin (Ch.).** Essai sur les hôpitaux de Londres. *Paris,* 1866; 1 broch. in-8°.

2252. — Annual report of the local government board, 1872-1877. *London,* 5 vol. in-8°.

Rapport annuel du Conseil d'administration locale.

2253. — Annual report of the poor law board, 1867-1870. *London,* 1 vol. in-8°.

Rapport annuel de l'Assistance publique.

2254. — Metropolitan asylums board. Annual report of the ambulance Committee. *London,* 1886-1889; 3 broch. in-8°.

Administration des asiles de la métropole. — Rapport annuel de la Commission des ambulances de Londres.

2255. — **Lyon-Playfair.** Museum of practical geology. *London,* 1852; 1 broch. in-8°.

Musée de géologie pratique.

2256. — Opening of the royal Albert hall of arts and sciences. 1871; 1 broch. in-8°.

Ouverture de la salle royale Albert, consacrée aux sciences et aux arts.

2257. — **Tite (W.).** A descriptive catalogue of the antiquities found in the excavations of the new royal exchange. *London;* 1848; 1 broch. petit in-8°.

Catalogue descriptif des antiquités trouvées dans les excavations faites à la nouvelle Bourse royale.

2258. — **Cole, Scott (L. Col.).** Report on mosaic pictures for wall and decorations. *London,* 1872; 1 broch. petit in-8°.

Rapport sur les peintures en mosaïque servant à la décoration des murs et autres.

2259. — **Robinson (C.).** The treasures of ornamental art. *London*, 1 vol. in-8°.

Les trésors de l'art décoratif.

2260. — **Cole (A.-S.).** Ancient needlepoint and pillow lace. *London*, 1875; 1 vol. grand in-4°.

Dentelles anciennes faites à l'aiguille ou au crochet.

2261. — **Examples of art workmanship of various ages and countries.** 1860-1871; 6 vol. grand in-4° et in-folio.

Modèles d'œuvres d'art de différentes époques et de différents pays.

2262. — **M. James Heywood's free public library. Catalogues.** 1878-1883; 2 broch. petit in-8°.

Catalogues de la bibliothèque publique de M. J. Heywood.

2263. — **United parishes of St Margaret and St John the Evangelist, Westminster. Annual report and statement of receipts and expenditure of the Commissioners of the free public libraries.** 1881-1882; in-8°.

Paroisses réunies de Sainte-Marguerite et de Saint-Jean-l'Évangéliste, Westminster. — Rapport annuel et état des recettes et des dépenses établi par la Commission des bibliothèques publiques.

2264. — **Agas (Ralph).** Civitas Londinium. 1 carte petit in-4°.

Plan de Londres.

2265. — **Huet (M.).** Les chemins de fer métropolitains de Londres. *Paris*, 1878; 1 vol. in-8°.

2266. — **Metropolitan burials act.** London. 1852; 2 broch. in-8°.

Loi sur les inhumations à Londres.

2267. — **Metropolitan interment act.** London. 1850-1852; 2 broch. in-8°.

Loi concernant les enterrements à Londres.

2268. — **Report of the parliamentary Committee on the metropolitan water bill.** 1871; 1 broch. grand in-12.

Rapport de la Commission parlementaire sur le projet de loi concernant les eaux de la métropole.

2269. — **Metropolitan board of works. Report upon the best**

means of providing. an efficient supply of water. *London*,
1877; 1 broch. petit in-8°.

Conseil des travaux de la métropole. Rapport sur les meilleurs moyens de
fournir à Londres une quantité d'eau suffisante.

2270. — Reports on the metropolis water supply. *London*,
1850-1856; 2 broch. in-8°.

Rapport sur le service des eaux à Londres.

2271. — Metropolitan water companies. Return. 1866; 1 broch.
in-4°.

Compagnies des eaux de Londres. Compte rendu.

2272. — Report from the select Committee on lighting by
electricity. *London*, 1879; 1 vol. in-4°.

Rapports de la Commission spéciale sur l'éclairage par l'électricité.

2273. — Clegg (S.). A practical treatise on the manufacture
and distribution of coal-gas. *London*, 1859; 1 vol. grand
in-8°.

Traité pratique sur la fabrication et la distribution du gaz de houille.

2274. — Bazalgette (Sir J.-W.). Thames conservancy, and
main drainage outfalls. *London*, 1880; 1 broch. petit in-8°.

.Le tribunal conservateur de la pureté des eaux de la Tamise, et les embou-
chures des égouts.

2275. — Bazalgette (Sir J.-W.), Keates (T.-W.). Report
on experiments with the electric light on the Victoria embankment. 1879; 1 broch. petit in-8°.

Rapport au sujet d'expériences faites avec la lumière électrique sur le quai
Victoria.

2276. — Gas metropolis act. Gas companies. 1858-1867; 1 vol.
in-4°.

La loi sur le gaz, et les compagnies du gaz à Londres.

2277. — Report from the select Committee on gas metropolis
bill. 1 vol. in-4°.

Rapport de la Commission spéciale d'enquête sur le projet de loi concernant
l'éclairage au gaz à Londres.

2278. — The annual report of the model soup kitchen. *Bedford*,
1883; 1 broch. in-12.

Rapport annuel des bouillons modèles.

2279. — **Report of a Committee appointed to inquire into the several modes of treating town sewage.** *London*, 1876; 1 vol. in-8°.

Rapport d'une Commission nommée pour faire une enquête sur les diverses manières de traiter les eaux d'égouts.

2280. — **Wallace (Dᵣ).** **Report on the products obtained in different processes for the disposal of sewage.** *London*, 1872; 1 vol. in-4°.

Rapport sur les produits obtenus au moyen de divers modes de traitement des eaux d'égouts.

2281. — **Metropolitan board of works. Main drainage.** *London*, 1 vol. in-4°.

Conseil des travaux de la métropole. Écoulement des eaux souterraines.

2282. — **Bazalgette (J.-W.).** **Report on the whole question of the northern and southern drainage.** *London*, 1856; 1 broch. grand in-12.

Rapport sur la question de l'écoulement des eaux souterraines dans les quartiers nord et les quartiers sud de la métropole.

2283. — **Metropolitan board of works. Main drainage : western pumping station.** *London*, 1875; 1 broch. grand in-12.

Conseil des travaux de la métropole. Écoulement des eaux souterraines : la station des pompes de la partie ouest de Londres.

2284. — **Report on the ventilation of sewers.** *London*, 1866-1876; 2 broch. grand in-12.

Rapport sur la ventilation des égouts.

2285. — **Main drainage metropolis.** *London*, 1862; 5 vol. in-folio.

Les égouts de Londres.

2286. — **Bazalgette (J.-W.).** **On the main drainage of London.** 1865; 1 broch. in-8°.

Sur l'écoulement des eaux souterraines de Londres.

2287. — **Suburban and land drainage.** *London*, 1 broch. in-8°.

Les égouts des faubourgs et de la campagne.

2288. — **Freycinet (Ch. de).** **Rapport sur l'emploi des eaux d'égout à Londres.** *Paris*, 1867; 1 broch. in-8°.

2289. — **Études sur l'Exposition universelle de Londres en 1862.** *Paris*, 1 vol. in-8°.

2290.—**Hunt (R.).** Description sommaire (synopsis) de l'Exposition universelle de 1862. *Londres*, 3 vol. in-18.

2291. — London international Exhibition of 1871. Official catalogue : fine arts Department. 1 vol. grand in-12.

Exposition internationale de Londres en 1871. Catalogue officiel de la section des beaux-arts.

2292. — London international Exhibition of 1871. State opening on May 1. 1 vol. in-18.

Exposition internationale de Londres en 1871. Ouverture solennelle le 1ᵉʳ mai.

2293. — Metropolitan board of works. Account in abstract showing the receipt and expenditure. 1856-1886; 4 vol. in-4° et in-folio.

Conseil des travaux de la métropole. Résumé des comptes : recettes et dépenses.

2294. — Metropolitan board of works. Account in abstract showing the receipt and expenditure under the several district heads from the 26ᵗʰ march 1864 to the 25ᵗʰ march 1865. 1 broch. in-4°.

Conseil des travaux de la métropole. Résumé de comptes faisant connaître les recettes et les dépenses sous la rubrique des divers districts, du 26 mars 1864 au 25 mars 1865.

2295. — **Murray.** Handbook to the environs of London alphabetically arranged by J. Thorne. *London*, 1876; 2 vol. petit in-8°.

Guide manuel aux environs de Londres, par ordre alphabétique.

2296. — Collection des guides Joanne, guides-diamant. Londres et ses environs, par **L. Rousselet.** *Paris*, 1881; 1 vol. grand in-32.

2297.— **Murray.** Handbook to London as it is. *London*, 1879; 1 vol. in-12.

Guide manuel dans Londres tel qu'il est.

2298. — Guides Conty. Londres en poche et ses environs. *Paris-Londres*, 1 vol. petit in-18.

2299. — **Loftie (W.-J.).** A history of London. 1884; 2 vol. petit in-8°.

Histoire de Londres.

2300. — **Riley (H.-T.).** Memorials of London and London life in the XIIIth, XIVth, and XVth centuries. **1276-1419.** *London*, 1868; 1 vol. in-8°.

Notes concernant Londres et la vie à Londres dans le xiiie, le xive et le xve siècle.

2301. — Addresses, remonstrances and petitions to the throne, with the answers thereto. *London*, 1865 ; 1 vol. petit in-8°.

Adresses, remontrances et pétitions à l'autorité royale, avec les réponses qui y ont été faites.

2302. — **Address delivered by professor Adams on presenting the gold medal of the royal astronomical Society to M. Le Verrier.** 1876; 1 brochure petit in-8°.

Discours prononcé par le professeur Adams en présentant à M. Le Verrier la médaille d'or de la Société royale d'astronomie.

2303. — **Le Courrier de Londres et de l'Europe.** 1888-1892 ; 3 vol. in-4°.

2304. — **International health exhibition.** *Londres*, 1884 ; 1 fasc. in-4°.

Exposition internationale d'hygiène.

2305. — **Masson (L.), Martin (J.).** Les maisons salubres et insalubres à l'Exposition internationale d'hygiène de Londres en **1884.** 1 broch. grand in-4°.

2306. — **Metropolitan rates. Metropolitan assessments.** 1 vol. in-4°.

Impôts et taxes à Londres.

2307. — **Report from the select Committee on metropolis local taxation.** 1861; 1 vol. in-4°.

Rapport de la Commission spéciale d'enquête sur les taxes locales à Londres.

2308. — **Metropolitan board of works. Fire hydrants. Notes relating to the water supply and fire extinguishing service of Manchester and Liverpool.** 1 broch. petit in-8°.

Conseil des travaux de la métropole. Bouches d'incendie. Notes sur le service des eaux et sur le service des secours contre l'incendie à Manchester et à Liverpool.

2309. — **Metropolitan board of works. Water jets for extinguishing fires. Report.** 1 broch. petit in-8°.

Conseil des travaux de la métropole. Rapport sur les jets d'eau servant à l'extinction des incendies.

2310. — **Report of the chief officer of the metropolitan fire brigade.** *London*, 1866-1886; 4 vol. petit in-8°.

Rapport du chef du service des secours contre l'incendie à Londres.

2311. — **Return showing the number of married and single men at each station of the metropolitan fire brigade.** 1876; 1 broch.

Exposé faisant connaître le nombre d'hommes mariés et de célibataires dans chaque poste des pompiers de la métropole.

2312. — **Davies's new map of London. Metropolitan fire brigade stations.** Avril 1876; 1 grande carte.

Nouvelle carte de Londres par Davies. Postes des pompiers de la métropole.

2313. — **Letter from M. Browne to the London fire engine establishment.** 1865; 1 broch. in-4°.

Lettre de M. Browne à l'établissement des pompes à incendie de Londres.

2314. — **Letter from M. Baring relative to the formation of a fire brigade.** *London*, 1865; 1 broch. in-4°.

Lettre de M. Baring relative à la formation d'un corps de pompiers.

2315. — **Report from the select Committee of fire protection in the metropolis.** 1862-1867; 1 vol. in-4°.

Rapport de la Commission spéciale des secours en cas d'incendie à Londres.

2316. — **Rendu (E.). De l'instruction primaire à Londres.** *Paris*, 1853; 1 vol. in-8°.

2317. — **Drawing in elementary schools.** *London*, 1889; 1 broch. grand in-12.

Le dessin dans les écoles élémentaires.

2318. — **Commercial travellers' schools.** *London*, 1861-1862; 1 vol. in-12.

Écoles pour les voyageurs de commerce.

2319. — **Ellis (W.). An address to teachers on the laws of conduct in industrial life.** *London*, 1 broch. petit in-8°.

Adresse au corps enseignant sur la manière de se conduire dans l'exercice des professions industrielles.

2320. — **Report of the royal Commission on scientific instruction and the advancement of science.** *London*, 1874; 1 broch. in-4°.

Rapport de la Commission royale sur l'enseignement scientifique et sur les progrès de la science.

2321. — **Report of the science and art Department of the Committee of Council of education.** *London*, 1861-1891 ; 29 vol. petit in-8°.

Rapport de la section du Comité du Conseil d'éducation chargée du Département des arts et des sciences.

2322. — **Donaldson (T.-L.). Preliminary discourse pronounced before the University college of London, on architecture.** *London*, 1842 ; 1 broch. petit in-8°.

Discours préliminaires sur l'architecture prononcé devant le collège de l'Université à Londres.

2323. — **School board for London. Minutes of proceedings.** 1870-1890 ; 31 vol. in-4°.

Conseil des écoles de Londres. Procès-verbaux des délibérations.

2324. — **School board for London. Report of the school management Committee.** 1877-1891 ; 15 vol. in-4°.

Conseil des écoles de Londres. Rapport de la Commission administrative des écoles.

2325. — **School board for London. Report of the bye-laws Committee.** 1877-1891 ; 13 vol. in-4°.

Conseil des écoles de Londres. Rapport de la Commission des lois réglementaires.

2326. — **School board for London. Report of the statistical Committee.** 1878-1890 ; 6 vol. in-4°.

Conseil des écoles de Londres. Rapport de la Commission de statistique.

2327. — **School board for London. Report of the industrial schools Committee.** 1877-1891 ; 19 broch. in-4°.

Conseil des écoles de Londres. Rapport de la Commission des écoles industrielles.

2328. — **School board for London. Code of instructions.** 1877 ; 1 broch. in-4°.

Conseil des écoles de Londres. Recueil d'instructions.

2329. — **School board for London. Report of the educational endowments Committee.** 1879-1881 ; 2 vol. in-4°.

Conseil des écoles de Londres. Rapport de la Commission des dotations scolaires.

2330. — **School board for London. Report of the special Com-**

mittee on the mode of election, and the powers of managers.
1877; 1 broch. in-4°.

Conseil des écoles de Londres. Rapport de la Commission spéciale sur le mode
d'élection et sur les pouvoirs des administrateurs.

2331. — School board for London. Report of the special Committee on the subjects and modes of instruction in the
board's schools. 1888; 2 vol. in-4°.

Conseil des écoles de Londres. Rapport de la Commission spéciale sur les
sujets et les modes d'instruction dans les écoles dépendantes du Conseil.

2332. — School board for London. Annual report of the special
Committee on evening classes. 1882-1890; 8 broch. in-4°.

Conseil des écoles de Londres. Rapport annuel de la Commission spéciale
sur les écoles du soir.

2333. — School board for London. Code of regulations. 1879;
1 vol. in-4°.

Conseil des écoles de Londres. Code de règlements.

2334. — School board for London. Tables of the elementary
schools within the district of the metropolis. 1871; 1 vol.
in-4°.

Conseil des écoles de Londres. Tableaux des écoles élémentaires situées dans
la circonscription de la métropole.

2335. — School board map of London. 1 carte petit in-4°.

Carte de Londres publiée par le Conseil des écoles.

2336. — Calendar of wills proved and enrolled in the Court
of husting. London. A. D. 1258, A. D. 1688 ; 2 vol. in-8°.

Liste chronologique de testaments vérifiés et enregistrés au tribunal de
Londres dit Court of husting.

2337. — Bye-laws for the government of the new metropolitan cattle-market. 1867-1877; 2 broch. grand in-12.

Lois locales concernant la réglementation du nouveau marché aux bestiaux
métropolitain.

2338. — Markets standing orders, and list of officers. 1879;
1 broch. in-32.

Règlements fondamentaux pour les marchés, et liste de fonctionnaires.

2339. — Report on the last two cholera epidemies of London,
as affected by the consumption of impure water. 1856;
1 broch. in-8°.

Rapport sur l'influence que l'usage d'eau malsaine a pu avoir sur les deux
dernières épidémies cholériques de Londres.

2340. — **Guyot (Yves).** L'organisation municipale de Paris et de Londres. Présent et avenir. *Paris*, 1883; 1 vol. grand in-12.

2341. — **Firth (F.-B.).** Municipal London, or London government as it is, and London under a municipal Council. 1876; 1 vol. in-8°.

Londres municipal, ou l'administration de Londres telle qu'elle est, et Londres régi par un Conseil municipal.

2342. — **Firth (F.-B.).** London government, and how to reform it. 1882; 1 broch. in-12.

L'administration de Londres et le moyen de la réformer.

2343. — **Municipality of London Bill, for creating a municipality and county of London, 17 June 1880.** 1 broch. in-4°.

Projet de loi du 17 juin 1880 touchant la création d'une municipalité et d'un comté de Londres.

2344. — **The London municipal reform league : speeches, letters, scheme, report of the general Council.** 1878-1882; 4 broch. petit in-8°.

Ligue pour la réforme municipale de Londres : discours, lettres, plan, rapport du Conseil général.

2345. — **Reports from the select Committee on metropolitan local government.** 1866-1867; 1 vol. in-4°.

Rapports de la Commission spéciale d'enquête sur l'administration locale à Londres.

2346. — **Municipal corporation for the metropolis.** 1 broch. petit in-8°.

Conseil municipal pour la ville de Londres.

2347. — **Horton (G.).** The municipal government of the metropolis. *London*, 1866 ; 1 broch. petit in-8°.

L'administration municipale de Londres.

2348. — **The Metropolitan, a journal and official advertiser.** *London*, 1872-1892; 1 vol. in-folio.

Le Métropolitain, journal et moniteur universel.

2349. — **Picot (G.).** Notes sur l'organisation des tribunaux de police à Londres. *Paris*, 1862; 1 broch. in-8°.

2350. — **Desmaze (Ch.).** Des contraventions à Londres et leur pénalité. *Paris*, 1860; 1 broch. petit in-8°.

2351. — Metropolitan police. Lodging-houses, stage-carriages, sums received and expended, number of the metropolitan police force. *London*, 1860-1865; 1 vol.

Police de Londres. Logements garnis, voitures publiques, recettes et dépenses, nombre des agents de la police métropolitaine.

2352. Annual summary of births, deaths, and causes of death in London and other large cities. 1860-1890; 3 vol. in-8°.

Résumé annuel des naissances, des décès et des causes de décès à Londres et dans d'autres grandes villes.

2353. — The june edition of the post-office London directory. 1874. 1 vol. in-8°.

Le Guide des postes à Londres : édition de juin 1874.

2354. — The small edition of the post-office London directory for 1878.

Le Guide des postes à Londres pour 1878, petite édition.

2355. — Delano (W.-H.). On the use of asphalt and mineral bitumen in engineering. *London*, 1880; 1 broch. petit in-8°.

Sur l'emploi de l'asphalte et du bitume minéral dans les travaux du génie.

2356. — Report of the Metropolitan board of works. *London*, 1856-1886; 6 vol. in-4° et petit in-8°.

Rapport du Conseil des travaux de la métropole.

2357. — Metropolitan board of works. Thames embankment. 1863-1865; 1 vol. in-4°.

Conseil des travaux de la métropole. Les quais de la Tamise.

2358. — Bazalgette (J.-W.). A short descriptive account of the Thames embankment. 1868; 1 broch. grand in-12.

Courte description des quais de la Tamise.

2359. — A descriptive account of the Victoria embankment. *London*, 1870; 1 broch. grand in-12.

Description du quai Victoria.

2360. — Chelsea embankment. *London*, 1871-1874; 2 broch. grand in-8°.

Le quai de Chelsea.

2361. — Bazalgette (Sir J.-W.). Proposed bridge over the

Thames below London Bridge. Report. 1878; 1 broch. petit in-8°.

Rapport au sujet du pont projeté sur la Tamise au-dessous du Pont de Londres.

2362. — **Metropolitan board of works. Report by the engineer on parliamentary notices received, and on plans of projected railways.** 1863; 1 vol. petit in-8°.

Rapport de l'ingénieur sur la réception de notes parlementaires et sur des plans de chemins de fer projetés.

2363. — **Queen Victoria street.** *London*, 1871; 1 broch. petit in-8°.

La rue Queen Victoria à Londres.

2364. — **Returns furnished by the vestries and district boards of the works and improvements effected by them.** *London*, 1872; 1 broch. in-4°.

Comptes rendus présentés par les paroisses et les conseils de districts au sujet des travaux et des améliorations qu'ils ont fait exécuter.

2365. — **Hogg (J.-M.). A descriptive account of Northumberland avenue, Charing-Cross.** 1876; 1 broch. petit in-8°.

Description de l'avenue de Northumberland dans Charing-Cross.

2366. — **Designs for Queen Victoria Street, the embankment of the Thames at Chelsea, and the embankment on the south side.** 1 vol. in-folio.

Plans des travaux de la rue Queen Victoria, du quai de la Tamise à Chelsea et du quai de la rive méridionale.

2367. — **Thames embankment, Middlesex side. Contract drawings.** 1863; 1 vol. in-folio.

Quais de la Tamise, rive de Middlesex. Dessins des travaux à entreprendre.

2368. — **Address of sir J.-W. Bazalgette, president of the institution of civil engineers. 8 January 1884.** *London*, 1 broch. petit in-8°.

Discours de sir J.-W. Bazalgette, président de l'institut des ingénieurs civils. 8 janvier 1884.

2369. — **Gwilt (Jos, and Jh.-S.). Project for a national gallery on the site of Trafalgar square.** *London*, 1838; 1 broch. in-8°.

Projet de création d'une galerie nationale sur l'emplacement de Trafalgar square.

2370. —- Report. Street-paving and street-cleansing of the metropolis. *London,* 1 broch. in-8°.

Rapport sur le pavage et le nettoyage des rues de Londres.

2371. — Clark (E.). Asphalt, and its application to street-paving. *London,* 1879; 1 broch. petit in-8°.

L'asphalte et son application au pavage des rues.

LONDRES (CITÉ).

2372. — Memoranda, references, and documents relating to the royal hospitals of the City of London. 1863-1867; 2 broch. in-8°.

Mémoires, renseignements et documents relatifs aux hôpitaux royaux de la Cité de Londres.

2373. — Catalogue of sculpture, paintings, engravings belonging to the corporation of London. 1867-1868; 2 vol. in-8°.

Catalogue des sculptures, peintures et gravures appartenant à la corporation de Londres.

2374. — A classified catalogue of the circulating portion of the library of the corporation of London. 1863; 1 vol. in-8°.

Catalogue méthodique de la portion de la bibliothèque de la corporation de Londres qui est mise en circulation.

2375. — A catalogue of the library of the corporation of London. 1824-1879; 2 vol. petit in-8°.

Catalogue de la bibliothèque de la corporation de Londres.

2376. — The chamberlain in account with the corporation of London in respect of the City's estate. 1860-1886; 9 vol. in-4°.

Règlement des comptes entre le trésorier et la corporation de Londres au sujet des biens appartenant à la Cité.

2377. — Annual accounts of the chamberlain of the City of London. 1861; 1 vol. in-4°.

Comptes annuels du trésorier de la Cité de Londres.

2378. — Commissioners of sewers. Reports and accounts. City of London. 1860-1888; 22 vol. petit in-8°.

Commission des eaux souterraines de la Cité de Londres. Rapports et comptes.

2379. — The City's cash. Tabulated statement of the receipts and payments. *London*, 1865-1868; 3 broch. in-4°.

Caisse de la Cité. Tableau des recettes et des payements.

2380. — Gilbert (W.). The City. *London*, 1877; 1 vol. grand in-12.

La Cité de Londres.

2381. — Analytical index to the series of records known as the Remembrancia. City of London, 1579-1664. *London*, 1868-1870; 2 vol. in-8°.

Table analytique de la série d'archives concernant la Cité de Londres, connues sous le nom de Remembrancia.

2382. — London's roll of fame : being complimentary notes and addresses from the City of London on presentation of the honorary freedom of that city, and on other occasions, 1757 to 1884. 1 vol. in-8°.

Le tableau d'honneur de Londres ou compliments et discours prononcés au nom de la Cité de Londres à la réception des bourgeois honoraires de ladite cité et dans d'autres occasions.

2383. — Sharpe (R.). Calendar of letters from the Mayor and corporation of the City of London, circa A. D. 1350-1370. *London*, 1885 ; 1 vol. in-8°.

Recueil, par ordre de dates, de lettres du maire et de la corporation de la Cité de Londres vers 1350-1370.

2384. — Price (J.-E.). A descriptive account of the Guildhall of the City of London, *London*, 1886; 1 vol. in-folio.

Description du *Guildhall* de la Cité de Londres.

2385. — Simon (J.). Report of the sanitary condition of the City of London. 1848-1851 ; 2 broch. petit in-8°.

Rapport sur l'état sanitaire de la Cité de Londres.

2386. — Riley (Th.). Liber albus : the white book of the City of London, compiled A. D. 1419 by J. Carpenter, R. Whitington. *London*, 1861 ; 1 vol. petit in-8°.

Le livre blanc de la Cité de Londres.

2387. — Norton (G.). Commentaries on the history, constitution, and chartered franchises of the City of London. 1869; 1 vol. in-8°.

Commentaires sur l'histoire, la constitution et les franchises de la Cité de Londres.

2388. — **Common Council. Reports : markets, cattle-markets, and slaughter-house.** *London*, 1 vol. in-4°.

Rapports au Conseil municipal concernant les marchés, les marchés aux bestiaux et l'abattoir.

2389. — **City of London. Bye-laws, rules, orders, and regulations of Billingsgate market.** 1867-1876; 2 broch. grand in-12.

Cité de Londres. Lois locales, réglements et ordonnances concernant le marché de Billingsgate.

2390. — **Gneist (R.), Hippert (M.). L'administration municipale de la Cité de Londres.** 1868; 1 broch. in-8°.

2391. — **Gneist (R.). Die Stadtverwaltung der City von London.** *Berlin*, 1867; 1 broch. petit in-8°.

L'administration municipale de la Cité de Londres.

2392. — **Report of the Commissioners appointed to inquire into the existing state of the corporation of the City of London.** 1854; 1 vol. in-4°.

Rapport de la Commission nommée pour faire une enquête sur l'état actuel de la corporation de la Cité de Londres.

2393. — **City of London. Report to the court of common Council.** 1847-1877; 12 vol. in-4°.

Rapport au Conseil municipal de la Cité de Londres.

2394. — **City of London. Minutes of the proceedings of the court of common Council.** 1874-1885; 12 vol. in-4°.

Procès-verbaux des séances du Conseil municipal de la Cité de Londres.

2395. — **City of London. Minutes of proceedings of the court of Aldermen.** 1875-1886; 9 vol. in-4°.

Procès-verbaux des séances du Conseil des Aldermen de la Cité de Londres.

2396. — **Scott (B.). A statistical vindication of the City of London.** 1877; 1 vol. petit in-8°.

Justification de la Cité de Londres par la statistique.

DEPTFORD (LONDRES).

2397. — **Bye-laws for the foreign cattle market at Deptford.** *London*, 1873; 1 broch. grand in-12.

Lois locales concernant le marché aux bestiaux étrangers établi à Deptford.

EARLSWOOD (LONDRES).

2398. — Maréchal (H.). Report of a visit to the Earlswood Asylum. 1877; 1 broch. in-12.

Compte rendu d'une visite à l'asile d'Earlswood.

LITTLE ILFORD (LONDRES).

2399. — Report upon the address of the Archdeacon of London on the subject of the City of London cemetery at Little Ilford. 1855; 1 broch. petit in-8°.

Rapport sur le cimetière de la Cité de Londres à Little Ilford, à l'occasion de l'adresse de l'Archidiacre de Londres.

PADDINGTON (LONDRES)

2400. — Report of the highway, and sanitary and public health Committees of the Paddington vestry, on wood and other pavements. *London*, 1878; 1 broch. petit in-8°.

Rapport des Commissions réunies des grandes routes et de l'hygiène publique dans la paroisse de Paddington sur les pavages en bois et autres.

SOUTH KENSINGTON MUSEUM (LONDRES).

2401. — South Kensington Museum. Report by Señor Juan F. Riaño on a collection of photographs from tapestries at the royal palace of Madrid, to the directors of the Kensington Museum. *London*, 1875; 1 broch. petit in-8°.

Rapport de M. Riaño aux directeurs du Musée de Kensington, sur une collection de photographies prises d'après les tapisseries du palais royal de Madrid.

2402. — South Kensington Museum. Maiolica : Hispano-Moresco, Persian, Damascus, and Rhodian wares. *London*, 1873-1876; 2 vol. in-8°.

Poteries émaillées hispano-mauresques, persanes, de Damas et de Rhodes.

2403. — South Kensington Museum. Classified list of photographs of works of decorative art. *London*, 1887-1891; 1 vol. in-8°.

Liste méthodique de photographies d'ouvrages d'art décoratif.

2404. — South Kensington Museum. Manual of design, com-

piled from the writings and addresses of **R. Redgrave**. 1876;
1 vol. in-8°.

Manuel de dessin tiré des écrits et des discours de R. Redgrave.

2405. — **South Kensington Museum. Musical instruments.**
London, 1874-1876; 2 vol. in-8°.

Instruments de musique.

2406. — **South Kensington Museum. Ancient and modern furniture and woodwork.** *London*, 1874-1876; 2 vol. in-8°.

Boiseries et meubles anciens et modernes.

2407. — **South Kensington Museum. Textile fabrics : collection of churchvestments, dresses, silkstuffs, needlework, and tapestries.** *London*, 1870-1876; 2 vol. in-8°.

Tissus : collection d'habits sacerdotaux, de vêtements, d'étoffes de soie, d'ouvrages à l'aiguille et de tapisseries.

2408. — **South Kensington Museum. Descriptive catalogue of the collections of tapestry and embroidery.** *London*, 1888-1891; 1 vol. in-8°.

Catalogue descriptif des collections de tapisseries et de broderies.

2409. — **South Kensington Museum. Schreiber collection : catalogue of English porcelain, earthen ware, enamels, etc.** *London*, 1884; 1 vol. in-8°.

Collection Schreiber : catalogue de porcelaines, de faïences, d'émaux anglais, etc.

2410. — **South Kensington Museum. Ivories ancient and mediaeval.** *London*, 1872-1876; 2 vol. in-8°.

Ivoires anciens et du moyen âge.

2411. — **South Kensington Museum. A descriptive catalogue of the fictile ivories.** *London*, 1876; 1 vol. in-8°.

Catalogue descriptif des ivoires sculptés.

2412. — **South Kensington Museum. A priced inventory of the casts in fictile ivory.** *London*, 1890; 1 broch. petit in-8°.

Inventaire, avec prix indiqués, des reproductions d'ivoires sculptés qui se trouvent au Musée de South Kensington.

2413. — **South Kensington Museum. Italian sculpture of the middle ages, and period of the revival of art.** *London*, 1862; 1 vol. in-8°.

La sculpture italienne au moyen âge et à l'époque de la Renaissance.

2414. — **South Kensington Museum. A descriptive catalogue of the lace.** *London*, 1873-1891 ; 2 vol. petit in-4°.

Catalogue descriptif des dentelles.

2415. — **South Kensington Museum. A Catalogue of pictures of the Dutch and Flemish schools lent to the Museum by lord Francis Pelham Clinton-Hope.** *London*, 1891 ; 1 broch. in-8°.

Catalogue de tableaux de l'école hollandaise et de l'école flamande prêtés au Musée par lord F. P. Clinton-Hope.

2416. — **South Kensington Museum. Forster collection : a catalogue of the printed books.** *London*, 1888 ; 1 vol. petit in-4°.

Collection Forster. Catalogue des livres imprimés.

2417. — **South Kensington Museum. Ancient and modern gold and silversmiths' work.** *London*, 1878 ; 1 vol. in-8°.

Orfèvrerie ancienne et moderne d'or et d'argent.

2418. — **South Kensington Museum. A descriptive catalogue of the swiss coins.** *London*, 1878 ; 1 vol. in-8°.

Catalogue descriptif des monnaies suisses.

2419. — **South Kensington Museum. Designs for silversmiths.** *London*, 1871 ; 1 vol. grand in-8°.

Dessins pour orfèvrerie d'argent.

2420. — **South Kensington Museum. Illustrated catalogue of electrotype reproductions of works of art, and of a collection of ancient cutlery.** 1873-1874, 4 vol. grand in-8°.

Catalogue illustré de reproductions électrotypiques d'ouvrages d'art et d'une collection de coutellerie ancienne.

2421. — **South Kensington Museum. A descriptive catalogue of the bronzes of European origine.** *London*, 1876 ; 1 vol. in-8°.

Catalogue descriptif des bronzes d'origine européenne.

2422. — **South Kensington Museum. Drawings of glass cases.** 1877 ; 1 vol. grand in-8°.

Dessins de vitrines.

2423. — **South Kensington Museum. The industrial arts : historical sketches.** 1 vol. grand in-12.

Les arts industriels : esquisses historiques.

2424. — South Kensington Museum. Industrial arts of India.
2 vol. grand in-12.

Les arts industriels de l'Inde.

**2425. — South Kensington Museum. The industrial arts in
Spain.** 1879; 1 vol. grand in-12.

Les arts industriels en Espagne.

**2426. — South Kensington Museum. Handbook of the Dyce
and Forster collections.** 1 vol. grand in-12.

Manuel de la collection Dyce et de la collection Forster.

**2427. — South Kensington Museum. College and corporation
plate : a handbook to the reproductions of silver plate from
celebrated English collections.** 1881; 1 vol. grand in-12.

Vaisselle plate des collèges et des corporations : manuel des reproductions de
vaisselle d'argent faites d'après quelques célèbres collections anglaises.

**2428. — South Kensington Museum. Gold and silversmiths'
work.** 1 vol. grand in-12.

Orfèvrerie d'or et d'argent.

2429. — South Kensington Museum. Glass. 1 vol. grand in-12.

Verrerie.

2430. — South Kensington Museum. Tapestry. 1 vol. grand
in-12.

Tapisseries.

**2431. — South Kensington Museum. Handbook of the collec-
tion illustrative of the wild silks of India.** *London*, 1881;
1 broch. grand in-12.

Manuel de la collection des soies de l'Inde provenant d'autres vers que le
bombyx des magnaneries.

2432. — South Kensington Museum. French pottery. 1884;
1 vol. petit in-8°.

Poteries françaises.

**2433. — South Kensington Museum. English carthenware :
a handbook to the ware made in England during the seventeenth and eighteenth centuries.** 1884; 1 vol. petit in-8°.

Les faïences anglaises : manuel des produits fabriqués en Angleterre durant
le xviie et le xviiie siècle.

**2434. — South Kensington Museum. Japanese pottery, being
a native report.** 1880; 1 vol. petit in-8°.

Poteries japonaises, d'après un rapport indigène.

2435. — South Kensington Museum. Russian art, and art objects in Russia. 1884; 1 vol. petit in-8°.

L'art russe et les objets d'art en Russie.

2436. — South Kensington Museum. The industrial arts of Scandinavia in the pagan time. 1883 ; 1 vol. petit in-8°.

Les arts industriels en Scandinavie au temps du paganisme.

2437. — South Kensington Museum. The industrial arts of Denmark from the earliest times to the Danish conquest of England. 1882; 1 vol. petit in-8°.

Les arts industriels en Danemark depuis les temps les plus reculés jusqu'à la conquête de l'Angleterre par les Danois.

2438. — South Kensington Museum. Precious stones considered in their scientific and artistic relations. 1883 ; 1 vol. petit in-8°.

Les pierres précieuses considérées au point de vue scientifique et au point de vue artistique.

2439. — South Kensington Museum. The chemistry of foods. 1883; 2 vol. petit in-8°.

La chimie des aliments.

2440. — South Kensington Museum. Handbook of the Jones collection. 1883 ; 1 vol. petit in-8°.

Manuel de la collection Jones.

2441. — South Kensington Museum. The art of the Saracens in Egypt. *London*, 1888; 1 vol. petit in-8°.

L'art des Sarrasins en Égypte.

2442. — South Kensington Museum. Early christian art in Ireland. *London*, 1888; 1 vol. petit in-8°.

L'art chrétien primitif en Irlande.

2443. — South Kensington Museum. Art industries. *London*, 1875; 1 broch. in-8°.

Les industries artistiques.

2444. — South Kensington Museum. Universal art inventory. Notes of works of fine and ornamental art executed before A. D. 1800, chiefly to be found in Europe specially in connexion with architecture. 1870-1879; 2 vol. petit in-8°.

Inventaire d'art universel. Notices sur les œuvres d'art et sur les travaux d'ornementation exécutés avant l'année 1800, et principalement sur ceux qui se trouvent en Europe et qui se rapportent spécialement à l'architecture.

2445. — **South Kensington Museum. An inventory of plaster casts in various styles.** *London,* 1874; 1 broch. petit in-8°.

Inventaire d'empreintes en plâtre de divers styles.

2446. — **South Kensington Museum. A descriptive catalogue of the collection of casts from the antique.** *London,* 1884; 1 broch. petit in-8°.

Catalogue descriptif de la collection d'empreintes d'après l'antique.

2447. — **South Kensington Museum. A list of works and books in the national art library.** *London,* 1875-1884; 1 liasse de broch. petit in-8°.

Liste d'œuvres et de livres qui se trouvent dans la bibliothèque d'art national.

2448. — **South Kensington Museum. Christian mosaic pictures : a catalogue of reproductions.** *London,* 1877; 1 broch. petit in-8°.

Catalogue de reproductions de mosaïques chrétiennes.

2449. — **South Kensington Museum. List of medals, medallions and plaques reproduced in metal.** *London,* 1889; 1 broch. petit in-8°.

Liste de médailles, de médaillons et de plaques reproduites en métal.

2450. — **South Kensington Museum. A descriptive catalogue of the glass vessels.** *London,* 1878; 1 vol. in-8°.

Catalogue descriptif des vases en verre.

2451. — **South Kensington Museum. A descriptive catalogue of the historical collection of water colour paintings.** *London,* 1876; 1 vol. in-8°.

Catalogue descriptif de la collection historique des peintures à l'aquarelle.

2452. — **South Kensington Museum. A catalogue of the historical series of water colour paintings.** 1 broch. petit in-8°.

Catalogue de la série historique des peintures à l'aquarelle.

2453. — **South Kensington Museum. Catalogue of the water colour drawings of Indian views, groups, etc.** *London,* 1881; 1 broch. in-8°.

Catalogue des aquarelles représentant des vues, des groupes, etc., de l'Inde.

2454. — **South Kensington Museum. Spirit fresco painting : an account of the process.** *London,* 1880; 1 broch. in-8°.

Peinture à fresque aux tons vigoureux: explication du procédé.

2455. — **South Kensington Museum. Catalogue of the objects of Indian art.** *London*, 1874; 1 vol. in-8°.

Catalogue des objets d'art indien.

2456. — **South Kensington Museum. Catalogue of models of machinery, drawings, tools, etc.** *London*, 1875; 1 broch. petit in-8°.

Catalogue de modèles de machines, de dessins, d'outils, etc.

2457. — **South Kensington Museum. Universal catalogue of books on art.** *London*, 1870-1875; 3 vol. petit in-8°.

Catalogue universel de livres sur l'art.

2458. — **South Kensington Museum. Catalogues of reproductions of objects of art.** *London*, 1869; 1 vol. petit in-8°.

Catalogues de reproductions d'objets d'art.

2459. — **South Kensington Museum. Catalogue of the naval models.** *London*, 1869; 1 vol. petit in-8°.

Catalogue de modèles de constructions navales.

2460. — **South Kensington Museum. Catalogue of ship models, and marine engineering.** *London*, 1878-1889 ; 2 broch. petit in-8°.

Catalogue de modèles de navires et de machines employées dans la marine.

2461. — **South Kensington Museum. Classified and descriptive catalogue of the art objects of Spanish production, 1872. Catalogue of Chinese objects.** 1872; 1 vol. petit in-8°.

Catalogue méthodique et descriptif des objets d'art de provenance espagnole. Catalogue d'objets chinois.

2462. — **South Kensington Museum. Catalogue of Persian objects.** *London*, 1876; 1 broch. grand in-12.

Catalogue d'objets persans.

2463. — **South Kensington Museum. A catalogue of Anglo-saxon and other antiquities discovered at Faversham, in Kent.** *London*, 1873; 1 broch. in-8°.

Catalogue d'antiquités anglo-saxonnes et autres découvertes à Faversham, dans le comté de Kent.

2464. — **South Kensington Museum. A catalogue of the national gallery of British art.** 1876-1878, 1888; 1 vol. et 2 broch. petit in-8°.

Catalogue de la galerie nationale d'art britannique.

2465. — **South Kensington Museum. Catalogue of the maps, plans, and views of London and Westminster collected by the late M. F. Crace.** *London,* 1879; 1 broch. petit in-8°.

Catalogue des cartes, des plans et des vues de Londres et de Westminster collectionnées par feu M. Crace.

2466. — **South Kensington Museum. The cruise of His Royal Highness the Duke of Edinburgh round the world, 1867-1871.** — **Catalogue of selections from the objects of science and art collected by His Royal Highness.** *London,* 1872; 1 broch. petit in-8°.

Catalogue d'un choix d'objets scientifiques et artistiques recueillis par le duc d'Édimbourg dans son voyage autour du monde en 1867-1871.

2467. — **South Kensington Museum. Catalogue of the educational division.** *London,* 1876; 1 vol. petit in-8°.

Catalogue de la section d'éducation du Musée.

2468. — **South Kensington Museum. Dyce collection : catalogues of paintings, drawings, rings, and miscellaneous objects, printed books and manuscripts.** *London,* 1873-1874; 3 vol. in-8°.

Collection Dyce : catalogues de peintures, de dessins, de bagues et objets divers, de livres imprimés et de manuscrits.

2469. — **South Kensington Museum. Catalogue of the collection illustrating construction, and building materials.** *London,* 1876; 1 broch. petit in-8°.

Catalogue de la collection destinée à faire connaître l'art de bâtir et les matériaux de construction.

2470. — **South Kensington Museum. Catalogue of a collection of models of ruled surfaces.** *London,* 1873; 1 broch. petit in-8°.

Catalogue d'une collection de modèles de surfaces engendrées par le mouvement d'une ligne droite dans l'espace.

2471. — **South Kensington Museum. Catalogue of the armour, and miscellaneous objects of art known as the Meyrick collection.** *London,* 1869. — **Catalogue of the collection of munitions of war.** 1875; 1 vol. petit in-8°.

Catalogue des armures et des objets d'art divers connus sous le nom de collection Meyrick. Catalogue de la collection de munitions de guerre.

2472. — **South Kensington Museum. Catalogue of special exhibition of portrait miniatures.** 1865; 1 vol. in-8°.

Catalogue d'une exposition spéciale de portraits en miniature.

2473. — **South Kensington Museum. Catalogue of exhibitions of national portraits.** *London*, 1866-1868; 3 vol. in-8°.

Catalogue d'expositions de portraits nationaux.

2474. — **South Kensington Museum. Galleries and bays of the national portrait exhibition.** *London*, 1868; 1 album in-8° oblong.

Galeries et travées de l'exposition des portraits nationaux.

2475. — **South Kensington Museum. Catalogue of the special exhibition of ancient musical instruments.** *London*, 1872; 1 vol. grand in-8°.

Catalogue de l'exposition spéciale d'anciens instruments de musique.

2476. — **South Kensington Museum. Catalogue of the special exhibition of works of art of the mediaeval, Renaissance, and more recent periods.** *London*, 1862-1863 ; 2 vol. in-8°.

Catalogue de l'exposition spéciale d'œuvres d'art du moyen âge, de la Renaissance et d'époques plus récentes.

2477. — **South Kensington Museum. Catalogue of the loan exhibition of fans.** *London*, 1870; 1 vol. in-8°.

Catalogue de l'exposition des éventails prêtés au Musée.

2478. — **South Kensington Museum. Catalogue of the loan exhibition of ancient and modern jewellery.** *London*, 1873; 1 vol. grand in-8°.

Catalogue de l'exposition des objets de joaillerie ancienne et moderne prêtés au Musée.

2479. — **South Kensington Museum. Catalogue of the special loan exhibition of enamels on metal.** *London*, 1873; 1 vol. petit in-4°.

Catalogue des émaux sur métal prêtés pour former une exposition spéciale.

2480. — **South Kensington Museum. Catalogue of the special loan exhibition of Spanich and Portuguese ornamental art.** *London*, 1881; 1 vol. petit in-4°.

Catalogue de l'exposition spéciale de spécimens de l'art ornemental espagnol et portugais prêtés au Musée.

2481. — **South Kensington Museum. Catalogue of the special loan exhibition of decorative art needle work.** *London*, 1874; 1 vol. petit in-4°.

Catalogue des tapisseries artistiques prêtées pour former une exposition spéciale.

2482. — **South Kensington Museum. Catalogue of the special loan collection of scientific apparatus.** *London*, 1876; 5 vol. petit in-8°.

Catalogue de la collection spéciale d'appareils scientifiques prêtée au Musée.

2483. — **South Kensington Museum. Inventory of the objects in the art division.** *London*, 1852-1857; 1 vol. in-8°.

Inventaire des objets composant la section des beaux-arts.

2484. — **South Kensington Museum. List of the objects in the art division.** *London*, 1868; 4 vol. in-8°.

Liste des objets composant la section des beaux-arts.

2485. — **South Kensington Museum. List of objects of art reproduced in metal by various processes.** *London*, *Birmingham*, 1881; 3 broch. petit in-8°.

Liste d'objets d'art reproduits en métal par différents procédés.

2486. — **South Kensington Museum. List of a collection of studies in oil colour, representing the botany and landscapes of various countries.** *London*, 1877; 1 broch. petit in-8°.

Liste d'une collection d'études à la couleur à l'huile, représentant les plantes et les paysages de diverses contrées.

2487. — **South Kensington Museum. Monuments of early christian art : sculptures, and catacomb paintings.** *London*, 1872; 1 broch. petit in-8°.

Monuments de l'art des premiers chrétiens : sculptures et peintures des catacombes.

2488. — **South Kensington Museum. A description of the Trajan column.** *London*, 1874; 1 vol. in-8°.

Description de la colonne Trajane.

2489. — **South Kensington Museum. Illustrations of various styles of Indian architecture.** *London*, 1870; 1 broch. petit in-8°.

Reproductions de monuments d'architecture indienne de différents styles.

2490. — **South Kensington Museum. The royal house of Tudor : a series of biographical sketches.** *London*, 1866; 1 vol. petit in-8°.

La maison royale de Tudor : série d'esquisses biographiques.

2491. — **South Kensington Museum. Fifty etchings of objects** of art done by the students of the class directed by R.-J. Lane. *London*, 1867-1870; 6 vol. in-folio.

Cinquante eaux-fortes représentant des objets d'art et faites par les élèves de la classe dirigée par R.-J. Lane.

2492. — **South Kensington Museum. Chromolithographs of the principal objects of art in the Museum.** *London*, 1868-1875; 4 albums in-folio.

Chromolithographies des principaux objets d'art qui se trouvent au Musée.

2493. — **South Kensington Museum. Examples of the works of art in the Museum, and of the decorations of the building, with brief descriptions.** 1880-1882; 3 vol. in-4°.

Représentation des œuvres d'art qui se trouvent au Musée et des décorations de l'édifice, avec de courtes descriptions.

2494. — **South Kensington Museum. A list of buildings in Great-Britain and Ireland having mural and other painted decorations, of dates prior to the latter part of the sixteenth century.** *London*, 1883; 1 vol. in-8°.

Liste des édifices de la Grande-Bretagne et de l'Irlande où il se trouve des peintures décoratives murales ou autres de dates antérieures à la dernière partie du xvi° siècle.

2495. — **South Kensington Museum. A description of the building erected to receive the Sheepshanks collection of pictures.** 1 broch. in-8°.

Description des bâtiments construits pour recevoir la collection de tableaux Sheepshanks.

2496. — **South Kensington Museum. A description of the architecture, and monumental sculpture in the south-east court of the Museum.** *London*, 1874; 1 broch. petit in-8°.

Description de l'architecture et de la sculpture monumentale de la cour sud-est du Musée.

2497. — **South Kensington Museum. A guide to the food collection.** *London*, 1866; 1 broch. petit in-8°.

Guide de la collection des substances alimentaires.

2498. — **South Kensington Museum. Plain words about water.** *London*, 1883; 1 vol. grand in-12.

Quelques mots d'explication au sujet de l'eau.

2499. — **South Kensington Museum. Babbage's calculating machine.** *London*, 1872; 1 broch. in-8°.

Machine à calculer de Babbage.

2500. — **South Kensington Museum. Prospectus of Sir Joseph Whiworth's scholarships for mechanical science.** *London*, 1894-1891; 3 broch. petit in-8°.

Prospectus concernant l'obtention de bourses aux cours de mécanique de Sir Joseph Whitworth.

2501. — **South Kensington Museum. Notes on the national art library.** 1869; 1 broch. petit in-8°.

Notice sur la bibliothèque nationale des beaux-arts.

2502. — **South Kensington Museum. A list of publications issued by the science and art Department for the use of schools of art.** *London*, 1873; 1 broch. petit in-8°.

Liste de publications faites par le Département des sciences et des arts pour l'usage des écoles des beaux-arts.

2503. — **South Kensington Museum. Lists of books and pamphlets in the national art library.** *London*, 1885-1889; 11 broch. in-8°.

Listes des livres et brochures de la bibliothèque nationale des beaux-arts.

2504. — **South Kensington Museum. A list of works in the national library : sculpture, costume.** *London*, 1881-1886; 2 broch. in-8°.

Liste d'ouvrages qui se trouvent dans la bibliothèque nationale : sculptures, costumes.

2505. — **South Kensington Museum. List of bequest and donations to the Department of science and art.** *London*, 1888; 1 vol. grand in-4°.

Liste de legs et de dons faits au Département des sciences et des arts.

2506. — **South Kensington Museum. An address, hints, and lectures to the teachers.** 1859-1862; 1 vol. petit in-8°.

Discours, avis et leçons adressés au corps enseignant.

2507. — **South Kensington Museum. Introductory addresses on the science and art Department.** 1857-1858; 2 broch. in-12.

Discours prononcés à la réception de nouvelles acquisitions faites par le Département des sciences et des arts.

2508. — **South Kensington Museum. Directory with regulations for establishing and conducting science and art schools and classes.** *London*, 1862-1891; 3 vol. in-8°.

Instructions et règles à suivre pour l'établissement et la direction d'écoles et de classes de science et d'art.

2509. — **South Kensington Museum. Prospectus of the national art training school.** *London*, 1889; 1 broch. petit in-8°.

Prospectus de l'École nationale d'enseignement artistique.

2510. — **South Kensington Museum. Examination papers for science schools and classes.** *London*, 1891; 2 vol. in-8°.

Questionnaire pour les examens dans les écoles et les classes de science.

2511. — **South Kensington Museum. Art handbooks.** 1 vol. grand in-12.

Manuels d'art.

2512. — **South Kensington Museum. Bethnal Green branch. Science handbooks.** 3 vol. grand in-12.

Manuels de science. Succursale de Bethnal Green.

2513. — **South Kensington Museum. Bethnal Green branch. The commercial products of the animal kingdom employed in the arts and manufactures.** *London*, 1880; 1 broch. in-4°.

Produits commerciaux tirés du règne animal et utilisés dans les arts et dans l'industrie. Succursale de Bethnal Green.

2514. — **South Kensington Museum. Bethnal Green branch. Catalogues.** 1 vol. petit in-8°.

Catalogues. Succursale de Bethnal Green.

2515. — **South Kensington Museum. Bethnal Green branch. Catalogue of Frank's collection of oriental porcelain and pottery.** *London*, 1878; 1 vol. in-8°.

Catalogue de la collection Frank : porcelaines et poteries orientales. Succursale de Bethnal Green.

2516. — **South Kensington Museum. Opening of the Bethnal Green Museum.** 1872; 1 broch. in-8°.

Ouverture du Musée de Bethnal Green.

2517. — **South Kensington Museum. The free library. Bethnal Green. Report of the Committee.** *London*, 1882-1890; 3 broch. petit in-8°.

Rapport de la Commission de la bibliothèque publique de Bethnal Green.

STONE (LONDRES).

2518. — Annual report of the Committee of visitors of the City of London lunatic asylum at Stone, near Dartford, in the county of Kent. 1867-1885; 3 vol. petit in-8°.

Rapport annuel de la Commission des inspecteurs de l'Asile des aliénés de la Cité de Londres situé à Stone, près Dartford, dans le comté de Kent.

MANCHESTER.

2519. — Regulations of the corporation. Abattoirs in Water Street. Manchester. 1872; 1 broch. petit in-8°.

Règlements pour les abattoirs municipaux de Water Street, à Manchester.

2520. — Annual report to the Council of the city of Manchester on the working of the public free libraries. 1877-1890; 3 vol. in-8°.

Rapport annuel au Conseil municipal de Manchester sur le fonctionnement des bibliothèques publiques.

2521. — Manchester public free libraries. Index catalogue of the Hulme lending library, and miscellaneous documents. 1878; 1 vol. et 2 broch. in-8°.

Bibliothèques publiques de Manchester. Catalogue-index de la bibliothèque de prêts Hulme, et documents divers.

2522. — Manchester public free libraries. Report of the laying of the corner stone on thursday May 11th 1876, etc. 1 broch. in-8°.

Bibliothèques publiques de Manchester. Procès-verbal de la pose de la première pierre le jeudi 11 mai 1876, etc.

2523. — The Mission home, and christian association for young English women. *Manchester*, 1876; 1 broch. in-8°.

La Mission, association chrétienne pour les jeunes femmes anglaises.

2524. — Manchester corporation water works. General instruction to authorized plumbers. 1883; 1 broch. grand in-32.

Service municipal des eaux à Manchester. Instructions générales pour les plombiers autorisés.

2525. — Manchester corporation gas Department. Regulations as to the supply of gaz. 1 broch. in-32.

Municipalité de Manchester. Règlements concernant la fourniture du gaz.

2526. — Report of the officer of health for Manchester. 1872-1884; 4 vol. in-8°.

Rapport du chef du service de la santé à Manchester.

2527. — City of Manchester. Bye-laws. 1848-1883; un fascicule.

Ville de Manchester. Règlements locaux.

2528. — City of Manchester. Proceedings of the Council. 1860-1889; 26 vol. in-8°.

Procès-verbaux des séances du Conseil municipal de Manchester.

2529. — City of Manchester. Bye-laws : hackney carriages, 1876; markets; 1880. 2 broch. in-18.

Ville de Manchester. Règlements locaux relatifs aux voitures de louage et aux marchés.

NEWCASTLE—UPON—TYNE.

2530. — Borough of Newcastle-upon-Tyne. Annual report of the public libraries Committee. 1880-1887; 1 vol. in-8°.

Rapport annuel de la Commission des bibliothèques publiques de Newcastle.

2531. — Newcastle-upon-Tyne. Public libraries catalogues, regulations, and miscellaneous documents. 1880-1887; 3 vol. in-8°.

Bibliothèques publiques de Newcastle. Catalogues, règlements et documents divers.

NOTTINGHAM.

2532. — Borough of Nottingham. Annual report of the University college and free library Committee. 1883-1885; 2 broch. in-8°.

Bourg de Nottingham. Rapport annuel de la Commission du collège de l'Université et de la bibliothèque publique.

2533. — Nottingham and Leen district. Sewerage board report. 1875-1876; 1 vol. in-8°.

Rapport du Conseil des eaux souterraines du district de Nottingham et de Leen.

2534. — Abstract of the audited accounts of the treasurer of the borough of Nottingham. 1867-1887; 3 vol. petit in-8°.

Résumé des comptes du trésorier de la ville de Nottingham.

2535. — Records of the borough of Nottingham. *London, Nottingham*, 1882; 4 vol. in-8°.

Annales de la ville de Nottingham.

2536. — Borough of Nottingham. Copy minutes of the meeting of the Council. 1877-1898; 14 vol. in-8°.

Procès-verbaux des séances du Conseil municipal de Nottingham.

2537. — Borough of Nottingham. Reports presented to the Council. 1871-1890; 16 vol. in-8°.

Rapports présentés au Conseil municipal de Nottingham.

PLYMOUTH.

2538. — Borough of Plymouth. Report of the free public library and news-rooms Committee. 1882-1885; 1 vol. in-8°.

Bourg de Plymouth. Rapport de la Commission de la bibliothèque publique et des salles pour la lecture des journaux.

2539. — Plymouth. Free public library and news-rooms. Rules and regulations. 1882-1883; 1 broch. in-8°.

Règlements de la bibliothèque publique de Plymouth et des salles pour la lecture des journaux.

2540. — Borough of Plymouth. Free public library. Index-catalogue of the lending Department. 1882; 1 vol. in-8°.

Bibliothèque publique de la ville de Plymouth. Catalogue-index du Département des prêts.

2541. — Special collections of local books in provincial libraries, a paper read at the first annual meeting of the library Association, Oxford, October, 1878, by H.-K. Wright, public librarian, Plymouth. 1 broch. grand in-32.

Collections spéciales des livres locaux dans les bibliothèques de province, note lue à la première réunion annuelle de l'Association des bibliothèques en octobre 1878, par K. Wright, bibliothécaire de la ville de Plymouth.

2542. — The public free library and the board school. *Plymouth*, 1880; 1 broch. in-12.

La bibliothèque publique gratuite et l'école.

PRESTON.

2543. — Borough of Preston. Proceedings of the Council. 1864-1881; 15 vol. in-8°.

Procès-verbaux des séances du Conseil municipal de Preston.

SALFORD.

2544. — The memorial statues and royal free Museum and library, Peel-Park, Salford. 1868; 1 vol. grand in-8°.

Les statues commémoratives, le Musée royal et la bibliothèque publique de Peel-Park à Salford.

2545. — Borough of Salford. Annual report of the Museum, libraries, and parks Committee. 1864-1890; 3 vol. in-8°.

Bourg de Salford. Rapport annuel de la Commission du Musée, des bibliothèques et des parcs.

2546. — An act to give further powers to the mayor, aldermen and burgesses of the borough of Salford with respect to burial purposes. *London*, 1876; 1 vol. in-8°.

Loi pour étendre les pouvoirs du maire, des aldermen et des bourgeois de Salford au point de vue des inhumations.

2547. — Bye-laws of the school board for the district of the borough of Salford. 1870; 1 broch. in-4°.

Règlements du Conseil des écoles pour la circonscription de Salford.

2548. — Salford school board report. 1870-1872; 2 broch. in-4°.

Rapport du Conseil des écoles de Salford.

2549. — Borough of Salford. Proceedings of the Council. 1867-1890; 23 vol. in-8°.

Procès-verbaux des séances du Conseil municipal de Salford.

SHEFFIELD.

2550. — Borough of Sheffield. Annual report of the Committee of the free public libraries. 1871-1890; 3 vol. petit in-8°.

Bourg de Sheffield. Rapport annuel du Comité des bibliothèques publiques.

2551. — Abstract of the accounts of the corporation of Sheffield. 1875-1890; 14 vol. in-8°.

Résumé des comptes de la corporation de Sheffield.

2552. — Borough of Sheffield. Annual report of the medical officer of health. 1873-1889; 3 vol. in-4° et in-8°.

Bourg de Sheffield. Rapport annuel du médecin en chef de la Santé.

2553. — **Report of the medical officer of health on the artizans' dwellings act, 1875 as proposed to be applied to Sheffield.** 1877; 1 broch. in-8°.

Rapport du médecin en chef de la Santé sur la loi concernant les logements des artisans au point de vue de l'application à en faire à Sheffield.

2554. — **Sheffield school board reports.** 1873-1890; 2 vol. in-4°.

Rapport du Conseil des écoles de Sheffield.

2555. — **Borough of Sheffield. The year book of information for the use of the members of the Council.** 1878; 1 vol. in-32.

Bourg de Sheffield. Annuaire ou livre de renseignements à l'usage des membres du Conseil.

2556. — **Borough of Sheffield. Office of weights and measures. Report of the chief inspector.**

Bourg de Sheffield. Rapport de l'inspecteur en chef du service des poids et mesures.

2557. — **Griffiths (F.). Report on the condition of the Porter brook, Sheffield.** 1876; 1 broch. in-8°.

Rapport sur l'état du ruisseau Porter à Sheffield.

SWANSEA.

2558. — **Borough of Swansea. Annual report of the public library, and gallery of art Committee.** 1882-1884; 2 vol. in-8°.

Bourg de Swansea. Rapport annuel du Comité de la bibliothèque publique et de la galerie des beaux-arts.

2559. — **Catalogue of the Swansea public library.** 1870-1878; 2 vol. in-8°.

Catalogue de la bibliothèque publique de Swansea.

ÉCOSSE.

2560. — **Report by Her Majesty's Commissioners appointed to inquire into the state of lunatic asylums in Scotland.** 1857; 1 vol. in-8°.

Rapport de la Commission de la Reine, nommée pour faire une enquête sur l'état des asiles d'aliénés en Écosse.

2561. — Annual report of the general board of Commissioners in lunacy for Scotland. 1860-1891; 13 vol. in-8°.

Rapport annuel du Conseil général des commissaires des asiles d'aliénés pour l'Écosse.

2562. — Murray (J.). Handbook for travellers in Scotland. *London*, 1875; 1 vol. grand in-12.

Guide-manuel des voyageurs en Écosse.

2563. — Report of the board of education for Scotland. 1873-1876; 2 vol. in-8°.

Rapport du Conseil d'éducation pour l'Écosse.

2564. — Report of the Committee of Council on education for Scotland. 1873-1891; 12 vol. in-8°.

Rapport de la Commission du Conseil d'éducation pour l'Écosse.

2565. — Census of Scotland. 1861, 1871, 1881; 5 vol. in-4°.

Recensement de l'Écosse.

2566. — Detailed annual report of the registrar general of births, deaths, and marriages in Scotland. 1855-1890; 19 vol. in-8°.

Rapport annuel du bureau général d'enregistrement des naissances, des décès et des mariages en Écosse.

2567. — Quarterly return of the births, deaths, and marriages registered in the divisions, counties, and districts of Scotland. 1878-1890; 7 vol. in-8°.

Relevé trimestriel des naissances, des décès et des mariages enregistrés dans les comtés et districts de l'Écosse.

2568. — Annual report of the registrar general of births, deaths, and marriages registered in Scotland, and annual report on vaccination. 1865-1889; 3 vol. in-8°.

Rapport annuel du bureau général d'enregistrement des naissances, des décès et des mariages en Écosse, et rapport annuel sur la vaccination.

2569. — Monthly return of the births, deaths, and marriages registered in the eight principal towns of Scotland. 1878-1888; 3 vol. in-8°.

Relevé mensuel des naissances, des décès et des mariages enregistrés dans huit des principales villes de l'Écosse.

ABERDEEN.

2570. — Milne (D.). Aberdeen philosophical Society. **The
success of free public libraries in industrial towns.** 1 broch.
petit in-8°.

> Société de philosophie d'Aberdeen. Le succès des bibliothèques publiques
> gratuites dans les villes industrielles.

DUNDEE.

**2571. — Report by the free library Committee to the town
Council of Dundee.** 1877-1890; 2 vol. in-8°.

> Rapport de la Commission de la bibliothèque publique de Dundee au Conseil
> municipal.

ÉDIMBOURG.

2572. — City of Edinburgh accounts. 1872-1884; 9 vol. in-4°.
> Comptes de la ville d'Édimbourg.

2573. — Littlejohn (H.-D.). Report on the sanitary condition of the city of Edinburgh. 1865; 1 vol. in-8°.
> Rapport sur l'état sanitaire de la ville d'Édimbourg.

2574.— Edinburgh literary institute. Laws, bye-laws, reports
1870-1885; 5 broch. petit in-8°.
> Institut littéraire d'Édimbourg. Lois, règlements, rapports.

**2575. — Register of persons entitled to vote at any election
for the burgh of Edinburgh.** 1877-1878; 1 vol. petit in-8°
oblong.
> Liste des personnes qui ont droit de voter dans toutes les élections du bourg
> d'Édimbourg.

2576. — Standing orders of the town Council of Edinburgh.
1861; 1 broch. petit in-8°.
> Règlements fondamentaux du Conseil municipal d'Édimbourg.

2577. — Minutes of the town Council of Edinburgh. 1875-
1884; 9 vol. in-4°.
> Procès-verbaux des séances du Conseil municipal d'Édimbourg.

2578. — **Marwick (J.).** Provisions of the several local acts regulating the police of the city of Edinburgh. 1868; 1 vol. in-8°.

Dispositions des différentes lois locales qui réglementent la police de la ville d'Édimbourg.

GLASGOW.

2579. — **Minutes of the Commissioners under the Glasgow markets and slaughter-houses act, 1865.** *Glasgow*, 1876-1888; 2 vol. in-4°.

Compte rendu de la Commission fonctionnant en vertu de la loi de 1865 concernant les marchés et les abattoirs de Glasgow.

2580. — **Report on the Mitchell library.** *Glasgow*, 1874-1889; 2 vol. petit in-8°.

Rapport sur la bibliothèque Mitchell.

2581. — **A form of stockbook or accessions catalogue, read at the Oxford meeting of the library Association of the United Kingdom, 1878, by Francis T. Barrett, librarian of the Mitchell library, Glasgow.** *London*, 1 broch. grand in-8°.

Un modèle de livre d'inventaire ou de catalogue d'acquisitions. Lecture faite à la réunion de l'Association des bibliothèques du Royaume-Uni, tenue à Oxford en 1878, par F. T. Barrett, bibliothécaire de la bibliothèque Mitchell à Glasgow.

2582. — **Report by the deputation of the magistrates and Council having the charge of promoting the Glasgow corporation waterworks bill.** 1854; 1 broch. in-8°.

Rapport de la députation de magistrats et de conseillers chargée de soutenir le projet de loi relatif au service municipal des eaux à Glasgow.

2583. — **Glasgow corporation waterworks acts.** 1855-1877.

Lois concernant le service municipal des eaux à Glasgow.

2584. — **Rules to be observed with respect to the supply of water.** *Glasgow*, 1 broch. petit in-8°.

Règles à observer au point de vue de la fourniture de l'eau.

2585. — **Glasgow waterworks.** 2 vol. in-8°.

Le service des eaux à Glasgow.

2586. — **Glasgow corporation waterworks reports.** 1864-1875; 2 broch. in-8°.

Rapports du service municipal des eaux à Glasgow.

2587. — **Acts of Parliament, and other documents relating to the Glasgow corporation waterworks.** 1883; 1 vol. in-8°.

Actes du Parlement et autres documents relatifs au service municipal des eaux à Glasgow.

2588. — **Glasgow corporation waterworks. Report of the water Committee.** 1875-1886; 1 vol. in-4°.

Service municipal des eaux à Glasgow. Rapport de la Commission des eaux.

2589. — **Burnett (G.). History of the water supply of Glasgow.** 1869; 1 vol. in-8°.

Histoire du service des eaux à Glasgow.

2590. — **Report of Sir John Hawkshaw the Commissioner appointed to inquire as to the purification of the river Clyde.** 1876; 1 broch. in-4°.

Rapport de Sir John Hawkshaw, commissaire nommé pour faire une enquête sur la purification des eaux de la Clyde.

2591. — **The Glasgow corporation gas acts, 1869 and 1871.** 1 broch. grand in-32.

Règlements municipaux concernant le service du gaz à Glasgow.

2592. — **Gas Committees' minutes.** *Glasgow*, 1878; 1 broch. petit in-8°.

Compte rendu de l'administration du gaz.

2593. — **Minutes of joint Committee of the magistrates and Council, the Clyde trustees, and the board of police on the subject of the sewerage of Glasgow, and the purification of the river Clyde.** 1868; 1 broch. in-4°.

Compte rendu des Commissions réunies des magistrats et des conseillers, des administrateurs de la Clyde et de la police au sujet des eaux d'égout de Glasgow et de la purification de la Clyde.

2594. — **Report upon the vital, social and economic statistics of Glasgow.** 1863-1891; 7 vol. petit in-8°.

Rapport sur la statistique vitale, sociale et économique de Glasgow.

2595. — **Report by the deputation appointed to inquire into the methods of disposing of sewage adopted in various towns in England.** *Glasgow*, 1877; 1 broch. petit in-8°.

Rapport de la députation nommée pour faire une enquête sur les méthodes adoptées dans diverses villes d'Angleterre pour l'utilisation des eaux d'égout.

2596. — Bateman (J.-F.). Report on the sewage of Glasgow. 1858; 1 broch. petit in-8°.

Rapport sur les eaux d'égout à Glasgow.

2597. — Anderson (Th.), Bateman (J.-F.). Report on the means of deodorizing the sewage of Glasgow. 1858; 1 broch. petit in-8°.

Rapport sur le moyen de rendre inodores les eaux d'égout à Glasgow.

2598. — Report by professor Anderson in relation to the sewage of Glasgow.

Rapport du professeur Anderson concernant les eaux d'égout à Glasgow.

2599. — Abstract statement of the revenue and expenditure, and stock account of the city of Glasgow. 1877-1890; 12 vol. in-4°.

Exposé succinct des revenus, des dépenses et des fonds de la municipalité de Glasgow.

2600. — Glasgow accounts. 1881-1884; 2 vol. in-4°.

Comptes de la ville de Glasgow.

2601. — Glasgow illustrated price list of Macfarlane's castings architectural, artistic, and sanitary. 1 vol. grand in-4°.

Glasgow. Prix courants illustrés d'objets manufacturés à la fonderie architecturale, artistique et hygiénique de Macfarlane.

2602. — Notes of evidence taken before the special Committee on the proposed new market adjoining Saint Andrew's square. *Glasgow*, 1883; 1 broch. petit in-8°.

Témoignages reçus par la Commission spéciale du projet de construction d'un nouveau marché près du square Saint-André.

2603. — Statement by the magistrates, and town Council of the city and royal burgh of Glasgow of the grounds on which they urge the appointment of a royal Commission to consider the question of the extension of municipal areas in Scotland. 1 broch. in-8°.

Exposé des motifs en vertu desquels les magistrats et le Conseil municipal de Glasgow demandent la nomination d'une Commission royale qui étudie la question de l'accroissement des communes en Écosse.

2604. — Minutes of the town Council of Glasgow, and Committees. 1877-1888; 7 vol. in-4°.

Procès-verbaux des séances du Conseil municipal de Glasgow et des Commissions.

2605. — **Reports on the improvement and management of the river Clyde, and harbour of Glasgow from 1755 to 1869.** 1 vol. et 1 broch. in-8°.

Rapport sur l'amélioration et sur le service de la Clyde et du port de Glasgow de 1755 à 1869.

2606. — **Minutes of the trustees under the Glasgow improvements act, 1866, and Committees.** 1874-1881; 2 vol. in-4°.

Compte rendu de l'administration et des Commissions fonctionnant en vertu de la loi de 1866, relative aux travaux pour l'amélioration de Glasgow.

2607. — **Minutes of the parliamentary trustees on the bridges over the river Clyde at Glasgow.** 1874-1884; 1 vol. in-4°.

Compte rendu de l'administration des ponts de la Clyde à Glasgow.

2608. — **Deas (J.). The river Clyde.** *Glasgow*, 1876; 1 vol. in-8°.

La Clyde.

2609. — **The Glasgow bridges consolidation act, 1866.** 1 broch. petit in-8°.

Loi de 1866 relative à la consolidation des ponts à Glasgow.

2610. — **Description of ceremonial on the occasion of laying the foundation stone of the municipal buildings in George square, Glasgow, on 6th october 1883.** 1 vol. in-8°.

Description de la cérémonie qui a eu lieu à l'occasion de la pose de la première pierre des bâtiments municipaux du square George à Glasgow, le 6 octobre 1883.

2611. — **Minutes of the tramways Committee.** *Glasgow*. 1 broch. in-4°.

Compte rendu de la Commission des tramways.

2612. — **Congress at Glasgow, 1883. The scavenging of towns by John Young.** 1 broch. in-8°.

Congrès de Glasgow en 1883. Le balayage des villes par J. Young.

2613. — **Acts of Parliament relating to the Glasgow corporation tramways.** 1877; 1 vol. in-8°.

Actes du Parlement relatifs à l'entreprise municipale des tramways à Glasgow.

IRLANDE.

2614. — Agricultural statistics, Ireland. General abstracts. 1870-1891; 3 vol. in-8°.

Statistique de l'agriculture en Irlande. Résumés généraux.

2615. — Stanford's road and railway map of Ireland. 1 carte in-12.

Stanford. Carte des routes et des chemins de fer de l'Irlande.

2616. — Murray (J.). Handbook for travellers in Ireland. *London*, 1878; 1 vol. grand in-12.

Manuel des voyageurs en Irlande.

2617. — Rules and regulations of the Commissioners of national education in Ireland. 1877-1884; 2 broch. in-8°.

Ordonnances et règlements de la Commission d'éducation nationale en Irlande.

2618. — Report of Commissioners of national education in Ireland. 1860-1889; 23 vol. in-8°.

Rapport de la Commission d'éducation nationale en Irlande.

2619. — Lyon-Playfair. Speech on the second reading of irish University bill. *Edinburgh*, 1873; 1 broch. petit in-8°.

Discours à propos de la seconde lecture du projet de loi sur l'Université d'Irlande.

2620. — Annual report of the registrar general of marriages, births and deaths in Ireland. 1870-1881 ; 6 vol. in-8° et in-4°.

Rapport annuel du bureau général d'enregistrement des mariages, des naissances et des décès en Irlande.

2621. — Quarterly return of the marriages, births and deaths registered in Ireland. 1870-1890; 7 vol. in-8°.

Relevé trimestriel des mariages, des naissances et des décès enregistrés en Irlande.

2622. — Census of Ireland, 1881. *Dublin*, 5 vol. in-4°.

Recensement de l'Irlande en 1881.

BELFAST.

2623. — Wallace (J.). Cholera : its cause and cure by coffee alone. *Belfast*, 1866 ; 1 broch. petit. in-8°.

Le choléra : sa cause et sa guérison par le café seul.

BRAY.

2624. — A guide to Bray, and the picturesque scenery in the vicinity. Co. Wicklow. *Dublin*, 1884 ; 1 broch. in-12.

Guide à Bray et dans ses pittoresques environs. Comté de Wicklow.

DUBLIN.

2625. — O'Hanlon (V. Rev. J.-C.). Report of the O'Connell monument Committee. *Dublin*, 1888 ; 1 vol. in-8°.

Rapport du Comité du monument d'O'Connell.

2626. — Cameron (Sir C.-A.). Report upon the state of public health in the city of Dublin. 1887 ; 1 broch. in-8°.

Rapport sur l'état de la santé publique dans la ville de Dublin.

2627. — Annual report from the chief of the Dublin corporation fire brigade Department. 1880 ; 1 broch. petit in-8°.

Rapport annuel du commandant des pompiers municipaux de Dublin.

LIMERICK.

2628. — Barrington (M.). An address to the inhabitants of Limerick on the opening of the Mont-de-Piété. *Dublin*, 1836 ; 1 broch. petit in-8°.

Adresse aux habitants de Limerick à propos de l'ouverture du Mont-de-Piété.

GRÈCE.

2629. — Tombasis (A.-G.). Exposition universelle de **1878.**
La Grèce sous le point de vue agricole. *Athènes*, 1 broch.
in-8°.

2630. — Laas d'Aguen (P.). Dictionnaire français - grec
moderne. *Paris*, 1858; 1 vol. in-12.

2631. — Dehèque (F.-D.). Dictionnaire grec moderne - français. *Paris*, 1825; 1 vol. grand in-32.

2632. — Byzantius (Ch.-D.). Dictionnaire grec-français et
français-grec. *Athènes*, 1879; 1 vol. in-8°.

2633. — Exposition universelle de 1878. Catalogue des eaux
minérales de la Grèce. *Paris*, 1 broch. in-8°.

2634. — Mansolas (A.). La Grèce à l'Exposition universelle
de Paris en **1878.** Notions statistiques. Catalogue des exposants. *Athènes*, 1 broch. in-8°.

2635. — Heldreich (Th. de). Exposition universelle de
Paris en **1878.** La faune de la Grèce. *Athènes*, 1 broch. in-8°.

2636. — Lewis-Sergeant. Greece. *London*, 1880; 1 vol.
in-12.

Grèce.

2637. — Eustathiade (S.). Nouvelle grammaire élémentaire
de grec moderne. *Paris-Athènes*, 1880; 1 vol. petit in-8°.

2638. — Ἁπλοῦν Ἀλφαβητάριον διὰ τὰ παίδια. Ἐν Σμύρνῃ. 1841;
1 broch. in-12.

Abécédaire pour les enfants. Smyrne, 1841.

2639. — Σάθα (K.-N.). Μεσαιωνικὴ Βιβλιοθήκη, ἢ Συλλογὴ
ἀνεκδότων μνημείων τῆς ἑλληνικῆς ἱστορίας. Ἀθήνῃσιν - Ἐν Παρι-
σίοις. 1872-1877; 6 vol. in-8°.

Bibliothèque du moyen âge, recueil de mémoires inédits sur l'histoire de la
Grèce, publié sous la direction de N. Sathas. Athènes-Paris.

2640. — Βένθυλος (Γ.). Θεσμολόγιον τῆς δημοτικῆς ἐκπαιδεύσεως. 1833-1883. Ἐν Ἀθήναις, 1884; 1 vol. in-8°.

G. Venthylos. Législation de l'enseignement primaire. Athènes.

2641. — Βράτσανος (M.-I.). Λόγος περὶ δημοτικῆς παιδεύσεως ἀπὸ τῶν χρόνων τῆς ἑλλην. Ἐθνεγερσίας μέχρι σήμερον. Ἐν Ἀθήναις. 1882; 1 vol. petit in-8°.

M. J. Vratsanos. Discours sur l'enseignement primaire depuis l'établissement de la nationalité hellénique jusqu'à nos jours. Athènes.

2642. — Πετρίδης (Δ.-Γ.). Στοιχειώδεις πρακτικαὶ ὁδηγίαι περὶ διδασκαλίας μαθημάτων ἐν τοῖς δημοτικοῖς σκολείοις. Ἐν Ἀθήναις. 1881; 1 broch. in-12.

D. G. Petridès. Instructions élémentaires pratiques sur le mode d'enseignement dans les écoles primaires. Athènes.

2643. — Ἐθνικόν Πανεπιστήμιον. Λογοδοσία· λόγος περὶ ἀδικήματος καὶ ποινῆς· ἀναγραφὴ καὶ πρόγραμμα. 1884-1885. Ἐν Ἀθήναις. 1 vol. in-8°.

Université nationale. Compte rendu; discours sur le crime et le châtiment; liste et programme. Athènes.

2644. — Πλάτωνος ἀπολογία Σωκράτους καὶ Γοργίας. Ἐν Ἀθήναις. 1882; 1 vol. in-12.

Platon. Apologie de Socrate et Gorgias. Athènes.

2645. — Στοιχεῖα τῆς γεωγραφίας κατὰ νέον μέθοδον. Ἐν Σμύρνῃ. 1843; 1 vol. in-12.

Éléments de géographie d'après une nouvelle méthode. Smyrne.

2646. — **Cordella (A.). Exposition universelle de 1878. La Grèce sous le rapport géologique et minéralogique.** *Paris,* 1 broch. in-8°.

2647. — Σάθα (K.-N.). Ἱστορικὸν δοκίμιον περὶ τοῦ θεάτρου καὶ τῆς μουσικῆς τῶν Βυζαντίνων, ἤτοι εἰσαγωγή εἰς τὸ Κρητικὸν θέατρον. Ἐν Βενετίᾳ. 1878; 1 vol. in-8°.

N. Sathas. Mémoire historique sur le théâtre et la musique des Byzantins, ou introduction au théâtre crétois. Venise.

ATTIQUE.

2648. — Ὄθωνος Ἰ. Ρέντζου Ἀτλικῆς καὶ τῶν ἐν αὐτῇ ἀρχαίων μνημείων βραχεῖα ἀρχαιολογικὴ ϖεριγραφή. Ἐν Ἀθήναις. 1876; 1 broch. petit in-8°.

Othon-J. Rentzi. Courte description archéologique de l'Attique et des monuments antiques qui s'y trouvent.

ATHÈNES.

2649. — Κανονισμός τοῦ νηπιάχου ὀρφανοτροφείου τοῦ δήμου Ἀθηναίων. 1 broch. grand in-12.

Règlement de l'Orphelinat de la commune d'Athènes.

2650. — Συλλογή διαταγμάτων καὶ κανονισμῶν ἀφορώντων τὴν διοίκησιν καὶ τὴν ἐσωτερικὴν ὑπηρεσίαν τοῦ ϖολιτικοῦ νοσοκομείου Ἀθήνων. 1854; 1 broch. petit in-8°.

Recueil d'ordonnances et de règlements concernant la direction et l'administration intérieure de l'hôpital civil d'Athènes.

2651. — **Vreto (M.-P.).** Αἱ νέαι Ἀθῆναι. 1861; 1 album grand in-folio.

Athènes moderne.

2652. — Ἔκθεσις τοῦ δημάρχου Ἀθηναίων. Ἀπολογισμός τῆς διαχειρίσεως τῶν εἰσόδων καὶ ἐξόδων τοῦ δήμου Ἀθηναίων καὶ τῶν δημοτικῶν φιλανθρωπικῶν καταστημάτων. 1873; 1 vol. petit in-8°.

Rapport du maire d'Athènes. Compte rendu de la gestion des recettes et des dépenses de la commune d'Athènes et des établissements philanthropiques municipaux.

2653. — Πανταζη (Δ.). Περιηγητὴς Ἀθήνων, ἤτοι ϖεριγραφή τῶν Ἀθήνων, τοῦ Πειραιῶς καὶ τῶν ἐν αὐτοῖς ἀρχαιοτήτων. Ἐν Ἀθήναις. 1868; 1 broch. in-12.

D. Pantazi. Le touriste à Athènes, ou description d'Athènes, du Pirée et des antiquités qui s'y trouvent. Athènes.

2654. — Κωνσλαντινίδης (Γ.). Ἱσλορία τῶν Ἀθήνων ἀπὸ Χρισλοῦ γεννήσεως μέχρι τοῦ ἔτους 1821. Ἀθήνῃσι. 1876; 1 vol. in-8°.

G. Constantinidès. Histoire d'Athènes depuis la naissance de J.-C. jusqu'à l'année 1821. Athènes.

2655. — Κανονισμὸς τοῦ δημοτικοῦ Συμβουλίου τοῦ δήμου Ἀθηναίων. 1879; 1 broch. in-12.

Règlement du Conseil municipal d'Athènes.

2656. — Πρακτικὰ τοῦ δημοτικοῦ Συμβουλίου τοῦ δήμου Ἀθηναίων. 1881; 1 broch. in-8°.

Procès-verbaux des séances du Conseil municipal d'Athènes.

2657. — Δημοτικὸν δασμολόγιον τοῦ δήμου Ἀθηναίων. 1886; 1 vol. petit in-4°.

Taxe de l'octroi de la ville d'Athènes.

ITALIE.

2658. — Censimento generale dei cavalli e dei muli. *Roma*, 1876; 1 vol. in-8°.

Recensement général des chevaux et des mulets.

2659. — Relazione sulle bonificazioni, risaie ed irrigazioni del regno d'Italia. *Milano*, 1865; 1 vol. in-4°.

Rapport sur l'amendement des terrains, sur les rizières et sur les irrigations dans le royaume d'Italie.

2660. — Statistica del bestiame. *Roma*, 1875; 1 vol. in-8°.

Statistique du bétail.

2661. — Provvedimenti legislativi intorno alle bonificazioni. *Roma*, 1873; 1 vol. in-8°.

Dispositions législatives concernant l'amendement des terrains.

2662. — Relazione intorno alle condizioni dell' agricoltura. *Roma*, 1870-1874; 3 vol. grand in-8°.

Rapport sur l'état de l'agriculture.

2663. — Notizie e studi sulla agricoltura. *Roma*, 1877-1879; 4 vol. grand in-8°.

Notes et études sur l'agriculture.

2664. — Coltivazioni sperimentali promosse dal Ministero di agricoltura, industria e commercio nell' ultimo decennio. *Roma*, 1881; 1 vol. in-8°.

Cultures expérimentales provoquées par le Ministère de l'agriculture, de l'industrie et du commerce dans les dix dernières années.

2665. — Risultati delle cultivazioni sperimentali del frumento eseguite negli anni 1885, 1886, 1887 e 1888. *Roma*, 1890; 1 vol. grand in-8°.

Résultats des essais de culture du blé faits de 1885 à 1888.

2666. — Bollettino settimanale dei prezzi di alcuni dei principali prodotti agrari. 1876-1892; 11 vol. in-8°.

Bulletin hebdomadaire du prix de quelques-uns des principaux produits agricoles.

2667. — **Atlante delle principali colture agrarie in Italia.** *Roma*, 1876; 1 atlas in-folio.

Atlas des principales cultures agraires en Italie.

2668. — **Bullettino ampelografico.** *Roma*, 1875-1887, 6 vol. petit in-8°.

Bulletin ampélographique.

2669. — **Todaro (A.). Relazione sulla cultura dei cotoni in Italia.** *Roma, Palermo*, 1877-1878; 1 vol. in-8° et 1 atlas.

Rapport sur la culture des cotons en Italie.

2670. — **Annali del Ministero di agricoltura, industria e commercio.** *Roma*, 1872-1882; 11 vol. in-8°.

Annales du Ministère de l'agriculture, de l'industrie et du commerce.

2671. — **Annali di agricoltura.** *Roma*, 1878-1892; 58 vol. in-8°.

Annales d'agriculture.

2672. — **Bollettino di notizie agrarie.** *Roma*, 1879-1892; 7 vol. in-8°.

Bulletin de renseignements sur l'agriculture.

2673. — **Monografia statistica e agraria sulla coltivazione del riso in Italia.** *Roma*, 1889; 1 broch. in-8°.

Monographie statistique et agraire sur la culture du riz en Italie.

2674. **Notizie sulla agricoltura in Italia da servire come illustrazione alle raccolte inviate dal Ministero di agricoltura alla Esposizione universale di Anversa.** *Roma*, 1885; 1 vol. in-8°.

Notices sur l'agriculture en Italie pour servir d'explication aux collections envoyées par le Ministère de l'agriculture à l'Exposition universelle d'Anvers.

2675. — **Gigliogi (E.-H.). Avifauna italica.** *Firenze*, 1886; 1 vol. in-8°.

Avifaune italienne.

2676. — **Billod (E.). Les aliénés en Italie.** *Paris*, 1884; 1 vol. in-8°.

2677. — **Manuale ad uso dei senatori del regno e dei deputati.** *Roma*, 1876; 1 vol. grand in-12.

Manuel à l'usage des sénateurs du royaume et des députés.

2678. — **Discorsi vari ministeriali.** 1 vol. petit in-8°.

Discours ministériels divers.

2679. — **Atti parlamentari. Camera dei deputati. Sessione del 1876.** *Roma,* 1 vol. in-4°.

Actes parlementaires. Chambre des députés. Session de 1876.

2680. — **Movimento degli infermi negli ospedali civili del regno.** *Roma,* 1883; 1 broch. grand in-8°.

Mouvement des malades dans les hôpitaux civils du royaume.

2681. — **Raccolta degli atti del R. Governo, del Parlamento nazionale e del municipio di Roma.** 1883-1885; 2 vol. in-8°.

Recueil des actes du Gouvernement royal, du Parlement national et de la municipalité de Rome.

2682. — **Cerfberr (A.-E.).** **Rapport sur différents hôpitaux, hospices, établissements et sociétés de bienfaisance, et sur la mendicité dans les États de Sardaigne, de Lombardie et de Venise, de Rome, de Parme, de Plaisance et de Modène.** *Paris,* 1840; 1 vol. grand in-8°.

2683. — **Roulliet (A.).** **Rapport sur divers hôpitaux de Genève, Turin et Milan.** *Paris,* 1864; 1 vol. grand in-8°.

2684. — **La legge sull' amministrazione dell' opere pie, 1862-1880.** *Roma,* 1 broch. in-8°.

La loi sur l'administration des établissements de charité.

2685. — **Commissione reale d'inchiesta sulle opere pie. Relazione e statistica.** *Roma,* 1884-1885; 1 vol. in-8°.

Commission royale d'enquête sur les établissements de charité. Rapport et statistique.

2686. — **Statistica delle società di mutuo soccorso e delle istituzioni cooperative annesse alle medesime.** *Roma,* 1885; 1 vol. in-8°.

Statistique des sociétés de secours mutuels et des institutions coopératives qui y sont annexées.

2687. — **Statistica delle opere pie.** 1861-1889; 6 vol. in-folio.

Statistique des établissements de charité.

2688. — **Annali del credito e della previdenza.** *Roma,* 1883-1890; 6 vol. in-8°.

Annales du crédit et de la prévoyance.

2689. — **Bollettino di notizie sul credito e la previdenza.** *Roma*, 1883-1892; 8 vol. in-8°.

Bulletin de renseignements sur le crédit et la prévoyance.

2690. — **Atti della Commissione istituita per l'aggiudicazione di premi alle società di mutuo soccorso.** *Roma*, 1890; 1 broch. in-8°.

Actes de la Commission chargée de la distribution des récompenses aux sociétés de secours mutuel.

2691. — **Società italiana per provvedere al soccorso dei naufraghi. — Rapporto del Consiglio d'amministrazione.** *Roma*, 1874-1875; 1 broch. in-8°.

Société italienne de prévoyance pour les secours à donner aux naufragés. Rapport du Conseil d'administration.

2692. — **Tullo Massarini.** L'art à Paris. *Paris*, 1870; 2 vol. petit in-8°.

2693. — **Regolamento per le biblioteche pubbliche governative.** *Roma*, 1885; 1 broch. grand in-8°.

Règlement pour les bibliothèques publiques du Gouvernement.

2694. — **Statistique internationale des Caisses d'épargne compilée par le bureau central de statistique du royaume d'Italie.** *Rome*, 1876; 1 vol. in-8°.

2695. — **Bollettino bimestrale del risparmio.** *Roma*, 1877-1883; 2 vol. in-8°.

Bulletin bimensuel des établissements d'épargne.

2696. — **Statistica delle Casse di risparmio in Italia e all'estero.** *Roma*, 1870-1880; 3 vol. in-8°.

Statistique des Caisses d'épargne en Italie et à l'étranger.

2697. — **Casse di risparmio. Bollettino.** *Roma*, 1884-1888; 5 vol. in-8°.

Bulletin des Caisses d'épargne.

2698. — **Cora (G.).** Carta altimetrica e batometrica dell'Italia. 1 carte.

Carte altimétrique et bathymétrique de l'Italie.

2699. — **Relazione sulle strade ferrate italiane.** *Firenze*, 1867-1868; 2 vol. in-4°.

Rapport sur les chemins de fer italiens.

2700. — Relazione della Commissione intorno al reordinamento e ampliazione delle reti ferroviarie del regno. 1863-1864; 1 vol. grand in-8°.

Rapport de la Commission chargée d'une enquête sur la réorganisation et sur l'extension du réseau des chemins de fer nationaux.

2701. — Rendiconto presentato dall' azienda generale delle strade ferrate. 1850; 3 vol. in-4°.

Compte rendu présenté par l'Administration générale des chemins de fer.

2702. — Strade ferrate dello Stato. Rendiconto. 1858; 1 vol. in-4°.

Chemins de fer de l'État. Compte rendu.

2703. — Prodotti delle ferrovie. *Roma,* 1875-1890; 15 vol. in-8°.

Produits des chemins de fer.

2704. — Relazioni sui servizi delle costruzioni ferroviarie. *Roma,* 1872; 1 vol. in-4°.

Rapports sur les services concernant la construction des chemins de fer.

2705. — Relazione statistica sulle costruzioni e sull' esercizio delle strade ferrate italiane. *Roma,* 1875-1883; 10 vol. in-4°.

Rapport statistique sur la construction et sur l'exploitation des chemins de fer italiens.

2706. — Raccolta delle leggi e decreti relativi alla costruzione delle strade ferrate governative e di quelle concesse all' industria privata nel regno d'Italia. *Torino,* 1862; 1 vol. in-4°.

Recueil de lois et de décrets relatifs à la construction des chemins de fer de l'État et des chemins de fer concédés à l'industrie privée dans le royaume d'Italie.

2707. — Ferrovie. Capitolati per la concessione di linee. *Roma,* 1874; 1 vol. in-4°.

Chemins de fer. Contrats pour la concession de diverses lignes.

2708. — Ferrovia delle Alpi elvetiche. Progetto di legge; relazione; documenti giustificativi. *Firenze,* 1866; 2 vol. in-4°.

Chemin de fer des Alpes helvétiques. Projet de loi, rapport, pièces justificatives.

2709. — Relazione della Commissione incaricata di ricercare quale fra i diversi metodi d'injezione dei legnami fosse a preferirsi nella sua applicazione ai servizii delle strade ferrate e dei telegrafi. *Torino*, 1860; 1 vol. in-4°.

Rapport de la Commission chargée de rechercher laquelle des diverses méthodes d'injection des bois doit être préférée, pour être appliquée au service des chemins de fer et à celui des télégraphes.

2710. — **L'abbruciamento ed essicazione dei cadaveri umani o gli anticremazionisti.** 1 broch. grand in-12.

La combustion et la momification des cadavres humains ou les anticrémationistes.

2711. — **Bollettino di notizie commerciali.** *Roma*, 1885-1892; 6 vol.

Bulletin de renseignements commerciaux.

2712. — **Movimento dei prezzi di alcuni generi alimentari.** *Roma*, 1862-1885; 1 vol. grand in-8°.

Mouvement des prix de quelques denrées alimentaires.

2713.—**Les lois ecclésiastiques de l'Italie. Réponse à M. l'évêque d'Orléans.** *Paris, Rome*, 1874; 1 broch. in-8°.

2714. — **Circoscrizioni ecclesiastiche in relazione colle circoscrizioni amministrative.** *Roma*, 1881; 1 vol. in-8°.

Circonscriptions ecclésiastiques en rapport avec les circonscriptions administratives.

2715. — **Relazione sulla amministrazione dell' asse ecclesiastico.** 1876; 1 vol. in-4°.

Rapport sur l'administration des biens de l'Église.

2716. — **Aporti (Avv.-P.).** Il cattolicismo e l'Italia. Considerazioni e proposte sui rapporti fra la Chiesa e lo Stato. *Milano*, 1878; 1 broch. grand in-12.

Le catholicisme en Italie. Considérations et propositions concernant les rapports entre l'Église et l'État.

2717. — **La umiltà galliana. Difesa in favore di Monsignor Langénieux, arcivescovo di Reims.** *Londra*, 1 broch. grand in-12.

L'humilité gallicane. Défense en faveur de Monseigneur Langénieux, archevêque de Reims.

2718. — **Omelià che i cattolici di tutto il mondo dedicano a Monsignor Langénieux, arcivescovo di Reims.** 1879; 1 broch. in-12.

Homélie que les catholiques du monde entier dédient à Monseigneur Langénieux, archévêque de Reims.

2719. — **Sergent (A.), Tassi (L.).** Grande dizionario italiano-francese. *Milan,* 4 vol. in-4°.

Grand dictionnaire français-italien.

2720. — **Melzi (B.).** Nouveau dictionnaire français-italien et italien-français. 1889; 1 vol. petit in-8°.

2721. — **Ronna.** Dictionnaire français-italien et italien-français. *Paris,* 1870; 1 vol. in-12.

2722. — **Ferrari (C.) et Caccia (J.).** Grand dictionnaire français-italien et italien-français. *Rome, Turin,* 1 vol. grand in-8°.

2723. — **Buttura et Renzi.** Dictionnaire général italien-français. *Paris,* 1882; 1 vol. in-8°.

2724. — **Gullo (L.).** Relazione sulla applicazione dell' olio minerale alla illuminazione dei fari di Francia. *Roma,* 1877; 1 vol. in-8°.

Rapport sur l'application de l'huile minérale à l'éclairage des phares de France.

2725. — **Ellero (P.).** La riforma civile. *Torino,* 1881; 1 vol. in-8°.

La réforme civile.

2726. — **Mispoulet (J.-B.).** Les institutions politiques des Romains. *Paris,* 1882-1883; 2 vol. in-8°.

2727. — **Sulle associazioni cooperative in Italia. Saggio statistico.** *Roma,* 1890; 1 broch. in-8°.

Sur les sociétés coopératives en Italie. Essai de statistique.

2728. — **Bentivegna (R.).** Trattato della fognatura cittadina. *Milano,* 1889; 1 vol. in-8°.

Traité du système des égouts dans les villes.

2729. — **Statistica della emigrazione all' estero.** *Roma,* 1876-1890; 5 vol. in-8°.

Statistique de l'émigration à l'étranger.

2730. — **Quadro generale del personale del Genio civile.** *Firenze,* 1 vol. in-8°.

Tableau général du personnel du Génie civil.

2731. — **Pianta organica del personale tecnico subalterno applicato alla vigilanza delle opere idrauliche e dei canali demaniali irrigatori nelle diverse provincie del regno. *Roma*, 1879; 1 vol. in-4°.

Rôle organique du personnel technique subalterne employé à la surveillance des travaux hydrauliques et des canaux d'écoulement pour l'irrigation dans les diverses provinces du royaume.

2732. — **Ruolo del personale della amministrazione centrale dei lavori pubblici.** *Roma*, 1881; 1 vol. grand in-8°.

Rôle du personnel de l'administration centrale des travaux publics.

2733. — **Beltrami (C.). La nuova guida per gli uffizi comunali.** *Torino*, 1871; 3 vol. in-8°.

Le nouveau guide des employés de la commune.

2734. — **Bonfiglioli (G.). Il segretario comunale. Guida pratica per gli uffici municipali.** *Roma*, 1881; 1 vol. in-12.

Le secrétaire communal. Guide pratique des employés de la municipalité.

2735. — **Franchi (S.). Trattato sugli esami degli aspiranti all' ufficio di segretario comunale.** *Bologna*, 1880, 1 vol. in-8°.

Traité sur les examens des aspirants à l'emploi de secrétaire communal.

2736. — **Penna (G.). Manuale per gli aspiranti all' esame di segretario comunale.** *Milano*, 1879; 1 vol. in-18.

Manuel des candidats à l'examen de secrétaire communal.

2737. — **Exposition universelle de 1878 à Paris. Catalogue officiel de la section italienne.** *Paris*, 1 vol. in-8°.

2738. — **Les laines d'Italie à l'Exposition de Paris en 1878. Rapport descriptif.** 1 vol. grand in-8°.

2739. — **Esposizione universale del 1878 in Parigi. Sezione italiana. Catalogo delle belle arti.** *Roma*, 2 vol. in-12.

Exposition universelle de Paris en 1878. Italie. Catalogue des beaux-arts. Paris.

2740. — **Esposizione universale del 1878 in Parigi. Sezione italiana. Catalogo generale.** *Roma*, 1 vol. in-8°.

Exposition universelle de 1878 à Paris. Section italienne. Catalogue général.

2741. — **Esposizione universale del 1878 in Parigi. Relazione dei giurati italiani. Classe XIV : medicina, igiene ed Assistenza pubblica.** *Roma*, 1881; 1 broch. in-8°.

Exposition universelle de 1878 à Paris. Rapport des jurés italiens. Classe XIV : médecine, hygiène et Assistance publique.

2742. — **L'Italia agraria e forestrale. Illustrazione delle raccolte inviate alla Esposizione universale di Parigi nel 1878.** *Roma*, 1 vol. in-8°.

L'Italie agricole et forestière. Description des collections envoyées à l'Exposition universelle de Paris en 1878.

2743. — **Esposizione internazionale di pesca in Berlino, 1880. Sezione italiana. Catalogo degli espositori e delle cose esposte.** *Firenze*, 1 vol. in-8°.

Exposition internationale de pêche à Berlin en 1880. Section italienne. Catalogue des exposants et des objets exposés.

2744. — **Petrucelli della Gattina (F.). La esposizione delle invenzioni a Londra nell' anno 1885.** *Roma*, 1 vol. in-8°.

L'exposition des inventions à Londres en 1885.

2745. — **Plebano (A.), Musso (G.-A.). Les finances du royaume d'Italie.** *Paris*, 1863; 1 vol. in-8°.

2746. — **Sachs (J.). L'Italie, ses finances et son développement économique depuis l'unification du royaume. 1859-1884.** *Paris*, 1885; 1 vol. in-8°.

2747. — **Cucheval-Clarigny. Les finances de l'Italie.** *Paris*, 1866-1885; 1 vol. in-8°.

2748. — **Dubois (E.). Le contentieux administratif en Italie et la loi du 20 mars 1865.** *Paris*, 1873; 1 broch. in-8°.

2749. — **Debiti comunali e provinciali.** *Roma*, 1873; 1 vol. in-8°.

Dettes communales et provinciales.

2750. — **Statistica dei debiti comunali e provinciali.** *Roma*, 1880-1885; 3 vol. in-8°.

Statistique des dettes communales et provinciales.

2751. — **Notizie intorno alla circolazione fiduciaria illegitima.** *Roma*, 1876; 1 broch. in-8°.

Observations sur la circulation illégitime des valeurs fiduciaires.

2752. — **Bilanci comunali.** *Roma*, 1873-1889; 7 vol. in-8°.

Budgets communaux.

2753. — **Introduzione alla statistica delle banche popolari italiane.** *Roma*, 1881-1883; 3 broch. grand in-8°.

Introduction à la statistique des banques populaires italiennes.

2754. — **Statistica ed elenco generale degli istituti di credito.**
e delle società per azioni nazionali ed estere. *Roma*, 1876;
1 vol. in-8°.

Statistique et table générale des institutions de crédit et des sociétés par
actions nationales et étrangères.

2755. — **Bollettino mensile delle situazioni dei conti.** *Roma*,
1882-1892; 6 vol. in-8°.

Bulletin mensuel de l'état des comptes.

2756. — **Bollettino semestrale del credito cooperativo, ordi-
nario, agrario e fondiario.** *Roma*, 1883-1886; 4 vol. in-8°.

Bulletin semestriel du crédit coopératif, ordinaire, agraire et foncier.

2757. — **Statistica dei bilanci provinciali.** *Roma*, 1873-1874;
1 vol. in-8°.

Statistique des budgets provinciaux.

2758. — **Statistica delle banche popolari.** *Roma*, 1882-1889;
2 vol. in-8°.

Statistique des banques populaires.

2759. — **Humbert.** Des origines de la comptabilité chez les
Romains. *Paris*, 1880; 1 broch. in-8°.

2760. — **Cavani (G.).** Manuale di contabilità comunale.
Verona, Padova, 1877; 1 vol. in-8°.

Manuel de comptabilité communale.

2761. — **Levi (M.-V.).** I prestiti pubblici dei communi e delle
provincie. *Torino*, 1882; 1 broch. in-8°.

Les emprunts publics des communes et des provinces.

2762. — **Celano (E.).** Giurisprudenza dei bilanci comunali.
Napoli, 1881-1882; 2 vol. grand in-12.

Jurisprudence des budgets communaux.

2763. — **Ceccato (M.).** Spese obbligatorie e facoltative delle
provincie e dei comuni. *Roma*, 1883; 1 vol. grand in-12.

Dépenses obligatoires et dépenses facultatives des provinces et des communes.

2764. — **Humbert (G.).** Essai sur les finances et la comptabilité publique chez les Romains. *Paris*, 1887; 2 vol.
in-8°.

2765. — **Say (M. Léon).** Dix jours dans la haute Italie. *Paris*, 1883 ; 1 broch. in-8°.

2766. — **Laveleye (E. de).** Lettres d'Italie. *Bruxelles*, 1878-1879; 1 vol. grand in-12.

2767. — **Robello (G.).** Grammaire italienne élémentaire, analytique et raisonnée. *Paris*, 1879; 1 vol. in-8°.

2768. — Grammatica della lingua italiana ad uso delle scuole. *Vienna*, 1876; 1 vol. in-12.

    Grammaire de la langue italienne à l'usage des écoles.

2769. — Collection des guides Joanne. Itinéraire descriptif, historique et artistique de l'Italie et de la Sicile, par A.-J. du Pays. *Paris*, 1877-1878; 3 vol. in-12.

2770. — Murray's Handbook for travellers in northern Italy. *London*, 1877; 1 vol. in-12.

    Manuel Murray à l'usage des voyageurs dans l'Italie septentrionale.

2771. — **Baedeker (K.).** Italie. Manuel du voyageur. *Leipzig*, 1878-1883; 4 vol. in-18.

2772. — **Ciro de Pasquale.** La disfida di Bordeaux. *Napoli*, 1884; 1 broch. in-8°.

    Le défi de Bordeaux.

2773. — Biografica di Virginia Blasis e onori poetici. *Milano*, 1853; 1 broch. in-8°.

    Biographie de Virginia Blasis et poésies en son honneur.

2774. — **Willems (L.).** Les élections municipales à Pompéi. *Paris*, 1887; 1 vol. petit in-8°.

2775. — **Sismonde de Sismondi (L.).** Histoire des Républiques italiennes du moyen âge. *Paris*, 1826; 16 vol. in-8°.

2776. — Les institutions sanitaires en Italie. *Milan*, 1885 ; 1 vol. in-8°.

2777. — **Ramillo (Dr), Brambilla (Dr).** Sull' autonomia del comune in ordine al servizio vaccinico giusta la vigente legislazione sanitaria. *Torino*, 1 broch. grand in-12.

    De l'autonomie de la commune au point de vue du service de la vaccination d'après les lois sanitaires en vigueur.

2778. — **Istruzioni provvisorie per regolare il servizio degli uffizi sanitari.** *Roma*, 1880; 1 broch. in-12.

Instructions provisoires pour régler le service sanitaire.

2779. — **Cagnat (R.).** Étude historique sur les impôts indirects chez les Romains jusqu'aux invasions des Barbares. *Paris*, 1882; 1 vol. grand in-8°.

2780. — **Vessélovsky (A.).** L'impôt sur le revenu mobilier en Italie. *Saint-Pétersbourg*, 1879; 1 vol. grand in-8°.

2781. — **Statistica delle tasse comunali.** *Roma*, 1881-1887; 2 vol. grand in-8°.

Statistique des taxes communales.

2782. — **Ceresa (A.).** I comuni e le tasse locali. *Torino*, 1877; 1 vol. in-8°.

Les communes et les taxes locales.

2783. — **Astengo (C.), Martino (E.).** Dazi ed imposte comunali. Commento delle leggi e dei regolamenti riguardanti i dazi e tutte le altre imposte autorizzate a favore dei comuni. *Milano*, 1878; 1 vol. in-8°.

Taxes et impositions communales. Commentaire des lois et des règlements concernant les taxes et tous les autres impôts autorisés en faveur des communes.

2784. — **Mainardi (G.).** Diretti, obblighi ed attribuzioni dei messi esattoriali. *Milano*, 1883 ; 1 vol. in-8°.

Droits, obligations et attributions des délégués du percepteur des contributions.

2785. — **Leggi, regolamenti ed istruzioni sui dazi di consumo.** *Firenze*, 1878; 1 broch. in-8°.

Lois, règlements et instructions concernant les impôts sur la consommation.

2786. — **Annali dell' industria e del commercio.** *Roma*, 1879-1891; 30 vol. in-8°.

Annales de l'industrie et du commerce.

2787. — **Perroncito (E.).** Manuale di bachicoltura. *Torino*, 1879; 1 vol. petit in-8°.

Manuel de l'éleveur de vers à soie.

2788. — **Hippeau (C.).** L'instruction publique en Italie. *Paris*, 1875; 1 vol. in-12.

2789. — **Depoisier (J.).** Sur l'instruction publique dans les États sardes. *Paris*, 1847; 1 vol. petit in-8°.

2790. — **Statistica del regno d'Italia. Istruzione primaria.** *Modena, Firenze*, 1862-1865; 1 vol. in-4°.

Statistique du royaume d'Italie. Enseignement primaire.

2791. — **Statistica dell' istruzione.** *Roma*, 1880-1882; 1 vol. in-8°.

Statistique de l'enseignement.

2792. — **Ministero della pubblica istruzione. Bollettino ufficiale,** 1875-1887; 26 vol. grand in-8°.

Ministère de l'instruction publique. Bulletin officiel.

2793. — **Sulle condizioni della pubblica istruzione nel regno d'Italia. Relazione generale.** *Milano*, 1865; 1 vol. in-4°.

Rapport général sur l'état de l'instruction publique dans le royaume d'Italie.

2794. — **Annuario della istruzione pubblica del regno d'Italia.** *Roma*, 1872-1873; 1 vol. grand in-12.

Annuaire de l'instruction publique du royaume d'Italie.

2795. — **Relazione statistica sulla istruzione pubblica e privata in Italia.** *Roma*, 1878; 1 vol. in-8°.

Rapport statistique sur l'enseignement public et sur l'enseignement privé en Italie.

2796. — **Documenti sulla istruzione elementare nel regno d'Italia.** *Firenze, Roma*, 1868-1873; 4 vol. in-8°.

Documents sur l'enseignement élémentaire dans le royaume d'Italie.

2797. — **Programmi, osservazioni e memorie sullo insegnamento della ragioneria e computisteria negli istituti tecnici del regno.** *Roma*, 1878; 1 broch. grand in-8°.

Programmes, observations et mémoires concernant l'enseignement de l'arithmétique et du calcul dans les institutions techniques du royaume.

2798. — **Statistica dell' istruzione elementare.** *Roma*, 1881-1887; 7 vol. grand in-8°.

Statistique de l'enseignement élémentaire.

2799. — **Statistica dell' istruzione secondaria e superiore.** *Roma*, 1882-1888; 2 vol. in-8°.

Statistique de l'enseignement secondaire et de l'enseignement supérieur.

2800. — **Comitato per la distribuzione dei sussidi alla istru-zione primaria e popolare. Relazione.** *Roma,* 1873; 1 vol. petit in-8°.

Rapport du Comité pour la distribution des subsides aux écoles primaires et populaires.

2801. — **Discorso dell' onorevole deputato Correnti, 1872, nell' occasione del suo ritiro dal ministero della pubblica istruzione.** *Roma,* 1 broch. in-8°.

Discours du député Correnti à l'occasion de sa retraite du ministère de l'instruction publique en 1872.

2802. — **Parato (A.). La scuola pedagogica nazionale. Parte teorica.** 1884; 1 vol. in-8°.

L'école pédagogique nationale. Partie théorique.

2803. — **Sclopis (F.), Sclopis (C.). Histoire de la législation italienne.** *Paris,* 3 vol. in-8°.

2804. — **Gide (P.). De la législation civile dans le nouveau royaume d'Italie.** *Paris,* 1866; 1 broch. petit in-8°.

2805. — **Pujos (M.). De la législation civile, criminelle et administrative des États pontificaux.** *Paris, Rome,* 1862; 1 vol. in-8°.

2806. — **Marcy (H.). Code de procédure pénale du royaume d'Italie.** *Paris,* 1881; 1 vol. in-8°.

2807. — **Marcy (H.), Bohl (J.). Code de commerce du royaume d'Italie.** *Nice,* 1882; *Paris,* 1884; 1 vol. in-8°.

2808. — **Huc (Th.). Le code civil italien et le code Napoléon :** études de législation comparée suivies d'une traduction complète du code italien, par J. Orsier. *Paris,* 1868; 2 vol. in-8°.

2809. — **Beauregard (O.). Législation italienne. Organisation judiciaire et analyse du code civil,** *Paris,* 1887; 1 vol. in-8°.

2810. — **Statistica giudiziaria civile e commerciale.** *Roma,* 1881-1889; 6 vol. grand in-8°.

Statistique judiciaire civile et commerciale.

2811. — **Rosmini (E.).** I codici d'Italia conformi al testo ufficiale. *Milano*, 1879-1881; 4 vol. in-18.

Les codes italiens conformes au texte officiel.

2812. — **Camera dei deputati.** Progetto di legge. Riforma della legge elettorale politica. 1879; 1 vol. in-4°.

Chambre des députés. Projet de loi. Réforme de la loi électorale politique.

2813. — **Legge per l'unificazione amministrativa del regno d'Italia.** *Milano*, 1 broch. in-8°.

Loi concernant l'unification administrative du royaume d'Italie.

2814. — **Decisione resa della g. C. dei Conti in via di reclamo trà il cav. D. Blasco Maria Gaetani Marchese di Sortino, reclamante, ed il Direttore gen. dé rr. e dd. diversi, rappresentante il demanio regio.** *Milano*, 1872; 1 vol. petit in-8°.

Arrêt rendu par la Cour des comptes en matière d'appel, entre C.-B.-M. Gaetani, marquis de Sorteno, appelant, et le Directeur général des revenus et droits divers représentant le domaine royal.

2815. — **Statistica giudiziaria degli affari penali.** *Roma*, 1880-1889; 7 vol. in-8°.

Statistique judiciaire des affaires criminelles.

2816. — **Trattato teorico-pratico di diritto e procedura comunale, compilato dall' avv. F. Bufalini.** *Torino*, 1880; 3 vol. in-8°.

Traité théorique et pratique de procédure et de droit communal. Compilation de F. Bufalini.

2817. — **Bufalini (F.).** La legge di pubblica sicurezza spiegata nella pratica e nella giurisprudenza. *Torino*, 1880; 1 vol. in-8°.

La loi sur la sûreté publique développée au point de vue de la pratique et de la jurisprudence.

2818. — **Rabbeno (A.).** Saggio di giurisprudenza agraria. *Torino, Napoli*, 1869; 1 vol. in-8°.

Essai de jurisprudence agraire.

2819. — **Questioni attuali di legislazione e giurisprudenza rurale che fanno seguito al saggio di giurisprudenza agraria dell' avvocato A. Rabbeno.** *Torino, Napoli*, 1871; 1 vol. in-8°.

Questions actuelles de législation et de jurisprudence rurales faisant suite à l'essai de jurisprudence agraire de l'avocat A. Rabbeno.

2820. — **Rabbeno (A.)**. Corso di legislazione rurale secondo il programma ministeriale per gl' istituti tecnici del regno d'Italia. *Napoli, Roma*, 1873; 1 vol. in-12.

Cours de législation rurale selon le programme ministériel pour les instituts techniques du royaume d'Italie.

2821. — **Rabbeno (A.)**. Il contratto di mezzadria nei suoi rapporti colle odierne questioni economiche sociali, colla legislazione e colla giurisprudenza. *Torino*, 1881; 1 vol. grand in-8°.

Le contrat de fermage à partage égal dans ses rapports avec les questions modernes d'économie sociale, avec la législation et avec la jurisprudence.

2822. — **Luca Carnazza (S. di)**. La legge comunale et provinciale. *Catania*, 1882; 1 broch. in-12.

La loi communale et provinciale.

2823. — **La legge comunale e provinciale secondo il progetto Depretis, 25 novembre 1882, con richiami e note.** *Torino*, 1883; 1 vol. in-8°.

La loi communale et provinciale selon le projet Deprétis, avec rappels et notes.

2824. — **Caracciolo Sarno (E.)**. Note e riforme alla legge comunale e provinciale. *Padova*, 1877; 1 vol. in-8°.

Notes et réformes concernant la loi communale et provinciale.

2825. — **Summonte (C.)**. Annotazioni alla legge sull' amministrazione comunale e provinciale. *Napoli*, 1882; 1 vol. petit in-8°.

Annotations à la loi sur l'administration communale et provinciale.

2826. — **Gritta (G.)**. Della riforma della legge comunale e provinciale. *Torino*, 1880; 1 vol. in-8°.

De la réforme de la loi communale et provinciale.

2827. — **Canini (A.)**. Paris en mai 1871. Odes saphiques. 1 broch. in-8°.

2828. — **Statistica della morbosità ossia frequenza e durata delle malattie.** *Roma*, 1879; 1 vol. in-8°.

Statistique des maladies au point de vue de leur fréquence et de leur durée.

2829. — **Statistica delle cause delle morti avvenute in 281 comuni.** 1881-1885; 1 vol. in-8°.

Statistique des causes des décès survenus dans 281 communes.

2830. — **Il colera in Italia negli anni 1884 e 1885. Relazione.** *Roma*, 1 broch. in-8°.

Le choléra en Italie en 1884 et 1885. Rapport.

2831. — **Bonghi (R.). La facoltà di medicina e il suo regolamento.** *Firenze*, 1875; 1 vol. grand in-12.

La faculté de médecine et son règlement.

2832. — **Tunisi (D^r). Cura specifica del cholera.** *Vicenza*, 1884; 1 broch. in-8°.

Remède spécifique contre le choléra.

2833. — **Meteorologià italiana. Bollettino decadico.** 1877; 1 vol. grand in-8°.

Météorologie italienne. Bulletin de décades.

2834. — **Torrigiani (L.). Lezioni di amministrazione comunale.** *Firenze*, 1878; 2 vol. petit in-8°.

Leçons d'administration communale.

2835. — **Conti (V.). Il sindaco nel diritto amministrativo italiano.** *Napoli*, 1875; 1 vol. in-8°.

Le maire d'après le droit administratif italien.

2836. — **Manfrin (P.). Il comune e l'individuo in Italia.** *Roma*, 1880; 1 vol. grand in-12.

La commune et l'individu en Italie.

2837. — **Astengo (C.), Bisio (G. B.). Dei regolamenti municipali. Norme generali e moduli relativi.** *Milano*, 1864; 1 vol. in-8°.

Des règlements municipaux. Règles générales et modèles qui s'y rapportent.

2838. — **Penna (G.). Guida municipale ovvero trattato teorico e pratico di legislazione, dottrina, giurisprudenza e diritto comunale.** *Milano*, 1876; 1 vol. in-8°.

Guide municipal ou traité théorique et pratique de législation, de doctrine, de jurisprudence et de droit communal.

2839. — **Album dei porti.** 1 vol. in-folio.

Album des ports.

2840. — **Relazione sull' ezecuzione delle leggi speciali emanate pei porti.** 1860-1870; 1 vol. grand in-8°.

Rapport sur l'exécution des lois faites spécialement pour les ports.

2841. — Della sistemazione dei principali porti. *Roma*, 1873; 1 vol. in-4°.

De la systématisation des principaux ports.

2842. — Navigazione nei porti del regno. *Roma*, 1875-1886; 12 vol. in-8°.

Mouvement de la navigation dans les ports du royaume.

2843. — Movimento della navigazione italiana nei porti esteri. *Roma*, 1869-1878; 5 vol. in-8°.

Mouvement de la navigation italienne dans les ports étrangers.

2844. — Album dei fari. 1 vol. in-folio.

Album des phares.

2845. — Popolazione presente e assente. Censimento, 31 dicembre 1871. Popolazione classificata per età, sesso, stato civile ed istruzione elementare. *Roma*, 1874-1875; 2 vol. in-8°.

Population présente et absente. Recensement de 1871. Population classée par âge, sexe, état civil et instruction élémentaire.

2846. — Popolazione. Movimento dello stato civile. *Roma*, 1862-1889; 21 vol. in-8°.

Population. Mouvement de l'état civil.

2847. — Morti violente avvenute in tutto il regno. *Roma*, 1883-1884; 1 vol. in-8°.

Morts violentes survenues dans tout le royaume.

2848. — Censimento della popolazione del regno d'Italia, 31 dicembre 1881. *Roma*, 1 broch. in-8°.

Recensement de la population du royaume d'Italie au 31 décembre 1881.

2849. — Censimento degli Italiani all' estero. *Roma*, 1871-1885; 3 vol. in-8°.

Recensement des Italiens à l'étranger.

2850. — Torrigiani (L.). Pratica dello stato civile negli uffizi comunali. *Firenze*, 1868; 1 vol. in-8°.

La pratique de l'état civil dans les administrations communales.

2851. — Del movimento della criminalità in Italia dal 1873 al 1884. *Roma*, 1885; 1 broch. grand in-8°.

Statistique des crimes en Italie de 1873 à 1884.

2852. — **Relazione statistica sui telegrafi del regno d'Italia.** 1863-1890; 13 vol. in-4°.

Rapport statistique sur les télégraphes du royaume d'Italie.

2853. — **Relazione sul servizio postale in Italia.** 1863-1890; 15 vol. in-4°.

Rapport sur le service des postes en Italie.

2854. — **Relazione intorno al servizio delle casse postali di risparmio.** 1876-1883; 2 vol. grand in-8°.

Rapport sur le service des caisses d'épargne postales.

2855. — **Amministrazione delle poste. Registro memoriale; resoconto; modelli.** *Firenze*, 1874; 1 vol. in-8°.

Administration des postes. Registre mémorial; compte rendu; modèles de formules.

2856. — **Beltrani Scalia (M.). La riforma penitenziaria in Italia. Studi e proposte.** *Roma*, 1879-1880; 1 vol. petit in-8°.

La réforme pénitentiaire en Italie. Études et propositions.

2857. — **Beltrani Scalia (M.). La réforme pénitentiaire en Italie. Rapport de M. Ch. Lucas.** 1880; 1 broch. petit in-8°.

2858. — **Atti della ottava riunione degli scienziati italiani tenuta in Genova.** 1846; 1 vol. in-4°.

Actes de la huitième réunion des savants italiens qui a eu lieu à Gênes en 1846.

2859. — **Istruzioni scientifiche pei viaggiatori raccolte da Arturo Issel.** *Roma*, 1881; 1 vol. petit in-8°.

Instructions scientifiques pour les voyageurs, rassemblées par A. Issel.

2860. — **Problèmes numériques faisant suite et servant d'application au Triparty en la science des nombres de Nicolas Chuquet, Parisien.** *Rome*, 1882; 1 broch. in-4°.

2861. — **Osservazioni fenoscopiche sulle piante.** *Roma*, 1887; 1 vol. in-8°.

Observations sur les phénomènes de la végétation des plantes.

2862. — **Franck (M.). Rapport sur le Congrès international réuni à Milan pour l'amélioration du sort des sourds-muets en Italie.** *Paris*, 1880; 1 broch. petit in-8°.

2863. — **Annuario statistico italiano.** *Roma*, 1878-1890; 6 vol. in-8°.

Annuaire statistique italien.

2864. — **Atlante statistico del regno d'Italia.** *Roma*, 1882; 1 atlas in-folio.

Atlas statistique du royaume dl'Italie.

2865. — **Statistica elettorale politica.** *Roma*, 1861-1887; 2 vol. in-8°.

Statistique électorale politique.

2866. — **Statistica della stampa periodica e movimento dei periodici.** *Roma*, 1884-1885; 1 vol. grand in-8°.

Statistique et mouvement des publications périodiques.

2867. — **Statistica del regno d'Italia.** *Milano*, 1868-1870; 5 vol. grand in-8°.

Statistique du royaume d'Italie.

2868. — **Annali di statistica.** *Roma*, 1878-1892; 26 vol. in-8°.

Annales de statistique.

2869. — **Rivalta (V.).** **Storia e sistema del diritto dei teatri.** *Bologna*, 1886; 1 vol. in-8°.

Histoire et système du droit des théâtres.

2870. — **Donghi (D.).** **Sulla sicurezza dei teatri in caso d'incendio.** *Torino*, 1888; 1 broch. in-8°.

Sur la sécurité dans les théâtres en cas d'incendie.

2871. — **Annuario del ministero dei lavori pubblici del regno d'Italia.** *Roma*, 1873; 1 vol. in-8°.

Annuaire du ministère des travaux publics du royaume d'Italie.

2872. — **L'amministrazione dei lavori pubblici in Italia. Relazione.** *Firenze*, 1860-1867; 1 vol. in-8°.

Rapport sur l'administration des travaux publics en Italie.

2873. — **Legge sui lavori pubblici.** *Torino*, 1865; 1 vol. petit in-8°.

Loi sur les travaux publics.

2874. — **Relazioni diverse dell' ingegnere Felice Biglia pubblicate durante l'anno 1870 nel Giornale del Genio civile.** *Firenze*, 1 vol. in-8°.

Rapports divers de l'ingénieur F. Biglia, publiés en 1870 dans le «Journal du Génie civil».

2875. — **Annuario del r. Corpo del Genio civile del regno d'Italia.** 1871-1888; 3 vol. in-8°.

Annuaire du corps royal du Génie civil du royaume d'Italie.

2876. — **Relazione del Commissario governativo sui lavori del trasferimento.** *Roma*, 1871; 1 vol. grand in-8°.

Rapport du Commissaire du gouvernement sur les travaux nécessités par le changement de capitale.

2877. — **Relazione della direzione generale di ponti e strade.** *Roma*, 1872; 1 vol. petit in-4°.

Rapport de la direction générale des ponts et chaussées.

2878. — **Maiuri (A.). Osservazioni sulle opere pubbliche e su gl' ingegneri de' ponti e strade nel continente dell' Italia meridionale.** *Napoli*, 1860; 1 vol. in-8°.

Observations sur les travaux publics et sur les ingénieurs des ponts et chaussées dans la partie sud du continent italien.

2879. — **Possenti (C.). Relazione di visita delle opere di ponti e strade e di porti, spiazze e fari nelle provincie siciliane.** *Milano*, 1865; 1 vol. petit in-4°.

Rapport d'une inspection des travaux de ponts, de chaussées, de ports, de côtes et de phares dans les provinces siciliennes.

2880. — **Gilbert (D.), Giulio (C.-J.). Teoria matematica dei ponti pensili.** *Torino*, 1851; 1 vol. in-8°.

Théorie mathématique des ponts suspendus.

2881. — **Traforo delle Alpi tra Bardonèche e Modane. Relazione.** *Torino*, 1863; 1 vol. in-4°.

Percement des Alpes entre Bardonèche et Modane. Rapport.

2882. — **Bollettino della Commissione idrografica.** *Roma*, 1873; 1 vol. in-4°.

Bulletin de la Commission hydrographique.

2883. — **Relazione sui servizi idraulici.** *Roma*, 1873-1876; 3 vol. in-4°.

Rapport sur les services hydrauliques.

2884. — **L'Italia sotto l'aspetto idrografico. Fiumi, torrenti e canali.** *Roma*, 1878; 1 vol. in-4°.

L'Italie au point de vue hydrographique. Fleuves, torrents et canaux.

2885. — **Bollettino idrografico.** *Roma*, 1871-1878; 1 vol. in-folio.

Bulletin hydrographique.

2886. — **Riparto del personale ed attribuzioni dei singoli uffizi nell' amministrazione centrale dei lavori pubblici.** *Roma*, 1878; 1 broch. in-8°.

Répartition du personnel et attributions de chacun des services à l'administration centrale des travaux publics.

2887. — **Regolamento per la direzione dei lavori dello Stato. Regolamento per la custodia dei fiumi, torrenti, e opere annesse.** *Firenze*, 1870; 1 vol. in-4°.

Règlement pour la direction des travaux de l'État. Règlement pour la garde des fleuves, des torrents et des travaux qui s'y rattachent.

2888. — **Bonificazioni. Rapporti diversi.** *Firenze, Torino, Napoli*, 1860-1875; 1 vol. in-8°.

Rapports divers sur l'assainissement des maremmes.

2889. — **Baccarini (A.). Sul compimento delle opere di bonificazione e sulla definitiva regolazione delle acque nelle maremme toscane.** *Roma*, 1877; 1 vol. in-4°.

Sur le complément des travaux relatifs à l'amendement des terrains et sur la régularisation définitive des eaux des maremmes toscanes.

2890. — **Memoria e domande delle representanze provinciali venete e mantovana per la riforma nella parte idraulica della legge 20 marzo 1865 sulle opere pubbliche.** *Verona*, 1868; 1 vol. in-4°.

Mémoire et suppliques des représentants des provinces de Venise et de Mantoue pour la réforme, en ce qui concerne les travaux hydrauliques, de la loi du 20 mars 1865 sur les travaux publics.

2891. — **Scotini (G.). Memorie idrauliche premesse ai progetti per la regolazione delle acque delle provincie sulla destra del Basso-Po.** *Torino*, 1865; 1 vol. in-4°.

Mémoires sur les travaux hydrauliques servant d'introduction aux projets émis pour la régularisation des eaux des provinces situées sur la rive droite du bas Pô.

2892. — **Possenti (C.). Piano di sistemazione del fiume Tevere.** *Firenze*, 1871; 1 vol. grand in-8°.

Plan de systématisation du Tibre.

2893. — **Relazione che accompagna il progetto di una nuova**

inalveazione del **Tevere** attraverso i prati di Castello. *Roma*, 1870; 1 vol. in-4°.

Rapport accompagnant le projet de creusement d'un nouveau lit pour le Tibre à travers les prés de Castello.

2894. — **Relazione intorno alla generale livellazione del fiume Reno.** *Roma*, 1854-1855; 1 vol. in-folio.

Rapport sur le nivellement général du fleuve Reno.

2895. — **Lanciani (F.). Relazione sul Brenta et sul Novissimo.** *Firenze*, 1872.

——— **Relazione sul fiume Lamone.** *Roma*, 1873; 1 vol. in-8°.

Rapport sur les fleuves Brenta et Novissimo. Rapport sur le fleuve Lamone.

2896. — **Desséchement du lac Fucino, exécuté par S. E. le prince Alexandre Torlonia. Précis historique et technique par MM. A. Brisse et L. de Rotrou.** *Rome*, 1876; 1 vol. in-4° et 1 atlas.

2897. — **Paleocapa (P.). Considerazioni sul protendimento delle spiagge e sull' insabbiamento dei porti dell' Adriatico.** *Milano*, 1857.

Considérations sur l'accroissement des côtes et l'ensablement des ports de l'Adriatique.

——— **Possenti (C.). Canale marittimo di Suez.** *Firenze*, 1870; 1 vol. in-8°.

Canal maritime de Suez.

2898. — **Raccolto di leggi, decreti e circolari sulle opere idrauliche di 1ª e 2ª categoria, e sul servizio idrografico.** *Roma*, 1885; 1 vol. in-8°.

Recueil de lois, de décrets et de circulaires concernant les travaux hydrauliques de première et de deuxième catégorie, ainsi que le service hydrographique.

2899. — **Lavori pubblici. Cenni monografici sui singoli servizi.** *Roma*, 1878-1880; 1 vol. in-folio.

Travaux publics. Aperçus monographiques sur chacun des services en particulier.

2900. — **Relazione sulle strade comunali obbligatorie.** *Roma*, 1871-1876; 9 vol. in-4° et un atlas.

Rapport sur les routes communales obligatoires.

2901. — **Classificazione delle strade provinciali del regno.** *Roma*, 1874; 1 vol. in-8°.

Classification des routes provinciales du royaume.

2902. — **Relazione sull' ezecuzione delle leggi per la costruzione delle strade nazionali e provinciali.** *Roma*, 1872; 1 vol. petit in-4°.

Rapport sur l'exécution des lois concernant les routes nationales et provinciales.

2903. — **Statistica delle strade nazionali del regno d'Italia.** *Torino*, 1864; 1 vol. grand in-8°.

Statistique des routes nationales du royaume d'Italie.

2904. — **Bignami (E.). La pulizia stradale delle città.** *Milano*, 1875; 1 broch. in-8°.

Le nettoyage des rues dans les villes.

COMO (PROVINCE DE).

2905. — **Casnati (G.). Il Comitato provinciale di Como al Congresso internazionale di beneficenza in Milano.** 1880; 1 broch. in-4°.

Le Comité provincial de Como au Congrès international de bienfaisance à Milan.

FERRARE (PROVINCE DE).

2906. — **Scelsi (S.). Statistica della provincia di Ferrara.** 1875; 1 vol. petit in-4°.

Statistique de la province de Ferrare.

2907. — **Relazione sull' inchiesta amministrativa intorno alle cause che produssero la rota dell' argine del Po a Guarda ferrarese nel 28 maggio 1872.** 1 vol. in-4°.

Rapport sur l'enquête administrative concernant les causes qui ont amené la rupture de la digue du Pô à Guarda (territoire de Ferrare), le 28 mai 1872.

FLORENCE (PROVINCE DE).

2908. — **Provincia di Firenze. Statistica delle istituzioni di beneficenza.** 1868; 1 vol. in-8°.

Statistique des établissements de bienfaisance de la province de Florence.

2909. — Rapporto della Commissione provinciale d'inchiesta sui ricoveri degli esposti. *Firenze,* 1868; 1 broch. in-8°.

Rapport de la Commission provinciale chargée de l'enquête sur les asiles pour enfants exposés.

2910. — Provincia di Firenze. Soppressione delle ruote per il ricevimento dei trovatelli. 1875; 1 broch. in-8°.

Province de Florence. Suppression des tours destinés à recevoir les enfants trouvés.

2911. — Amministrazione del Consiglio compartimentale di Firenze. Rendimento di conti. 1862-1885 ; 7 vol. in-8°.

Reddition des comptes de l'administration du Conseil départemental de Florence.

2912. — Amministrazione provinciale di Firenze. Bilancio preventivo. 1863-1887; 3 vol. in-8°.

Budget de l'administration provinciale de Florence.

2913. — Stato delle distanze referibili alla provincia di Firenze per l'applicazione della tariffa in materia penale. 1866; 1 broch. in-4°.

Tableau des distances se rapportant à la province de Florence pour l'application du tarif en matière pénale.

2914. — Atti del Consiglio provinciale di Firenze. 1865-1886; 19 vol. in-8°.

Actes du Conseil provincial de Florence.

2915. — Regolamento per il Consiglio provinciale di Firenze. 1866; 1 broch. in-8°.

Règlement pour le Conseil provincial de Florence.

2916. — Atti del Consiglio compartimentale di Firenze. 1861-1864; 3 vol. in-8°.

Actes du Conseil départemental de Florence.

2917. — Statuto organico del servizio tecnico della provincia di Firenze. 1877; 1 broch. in-8°.

Règlement organique du service du Génie civil dans la province de Florence.

2918. — Provincia di Firenze. Progetto per la classificazione delle strade. 1866; 1 vol. in-8°.

Province de Florence. Projet pour le classement des routes.

GÊNES (PROVINCE DE).

2919. — Progetto del conto amministrativo dei fondi e delle spese provinciali. Esercizio 1880. *Genova*, 1 broch. petit in-4°.

Projet du compte administratif des fonds et des dépenses de la province de Gênes pour l'exercice.1880.

2920. — Progetto del bilancio provinciale di Genova per 1882. 1 broch. petit in-4°.

Projet du budget de la province de Gênes pour 1882.

2921. — Atti del r. Istituto tecnico industriale professionale e di marina mercantile della provincia di Genova. 1868-1869; 2 vol. in-8°.

Actes de l'Institut royal technique de la province de Gênes pour l'industrie professionnelle et la marine marchande.

2922. — Atti del Consiglio provinciale di Genova. 1865-1886; 14 vol. in-4°.

Actes du Conseil provincial de Gênes.

2923. — Esposizione al Consiglio provinciale di Genova dell' operato della deputazione provinciale. 1880-1881; 1 broch. petit in-4°.

Exposition au Conseil provincial de Gênes des travaux de la députation provinciale.

LOMBARDIE.

2924. — Cantalupi (A.). Sulla costruzione delle strade in ghiaja della Lombardia. *Firenze*, 1867; 1 vol. petit in-8°.

Sur la construction des routes en empierrement dans la Lombardie.

2925. — Maridati (S.). Prontuario generale delle distanze in chilometri fra tutti i comuni delle provincie lombarde. 1860; 1 vol. in-folio.

Manuel général des distances en kilomètres entre toutes les communes des provinces lombardes.

MILANAIS.

2926. — Mille (A.). Rapport sur les irrigations et les prairies à marcites du Milanais. *Paris*, 1862; 1 vol. in-4°.

NAPLES (PROVINCE DE).

2927. — Relazione sulle ferrovie napoletane. *Napoli*, 1861 ;
1 vol. in-8°.

Rapport sur les chemins de fer napolitains.

2928. — Bilanci provinciali di previsione. *Napoli*, 1882-1887 ;
1 vol. in-8°.

Comptes budgétaires des provinces.

2929. — Archivio storico per le provincie napoletane. *Napoli*,
1876-1888 ; 13 vol. petit in-8°.

Archives historiques des provinces napolitaines.

**2930. — Monumenta ad neapolitani ducatus historiam perti-
nentia quæ vulgantur cura et studio Bartholomaei Capasso.**
Neapoli, 1881 ; 1 vol. in-4°.

Monuments appartenant à l'histoire du duché de Naples publiés par les soins
de B. Capasso.

**2931. — Relazione della Commissione eletta per studiare la
quistione dell' arsenale maritimo di Napoli, del cantiere di
Castellammare e dei magazini generali.** 1870 ; 1 vol. in-8°.

Rapport de la Commission choisie pour étudier la question de l'arsenal maritime de Naples, du chantier de Castellamare et des magasins généraux.

PALERME (PROVINCE DE).

2932. — Atti del Consiglio provinciale di Palermo. 1868-
1882 ; 13 vol. grand in-8°.

Actes du Conseil provincial de Palerme.

PIÉMONT.

**2933. — Bianchi (N.). Le materie politiche relative all' es-
tero degli archivi di stato piemontesi.** *Roma*, *Torino*, 1 vol.
in-8°.

Les matières relatives à l'étranger qui se trouvent dans les archives officielles
du Piémont.

2934. — Bianchi (N.). Le carte degli archivi piemontesi.
Roma, *Torino*, 1881 ; 1 vol. in-8°.

Les papiers des archives du Piémont.

ROME (PROVINCE DE).

2935. — Carlucci (D' C.). Relazione sulle condizioni fisiche e stato civile della provincia romana e sulle infirmità predominanti nella sua popolazione. *Roma*, 1 broch. in-8°.

Rapport sur les conditions physiques et sur l'état civil de la province romaine, ainsi que sur les infirmités qui en affligent le plus communément la population.

TOSCANE.

2936. — Rapporto generale della pubblica esposizione dei prodotti naturali e industriali della Toscana. *Firenze*, 1854; 1 vol. in-8°.

Rapport général sur l'exposition publique des produits naturels et industriels de la Toscane.

2937. — Atti dei Consigli compartimentali della Toscana. *Firenze*, 1860-1861; 2 vol. in-8°.

Actes des Conseils départementaux de la Toscane.

TURIN (PROVINCE DE).

2938. — Raccolta dei regolamenti della provincia e delle opere pie. *Torino*, 1 vol. petit in-8°.

Recueil des règlements de la province de Turin et de ses établissements de charité.

2939. — Clavarino (L.). Saggio di corografia statistica e storica delle valli di Lanzo. *Torino*, 1867; 1 vol. in-8°.

Essai de chorographie statistique et historique des vallées de Lanzo.

2940. — Carenzi (D' B.). Rapporto sul servizio vaccinico nella provincia di Torino dal 1860 a tutto il 1864. 1 vol. in-8°.

Rapport sur le service de la vaccination dans la province de Turin depuis 1860 jusqu'à la fin de 1864.

2941. — Atti del Consiglio provinciale di Torino. 1866-1889; 24 vol. in-4° et in-8°.

Actes du Conseil provincial de Turin.

2942. — Foglio periodico della regia prefettura di Torino. 1885; 1 vol. in-8°.

Feuille périodique de la préfecture de Turin.

2943. — **Deliberazioni della deputazione provinciale di Torino.** 1877-1879; 3 vol. petit in-8°.

Délibérations de la députation provinciale de Turin.

2944. — **Baretti (M.).** **Studi geologici sul gruppo del Gran Paradiso.** *Torino*, 1887; 1 vol. petit in-4°.

Études géologiques sur le groupe du Grand Paradis.

2945. — **Atti della Società di archeologia e belle arti per la provincia di Torino.** 1875-1880; 3 vol. in-8°.

2946. — **Carta topografica stradale della provincia di Torino e delle provincie limitrofe.** 1 carte in-folio.

Carte topographique routière de la province de Turin et des provinces limitrophes.

2947. — **Provincia di Torino. Rapporto annuo sul servizio stradale provinciale.** 1876-1879; 1 vol. in-4°.

Province de Turin. Rapport annuel sur le service des routes provinciales.

UDINE (PROVINCE DE).

2948. — **Annuario statistico per la provincia di Udine.** 1876-1889; 4 vol. petit in-8°.

Annuaire statistique de la province d'Udine.

VENISE (PROVINCE DE).

2949. — **Moretti (L.-S.).** **Sulle condizioni agrarie della provincia di Venezia.** 1879; 1 broch. petit in-8°.

Considérations sur l'état de l'agriculture dans la province de Venise.

2950. — **Deputazione provinciale di Venezia. Sulla reciprocità di trattamento gratuito per le malattie acute degli indigenti negli spedali lombardo-veneti.** 1887; 1 broch. grand in-8°.

Députation provinciale de Venise. Sur la réciprocité de traitement gratuit des maladies aiguës des indigents dans les hôpitaux de la Lombardo-Vénétie.

2951. — **Carta corografica della provincia di Venezia.** 1 atlas.

Carte chorographique de la province de Venise.

2952. — **Collotta (G.).** **Carta delle ferovie internazionali e provinciali proposte nelle provincie Venete ec. ec.** 1873; 1 carte in-8°.

Carte des chemins de fer internationaux et provinciaux proposés pour les provinces vénitiennes, etc.

2953. — **Venezia. Tariffe ferroviarie 1869. Relazione della Commissione speciale per le ferrovie.** 1874; 1 vol. grand in-8°.

Venise. Tarifs des chemins de fer. Rapports de la Commission spéciale des chemins de fer.

2954. — **Regolamento per la concessione di costruire ed esercitare guidovie sopre le strade provinciali de Venezia.** 1882; 1 broch. in-8°.

Règlement pour la concession du droit d'établir et d'exploiter des voies à rails sur les routes de la province de Venise.

2955. — **Bertolini (D^r). Le vie consolari e le strade ferrate della provincia di Venezia.** 1879; 2 broch. in-8°.

Les voies consulaires et les chemins de fer de la province de Venise.

2956. — **Communicazioni e proposte della Commissione provinciale ferroviaria.** *Venezia*, 1875; 1 broch. in-8°.

Communications et propositions de la Commission provinciale des chemins de fer.

2957. — **Convenzioni stipulate fra la Commissione del Consiglio provinciale di Venezia e la Società dell' Alta Italia per l'armamento e l'esercizio di alcune ferrovie.** 1875; 1 broch. in-8°.

Conventions stipulées entre la Commission du Conseil provincial de Venise et la Compagnie de la Haute-Italie pour l'installation et l'exploitation de quelques lignes de chemins de fer.

2958. — **Bertolini (M.), Collotta. Relazione intorno alle questioni ferroviarie nei riguardi della provincia, della città e del porto di Venezia.** 1872; 1 broch. in-8°.

Rapport sur la question des chemins de fer au point de vue de la province, de la ville et du port de Venise.

2959. — **Moretti (S.). Le condizioni economiche ed amministrative della provincia di Venezia esposte al Consiglio provinciale.** 1877-1879; 1 vol. in-8°.

La situation économique et administrative de la province de Venise exposée au Conseil provincial.

2960. — **Rosa (M.). Le scuole elementari della provincia di Venezia.** 1881; 1 vol. in-8°.

Les écoles élémentaires de la province de Venise.

2961. — **Atti del Consiglio provinciale di Venezia.** 1867-1890; 23 vol. in-8°.

Actes du Conseil provincial de Venise.

2962. — **Prontuario alfabetico ragionato delle deliberazioni del Consiglio provinciale di Venezia.** 1867-1881; 2 vol. in-8°.

Manuel alphabétique raisonné des délibérations du Conseil provincial de Venise.

2963. — **Relazione al Consiglio provinciale di Venezia della Commissione nominata per riferire intorno ai mezzi di ottenere la intera e perfetta liberazione delle terre.** 1869; 1 broch. in-8°.

Rapport au Conseil provincial de Venise de la Commission nommée pour exposer les moyens d'obtenir l'entière et parfaite exonération des terres.

2964. — **Annuario statistico-amministrativo della provincia di Venezia.** 1874; 1 vol. in-8°.

Annuaire statistique administratif de la province de Venise.

2965. — **Statistica della provincia di Venezia.** 1870; 1 vol. in-4°.

Statistique de la province de Venise.

2966. — **Moretti (L.-S.).** **La provincia di Venezia. Monografia statistica-economica-amministrativa.** 1880-1881; 1 vol. in-folio.

La province de Venise. Monographie statistique, économique, administrative.

2967. — **Vacani (Barone C.).** **Della laguna di Venezia e dei fiumi nelle attigue provincie. Memoria.** *Firenze,* 1867; 1 vol. in-8°.

Mémoire sur la lagune de Venise et sur les fleuves des provinces adjacentes.

2968. — **Atti della Commissione tecnica per i provvedimenti idraulici nelle provincie venete.** *Roma,* 1885; 1 vol. in-4°.

Actes de la Commission technique des travaux nécessaires à exécuter dans les provinces vénitiennes.

2969. — **Relazione all' onorevole Consiglio della provincia di Venezia sull' operato della Commissione per la foce del Brenta e sullo stato presente della questione lagunare.** 1875-1876; 1 vol. grand in-8°.

Rapport au Conseil de la province de Venise sur les travaux de la Commission des bouches de la Brenta et sur l'état actuel de la question des lagunes.

2970. — **Moretti (L.-S.).** **Relazione agli enti morali interessati e contribuenti all' esecuzione dei lavori di risanamento**

della zona del litorale di Malamocco che dal forte di S. Nicolo
di Lido s'estende al forte di Quattro Fontane. *Venezia*, 1879;
1 broch. in-8°.

Rapport aux sociétés autorisées qui s'intéressent et contribuent à l'exécution
des travaux d'assainissement de la zone du littoral de Malamocco, qui s'étend
du fort Saint-Nicolas du Lido au fort des Quatre-Fontaines.

2971. — **Lanciani (F.). Relazione sul Brenta e sul Novissimo.** *Venezia*, 1874; 1 vol. in-4°.

Rapport sur la Brenta et sur le Novissimo.

2972. — **Idrografia del porto di Lido, S. Erasmo e Tre Porti.**
1 carte in-4°.

Hydrographie du port de Lido, du port de Saint-Érasme et des Trois-Ports.

AREZZO.

2973. — **Omaggio dell' accademia Petrarca di scienze, lettere
ed arti in Arezzo al municipio di Arquà pel 5° centenario
dalla morte dell' illustre poeta.** 1874; 1 broch. in-8°.

Hommage de l'académie Petrarca, académie des sciences, des lettres et des
arts d'Arezzo, à la municipalité d'Arquà, à l'occasion du 5e centenaire de la
mort de l'illustre poète.

AVELLINO.

2974. — **Reclamo al Consiglio di Stato per l'avv. Costantino
d'Agostino contro il municipio di Avellino.** 1 broch. grand
in-8°.

Appel au Conseil d'État par l'avocat C. d'Agostino contre la municipalité
d'Avellino.

BARI.

2975. — **Del patronato sulle classi agricole povere nel circondario barese.** *Bari*, 1880; 1 broch. in-8°.

Du patronage accordé aux classes agricoles indigentes dans l'arrondissement
de Bari.

BOLOGNE.

2976. — **Governo pontificio. Il senatore di Bologna. Regolamento sui macellari.** 1856; 1 broch. petit in-8°.

Gouvernement pontifical. Le sénateur de Bologne. Règlement concernant les
bouchers.

2977. — **Relazione della giunta municipale sul progetto per la costruzione di un nuovo macello.** *Bologna*, 1879; 1 broch. petit in-8°.

Rapport de la junte municipale sur un projet de construction d'un nouvel abattoir.

2978. — **Riferimento al Consiglio municipale di Bologna intorno all' applicazione della nuova legge sulle opere pie.** 1862; 1 broch. in-8°.

Rapport au Conseil municipal de Bologne sur l'application de la nouvelle loi concernant les établissements de charité.

2979. — **Aglebert (A.). La riforma delle opere pie di Bologna. Descrizione e proposte.** 1874; 1 broch. in-8°.

La réforme des établissements de charité de Bologne. Description et propositions.

2980. — **Proposte al Consiglio municipale di Bologna per la riforma della istituzione dei lavori detti di beneficenza.** 1 broch. grand in-8°.

Propositions au Conseil municipal de Bologne pour la réforme de l'institution des travaux dits de bienfaisance.

2981. — **Municipio di Bologna. Relazione della Commissione incaricata di studiare provedimenti per dare uno stabile assetto al ricovero di mendicità.** 1875-1881; 2 broch. in-4°.

Municipalité de Bologne. Rapport de la Commission chargée d'étudier les dispositions à prendre pour donner une assiette stable à l'asile de mendicité.

2982. — **Regolamento disciplinare per l'istituto Aldini-Valeriani.** *Bologna*, 1879; 1 broch. in-8°.

Règlement disciplinaire pour l'institution Aldini-Valeriani.

2983. — **Municipio di Bologna. Progetto di riordinamento dell' istituto Aldini.** 1874; 1 broch. in-4°.

Projet de réorganisation de l'institution Aldini.

2984. — **Rapporto della Commissione incaricata dal Consiglio comunale di Bologna di studiare e proporre il modo più acconcio a dare all' istituto Aldini un utile ordinamento.** 1 broch. in-4°.

Rapport de la Commission chargée par le Conseil communal de Bologne d'étudier et de proposer les moyens les plus convenables pour organiser d'une manière utile l'institution Aldini.

2985. — **Regolamento per la beneficenza dell' eredità Aldini.** *Bologna*, 1861; 1 broch. in-8°.

Règlement concernant les conditions pour bénéficier du legs Aldini.

2986. — **Guida del Museo civico di Bologna.** 1 broch. in-4°.

Guide du Musée municipal de Bologne.

2987. — **Regolamento del Museo civico di Bologna.** 1882;
1 broch. petit in-8°.

Règlement du Musée municipal de Bologne.

2988. — **Nella solenne inaugurazione del Museo civico di Bologna fatta il 25 settembre 1881, discorso del direttore generale senatore Gozzadini.** 1 broch. in-8°.

Discours du sénateur Gozzadini, directeur général du Musée municipal de Bologne, prononcé à l'inauguration solennelle faite le 25 septembre 1881.

2989. — **Zannoni (A.). Sugli scavi della Certosa. Relazione.**
Bologna, 1871; 1 broch. in-4°.

Rapport sur les fouilles de la Chartreuse.

2990. — **Municipio di Bologna. Progetto di regolamento generale del liceo musicale.** 1869; 1 broch. in-4°.

Municipalité de Bologne. Projet de règlement général pour l'école de musique.

2991. — **Regolamento per la banda musicale di Bologna.**
1873-1878; 2 broch. in-8°.

Règlement pour le corps de musique de Bologne.

2992. — **All' illustrissima giunta municipale di Bologna intorno all' eredità del commendatore Palagi. Riferimento di Carlo Berti Pichat.** 1860; 1 broch. in-4°.

Rapport de C.-B. Pichat à la junte municipale de Bologne au sujet du legs du commandeur Palagi.

2993. — **Municipio di Bologna. Regolamento per la biblioteca comunale.** 1874; 2 broch. in-4°.

Municipalité de Bologne. Règlement pour la bibliothèque communale.

2994. — **Rapporto della Commissione consigliare pel riordinamento della biblioteca comunale.** *Bologna*, 1 broch. grand in-8°.

Rapport de la Commission consultative pour la réorganisation de la bibliothèque communale.

2995. — **Doni di libri, medaglie ed altri oggetti antichi fatti alla biblioteca comunitativa e al Museo archeologico dell' archiginnasio di Bologna.** 1863-1866; 4 broch. in-8°.

Dons de livres, de médailles et d'autres objets d'antiquité faits à la bibliothèque communale et au Musée archéologique du gymnase supérieur de Bologne.

2996. — **Municipio di Bologna. Relazione alla giunta municipale circa il concorso richiesto per la costruzione della ferrovia Bologna-Cento-Verona.** 1869; 1 broch. petit in-4°.

Municipalité de Bologne. Rapport à la junte municipale à propos de la
subvention demandée pour la construction du chemin de fer Bologne-Cento-
Vérone.

2997. — **Riferimento sugli studi fatti e sulle deliberazioni
prese dalla Commissione intercomunale dei municipi di Bologna, Calderara, Crevalcore, Persiceto, Sala e Sant Agata
allo scopo di affrettare la costruzione della strada ferrata
Bologna-Verona.** 1881; 1 broch. in-8°.

Rapport sur les études faites et sur les délibérations prises par la Commission inter-communale des municipalités de Bologne, Calderara, Crevalcore,
Persiceto, Sala et Sant Agata, dans le but d'accélérer la construction du
chemin de fer Bologne-Vérone.

2998. — **Municipio di Bologna. Regolamento pel corpo dei por-
tantini adetti al servizio dei trasporti funebri.** 1875; 1 broch.
in-4°.

Municipalité de Bologne. Règlement pour le corps des porteurs attachés au
service des transports funèbres.

2999. — **All' onorevole giunta comunale di Bologna sui legati
di messe dell' azienda delle scuole pie. Relazione.** 1879;
1 broch. petit in-8°.

Rapport à la junte municipale de Bologne sur les legs faits à l'administration
des écoles des prêtres réguliers avec obligation de dire des messes pour les
donateurs.

3000. — **Municipio di Bologna. Rapporto e convenzione per la
riattivazione dell' acquedotto dal torrente Setta a Bologna.**
1874-1875; 2 broch. in-4°.

Municipalité de Bologne. Rapport et traité pour faire servir de nouveau
l'aqueduc qui va du torrent Setta à Bologne.

3001. — **Capitolato per l'illuminazione a gas della città di Bologna.** 1862; 1 broch. petit in-4°.

Contrat pour l'éclairage au gaz de la ville de Bologne.

3002. — **Municipio di Bologna. Modificazione al capitolato fra
il comune e la Società ginevrina dell' industria del gas.** 1867;
1 broch. petit in-4°.

Modification au contrat passé entre la commune de Bologne et la Société gé-
nevoise pour l'exploitation du gaz.

3003. — **All' onorevole Consiglio comunale di Bologna. Relazione della Commissione consigliare per la revisione delle liste elettorali politiche. 26 marzo 1882.** 1 broch. petit in-4°.

Rapport présenté au Conseil communal de Bologne par la Commission consultative chargée de la revision des listes électorales politiques. 26 mars 1882.

3004. — **Relazione della Commissione nominata per esaminare la questione del prezzo del pane.** *Bologna*, 1861; 1 broch. in-8°.

Rapport de la Commission nommée pour étudier la question du prix du pain.

3005. — **Al Consiglio comunale di Bologna. Relazione della giunta municipale. Impiegati del comune.** 1 broch. petit in-4°.

Rapport de la junte au Conseil municipal de Bologne au sujet des employés de la commune.

3006. — **Regolamento amministrativo, e pianta degli uffici comunali.** *Bologna*, 1862; 1 broch. petit in-4°.

Règlement administratif, et rôle des emplois communaux.

3007. — **Municipio di Bologna. Relazione e progetto della giunta municipale per la riforma del piano organico degli uffici comunali.** 1 broch. petit in-4°.

Municipalité de Bologne. Rapport et proposition de la junte municipale au sujet de la réforme du plan organique des emplois communaux.

3008. — **Regolamenti sulle pensioni degl' impiegati del comune di Bologna.** 1874; 2 broch. petit in-4°.

Règlements concernant les pensions des employés de la commune de Bologne.

3009. — **Municipio di Bologna. Rapporti sul conto amministrativo.** 1868; 1 broch. petit in-4°.

Municipalité de Bologne. Rapports sur le compte administratif.

3010. — **Rapporto dei revisori dei conti al Consiglio comunale di Bologna.** 1862-1889; 7 vol. petit in-4°.

Rapport des vérificateurs des comptes au Conseil communal de Bologne.

3011. — **Bilancio ossia conto preventivo dell' entrata e dell' uscita del comune di Bologna.** 1866-1889; 14 vol. in-4°.

Budget de la commune de Bologne.

3012. — **Bologna. Documenti di finanza.** 1 vol. in-4°.

Bologne. Documents financiers.

3013. — **Municipio di Bologna. Relazione della giunta al Consiglio sull' andamento finanziario e amministrativo del comune dall' anno 1872 al 1886.** 1 broch. petit in-4°.

Municipalité de Bologne. Rapport de la junte au Conseil sur le fonctionnement des finances et de l'administration de la commune de 1872 à 1886.

3014. — **Norme regolamentari per l'ufficio di contabilità del comune di Bologna.** 1874; 1 broch. in-8°.

Dispositions réglementaires pour le bureau de comptabilité de la commune de Bologne.

3015. — **Relazione dell' importanza e dello stato degli archivii bolognesi.** 1874; 1 vol. in-8°.

Rapport sur l'importance et sur l'état des archives de Bologne.

3016. — **Cenni storici, relazioni e cataloghi del Museo civico di Bologna per la inaugurazione fatta il 2 ottobre 1871.** 1 vol. in-4°.

Aperçus historiques sur le Musée municipal de Bologne, rapports et catalogues à propos de l'inauguration faite le 2 octobre 1871.

3017. — **Pietro, duca di Curlandia. Commemorazione di Luciano Scarabelli all' accademia di belle arti in Bologna.** 1866; 1 broch. in-8°.

Pierre, duc de Courlande. Mémoire présenté par L. Scarabelli à l'Académie des beaux-arts de Bologne.

3018. — **Bologna. Tasse e dazi.** 1 vol. in-4°.

Bologne. Taxes et droits.

3019. — **Municipio di Bologna. Dimostrazione dei prodotti del dazio consumo.** 1877; 1 broch. in-4°.

Municipalité de Bologne. Exposé du produit des droits sur la consommation.

3020. — **Atti del IX° Congresso pedagogico italiano e della esposizione scolastica.** *Bologna,* 1874; 1 vol. in-8°.

Actes du ix° Congrès pédagogique italien et compte rendu de l'exposition scolaire.

3021. — **Relazione sulla istruzione pubblica municipale di Bologna.** 1876-1882; 4 broch. in-8°.

Rapport sur l'instruction publique municipale de Bologne.

3022. — **Burzi (D.-M.). Istituti scolastici del comune di Bologna. Relazione.** 1874-1875; 1 broch. in-8°.

Rapport sur les établissements scolaires de la commune de Bologne.

**3023. — Istituti d'istruzione elementare e secondaria dipen-
denti del municipio di Bologna.** 1872-1874; 1 broch. petit
in-4°.

Établissements d'enseignement élémentaire et d'enseignement secondaire qui
dépendent de la municipalité de Bologne.

**3024. — Rapporto sull' andamento generale delle scuole ele-
mentari e degl' istituti d'istruzione dipendenti dal comune di
Bologna.** 1871-1873; 2 broch. grand in-8°.

Rapport sur le fonctionnement général des écoles élémentaires et des établissements d'instruction qui dépendent de la commune de Bologne.

**3025. — Piano organico e regolamento disciplinare per le
civiche scuole elementari di Bologna.** 1 broch. grand in-8°.

Plan organique et règlement disciplinaire pour les écoles municipales élémentaires de Bologne.

**3026. — Municipio di Bologna. Riforma dell' istruzione ele-
mentare comunale. Rapporto.** 1869; 1 broch. petit in-4°.

Municipalité de Bologne. Rapport au sujet de la réforme de l'enseignement
élémentaire communal.

**3027. — Municipio di Bologna. Relazione e proposta della
giunta municipale. Istruzione elementare comunale.** 1867;
2 broch. petit in-4°.

Municipalité de Bologne. Rapport et proposition de la junte municipale au
sujet de l'enseignement élémentaire communal.

**3028. — Regolamento per le scuole serali istituite dal muni-
cipio di Bologna, e programmi.** 1862-1863; 1 broch. in-8°.

Règlement et programmes des écoles du soir établies par la municipalité de
Bologne.

**3029. — Grosso (A.). Municipio di Bologna. Relazione sulle
scuole serali per gli adulti analfabeti.** 1869; 1 broch. in-8°.

Municipalité de Bologne. Rapport sur les écoles du soir pour adultes
illettrés.

**3030. — Regolamento per la Scuola femminile superiore del
comune di Bologna.** 1873; 1 broch. in-8°.

Règlement pour l'École supérieure de jeunes filles de la commune de
Bologne.

**3031. — Regolamento amministrativo economico pel convitto
annesso alla regia Scuola normale femminile di Bologna.**
1 broch. in-8°.

Règlement administratif et économique de la pension annexée à l'École
royale normale de jeunes filles à Bologne.

3032. — **Regolamento per l'occupazione di suolo pubblico o soggetto a pubblica servitù di passaggio.** *Bologna*, 1877; 1 broch. grand in-12.

Règlement concernant l'occupation des terrains publics ou soumis à une servitude de passage public.

3033. — **Municipio di Bologna. Riferimento della Commissione nominata per uno studio sul mercato coperto.** 1874; 1 broch. in-4°.

Municipalité de Bologne. Rapport de la Commission nommée pour faire une étude sur le marché couvert.

3034. — **L'epidemia di cholera-morbus nel comune di Bologna.** 1886; 1 broch. grand in-8°.

Le choléra dans la commune de Bologne.

3035. — **Regolamento per l'amministrazione interna del comune di Bologna.** 1866-1874; 3 broch. petit in-4°.

Règlement pour l'administration intérieure de la commune de Bologne.

3036. — **Regolamento per le adunanze del Consiglio municipale di Bologna.** 1866-1878; 2 broch. petit in-4°.

Règlement pour les séances du Conseil municipal de Bologne.

3037. — **Atti del Consiglio comunale di Bologna.** 1872-1890; 9 vol. petit in-4°.

Actes du Conseil communal de Bologne.

3038. — **Municipio di Bologna. Relazione della giunta sull' andamento dei servizi amministrativi.** 1876; 1 broch. petit in-4°.

Municipalité de Bologne. Rapport de la junte sur la marche des services administratifs.

3039. — **Municipio di Bologna. Riferimento della giunta municipale al Consiglio sull' istanza di elettori delle frazioni foresi perchè le medesime siano costituite in comune distinto.** 1870; 1 broch. petit in-4°.

Municipalité de Bologne. Rapport de la junte municipale au Conseil sur la supplique des électeurs des fractions de communes de la banlieue demandant qu'elles soient constituées en une commune distincte.

3040. — **Rendiconto della giunta all' onorevole Consiglio comunale di Bologna.** 1861; 1 broch. in-4°.

Compte rendu de la junte au Conseil communal de Bologne.

3041. — **Relazione del sindaco di Bologna al Consiglio comunale.** 1867; 1 broch. petit in-4°.

Rapport du maire de Bologne au Conseil communal.

3042. — **Relazione letta dal cav. avv. Gaspare Bolla, delegato straordinario per il municipio di Bologna.** 1868; 1 vol. petit in-4°.

Rapport lu par G. Bolla, délégué extraordinaire de la municipalité de Bologne.

3043. — **Ampliamento della cinta daziaria. Relazione della giunta al Consiglio comunale di Bologna.** 1888; 1 broch. grand in-8°.

Agrandissement de la zone des octrois. Rapport de la junte au Conseil communal de Bologne.

3044. — **Municipio di Bologna. Tariffe dei dazi di consumo.** 1878; 1 broch. in-8°.

Municipalité de Bologne. Tarif des droits sur la consommation.

3045. — **Regolamento organico e disciplinare del corpo delle guardie daziarie del comune di Bologna.** 1878; 1 broch. petit in-8°.

Règlement organique et disciplinaire pour le corps des gardes de l'octroi de la commune de Bologne.

3046. — **Municipio di Bologna. Regolamento per l'esercizio del diritto di privativa del pubblico peso.** 1877; 1 broch. grand in-12.

Municipalité de Bologne. Règlement pour l'exercice du droit qu'ont les particuliers de se servir des poids publics.

3047. — **Bologna. Polizia e pompieri.** 1 vol. in-4°.

La police et les pompiers à Bologne.

3048. — **Municipio di Bologna. Relazione sul movimento della popolazione dopo il 1861.** *Bologna*, 1874; 1 broch. in-4°.

Municipalité de Bologne. Rapport sur le mouvement de la population depuis 1861.

3049. — **Municipio di Bologna. Rassegna mensile del movimento della popolazione stabile e delle condizioni meteoriche.** 1876-1890; 5 vol. in-4° et in-folio.

Municipalité de Bologne. Revue mensuelle du mouvement de la population sédentaire et des conditions météorologiques.

3050. — **Municipio di Bologna. Rassegna annuale del movimento della popolazione stabile.** 1875; 1 vol. in-4°.

Municipalité de Bologne. Revue annuelle du mouvement de la population sédentaire.

3051. — **Regolamento disciplinare pel servizio dei teatri di proprietà del comune di Bologna.** 1864; 3 broch. in-4° et in-8°.

Règlement disciplinaire pour le service des théâtres appartenant à la commune de Bologne.

3052. — **Condizioni speciali pel capitolato d'appalto del teatro comunitativo di Bologna.** 1850-1864 ; 1 vol. in-8°.

Conditions spéciales pour l'affermage par contrat du théâtre communal de Bologne.

3053. — **Municipio di Bologna. Capitoli per l'appalto degli spettacoli al teatro comunitativo di Bologna.** 1867-1869; 1 broch. in-4°.

Municipalité de Bologne. Contrats pour l'affermage des spectacles au théâtre communal de Bologne.

3054. — **Municipio di Bologna. Rapporto della Commissione incaricata di studiare i diritti dei palchettisti nel teatro comunale.** 1875; 1 broch. in-4°.

Municipalité de Bologne. Rapport de la Commission chargée d'étudier les droits des propriétaires de loges au théâtre communal.

3055. — **Municipio di Bologna. Relazione della giunta al Consiglio circa il piano edilizio regolatore e di ampliamento della città.** 1885; 1 broch. in-8°.

Municipalité de Bologne. Rapport de la junte au Conseil sur le plan édilitaire de régularisation et d'agrandissement de la ville.

3056. — **Rapporto della giunta municipale al Consiglio sulla esecuzione della nuova strada interna alla stazione della ferrovia.** *Bologna*, 1865; 1 broch. in-8°.

Rapport de la junte municipale au Conseil sur l'exécution de la nouvelle voie intérieure menant à la gare du chemin de fer.

3057. — **Municipio di Bologna. Relazione al Consiglio circa una proposta tecnica e finanziaria per l'esecuzione di una nuova strada fra il centro della città e la stazione della ferrovia.** 1883; 1 broch. in-8°.

Municipalité de Bologne. Rapport au Conseil touchant une proposition technique et financière pour l'exécution d'une nouvelle voie menant du centre de la ville à la gare du chemin de fer.

3058. — **Rapporti della Commissione incaricata dell' esame
dei progetti per una nuova strada di comunicazione colla
stazione della ferrovia.** *Bologna,* 1861; 1 broch. in-8°.

Rapports de la Commission chargée d'examiner les projets de construction
d'une nouvelle voie de communication avec la gare du chemin de fer.

3059. — **Municipio di Bologna. Rapporto dell' ufficio tecnico
sull' accesso alla stazione delle strade ferrate.** 1862; 1 broch.
petit in-4°.

Municipalité de Bologne. Rapport du bureau technique sur l'accès de la
gare des chemins de fer.

3060. — **Municipio di Bologna. Proposta di un capitolato per
concedere all' industria privata alcune linee di tramways.**
1877; 1 broch. petit in-4°.

Municipalité de Bologne. Projet de contrat pour la concession à l'industrie
privée de quelques lignes de tramways.

3061. — **Capitolato per la concessione delle ferrovie a cavalli
nella città di Bologna.** 1877; 1 broch. petit in-8°.

Contrat pour la concession des chemins de fer américains dans la ville de
Bologne.

3062. — **Parere emesso sul sistema adottato nella riforma
delle strade in Bologna.** 1861; 1 broch. in-4°.

Avis sur le système adopté pour la réparation des rues à Bologne.

3063. — **Municipio di Bologna. Relazione della Commissione
per riordinare le vie della città ed onorare con lapidi ed in-
titulazioni di strade la memoria di uomini illustri.** 1871;
1 broch. in-4°.

Municipalité de Bologne. Rapport de la Commission nommée pour refondre
la nomenclature des rues de la ville, et honorer par des inscriptions lapidaires
et par les noms donnés aux rues la mémoire des hommes illustres.

3064. — **Municipio di Bologna. Rapporto sulla riforma della
numerazione delle case e denominazione delle strade, e proposte di onorare con lapidi la memoria di uomini illustri.**
1874; 1 broch. in-4°.

Municipalité de Bologne. Rapport sur la modification des numéros des
maisons et des noms des rues, et propositions pour honorer par des inscriptions
lapidaires la mémoire des hommes illustres.

3065. — **Municipio di Bologna. Relazione sulle modificazioni** proposte **1874** intorno alla nuova denominazione delle piazze e vie della città. 1877 ; 1 broch. in-4°.

Municipalité de Bologne. Rapport sur les modifications proposées en 1874 concernant la nouvelle dénomiuation des places et des rues de la ville.

3066. — Municipio di Bologna. Proposta al Consiglio comunale per compiere l'allargamento del primo tratto della via Malcontenti. 1877; 1 broch. in-4°.

Municipalité de Bologne. Proposition au Conseil communal pour que s'achève l'élargissement du premier tronçon de la rue Malcontenti.

3067. — Al Consiglio comunale di Bologna. Rapporto della giunta sulla quistione relativa al portico detto « dei servi ». 1865 ; 1 broch. in-4°.

Rapport de la junte au Conseil communal de Bologne sur la question du portique dit *dei servi*.

3068.— Sulla nuova via da Borgo Sàlamo alla piazza di S. Domenico. Rapporto della giunta al Consiglio comunale di Bologna. 1861 ; 1 broch. in-4°.

Rapport de la junte au Conseil communal de Bologne sur la nouvelle voie allant de Borgo Sàlamo à la place Saint-Dominique.

BRESCIA.

3069. — Mori (D[re] G.), Tosoni (D[re] A.). Inaugurazione del crematoio Venini. Brescia. 1883; 1 broch. in-8°.

Inaugnration du four crématoire Venini à Brescia.

CATANE.

3070. — Parole su Vincenzo Bellini dette da Gaetano Ardizzoni. *Catania*, 1876; 1 broch. in-8°.

Discours sur V. Bellini prononcé par G. Ardizzoni.

3071. — Il libro di Tobia. Versione poetica di Raffaele Marletta. *Catania*, 1850; 1 vol. in-12.

Version poélique du livre de Tobie par R. Marletta.

CHIETI.

3072. — Comune di Chieti. Capitolato per l'appalto della costruzione, manutenzione ed esercizio della condottura delle

acque dal monte Maiella a Chieti. 1885; 1 broch. grand in-8°.

Commune de Chieti. Contrat pour la construction, l'entretien et l'exploitation de la conduite amenant les eaux du mont Maiella à Chieti.

3073. — **Tarantelli (R.). Discorso pel primo centenario della morte di Ferdinando Galiani.** *Chieti*, 1887; 1 broch. grand in-8°.

Discours pour le premier centenaire de la mort de F. Galiani.

FLORENCE.

3074. — **Statuto e regolamenti della stazione agraria di Firenze.** 1871; 1 broch. in-8°.

Statut et règlements de la station agraire de Florence.

3075. — **Concorso agrario regionale tenuto in Firenze. Catalogo officiale.** 1 broch. in-8°.

Catalogue officiel du concours régional d'agriculture ouvert à Florence en 1875.

3076. — **R. Società toscana di orticultura. Catalogo della esposizione orticola tenuta in Firenze.** 1875; 1 broch. in-8°.

Société royale d'horticulture de Toscane. Catalogue de l'exposition d'horticulture ouvert à Florence en 1875.

3077. — **Di alcuni avanzi di fabbrica romana presso fonte « all' erta », in mezzo tra le due città di Fiesole e di Firenze. Relazione.** 1869; 1 broch. in-8°.

Rapport sur quelques restes de constructions romaines qui se trouvent près de la fontaine *all' erta*, à moitié chemin entre Fiésole et Florence.

3078. — **Le pitture del quartiere di « papa Leone » in palazzo vecchio.** *Firenze*, 1861; 1 broch. in-8°.

Les peintures des salles dites *du pape Léon* au palais vieux à Florence.

3079. — **Vues de Florence.** 25 photographies.

3080. — **Biblioteca nazionale centrale di Firenze. Bollettino delle pubblicazioni italiane ricevute per diritto di stampa.** 1886-1892; 3 vol. in-8°.

Bibliothèque nationale centrale de Florence. Bulletin des publications italiennes reçues en raison du droit sur les imprimés.

3081. — **Taddei (G.). Idrologia di Firenze desunta dai resultati dell' analisi chimica.** 1858; 1 vol. in-8°.

Hydrologie de Florence tirée des résultats de l'analyse chimique.

3082. — Capezzuoli (S.). Acque a Firenze. Insegnamenti e conforti ai Fiorentini. 1868; 1 broch. in-8°.

Les eaux à Florence. Instructions et paroles consolantes aux Florentins.

3083. — Esposizione dantesca in Firenze. 1865; 1 vol. in-8°.

Exposition dantesque à Florence.

3084.— Bilancio ossia conto preventivo dell'entrata e dell' uscita del comune di Firenze. 1882-1887; 1 vol. grand in-4°.

Budget des recettes et des dépenses de la commune de Florence.

3085. — Municipio di Firenze. Relazione sul bilancio preventivo. 1882-1887; 1 vol. in-8°.

Municipalité de Florence. Rapport sur le budget.

3086. — Relazione sui resultati della liquidazione dei debiti del comune di Firenze. 1881; 1 broch. in-8°.

Rapport sur les résultats de la liquidation des dettes de la commune de Florence.

3087. — La questione di Firenze trattata dal deputato A. Mari. Memoria e allegati. 1878; 1 vol. in-8°.

La question de Florence traitée par le député A. Mari. Mémoire et pièces à l'appui.

3088. — Zobi (A.). Ricordi sulle relazioni commerciali dei Fiorentini con gli Spagnuoli. 1870; 1 broch. in-8°.

Souvenirs des relations commerciales des Florentins avec les Espagnols.

3089. — La casa di Dante Alighieri in Firenze. 1869; 1 broch. grand in-8°.

La maison du Dante à Florence.

3090. — Gargani (G.). Dell' antico palazzo della Signoria fiorentina durante la Repubblica. Discorso storico artistico. 1872; 1 broch. in-8°.

De l'ancien palais de la Seigneurie florentine au temps de la République. Discours historico-artistique.

3091. — Municipio di Firenze. Commissione di sanità. Rapporto speciale al sindaco ed alla giunta comunale. 1868; 1 vol. in-4°.

Municipalité de Florence. Commission de santé. Rapport spécial au maire et à la junte communale.

3092. — **Municipio di Firenze**. Annuario scolastico. 1874-1875; 1 vol. in-8°.

Municipalité de Florence. Annuaire scolaire.

3093. — **Relazione sulla istruzione pubblica municipale di Firenze**. 1870-1871; 1 vol. in-8°.

Rapport sur l'instruction publique municipale de Florence.

3094. — **Andreucci (O.)**. Dell' Istituto superiore di studii pratici e di perfezionamento in Firenze. 1870 ; 1 vol. petit in-8°.

De l'Institut supérieur d'études pratiques et de perfectionnement à Florence.

3095. — **Mariotti (F.)**. Professioni, impieghi o nuovi studi a cui sono rivolti i giovani licenziati dall' Istituto tecnico di Firenze. 1859-1875; 1 broch. grand in-8°.

Professions, emplois ou nouvelles études dont ont fait choix les jeunes gens sortis de l'Institut technique de Florence.

3096. — **Consiglio comunale di Firenze**. Discussione sulla proposta di applicare le retribuzioni scolastiche nelle scuole elementari municipali. 1874; 1 broch. grand in-8°.

Conseil communal de Florence. Discussion sur la proposition tendant à imposer les rétributions scolaires dans les écoles élémentaires municipales.

3097. — **Municipio di Firenze**. Scuole secondarie e tecniche, elementari, serali e domenicali. Elenco degli alunni premiati. 1870-1871 ; 1 broch. in-8°.

Municipalité de Florence. Liste des élèves qui ont obtenu des prix dans les écoles secondaires et techniques, les écoles élémentaires, les écoles du soir et du dimanche.

3098. — **Municipio di Firenze**. Regolamenti e programmi per le scuole femminili e maschili. 1873-1875; 1 vol. in-8°.

Municipalité de Florence. Règlements et programmes pour les écoles de jeunes filles et de jeunes garçons.

3099. — **Municipio di Firenze**. Scuole comunali. Distribuzione dei premi. 1869-1875; 1 vol. in-8°.

Municipalité de Florence. Distribution des prix dans les écoles communales.

3100. — **Atti del Consiglio comunale di Firenze**. 1865-1889; 24 vol. grand in-8°.

Actes du Conseil communal de Florence.

3101. — Rapporto della giunta al Consiglio comunale di Firenze sull' amministrazione. 1867-1875; 5 vol. grand in-8°.

Rapport de la junte au Conseil communal de Florence sur l'administration.

3102. — Municipio di Firenze. Processo verbale della seduta consigliare del dì 5 aprile 1878. 1 broch. grand in-8°.

Municipalité de Florence. Procès-verbal de la séance du Conseil du 5 avril 1878.

3103. — Relazione della Commissione nominata nel giugno 1879 per lo studio dei remedii alle frane del Monte Alle Croci o di S. Miniato. *Firenze*, 1884; 1 broch. in-8° et un atlas.

Rapport de la Commission nommée en juin 1879 pour étudier les moyens de remédier aux éboulements du Mont aux Croix ou de Saint-Miniato.

3104. — Guerzoni (G.). Firenze rinnovata. 1871; 1 broch. in-8°.

Florence renouvelée.

GÊNES.

3105. — Relazione sulle modificazioni da apportarsi allo statuto organico degli ospedali civili di Genova. 1 broch. grand in-8°.

Rapport sur les modifications à apporter au règlement organique des hôpitaux civils de Gênes.

3106. — Progetto di regolamento circa le cessioni, oppignorazioni, aggiudicazioni e sequestri degli stipendi degli impiegati civili. *Genova*, 1878; 1 broch. grand in-8°.

Projet de règlement concernant la cession, la mise en gage, l'adjudication et la saisie des appointements des employés civils.

3107. — Progetto di bilancio della città di Genova. 1878-1891; 17 vol. grand in-8°.

Budget de la ville de Gênes.

3108. — Statuto dei Padri del comune della Republica genovese. *Genova*, 1886; 1 vol. petit in-4°.

Statut des Pères de la commune de la République de Gênes.

3109. — Isnardi (P.-L.). Storia della Università di Genova, 1861-1867; 2 vol. in-8°.

Histoire de l'Université de Gênes.

3110. — Le scuole della città di Genova. 1877-1878; 1 broch. petit in-4°.

Les écoles de la ville de Gênes.

3111. — Raccolta di relazioni speciali intorno alla pubblica istruzione in Genova. 1867; 1 vol. grand in-8°.

Recueil de rapports spéciaux concernant l'instruction publique à Gênes.

3112. — Rassegna medico-statistica della città di Genova. 1884-1891; 5 vol. grand in-8°.

Revue statistico-médicale de la ville de Gênes.

3113. — Sesta invasione del cholera in Genova nel 1866. Osservazioni e annotazioni. 2 broch. in-8°.

Sixième invasion du choléra à Gênes en 1866. Observations et annotations.

3114. — Il colera in Genova nel 1884. 1 vol. in-4°.

Le choléra à Gênes en 1884.

3115. — Processi verbali del Consiglio comunale di Genova. 1850-1889; 49 vol. in-8°.

Procès-verbaux des séances du Conseil communal de Gênes.

3116. — Relazione del sindaco al Consiglio comunale di Genova. 1855-1873; 1 vol. grand in-8°.

Rapport du maire au Conseil communal de Gênes.

3117. — Negrotto-Cambiaso (L.). Andamento della civica amministrazione di Genova per l'anno 1876. 1 vol. grand in-8°.

Fonctionnement de l'administration municipale de Gênes en 1876.

3118. — Relazioni del r. Delegato straordinario al Consiglio comunale di Genova. 1876-1877; 2 vol. grand in-8°.

Rapports du Commissaire royal extraordinaire au Conseil communal de Gênes.

3119. — Genova. Conto morale della giunta municipale. 1861-1886; 6 vol. grand in-8°.

Compte rendu moral de la junte municipale de Gênes.

3120. — Il censimento della popolazione di Genova. 1881; 1 vol. grand in-8°.

Recensement de la population de Gênes.

3121. — Du Jardin (G.). Saggio statistico della mortalità di Genova nell' anno 1857. 1 broch. in-8°.

Essai statistique sur la mortalité à Gênes en 1857.

LIVOURNE.

3122. — Delle opere eseguite per l'ingrandimento della città e porto franco di Livorno. *Firenze*, 1835-1842 ; 1 vol. in-folio.

Des travaux exécutés pour l'agrandissement de la ville et du port franc de Livourne.

MESSINE.

3123. — Bilancio del comune di Messina. 1862-1883 ; 6 vol. in-4° et in-folio.

Budget de la commune de Messine.

3124. — Relazione del sindaco di Messina al Consiglio comunale. 1874-1881 ; 1 vol. in-4°.

Rapport du maire de Messine au Conseil communal.

3125. — Relazione del regio Delegato straordinario al Consiglio comunale di Messina. 1876 ; 1 broch. petit in-8°.

Rapport du Commissaire royal extraordinaire au Conseil communal de Messine.

3126. — Atti del Consiglio comunale di Messina. 1880-1889 ; 7 vol. in-8°.

Actes du Conseil communal de Messine.

3127. — Atti del Consiglio comunale di Messina intorno al bilancio del 1875. 1 broch. in-8°.

Actes du Conseil communal de Messine au sujet du budget de 1875.

3128. — Regolamento di polizia urbana della città di Messina. 1878 ; 1 broch. grand in-12.

Règlement de police urbaine pour la ville de Messine.

3129. — Comune di Messina. Rassegna mensuale del movimento della popolazione e dello stato civile. 1876-1882 ; 1 vol. in-folio.

Commune de Messine. Revue mensuelle du mouvement de la population et de l'état civil.

MILAN.

3130. — Descrizione del macello pubblico di Milano. 1871 ;
1 broch. in-4°.

Description de l'abattoir public de Milan.

3131. — Regolamento pel pubblico macello di Milano. 1862 ;
2 feuilles in-8°.

Règlement pour l'abattoir public de Milan.

**3132. — Congresso internazionale di beneficenza di Milano.
1880. Atti del Comitato ordinatore; atti del Congresso.** 4 vol.
in-8°.

Congrès international de bienfaisance à Milan en 1880. Actes du Comité
organisateur; actes du Congrès.

**3133. — Cenni storici sull' origine e la fondazione dei luoghi
pii elemosinieri di Milano amministrati dalla Congregazione
di carità.** 1880; 1 broch. in-8°.

Aperçus historiques sur l'origine et la fondation des établissements de
pieuses aumônes de Milan administrés par la Congrégation de charité.

**3134. — L'Orfanotrofio maschile in Milano. Regolamento e no-
tizie.** 1864-1871; 2 broch. in-8°.

L'Orphelinat de garçons à Milan. Règlement et notices.

**3135. — Bilanci consuntivi degli Orfanotrofi maschile e femmi-
nile e del luogo pio Trivulzio di Milano.** 1871-1879; 1 vol.
in-4°.

Budgets de l'Orphelinat de garçons, de l'Orphelinat de jeunes filles et de
l'établissement de charité Trivulzio à Milan.

**3136. — La pia Casa degli incurabili in Milano. Regolamento.
Cenni storici e statistici.** 1876-1880; 1 vol. in-8°.

La maison de charité des incurables à Milan. Règlement. Aperçus historiques
et statistiques.

**3137. — Vergani (G.). Il pio Istituto di maternità e dei rico-
veri pei bambini lattanti e slattati in Milano.** 1879; 1 broch.
in-8°.

L'Institut charitable de maternité et l'Asile pour les enfants à la mamelle et
les enfants sevrés à Milan.

3138. — **Pio Istituto dei rachitici in Milano. Relazione sanitaria e amministrativa.** 1875-1876; 1 vol. in-8°.

Institution de charité pour les rachitiques à Milan. Rapport sanitaire et administratif.

3139. — **Dispensatorio farmaceutico accomodato ai bisogni, agli usi ed all' economia dell' ospitale maggiore di Milano e dei luoghi pii uniti.** 1871; 1 vol. petit in-8°.

Dispensaire pharmaceutique approprié aux besoins, à l'usage et à l'économie de l'hôpital majeur de Milan, ainsi qu'aux établissements de charité qui s'y rattachent.

3140. — **Regolamento per l'ospitale Ciceri detto delle Fatebene-Sorelle.** *Milano*, 1869; 1 broch. petit in-4°.

Règlement pour l'hôpital Ciceri, dit des Bonnes-Sœurs.

3141. — **Ospizio provinciale degli esposti e delle partorienti in Milano. Relazione generale.** 1870-1885; 3 vol. in-8°.

Hospice provincial des Enfants trouvés et de la Maternité à Milan. Rapport général.

3142. — **Il Museo Cavaleri e il municipio di Milano.** 1875; 1 vol. in-4°.

Le musée Cavaleri et la municipalité de Milan.

3143. — **Norme e discipline per l'uffizio del servizio funerario del comune di Milano. Cimiteri.** 1874-1875; 1 vol. petit in-4°.

Instructions et règlements pour le bureau des pompes funèbres de la commune de Milan. Cimetières.

3144. — **Bollettino della Società per la cremazione dei cadaveri di Milano.** 1877-1878; 1 vol. in-8°.

Bulletin de la Société milanaise pour la crémation des cadavres.

3145. — **Società per la cremazione dei cadaveri. Statuto.** *Milano*, 1881; 1 vol. petit in-8°.

Société pour la crémation des cadavres. Règlements.

3146. — **Catalogo generale delle opere dell' inventore Giuseppe Betti di Zibello.** *Milano*, 1 broch. in-8°.

Catalogue général des inventions de G.-B. de Zibello.

3147. — **Bignami (E.). I canali nella città di Milano.** 1868; 1 vol. in-8°.

Les égouts dans la ville de Milan.

3148. — Bignami (E.). Il canale di fognatura sotto la via Romagnosi in Milano. 1869; 1 broch. in-8°.

L'égout qui passe sous la via Romagnosi à Milan.

3149. — Comune di Milano. Bilancio preventivo. 1884-1889; 6 vol. in-4°.

Budget de la commune de Milan.

3150. — Regolamento dell'ufficio sanitario municipale di Milano. 1 broch. in-8°.

Règlement du Bureau municipal de la santé à Milan.

3151. — Municipio di Milano. Regolamento per la tassa di esercizio e revendita. 1875; 1 broch. petit in-8°.

Municipalité de Milan. Règlement concernant la taxe sur l'exercice des professions et des industries, et sur la revente des marchandises.

3152. — Municipio di Milano. Regolamento per l'applicazione della tassa sulle vetture e domestici. 1871; 1 broch. in-8°.

Municipalité de Milan. Règlement concernant l'application de la taxe sur les voitures et sur les domestiques.

3153. — Norme disciplinari per le scuole comunali di Milano. 1 broch. petit in-8°.

Règlements disciplinaires pour les écoles communales de Milan.

3154. — Prospetti statistici delle scuole comunali di Milano. 1859-1879; 1 vol. oblong.

Aperçus statistiques sur les écoles communales de Milan.

3155. — Notizie sulla civica Scuola superiore femminile di Milano. 1877; 1 broch. in-8°.

Renseignements sur l'École municipale supérieure pour femmes à Milan.

3156. — Norme disciplinari del convitto annesso alla r. Scuola normale femminile per le allieve maestre. *Milano*, 1871; 1 broch. in-8°.

Règlements disciplinaires de la pension annexée à l'École royale normale pour élèves maîtresses à Milan.

3157. — Al sommo poeta lirico italiano Francesco Petrarca pel suo centenario funebre 18 luglio 1874. Poesie. *Milano*, 1 broch. petit in-8°.

Au grand poète lyrique italien F. Pétrarque. Poésies composées à l'occasion de son centenaire funèbre.

3158. —— Regolamento per la vendità delle carni. Città di Milano. 1862; 1 broch. in-4°.

Règlement pour la vente de la viande dans la ville de Milan.

3159. —— L'ufficio medico municipale di Milano nell' anno 1873. 1 broch. in-4°.

Le bureau des médecins municipaux à Milan en 1873.

3160. —— Annali universali di medicina. *Milano*, 1862; 1 broch. in-8°.

Annales universelles de médecine.

3161. —— L'epidemia vajuolosa a Milano nel triennio 1870-1872. 1 vol. in-4°.

L'épidémie de la variole à Milan de 1870 à 1872.

3162. —— Atti del municipio di Milano. 1859-1890; 26 vol. in-4°.

Actes de la municipalité de Milan.

3163. —— Municipio di Milano. Dati statistici. 1884-1887; 4 vol. grand in-8°.

Municipalité de Milan. Données statistiques.

3164. —— Resoconto dell' amministrazione del comune di Milano. 1876-1889; 5 vol. petit in-4°.

Compte rendu de l'administration de la commune de Milan.

3165. —— Raccolta dei regolamenti, istruzioni e decreti attinenti al servizio della sorveglianza urbana in Milano. 1872; 1 broch. in-8°.

Recueil des règlements, des instructions et des décrets relatifs au service de la surveillance de la ville à Milan.

3166. —— Comune di Milano. Bollettino necrologico mensile. 1875-1890; 9 vol. in-folio.

Commune de Milan. Bulletin nécrologique mensuel.

3167. —— Comune di Milano. Ufficio dello stato civile. Statistica. 1884; 1 broch. in-4°.

Bureau de l'état civil de la commune de Milan. Statistique.

3168. —— Regolamento sulla prostituzione. *Milano*, 1860; 1 broch. in-8°.

Règlement sur la prostitution.

3169. — **Lo stato civile, la beneficenza comunale, la sanità in Milano nell' anno 1872. Saggio statistico.** 1 vol. in-folio.

L'état civil, l'Assistance publique, l'état sanitaire à Milan en 1872. Essai de statistique.

3170. — **Pulizia stradale ed inaffiamento. Capitolato d'oneri ed organamento.** *Milano*, 1877; 1 broch. grand in-8°.

Nettoyage et arrosement des rues. Cahier des charges et organisation.

3171. — **Regolamento per le pubbliche vetture Broughams, e norme disciplinari per l'esercizio delle vetture omnibus della città di Milano.** 1 broch. in-8°.

Règlement pour les voitures publiques dites *Broughams*, et règles disciplinaires concernant l'exploitation des voitures-omnibus dans la ville de Milan.

MODÈNE.

3172. — **Messori-Roncaglia (C.).** **Cattedrale di Modena : sui restauri proposti recentamente.** 1878; 1 broch. grand in-4°.

Propositions récentes pour la restauration de la cathédrale de Modène.

3173. — **Coppi (F.).** **Frammenti di paleontologia modenese.** 1 broch. in-8°.

Fragments de paléontologie modénoise.

MONCALVO.

3174. — **Un museo con biblioteca in Moncalvo. Considerazioni, voti e proposte di un professore toscano.** 1883; 1 broch. in-12.

Un musée avec bibliothèque à Moncalvo. Considérations, vœux et propositions d'un professeur toscan.

NAPLES.

3175. — **Congresso italiano per la riforma e l'ordinamento delle opere pie promosso dall' Associazione napolitana per gli studii sulle opere pie tenuto in Napoli 1879.** 1 vol. in-8°.

Congrès italien pour la réforme et l'organisation des établissements de charité provoqué par l'Association napolitaine pour les études sur les établissements de charité, et tenu à Naples en 1879.

3176. — **Errera (A.).** A proposito del Congresso internazionale delle opere pie in Milano. Studii sulle legislazioni e sulle riforme e riordinamento delle opere pie. *Napoli*, 1880; 1 broch. in-8°.

A propos du Congrès international des établissements de charité à Milan. Études sur les législations, sur les réformes et sur la réorganisation des établissements de charité.

3177. — **Pianta de Napoli.** Atlas in-folio.

Plan de Naples.

3178. — **Fognatura di Napoli.** Relazione della Commissione del Consiglio tecnico municipale. 1884; 1 vol. in-8°.

Les égouts de Naples et l'enlèvement des immondices. Rapport de la Commission du Conseil technique municipal.

3179. — **Municipio di Napoli.** Studi e proposte per la esecuzione del progetto definitivo della fognatura generale della città di Napoli. 1888; 1 vol. in-4°.

Études et propositions concernant l'exécution du projet définitif applicable au système général des égouts de la ville de Naples.

3180. — **Relazione sulla proposta di bilancio della città di Napoli.** 1879; 1 broch. in-8°.

Rapport sur le projet de budget de la ville de Naples.

3181. — **Bilancio della città di Napoli.** 1874-1888; 4 vol. in-4°.

Budget de la ville de Naples.

3182. — **Alla memoria di Teodoro Cottrau.** Cenni necrologici. *Napoli*, 1879; 1 broch. petit in-8°.

À la mémoire de Th. Cottrau. Notice nécrologique.

3183. — **Bollettino medico demografico del comune di Napoli.** 1881-1888; 2 vol. in-4°.

Bulletin médico-démographique de la commune de Naples.

3184. — **Il censimento vaccinico del comune di Napoli, 1882.** Relazione del D^{re} Raffaele Serafino. 1 broch. in-8°.

Recensement des personnes vaccinées dans la commune de Naples en 1882. Rapport du Dr R. Serafino.

3185. — **Il metodo Corrado sullo scirro, sul cancro e sugli enormi tumori senza taglio.** *Napoli*, 1878; 1 broch. in-8°.

Méthode Corrado, guérissant sans opération les squirres, les cancers et les tumeurs considérables.

3186. — **Atti del Consiglio comunale di Napoli.** 1861-1887; 22 vol. in-4°.

Actes du Conseil communal de Naples.

3187. — **Dieci mesi di amministrazione. Rapporto del sindaco di Napoli al Consiglio comunale.** 1877; 1 broch. petit in-4°.

Dix mois d'administration. Rapport du maire de Naples au Conseil communal.

3188. — **Di San Donato (G.). Ricordi sul municipio di Napoli.** 1880; 1 broch. in-12.

Souvenirs à propos de la municipalité de Naples.

3189. — **Trudi (N.). Relazione sul censimento di Napoli per l'anno 1871.** 1 broch. in-8°.

Rapport sur le recensement de Naples en 1871.

3190. — **Pubblicazioni dell' ufficio statistico della città di Napoli. Popolazione.** 1879; 1 vol. in-folio.

Publications du bureau de statistique de la ville de Naples. Population.

3191. — **Progetto di bonifica dei fondaci della città di Napoli.** 1877; 1 vol. in-8°.

Projet d'amélioration des bas quartiers de la ville de Naples.

3192. — **Municipio di Napoli. Progetto per lo ampliamento della città e risanamento delle zone insalubri.** 1884; 1 vol. in-8°.

Municipalité de Naples. Projet pour l'agrandissement de la ville et l'assainissement des zones insalubres.

3193. — **Municipio di Napoli. Proposte e documenti per la esecuzione del progetto di risanamento 1887, e studi e proposte per la esecuzione del piano di risanamento delle sezione Porto, Pendino, Mercato, Vicaria.** 1888; 2 vol. in-4°.

Propositions, documents et études concernant l'exécution d'un projet d'assainissement de divers quartiers de Naples.

3194. — **Municipio di Napoli. Discussione e deliberazione del Consiglio comunale sulle proposte della giunta per la esecuzione del piano di risanamento 1° dei quartieri Porto, Pendino, Mercato, Vicaria 1887. 2° dei quartieri bassi della città.** 1888; 1 vol. et 1 broch. in-4°.

Discussion et délibération du Conseil communal de Naples sur les propositions de la junte au sujet du plan d'assainissement de divers quartiers de la ville.

PADOUE.

3195. — Aleardo Aleardi. Discorso su Francesco Petrarca letto a Padova il **19 luglio 1874.** 1 vol. petit in-4°.

Discours sur F. Pétrarque lu à Padoue le 19 juillet 1874.

PALERME.

3196. — Statuto organico della Congregazione di carità di Palermo. 1873; 1 broch. grand in-12.

Règlement organique de la Congrégation de Charité de Palerme.

3197. — Le Panthecnicon. Prof. A. Caponetti de Palerme. 1 broch. in-18 oblong.

3198. — Regolamenti della biblioteca comunale di Palermo. 1874; 1 vol. in-8°.

Règlements de la Bibliothèque communale de Palerme.

3199. — Conto preventivo delle entrate e delle spese della città di Palermo. 1869-1892; 8 vol. in-4°.

Budget des recettes et des dépenses de la ville de Palerme.

3200. — Pernice (D[re] B.). Ispezione sanitaria nelle scuole. *Palermo*, 1888; 1 broch. in-8°.

Inspection sanitaire dans les écoles.

3201. — Sulle condizioni delle scuole elementari del municipio di Palermo dal 1860 al 1872. 1 vol. in-4°.

Sur la situation des écoles élémentaires municipales de Palerme de 1860 à 1872.

3202. — Atti del consiglio comunale di Palermo. 1864-1889; 9 vol. in-4°.

Actes du Conseil communal de Palerme.

3203. — Relazione del sindaco di Palermo al Consiglio comunale. 1877-1890; 5 vol. in-8°.

Rapport du maire de Palerme au Conseil communal.

3204. — Gazzetta municipale di Palermo. 1875-1889; 1 vol. in-4°.

Gazette municipale de Palerme.

3205. — **I censimenti della popolazione di Palermo del 1861 e
del 1871.** 1 broch. in-4°.

Le recensement de la population de Palerme en 1861 et en 1871.

3206. — **Statistica della città di Palermo.** 1861-1864; 2 vol.
in-12.

Statistique de la ville de Palerme.

3207. — **Città di Palermo. Statistiche varie.** 1 vol. in-12.

Ville de Palerme. Statistiques diverses.

PIGNEROLE.

3208. — **Sullo stato della agricoltura del circondario di Pine-
rolo, 1871. Relazione del comizio agrario.** *Torino;* 1 vol. in-12.

Rapport du comice agricole sur l'état de l'agriculture dans l'arrondissement
de Pignerole.

ROME.

3209. — **Bazelaire (E. de). Des institutions de bienfaisance
publique et d'instruction primaire à Rome.** *Paris,* 1841;
1 vol. in-8°.

3210. — **Carte topografiche, idrografiche e geologiche annesse
alla monografia statistica della città di Roma e campagna
romana. Esposizione universale di Parigi, 1878.** 1 atlas in-
folio.

Cartes topographiques, hydrographiques et géologiques annexées à la monographie statistique de la ville et de la campagne de Rome. Exposition universelle de Paris en 1878.

3211. — **Comune di Roma. Relazione della Commissione per
lo studio dei collettori delle fogne.** 1878; 1 broch. in-8°.

Commune de Rome. Rapport de la Commission chargée d'une étude sur les
collecteurs des égouts.

3212. — **Comune di Roma. Bilancio preventivo.** 1872-1888,
10 vol. in-4°.

Budget de la commune de Rome.

3213. — **Comune di Roma. Conto consuntivo.** 1871-1875;
5 vol. in-4°.

Comptes de la commune de Rome.

3214. — **Collection Joanne. Guides diamant. Rome et ses environs, par A.-J. du Pays.** *Paris*, 1877; 1 vol. petit in-18.

3215. — **Archivio della Società romana di storia patria.** *Roma*, 1877-1884; 10 vol. in-8° et in-4°.
Archives de la Société romaine d'histoire nationale.

3216. — **Gregorovius (F.). Storia della città di Roma nel medio evo.** *Venezia*, 1872-1876; 9 vol. grand in-12.
Histoire de la ville de Rome au moyen âge.

3217. — **Balestra (Dr P.). L'hygiène dans la ville de Rome et dans la campagne romaine.** *Paris*, 1876; 1 vol. in-12.

3218. — **Regolamento di polizia sanitaria per il comune di Roma.** 1880; 1 broch. petit in-8°.
Règlement de police concernant l'hygiène de la commune de Rome.

3219. — **Tariffa daziaria del comune di Roma.** 1877; 1 broch. in-8°.
Tarif des droits dans la commune de Rome.

3220. — **Nuova antologia. Rivista di scienze, lettere e arti.** *Roma*, 1879-1882; 2 vol. in-8°.
Nouvelle anthologie. Revue des lettres, des sciences et des arts.

3221. — **Movimento dei prezzi delle derrate alimentari.** *Roma*, 1878; 1 vol. in-8°.
Mouvement des prix des denrées alimentaires.

3222. — **L'epidemia di vajuolo in Roma, 1871-1873. Resoconto statistico dal prof. D. Toscani.** 1 vol. in-4°.
L'épidémie de variole à Rome en 1871-1873. Compte rendu statistique par le professeur D. Toscani.

3223. — **Comune di Roma. Bollettino demografico-meteorico.** 1877-1887; 7 vol. in-4°.
Commune de Rome. Bulletin démographique-météorologique.

3224. — **Notizie sulle condizioni edilizie e demografiche della città di Roma e di alcune altre grandi città italiane ed estere nel 1888.** *Roma*, 1889; 1 vol. grand in-8°.
Renseignements sur la situation édilitaire et démographique de la ville de Rome et de quelques autres grandes villes de l'Italie et de l'étranger.

3225. — **Atti del Consiglio comunale di Roma.** 1870-1891; 31 vol. petit in-4°.

Actes du Conseil communal de Rome.

3226. — **Bollettino degli atti pubblicati dalle giunte di governo e municipali di Roma.** 1870-1871; 2 vol. in-8°.

Bulletin des actes publiés par les juntes du Gouvernement et par les juntes municipales de Rome.

3227. — **Bollettino degli atti pubblicati dalla giunta municipale di Roma.** 1872-1887; 18 vol. in-8°.

Bulletin des actes publiés par la junte municipale de Rome.

3228. — **Resoconto della amministrazione comunale di Roma.** 1874-1890; 5 vol. grand in-8°.

Compte rendu de l'administration communale de Rome.

3229. — **Bollettino amministrativo del comune di Roma.** 1883-1891; 6 vol. in-8°.

Bulletin administratif de la commune de Rome.

3230. — **Rendiconto morale dell' amministrazione comunale di Roma.** 1872; 1 broch. in-8°.

Compte rendu moral de l'administration communale de Rome.

3231. — **Regolamento di polizia urbana.** *Roma*, 1873; 1 broch. in-8°.

Règlement de police urbaine.

3232. — **Rapporto complementare sul censimento di Roma.** 1872; 1 vol. in-8°.

Rapport complémentaire sur le recensement de Rome en 1872.

3233. — **Rapporto sul movimento dello stato civile nel 1874.** *Roma*, 1 broch. in-8°.

Rapport sur le mouvement de l'état civil à Rome en 1874.

3234. — **Comune di Roma. Relazione sul movimento dello stato civile nel triennio 1875-1878.** 2 broch. in-8°.

Rapport sur le mouvement de l'état civil de 1875 à 1878.

3235. — **Bollettino della Commissione archeologica comunale di Roma.** 1872-1892; 17 vol. grand in-8°.

Bulletin de la Commission municipale d'archéologie de Rome.

3236. — Atti della Commissione istituta per studiare e proporre i mezzi di rendere le piene del Tevere innocue alla città de Roma. 1872; 1 vol. in-4° et atlas.

Actes de la Commission nommée pour étudier et proposer les moyens de rendre les crues du Tibre sans danger pour la ville de Rome.

3237. — Capitolato per l'appalto della netteza urbana di Roma. 1884; 1 broch. petit in-8°.

Contrat pour l'affermage du nettoyage de la ville de Rome.

TURIN.

3238. — Annali della reale Società agraria di Torino. 1840-1884; 24 vol. in-8°.

Annales de la Société royale d'agriculture de Turin.

3239. — Il bilancio del regio ricovero di mendicità del circondario di Torino. 1872; 1 vol. petit in-8°.

Budget de l'asile royal de mendicité de l'arrondissement de Turin.

3240. — Opera pia Barolo. *Torino*, 1878; 1 vol. in-8°.

L'établissement de charité Barolo.

3241. — La biblioteca civica di Torino. Relazione. 1875-1890; 1 vol. in-8°.

Rapport sur la bibliothèque municipale de Turin.

3242. — Casa di risparmio di Torino. 1 vol. in-8°.

La Caisse d'épargne de Turin.

3243. — Città di Torino. Regolamento ed istruzioni per i cimiteri ed il servizio funebre. 1864; 1 broch. grand in-8°.

Ville de Turin. Règlement et instructions pour les cimetières et les pompes funèbres.

3244. — Illuminazione coll' elettricità. Relazione all' onorevole signor sindaco della città di Torino. 1 broch. in-4°.

L'éclairage électrique. Rapport au maire de la ville de Turin.

3245. — Capitolati. Servizio del gas; servizi d'arte ed analoghi. Città di Torino. 1862-1880; 1 vol. in-4°.

Contrats pour le service du gaz, pour le service des beaux-arts et services analogues dans la ville de Turin.

3246. — Gasca (D^{re} G.). La fognatura di Torino. 1884-1885; 1 vol. petit in-8°.

Les égouts de Turin.

3247. — **Città di Torino. Della fognatura. Ricerche e proposte della Commissione per lo studio di un piano completo di riforme.** 1884; 1 vol. petit in-4°.

Ville de Turin. Recherches et propositions de la Commission chargée d'étudier un plan complet de réforme au sujet des égouts.

3248. — **Città di Torino. Fognatura di Torino. Relazione della Commissione nominata dalla giunta municipale.** 1885; 1 vol. grand in-8°.

Les égouts de la ville de Turin. Rapport de la Commission nommée par la junte municipale.

3249. — **Città di Torino. Progetto di bilancio.** 1882-1885; 2 vol. petit in-4°.

Budget de la ville de Turin.

3250. — **Baricco (P.). Torino descritta.** 1860; 2 vol. petit in-8°.

Description de Turin.

3251. — **Relazione triennale della direzione dello archivio di Stato di Torino.** 1871-1873; 1 vol. in-8°.

Rapport triennal de la direction des archives officielles de Turin.

3252. — **Città di Torino. Rendiconto statistico dell' ufficio d'igiene.** 1867-1890; 9 vol. in-4°.

Ville de Turin. Compte rendu statistique du bureau d'hygiène.

3253. — **Città di Torino. Derrate alimentari. Servizio sanitario. Tariffe e regolamenti.** 1 vol. in-8°.

Ville de Turin. Denrées alimentaires. Service de la santé. Tarifs et règlements.

3254. — **Mostra internazionale di macchine per estinzione di incendi, attrezzi ed abbigliamenti per pompieri, in Torino 1887. Catalogo degli oggetti esposti.** 1 broch. in-8°.

Exposition internationale de machines pour l'extinction des incendies, d'attirail et de costumes pour les pompiers à Turin. Catalogue des objets exposés.

3255. — **Industrie. Torino.** 1 vol. in-8°.

Industries diverses à Turin.

3256. — **Annali del r. Istituto industriale e professionale di Torino.** 1871-1884; 9 vol. in-8°.

Annales de l'Institut royal industriel et professionnel de Turin.

3257. — **Municipio di Torino. Istruzione.** *Torino*, 1879; 2 vol. in-4° et in-8°.

L'instruction à Turin.

3258. — **Baricco (T.-C.).** L'istruzione popolare in Torino. 1865; 1 vol. petit in-8°.

L'instruction populaire à Turin.

3259. — **Società delle scuole infantili di Torino.** 2 vol. petit in-8°.

Société des écoles de petits enfants à Turin.

3260. — **Rendiconto della Società delle scuole elementari gratuite per ragazzi e ragazze rachitici in Torino.** 1880; 1 broch. in-8°.

Compte rendu de la Société des écoles élémentaires gratuites de Turin pour jeunes garçons et jeunes filles rachitiques.

3261. — **Scavia (G.).** Nozioni di fisica popolare ad uso delle scuole primarie. *Torino*, 1867; 1 broch. in-12.

Notions de physique populaire à l'usage des écoles primaires.

3262. — **Città di Torino. Statistica medica per l'anno 1864.** 1 vol. in-4°.

Ville de Turin. Statistique médicale pour l'année 1864.

3263. — **Tarifa dei medicinali, seguita da un breve formolario pei servizi sanitari municipali di Torino.** 1881; 1 broch. petit in-8°.

Tarif des médicaments, suivi d'un court formulaire pour les services sanitaires municipaux de Turin.

3264. — **Statvta et privilegia civitatis tavrinensis.** 1 vol. in-8°.

Statuts et privilèges de la ville de Turin.

3265. — **Raccolta dei regolamenti, decreti, manifesti, istruzioni, notificanze ed altri provvedimenti per l'amministrazione della città di Torino.** 1862; 1 vol. grand in-8°.

Recueil des règlements, des décrets, des manifestes, des instructions, des notifications et des autres dispositions concernant l'administration de la ville de Turin.

3266. — **Città di Torino. Regolamento per le adunanze del

Consiglio comunale. 1879. Regolamento per un' asta pubblica alimentaria. 1 broch. petit in-4°.

Ville de Turin. Règlement pour les séances du Conseil municipal. Règlement pour une vente à l'encan de denrées alimentaires.

3267. — Atti del municipio di Torino. 1853-1889; 36 vol. in-4°.

Actes de la municipalité de Turin.

3268. — Città di Torino. Raccolta dei decreti, manifesti e dei regolamenti di polizia municipale. 1865-1882; 1 vol. petit in-8°.

Ville de Turin. Recueil des décrets, manifestes et règlements de police municipale.

3269. — Istruzioni generali per i portinai delle case del municipio di Torino. 1866; 1 broch. petit in-4°.

Instructions générales pour les concierges des maisons appartenant à la municipalité de Turin.

3270. — Città di Torino. Regolamenti. Polizia urbana e rurale; spazzacamini; confezione, vendità e sparo dei fuochi artificiati. 1883-1884; 1 vol. petit in-8°.

Ville de Turin. Règlements concernant la police urbaine et rurale; les ramoneurs; la fabrication, la vente et la garde de feux d'artifice.

UDINE.

3271. — Atti della accademia di Udine. 1867-1881; 2 vol. in-8°.

Actes de l'académie d'Udine.

3272. — Relazione sul censimento della popolazione del comune di Udine nella notte di 31 dicembre 1881. 1 broch. grand in-8°.

Rapport sur le recensement de la population de la commune d'Udine dans la nuit du 31 décembre 1881.

VALDICHIANA.

3273. — Possenti (C.). Sulla sistemazione idraulica della Valdichiana. *Firenze*, 1866-1867; 1 vol. in-8°.

Sur la systématisation hydraulique du canton de Valdichiana.

3274. — Manetti (A.). Sulla stabile sistemazione delle acque di Valdichiana. Memoria. *Firenze,* 1840; 1 vol. in-4°.

Mémoire sur la systématisation durable des eaux du canton de Valdichiana.

VALLOMBREUSE.

3275. — Ordinamento dello istituto forestrale di Vallombrosa. *Roma,* 1886; 1 broch. grand in-8°.

Organisation de l'école forestière de Vallombreuse.

VENISE.

3276. — Documenti per la storia della beneficenza in Venezia. 1879; 1 vol. in-folio.

Documents pour l'histoire de la bienfaisance à Venise.

3277. — Comune di Venezia. Relazione della giunta municipale sulla riforma delle opere pie. 1878; 1 vol. in-8°.

Commune de Venise. Rapport de la junte municipale sur la réforme des établissements de charité.

3278. — Relazione economico-morale della pia fondazione Querini-Stampalia (1878-1882). *Venezia,* 1883; 1 broch. petit in-8°.

Rapport économico-moral de la fondation de charité Querini-Stampalia, à Venise.

3279. — Museo civico e raccolta Correr di Venezia. Inaugurazione, 4 luglio 1880. 1 broch. in-8°.

Le Musée municipal et la collection Correr à Venise. Inauguration le 4 juillet 1880.

3280. — Museo civico e raccolta Correr. Regolamento e istruzioni. *Venezia,* 1879; 1 broch. in-8°.

Musée municipal et collection Correr à Venise. Règlements et instructions.

3281. — Pianta di Venezia pubblicata in occasione del III congresso geografico internazionale. 1881; 1 carte grand in-12.

Plan de Venise publié à l'occasion du IIIe congrès international de géographie.

3282. — **Municipio di Venezia. Pianta organica delle persone dirigenti, insegnanti ed inservienti delle scuole elementari diurne.** 1875; 1 broch. in-8°.

Municipalité de Venise. Rôle organique du personnel dirigeant, du personnel enseignant et du personnel des gens de service dans les écoles élémentaires de jour.

3283. — **Bilancio ossia conto preventivo dell' entrata e dell' uscita del comune di Venezia.** 1867-1890; 10 vol. in-4°.

Budget des recettes et des dépenses de la commune de Venise.

3284. — **Sunto per articoli del conto consuntivo della città di Venezia.** 1874-1890; 4 vol. in-4°.

Résumé par articles des comptes de la ville de Venise.

3285. — **Riassunto del conto amministrativo della città di Venezia.** 1867; 1 vol. in-4°.

Résumé du compte administratif de la ville de Venise.

3286. — **Guida artistica e storica di Venezia e delle isole circonvicine.** 1881; 1 vol. in-12.

Guide artistique et historique de Venise et des îles voisines.

3287. — **Studi e proposte per la sistemazione del servizio sanitario e dei soccorsi medici a domicilio nella città di Venezia,** 1882; 1 vol. in-4°.

Études et propositions pour la systématisation du service sanitaire et des secours médicaux à domicile dans la ville de Venise.

3288. — **Comune di Venezia. Riforma dell' ufficio sanitario municipale, e rigolamenti pei medici e chirurghi di circondario.** 1882; 1 vol. in-4°.

Commune de Venise. Réforme du service municipal de la santé, et règlements pour les médecins et les chirurgiens d'arrondissement.

3289. — **Le scuole comunali di Venezia. Notizie e regolamenti.** 1870; 1 broch. in-8°.

Les écoles communales de Venise. Notices et règlements.

3290. — **Il cholera a Venezia nel triennio 1884-1886. Relazione della giunta municipale.** 1 vol. in-8°.

Le choléra à Venise en 1884, 1885 et 1886. Rapport de la junte municipale.

3291. — Regolamento per gli uffizii e gli impiegati del municipio di Venezia. 1876; 1 broch. in-8°.

Règlement pour les fonctionnaires et les employés de la municipalité de Venise.

3292. — Atti del Consiglio comunale di Venezia. 1869-1889; 14 vol. in-4°.

Actes du Conseil communal de Venise.

3293. — Deliberazioni prese dal Consiglio comunale di Venezia. 1867-1887; 5 vol. in-4°.

Délibérations du Conseil communal de Venise.

3294. — Sunto storico, alfabetico e cronologico delle deliberazioni emesse dal Consiglio municipale di Venezia. 1808-1866; 1 vol. in-4°.

Résumé historique, alphabétique et chronologique des délibérations du Conseil municipal de Venise.

3295. — Comune di Venezia. Rendiconto del biennio 1872-1873. 1886; 7 vol. in-8°.

Commune de Venise. Compte rendu biennal.

3296. — Comune di Venezia. Rendiconto del triennio 1860-1862. 1 vol. in-8°.

Commune de Venise. Compte rendu triennal.

3297. — Bollettino degli atti, avvisi, manifesti ecc. del municipio di Venezia. 1869-1889; 7 vol. in-8°.

Bulletin des actes, des avis, des manifestes, etc., de la municipalité de Venise.

3298. — Relazione del r. delegato straordinario Carlo Astengo al Consiglio comunale di Venezia. 1883; 1 broch. grand in-8°.

Rapport du délégué royal extraordinaire C. Astengo au Conseil communal de Venise.

3299. — Rilievo degli abitanti di Venezia per religione, condizioni, professioni, arti e mestieri. 1869; 1 vol. in-4°.

Relevé de la population de Venise par religions, états, professions, arts et métiers.

3300. — Bollettino ufficiale della giunta di statistica del comune di Venezia. 1870-1873; 3 vol. petit in-4°.

Bulletin officiel de la junte de statistique de la commune de Venise.

3301. — Municipio di Venezia. Giunta comunale di statistica. Statistica del settennio 1876-1880. 1 vol. petit in-8°.

Municipalité de Venise. Junte communale de statistique. Statistique des sept années, de 1874 à 1880.

3302. — Elenco generale degli scritti ed inediti dell' illustre Pietro Paleocapa. *Venezia*, 1871; 1 broch. in-8°.

Table générale des écrits et des œuvres inédites de P. Paleocapa.

PAYS-BAS.

3303. — Verslag van den landbouw in Nederland. 1873; 1 vol. in-8°.

Rapport sur l'agriculture dans les Pays-Bas.

3304. — Verslag over den staat der gestichten voor krankzinnigen. *'s Gravenhage*, 1864-1868; 1 vol. in-8°.

Rapport sur la situation des asiles pour aliénés.

3305. — Statistiek der ligting voor de nationale militie in het koningrijk der Nederlanden. 1872-1875; 2 broch. grand in-8°.

Statistique du recrutement de la milice nationale dans le royaume des Pays-Bas.

3306. — Verslag over de verrigtingen aangaande het armbestuur in het koningrijk der Nederlanden. 1874; 1 vol. petit in-4°.

Rapport sur les affaires qui concernent l'Assistance publique dans le royaume des Pays-Bas.

3307. — Statuten der nederlandsche Vereeniging voor liefdadigheid te Parijs. 1 broch. in-8°.

Statuts de la Société néerlandaise de bienfaisance à Paris.

3308. — Verslag der werkzaamheden van de nederlandsche Vereeniging voor liefdadigheid te Parijs. *Zwolle*, 1888-1891; 2 broch. in-8°.

Rapport sur les actes de la Société néerlandaise de bienfaisance à Paris.

3309. — Rapport over de inrigting van eenige voornaame Musea van natuurlijke historie in het buitenland. *Leiden*, 1878; 1 vol. in-8°.

Rapport sur l'organisation de quelques-uns des principaux Musées d'histoire naturelle à l'étranger.

3310. — **Montégut** (E.). Les Pays-Bas, impressions de voyage et d'art. *Paris, Londres, New-York*, 1869; 1 vol. grand in-12.

3311. — Statistiek der philanthropische spaar- en leenbanken in Nederland. 1880-1885; 2 vol. in-8°.

Statistique des banques philanthropiques d'épargne et de prêts dans les Pays-Bas.

3312. — Répertoire de cartes publié par l'Institut royal des ingénieurs néerlandais. *La Haye*, 1 vol. in-8°.

3313. — Carte des ponts et chaussées des Pays-Bas (Waterstaat). 1 atlas in-folio.

3314. — Carte des grandes rivières des Pays-Bas. 1 atlas in-folio.

3315. — Kaart van het koningrijk der Nederlanden. Hooge. middelbare en lagere scholen over 1853-1884. *'s Gravenhage*, 3 feuilles.

Carte du royaume des Pays-Bas. Écoles supérieures, écoles secondaires et écoles primaires.

3316. — Carte topographique militaire des Pays-Bas. (Fragment). 1 tableau.

3317. — Berichten en mededeelingen der Vereining voor lijkverbranding. 1876-1892; 4 vol. in-8°.

Rapports et communications de la Société pour la crémation des cadavres.

3318. — Statistiek van den handel en de scheepvaart van het koningrijk der Nederlanden. 1876-1881; 12 vol. in-4°.

Statistique du commerce et de la navigation du royaume des Pays-Bas.

3319. — Koningrijk der Nederlanden. Statistiek van den in-, uit- en doorvoer. 1882-1888; 12 vol. in-folio.

Royaume des Pays-Bas. Statistique des marchandises importées, exportées et en transit.

3320. — Kramers. Nieuw nederlandsch-fransch woordenboek. *Gouda*, 1862-1875; 4 vol. in-8°.

3321. — Nouveau dictionnaire de poche des langues française et hollandaise. *Leipzick*, 1 vol. petit in-8°.

3322. — Staatkundig en staathuishoudkundig jaarboekje. Nederland. 1870-1884; 15 vol. grand in-12.

Annuaires de politique et d'économie politique. Pays-Bas.

3323.— Hartog (L. de). De gronden Staats-, provinciale en gemeente inrichting van Nederland. *Leiden*, 1883; 1 vol. in-8°.

Principes de l'organisation de l'État, des provinces et des communes dans les Pays-Bas.

3324. — Exposition universelle de Paris en 1878. Catalogue spécial des produits exposés par le royaume des Pays-Bas. 1 broch. in-8°.

3325.— Exposition universelle internationale de Paris en 1878. Catalogue de l'exposition collective des différentes sociétés d'agriculture et d'horticulture des Pays-Bas. *Schiedam*, 1 broch. in-8°.

3326. — Jaarcijfers omtrent bevolking, landbouw, handel, belastingen, onderwijs, enz. *'s Gravenhage*, 1881-1885; 2 vol. in-8°.

Chiffres annuels concernant la population, l'agriculture, le commerce, les impôts, l'instruction publique, etc.

3327. — Du Camp (Maxime). En Hollande. Lettres à un ami. *Paris*, 1868; 1 vol. in-12.

3328. — Baudet (J.-H.). Notice sur les cartes en bosse du XVIe siècle. *Utrecht*, 1 broch. in-8°.

3329. — Baudet (J.-H.). Notice sur la part prise par Willem Jansz Blaen (1571-1638) dans la détermination des longitudes terrestres. *Utrecht*, 1 broch. in-8°.

3330. — Kuijper (G.). Éléments de grammaire néerlandaise. *La Haye*, 1858; 1 vol. grand in-12.

3331. — Du Pays (A.-J.). Itinéraire de Hollande. *Paris*, 1862; 1 vol. in-12.

3332. — Lothrop Motley (J.). Histoire de la fondation de la République des Provinces-Unies. 1859-1860; 4 vol. petit in-8°.

3333. — De hunebedden in Drenthe. 1 broch. in-8°.

Les tumuli de la province de Drenthe connus sous le nom de *Lits des Huns*.

3334. — Telting (A.). Register van het archief van Franeker in chronologische orde. *Franeker*, 1867; 1 vol. in-8°.

Index des archives de Franeker par ordre chronologique.

3335. — Verslag aan den Koning van de bevindingen en handelingen van het geneeskundig staatstoezigt. *'s Gravenhage*, 1876; 2 vol. in-8°.

Rapport au Roi sur la situation et sur les actes des inspecteurs du service de la santé.

3336. — **Treub (W.-F.).** Ontwikkeling en verband van de rijks-, provinciale- en gemeentebelastingen in Nederland. *Leiden*, 1885; 1 vol. in-8°.

Développement et connexion des impôts nationaux, provinciaux et communaux dans les Pays-Bays.

3337. — Verzameling van consulaire en andere berigten en verslagen over nijverheid, handel en scheepvaart. *'s Gravenhage*, 1877; 1 vol. grand in-8°.

Recueil de rapports consulaires et autres comptes rendus sur l'industrie, le commerce et la navigation.

3338. — Statistiek van de fabrieks- en ambachtsnijverheid in Nederland. 1874; 1 vol. in-8°.

Statistique de l'industrie des fabriques et des métiers dans les Pays-Bas.

3339. — **Cousin (Victor).** De l'instruction publique en Hollande. *Paris*, 1837; 1 vol. petit in-8°.

3340. — **Bacot (David).** Notes sur l'instruction primaire en Hollande. L'école neutre. *Paris*, 1 broch. in-8°.

3341. — **Steyn Parvé (D.-J.).** Organisation de l'instruction primaire, secondaire et supérieure dans le royaume des Pays-Bas. *Leide*, 1878; 1 vol. in-8°.

3342. — Verslag van den staat der hooge, middelbare en lagere scholen in het koningrijk der Nederlanden. 1858-1885; 24 vol. in-4°.

Rapport sur l'état des écoles supérieures, secondaires et primaires dans le royaume des Pays-Bas.

3343. — **Wintgens (W.-J.).** Code pénal des Pays-Bas. 3 mars 1881. *Paris*, 1 vol. in-8°.

3344. — Geregtelijke statistiek van het koningrijk der Nederlanden. 1875; 1 vol. in-8°.

Statistique judiciaire du royaume des Pays-Bas.

3345. — **Tripels (G.).** Les Codes néerlandais, la loi fondamentale, la loi sur l'organisation judiciaire et leurs modifications jusqu'au 1er septembre 1886. *Maestricht,* 5 vol. in-8°.

3346. — **Tripels (G.).** Code politique des Pays-Bas. *Maestricht,* 1889; 1 vol. in-8°.

3347. — **Cremers (I.-J.)** Aanteckeningen op nederlandsche staatswetten. *Groningen,* 1882; 1 vol. in-8°.

Notes sur les lois organiques des Bays-Bas.

3348. — **Bassecour Caan (J. J. de la).** Handleiding tot de kennis van het administratief regt in Nederland. *'s Gravenhage,* 1866; 2 vol. et 1 broch. in-8°.

Introduction à la connaissance du droit administratif dans les Pays-Bas.

3349. — **Hartman (G.)** Tijdschrift ter beoffening van het administratief recht. *Goes,* 1884; 1 broch. in-8°.

Publication périodique pour l'étude du droit administratif.

3350. — **Verslag** betreffende de cholera-epidemie in den zomer van **1866.** *Utrecht,* 1 broch. in-8°.

Rapport sur l'épidémie cholérique de l'été de 1866.

3351. — **Helm (L. van den).** Wet van den 29sten juni 1851 regelende de zamenstelling, inrigting en bevoegdheid der gemeentebesturen. *'s Gravenhage,* 1883; 1 vol. petit in-8°.

Loi du 29 juin 1851 réglant la composition, l'organisation et les attributions des autorités communales.

3352. — **Pranger (P.).** Alphabetische klapper op de voornaamste wetten, besluiten, enz., ten opzichte der gemeente-administratie. *Arnhem,* 1 vol. in-8°.

Rappel alphabétique des principales lois, décisions, etc., concernant l'administration communale.

3353. — **Jentink (A.).** De gemeentewet zoo als die thans is luidende in vragen en antwoorden. *Sneek,* 1880; 1 vol. grand in-12.

La loi communale telle qu'elle est aujourd'hui en vigueur, par demandes et par réponses.

3354. — **Helm (L. van den).** De gemeente-administratie. Handboek voor burgemeisters, secretarissen, enz. *Den Haag,* 1882; 2 vol. et 1 broch. in-8°.

L'administration communale. Manuel à l'usage des bourgmestres, des secrétaires, etc.

3355. — Keer (Herman). De regten der gemeente volgens de grondwet. *Amsterdam*, 1884; 1 vol. in-8°.

Les droits des communes d'après la Constitution.

3356. — Heusde (Ph.-W. van). De autonomie der gemeente in Nederland. *Utrecht*, 1871; 1 vol. in-8°.

L'autonomie des communes dans les Pays-Bas.

3357. — Boissevain (H.-S.), Oosterwijk (G. van). De gemeentewet opgehelderd door eene aantekening. *Arnhem*, 1864; 2 vol. grand in-12.

La loi communale avec une notice explicative.

3358. — Gelder (W. de). Formulierboek voor secretarissen van gemeentebesturen. *Utrecht*, 1853; 1 broch. in-8°.

Formulaire à l'usage des secrétaires des municipalités.

3359. — Hartman (G.). Bestuur en administratie der gemeenten in Nederland. *'s Gravenhage*, 1868-1880; 3 vol. in-8°.

Gestion et administration des communes dans les Pays-Bas.

3360. — Statistiek der scheepvaart. *'s Gravenhage*, 1878-1888; 3 vol. grand in-8°.

Statistique de la navigation.

3361. — Uitkomsten der derde tienjarige volkstelling in het koningrijk der Nederlanden. 1849; 12 vol. in-folio.

Résultats du troisième recensement décennal dans le royaume des Pays-Bas.

3362. — Bevolkingtafelen. Twaalfjarige staten levendgeborenen en sterfgevallen, voor het koningrijk der Nederlanden. 1856; 1 vol. in-4°.

Tableaux de la population. État des naissances et des décès pendant une période de douze ans dans le royaume des Pays-Bas.

3363. — Uitkomsten der vierde tienjarige volkstelling in het koningrijk der Nederlanden. 1859; 3 vol. grand in-4°.

Résultats du quatrième recensement décennal dans le royaume des Pays-Bas.

3364. — Uitkomsten der vijfde tienjarige volkstelling in het koningrijk der Nederlanden. 1869; 3 vol. grand in-4°.

Résultats du cinquième recensement décennal dans le royaume des Pays-Bas.

3365. — Uitkomsten der zesde tienjarige volkstelling in het koningrijk der Nederlanden. 1879; 12 vol. grand in-4°.

Résultats du sixième recensement décennal dans le royaume des Pays-Bas.

3366. — Statistiek der bevolking van het koningrijk der Nederlanden over 1875. 1 vol. in-8°.

Statistique de la population du royaume des Pays-Bas en 1875.

3367. — Statistiek van den loop der bevolking von Nederland. 1878-1887; 2 vol. in-8°.

Statistique du mouvement de la population des Pays-Bas.

3368. — Verslag aan den Koning over den toestand der telegrafen in Nederland. 1876; 1 vol. in-8°.

Rapport au Roi sur la situation des télégraphes dans les Pays-Bas.

3369. — Statistiek van het gevangeniswesen. *'s Gravenhage*, 1875; 1 vol. in-8°.

Statistique des prisons.

3370. — Algemeene statistiek van Nederland. 1870-1873; 2 vol. in-4°.

Statistique générale des Pays-Bas.

3371. — Bijdragen tot de algemeene statistiek van Nederland. 1840-1878; 2 vol. in-8°.

Suppléments à la statistique générale des Pays-Bas.

3372. — Statistische bescheiden voor het koningrijk der Nederlanden. 1867-1874; 17 vol. et broch. in-8°.

Renseignements statistiques sur le royaume des Pays-Bas.

3373. — Statistisch jaarboekje voor het koningrijk der Nederlanden. 1851-1871; 13 vol. in-8°.

Annuaire statistique du royaume des Pays-Bas.

3374. — Bescheiden voor de statistiek van het koningrijk der Nederlanden. N° 1, bescheiden betreffende de geldmiddelen. 1861-1874; 1 vol. in-4°.

Renseignements sur la statistique du royaume des Pays-Bas. N° 1, renseignements concernant les finances.

3375. — Résumé statistique pour le royaume des Pays-Bas. *La Haye*, 1850-1883; 2 vol. in-8°.

3376. — Kerkwijk (L.-C. van). Les travaux publics dans le royaume des Pays-Bas. *La Haye*, 1878; 1 vol. in-8°.

3377. — Verslag aan den Koning over de openbare werken. *'s Gravenhage*, 1850-1888; 23 vol. grand in-8°.

Rapport au Roi sur les travaux publics.

3378. — Tijdschrift van het koninklijk Instituut van ingenieurs. *'s Gravenhage*, 1869-1888; 34 vol. in-4°.

Journal de l'Institut royal des ingénieurs.

3379. — Uittreksels uit vreemde tijdschriften voor de leden van het koninklijk Instituut van ingenieurs. *'s Gravenhage*, 1848-1869; 19 vol. in-8°.

Extraits des journaux étrangers pour servir aux membres de l'Institut royal des ingénieurs.

3380. — Verhandelingen van het koninklijk Instituut van ingenieurs. *'s Gravenhage*, 1848-1869; 20 vol. in-4° et in-8°.

Travaux de l'Institut royal des ingénieurs.

3381. — Register op de werken van het koninklijk Instituut van ingenieurs. *'s Gravenhage*, 1847-1869; 1 vol. in-8°.

Index des travaux de l'Institut royal des ingénieurs.

3382. — Lijsten van nieuw verschenen werken, voor de leden van het koninklijk Instituut van ingenieurs. *'s Gravenhage*, 1852-1869; 17 vol. in-8°.

Listes des ouvrages nouvellement parus, destinés aux membres de l'Institut royal des ingénieurs.

3383. — Inhoudsopgaven van technische tijdschriften voor de leden van het koninklijk Instituut van ingenieurs. *'s Gravenhage*, 1863-1868; 5 vol. in-8°.

Résumés extraits des journaux techniques et destinés aux membres de l'Institut royal des ingénieurs.

3384. — Koninklijk Instituut van ingenieurs opgerigt 31 augustus 1847. 1 broch. in-8°.

L'Institut royal des ingénieurs fondé le 31 août 1847.

3385. — Koninklijk Instituut van ingenieurs. Reglement. 1848-1854; 3 broch. in-8°.

Institut royal des ingénieurs. Règlement.

**3386. — Koninklijk Instituut van ingenieurs. Verslag uitge-
bragt in de Instituuts-vergadering van den 12een junij 1856.
's Gravenhage, 1 broch. in-8°.**

Institut royal des ingénieurs. Rapport présenté à la séance du 12 juin 1856.

**3387. — Koninklijk Instituut van ingenieurs. Alphabetische
bladwijzer op de notulen, verhandelingen, uittreksels en
mededeelingen. 1847-1857; 1 vol. in-8°.**

Institut royal des ingénieurs. Index alphabétique des procès-verbaux, des
délibérations, des extraits et des communications.

**3388. — Toespraak van den President van het koninklijk
Instituut van ingenieurs. s' Gravenhage, 1868; 1 broch. in-8°.**

Allocution du Président de l'Institut royal des ingénieurs.

**3389. — Catalogus van de boekwerken voorhanden in de
bibliotheek van het koninklijk Instituut van ingenieurs.
's Gravenhage, 1856; 1 broch. in-8°.**

Catalogue des livres existant à la bibliothèque de l'Institut royal des ingénieurs en 1856.

**3390. — Koninklijk Instituut van Ingenieurs. Algemeen ver-
slag van de werkzaamheden, en notulen der vergaderingen.
1847-1889; 21 vol. in-8°.**

Institut royal des ingénieurs. Rapport général sur les travaux, et procès-
verbaux des séances.

**3391. — Jaarboekje voor de leden van het koninklijk Insti-
tuut van ingenieurs. 's Gravenhage, 1853-1859; 3 vol. grand
in-18.**

Annuaire à l'usage des membres de l'Institut royal des ingénieurs.

**3392. — De voornamste officieele stukken over het kanaal
door Holland op zijn smalt. Amsterdam, 1872; 1 vol. in-8°.**

Principales pièces officielles concernant le canal qui traverse la Hollande
jusqu'à ses confins maritimes.

BRABANT SEPTENTRIONAL.

**3393. — Verslag van den toestand der provincie Noord-Bra-
bant. 1861-1889; 29 vol. petit in-8°.**

Rapport sur la situation du Brabant septentrional.

3394. — Notulen van het verhandelde in de vergaderingen

der Staten van Noord-Brabant. 1860-1890; 52 vol. petit in-8°.

Procès-verbaux des séances des États du Brabant septentrional.

3395. — **Provinciaal blad van Noord-Brabant.** 1877-1890; 11 vol. petit in-8°.

Feuille provinciale du Brabant septentrional.

3396. — **Provinciaal bijblad van Noord-Brabant.** 1877-1890; 14 vol. petit in-8°.

Supplément à la feuille provinciale du Brabant septentrional.

DRENTHE.

3397. — **Verslag van gedeputeerde Staten aan de Staten der provincie Drenthe.** 1867-1891; 30 vol. in-8°.

Rapport de la députation des États aux États de la province de Drenthe.

3398. — **Verslag van de Commissie van bestuur van het Museum van oudheden in Drenthe aan de gedeputeerde Staten.** 1867-1890; 2 vol. in-8°.

Rapport de la Commission administrative du Musée des antiquités de la province de Drenthe à la députation des États.

3399. — **Notulen van de provinciale Staten van Drenthe.** 1860-1890; 43 vol. in-8°.

Procès-verbaux des séances des États de la province de Drenthe.

3400. — **Provinciaal blad van Drenthe.** 1867-1890; 18 vol. in-8°.

Feuille provinciale de Drenthe.

FRISE.

3401. — **Systematische catalogus der provinciale bibliotheek van Friesland.** *Leeuwarden*, 1871-1877; 4 vol. in-8°.

Catalogue systématique de la bibliothèque provinciale de la Frise.

3402. — **Carte de la province de Frise.** 1871; 4 feuilles.

3403. — **Colmjon (G.).** **Register van oorkonden die in het charterboek van Friesland ontbreken tot het jaar 1400.** *Leeuwarden*, 1886; 1 vol. in-8°.

Index des chartes qui manquent dans le cartulaire de la Frise jusqu'à l'année 1400.

3404. — Leeuwen (J. van). Alphabetisch register of algemeen repertorium op het groot plakkaat- en charterboek van
Friesland. *Workum*, 1857; 1 vol. in-8°.

Table alphabétique ou répertoire général du grand livre des ordonnances et
chartes de la Frise.

3405. — Verslagen aan de Staten der provincie Friesland.
1827-1850; 20 broch. in-8° et in-4°.

Rapports aux États de la province de Frise.

3406. — Verslag van de toestand der provincie Friesland.
1850-1890; 31 vol. in-8°.

Rapport sur la situation de la province de Frise.

**3407. — Notulen van het verhandelde in de vergaderingen
der Staten van Friesland.** 1860-1890; 90 vol. in-8°.

Procès-verbaux des séances des États de la Frise.

**3408. — Bladwijzer op de notulen van het verhandelde in de
vergaderingen der Staten van de provincie Friesland.** 1860-
1890; 4 vol. in-8°.

Index des procès-verbaux des séances des États de la Frise.

3409. — Provinciaal blad van Friesland. 1860-1890; 30 vol.
in-8°.

Feuille provinciale de la Frise.

**3410. — Register op de openbare werken getrokken uit de
resolutien der Staaten van Friesland van 1571 tot 1803.**
Leeuwarden, 1860; 1 vol. in-8°.

Liste des travaux publics tirée des résolutions des États de la Frise de 1571
à 1803.

GRONINGUE (PROVINCE DE).

3411. — Feith (H.-O.). Register van het archief van Groningen. 802-1756; 9 vol. in-8°.

Index des archives de Groningue.

3412. — Koster (J.-P.). De provincie Groningen en hare
defensie in de laatste twee eeuwen. 1874; 1 vol. in-8°.

La province de Groningue et ses travaux de défense dans les deux derniers
siècles.

3413. — **Verslag van de handelingen der Staten van de pro-vincie Groningen.** 1852-1883; 31 vol. in-8°.

Rapport sur les actes des États de la province de Groningue.

3414. — **Verslag van de gedeputeerde Staten aan de Staten der provincie Groningen.** 1817-1850; 4 vol. in-4°.

Rapport de la députation des États aux États de la province de Groningue.

3415. — **Verslag van den toestand der provincie Groningen.** 1850-1889; 37 vol. in-4° et in-8°.

Rapport sur la situation de la province de Groningue.

3416. — **Bijdragen tot de kennis van den tegenwoordigen staat der provincie Groningen.** 1860-1870; 6 vol. in-8°.

Pièces servant à faire connaître l'état présent de la province de Groningue.

3417. — **Notulen van het verhandelde in de vergaderingen der Staten van Groningen.** 1867-1890; 43 vol. in-8°.

Procès-verbaux des séances des États de la province de Groningue.

3418. — **Provinciaal blad van Groningen.** 1850-1890; 36 vol. in-8°.

Feuille provinciale de Groningue.

3419. — **Catalogus der boeken, enz. die zich bevinden in het archief van het bureau voor statistiek aan de provinciale griffie van Groningen.** 1878; 1 vol. in-8°.

Catalogue des livres, etc., qui se trouvent aux archives du bureau de statistique du greffe provincial de Groningue.

GUELDRE.

3420. — **Schutter (J.-W.) Lijst van periodieke werkzaam-heden. Handleiding voor gemeentebesturen, meer bijzonder in de provincie Gelderland.** *Zutphen,* 1 vol. in-8°.

Liste des travaux périodiques, pour l'instruction des autorités communales, spécialement dans la province de Gueldre.

3421. — **Verslag van den toestand der provincie Gelderland.** 1861-1889; 28 vol. in-8°.

Rapport sur la situation de la province de Gueldre.

3422. — **Notulen van het verhandelde bij de Staten van Gel-derland.** 1864-1890; 17 vol. in-8°.

Procès-verbaux des séances des États de la province de Gueldre.

3423. — Provinciaal blad van Gelderland. 1861-1890; 39 vol.
in-8°.

Feuille provinciale de la Gueldre.

HOLLANDE MÉRIDIONALE.

**3424. — Verslag door de gedeputeerde Staten aan de Staten
der provincie Zuid-Holland.** 1877-1889; 13 vol. in-8°.

Rapport de la députation des États aux États de la province de la Hollande
méridionale.

**3425. — Notulen der vergaderingen van de Staten der pro-
vincie Zuid-Holland.** 1860-1890; 57 vol. in-4° et in-8°.

Procès-verbaux des séances des États de la Hollande méridionale.

3426. — Provinciaal blad van Zuid-Holland. 1880-1889;
10 vol. in-8°.

Feuille provinciale de la Hollande méridionale.

HOLLANDE SEPTENTRIONALE.

**3427. — Tabellarisch overzigt der regeling van het openbaar
lager onderwijs in elke gemeente der provincie Noordholland.** 1872-1877; 2 broch. in-8°.

Aperçu, sous forme de tableaux, des règlements pour l'enseignement public
primaire dans les diverses communes de la Hollande septentrionale.

**3428. — Verslag van den toestand der provincie Noordhol-
land.** 1861-1888; 23 vol. in-8°.

Rapport sur la situation de la province de la Hollande septentrionale.

**3429. — Notulen van het verhandelde in de vergaderingen
der provinciale Staten van Noordholland.** 1860-1888; 30 vol.
in-8° et in-4°.

Procès-verbaux des séances des États provinciaux de la Hollande septentrionale.

3430. — Provinciaal blad van Noordholland. 1820-1888;
37 vol. in-8°.

Feuille provinciale de la Hollande septentrionale.

3431. — Vries (G. de). De zeeweringen en waterschappen
van Noordholland.** 1864; 1 vol. in-8°.

Les digues et les polders de la Hollande septentrionale.

LIMBOURG (DUCHE DE).

3432. — Bonniver (J.-F.). Kaart van het hertogdom Limburg. 1849-1859; 4 feuilles.

Carte du duché de Limbourg.

3433. — Afkondiging van het reglement op het toezigt over de waterlossingen in Limburg. 1872; 1 broch. in-8°.

Promulgation du règlement concernant l'inspection des conduites d'eau dans le Limbourg.

3434. — Instructie voor de gemeente-veldwachters in het hertogdom Limburg. 1874; 1 broch. petit in-8°.

Instruction pour les gardes champêtres communaux dans le duché de Limbourg.

3435. — Franquinet (G.-D.). Overzicht der gemeente archieven en beredeneerde inventaris der oorkonden en bescheiden van de gemeenten Sittard en Venlo in Limburg. *Maastricht*, 1872; 1 broch. in-8°.

Aperçu des archives communales et inventaire raisonné des titres et documents concernant les communes de Sittard et de Venlo dans le Limbourg.

3436. — Franquinet (G.-D.). Beredeneerde inventaris der oorkonden en bescheiden :

1° Van de abdij Kloosterrade en van de vrouwen kloosters Marienthal en Sinnich. 1869;

2° Van het kapittel van O. L. Vrouwekerk te Maastricht. 1870-1877;

3° Van het klooster St Gerlach. 1877;

4° Van het klooster der Predikheeren te Maastricht, 1878;

berustende ap het provinciaal archief van Limburg. 5 vol. in-8°.

Inventaire raisonné des titres et documents concernant :

1° L'abbaye de Closterrode et les couvents de Marienthal et de Sinnich;

2° Le chapitre de l'église de Notre-Dame, à Maestricht;

3° Le cloître de Saint-Gerlach;

4° Le cloître des Prêcheurs, à Maestricht;

     pièces déposées aux archives provinciales du Limbourg.

3437. — **Publications de la Société historique et archéologique dans le duché de Limbourg.** 1866-1889; 24 vol. in-8°.

3438. — **Verslag van den toestand van het hertogdom Limburg.** 1861-1890; 30 vol. in-8° et petit in-8°.

Rapport sur la situation du duché de Limbourg.

3439. — **Hertogdom Limburg. Provinciale Staten. Notulen.** 1862-1889; 10 vol. petit in-8°.

Duché de Limbourg. États provinciaux. Procès-verbaux.

3440. — **Provinciaal blad van Limburg.** 1877-1890; 14 vol. in-8°.

Feuille provinciale du Limbourg.

3441. — **Reglement op de wegen en voetpaden in het hertogdom Limburg.** 1876; 1 broch. in-8°.

Règlement concernant les routes et les sentiers dans le duché de Limbourg.

OVERIJSSEL.

3442. — **Verslag van de gedeputeerde Staten aan de Staten der provincie Overijssel omtrent den toestand der provincie.** 1861-1890; 29 vol. in-8°.

Rapport de la députation des États aux États de la province d'Overijssel sur la situation de la province.

3443. — **Notulen van het verhandelde bij de Staten van Overijssel.** 1857-1889; 31 vol. petit in-8°.

Procès-verbaux des séances des États de la province d'Overijssel.

3444. — **Provinciaal blad van Overijssel.** 1860-1890; 31 vol. in-8°.

Feuille provinciale de l'Overijssel.

UTRECHT (PROVINCE D').

3445. — **Boesehoten** (**W.-A.**). Handleiding voor de gemeente-besturen in de provincie Utrecht. *Zeist*, 1876; 1 vol. in-8°.

Manuel des autorités communales dans la province d'Utrecht.

3446. — Verslag over den toestand der provincie Utrecht. 1851-1886; 37 vol. petit in-8°.

Rapport sur la situation de la province d'Utrecht.

3447. — Notulen van het verhandelde in de vergaderingen der Staten van Utrecht. 1850-1886; 50 vol. petit in-8°.

Procès-verbaux des séances des États de la province d'Utrecht.

3448. — Provinciaal blad van Utrecht. 1853-1886; 50 vol. in-8°.

Feuille provinciale d'Utrecht.

ZÉLANDE.

3449. — Nieuwe catalogus van de provinciale bibliotheek van Zeeland. *Middelburg*, 1876; 1 vol. in-8°.

Nouveau catalogue de la bibliothèque provinciale de la Zélande.

3450. — Pické (C.-J.), Lambrechtsen (T.-A.). Atlas van de provincie Zeeland. 1 atlas.

Atlas de la province de Zélande.

3451. — Pické (C.-J.), Lambrechtsen (T.-A.). Bijlage bij de kaart van de provincie Zeeland. *Groningen*, 1877; 1 broch. in-4°.

Supplément à la carte de la Zélande.

3452. — Visvliet (J.-P. van). Inventaris van het oud archief der provincie Zeeland. 1874-1877; 2 broch. in-8°.

Inventaire des vieilles archives de la province de Zélande.

3453. — Verslag van den toestand der provincie Zeeland. 1837-1887; 41 vol. in-8° et in-4°.

Rapport sur la situation de la province de Zélande.

3454. — Notulen van de provinciale Staten van Zeeland. 1850-1885; 23 vol. in-4°.

Procès-verbaux des séances des États provinciaux de la Zélande.

3455. — Provinciaal blad van Zeeland. 1827-1886; 53 vol. in-8°.

Feuille provinciale de la Zélande.

**3456. — Verzameling van door het provinciaal bestuur van

Zeeland in druk uitgevaardigde circulaires. 1815-1826;
in-8°.

Recueil des circulaires publiées par l'administration provinciale de la Zélande.

AMSTERDAM.

3457. — **Verslag over den toestand van handel, scheepvaart
en nijverheid te Amsterdam.** 1866-1889; 21 vol. in-8°.

Rapport sur la situation du commerce, de la navigation et de l'industrie à
Amsterdam.

3458. — **Rapport der Commissie tot het ontwerpen of voor-
dragen van een plan tot reiniging en reinhouding von den
boden en de wateren van Amsterdam.** 1870; 1 vol. in-8°.

Rapport de la Commission chargée de proposer et d'esquisser un plan pour
obtenir et entretenir la propreté du sol et la pureté des eaux à Amsterdam.

3459. — **Gouw (J.-Ter).** Geschiedenis van Amsterdam.
1879-1889; 6 vol. in-8° et une carte en feuilles.

Histoire d'Amsterdam.

3460. — **Verslag omtrent de heffing der plaatselijke direkte
belasting naar het inkomen te Amsterdam.** 1879-1881;
2 broch. in-8°.

Rapport sur la perception à Amsterdam de l'impôt communal direct, d'après
le revenu.

3461. — **Billod (D^r).** Compte rendu des travaux de la section de médecine mentale au Congrès médical d'Amsterdam.
Paris, 1880; 1 broch. in-8°.

3462. — **Gemeenteblad Amsterdam.** 1867-1891; 67 vol. in-8°.

Feuille communale d'Amsterdam.

3463. — **Verslag van de toestand der gemeente Amsterdam.**
1865-1890; 20 vol. in-8°.

Rapport sur la situation de la commune d'Amsterdam.

ASSEN.

3464. — **Algemeene regelen voor het ontwerpen van nieuwe
og het vergrooten van bestaande schoollocalen.** *Assen*, 1873;
1 broch. in-4°.

Instructions générales pour l'établissement de nouvelles maisons d'école et
pour l'agrandissement de celles qui existent.

BOIS-LE-DUC.

3465. — Notulen van het verhandelde in de openbare vergaderingen van den raad der gemeente 's Hertogenbosch. 1877-1890; 14 vol. in-4°.

Procès-verbaux des séances publiques du Conseil municipal de Bois-le-Duc.

GRONINGUE.

3466. — Catalogus eener belangrijke verzameling boeken, pamfletten, charters, verzegelingen, handschriften, enz. betreffende de geschiedenis van de stad Groningen en de ommelanden voor 1795. *Groningen*, 1863; 1 broch. in-8°.

Catalogue d'une importante collection de livres, de brochures, de chartes, de diplômes, de manuscrits, etc., concernant l'histoire de la ville de Groningue et de ses environs avant 1795.

HARLEM.

3467. — Archives du musée Teyler. *Harlem, Paris, Leipzig,* 1868-1870; 3 vol. petit in-8°.

LA HAYE.

3468. — Statistiek der nederlandsch hervormde diaconie te 's Gravenhage. 1868; 1 broch. in-4°.

Statistique de l'hospice néerlandais réformé à La Haye.

3469. — Catalogus der boekerij van het koninklijk Instituut van ingenieurs te 's Gravenhage. 1872; 1 vol. in-8°.

Catalogue de la bibliothèque de l'Institut royal des ingénieurs à La Haye en 1872.

3470. — Leesinrigting voor den ambachtsman te 's Gravenhage. Statuten; catalogus van de bibliotheek; verslag van de toestand over 1867; voordrachten, 1867-1868; programma, 1868-1869. 1 vol. in-8°.

Établissement de lecture pour l'ouvrier à La Haye. Règlements; catalogue de la bibliothèque; rapport sur la situation en 1867; conférences en 1867-1868; programme pour 1868-1869.

3471. — **Lijst der opgaven voor den beredeneerden catalogus van kaarten te 's Gravenhage.** 1852; 1 broch. in-8°.

Liste des dons à inscrire au catalogue raisonné des cartes à La Haye.

3472. — **Begrooting der inkomsten en uitgaven van de gemeente 's Gravenhage.** 1883-1891; 4 vol. in-4°.

Budget de la commune de La Haye.

3473. — **Rekening der ontvangsten en uitgaven van de gemeente 's Gravenhage.** 1881-1889; 3 vol. in-8°.

Compte des recettes et des dépenses de la commune de La Haye.

3474. — **Statistiek van het jaarlijksch verloop van sommige ziekten in iedere straat van 's Gravenhage.** 1875-1883; 1 broch. in-4°.

Statistique du cours annuel de quelques maladies dans les diverses rues de La Haye.

3475. — **Verslag van den toestand der gemeente 's Gravenhage.** 1881-1889; 9 vol. in-8°.

Rapport sur la situation de la commune de La Haye.

3476. — **Verslag der handelingen van den gemeenteraad van 's Gravenhage.** 1882-1889; 7 vol. in-folio.

Rapport sur les actes du Conseil municipal de La Haye.

3477. — **Stukken betreffende den aanleg van eene zeehaven te Scheveningen.** *'s Gravenhage,* 1859; 1 broch. petit in-8°.

Pièces concernant l'établissement d'un port de mer à Scheveningen, près La Haye.

3478. — **Menant (J.).** Catalogue des cylindres orientaux du cabinet royal des médailles à La Haye. 1878; 1 vol. petit in-4°.

3479. — **Congrès international de statistique à La Haye. Compte rendu des travaux de la septième session.** 1869-1870; 3 vol. in-4°.

MEERENBERG.

3480. — **Verslag betreffende het gesticht Meerenberg. Noordholland.** *Haarlem,* 1875-1888; 14 vol. in-8°.

Rapport sur l'asile d'aliénés de Meerenberg dans la Hollande septentrionale.

ROTTERDAM.

3481. — Marjolin (Dr R.). Notice sur l'hôpital de Rotterdam. *Paris*, 1862; 1 broch. in-8°.

3482. — Begrooting der inkomsten en uitgaven van de gemeente Rotterdam. 1877-1887-1892; 5 vol. in-4°.

Budget de la commune de Rotterdam.

3483. — Rekening der ontvangsten en uitgaven van de gemeente Rotterdam. 1870-1886; 11 vol. in-4°.

Compte des recettes et des dépenses de la commune de Rotterdam.

3484. — Verslag van den toestand der gemeente Rotterdam. 1876-1890; 14 vol. in-8°.

Rapport sur la situation de la commune de Rotterdam.

3485. — Begrooting van de kosten der gemeentewerken. *Rotterdam*, 1877-1885; 4 vol. in-4°.

Budget de l'administration des travaux de la ville de Rotterdam.

UTRECHT.

3486. — Rapport van de Commissie in zake de oprichting van den abattoir. *Utrecht*, 1876; 1 broch. in-8°.

Rapport de la Commission chargée de s'occuper de la construction de l'abattoir à Utrecht.

3487. — Academie gebouw. *Utrecht*, 1886; 1 broch. petit in-8°.

Construction de l'Académie.

3488. — Rapport der Commissie in zake de oprigting van een ziekenhuis te Utrecht. 1862; 1 broch. in-8°.

Rapport de la commission chargée de s'occuper de la construction d'un hôpital à Utrecht.

3489. — Huishandelijk reglement van de aalmoessenierskamer te Utrecht. 1870; 2 broch. in-8°.

Règlement d'économie intérieure pour le bureau de bienfaisance d'Utrecht.

3490. — Verordning op het burgerlijk armbestuur te Utrecht. 1870; 1 broch. in-8°.

Ordonnance concernant l'administration de l'Assistance publique municipale à Utrecht.

3491. — **Openbare verzamelingen der gemeente Utrecht. Ca-
talogusses.** 1878-1890; 4 vol. in-4°.
Collections publiques de la commune d'Utrecht. Catalogues.

3492. — **Gemeente Utrecht.** 1877; 1 carte.
La commune d'Utrecht.

3493. — **Riemsdijk (A.-D. van). Drinkwater en grondbo-
ringen te Utrecht in 1870. Memorie.** 1 broch. in-8°.
Mémoire sur l'eau potable et sur les sondages à Utrecht en 1870.

3494. — **Rapport van de Commissie in zake het onderzoek
van het drinkwater in de gemeente Utrecht.** 1876-1878;
2 broch. in-8°.
Rapport de la Commission d'enquête sur le service des eaux dans la commune
d'Utrecht.

3495. — **Voorwaarden voor eene definitieve concessie voor
den aanleg en de exploitatie eener drinkwaterleiding in de
gemeente Utrecht.** 1879-1881; 2 broch. in-8°.
Considérations au sujet de la concession définitive de l'établissement et de
l'exploitation de conduites destinées à amener l'eau potable dans la commune
d'Utrecht.

3496. — **Utrecht stedelijke gasfabriek. Verslag der Commissie; onderzoek; verordening.** 1853-1882; 1 vol. in-8°.
Usine à gaz municipale d'Utrecht. Rapport de la Commission; enquête; règlement.

3497. — **Verslag over toestand, exploitatie en inrichting der
stedelijke gasfabriek te Utrecht.** 1878-1885; 1 vol. in-8°.
Rapport sur la situation, l'exploitation et l'organisation de l'usine à gaz de
la ville d'Utrecht.

3498. — **Rekening der inkomsten en uitgaven van de gemeen-
telijke gasfabriek te Utrecht.** 1873-1883; 1 vol. in-4°.
Compte des recettes et des dépenses de l'usine à gaz communale d'Utrecht.

3499. — **Begrooting der inkomsten en uitgaven van de ge-
meentelijke gasfabriek te Utrecht.** 1877-1891; 5 broch.
in-8°.
Budget de l'usine à gaz communale d'Utrecht.

3500. — **Voorwarden voor de levering van gegoten ijzeren**

socketpijpen ten dienste van de stedelijke gasfabriek te
Utrecht. 1883; 1 broch. grand in-12.

Conditions pour la livraison de tuyaux d'emboîture en fonte de fer pour le
service de l'usine à gaz de la ville d'Utrecht.

3501. — Staat van begrooting in ontvangst en uitgaaf van
de stad Utrecht. 1848-1852; 1 vol. in-4°.

Budget de la ville d'Utrecht de 1848 à 1852.

3502. — Begrooting der plaatselijke inkomsten en uitgaven
van de stadt Utrecht. 1853-1890; 5 vol. in-4°.

Budget des recettes et des dépenses de la ville d'Utrecht.

3503. — Toelichtende memorie op de begrooting der plaatselijke inkomsten en uitgaven van den gemeente Utrecht.
1854-1860; 1 vol. in-4°.

Mémoire explicatif concernant le budget de la commune d'Utrecht.

3504. — Verslag van de Commissie tot onderzoek van de begrooting der inkomsten en uitgaven van de gemeente
Utrecht. 1855-1867; 3 broch. in-4°.

Rapport de la Commission chargée de l'examen du budget de la commune
d'Utrecht.

3505. — Algemeen verslag van het onderzoek der gemeente-
begrooting van Utrecht. 1868-1887; 1 vol. in-4°.

Rapport général sur l'examen du budget communal d'Utrecht.

3506. — Memorie van beantwording van het algemeen verslag
van het onderzoek der gemeente-begrooting van Utrecht.
1868-1888; 1 vol. in-4°.

Mémoire justificatif du rapport général sur l'examen du budget communal
d'Utrecht.

3507. — Antwoord op het algemeen verslag van het onderzoek der gemeente-begrooting van Utrecht. 1879-1880;
2 broch. in-4°.

Réponse au rapport général sur l'examen du budget communal d'Utrecht.

3508. — Stad Utrecht. Stedelijke begrooting voor het dienstjaar 1858. Toelichting. 1 cahier in-4°.

Budget de la ville d'Utrecht pour l'exercice 1858. Explications.

3509. — Nota bij de gemeente-begrooting. 1870-1881;
3 broch. in-4°.

Observations sur le budget communal.

3510. — Rekening der plaatselijke ontvangsten en uitgaven van de gemeente Utrecht. 1851-1889; 10 vol. in-4°.

Gemple des recettes et des dépenses de la commune d'Utrecht.

3511. — Rekening der plaatselijke ontvangsten en uitgaven over het dienstjaar 1864. Opmerkingen. *Utrecht*, 1 broch. in-4°.

Observations sur le compte des recettes et des dépenses de la ville d'Utrecht pour l'exercice 1864.

3512. — Onderzoek der gemeente-rekening over het dienstjaar 1877. *Utrecht*, 1 broch. in-4°.

Examen des comptes de la commune d'Utrecht pour l'exercice 1877.

3513. — Rapport van de Commissie tot onderzoek der gemeente-rekening. 1874-1889; 1 vol. in-4°.

Rapport de la Commission chargée de l'examen des comptes de la commune d'Utrecht.

3514. — Overzigt van de ontvangsten en uitgaven der gemeente Utrecht. 1862-1883; 14 vol. in-8°.

Aperçu des recettes et des dépenses de la commune d'Utrecht.

3515. — Overzigt der schulden en der verschuldigde renten van door de gemeente Utrecht opgenomen kapitalen. 1879; 1 broch. in-4°.

Aperçu des dettes de la commune d'Utrecht et des rentes qu'elle paye pour les capitaux qu'elle a empruntés.

3516. — Mulder (G.-J.) Voorstel ter benoeming eener gezondheids-commissie der stad Utrecht. 1854; 1 broch. in-8°.

Proposition pour la nomination d'une Commission de santé dans la ville d'Utrecht.

3517. — Ontwerp. Verordening houdende voorschriften in het belang der openbare gezondheid. *Utrecht*, 1859; 1 broch. in-8°.

Projet d'une ordonnance concernant la santé publique.

3518. — Nota over de plaatselijke directe belasting te Utrecht. 1 broch. petit in-8°.

Observations sur l'impôt communal direct à Utrecht.

3519. — Onderzoek naar den brand van 13 mei 1877 aan het Oudkerkhof. *Utrecht*, 1 broch. in-8°.

Enquête sur l'incendie du 13 mai 1877 au lieu dit *le Vieux Cimetière*, à Utrecht.

3520. — **Rapport omtrent de middelen tot verbetering der brandweer in verschillende gemeenten van Nederland, en beschouwingen over het voorstel door burgemeester en wethouders van Utrecht tot reorganisatie der brandweer aldaar.** 1877; 2 broch. in-8°.

Rapport sur les moyens d'améliorer le service des secours contre l'incendie dans différentes communes des Pays-Bas, et observations sur la proposition présentée par le bourgmestre d'Utrecht et ses adjoints au sujet de la réorganisation de ce service dans cette ville.

3521. — **Organisatie der brandweer te Utrecht. Materiel. Personeel.** 1878-1879; 2 broch. in-8°.

Organisation du service des secours contre l'incendie à Utrecht. Matériel. Personnel.

3522. — **Voorstel tot reorganisatie van het brandwezen te Utrecht.** 1880; 1 broch. in-8°.

Proposition pour la réorganisation du service des secours contre l'incendie à Utrecht.

3523. — **Rapport van de Commissie belast met het instellen van een onderzoek en het doen van voorstellen met betrekking tot het openbar onderwijs.** *Utrecht*, 1873; 1 broch. in-8°.

Rapport de la Commission chargée de faire une enquête et de présenter des propositions au sujet de l'instruction publique.

3524. — **Verslag van den toestand van het stedelijk gymnasium.** *Utrecht*, 1877-1890; 9 broch. in-8°.

Rapport sur la situation du collège municipal.

3525. — **Verordeningen betrekkelijk het stedelijk gymnasium te Utrecht.** 1873; 1 broch. in-8°.

Ordonnances concernant le collège municipal d'Utrecht.

3526. — **Verordening tot regeling van het stedelijk gymnasium te Utrecht.** 1879; 1 broch. in-8°.

Ordonnance réglementaire pour le collège municipal d'Utrecht.

3527. — **Verordening tot regeling van het getal en de jaarwedden der leeraren aan het stedelijk gymnasium.** *Utrecht*, 1879; 1 broch. in-8°.

Ordonnance réglementaire fixant le nombre et les appointements annuels des professeurs du collège municipal.

3528. — Huishoudelijk reglement voor het stedelijk gymnasium te Utrecht. 1878; 1 broch. in-8°.

Règlement d'économie intérieure pour le collège municipal d'Utrecht.

3529. — Reglement van orde voor de vergaderingen van curatoren van het stedelijk gymnasium te Utrecht. 1879; 1 broch. in-8°.

Règlement d'ordre pour les réunions des administrateurs du collège municipal d'Utrecht.

3530. — Instructie voor den rector van het stedelijk gymnasium te Utrecht. 1879; 1 broch. in-8°.

Instruction pour le recteur du collège municipal d'Utrecht.

3531. — Stedelijk gymnasium te Utrecht. Bericht. 1874-1885; 1 vol. in-8°.

Rapport du collège municipal d'Utrecht.

3532. — Middelbaar onderwijs. Verordeningen. *Utrecht*, 1865; 2 broch. in-8°.

Ordonnances concernant l'enseignement secondaire.

3533. — Rapport van de Commissie ter overweging van de belangen van het lager en middelbaar onderwijs. *Utrecht*, 1879; 2 broch. in-8°.

Rapport de la Commission chargée d'inspecter la situation de l'enseignement primaire et de l'enseignement secondaire.

3534. — Verslag betreffende den toestand van het middelbaar onderwijs in de gemeente Utrecht. 1852-1889; 4 vol. grand in-12.

Rapport sur la situation de l'enseignement secondaire dans la commune d'Utrecht.

3535. — Commissie om de inrigting van het onderwijs aan de lagere scholen. Rapport. *Utrecht*, 1883; 1 broch. in-8°.

Rapport de la Commission chargée d'organiser l'enseignement dans les écoles primaires.

3536. — Verordeningen en reglement betreffende de regeling van het openbaar lager onderwijs te Utrecht. 1867; 1 broch. in-8°.

Ordonnances et règlement concernant l'organisation de l'enseignement public primaire à Utrecht.

3537. — Gemeente Utrecht. Voordragt en rapport betreffende de oprigting einer openbare school 4e soort voor jongens. 1871; 1 broch. in-8°.

Commune d'Utrecht. Proposition et rapport concernant l'établissement d'une école publique du 4e degré pour jeunes garçons.

3538. — Huishoudelijke verordeningen. Regeling van het gewoon- en meer uitgebreid lager onderwijs in de gemeente Utrecht. 1874-1880; 3 broch. in-8°.

Ordonnances d'économie intérieure réglant l'enseignement primaire de divers degrés dans la commune d'Utrecht.

3539. — Heffing van schoolgelden voor lager en meer uitgebreid lager onderwijs. *Utrecht*, 1874-1880; 3 broch. in-8°.

Perception de la rétribution scolaire dans les écoles primaires de divers degrés.

3540. — Programma der lessen aan de burger dag- en avondschool te Utrecht. 1877-1880; 1 vol. in-8°.

Programme des cours de l'école bourgeoise du jour et du soir, à Utrecht.

3541. — Programma der lessen aan de hoogere burgerschool voor jongens met driejarigen cursus te Utrecht. 1880-1884; 1 vol. in-8°.

Programme des cours à l'école bourgeoise supérieure comprenant trois années d'études pour jeunes gens, à Utrecht.

3542. — Burgeravondschool en cursussen voor industriëel onderwijs te Utrecht. Programma voor den cursus. 1880-1885; 1 vol. in-8°.

École bourgeoise du soir et cours d'enseignement industriel à Utrecht. Programme des cours.

3543. — Hoogere burgerschool voor meisjes te Utrecht. Programma der lessen. 1877-1885; 1 vol. in-8°.

École bourgeoise supérieure pour jeunes filles à Utrecht. Programme des cours.

3544. — Memorie van toelichting op de ontwerp-verordening tegen de uitbreiding van besmettelijke ziekten. *Utrecht*, 1871; 1 broch. in-8°.

Mémoire explicatif du projet d'ordonnance ayant pour but de prévenir la propagation des maladies contagieuses.

3545. — Verordening op de stads bank van leening, hare in-

rigting en werking ten behoeve van het publiek. *Utrecht,*
1863; 1 broch. in-8°.

Ordonnance concernant le mont-de-piété de la ville d'Utrecht, son organisation et son fonctionnement en faveur du public.

3546. — Ontwerp-reglement op de bank van leening te
Utrecht. 1877; 1 broch. in-8°.

Projet de règlement pour le mont-de-piété d'Utrecht.

3547. — Rapport betrekkelijk de bank van leening te Utrecht.
1877; 1 broch. in-8°.

Rapport sur le mont-de-piété d'Utrecht.

3548. — Gemeente raad van Utrecht. Verslag van het verhandelde in de gemeente raad. 1860-1889; 24 vol. in-4°.

Conseil municipal d'Utrecht. Rapport sur les séances du Conseil.

3549. — Verslag van den toestand der gemeente Utrecht.
1851-1889; 41 vol. in-4° et petit in-8°.

Rapport sur la situation de la commune d'Utrecht.

3550. — Vergelijkend verslag aangaande den toestand der
stad Utrecht in 1827 en 1839. 1 broch. petit in-8°.

Rapport comparatif concernant la situation de la ville d'Utrecht en 1827 et
en 1839.

3551. — Vergunning aan de nederlandsche Belltelephonmaat-
schappij van het regt tot aanleg en exploitatie van telepho-
nische verbindingen in de gemeente Utrecht. 1882; 1 broch.
in-8°.

Concession à la Compagnie néerlandaise des téléphones Bell du droit d'établir et d'exploiter un réseau téléphonique dans la commune d'Utrecht.

3552. — Concept-reglement op de openbare vrouwen en hui-
zen van ontucht. *Utrecht,* 1859; 2 broch. in-8°.

Projet de règlement pour les filles publiques et les maisons de tolérance.

3553. — Ontwerp van wet tot aanleg en verbetering van
eenige werken ten behoeve der binnenlandsche scheepwaart.
Utrecht, 1878; 1 broch. in-4°.

Projet de loi pour l'entreprise de divers travaux et l'amélioration de quelques
ouvrages dans l'intérêt de la navigation intérieure.

3554. — Verslag door de Commissie van uitbreiding en ver-
fraaijing der stad Utrecht. 1834; 1 broch. petit in-8°.

Rapport de la Commission pour l'embellissement et l'agrandissement de la
ville d'Utrecht.

3555. — Vegt (J. van der), Kemper (P.-H.). Rapport betreffende de verbetering der bestaande Keulsche Vaart, uitgebracht ingevolge opdracht van het gemeentebestuur van Utrecht. 1880; 1 broch. in-8°.

Rapport sur l'amélioration du canal *Keulsche Vaart*, publié par ordre de l'administration communale d'Utrecht.

3556. — Rapport betrekkelijk het voorstal tot het opruimen van sloppen, stegen en perceelen te Utrecht. 1868-1870; 1 broch. in-8°.

Rapport concernant la proposition de dégager quelques voies, ruelles et immeubles à Utrecht.

3557. — Wederneming van den stadsgrond van het plein Vredenburg. *Utrecht*, 1881; 1 broch. in-8°.

Reprise du terrain communal de la plaine de Vredenburg à Utrecht.

3558. — Voorwaarden waarop aan de Iselstoomtramweg-maatschappij te 's Gravenhage vergunning word verleend voor den aanleg van een stoomtramweg van Utrecht naar Vreeswijk. 1883; 1 broch. in-8°.

Conditions auxquelles est accordée, à la Société des tramways à vapeur de l'Issel à La Haye, la concession de l'établissement d'une ligne de tramways à vapeur d'Utrecht à Vreeswijk.

3559*. — Besten en voorwaden. *Utrecht*, 1879-1887; 1 vol, in-8°.

Devis et conditions pour constructions diverses.

3560. — Rapport van de Commissie fabricage betreffende de stadsreiniging. *Utrecht*, 1876; 2 broch. in-8°.

Rapport de la Commission des travaux publics concernant le nettoyage de la ville.

3561. — Voorwaarden van verpachting van het reinigen en schoonhouden van stads straten en riolen. *Utrecht*, 1868; 1 broch. in-8°.

Conditions de l'amodiation du nettoyage et de l'entretien des rues et des rigoles de la ville.

3562. — Ontvangsten en uitgaven der gemeente reiniging. *Utrecht*, 1877; 2 broch. in-8°.

Recettes et dépenses du service chargé du nettoyage de la ville.

PORTUGAL.

3563. — Les céréales les plus importantes cultivées en Portugal. *Lisbonne*, 1878; 1 broch. in-8°.

3564. — Le lin en Portugal. *Lisbonne*, 1878; 1 broch. in-8°.

3565. — Villa-Mayor (Viconde de). Manual de viticultura pratica. *Coimbra*, 1875; 1 vol. grand in-12.

Manuel de viticulture pratique.

3566. — Recensamento geral dos gados no continente do reino de Portugal em 1870. *Lisboa*, 1873; 1 vol. in-4°.

Recensement général du bétail dans la partie continentale du royaume de Portugal en 1870.

3567. — Collecçaõ de documentos officiaes, memorias e noticias acerca da agricultura. *Lisboa*, 1880-1882; 3 broch. petit in-4°.

Recueil de documents officiels, de mémoires et de notices concernant l'agriculture.

3568. — Carta geologica de Portugal. 1876; 1 feuille.

Carte géologique du Portugal.

3569. — Caminhos de ferro do sul e sueste. Relatorio apresentado a direcçaõ geral das obras publicas e minas em 1880. *Lisboa*, 1 vol. petit in-4°.

Chemins de fer du Sud et du Sud-Est. Rapport présenté à la direction générale des travaux publics et des mines en 1880.

3570. — Notice sur la classification et la production des laines en Portugal. *Lisbonne*, 1878; 1 broch. in-8°.

3571. — Estatistica geral do commercio do Portugal com as suas possessões ultramarinas e as naçoes estrangeiras. *Lisboa*, 1879; 1 broch. in-4°.

Statistique générale du commerce du Portugal avec ses possessions d'outre-mer et avec les nations étrangères.

3572. — Mappas comparativas das principaes mercadorias im-

portadas para consumo e exportadas desde **1861** até **1879**, excludidos os annos **1862, 1863, 1864.** *Lisboa*, 1 vol. in-4°.

Tableaux comparatifs des principaux objets de consommation importés et exportés depuis 1861 jusqu'à 1879, sauf durant les années 1862, 1863 et 1864.

3573. — **Roquete.** Nouveau dictionnaire portugais-français.

————— **Fonseca (J. de).** Novo diccionario francez-portuguez. *Paris*, 1874; 2 vol. in-8°.

3574. — **Valdez (J.-F.).** Novissimo diccionario francez-portuguez e portuguez-francez. *Rio-de-Janeiro, Lisboa*, 1 vol. in-8°.

Dictionnaire français-portugais et portugais-français tout à fait nouveau.

3575. — Artigos publicados nos jornaes contra o projecto de reforma administrativa apresentado as cortes pelo governo progressista em **1880.** *Lisboa*, 1 broch. petit in-8°.

Articles publiés dans les journaux contre le projet de réforme administrative présenté aux chambres par le gouvernement progressiste en 1880.

3576. — **Sant'Anna da Cunha Castel-Branco (J.-E. de).** Relatorio acerca dos systemos modernos de canalisaçaõ emprezados na Europa, apresentado ao Ministerio das obras publicas, commercio e industria em **29 de janeiro de 1879.** *Lisboa*; texte : 1 vol. petit in-4°; atlas : 1 vol. in-folio oblong.

Rapport sur les systèmes modernes de canalisation employés en Europe, présenté au Ministère des travaux publics, du commerce et de l'industrie le 29 janvier 1879.

3577. — Catalogue spécial de la section portugaise à l'Exposition universelle de Paris en **1878.** 1 vol. in-8°.

3578. — Relatorio e contas da gerencia da administraçaõ da Caixa geral dos depositos. *Lisboa*, 1881-1882; 1 vol. petit in-4°.

Rapport et comptes de gestion des administrateurs de la Caisse générale des dépôts.

3579. — Relatorio do Tribunal de contas que diz respeito as contas do Thesouro, dos ministerios e da junta do credito publico. *Lisboa*, 1875-1878; 1 vol. in-4°.

Rapport de la Cour des comptes concernant les comptes du Trésor, des ministères et de la junte du crédit public.

3580. — **Barros Gomes (B.).** Notice sur les arbres forestiers du Portugal. *Lisbonne*, 1878; 1 broch. in-8°.

3581. — **Relatorio da administraçaõ geral das matas. Dezembro de 1865 a dezembro de 1867.** *Lisboa*, 1879-1880; 2 vol. in-8°.

Rapport de l'administration générale des forêts, de décembre 1865 à décembre 1867.

3582. — **Vogel (C.).** Le Portugal et ses colonies. *Paris*, 1860; 1 vol. in-8°.

3583. — **Lemaire (J.).** Le Portugal en 1878. 1 vol. in-8°.

3584. — **Rodrigues (J.).** La section photographique et artistique de la Direction générale des travaux géographiques du Portugal. 1 vol. in-8°.

3585. — **Souza (P. de).** Grammaire portugaise raisonnée et simplifiée. *Paris*, 1875; 1 vol. grand in-12.

3586. — **Brunswick (H.).** Guide du voyageur en Portugal. *Lisbonne*, 1881; 1 vol. petit in-8°.

3587. — **Murray.** Handbook for travellers in Portugal. *London*, 1875; 1 vol. in-12.

Manuel à l'usage des voyageurs en Portugal.

3588. — L'emprunt dom Miguel (1832) devant le droit des gens et l'histoire. *Paris*, 1880; 1 vol. in-8°.

3589. — **Judice Biker (J.-F.).** Supplemento á colleção dos tratados, convençoes, contractos e actos publicos celebrados entre a Coroa de Portugal e as mas potencias desde 1640. 1879; 22 vol. in-8°.

Supplément au recueil des traités, des conventions, des contrats et des actes publics survenus entre la Cour de Portugal et les autres puissances depuis 1640.

3590. — **Ribeiro (C.).** Estudós prehistoricos em Portugal. Noticia de algumas estações e monumentos. *Lisboa*, 1878; 1 broch. in-4°.

Études préhistoriques en Portugal. Notice sur quelques stations et sur quelques monuments.

3591. — Historia da real casa de Santo Antonio pelos vereadores, **Dr L.-M. Jordaõ e J. do Nascimento Gonçalves Corréa.** *Lisboa*, 1857; 1 broch. in-8°.

Histoire de la maison royale de Santo Antonio, par deux membres du Conséil municipal de Lisbonne, Dr Jordao et G. Corréa.

3592. — **Pericope genealogica da familia Sanches de Baêna.** *Lisboa*, 1887; 1 broch. in-8°.

Fragment généalogique concernant la famille Sanches de Baêna.

3593. — **Inquerito industrial de 1881. Depoïmentos. Visitas às fabricas.** *Lisboa*, 5 vol. in-4°.

Enquête industrielle de 1881. Dépositions. Visites aux fabriques.

3594. — **Relatorio do Ministerio dos negocios do Reino.** *Lisboa*, 1854; 1 vol. in-4°.

Rapport du Ministère d'État.

3595. — **Lehr (E.). Code de commerce portugais de 1888.** *Paris*, 1889; 1 vol. in-8°.

3596. — **Goujon (J.). Le Code de commerce portugais (1er janvier 1889). Du commerce maritime.** *Paris, Rouen,* 1 broch. grand in-8°.

3597. — **Codigo administrativo de Portugal, 2ª ediçao official, seguida de um repertorio alphabetico.** *Lisboa*, 1878; 1 broch. in-8°.

Code administratif du Portugal, 2e édition officielle, suivie d'un répertoire alphabétique.

3598. — **Collecçaõ de legislaçaõ relativa a obras publicas e minas.** 1872-1880; 2 vol. in-8°.

Recueil de lois relatives aux travaux publics et aux mines.

3599. — **Relatorio, propostas de lei e documentos apresentados á Camara dos Srs Deputados da naçao portugueza.** 1878-1881; 2 vol. petit in-4°.

Rapport, propositions de loi et documents présentés à la Chambre des députés de la nation portugaise.

3600. — **Codigo administrativo de Portugal.** *Lisboa*, 1865; 1 vol. in-8°.

Code administratif du Portugal.

3601. — **Reforma do proceso civil. As magistraturas populares. Os juizes ordinarios.** *Lisboa*, 1877; 1 broch. in-8°.

Réforme de la procédure civile. Les magistratures populaires. Les juges ordinaires.

3602. — **Lopes (A. Simôes).** Cartilha infantil. 1re et 2e partie, 2 broch. grand in-12.

Abécédaire pour les enfants.

3603. — **Lopes (A. Simôes).** Curso elementar de calligrafia ingleza. *Lisboa*, 1877; 1 cahier in-4° et feuilles.

Cours élémentaire de calligraphie anglaise.

3604. — **Expedicaõ scientifica á Serra da Estrella em 1881. Secçaô de meteorologia. Relatorio do Sr A. Carlos da Silva.** *Lisboa*, 1883; 1 vol. in-4°.

Expédition scientifique à la Serra da Estrella. Section de météorologie. Rapport de M. A.-C. da Silva.

3605. — **Rebello da Silva (L.-A.).** Memoria sobre a populaçaõ e a agricultura de Portugal desde a fundaçaô da monarchia até 1865. *Lisboa*, 1868; 1 vol. in-8°.

Mémoire sur la population et l'agriculture du Portugal depuis la fondation de la monarchie jusqu'en 1865.

3606. — **Estadisticà de Portugal. Populaçaô. Censo no 1° de janeiro 1878.** *Lisboa*, 1 vol. in-folio.

Statistique du Portugal. Population. Recensement du 1er janvier 1878.

3607. — **Regulamento geral provisorio do serviço telegrapho-postal e de pharoes.** *Lisboa*, 1880; 1 vol. in-8°.

Règlement général provisoire du service des postes et télégraphes et des phares.

3608. — **Ribeiro (J.-S.).** Historia dos estabelecimentos scientificos, litterarios e artisticos de Portugal. *Lisboa*, 1871-1876; 5 vol. in-8°.

Histoire des établissements scientifiques, littéraires et artistiques du Portugal.

3609. — **Pery (G.-A.).** Statistique du Portugal et de ses colonies. *Lisbonne*, 1878; 1 vol. in-8°.

3610. — **Annuario estadistico do reino de Portugal.** 1875-1885; 2 vol. grand in-8°.

Annuaire statistique du royaume de Portugal.

3611. — **Quadros graphicos dos serviços dependentes do Ministerio das obras publicas, commercio e industria.** *Lisboa*, 1881-1882; 2 vol. in-folio.

Tableaux graphiques des services dépendant du Ministère des travaux publics, du commerce et de l'industrie.

3612. — Revista de obras publicas e minas. 1870-1882 ;
14 vol. in-8°.

Revue des travaux publics et des mines.

BEIRA ALTA (PROVINCE DE).

**3613. — Obras publicas. Projecto definitivo do caminho de
ferro da Beira Alta. Memoria justificativa.** *Lisboa*, 1876 ;
1 vol. in-8°.

Travaux publics. Projet définitif du chemin de fer de la province de Beira
Alta. Mémoire justificatif.

MINHO E DOURO (PROVINCE DE).

**3614. — Caminhos de ferro do Minho e Douro. Exploraçaõ
1880-1881. Relatorio da Direcçao.** *Lisboa*, 2 vol. petit in-4°.

Chemins de fer de la province de Minho et Douro. Exploration de 1880-
1881. Rapport de la Direction.

BEJA.

3615. — Estatistica agricola do districto de Beja. *Lisboa*, 1883 ;
1 broch. petit in-4°.

Statistique agricole du district de Beja.

CINTRA.

**3616. — Exposition universelle de Paris en 1878. Ministère
des travaux publics, du commerce et de l'industrie du Portugal. Notice abrégée sur la ferme-école régionale de Cintra.**
Lisbonne, 1 broch. in-8°.

**3617. — Relatorio da administraçaõ e gerencia da quinta re-
gional de Cintra.** *Lisboa*, 1873-1880 ; 2 vol. grand in-8°.

Rapport administratif sur la gestion de la ferme régionale de Cintra.

COIMBRE.

**3618. — Villa-Mayor (Visconde de). Exposiçaõ succinta
da organisaçaõ actual da Universitade de Coimbra.** *Coimbra*,
1878 ; 1 vol. in-8°.

Exposition succincte de l'organisation actuelle de l'Université de Coimbre.

LISBONNE.

3619. — **Regulamento para o matadouro municipal de Lisboa.** 1869; 1 broch. in-8°.

Règlement pour l'abattoir municipal de Lisbonne.

3620. — **Eleuterio de Sousa (J.-S.). L'abattoir municipal de Lisbonne** (en français et en portugais). 1878 ; 1 vol. in-8°.

3621. — **Abattoir municipal de Lisbonne.** 1 album in-folio oblong.

3622. — **Notice abrégée sur l'Institut général d'agriculture de Lisbonne.** 1878; 1 broch. in-8°.

3623. — **Secçaõ photographica. Fac-simile das dez primeiras paginas da obra existente na bibliotheca da Academia real das sciencias de Lisboa.** 1877; 1 broch. petit in-4°.

Section de photographie. Fac-similé des dix premières pages d'un ouvrage qui se trouve dans la bibliothèque de l'Académie royale des sciences de Lisbonne.

3624. — **Carta topographica da cidade de Lisboa e seus arredores.** 1878; 2 feuilles.

Carte topographique de la ville de Lisbonne et de ses environs.

2625. — **Regulamento do Conselho de Lisboa para os cimeterios publicos.** 1876; 1 broch. in-8°.

Règlement du Conseil de Lisbonne pour les cimetières publics.

3626. — **Andrade (S. Velloso d'). Memoria sobre chafarizes, bicas, fontes, e poços publicos de Lisboa, Belem e muitos logares do termo, offerecida á ex[ma] Camara municipal de Lisboa.** 1851 ; 1 vol. in-8°.

Mémoire sur les fontaines, les conduites d'eau, les sources et les puits publics de Lisbonne, de Belem et d'un grand nombre d'autres localités du district, présenté au Conseil municipal de Lisbonne.

3627. — **Serviço da illuminaçaõ. Regulamento approvado pela Camara municipal de Lisboa em sessáo de 4 de dezembro de 1872.** 1 broch. in-8°.

Service de l'éclairage. Règlement approuvé par le Conseil municipal de Lisbonne dans sa séance du 4 décembre 1872.

3628. — Orçamento do anno economico de **1854-1855.** *Lisboa,*
1 vol. in-4°.

Budget de l'exercice 1854-1855.

3629. — Camara municipal de Lisboa. Orçamento. **1852-1888.**
3 vol. in-4° et in-8°.

Conseil municipal de Lisbonne. Budget. 1852-1888.

3630. — Relatorio acerca do estado da fazenda do municipio
de Lisboa. 1874-1875 ; 2 vol. in-4° et in-8°.

Rapport sur l'état des finances de la municipalité de Lisbonne.

3631. — Relatorio sobre o estado financeiro do municipio da
capital. 1869-1870 ; 1 broch. grand in-8°.

Rapport sur la situation financière de la municipalité de la capitale.

3632. — Orçamento geral e propostas de lei das receitas e
das despezas ordinarias do Estado na metropole. 1880-
1884 ; 4 vol. in-4°.

Budget général et propositions de règlements concernant les recettes et les
dépenses ordinaires de l'État dans la métropole.

3633. — Annales do municipio de Lisboa. 1856-1859 ; 2 vol.
grand in-8°.

Annales de la municipalité de Lisbonne.

3634. — Archivo municipal de Lisboa. 1860-1885 ; 29 vol.
in-4°.

Archives municipales de Lisbonne.

3635. — Governo civil do districto de Lisboa. Boletin demo-
graphico-sanitario. 1881-1888 ; 1 liasse.

Gouvernement civil du district de Lisbonne. Bulletin démographico-
sanitaire.

3636. — Regulamento do serviço dos incendios na cidade de
Lisboa. 1870 ; 1 broch. in-32.

Règlement du service des secours contre les incendies dans la ville de
Lisbonne.

3637. — Colleccaõ de providencias municipaes da Camara de
Lisboa, desde **1833** á **1857.** 1 vol. petit in-32 oblong.

Recueil de mesures prises par le Conseil municipal de Lisbonne de 1833
à 1857.

3638. — Sessões da Camara municipal de Lisboa. Actas.
Diario. 1886-1887 ; 5 vol. in-8°.

Séances du Conseil municipal de Lisbonne. Procès-verbaux. Journal.

3639. — Actas das sessões da Commissaõ executiva da Camara municipal de Lisboa. 1886-1887; 1 vol. in-8°.

Procès-verbaux des séances de la Commission exécutive du Conseil municipal de Lisbonne.

3640. — Codigo de posturas da Camara municipal de Lisboa. 1869-1870; 3 broch. in-12.

Recueil d'ordonnances du Conseil municipal de Lisbonne.

3641. — Inspeçaõ geral dos incendios. Serviço dos theatros e mais espectaculos publicos. *Lisboa*, 1874 ; 1 broch. in-32.

Inspection générale du service des secours contre les incendies. Service des théâtres et autres spectacles publics.

3642. — Camara municipal de Lisboa. Regulamento da repartiçaõ technica. 1875; 1 broch. petit in-32.

Conseil municipal de Lisbonne. Règlement concernant la Commission des travaux de la ville.

3643. — Relatorio acerca dos caminhos de ferro americanos, e proposta de concessaõ definitiva a F.-M. e L. Cordeiro de Sousa. *Lisboa*, 1873 ; 1 broch. in-8°.

Rapport sur les chemins de fer américains, et proposition de concession définitive à F.-M. et L. Cordeiro de Sousa.

3644. — Regulamento da administraçaõ da limpeza. *Lisboa*, 1855; 1 broch. in-18.

Règlement de l'administration chargée d'entretenir la propreté de la ville.

PORTO.

3645. — Catalogos da bibliotheca publica municipal do Porto, e taboa geral. 1868-1885; 1 vol. petit in-8°

Catalogues de la bibliothèque publique municipale de Porto, et table générale.

3646. — **Ferreira da Silva (J.).** As aguas do Rio Souza e os mananciaes e fontes da cidade do Porto. 1881; 1 broch. petit in-8°.

Les eaux du Rio Souza et les sources et fontaines de la ville de Porto.

3647. — **Ricardo (Jorge).** Saneamento do Porto. 1888; 1 broch. in-8°.

Assainissement de Porto.

3648. — O serviço de incendios do Porto. 1886 ; 1 broch. petit in-8°.

Le service des secours contre les incendies à Porto.

3649. — Foraes da cidade do Porto. *Porto*, 1823; 1 vol. petit in-4°.

Privilèges de la ville de Porto.

3650. — Exposiçaõ dos principaes actos administrativos da Camara municipal da antiga, muito nobre, sempre leal e invicta cidade do Porto. 1838-1844; 6 vol. petit in-8°.

Exposé des principaux actes administratifs du Conseil municipal de l'antique, très noble, toujours loyale et invincible ville de Porto.

3651. — Relatorios da Commissaõ executiva da Camara municipal do Porto. 1887-1889; 1 vol. petit in-8°.

Rapports de la Commission exécutive du Conseil municipal de Porto.

3652. — Relatorio da gerencia da Camara municipal do Porto. 1854-1881; 6 vol. in-8°.

Rapport sur la gestion du Conseil municipal de Porto.

3653. — Regulamento do serviço dos bombeiros nos espectaculos publicos da cidade do Porto. 1888; 1 broch. in-32.

Règlement pour le service des pompiers dans les théâtres publics de la ville de Porto.

3654. — Plano de melhoramentos da cidade do Porto apresentado á Camara municipal 26 de setembro de 1881 pelo su presidente, José Augusto Corréa de Barros. 1 broch. in-4°.

Plan d'améliorations pour la ville de Porto présenté le 26 septembre 1881 au Conseil municipal par son président, J.-A. Corréa de Barros.

ROUMANIE.

3655. — Statistica din Romania. Statistica agricolă. 1870-1876; 1 vol. in-4°.

Statistique de la Roumanie. Statistique agricole.

3656. — **Pencovici (A.).** Requisitiunile şi offrandele pentru trebuintele armatei romane in resboiul **1877-1878.** *Bucuresci,* 1 vol. petit in-folio.

Réquisitions et offrandes consacrées aux besoins de l'armée roumaine pendant la guerre de 1877-1878.

3657. — Statistica din Romania. Comerciul exterior. 1871-1879; 1 vol. in-4°.

Statistique de la Roumanie. Le commerce extérieur.

3658. — Tablou general indicănd comerciul Romaniei cu statele streine. 1879-1889; 8 vol. et 1 broch. petit in-folio.

Tableau général indiquant le commerce de la Roumanie avec les pays étrangers.

3659. — **Antonescu (M.).** Dictionnaire français-roumain et roumain-français. *Bucarest,* 2 vol. in-12.

3660. — Buletinul Ministerului agriculturei, industriei, comerciului şi domenilor. *Bucuresci,* 1891; 10 broch. in-8°.

Bulletin du Ministère de l'agriculture, de l'industrie, du commerce et des domaines.

3661. — Statistica din Romania. Nomenclature des communes. 1870-1881; 1 vol. in-4°.

Statistique de la Roumanie.

3662. — **Mircesco (V.).** Grammaire de la langue roumaine. *Paris,* 1865, 1 vol. in-12.

3663. — Tarif général des droits de douane de Roumanie, en vigueur à partir du 1/13 juillet **1885.** *Bucarest,* 1 broch. in-8°.

3664. — Statistica din Romania. Statistica invetiamentului. 1877-1886; 1 vol. in-4°.

Statistique de la Roumanie. Statistique de l'instruction publique.

3665. — Statistica din Romania. Statistica judiciaria. 1870-1885; 1 vol. in-4°.

Statistique de la Roumanie. Statistique judiciaire.

3666. — **Blaramberg (N.).** Essai comparé sur les institutions, les lois et les mœurs de la Roumanie depuis les temps les plus reculés jusqu'à nos jours. *Bucarest*, 1886; 1 vol. in-8°.

3667. — **Blumenthal (J.).** Code de commerce du royaume de Roumanie. 1/13 septembre 1887. *Paris*, 1889; 1 vol. in-8°.

3668. — Statistica medicala din regatul Romãn. 1881; 1 broch. in-8°.

Statistique médicale du royaume de Roumanie.

3669. — Statistica din Romania. Mouvement de la population. 1870-1888; 1 vol. in-4°.

Statistique de la Roumanie.

3670. — Statistica din Romania. Statistica penitentiaria. 1874-1878; 1 vol. in-4°.

Statistique de la Roumanie. Statistique pénitentiaire.

3671. — Statistica in Romania. Raporturi şi dari de séma ale delegaţilor oficiali la Congresele internaţionale di statistică, **1863-1878.** *Bucuresci*, 1890; 1 broch. grand in-8°.

La statistique en Roumanie. Rapports et comptes rendus des délégués officiels au Congrès international de statistique.

DOBROGJA.

3672. — Statistica din Romania. Nomenclature des communes de la Dobrogja. 1879; 1 broch. in-4°.

Statistique de la Roumanie.

BUCHAREST.

3673. — Primarul communei Bucuresci. Budgetul Cassei communale. 1875-1888; 1 vol. et 1 broch. grand in-8° et in-4°.

Municipalité de Bucharest. Budget de la Caisse communale.

3674. — Consiliul de hygiena şi de salubritate publica al oraşului Bucuresci. Raport general. 1875-1884; 6 broch. in-8°.

Conseil d'hygiène et de salubrité publique de la ville de Bucharest. Rapport général.

3675. — Oraşul Bucuresci. Colectiune de regulamente municipali. 1878; 1 broch. petit in-18.

Ville de Bucharest. Recueil de règlements municipaux.

3676. — Darea de seama assupra administratiunei communale a oraşului Bucuresci. 1874-1886; 10 vol. in-4° et in-8°.

Compte rendu de l'administration communale de la ville capitale de Bucharest.

3677. — Desbatterile consiliului communal din Bucuresci. 1866; 1 broch. in-8°.

Débats du Conseil municipal de Bucharest.

3678. — Oraşul Bucuresci. Rapportu din partea consiliului communal. 1870-1873; 4 broch. in-8°.

Ville de Bucharest. Rapport du Conseil municipal.

3679. — Monitorul comunal al primariei Bucuresci. 1877-885; 8 vol. in-4°.

Le Moniteur communal de la ville de Bucharest.

3680. — Statistica. Primaria oraşului Bucuresci. Recensemêntul in anul 1878. 1 vol. petit in-4°.

Statistique. Ville capitale de Bucharest. Recensement de l'année 1878.

3681. — Anuarul statistic al oraşului Bucuresci. 1879-1880; 2 vol. in-4°.

Annuaire statistique de la ville de Bucharest.

RUSSIE.

3682. — О вооруженномъ морскомъ нейтралитетѣ. — С.-Петербургъ, 1859; 1 broch. in-8°.

Sur la neutralité armée des forces maritimes. *Saint-Pétersbourg.*

3683. — **Société russe de secours aux naufragés.** *Saint-Pétersbourg,* 1876; 1 broch. in-8°.

3684. — **Viollet-le-Duc (E.).** L'art russe, ses origines, ses éléments constitutifs, son apogée, son avenir. *Paris,* 1877; 1 vol. in-8°.

3685. — **Bibliographie de la Russie.** *Saint-Pétersbourg,* 1879; 1 liasse in-8°.

3686. — **Kaufmann (M.).** Notice sur les caisses d'épargne en Russie. 1876; 1 broch. petit in-8°.

3687.—Карта европейской Россіи. — С.-Петербургъ, 1879; une carte.

Carte de la Russie d'Europe. *Saint-Pétersbourg.*

3688. — Карта сухопутныхъ сообщеній Россіи съ указаніемъ желѣзныхъ и шоссенныхъ дорогъ. — С.-Петербургъ, 1876; 6 feuilles.

Carte routière de la Russie avec indication des chemins de fer et des chaussées. *Saint-Pétersbourg.*

3689.—**Vergleichende Karte der höheren und mittleren Lehranstalten des Ministeriums der Volksaufklaerung.** 1855-1888; 4 feuilles in-folio.

Carte comparative des établissements d'enseignement supérieur et d'enseignement secondaire dépendant du Ministère de l'instruction publique.

3690. — Сборникъ свѣденій о желѣзныхъ дорогахъ въ Россіи. — С.-Петербургъ, 1867-1872; 7 vol. in-8° et in-4°.

Recueil de documents sur les chemins de fer russes. *Saint-Pétersbourg.*

3691. — Общія свѣденія и выводы относительно главныхъ

результатовъ эксплуатаціи сѣти русскихъ желѣзныхъ дорогъ въ 1874 году. Une broch. in-folio.

Renseignements généraux et conclusions concernant les principaux résultats de l'exploitation du réseau des chemins de fer russes pendant l'année 1874.

3692. — Блюхъ (И. С.). Изслѣдованія по вопросамъ относящимся къ торговлѣ и передвиженію скота и скотскихъ продуктовъ въ Россіи и заграницею. — С.-Петербургъ, 1876; 1 vol. in-4° et 1 atlas.

Bljouch (I.-S.). — Recherches sur la question relative au commerce et au transport du bétail et des produits du bétail en Russie et à l'étranger. Saint-Pétersbourg.

3693. — La persécution des Israélites en Russie. *Paris*, 1882; 1 broch. petit in-8°.

3694. — **Makaroff (N.-P.).** Dictionnaire russe-français et français-russe complet. *Saint-Pétersbourg*, 1874-1875; 2 vol. grand in-8°.

3695. — **Schmidt (A.-E.).** Nouveau dictionnaire portatif russe-français et français-russe. *Leipzig*, 1874; 1 vol. grand in-32.

3696. — **Leroy-Beaulieu (A.).** L'Empire des tsars et les Russes. *Paris*, 1881-1882; 2 vol. in-8°.

3697. — **Loransky (A.).** Aperçu sur les institutions subsidiaires pour les ouvriers attachés aux établissements métallurgiques en Russie. *Saint-Pétersbourg*, 1876; 1 broch. in-8°.

3698. — **Wreden (Ch.-Ed.),** professeur à Saint-Pétersbourg. Rapport sur l'assurance et l'assistance des salariés. *Bruxelles*, 1876; 1 broch. petit in-8°.

3699. — **Wolowski (L.).** Les finances de la Russie. *Paris*, 1864; 1 vol. in-8°.

3700. — **Vessélovsky (A.).** Annuaire des finances russes. *Saint-Pétersbourg*, 1881; 1 vol. grand in-8°.

3701. — Отчетъ о денежныхъ оборотахъ городскихъ кассъ. 1876-1880; 1 vol. petit in-4°.

Compte rendu des virements de fonds opérés dans les caisses municipales.

3702. — **Wallace (D.-M.), Bellenger (H.).** La Russie. Le pays, les institutions, les mœurs. *Paris*, 1877; 2 vol. in-8°.

3703. — **Schnitzler (J.-H.).** Les institutions de la Russie depuis les réformes de l'empereur Alexandre II. *Paris*, 1866; 2 vol. in-8°.

3704. — **Barry (H.), Barine (A.).** La Russie contemporaine. *Paris*, 1873; 1 vol. grand in-12.

3705. — **Morfill (W.-R.).** Foreign countries and British colonies. Russia. *London*, 1880; 1 vol. in-12.
Pays étrangers et colonies britanniques. Russie.

3706. — **Branicki (X.-K.).** Les nationalités slaves. *Paris*, 1879; 1 vol. grand in-8°.

3707. — **Tissot (V.).** La Russie et les Russes : indiscrétions de voyage. *Paris*, 1882; 1 vol. grand in-12.

3708. — **Ollendorff (G.).** Nouvelle méthode pour apprendre à lire, à écrire et à parler une langue en six mois, appliquée au russe. *Paris*, 1 vol. in-8°.

3709. — **Fuchs (P.).** Nouvelle grammaire russe et corrigé des thèmes. *Heidelberg*, 1872; 2 vol. grand in-12.

3710. — **Auvinet (V.).** Leçons de russe, d'après une méthode tout à fait nouvelle. *Saint-Pétersbourg*, 1888; 1 broch. in-8°.

3711. — **Bastin (J.).** La Russie. Guide du voyageur dans l'Empire russe. *Saint-Pétersbourg, Leipzig, Paris*, 1867; 1 vol. in-12.

3712. — **Murray (J.)** Handbook for travellers in Russia, Poland, and Finland. *London*, 1888; 1 vol. in-12.
Guide manuel des voyageurs en Russie, en Pologne et en Finlande.

3713. — **Rambaud (A.).** Histoire de la Russie depuis les origines jusqu'à l'année 1877. *Paris*, 1879; 1 vol. grand in-12.

3714. — **Créhange (G.).** Histoire de la Russie depuis la mort de Paul Ier jusqu'à nos jours. *Paris*, 1882; 1 vol. grand in-12.

3715. — **Mémoire** sur l'activité de la communauté des sœurs de charité de l'Exaltation de la Croix pendant la guerre de Crimée. *Saint-Pétersbourg*, 1876; 1 broch. in-8°.

3716. — Собраніе государственныхъ грамотъ и договоровъ. — Москва, 1813-1828; 5 vol. in-folio.

Recueil de diplômes et de traités impériaux. *Moscou.*

3717. — **Reproduction d'anciens cachets russes.** *Moscou,* 1880; 1 vol. grand in-4°.

3718. — Книга объ избраніи на царство Михаила Ѳедоровича. — Москва, 1856; 1 vol. in-fol.

Livre de l'élection de Michel Fedorovitch à l'empire. *Moscou.*

3719. — Іоаннъ Ексархъ болгарскій. — Москва, 1824; 1 vol. in-fol.

Jean, Exarque de Bulgarie. *Moscou.*

3720. — ЯКОВЛЕВЪ (Лукіанъ). Русскія старинныя знамена. — Москва, 1865; 1 vol. grand in-4° et un album.

IAKOVLEFF (Lucien). — Vieux drapeaux russes. *Moscou.*

3721. — **Renseignements sur les archives de la Russie.** *Moscou,* 1880; 1 vol. in-8°.

3722. — СТРОЕВЪ (П.). Софійскій временникъ или русская лѣтопись съ 862 по 1534 годъ. — Москва, 1820; 2 vol. in-4°.

STROEFF (P.). — Chronique de Sophie ou annales russes de l'an 832 à l'an 1534. *Moscou.*

3723. — ЛЕРБЕРГА (А. Х.).-ЯЗЫКОВЪ (Д.). Изслѣдованія служащіе къ объясненію древней русской исторіи. — С.-Петербургъ, 1819; 1 vol. petit in-4°.

LERBERGA (A.-Ch.), IAZUIKOFF (D.). — Recherches servant à l'éclaircissement de l'histoire ancienne de la Russie. *Saint-Pétersbourg.*

3724. — Письма русскихъ Государей и другихъ особъ царскаго семейства. — Москва, 1861-1862; 4 broch. in-8°.

Lettres des Souverains russes et d'autres personnes de la famille impériale. *Moscou.*

3725. — ТОЛМАННА (Г. Ф.). Рустрингія, первоначальное отечество перваго россійскаго великаго князя Рюрика и братьевъ его. — Москва, 1819; 1 broch. in-8°.

TOLMANN (G.-F.) — Roustringia, patrie d'origine du premier grand prince de Russie, Rurick, et de ses frères. *Moscou.*

3726. — **Explication des planches représentant l'élection et le sacre du tsar Michel Fédorovich Romanoff.** *Moscou,* 1856; 1 broch. in-8°.

3727. — Нѣсколько документовъ относящихся къ царствованнію Императора Александра I. — Москва, 1878; 1 broch. in-8°.

Quelques documents concernant le règne de l'empereur Alexandre Iᵉʳ. *Moscou.*

3728. — Начало дружесвенныхъ сношеній Россіи съ Пруссіей 1711-1746. — Москва, 1 broch. petit in-8°.

Commencement des relations amicales entre la Russie et la Prusse. *Moscou.*

3729. — Кириллъ и Меѳодій, словенскіе первоучители. — Москва, 1825; 1 vol. grand in-8°.

Cyrille et Methodius, les premiers apôtres slaves. *Moscou.*

3730. — Исторія Льва діакона Калойскаго, и другія сочиненія византійскихъ писателей. — С.-Петербургъ, 1820; 1 vol. in-8°.

Histoire de Léon, diacre de Kaloï, et diverses autres œuvres des écrivains byzautins. *Saint-Pétersbourg.*

3731. — ПУЦИЛЛО (Михаила). Думный дьякъ Иванъ Тарасьевичъ Грамотинъ 1606-1638. — С.-Петербургъ, 1878, Une broch. petit in-8°.

Poutsillo (Michel). — Le secrétaire d'État Jean Taracevitch Gramotine. *Saint-Pétersbourg.*

3732. — ЧАРЫКОВЪ (Н. В.). Посольство въ Англію дворяница Григорія Микулина въ 1600 и 1601 г. — Москва, 1878; 1 broch. in-8°.

Tcharuicoff (N.-V.). — Ambassade du seigneur Grégoire Micouline en Angleterre, dans les années 1600 et 1601. *Moscou.*

3733. — Посольство въ Англію князя Прозоровскаго, дворянина Желябужскаго и дьяка Давыдова въ 1662 году. — С.-Петербургъ, 1880; 1 broch. in-8°.

Ambassade en Angleterre du prince Prozorofsk, du seigneur Jeliaboujski et du diacre David en l'année 1662. *Saint-Pétersbourg.*

3734. — Рисунки принадлежащіе къ книгѣ объ избраніи

на царство царя Михаила Ѳеодоровича. — Москва, 1856; dessins.

Dessins appartenant au livre de l'élection à l'empire du tsar Michel Féodorovitch. *Moscou.*

3735. — Древности российскаго государства. 6 vol. de texte in-4° et 6 vol. de grav. in-folio. Москва.

Antiquités de l'empire de Russie. *Moscou* [1].

3736. — Таблицы русскихъ монетъ до приниятія Петромъ I императорскаго титула. — Кіевъ, 1881; 1 broch. in-4°.

Représentation des monnaies russes jusqu'à l'époque où Pierre Ier prit le titre d'empereur. *Kieff.*

3737. — **Exposition internationale d'hygiène et de sauvetage à Bruxelles. Catalogue spécial de la section russe.** *Bruxelles*, 1876; 1 broch. petit in-8°.

3738. — **Exposition internationale d'hygiène et de sauvetage à Bruxelles. Filature de coton et fabrique de tissanderie sous la raison de P. Malouine fils. Description des dessins des maisons habitées par les ouvriers et de l'école pour les enfants. Russie.** *Moscou*, 1876; 1 broch. in-4°.

3739. — **Mithoff (Th.). Die russische Classensteuer nach dem Gesetzentwurfe der Steuerreform-Commission.** *Dorpat*, 1878; 1 broch. petit in-8°.

L'impôt par classes en Russie, d'après le projet de loi de la Commission de réforme des impôts.

3740. — Указатель матеріаловъ къ исторіи промышленности и развитія прикладныхъ знаній въ Россіи. — Москва, 1882; 1 broch. petit in-8°.

Index des matériaux concernant l'histoire de l'industrie en Russie et le développement des connaissances qui s'y rapportent. *Moscou.*

3741. — **Khanikof (N. de).** Études sur l'instruction publique en Russie. *Paris*, 1865; 1 broch. in-8°.

3742. — **Krusenstern (A. de).** Précis du système, des progrès et de l'état de l'instruction publique en Russie. *Varsovie*, 1837; 1 vol. in-8°.

---

[1] Cet ouvrage, présentant un grand intérêt artistique, est déposé, jusqu'à nouvel ordre, à la bibliothèque municipale Forney, où il est utilement consulté.

**3743.— Khanikof (N.-J.). Études sur l'instruction publique
en Russie (1re partie).** *Paris,* 1865; 1 broch. in-8°.

3744. — Hippeau (C.). L'instruction publique en Russie.
Paris, 1878; 1 vol. in-12.

**3745. — Russie. Notice sur le musée pédagogique, et des-
cription du cabinet hygiénique exposé à Bruxelles en 1876.**
Saint-Pétersbourg, 1 broch. grand in-12.

**3746. — Сборникъ постановленій по Министерству на-
роднаго просвѣщенія. — С.-Петербургъ,** 1802-1881; grand
in-8°.

Recueil d'arrêtés concernant le Ministère de l'instruction publique. *Saint-
Pétersbourg.*

**3747. — Сборникъ распоряженій по Министерству на-
роднаго просвѣщенія. — С.-Петербургъ,** 1802-1870; 4 vol.
grand in-8°.

Recueil de règlements concernant le Ministère de l'instruction publique.
Saint-Pétersbourg.

**3748. — Списки учебныхъ заведеній вѣдомства Минис-
терства народнаго просвѣщенія — С.-Петербургъ,** 1883-
1884; 4 broch. in-8°.

Listes des établissements d'éducation dépendant du Ministère de l'instruction
publique. *Saint-Pétersbourg.*

3749. — Bericht über den Zustand des Unterrichtswesens.
Saint-Pétersbourg, 1871-1876; 2 vol. in-8°.

Rapport sur la situation de l'instruction publique.

**3750. — Rapport du Ministre de l'instruction publique à Sa
Majesté l'Empereur de Russie.** 1872-1877; 1 broch. in-8°.

3751. — Statut des gymnases et des progymnases de filles.
Saint-Pétersbourg, 1874; 2 broch. in-8°.

**3752. — Statuts des écoles primaires israélites et des écoles
normales d'instituteurs pour les israélites.** *Saint-Pétersbourg,*
1874; 2 broch. in-8°.

**3753. — Statut des écoles normales d'instituteurs pour les
écoles tartares d'Oufa et de Simphéropol.** *Saint-Pétersbourg,*
1874; 1 broch. in-8°.

3754. — **Statuts des écoles urbaines et des écoles normales d'instituteurs pour les écoles urbaines.** *Saint-Pétersbourg*, 1872; 1 broch. petit in-8°.

3755. — **Zézas (S.-G.).** Études historiques sur la législation russe ancienne et moderne. *Paris*, 1862; 1 vol. in-8°.

3756. — **Tolstoy (F.).** Coup d'œil sur la législation russe. *Paris*, 1839; 1 vol. grand in-8°.

3757. — **Lehr (E.).** Éléments du droit civil russe. *Paris*, 1877; 1 vol. in-8°.

3758. — Законы В. К. Юанна Василіевича и внука его царя Юанна Василіевича. — Москва, 1873; 1 broch. grand in-8°.

Lois du grand-prince Jean Vasilievitch et de son petit-fils le tsar Jean Vasilievitch. *Moscou.*

3759. — **Die russische Städte-Ordnung vom 16. Juni 1870 und die Einführungsgesetze für die Ostseeprovinzen vom 26. März 1877.** *Riga*, 1 vol. petit in-8°.

Loi municipale russe du 16 juin 1870, et lois d'introduction du 26 mars 1877 pour les provinces de la Baltique.

3760. — Древнія россійскія стихотворенія, собранныя Кир. Даниловымъ. — Москва, 1878; 1 broch. in-8°.

Anciennes poésies russes recueillies par Cyr. Daniloff. *Moscou.*

3761. — **Maxime du Camp.** Продовольствіе Парижа. — 1872; 1 broch. in-8°.

Alimentation de Paris.

3762. — **Statut des instituts vétérinaires de Kharkow et de Dorpat.** *Saint-Pétersbourg*, 1874; 2 broch. in-8°.

3763. — Матеріалы относящіеся до новаго общественнаго устройства въ городахъ имперіи. — С.-Петербургъ, 1877-1884; 6 vol. in-8°.

Matériaux relatifs à la nouvelle organisation des municipalités dans les villes de l'Empire. *Saint-Pétersbourg.*

3764. — Историческое обозрѣніе правительственныхъ

мѣръ по устройству городскаго общественнаго управленія. — С.-Петербургъ, 1864, 1 vol. in-8°.

Aperçu historique des mesures prises par le Gouvernement pour l'organisation de l'administration municipale. *Saint-Pétersbourg.*

3765. — Высочайше утвержденное 16-20 іюня 1870 г. городовое положеніе. — С.-Петербургъ, 1873, 2 vol. in-8°.

Statuts municipaux sanctionnés par le souverain les 16-20 juin 1870. *Saint-Pétersbourg.*

3766. — Сборникъ распоряженій и постановленій по общественному управленію въ городахъ. — 1878; 2 vol. grand in-8°.

Recueil de dispositions et de règlements concernant l'administration communale des villes.

3767. — Городскія поселенія въ россійской Имперіи. — С.-Петербургъ, 1860-1865; 7 vol. in-8°.

Centres de population municipaux dans l'Empire russe. *Saint-Pétersbourg.*

3768. — Экономическое состояніе городскихъ поселеній европейской Россіи въ 1861-1862 г. — С.-Петербургъ, 2 vol. in-8°.

Situation économique des centres de population municipaux de la Russie d'Europe en 1861-1862. *Saint-Pétersbourg.*

3769. — Указатель матеріаловъ по исторіи почтъ въ Россіи. — Москва, 1881; 1 broch. petit in-8°.

Index des matériaux pour l'histoire des postes en Russie. *Moscou.*

3770. — Вопросъ объ изслѣдованіи С.-Петербурга и его окрестностей въ естественно-историческомъ, физико-географическомъ и сельско-хозяйственномъ отношеніахъ, на VIII съѣздѣ русскихъ естествоиспытателей и врачей. — С.-Петербургъ, 1890; 1 broch. in-8°.

La question des études faites à Saint-Pétersbourg et dans ses environs au point de vue de l'histoire naturelle, de la géographie physique et de l'économie rurale. 8° réunion des naturalistes et des médecins russes. *Saint-Pétersbourg.*

3771. — Статистическій временникъ россійской Имперіи. 1871-1884; 21 vol. grand in-8°.

Chronique statistique de l'Empire de Russie.

3772. — Сборникъ свѣдѣній по европейской Россіи. — 1882; 1 vol. in-8°.

Recueil de renseignements sur la Russie d'Europe.

3773. — Инженерныя записки. Текстъ-чертежи. — С.-Петербургъ, 1874-1878; 5 vol. in-8° et in-4°.

Mémoires des ingéuieurs. Texte et planches. *Saint-Pétersbourg.*

3774. — Статистическій сборникъ Министерства путей сообщенія. — С.-Петербургъ, 1877-1888; 14 vol. grand in-8°.

Recueil de statistique du Ministère des voies de communication. *Saint-Pétersbourg.*

3775. — Журналъ Министерства путей сообщенія. — С.-Петербургъ, 1878-1889; 29 vol. in-8°.

Journal du Ministère des voies de communication. *Saint-Pétersbourg.*

FINLANDE.

3776. — Exposition universelle de Paris. 1878. Catalogue spécial du grand-duché de Finlande. *Paris*, 1878; 1 broch. in-8°.

3777. — Catalogue des crânes d'origine finnoise exposés par le Musée d'anatomie de l'Université impériale d'Alexandre en Finlande, à l'exposition des sciences anthropologiques à Paris, 1878. *Helsingfors*, 1 broch. in-8°.

3778. — **Ignatius (F.), Biaudet (G.).** Le grand-duché de Finlande. Notice statistique. *Helsingfors*, 1878; 1 broch. in-8°.

RIAZAN (GOUVERNEMENT DE).

3779. — Письма объ археологическихъ изслѣдованіяхъ въ рязанской губерніи. — Москва, 1823; 1 broch. in-8°.

Lettre sur les recherches archéologiques faites dans le gouvernement de Riazan. *Moscou.*

RUSSIE BLANCHE.

3780. — Бѣлорусскій архивъ. — Москва, 1824; 1 vol. in-4°.

Archives de la Russie Blanche. *Moscou.*

HELSINGFORS.

3781. — Catalogue raisonné des antiquités du Nord finno-ougrien exposés par l'Université alexandrine d'Helsingfors à l'Exposition universelle de 1878. *Helsingfors*, 1 broch. in-8°.

KIEFF.

3782. — Уставъ кіевской городской больницы цесаревича Александра. — 1875; 1 broch. in-8°.

Règlement de l'hôpital civil du tsarevitch Alexandre à Kieff.

3783. — Докладъ по дѣламъ касающимся кіевкихъ общесвъ водоснабженія и газоосвѣщенія. — 1876; 1 broch. in-8°.

Rapport au sujet de l'approvisionnement d'eau et de l'éclairage au gaz de la commune de Kieff.

3784. — Смѣта доходовъ и расходовъ города Кіева. — 1877-1891; 4 vol. et 2 broch. in-4°.

Budget des recettes et des dépenses de la ville de Kieff.

3785. — Отчетъ кіевской городской управы по исполненію росписи доходовъ и расходовъ. — 1873-1885; 5 vol. in-4°.

Compte rendu de l'administration de la ville de Kieff au sujet de l'établissement des comptes de recettes et de dépenses.

3786. — Докладъ Коммиссій кіевской городской Думѣ о вспомогательномъ капиталѣ на устроиство города Кіева. — 1857; 1 broch. grand in-8°.

Rapport au Conseil municipal de Kieff de la Commission d'enquête sur le capital mis en réserve pour les besoins de la ville.

3787. — Положеніе 17 сентября 1831 г. о доходахъ и расходахъ губернскаго города Кіева. — Une broch. grand in-12.

État au 17 septembre 1831 des recettes et des dépenses de la ville gouvernementale de Kieff.

3788. — Отчетъ предсѣдателя городской санитарной Коммиссій о бывшей лѣтомъ 1872 года въ г. Кіевѣ холерной эпидеміи. — 1 broch. in-12.

Compte rendu du président de la Commission municipale sanitaire sur l'épidémie cholérique régnant à Kieff dans l'été de 1872.

3789. — Отчетъ кіевской городской исполнительной санитарной Коммиссіи. — 1885-1887; 3 broch. in-8°.

Compte rendu de la Commission sanitaire exécutive de la ville de Kieff.

3790. — Раскладка оцѣночнаго сбора по городу Кіеву. —
1875-1877; 3 broch. in-4°.

Répartition des impôts dans la ville de Kieff.

3791. — Кіевское александровское городское ремесленное
училище за первые 9 мѣсяцевъ его существованія. —
1875; une broch. in-12.

L'école municipale alexandrine d'arts et métiers de Kieff dans les premiers
neuf mois de son existence.

3792. — Протоколъ кіевской городской Думы. — 1871-
1890; 9 vol. in-8°.

Procès-verbaux des séances du Conseil municipal de Kieff.

3793. — Списокъ избирателей г. Кіева 1874 года. —
1 broch. in-8°.

Liste des électeurs de la ville de Kieff en 1874.

3794. — Кіевъ и его предмѣстія по переписи 2 марта
1874 года. — 1 vol. in-4°.

Kieff et ses faubourgs d'après le recensement du 2 mars 1874.

3795. — Алфавитный указатель домовладѣльцевъ г. Кіева
и его предмѣстій составленніи по даннымъ однодневной
переписи 2 марта 1874 года. — 1 broch. in-4°.

Indicateur alphabétique des propriétaires de maisons à Kieff et dans ses
faubourgs dressé d'après les données du recensement spécial du 2 mars 1874.

3796. — Проэктъ кондитій на мостовыя работы въ 1876
г. г. Кіевъ. — 1 broch. in-8°.

Projet de cahier des charges pour les travaux de pavage à Kieff en 1876.

KICHINEFF.

3797. — Отчетъ кишиневскаго городскаго общественнаго
банка. — 1874-1876; 4 broch. grand in-8°.

Compte de la banque municipale de Kichineff.

3798. — Краткій сводъ доклада городской управы о вве-
деніи новыхъ налоговъ въ Кишиневѣ. 1 broch. in-4°.

Court recueil de rapports de l'administration municipale au sujet de l'établissement de nouveaux impôts à Kichineff.

3799. — Отчетъ кишиневской городской управы. — 1872-1873; 2 broch. in-8°.

Compte rendu de l'administration de la ville de Kichineff.

3800. — Инструкція о порядкѣ производства дѣлъ въ кишиневской городской Думѣ. — 1877; 1 broch. in-8°.

Instructions sur l'ordre à suivre dans les affaires traitées au Conseil municipal de Kichineff.

MARBOURG.

3801. — Архивная выставка въ Марбургѣ. — 1 broch. in-8°.

Exposition d'archives à Marbourg.

MOLODIÉTCHNA.

3802. — **Statut de l'école normale d'instituteurs de Molodiétchna.** *Saint-Pétersbourg*, 1874; 2 broch. in-8°.

MOSCOU.

3803. — Янтарая комната царскоесельскаго дворца. — Москва, 1877; 1 broch. petit in-8°.

La salle d'ambre du palais de Tsarskoécélo. *Moscou.*

3804. — **Notice sur l'hôpital de S. A. I. le prince Pierre d'Oldembourg pour enfants à Saint-Pétersbourg, et sur l'hôpital Saint-Wladimir pour enfants à Moscou.** 1869; 1 broch. petit in-8°.

3805. — **Policlinique pour les malades ambulants.** *Moscou*, 1876; 1 broch. in-8°.

3806. — Хронологическій каталогъ славяно-русскихъ книгъ церковнои печати съ 1517 по 1821 г. библютеки московскаго архива. — С.-Петербургъ, 1879; 1 broch. in-8°.

Catalogue chronologique des livres slavo-russes de la bibliothèque des archives moscovites, imprimés en caractères ecclésiastiques de 1517 à 1821. *Saint-Pétersbourg.*

3807. — Токмаковъ (И. Ѳ.). Обозрѣніе библютеки мос-

ковскаго главнаго архива Министерства иностранныхъ
дѣлъ. — 1879; 1 broch. petit in-8°.

Токмакоff (I.-Th.). Description sommaire de la bibliothèque des archives principales moscovites du Ministère des affaires étrangères.

3808. — Библютеки московскаго главнаго архива Министерства иностранныхъ дѣлъ реэстръ географическимъ атласамъ, картамъ, планамъ, и θеатрамъ войны 1816 г. — С.-Петербургъ, 1877; 1 broch. in-8°.

Liste des atlas géographiques, des cartes, des plans et des théâtres de guerre se rapportant à l'année 1816, qui se trouvent dans la bibliothèque des archives principales moscovites du Ministère des affaires étrangères. *Saint-Pétersbourg.*

3809. — Планъ города Москвы. — 1886; une carte.

Plan de la ville de Moscou.

3810. — Историческое описаніе московскаго Знаменскаго монастыря. — Москва, 1866; 1 broch. grand in-8°.

Description historique du monastère de l'Apparition à Moscou.

3811. — ТОКМАКОВЪ (И.). Библютеки московскаго главнаго архива Министерства иностранныхъ дѣлъ каталогъ рукописямъ относящимся до церковнои исторіи. — 1880; 1 broch. petit in-8°.

Токмакоff (I.). Catalogue des manuscrits concernant l'histoire de l'Église, qui se trouvent dans la bibliothèque des archives principales moscovites du Ministère des affaires étrangères.

3812. — ТОКМАКОВЪ (И.). Свѣдѣнія о домовой церкви при московскомъ главномъ архивѣ Министерства иностранныхъ дѣлъ. — 1882; une broch. petit in-8°.

Токмакоff (I.). Renseignements sur la chapelle des archives principales moscovites du Ministère des affaires étrangères.

3813. — ТОКМАКОВЪ (И). Сборникъ матеріаловъ для историческихъ описаній святынъ и священныхъ достопамятностей московской губерній. — 1881; 1 broch. petit in-8°.

Токмакоff (I.). Recueil de matériaux pour l'histoire des établissements pieux et des faits mémorables concernant l'Église dans le gouvernement de Moscou.

3814. — Смѣта доходовъ и расходовъ столичнаго города Москвы. — 1870-1891; 10 vol. in-8°.

Budget des recettes et des dépenses de la ville de Moscou.

3815. — Отчетъ о движеніи городскихъ суммъ города Москвы. — 1873-1889; 7 vol. in-4°.

Compte rendu du mouvement des fonds municipaux de la ville de Moscou.

3816. — Подлинные акты относящіеся къ Иверской иконѣ Божей Матери принесенной въ Россію въ 1648 году. — Москва, 1879; 1 broch. in-8°.

Actes authentiques concernant l'image de la Mère de Dieu, apportée du couvent des Ibères en Russie en l'année 1648. *Moscou.*

3817. — ТОКМАКОВЪ (И. Ѳ.). Указатель матеріаловъ для изученія исторіи, археологіи, этнографіи и статистики Москвы. — 1880; 1 vol. petit in-8°.

Токмакоff (I.-Th.). Index des matériaux pour l'étude de l'histoire, de l'archéologie, de l'ethnographie et de la statistique de Moscou.

3818. — Описаніе въ округъ императорскаго столичнаго города Москвы за землянымъ валомъ городскои выгонной землѣ. — 1880; 1 broch. petit in-4°.

Description des terrains de pacage appartenant à la ville sur les talus des remparts dans la circonscription de Moscou.

3819. — **Tastevin (F. et A.). Guide complet du voyageur à Moscou.** 1880; 1 broch. in-12.

3820. — Состояніе столичнаго города Москвы 1785 г. — 1 broch. petit in-4°.

Situation de la ville de Moscou en 1785.

3821. — Очеркъ дѣятельности Коммиссій печатанія грамотъ и договоровъ состоящей при московскомъ главномъ архивѣ Министерства иностранныхъ дѣлъ. — 1877; 1 vol. grand in-8°.

Compte rendu des travaux de la Commission chargée de l'impression des chartes et des traités qui se trouvent aux archives principales moscovites du Ministère des affaires étrangères.

3822. — Отчетъ московскаго главнаго архива Министерства иностранныхъ дѣлъ. — 1878, 1 broch. petit in-8°.

Compte rendu des archives principales moscovites du Ministère des affaires étrangères.

3823. — Хлѣбопекарный промыселъ и такса на хлѣбъ въ Москвѣ. — 1889; 1 broch. in-4°.

Le commerce de la boulangerie et la taxe sur le pain à Moscou.

3824. — Отчетъ о состояніи городскихъ начальныхъ училищъ утрежденныхъ московскою городскою Думою. — 1888-1889; 1 broch. in-4°.

Compte rendu de la situation des écoles primaires de la ville de Moscou, administrées par le Conseil municipal.

3825. — **Della Vos (V.).** Notice sur l'école impériale technique de Moscou. *Paris*, 1878; 1 broch. in-8°.

3826. — ТОКМАКОВЪ (И. Ѳ.). Библютеки московскаго главнаго архива Министерства иностранныхъ дѣлъ каталогъ рукописямъ по юриспруденціи съ XIII по XIX столѣтіе. — 1879; 1 broch. petit in-8°.

Токмакоff (I.-Th.). Catalogue des manuscrits concernant la jurisprudence du xiiiᵉ au xixᵉ siècle, qui se trouvent dans la bibliothèque des archives principales moscovites du Ministère des affaires étrangères.

3827. — ОСТРОГЛАЗОВЪ (Д. В.). Краткій отчетъ за 1884 годъ о больныхъ заразными болѣзнями въ Москвѣ. — 1885; 1 broch. in-8°.

Ostroglazoff (D.-V.). Courtes observations sur l'année 1884 au sujet des maladies contagieuses régnant à Moscou.

3828. — ТОКМАКОВЪ (И. Ѳ.). Библютеки московскаго главнаго архива Министерства иностранныхъ дѣлъ каталогъ книгамъ по медицинѣ, съ 1597 по 1870 гг. — 1879; 1 broch. in-8°.

Токмакоff (I.-Th.). Catalogue des livres concernant la médecine de 1597 à 1870, qui se trouvent dans la bibliothèque des archives principales moscovites du Ministère des affaires étrangères.

3829. — ТОКМАКОВЪ (И. Ѳ.). Московскаго главнаго архива Министерства иностранныхъ дѣлъ каталогъ дѣламъ и рукописямъ аптекарскаго приказа. — 1879; 1 broch. grand in-8°.

Токмакоff (I.-Th.). Archives principales moscovites du Ministère des affaires étrangères. Catalogue des ouvrages et des manuscrits du collège de pharmacie.

3830. — Отчетъ о дѣятельности московскаго городскаго общественнаго управленія. — 1882; 1 broch. in-4°.

Compte rendu des travaux de l'administration municipale de la ville de Moscou.

3831. — Извѣстія московской городской Думы. — 1877-1892; 24 vol. in-4°.

Procès-verbaux des séances du Conseil municipal de Moscou.

3832. — Приговоры московской городской Думы. — 1874-1889; 5 vol. in-4°.

Décisions du Conseil municipal de Moscou.

3833. — Нѣсколько словъ о городскихъ собакахъ. — Москва, 1874; 1 broch. in-8°.

Quelques mots sur les chiens de la ville. *Moscou.*

3834. — Таблицы смертности въ Москвѣ. — 1877-1879; 8 broch. in-4°.

Tables de la mortalité à Moscou.

3835. — Смертность въ Москвѣ. — 1883-1885; 4 broch. in-8°.

La mortalité à Moscou.

3836. — Статистическія свѣдѣнія о жителяхъ города Москвы по переписи 12 декабря 1871 года. — 1 broch. in-4°.

Renseignements statistiques sur la population de Moscou d'après le recensement du 12 décembre 1871.

3837. — Переписъ Москвы 1882 года. — 1886; 1 vol. in-4°.

Recensement de la population de Moscou en 1882.

3838. — Труды московскаго городскаго статистическаго отдѣла. — 1879-1883; 4 broch. in-4°.

Travaux du bureau de statistique de la ville de Moscou.

3839. — **Bureau statistique de la ville de Moscou. Enquête sur la boulangerie. 1 broch. grand in-8°.**

3840. — Отчетъ статистическаго отдѣленія московской городской управы о выработкѣ нормъ для оцѣнки жилыхъ помѣщеній. — 1887; 1 broch. in-4°.

Rapport du bureau municipal de statistique de la ville de Moscou sur les prix normaux pouvant servir de base à l'évaluation de la valeur locative des logements.

3841. — Статистическій атласъ города Москвы. — 1887; 1 vol. in-folio.

Atlas statistique de la ville de Moscou.

3842. — Описаніе торжественной закладки, совершенной 1858 года августа въ 31-й день, при началѣ возобновленія романовскихъ палатъ. — Москва, 1858; 1 broch. in-8°.

Description de la cérémonie de la pose solennelle de la première pierre survenue le 31 août 1858, au commencement des travaux de réparation du palais des Romanoff. *Moscou.*

3843. — Отчетъ по производству мостовыхъ и дренажныхъ работъ въ 1876 году. — Москва, 1 broch. in-4°.

Compte rendu de l'exécution des travaux de pavage et de drainage à Moscou, en 1876.

NOVOGOROD.

3844. — Историческій и хронологическій опытъ о Посадникихъ новгородскихъ. — Москва, 1821; 1 vol. grand in-8°.

Essai historique et chronologique sur les anciens maires de Novogorod. *Moscou.*

ODESSA.

3845. — Роспись доходовъ и расходовъ по одесской городской скотобойнѣ и скотопригонному рынку. — 1884; 1 broch. in-8°.

Budget de l'abattoir et du marché aux bestiaux de la ville d'Odessa.

3846. — Временныя правила для эксплоатаціи одесскихъ городскихъ скотобоенъ и скотопригоннаго рынка, и управленія оными. — 1884; 1 broch. in-18.

Ordonnance provisoire concernant l'exploitation et l'administration des abattoirs et du marché aux bestiaux de la ville d'Odessa.

3847. — Обязательныя постановленія о городскихъ скотобойняхъ и скотопригонномъ рынкѣ. — Одесса, 1884; 1 broch. in-18.

Règlements concernant les abattoirs et le marché aux bestiaux de la ville d'Odessa.

3848. — Краткій историческій обзоръ дѣятельности

одесской городской публичной библіотеки. — 183o-188o; 1 broch. in-8°.

Court aperçu historique sur le fonctionnement de la bibliothèque publique municipale d'Odessa.

3849. — Отчетъ одесской городской публичной библіотеки. — 1875; 1 broch. in-8°.

Compte rendu de la bibliothèque publique municipale d'Odessa.

3850. — Обязательныя для жителей г. Одессы постановленія относящіяся къ торговлѣ. 1884; une broch. grand in-12.

Obligations imposées aux habitants d'Odessa pour ce qui concerne le commerce.

3851. — Контрактъ на сооруженіе одесско-днѣстровскаго водопровода. — 1875; 1 broch. grand in-8°.

Contrat pour amener à Odessa l'eau du Dniester.

3852. — Контрактъ о газовомъ освѣщеніи 1864. 1878; 1 broch. petit in-8°.

Contrat pour l'éclairage au gaz.

3853. — Роспись доходовъ и расходовъ г. Одессы. — 1882-1887; 6 vol. in-8°.

Budget des recettes et des dépenses de la ville d'Odessa.

3854. — Отчетъ одесской городской управы о движеніи городскихъ суммъ. — 1881-1889; 7 vol. in-4°.

Compte rendu de l'administration municipale d'Odessa au sujet du mouvement des fonds de la ville.

3855. — Сборникъ обязательныхъ для городскихъ жителей постановленій одесской городской Думы. — 1887; 1 broch. in-12.

Recueil de règlements établis par le Conseil municipal d'Odessa, et rendus obligatoires pour les habitants de la ville.

3856. — Инструкція одесской городской Думы. — 1876-1881; 2 broch. in-8°.

Instructions du Conseil municipal d'Odessa.

3857. — Вѣдомости одесскаго городскаго общественнаго управленія. — 1883-1892; 5 vol. in-folio.

Journal de l'administration communale de la ville d'Odessa.

3858. — Обязательныя для городскихъ жителей постановленія одесской городской Думы о содержаніи въ чистотѣ дворовъ, объ устройствѣ и очисткѣ помойныхъ ямъ и отхожихъ мѣстъ. — 1879; 1 broch. in-8°.

Arrêtés du Conseil municipal d'Odessa enjoignant aux habitants de la ville le nettoyage des cours, la construction et le nettoyage de fosses aux immondices et de cabinets d'aisance.

3859. — Контрактъ на устройство и эксплоатацію желѣзноконныхъ дорогъ въ Одессѣ. — 1882; 1 broch. in-8°.

Contrat pour la construction et l'exploitation de lignes de tramways à Odessa.

REVEL.

3860. — **Kluge (E.).** Biostatik der Stadt Reval und ihres Landkirchsprengels. 1834-1862 (1re partie); 1 vol. in-8°.

Biostatique de la ville de Revel et de son diocèse.

RIGA.

3861. — **Bochmann (Dr E.).** Programm zu einem Centralschlachthaus und Viehmarkt in Riga. 1882; 1 broch. in-8°.

Projet de construction d'un abattoir central et d'un marché aux bestiaux à Riga.

3862. — **Rechenschaftsbericht des rigaschen Armen-Directoriums.** 1862-1886; 3 vol. in-8°.

Compte rendu de la direction de l'Assistance publique à Riga.

3863. — **Ergebnisse rigaer Handels-Statistik.** 1866-1885; 2 vol. grand in-4°.

Statistique du commerce de Riga.

3864. — **Beiträge zur Statistik des rigaschen Handels.** 1866-1889; 7 vol. in-4°.

Supplément à la statistique du commerce de Riga.

3865. — **Budget des Gas- und Wasserwerks zu Riga.** 1886-1889; 2 broch. in-4°.

Budget du service du gaz et du service des eaux à Riga.

3866. — **Rechenschafts-Bericht des Gas- und Wasserwerks zu Riga.** 1886-1887; 1 broch. petit in-4°.

Compte rendu du service des eaux et du service du gaz à Riga.

3867. — Das Stadtamt und seine Unterorgane. *Riga*, 1878; 1 broch. in-8°.

La municipalité et ses employés subalternes.

3868. — Budget der Stadt Riga. 1875-1889; 8 vol. grand in-8°.

Budget de la ville de Riga.

3869. — Rigaer Börsen-Usancen. 1878; 1 broch. in-8°.

Usages de la Bourse de Riga.

3870. — Bericht der rigaschen Sanitäts-Commission. 1872-1887; 1 vol. in-8°.

Rapport de la Commission d'hygiène de la ville de Riga.

3871. — Resultate der am 17. Februar 1883 ausgeführten schulstatistischen Enquête in Riga. 1884; 1 vol. grand in-8°.

Résultats de l'enquête sur la statistique scolaire faite à Riga le 17 février 1883.

3872. — Schmidt (D' C.-M.). Die Cholera-Epidemie zu Riga im Jahre 1871. 1 broch. in-8°.

L'épidémie cholérique à Riga en 1871.

3873. — Bericht über den Haushalt und die Verwaltung der Stadt Riga. 1867-1887; 12 vol. in-4°.

Rapport sur le budget et sur l'administration de la ville de Riga.

3874. — Vorlagen für die Stadtverordnetenversammlung zu Riga. 1880-1887; 2 vol. in-8°.

Propositions à soumettre au Conseil municipal de Riga.

3875. — Material zur Statistik der Geburten, Sterbefälle und Ehen der Stadt Riga. 1881-1885. *Riga*, 1887; 1 vol. petit in-4°.

Matériaux pour servir à la statistique des naissances, des décès et des mariages dans la ville de Riga de 1881 à 1885.

3876. — Ergebnisse der livländischen Volkszählung, 29 December 1881. Die Zählung in Riga und im rigaschen Patrimonialgebiet. 1 vol. petit in-4° et 1 broch.

Résultats du recensement de la population de la Livonie au 29 décembre 1881. Recensement de Riga et de son territoire.

3877. — Ergebnisse der baltischen Volkszählung vom 29. De-

**cember 1881. Kartographische Darstellung der Bevölke-
rungsdichtigkeit in der Stadt Riga.** 1883; 1 broch. in-4°.

Résultats du recensement de la population des provinces de la Baltique.
Représentation graphique de la densité de la population dans la ville de Riga.

3878. — **Jung-Stilling (V.). Beitrag zur Statistik der Ge-
bäude und Grundplätze in der Stadt Riga.** 1879; 1 vol.
in-4°.

Supplément à la statistique des bâtiments et des terrains dans la ville de
Riga en 1879.

3879. — **Bericht über die Vorarbeiten für die systematische
Entwässerung und Reinigung der Stadt Riga.** 1886; 1 vol.
et 1 broch. grand in-8°.

Rapport sur les travaux préparatoires pour l'arrosage et le nettoyage systématique de la ville de Riga.

SAINT-PÉTERSBOURG.

3880. — Отчетъ по городскимъ скотопригонному двору
и скотобойнямъ. — С.-Петербургъ, 1882; 1 broch. in-8°.

Compte rendu des marchés aux bestiaux et des abattoirs municipaux. *Saint-
Pétersbourg.*

3881. — Отчетъ с.-петербургскаго попечительнаго со-
вѣта заведеній общественнаго призрѣнія. — 1878-1879;
2 broch. in-8°.

Compte rendu du conseil des curateurs des établissements d'Assistance publique de Saint-Pétersbourg.

3882. — Благотворительныя общества при с.-петер-
бургскихъ городскихъ больницахъ. — 1890; 1 broch. in-8°.

Les sociétés de bienfaisance près des hôpitaux de la ville de Saint-Pétersbourg.

3883. — Городская александроская барачная больница
для заразныхъ больныхъ въ С.-Петербургѣ. — 1882-
1886; 1 vol. in-8°.

Baraquements de l'hôpital municipal Alexandre à Saint-Pétersbourg pour les
maladies contagieuses.

3884. — **Das medico-philanthropische Comité der kaiserlichen** menschenliebenden Gesellschaft in Sant-Petersburg. 1876; 1 broch. in-8°.

Le Comité médico-philanthropique de la Société impériale humanitaire de Saint-Pétersbourg.

3885. — **Notice sur la maison de maternité placée sous le patronage de S. A. I. Madame la grande-duchesse Catherine de Russie.** *Saint-Pétersbourg*, 1876; 1 broch. in-8°.

3886. — **Notice sur l'hôpital clinique Élisabeth à Saint-Pétersbourg.** 1876; 1 broch. in-8°.

3887. — **Stolz (W.). Asiles d'accouchement de la ville de Saint-Pétersbourg.** 1876; 1 vol. grand in-8°.

3888. — **Nouveau plan de Saint-Pétersbourg.** 1867; 1 carte in-18.

3889. — Табель домовъ города С.-Петербурга съ приложеніемъ плана г. С.-Петербурга. — 1889; 1 vol. grand in-8°.

Tableau des maisons de Saint-Pétersbourg avec un plan de la ville.

3890. — Планъ С.-Петербурга съ показаніемъ городскихъ зданій, городскихъ лечебныхъ заведеній, городскихъ начальныхъ училищъ, камеръ мировыхъ судей и городскихъ земель. — 1889; 1 carte-broch. in-12.

Plan de Saint-Pétersbourg avec indication des édifices, des hôpitaux, des écoles élémentaires appartenant à la ville, des tribunaux de justice de paix et des terrains municipaux.

3891. — ГЮБНЕРЪ (Ю.). Планъ С.-Петербурга въ санитаромъ отношеніи. — Une carte in-12.

Hübner (J.). Plan de Saint-Pétersbourg au point de vue sanitaire.

3892. — **IVe Congrès pénitentiaire international.** *Saint-Pétersbourg*, 1890; plan-guide in-12.

3893. — Виды внутренней торговли и промышленности въ Санктпетербургѣ. — 1868; 1 broch. in-8°.

Aperçu du commerce intérieur et de l'industrie à Saint-Pétersbourg.

3894. — ЗАРИНЪ (А.-П.). Печеніе всякаго рода хлѣба прямо изъ хлѣънаго зерна безъ помола. — С.-Петербургъ, 1876; 1 broch. petit in-8°.

Zarine (A.-P.). Cuisson de toute espèce de pain, tiré directement du grain de blé sans mouture. *Saint-Pétersbourg*.

3895. — Смѣта доходовъ и расходовъ по городу С.-Петер-
бургу. — 1876-1891; 7 vol. grand in-8°.

Budget des recettes et des dépenses de Saint-Pétersbourg.

3896. — Инвентарь недвижимаго и движимаго имуществъ
города С.-Петербурга 1 января 1884 г. — 1 vol. in-8°.

Inventaire des biens meubles et immeubles de la ville de Saint-Pétersbourg
au 1er janvier 1884.

3897. — Отчетъ правленія с.-петербургскаго городскаго
кредитнаго Общества. — 1874-1884; 2 vol. grand in-8°.

Compte rendu de l'administration de la Société de crédit de la ville de Saint-
Pétersbourg.

3898. — Уставъ с.-петербургскаго городскаго кредитнаго Общества — 1861-1884; 2 broch. in-8°.

Règlement de la Société de crédit de la ville de Saint-Pétersbourg.

3899. — Отчетъ временной исполнительной Коммиссій
общественнаго здравія учрежденной с.-петербургскою
городскою Думою. — 1879-1884; 1 vol. in-8°.

Compte rendu de la Commission exécutrice temporaire nommée par le Conseil municipal de Saint-Pétersbourg pour s'occuper de l'hygiène publique.

3900. — Отчетъ городской Коммиссій общественнаго
здравія. — С.-Петербургъ, 1881-1885; 1 vol. in-8°.

Compte rendu de la Commission municipale d'hygiène publique. *Saint-
Pétersbourg.*

3901. — Объ управленіи городскими санитарыми и вра-
чебными учрежденіями С.-Петербурга. — 1 vol. in-8°.

Sur les règlements municipaux concernant l'hygiène et le service médical à
Saint-Pétersbourg.

3902. — Охраненіе общественнаго здравія въ С.-Петер-
бургѣ. Санитарныя учрежденія, больницы и богадѣ-
льни. — 1881-1888; 2 vol. in-8°.

Mesures propres à sauvegarder la santé publique à Saint-Pétersbourg. Établissements sanitaires, hôpitaux et hospices.

3903. — О мѣрахъ къ облегченію жителей столицы при
комплектованіи войскъ лошадьми. — С.-Петербургъ, 1878;
1 broch. in-8°.

Sur les mesures à prendre pour décharger les habitants de la capitale de la
contribution des chevaux de guerre complémentaires. *Saint-Pétersbourg.*

3904. — Отчетъ с.-петербургскаго городскаго по воинской повинности Присутствія. — 1874-1885; 2 broch. in-8°.

Compte rendu de la Commission municipale de la redevance militaire à Saint-Pétersbourg.

3905. — Отчетъ правленія с.-петербургскаго городскаго Общества взаимнаго отъ огня страхованія. — 1875-1886; 1 vol. in-8°.

Compte rendu de l'administration de la Société d'assurance mutuelle contre l'incendie à Saint-Pétersbourg.

3906. — Statut de l'Institut impérial historico-philologique. *Saint-Pétersbourg*, 1874; 1 broch. in-8°.

3907. — Первое десятилѣтіе начальныхъ училищъ въ вѣдѣній с.-петербургской городской Думы. — 1877-1887; 1 vol. in-8°.

Les dix premières années du fonctionnement des écoles primaires placées sous la surveillance du Conseil municipal de Saint-Pétersbourg.

3908. — С.-Петербургскія столичныя судебныя мировыя установленія, и арестный домъ. — 1886; 1 vol. in-8°.

Décisions des tribunaux de justice de paix de la ville de Saint-Pétersbourg, et maison d'arrêt.

3909. — Извѣстія с.-петербургской городской Думы. — 1876-1892; 36 vol. in-8°.

Procès-verbaux des séances du Conseil municipal de Saint-Pétersbourg.

3910. — Десять лѣтъ с.-петербургскаго городскаго общественнаго управленія. — 1873-1883; 1 vol. in-8°.

Dix ans de l'administration communale de la ville de Saint-Pétersbourg.

3911. — С.-Петербурская городская Дума. Справочный сборникъ. — 1884; 1 vol. in-18.

Conseil municipal de Saint-Pétersbourg. Recueil d'adresses.

3912. — С.-Петербургъ городское общественное управленіе. Отчетъ городской управы. — 1880-1889; 11 vol. in-8°.

Administration municipale de la commune de Saint-Pétersbourg. Compte rendu de la délégation municipale.

3913. — Сборникъ обязательныхъ для городскихъ жителей постановленій изданныхъ с.-петербургскою городскою Думою. — 1883; 1 vol. petit in-8°.

Recueil des règlements édictés par le Conseil municipal de Saint-Pétersbourg et obligatoires pour les habitants de la ville.

3914. — С.-Петербургъ по переписи 15го декабря 1881 года. — 2 vol. in-folio.

Saint-Pétersbourg d'après le recencement du 15 décembre 1881.

3915. — Населеніе С.-Петербурга по исчисленію 15 іюня 1888 г. — 1 broch. in-8°

Population de Saint-Pétersbourg d'après le recensement du 15 juin 1888.

3916. — С.-Петербургскій городской арестный домъ. — 1881-1884; 1 vol. petit in-8°.

La maison d'arrêt de la ville de Saint-Pétersbourg.

3917. — Статистическій ежегодникъ С.-Петербурга. — 1881-1889; 4 vol. in-8°.

Annuaire statistique de Saint-Pétersbourg.

VARSOVIE.

3918. — **Witold Zatęsky. Rys statystyki porównawczéj miasta Warszawy.** 1871-1873; 1 vol. in-8°.

Plan statistique comparé de la ville de Varsovie.

3919. — Проектъ канализаціи и водоснабженія города Варшавы. — 1879; 1 vol. in-4°.

Projet de canalisation et d'approvisionnement d'eau pour la ville de Varsovie.

3920. — Смѣта доходовъ и расходовъ города Варшавы. — 1870-1871; 20 vol. grand in-8°.

Budget des recettes et des dépenses de la ville de Varsovie.

3921. — **Zdrowie. Miesięcznik poświęcony hygienie publicznej i prywatnej.** *Warszawa*, 1888; 1 broch. in-8°.

La Santé. Revue mensuelle consacrée à l'hygiène publique et privée.

3922. — Ежедѣльный бюллетень о движеній населенія города Варщавы. — 1877-1890; 8 vol. grand in-8°.

Bulletin hebdomadaire du mouvement de la population dans la ville de Varsovie.

3923. — **Chodzki Alexandra.** Dokładny słownik polsko-
angielski i angielsko-polski. *Berlin*, 1874; 1 vol. in-8°.

Dictionnaire complet polonais-anglais et anglais-polonais.

3924. — **Rykaczewski (E.).** Grammaire de la langue
polonaise. *Berlin, Posen*, 1861; 1 vol. in-8°.

VLADIMIR.

3925. — Токмаковъ (И. Ө.). Библіотеки московскаго главнаго архива Министерства иностранныхъ дѣлъ каталогъ рукописямъ, печатнымъ книгамъ, картамъ, планамъ и видамъ относящимся до владимирской губерніи
и ея святыни съ XVI столѣтія. — 1 broch. petit in-8°.

Токмакоff (I.-Th.). Bibliothèque des archives principales moscovites du Ministère des affaires étrangères. Catalogue des manuscrits, des imprimés, des
cartes, des plans et des vues se rapportant au gouvernement de Vladimir et
à ses établissements pieux au xvi⁰ siècle.

SERBIE.

3926. — **Karadschitsch (V.-S.).** Lexicon serbico-germanico-latinum. *Vindobonae*, 1852; 1 vol. in-8°.

Dictionnaire serbe-allemand-latin.

SUÈDE ET NORVÈGE.

3927. — Notices sur les réunions chorales des étudiants d'Upsal et de Christiania. *Upsal*, 1878 ; 1 broch. in-12.

3928. — Concert donné par les unions chorales des étudiants d'Upsal et de Christiania à l'Exposition universelle de Paris en **1878**. *Upsal*, 1 broch. in-12.

3929. — **Caspari (C.-P.).** Ungedruckte, unbeachtete und wenig beachtete Quellen zur Geschichte des Taufsymbols und der Glaubensregel. *Christiania*, 1875 ; 1 vol. in-8° (3° vol. seul).

Matériaux inédits, négligés ou peu utilisés pour l'histoire du symbole et des règles de la foi.

3930. — **Holm (B.-A.).** Nya utsöknings lagen jemte deraf föranledda forfattningar, med hänvisningar och sakregister. *Stockholm*, 1881 ; 1 vol. in-12.

Nouvelle loi électorale avec les ordonnances sur lesquelles elle est basée. Renvois et index.

3931. — **Woods (F.-H.).** Sweden and Norway. *London*, 1882 ; 1 vol. in-12.

Suède et Norvège.

3932. — Guide du voyageur en Suède et en Norvège. *Stockholm, Paris*, 1 vol. in-12.

3933. — **Baedeker.** Suède et Norvège et les principales routes à travers le Danemark. 1836 ; 1 vol. in-16.

3934. — **Unger (C.-R.).** Heilagra Manna Søgur. *Christiania*, 1877 ; 2 vol. in-8°.

Légendes des Saints.

3935. — **Hippeau (C.).** L'instruction publique dans les États du Nord. *Paris*, 1876 ; 1 vol. in-12.

3936. — **D'Olivecrona (K.).** De la peine de mort. *Stockholm*, 1866-1868 ; 2 vol. petit in-8°.

3937. — **Wennberg (J.-A.).** Kommunalförfattningar af Kongl. Maj.: t. jemte bihang. *Stockholm*, 1883 ; 1 vol. in-12.

Édits royaux concernant les communes, avec appendice.

3938. — **Rubenson (F.).** Polisen i Paris. *Stockholm*, 1 vol. in-8°.

La police à Paris.

3939. — **Kjerulf (T.).** Om Stratifikationens Spor. *Christiania*, 1877 ; 1 broch. petit in-4°.

Sur quelques traces de stratification.

3940. — **Elling (Holst).** Om Poncelet's Betydning for Geometrien. *Christiania*, 1878 ; 1 broch. in-8°.

Sur la valeur de Poncelet en géométrie.

3941. — **Fécondité du mariage.** *Christiania*, 1885 ; 1 broch. in-8°.

SUÈDE.

3942. — **Stolpe (G.), Akumlien.** Projet de casernes pour l'armée suédoise. *Stockholm*, 1876 ; 1 broch. petit in-8°.

3943. — **La carte géologique de la Suède, et ses envois à l'Exposition universelle de Paris en 1878.** *Stockholm*, 1 broch. in-8°.

3944. — **Lindell (P.).** Likbränningen och dess införande i Sverige. *Stockholm*, 1885 ; 1 broch. petit in-8°.

La crémation des cadavres et son introduction en Suède.

3945. — **Nouveau dictionnaire portatif français-suédois et suédois-français.** *Leipzig*, 1873 ; 1 vol. in-18.

3946. — **Almquist (G.-Fr.).** La Suède, ses progrès sociaux et ses institutions pénitentiaires. *Stockholm*, 1 broch. in-8°.

3947. — **Malmström (C.-G.).** Sveriges statskunskap i kort sammandrag. *Upsala*, 1 broch. grand in-12.

Court précis de politique suédoise.

3948. — **La Suède à l'Exposition internationale et au Congrès d'hygiène et de sauvetage de 1876 à Bruxelles.** 1 vol. in-8°.

3949. — **Sidenbladh (E.).** Le royaume de Suède à l'Exposition universelle de 1878 à Paris. 1 vol. in-8°.

3950. — Paban (Th.). Grammaire suédoise comparative et raisonnée. *Stockholm*, 1 vol. in-12.

3951. — Murray. Handbook for travellers in Sweden. *London*, 1877; 1 vol. in-12.

Manuel à l'usage des voyageurs en Suède.

3952. — Åkerman (R.). Sur l'état actuel de l'industrie du fer en Suède. *Stockholm*, 1878; 1 broch. grand in-8°.

3953. — Bergsstrand (W.). Handbok för den svenska kommunale förvaltningen med undantag af Stockholms stads. *Stockholm*, 1 vol. in-12.

Manuel de l'administration communale en Suède, en dehors de la ville de Stockholm.

3954. — Almquist (M.). Le droit criminel et la réforme pénitentiaire en Suède. *Stockholm*, 1880; 1 broch. petit in-8°.

GOTLAND (ÎLE DE).

3955. — Steinmetz (H.). Carte ankologique de l'île de Gotland. *Stockholm*, 1878; 1 broch. in-8°.

GÅRDSJÖ.

3956. — Stenström (O.-E.). Exposé historique succinct et description du domaine et de la ferme-école de Gårdsjö, paroisse et district de Gillberga, gouvernement de Vermeland, royaume de Suède. *Stockholm*, 1878; 1 broch. petit in-8°.

STOCKHOLM.

3957. — Karta öfver Stockholm. 1870; 1 carte.

Plan de Stockholm.

3958. — Brodin (R.), Dahlman (C.-E.). Karta öfver Stockholm. 1862-1887; 2 feuilles.

Plan de Stockholm.

3959. — Berättelse angående Stockholms stads brandväsende. 1875-1890; 5 vol. in-8°.

Rapport sur le service des secours contre l'incendie dans la ville de Stockholm.

**3960. — Berättelse till medicinalstyrelsen om allmänna helso-
och sjukvården i Stockholm.** 1878-1890 ; 5 vol. in-8°.

Rapport à l'administration médicale sur l'état sanitaire général à Stockholm.

3961. — Loi communale de la ville de Stockholm. 1 broch.
in-8°.

3962. — Kommunal författningssamling för Stockholm. 1862-
1888 ; 3 vol. in-8°.

Recueil de lois et règlements concernant l'administration de la ville de
Stockholm.

**3963. — Berättelse angående Stockholms kommunal förvalt-
ning.** 1868-1888 ; 17 vol. in-8°.

Rapport sur l'administration municipale de Stockholm.

**3964. — Stockholms Stadtfullmäktiges Berednings- Utskotts
utlåtanden och förslag.** 1863-1890 ; 25 vol. in-8°.

Comptes rendus et propositions du Comité rapporteur du Conseil municipal
de Stockholm.

**3965. — Öfverståthållare-Embetets uti Stockholms stad berät-
telse.** 1851-1865 ; 3 broch. in-8° et in-4°.

Rapport du bureau du Grand Gouverneur de la ville de Stockholm.

3966. — Berättelse angående Stockholms stads polisväsende.
1883 ; 1 broch. in-8°.

Rapport sur la police de la ville de Stockholm.

3967. — Desportes (F.), Lefébure (L.). La science pénitentiaire au Congrès de Stockholm. *Paris*, 1880; 1 vol.
in-8°.

3968. — Statistik öfversigt of dödsorsakerna i Stockholm.
1876-1879 ; 1 vol. in-8°.

Aperçu statistique sur les causes de la mortalité à Stockholm.

NORVÈGE.

3969. — Schübeler (F.-C.), Barnard (M.-R.). Synopsis of
the vegetable products of Norway. *Christiania*, 1862 ; 1 broch.
grand in-8°.

Tableau synoptique des produits végétaux de la Norvège.

3970. — Cartes de divers bailliages de Norvège. 18 cartes in-18.

3971. — Cartes diverses : Norvège méridionale, carte topographique de Norvège, carte géologique, environs de Christiania, cartes côtières, cartes des pêcheries du fiord de Varanger. 16 cartes.

3972. — Carte topographique de la Norvège. 11 feuilles.

3973. — Cartes des côtes de Norvège. 25 feuilles.

3974. — Cartes des côtes de Norvège et des mers du Nord. 34 feuilles.

3975. — Tabellarisk Fremstilling af Norges økonomiske Udvikling. *Kristiania*, 1855-1875; 1 broch. grand in-8°.
Tableau représentant le développement économique de la Norvège.

3976. — **Broch (O.-J.).** Le royaume de Norvège et le peuple norvégien. Rapport à l'Exposition universelle de 1878 à Paris. *Christiania*, 1 vol. in-8°.

3977. — Norwegian special Catalogue for the international Exhibition at Philadelphia. *Christiania*, 1876; 1 vol. in-8°.
Catalogue spécial de la Norvège à l'Exposition internationale de Philadelphie.

3978. — **Selmer (H.).** Exposition universelle de 1889 à Paris. Section norvégienne. Les forêts de la Norvège. 1 broch. in-8°.

3979. — **Murray.** Handbook for travellers in Norway. *London*, 1878; 1 vol. in-12.
Manuel à l'usage des voyageurs en Norvège.

3980. — **Kr. (L.).** Exposition universelle de 1889 à Paris. Section norvégienne. Les pêcheries de la Norvège. *Bergen*, 1889; 1 broch. in-8°.

3981. — La Norvège à l'Exposition universelle de Paris en 1878. Catalogue d'appareils d'enseignement pratique. *Christiania*, 1 vol. in-8°.

3982. — Rapport sur la situation des écoles dans le royaume de Norvège pour l'année 1875. *Christiania*, 1 broch. petit in-4°.

3983. — **Dahl (W.-S.).** Landdistrikternes Kommunalforfatning. *Kristiania*, 1883; 1 vol. in-8°.
Condition des communes dans les districts ruraux.

3984. — Den norske Lods udgiven af den geografiske Opmaaling. *Kristiania*, 7 vol. in-8°.

Le pilote côtier norvégien, publié par le bureau des ingénieurs-géographes.

3985. — Statistiske Opgaver vedkommende det norske Post-vaesen. 1876 ; 1 broch. petit in-4°.

Données statistiques concernant l'administration des postes en Norvège.

3986. — Enumeratio insectorum norvegicorum, auctore H. Siebke. *Christiania*, 1874-1877 ; 4 vol. in-8°.

Les insectes de la Norvège, par H. Siebke.

3987. — Schübeler (F.-C.). Die Pflanzenwelt Norwegens. Ein Beitrag zur Natur- und Culturgeschichte Nord-Europas. *Christiania*, 1875 ; 1 vol. in-4°.

Les plantes de la Norvège. Supplément à l'histoire des productions naturelles et de la culture dans le Nord de l'Europe.

3988. — Ossian Sars (G.). On some remarkable forms of animal life from the great deeps of the Norwegian coast. *Christiania*, 1875 ; 1 broch. in-4°.

Sur quelques formes remarquables d'animaux pris à de grandes profondeurs le long de la côte norvégienne.

3989. — Annexe à la statistique officielle du royaume de Norvège 1869. *Christiania*, 1870 ; 1 broch. in-4°.

3990. — Norges officielle Statistik. 1871-1886 ; 43 vol. in-8° et in-4°.

Statistique officielle de la Norvège.

3991. — Catalogue de la statistique officielle de la Norvège publiée de 1828 à 1889. *Kristiania*, 1 broch. grand in-8°.

3992. — Annuaire statistique de la Norvège. *Kristiania*, 1 vol. in-8°.

NIDAROS (ARCHEVÊCHÉ DE).

3993. — Aslak Bolts Jordebog. Fortegnelse over Jordegods og andre Herligheder tilhörende Erkebiskopsstolen i Nidaros. 1432-1449. *Christiania*, 1852 ; 1 broch. in-8°.

Livre terrier d'Aslak Bolt. Inventaire des biens-fonds et autres propriétés appartenant à l'archevêché de Nidaros.

TROMSØ (BAILLIAGE DE).

3994. — **Beskrivelse af Tromsø Amt udgivet af den geografiske Opmaaling.** 1874; 1 broch. petit in-8°.

Description du bailliage de Tromsø publiée par le bureau des ingénieurs-géographes.

CHRISTIANIA.

3995. — **Fay (F.-Joh.). La société des habitations ouvrières de Christiania.** 1888; 1 broch. grand in-8°.

3996. — **Berner (H.). Statistique hygiénique de la ville de Christiania.** 1889; 1 broch. grand in-8°.

3997. — **Back (W.). Recherches sur la syphilis appuyées de tableaux de statistique tirés des archives des hôpitaux de Christiania.** 1862; 1 vol. in-4°.

3998. — **Meteorologiske Iagttagelser paa Christiania Observatorium.** 1866; 1 broch. in-8° oblong.

Observations météorologiques faites à l'observatoire de Christiania.

3999. — **Aktstykker vedkommende Christiania Kommune.** 1870-1889; 40 vol. in-8°.

Pièces concernant la commune de Christiania.

4000. — **Aarbog for Handelsmarinen udgivet af den geografiske Opmaaling.** *Kristiania*, 1877; 1 broch. in-8°.

Annuaire de la marine marchande publié par le bureau des ingénieurs-géographes.

4001. — **Tabeller over Folkemœngden i Christiania.** 1860-1867; 1 vol. in-8° oblong.

Tableaux de la population de Christiania.

4002. — **Beretning om Folkemœngden og Sundhedstilstanden i Christiania.** 1870-1887; 2 vol. grand in-8°.

Rapport sur la population et sur l'état sanitaire de Christiania.

CHRISTIANSHAVN.

4003. — **Den nye Bro til Christianshavn (Knippelsbro).** 1 cahier in-folio oblong.

Le nouveau pont à Christianshavn (pont à partie mobile).

FORSA.

4004. — Bugge (Sophus). Rune Indskriften paa Ringen i Forsa Kirke i Nordre Helsingland. *Christiania*, 1877; 1 broch. grand in-8°.

Inscription runique sur un anneau dans l'église de Forsa, Helsingie septentrionale.

GOL.

4005. — Dietrichson (L.). L'église en bois de Gol et les autres bâtiments d'ancienne construction norvégienne rebâtis en Bygdø par la munificence de S. M. Oscar II. *Christiania*, 1889; 1 broch. in-8°.

MAN.

4006. — Munch (F.-A.). Chronica regvm Manniae et insvlarvm. *Christiania*, 1860; 1 vol. in-8°.

La chronique des rois de Man et des îles.

SUISSE.

4007. — Statistique des propriétaires de bétail en Suisse et recensement du bétail. *Berne*, 1866-1886; 2 vol. in-4°.

4008. — **Rustow (W.), Bayvet (G.).** Introduction générale à l'étude des sciences militaires. *Paris*, 1872; 1 vol. in-8°.

4009. — **Examen des recrues.** Examen pédagogique subi lors du recrutement. 1875-1889; 2 vol. grand in-8°.

4010. — **Résultats de la visite sanitaire des recrues.** 1878-1887; 1 vol. grand in-8°.

4011. — **Heumann.** L'armée suisse, son histoire, son organisation actuelle. *Paris, Limoges*, 1883; 1 broch. petit in-18.

4012. — **Bircher (H.).** Die Rekrutirung und Ausmusterung der schweizerischen Armee. *Aarau*, 1886; 1 broch. grand in-8°.

Le recrutement et la revue de l'armée suisse.

4013. — **Zellweger (C.), Risler (M.).** Les asiles agricoles de la Suisse. *Mulhouse*, 1846; 1 broch. petit in-8°.

4014. — **Kinkelin (Hermann).** Les sociétés de secours mutuels de la Suisse en **1865**. *Basel*, 1 broch. grand in-8°.

4015. — **Niederer (G.).** Statistique du paupérisme en Suisse. *Zurich*, 1870; 1 vol. in-8° oblong.

4016. — **Heitz (E.).** Les bibliothèques publiques de la Suisse en **1868**. *Basel*, 1 vol. grand in-8°.

4017. — **Verzeichniss der Bibliothek des schweizerischen Polytechnikums.** *Zürich*, 1876; 1 vol. in-8°.

Catalogue de la bibliothèque de l'École polytechnique suisse.

4018. — **Rettig (G.).** Leitfaden der Bibliothekverwaltung hauptsächlich für Jugend- und Volks-Bibliotheken. *Bern*, 1889; 1 broch. in-12.

Guide de l'administration des bibliothèques et spécialement des bibliothèques populaires et de celles qui sont destinées à la jeunesse.

4019. — Spyri (L.). Les Caisses d'épargne de la Suisse. *Zurich*, 1852-1872; 1 vol. grand in-8°.

4020. — Statistique des Caisses d'épargne suisses pour les années **1881** et **1882** avec un supplément pour 1886. *Berne*, 1 broch. grand in-8°.

4021. — Wartmann (D' H.). Atlas représentant le développement de l'industrie et du commerce de la Suisse dans la période de l'an **1770** jusqu'à l'an **1870**. *Winterthur*, 1872; 1 atlas.

4022. — Voegelin (J.-C.), Meyer von Knonau (G.), etc. Historisch-geographischer Atlas der Schweiz in 15 Blättern. *Zürich*, 1870; 1 atlas.

Atlas historico-géographique de la Suisse en 15 feuilles.

4023. — Statistique des chemins de fer suisses. 1868-1889; 7 vol. in-4°.

4024. — Rapport du Conseil fédéral à l'Assemblée fédérale concernant la gestion et le compte de la régie des alcools. *Berne*, 1887-1888; 1 broch. petit in-8°.

4025. — Commerce de la Suisse avec la France. *Berne*, 1861-1877; 1 vol. grand in-8°.

4026. — Commerce de la Suisse avec l'Italie. *Berne*, 1860-1878; 1 vol. grand in-8°.

4027. — Mouvement des principaux articles du commerce italo-suisse, d'après la statistique officielle italienne. *Berne*, 1883; 1 broch. grand in-8°.

4028. — Commerce de la Suisse avec le royaume de Belgique. *Berne*, 1871-1877; 1 vol. grand in-8°.

4029. — Mouvement commercial à la frontière suisse-allemande et à la frontière suisse-autrichienne. *Berne*, 1866-1877; 1 vol. grand in-8°.

4030. — Commerce de la Suisse en vue spéciale du commerce avec l'association douanière allemande et l'Autriche. *Berne*, 1865; 1 vol. grand in-8°.

4031. — Laussedat (L.). La Suisse. Études médicales et sociales. *Paris, Suisse, Belgique*, 1875; 1 vol. in-12.

4032. — **Arago (E.).** Les conditions du travail en Suisse. *Paris, Nancy,* 1890 ; 1 broch. in-8°.

4033. — Économie alpestre de la Suisse en 1864. *Berne,* 1 vol. grand in-8°.

4034. — **Lavollée (R.).** Les classes ouvrières en Suisse. *Paris,* 1882 ; 1 vol. in-8°.

4035. — **Kummer (Dr J.-J.).** L'assurance des employés. *Berne,* 1889 ; 1 broch. in-8°.

4036. — Rapport administratif du Commissaire général de la Suisse à l'Exposition universelle à Paris en 1867. *Berne,* 1 vol. petit in-8°.

4037. — Rapport administratif du Commissaire général de la Suisse à l'Exposition universelle de Vienne en 1873. 1 broch. petit in-8°.

4038. — Exposition universelle de Vienne en 1873. Suisse. Rapports. *Schaffouse,* 5 broch. in-8°.

4039. — Wiener Weltausstellung, 1873. Schweiz. Berichten. *Schaffhausen,* 1 vol. in-8°.
Exposition universelle de Vienne, 1873. Suisse. Rapports.

4040. — Exposition universelle de Vienne. Statistique des journaux suisses en 1872. *Bâle,* 1 broch. grand in-8°.

4041. — Suisse. Exposition universelle de Philadelphie, 1876. Rapports. 1 vol. in-8°.

4042. — Exposition universelle de Paris, 1878. Catalogues suisses. 1 vol. in-8°.

4043. — Rapport du bureau fédéral des assurances sur les entreprises privées d'assurances en Suisse en 1887. *Berne,* 1 vol. grand in-8°.

4044. — Recettes et dépenses de la Confédération et des cantons. *Berne,* 1876 ; 1 broch. grand in-8°.

4045. — **Joanne (A. et P.).** Suisse. *Paris,* 1879 ; 1 vol. in-18.

4046. — Guides Meyer. Guide en Suisse illustré. *Leipzig,* 1 vol. in-12.

4047. — **Joanne (A.).** Itinéraire de la Suisse, du Mont Blanc, de la vallée de Chamounix et des vallées du Piémont. *Paris*, 1874 ; 1 vol. in-12.

4048. — **Joanne (P.).** Itinéraire de la Suisse. *Paris*, 1882 ; 2 vol. in-12.

4049. — **Baedeker (K.).** La Suisse et les parties limitrophes de l'Italie, de la Savoie et du Tyrol. Manuel du voyageur. *Leipzig*, 1878 ; 1 vol. in-12.

4050. — **Daendleker (K.), Favre (Mme Jules).** Histoire du peuple suisse. *Paris*, 1879 ; 1 vol. in-8°.

4051. — Question de l'alcoolisme. *Berne*, 1884 ; 2 vol. et 4 broch. petit in-8°.

4052. — Mittheilungen über das Brandversicherungswesen in der Schweiz. *Bern*, 1862 ; 1 vol. grand in-8°.
Renseignements sur les assurances contre l'incendie en Suisse.

4053. — **Eberhardt (M.).** Die Feuerlösch-Präparate und ihr practischer Nutzen. *Zürich*, 1888 ; 1 broch. in-8°.
Les préparations destinées à l'extinction des incendies et leur utilité pratique.

4054. — **Böhmert (V.).** Arbeiterverhältnisse und Fabrikeinrichtungen der Schweiz. Bericht für die Wiener Weltausstellung. *Zürich*, 1 vol. in-8°.
La condition des ouvriers et l'organisation des fabriques en Suisse. Rapport pour l'Exposition universelle de Vienne.

4055. — Bericht und Antrag des Vorstandes an die tit. Generalversammlung vom 20. Oktober 1885, betreffend die Herausbildung tüchtiger Maschinenhandwerker. *Zürich*, 1885 ; 1 broch. petit in-8°.
Rapport et proposition du président de l'Assemblée générale du 20 octobre 1885 touchant la formation d'habiles ouvriers mécaniciens.

4056. — **Maguin (H.).** Notes et documents sur l'état de l'instruction populaire en Suisse. *Paris*, 1878 ; 1 vol. in-8°.

4057. — **Wellauer (J.), Müller (J.).** Die schweizerischen Armenerziehungs-Anstalten. *Schaffhausen*, 1878 ; 1 vol. petit in-4°.
Les établissements d'éducation pour les indigents en Suisse.

4058. — **Statistique de l'instruction publique en Suisse en 1871.** 1 vol. grand in-8°.

4059. — **Escali (Mme F.).** L'instruction primaire en Suisse. *Paris*, 1885; 1 vol. in-8°.

4060. — **Keller (E.), Niedermann (G.).** Les sociétés suisses d'instruction en 1871. *Bâle, Genève, Lyon*, 1 vol. grand in-8°.

4061. — **Règlements de l'École polytechnique suisse.** 1 vol. petit in-8°.

4062. — **Règlement pour les examens d'admission à l'École polytechnique fédérale.** *Zurich*, 1872; 1 broch. in-12.

4063. — **Regulativ für die Diplomprüfungen am eidgenössischen Polytechnikum in Zürich.** 1867; 1 broch. petit in-8°.
Règlement pour l'obtention du diplôme à l'École polytechnique fédérale à Zurich.

4064. — **Grob (C.).** Statistique de l'instruction publique en Suisse. 1881; 3 vol. in-8°.

4065. — Programm der eidgen. polytechnischen Schule. *Zürich*, 1874-1887; 3 vol. grand in-8°.
Programme de l'École polytechnique fédérale.

4066. — Rapport sur l'École polytechnique suisse. 1870-1890; 6 vol. petit in-8°.

4067. — **Bericht über die organisation und das Wirken der eidgenössischen polytechnischen Schule in Zürich.** 1875; 1 broch. petit in-8°.
Rapport sur l'organisation et le fonctionnement de l'École polytechnique fédérale à Zurich.

4068. — **Schweizerisches Schularchiv. Organ der schweizerischen Schulausstellung in Zürich.** 1884; 1 vol. in-8°.
Archives scolaires de la Suisse. Organe de l'Exposition scolaire suisse à Zurich.

4069. — **Dittes (Dr F.), Redolfi (A.).** Histoire de l'éducation et de l'instruction. *Genève*, 1879; 1 vol. in-8°.

4070. — **Programm der schweizerischen permanenten Schulausstellung in Zürich.** 1877; 1 broch. petit in-8°.
Programme de l'Exposition permanente des écoles suisses à Zurich.

4071. — **Rapport du Département fédéral de l'intérieur sur la gestion en 1884.** 1 broch. petit in-8°.

4072. — **Lardy (C.).** Les législations civiles des cantons suisses en matière de tutelle, de régime matrimonial quant aux biens et de succession. *Paris, Genève,* 1877; 1 vol. in-8°.

4073. — **Recueil des Constitutions fédérales et cantonales en vigueur au 1er janvier 1880.** *Berne,* 1 vol. petit in-8°.

4074. — **La législation de la Suisse concernant les assurances.** *Berne,* 1879; 1 broch. grand in-8°.

4075. — **Bury (S.).** Manuel du droit public à l'usage du citoyen. *Lausanne,* 1869; 1 vol. grand in-12.

4076. — **Loi sur la comptabilité des communes.** *Genève,* 1849; 2 feuilles petit in-8°.

4077. — **Meili (Dr F.).** Die Schuldexecution und der Concurs gegen Gemeinden. *Zürich,* 1880; 1 broch. in-8°.
La saisie pour dettes et la faillite quand il s'agit des communes.

4078. — **Rossel (Dr Virgile).** Manuel du droit civil de la Suisse romande. *Bâle, Paris,* 1886; 1 vol. in-8°.

4079. — **Berney (J.).** De la procédure suivie en Suisse pour l'extradition des malfaiteurs aux pays étrangers. *Bâle,* 1889; 1 broch. in-8°.

4080. — **Lois sur les attributions des Conseils municipaux et sur l'administration des communes.** 1849-1879; 1 broch. petit in-8°.

4081. — **Statistique de la Suisse. Recensement fédéral du 10 décembre 1860.** *Berne,* 1 vol. grand in-8°.

4082. — **Statistique de la Suisse. Recensement fédéral du 1er décembre 1870.** *Berne,* 3 vol. grand in-8°.

4083. — **Recensement fédéral du 1er décembre 1880.** *Berne,* 3 vol. grand in-8°.

4084. — **Résultats définitifs du recensement fédéral de la population du 1er décembre 1888. La population totale des communes.** *Berne,* 1889; 1 broch. grand in-8°.

4085. — **Naissances, décès et mariages dans la Suisse.** *Berne*, 1867-1875; 1 vol. et 1 broch. grand in-8°.

4086. — **Résultats généraux par districts et par cantons concernant les mariages, les naissances et les décès.** 1878-1881; 2 broch. grand in-8°.

4087. — **Mouvement de la population en Suisse.** *Berne*, 1876-1888; 3 vol. grand in-8°.

4088. — **Guillaume (Dʳ).** État actuel des prisons et de là réforme pénitentiaire en Suisse. *Berne*, 1872; 1 broch. petit in-8°.

4089. — **Matériaux pour la statistique de la Confédération suisse.** *Berne*, 1850-1858; 3 vol. petit in-8°.

4090. — **Résultats principaux de la statistique suisse des accidents pendant l'année comprise entre le 1ᵉʳ avril 1888 et le 31 mars 1889.** *Berne*, 1890; 1 broch. in-4°.

4091. — **Vallée (L.-L. et E.).** Des eaux, des travaux publics et du barrage de Genève. *Paris*, 1859; 1 vol. in-8°.

4092. — **Lommel.** Notes critiques auxiliaires concernant les nouvelles études de la rampe d'accès méridionale du grand tunnel alpin du Simplon. *Lausanne*, 1883; 1 broch. in-8°.

CANTONS SUISSES.

CANTON D'APPENZELL.

4093. — **Kanton Appenzell. Gesetz betreffend die Strafprozessordnung. 25. April 1880.** 1 broch. in-12.

Canton d'Appenzell. Loi concernant la procédure criminelle. 25 avril 1880.

4094. — **Strafgesetzbuch für den Kanton Appenzell Ä. Rh. vom 28. April 1878.** 1 vol. in-8°.

Code pénal du canton d'Appenzell Rhodes extérieures du 28 avril 1878.

4095. — **Verordnung über das Gefängnisswesen des Kantons Appenzell Äussern-Rhoden. 22. März 1860.** 1 broch. in-12.

Ordonnance du 22 mars 1860 sur les prisons du canton d'Appenzell Rhodes extérieures.

**4096. — Kanton Appenzell. Bestimmungen betreffend die Stel-
lung des Rathhaus- und Gefangenwarts in Trogen.** 1878 ;
1 feuille.

Canton d'Appenzell. Instructions concernant l'établissement d'un gardien de
la maison commune et de la prison à Trogen.

CANTON D'ARGOVIE.

4097. — Kanton Aargau. Schulen. 1 vol. petit in-8°.
Canton d'Argovie. Écoles.

**4098. — Kanton Aargau. Jahres-Bericht der Justiz-Direktion
über das Jahr 1881.** 1 broch. in-8°.
Canton d'Argovie. Rapport annuel de la Direction de la justice pour l'année
1881.

**4099. — Kanton Aargau. Gesetz und Verordnung über Errich-
tung einer Zwangs-Arbeitsanstalt.** *Aarau,* 1868 ; 1 broch.
petit in-8°.
Canton d'Argovie. Loi et règlement concernant l'établissement d'une maison
de détention.

**4100. — Kanton Aargau. Verordnungen über die Bezirks-
gefängnisse, vom 4. August 1871, 19. Hornung 1872.**
Canton d'Argovie. Règlements concernant les établissements pénitentiaires de
districts. 4 août 1871, 19 février 1872.

4101. — Aargauische statistische Mittheilungen. 1888-1890 ;
2 vol. in-4°.
Renseignements statistiques sur le canton d'Argovie.

LENZBOURG.

**4102. — Kanton Aargau. Strafanstalt Lenzburg in den Jahren
1871 bis 1875. Bericht, Verordnungen, Karte.** *Aarau,* 1868-
1877 ; 1 vol. in-8° et 1 broch.
Canton d'Argovie. Établissement pénitentiaire de Lenzbourg, de 1871 à
1876. Rapport, règlements, plan.

CANTON DE BÂLE-CAMPAGNE.

**4103. — Amtsbericht des Regierungsraths des Kantons Basel-
Landschaft.** 1870 ; 1 vol. petit in-8°.
Rapport officiel du Conseil directeur du canton de Bâle-Campagne.

4104. — **Basel-Landschaft. Schulwesen.** 1 vol. in-12.

Bâle-Campagne. Écoles.

4105. — **Gesetzes-Entwurf über das öffentliche Erziehungs-wesen im Kanton Basel-Landschaft.** 1872; 1 broch. in-8°.

Projet de loi sur l'éducation publique dans le canton de Bâle-Campagne.

4106. — **Kanton Basel-Landschaft. Gesetz betreffend die Verwaltung der Strafanstalt, vom 17. April 1876.** 1 broch. in-8°.

Canton de Bâle-Campagne. Loi du 17 avril 1876, concernant l'administration de l'établissement pénitentiaire.

CANTON DE BÂLE-VILLE.

4107. — **Verwaltungs-Bericht des kleinen Raths an den grossen Rath des Kantons Basel-Stadt.** 1834-1890; 30 vol. petit in-8°.

Rapport administratif du petit Conseil au grand Conseil du canton de Bâle-Ville.

4108. — **Thun (A.). Die Vereine und Stiftungen des Kantons Baselstadt im Jahre 1881.** 1 broch. grand in-8°.

Les sociétés et les fondations du canton de Bâle-Ville en 1881.

4109. — **Basel-Stadt. Einnahmen und Ausgaben.** 1863-1874; 1 vol. petit in-8°.

Bâle-Ville. Recettes et dépenses.

4110. — **Staatsrechnung Basel.** 1860-1890; 4 vol. petit in-4° et petit in-8°.

Comptes de l'État de Bâle.

4111. — **Basel's Staatseinnahmen und Steuervertheilung.** 1878-1887; 1 broch. grand in-8°.

Recettes de l'État de Bâle et répartition de l'impôt.

4112. — **Basel-Stadt. Schulen.** 1 vol. petit in-8°.

Écoles du canton de Bâle-Ville.

4113. — **Basel-Stadt. Gesetzessammlung.** 1859-1881; 7 vol. petit in-8°.

Recueil des lois du canton de Bâle-Ville.

4114. — **Strafgesetzgebung für den Kanton Basel-Stadt.** 1872; 1 vol. in-8°.

Législation criminelle pour le canton de Bâle-Ville.

4115. — **Die Bevölkerungs-Aufnahme des Kantons Basel-Stadt.** 1837-1888; 3 vol. grand in-8°.

Relevé de la population du canton de Bâle-Ville.

4116. — **Statistische Mittheilungen über den Civilstand des Kantons Basel-Stadt.** 1870-1889; 5 vol. in-4°.

Renseignements statistiques sur l'état civil du canton de Bâle-Ville.

4117. — **Hausordnung der Strafanstalt des Kantons Basel-Stadt.** 1878; 1 broch. petit in-8°.

Règlement intérieur de l'établissement pénitentiaire de Bâle-Ville.

BÂLE.

4118. — **Geschichte der Gesellschaft zur Beforderung des Guten und Gemeinnützigen, Basel.** 1881; 1 vol. in-8°.

Histoire de la Société promotrice du bien et de l'utilité publique à Bâle.

4119. — **Verzeichniss der Bürger-Bibliothek, der Jugend-Bibliothek; Katalog der Arbeiter-Bibliothek.** *Basel,* 1879-1868-1881; 3 vol. grand in-12.

Catalogue de la bibliothèque des bourgeois, de la bibliothèque de la jeunesse, de la bibliothèque des ouvriers.

4120. — **Uebersicht des muthmasslichen Einnahmen und Ausgaben.** *Basel,* 1875-1891; 3 vol. grand in-8°.

Aperçu des recettes et des dépenses présumables.

4121. — **Rechnung über das Vermögen der Universität und des Gymnasiums Basel.** 1876-1800; 3 vol. in-8°.

Compte des revenus de l'Université et du collège de Bâle.

4122. — **Verwaltungs-Bericht des engern Bürgerraths an den weitern Bürgerrath der Stadtgemeinde Basel.** 1876-1890; 6 vol. petit in-8°.

Rapport administratif du Conseil municipal restreint au Conseil municipal complet de la commune de Bâle-Ville.

CANTON DE BERNE.

4123. — **Canton de Berne. Rapport sur l'administration de l'État.** 1874-1884; 6 vol. petit in-8°.

4124. — **Budget des recettes et des dépenses du canton de Berne.** 1875-1885; 1 broch. petit in-4°.

4125. — **Canton de Berne. Compte général de l'administration des finances de l'État.** 1883-1884; 3 broch. petit in-4°.

4126. — **Instruction pour l'enseignement de la gymnastique dans les écoles primaires du canton de Berne.** 1865; 1 broch. in-12.

4127. — **Kummer (J.-J.). Histoire de l'instruction publique dans le canton de Berne.** 1874; 1 vol. in-8°.

4128. — **Canton de Berne. Instruction publique.** 1 vol. in-8°.

4129. — **Canton de Berne. Écoles.** 1 vol. petit in-8°.

4130. — **Manuel d'instruction à l'usage des écoles de couture.** *Berne,* 1 vol. in-12.

4131. — **Bern. Erziehung.** 1 vol. petit in-8°.
L'éducation dans le canton de Berne.

4132. — **Constitution pour le canton de Berne.** 1846; 1 broch. in-12.

4133. — **Loi sur les mines du canton de Berne.** 1853; 1 broch. in-8°.

BERNE.

4134. — **Organisation und Geschäfts-Reglement für das Gas- und Wasserwerk der Einwohnergemeinde der Stadt Bern.** 1872; 1 broch. petit in-8°.
Organisation et règlement du service du gaz et du service des eaux dans la commune de Berne.

4135. — **Voranschlag der Einnahmen und Ausgaben der Einwohnergemeinde Bern.** 1871-1873; 1 vol. in-8°.
Budget des recettes et des dépenses de la commune de Berne.

4136. — **Auszug aus dem Betriebs-Büdget der Einwohnergemeinde Bern.** 1874-1887; 1 vol. in-8°.
Extrait du budget de roulement de la commune de Berne.

4137. — **Auszug aus der Generalrechnung der Einwohnergemeinde Bern.** 1870-1887; 2 vol. in-8°.
Extrait du compte général de la commune de Berne.

4138. — **Bern. Verschiedene Dokumente.** 1 vol. petit in-8°.
Berne. Documents divers.

4139. — **Bern. Reglement für die Organisation der örtlichen Armenpflege, das städtischen Sanitätswesen, die Stadtpolizei, die Finanzverwaltung, die Bauverwaltung der Stadt.** 1873-1878; 5 vol. petit in-8°.

Berne. Règlement pour l'organisation de l'Assistance publique locale, le service municipal de santé, la police de la ville, l'administration des finances, les travaux de la ville.

4140. — **Berne. Loi sur l'organisation communale, 1852; ordonnance sur l'administration des affaires communales, 1869; loi sur les impositions communales, 1867.** 3 broch. petit in-8°.

4141. — **Bericht und Antrag des Gemeinderathes der Stadt Bern an den grossen Stadtrath und an die Gemeindeversammlung über den Bau eines städtischen Gymnasiums und eines neuen Primarschulhauses der oberen Stadt.** 1882; 1 broch. in-8°.

Rapport et proposition du Conseil municipal de Berne au Grand Conseil de la ville et à l'assemblée communale sur la construction d'un collège municipal et d'une nouvelle école primaire dans la ville haute.

4142. — **Anträge des Gemeinderathes der Stadt Bern an den grossen Stadtrath in der Schulreorganisationsangelegenheit.** 1878; 1 broch. petit in-8°.

Propositions du Conseil municipal de Berne au Grand Conseil de la ville à l'occasion de la réorganisation des écoles.

4143. — **Vorbericht und Statuten der Lesegesellschaft in Bern.** 1874; 1 broch. petit in-8°.

Statuts de la Société de lecture de Berne et discours préliminaire.

4144. — **Gemeinde-Reglement für die Stadt Bern.** 1871; 1 broch. petit in-8°.

Règlement municipal pour la ville de Berne.

4145. — **Bericht des Gemeinderathes der Stadt Bern an den grossen Stadtrath über die Gemeindeverwaltung.** 1863-1890; 15 vol. petit in-8°.

Rapport du Conseil municipal de Berne au Grand Conseil de la ville sur l'administration communale.

4146. — **Schärer (E.). Statistik der Todesfälle in Bern in der fünfjährigen Periode 1871-1875.** *Bern*, 1884; 1 broch. petit in-4°.

Statistique des décès à Berne pendant la période quinquennale 1871-1875.

4147. — **Statistische Tabellen und Tafeln über die Mortalitätsverhältnisse der Stadtgemeinde Bern, in der Zeitperiode von 1871 bis 1880.**
Tableaux statistiques concernant la mortalité à Berne de 1871 à 1880.

CANTON DE FRIBOURG.

4148. — **Règlement pour les écoles primaires du canton de Fribourg.** 1850; 1 broch. petit in-8°.

4149. — **Canton de Fribourg. Loi des pénitenciers.** *Fribourg,* 1878; 1 broch. in-8°.

HAUTERIVE.

4150. — **Fribourg. Instruction publique. École d'Hauterive.** 1 vol. grand in-12.

CANTON DE GENÈVE.

4151. — **Annuaire officiel de la République et canton de Genève.** 1874-1884; 11 vol. in-12.

4152. — **Rapport sur la gestion du Conseil d'État.** *Genève,* 1864-1889; 12 vol. petit in-8°.

4153. — **Mittendorff (Eug.). Les institutions philanthropiques genevoises, leur origine, leur développement et leur état actuel.** *Genève,* 1888; 1 vol. in-8°.

4154. — **Budget du canton de Genève.** 1864-1891; 9 vol. in-4°.

4155. — **Rapport du Conseil d'État sur les comptes du canton de Genève.** 1864-1887; 4 vol. in-8°.

4156. — **Malet (L.-H.), Au feu! Historique de l'organisation du corps des sapeurs-pompiers et des secours contre l'incendie dans le canton de Genève.** 1883; 1 vol. in-8°.

4157. — **Genève. Instruction publique.** 1 vol. petit in-8°.

4158. — **Constitution de la République et canton de Genève, acceptée le 24 mai 1847.** *Genève,* 1875; 1 vol. in-8°.

4159. — Code genevois. Recueil complet et méthodique des lois de la République et canton de Genève. 1857; 1 vol. petit in-8°.

4160. — Canton de Genève. Loi sur l'exercice du droit de grâce du 16 décembre 1848. *Genève*, 1 broch. in-8° et petit in-8°.

4161. — Canton de Genève. Administration des prisons. Lois, règlements, instructions. *Genève*, 1844-1867-1876; 1 vol.

4162. — Loi générale sur les constructions publiques. *Genève*, 1870; 1 broch. petit in-8°.

GENÈVE.

4163. — Genève. Catalogues : musée Rath et bibliothèque, salle A. Lullin. 1 vol. in-12.

4164. — Catalogue descriptif du musée Fol. *Genève*, 1874-1879; 4 vol. in-8°.

4165. — Le musée Fol. Études d'art et d'archéologie sur l'antiquité et la Renaissance. *Genève, Lyon*, 1874-1878; 2 vol. grand in-4°.

4166. — Catalogue de la bibliothèque publique de Genève. 1875-1887; 6 vol. in-8°.

4167. — Genève. Bibliothèque publique. Compte rendu. 1884-1889; 5 broch. in-8°.

4168. — Rapport sur l'établissement d'un nouveau cimetière à Genève, 1876. Rapports sur les moyens propres à améliorer le terrain du cimetière de Châtelaine. 1878-1879; 3 broch. in-8°.

4169. — Exposition internationale d'hygiène à Genève, en 1882. Catalogue spécial de l'exposition de la Ville de Paris et du département de la Seine. 1 broch. in-8°.

4170. — Budget de la ville de Genève. 1864-1891; 7 vol. in-4°.

4171. — Compte rendu de l'administration municipale de la ville de Genève. 1864-1889; 8 vol. petit in-8°.

4172. — **Compte rendu des recettes et des dépenses de la ville de Genève.** 1864-1889; 4 vol. in-8° et in-4°.

4173. — **Régeste genevois, ou répertoire chronologique et analytique des documents imprimés relatifs à l'histoire de la ville et du diocèse de Genève avant l'année 1342.** *Genève*, 1866; 1 vol. in-4°.

4174. — **Bétant (E.-A.). Notice sur le collège de Rive, avec la description de la ville de Genève.** 1866; 1 broch. in-8°.

4175. — **Bulletin de la Société J.-R. Pereire. Enseignement primaire, enseignement des sourds-muets.** *Genève*, 1877; 3 broch. in-8°.

4176. — **Catalogue raisonné ou guide pour servir à l'achat de bons livres et à la diffusion de la saine littérature.** *Genève*, 1884; 1 vol. in-8°.

4177. — **Règlements concernant l'abattoir et le marché au bétail de la ville de Genève, ainsi que les boucheries de la ville et de la banlieue.** 1876; 1 vol. petit in-8° et 1 carte.

4178. — **Règlement du Conseil municipal de la ville de Genève.** 1882; 1 broch. in-18.

4179. — **Recueil des règlements municipaux de la ville de Genève.** 1884; 1 vol. in-8°.

4180. — **Ville de Genève. Octroi et ohmgeld (impôt sur la vente des boissons au détail).** Février 1885; 1 vol. in-8°.

4181. — **Ville de Genève. Utilisation des forces motrices du Rhône et régularisation du lac Léman.** *Genève*, 1888-1890; 1 vol. texte in-4° et 1 atlas in-folio.

CANTON DE GLARIS.

4182. — **Gesetz betreffend das Schulwesen im Kanton Glarus.** 1861; 1 broch. petit in-8°.

Loi sur les écoles du canton de Glaris.

4183. — **Kanton Glarus. Gefängniss-Reglement. 25. Januar 1865.** 1 broch. in-8°.

Canton de Glaris. Règlement pour les prisons. 25 janvier 1865.

CANTON DES GRISONS.

4184. — Résultats du recensement du bétail de la Suisse du 21 avril 1866 dans le canton des Grisons. *Berne*, 1867; 1 broch. in-8°.

4185. — Kanton Graubünden. Reglement für die Strafanstalt im Sennhof. *Chur*, 1870; 1 broch. in-8°.

Canton des Grisons. Règlement pour l'établissement pénitentiaire de Sennhof.

CANTON DE LUCERNE.

4186. — Luzern. Schulen. 1 vol. petit in-8°.

Les écoles du canton de Lucerne.

4187. — Staatsverfassung des Kantons Luzern. 1875-1882; 1 broch. petit in-8°.

Constitution du canton de Lucerne.

4188. — Kanton Luzern. Gesetz betreffend bedingte Freilassungen und Begnadigungen vom 16. Jänner 1871. 1 broch. petit in-8°.

Canton de Lucerne. Loi concernant la mise en liberté conditionnelle et le droit de grâce. 16 janvier 1871.

4189. — Kanton Luzern. Strafhaus-Ordnung. 1861; 1 broch. in-8°.

Canton de Lucerne. Règlement du pénitencier.

4190. — Kanton Luzern. Reglement des Central-Gefängnisses. 1 broch. petit in-8°.

Canton de Lucerne. Règlement de la prison centrale.

LUCERNE.

4191. — Organisation der Einwohnergemeinde Luzern. 1 broch. grand in-12.

Organisation de la commune de Lucerne.

4192. — Geschäfts-Ordnung für den Stadtrath von Luzern. 2 broch. petit in-8°.

Règlement pour le Conseil municipal de Lucerne.

EUROPE.

CANTON DE NEUCHÂTEL.

4193. — **Programme et règlement des examens de capacité pour l'enseignement dans les écoles industrielles.** *Chaux-de-Fonds, Neuchâtel,* 1868-1871; 2 broch. petit in-8°.

4194. — **Neuchâtel. Instruction publique.** 1 vol. petit in-8°.

4195. — **Neuchâtel. Rapport de la direction du pénitencier.** 1870-1881; 1 vol. petit in-8°.

4196. — **Pénitencier de Neuchâtel. Règlements.** 1876; 1 vol. in-8°.

4197. — **Rapport du directeur de l'Observatoire cantonal de Neuchâtel sur le concours des chronomètres observés en 1877.** 1 broch. petit in-8°.

NEUCHÂTEL.

4198. — **Catalogue de la bibliothèque de Neuchâtel et suppléments.** 1861-1879; 3 vol. in-8°.

4199. — **Catalogue de la bibliothèque populaire de Neuchâtel.** 1881; 1 broch. in-12.

CANTON DE SAINT-GALL.

4200. — **Amtsbericht des Regierungsrathes an den grossen Rath des Kantons St Gallen.** 1867-1886; 13 vol. petit in-8°.

Rapport officiel du Conseil de direction au grand Conseil du canton de Saint-Gall.

4201. — **Jahresbericht über die Verwaltung des Medizinalwesens und über die öffentliche Gesundheitspflege des Kantons St Gallen.** 1882-1886; 2 vol. in-12.

Rapport annuel sur l'administration du corps médical et sur l'hygiène publique du canton de Saint-Gall.

4202. — **St Gallen. Schulen.** 1 vol. grand in-12.

Les écoles du canton de Saint-Gall.

4203. — **St Gallen. Erziehungswesen.** 1 vol. petit in-8°.

L'éducation dans le canton de Saint-Gall.

4204. — **Programm der St Gallen Kantonsschule.** 1872-1873; 1 broch. in-8°.

Programme de l'école cantonale de Saint-Gall.

4205. — **Gesetz betreffend Vollzug der Freiheitsstrafe in der kantonalen Strafanstalt in St Gallen.** 1882-1883; 1 broch. in-8°.

Loi concernant les conditions d'emprisonnement dans l'établissement pénitentiaire cantonal de Saint-Gall.

4206. — **Kanton St Gallen. Botschaft und Bericht betreffend Erweiterung der Strafanstalt St Jacob.** 1879-1882; 2 broch. in-8° et in-12.

Canton de Saint-Gall. Message et rapport concernant l'agrandissement de l'établissement pénitentiaire de Saint-Jacques.

CANTON DE SCHWYZ.

4207. — **Schwyz. Schulen.** 1 vol. petit in-8°.

Les écoles du canton de Schwyz.

4208. — **Kriminalstrafgesetz für den Kanton Schwyz vom 20. Mai 1881.** 1 broch. in-8°.

Législation criminelle du canton de Schwyz (20 mai 1881).

4209. — **Kanton Schwyz. Reglement über die Gefängnisspolizei in den Bezirken und Gemeinden vom 18. Juli 1853.** 1 broch. petit in-8°.

Canton de Schwyz. Règlement du 18 juillet 1853 concernant la police des prisons dans les districts et dans les communes.

4210. — **Kanton Schwyz. Verwaltung und Haus-Ordnung der Strafanstalt vom 11. Juni 1869.** 1 broch. in-8°.

Canton de Schwyz. Administration et règlement intérieur de l'établissement pénitentiaire, 11 juin 1869.

CANTON DE SOLEURE.

4211. — **Rechenschafts-Bericht des Erziehungs-Departements Solothurn.** 1870; 1 broch. petit in-8°.

Compte rendu du Département de l'instruction publique à Soleure.

4212. — **Gesetzesvorschlag über die Primarschulen des Kantons Solothurn.** 1872; 1 broch. petit in-8°.

Proposition de loi pour les écoles primaires du canton de Soleure.

4213. — Lehrplan für die Elementarschulen des Kantons Solothurn. 1 broch. petit in-8°.

Plan d'études pour les écoles élémentaires du canton de Soleure.

4214. — Programm der Kantonsschule von Solothurn und des Lehrerseminars. 1871-1872; 1 broch. in-8°.

Programme de l'école cantonale et de l'école normale de Soleure.

4215. — Strafgesetzbuch für den Kanton Solothurn vom 18. Juli 1874. 1 vol. in-8°.

Code pénal pour le canton de Soleure, 18 juillet 1874.

4216. — Strafprozessordnung für den Kanton Solothurn vom 18. Juli 1874. 1 vol. in-8°.

Code de procédure criminelle pour le canton de Soleure, 18 juillet 1874.

CANTON DU TESSIN.

4217. — Ticino. Pubblica educazione. 1 vol. grand in-12.

L'instruction publique dans le canton du Tessin.

4218. — Codice penale per il cantone del Ticino. *Bellinzona,* 1873; 1 vol. in-8°.

Code pénal pour le canton du Tessin.

CANTON DE THURGOVIE.

4219. — Thurgau. Unterrichtswesen. 1 vol. petit in-8°.

L'instruction publique dans le canton de Thurgovie.

4220. — Rechenschaftsbericht des Regierungsrathes des Kantons Thurgau an den grossen Rath desselben. Abtheilung Erziehungswesen. *Frauenfeld,* 1877; 1 broch. petit in-8°.

Compte rendu du Conseil de direction du canton de Thurgovie au Grand Conseil. Section de l'éducation.

4221. — Allgemeiner Lehrplan für die thurgauischen Primarschulen. *Frauenfeld,* 1871; 1 broch. grand in-12.

Plan général d'études pour les écoles primaires du canton de Thurgovie.

4222. — Programm der thurgauischen Kantonsschule. *Frauenfeld,* 1871-1872; 1 broch. in-8°.

Programme de l'école cantonale de Thurgovie.

4223. — Kanton Thurgau. Gesetz betreffend die Begnadigung. *Frauenfeld*, 1883; 1 broch. petit in-8°.

Canton de Thurgovie. Loi concernant le droit de grâce.

4224. — Das Strafgesetz für den Kanton Thurgau. Juni 1841. Dekret betreffend die Gefangenschaften und die in denselben zu handhabende Polizei. 1 broch. in-8°.

Loi pénale de juin 1841 pour le canton de Thurgovie. Décret concernant les détenus et la police des prisons.

CANTON D'UNTERWALD.

4225. — Schulgesetz des Kantons Unterwalden nid dem Wald. *Stans*, 1851; 1 feuille petit in-8°.

Loi pour les écoles du canton d'Unterwald-le-Bas.

4226. — Unterrichtsplan für die Primarschulen des Kantons Unterwalden nid dem Wald. *Stans*, 1864; 1 broch. petit in-8°.

Plan d'études pour les écoles primaires du canton d'Unterwald-le-Bas.

4227. — Gesetzbuch für den Kanton Unterwalden nid dem Wald. *Stans*, 1867; 1 vol. in-8°.

Code du canton d'Unterwald-le-Bas.

CANTON DU VALAIS.

4228. — Règlement sur les écoles primaires du canton du Valais. *Sion*, 1851; 1 broch. petit in-8°.

4229. — Canton du Valais. Programme des études du lycée, des gymnases et des écoles moyennes de Sion, de Brigue et de Saint-Maurice. 1871; 1 broch. petit in-8°.

4230. — Code pénal du canton du Valais. *Sion*, 1880; 1 vol. petit in-8°.

4231. — Règlements pour la maison pénitentiaire du canton du Valais. 1870; 1 broch. in-8°.

CANTON DE VAUD.

4232. — Vaud, Lausanne. Instruction publique. 2 vol. in-12 et petit in-8°.

4233. — Canton de Vaud. Loi du **17 mai 1875** sur l'organisation des établissements de détention. Règlements pour les maisons pénitentiaires. *Lausanne*, 1870-1878; 1 vol. in-12.

4234. — Règlement de la Société de patronage des détenus libérés du canton de Vaud. *Lausanne*, 1876; 1 broch. in-12.

CANTON DE ZUG.

4235. — Jahres-Bericht der kantonalen Industrieschule, des städtischen Gymnasiums und der Sekundarschule in Zug. 1863-1872; 6 broch. in-8°.

Rapport annuel de l'école cantonale industrielle, du collège communal et de l'école secondaire de Zug.

4236. — Zug. Schulen. 1 vol. in-12.

Les écoles du canton de Zug.

4237. — Reglement für die Lehrer-Konferenzen des Kantons Zug. 1 broch. in-18.

Règlement pour les conférences des professeurs du canton de Zug.

4238. — Stundenplane für die Primarschulen des Kantons Zug. 1864; 1 feuille.

Tableaux des heures de classe dans les écoles primaires du canton de Zug.

4239. — Das Knaben-Pensionnat in Zug. 1 feuille.

Le pensionnat de garçons de Zug.

4240. — Kanton Zug. Gefängniss-Ordnung. Reglement betreffend das Gefängnisswesen, 1876. Reglement für den Gefangenwart. 1879; feuilles.

Canton de Zug. Ordonnance concernant les prisons; règlement pour les prisons; règlement concernant la surveillance des prisons.

CANTON DE ZURICH.

4241. — Rechenschaftsbericht des Regierungsrathes an den zürcherischen Kantonsrath. 1867-1887; 14 vol. petit in-8°.

Compte rendu du Conseil de direction au Conseil du canton de Zurich.

4242. — Verzeichniss der Mitglieder des grossen Rathes. Zürich. 1860; 1 broch. in-4°.

Liste des membres du Grand Conseil de Zurich.

4243. — Kanton Zürich. Bericht über das Armenwesen des Jahres 1865. 1 broch. in-8°.

Canton de Zurich. Rapport sur l'Assistance publique en 1865.

4244. — Voranschlag der Einnahmen und Ausgaben des Kantons Zürich. 1871-1889; 6 vol. petit in-8°.

Budget des recettes et des dépenses du canton de Zurich.

4245. — Staatsrechnung des Kantons Zürich. 1871-1887; 11 vol. petit in-8°.

Compte des deniers publics du canton de Zurich.

4246. — Kantonsschule Zürich. Programm des Unterrichts. 1872-1882; 2 broch. in-8°.

École cantonale de Zurich. Programme de l'enseignement.

4247. — Verfassung des eidgenössischen Standes Zürich. 1869; 1 broch. petit in-8°.

Constitution de l'État confédéré de Zurich.

4248. — Strafgesetzbuch für den Kanton Zürich. 1 vol. in-8°.

Code pénal du canton de Zurich.

4249. — Gesetz betreffend das Gemeindewesen. *Zürich*, 1875; 1 broch. in-12.

Loi concernant les communes.

4250. — Reglement der kantonalen Strafanstalt. Zürich. 1 broch. in-8°.

Règlement du pénitencier cantonal de Zurich.

4251. — Kanton Zürich. Gesetz betreffend die Kantonal-Strafanstalt, die Errichtung staatlicher Korrektions-Anstalten, die Bezirksgefängnisse. 1870-1879; 1 vol. in-8°.

Canton de Zurich. Lois concernant le pénitencier cantonal, la création de maisons de correction officielles, les prisons de districts.

ZURICH.

4252. — Vertrag über die Gründung einer Wittven- und Waisenstiftung für die zürcherischen Volksschullehrer. 1858-1860; 2 broch. in-12.

Transaction pour la création d'un fonds de secours pour les veuves et les enfants orphelins des instituteurs des écoles populaires à Zurich.

4253. — Statuten der Künstlergesellschaft in Zürich. 1872-1873; 2 broch. in-4° et in-8°.

Statuts de la Société des artistes à Zurich.

4254. — Volkschriften-Katalog. Gemeinnützige Gesellschaft des Bezirkes Zürich. 1881; 1 broch. in-12.

Catalogue de livres populaires. Société d'utilité publique du district de Zurich.

4255. — Bücherverzeichniss der Leih-Bibliothek der evangelischen Gesellschaft in Zürich. 1878; 1 vol. grand in-12.

Catalogue des livres de la bibliothèque de prêts de la Société évangélique de Zurich.

4256. — Der uralten wytbekannten Statt Zürich gestalt und gelägenheit wie sich zü diser zyt gelegt durch Josen Murer und durch Christoffel Aeroschower getruckt Im M. D. LXXVI Jar. 1 carte in-4°.

Forme et état de l'antique et illustre ville de Zurich, telle qu'elle est au temps présent, année 1576, par J. Murer et Ch. Aeroschower.

4257. — Plan der Stadt Zürich nach Breitinger. 1874; 2 feuilles.

Plan de la ville de Zurich d'après Breitinger.

4258. — Centralfriedhofanlage für Zürich. 1 feuille.

Cimetière central pour Zurich.

4259. — Bürkli (A.). Bericht an den tit. Stadtrath von Zürich über Anlage und Organisation städtischer Wassersorgungen. 1867; 1 vol. in-8°.

Rapport au Conseil municipal de Zurich sur l'établissement et l'organisation du service des eaux.

4260. — Die Wassersorgung Zürich, ihr Zusammenhang mit der Typhusepidemie des Jahres 1884. Vorschläge zur Verbesserung der bestehenden Verhältnisse. 1885; 1 vol. petit in-4°.

Le service des eaux à Zurich, ses rapports avec l'épidémie de typhus de 1884. Propositions pour l'amélioration des conditions actuelles.

4261. — Die Wassersorgung von Zürich. Jahres-Bericht. 1885; 1 broch. petit in-8°.

Le service des eaux à Zurich. Rapport annuel.

4262. — Bürkli (A.). Ueber Anlage städtischer Abzugs-

Kanäle und Behandlung der Abfallstoffe aus Städten. Bericht an den tit. Stadtrath Zürich. 1866; 1 vol. in-8°.

Sur l'établissement d'égouts et le traitement des immondices des villes. Rapport au Conseil municipal de Zurich.

4263. — **Kanalisation der Stadt Zürich.** 1 broch. in-8°.

Les égouts de la ville de Zurich.

4264. — **Bürkli (A.), Hafter (B.).** Bericht an den tit. **Stadtrath von Zürich über den Besuch einer Anzahl Berieselungs-Anlagen in England und Paris nebst sachbezüglichen Vorschlägen für Zürich.** 1875; 1 vol. petit in-8°.

Rapport au Conseil municipal de Zurich sur une enquête au sujet d'un certain nombre de champs d'irrigation en Angleterre et à Paris, et propositions pour la création de champs de cette nature à Zurich.

4265. — **Jahresbericht des Gewerbe-Museums.** Zürich. 1875-1883; 2 vol. in-8°.

Rapport annuel du Musée industriel de Zurich.

4266. — **Zürich. Unterrichtswesen.** 1 vol. petit in-8°.

L'instruction publique à Zurich.

4267. — **Gemeinde-Ordnung für die Stadt Zürich.** 1877; 1 broch. petit in-8°.

Règlements communaux pour la ville de Zurich.

4268. — **Geschäftsordnungen für den Stadtrath Zürich.** 1 vol. petit in-8°.

Règlements pour le Conseil municipal de Zurich.

4269. — **Geschäftsbericht des Stadt-Rathes von Zürich an den grossen Stadtrath.** 1867-1876; 2 vol. petit in-8°.

Compte rendu du Conseil municipal de Zurich au Grand Conseil de la ville.

4270. — **Rechenschaftsbericht über die Gemeindeverwaltung der Stadt Zürich.** 1877-1885; 5 vol. petit in-8°.

Compte rendu de l'administration communale de la ville de Zurich.

4271. — **Bürkli (A.), Huber (E.).** Bericht über Strassenbahnen, Tramways und deren Einführung in Zürich. 1877; 1 broch. in-8°.

Rapport sur les chemins de fer américains et les tramways et sur leur introduction à Zurich.

TURQUIE.

4272. — Malouf (N.). Dictionnaire turc-français. *Paris*, 1863-1867; 2 vol. grand in-12.

4273. — Malouf (N.). Grammaire élémentaire de la langue turque, suivie de dialogues familiers. *Paris*, 1862; 1 vol. petit in-8°.

4274. — Pavet de Courteille. Histoire de la campagne de Mohacz, par Kemal Pacha Zadeh. *Paris*, 1859; 1 vol. in-8°.

4275. — Ubicini (A.). La constitution ottomane du 7 zilhidjé 1293 (23 décembre 1876), expliquée et annotée. *Paris*, 1877; 1 broch. petit in-8°.

ALBANIE.

4276. — Wassa (Effendi). La vérité sur l'Albanie et les Albanais, étude historique et critique. *Paris*, 1879; 1 broch. petit in-8°.

GORTYNE.

4277. — Lewy (H.). Altes Stadtrecht von Gortyn auf Kreta nach der von Halbherr und Fabricius aufgefundenen Inschrift. *Berlin*, 1885; 1 broch. grand in-8°.

L'ancien droit municipal de Gortyne en Crète, d'après l'inscription découverte par Halbherr et Fabricius.

PHILIPPOPOLI.

4278. — Слово на Пловдивский Префест вѣрху състоянието на Пловдивский окрѫгъ и на разнитъ въ него общи служби. — 1883-1884; 1 broch. in-8°.

Discours du préfet de Philippopoli sur la situation et sur les divers services publics de son département.

4279. — Докладъ на Пловдивский окр. управитель за общото състояние на округа. — 1887-1888; 1 broch. in-8°.

Rapport du préfet de Philippopoli sur la situation générale de son département.

SADOVO.

4280. — Годишенъ отчетъ на държавното практическо земледѣлческо училище въ Садово. — Пловдивъ, 1886-1887; 1 broch. in-4°.

Compte rendu annuel de l'école pratique d'agriculture du Gouvernement à Sadovo, *Philippopoli*.

SOFIA.

4281. — Бюджетъ на Софийското градско общинско управление. — 1885-1890; 2 broch. grand in-8°.

Budget de la municipalité de Sofia.

AMÉRIQUE.

ARGENTINE (RÉPUBLIQUE).

4282. — **Åberg (Ernst). Irrigacion y eucalyptus.** *Buenos-Aires*, 1874; 1 broch. in-8°.

Irrigation et eucalyptus.

4283. — **Terras nacionales. Concesion gratuita de lotes para colonization pastoril.** *Buenos-Aires*, 1884; 1 broch. in-8°.

Terrains nationaux. Concession gratuite de lots pour les colons s'occupant de l'élevage du bétail.

4284. — **Debates de la Convencion constituyente de Buenos Aires.** 1870-1873; 2 vol. petit in-4°.

Débats de la Convention constituante de Buenos-Aires.

4285. — **Map of the basin of La Plata.** 1 carte petit in-8°.

Carte du bassin de La Plata.

4286. — **Ferro-Carril Central-Norte. Memoria de la administracion.** *Cordoba*, 1883; 1 vol. grand in-8°.

Chemin de fer Central-Nord. Rapport de l'administration.

4287. — **Ferro-Carril Central del Norte. Ramal à La Rioja y Catamarca. Informe general.** *Buenos-Aires*, 1883; 1 vol. in-8°.

Chemin de fer Central du Nord. Embranchement sur La Rioja et Catamarca. Compte rendu général.

4288. — **Informe sobre las trazas entre Chilcas, Salta y Jujuy para la prolongacion del ferro-carril Central-Norte.** *Buenos-Aires*, 1884; 1 broch. in-8°.

Compte rendu des plans levés entre Chilcas, Salta et Jujuy pour la prolongation du chemin de fer Central-Nord.

4289. — **Combinacion de ferro-carriles nacionales Andino y Central-Norte. Clasificaciones, reglamentos y tarifas.** *Buenos-Aires*, 1884; 1 broch. in-8°.

Fusion des chemins de fer nationaux Central-Nord et chemin de fer des Andes. Classifications, règlements et tarifs.

4290. — **Ferro-Carril Andino; seccion de San Luis a La Paz y Mendoza. Informe general.** *Buenos-Aires*, 1884; 1 vol. in-8°.

Chemin de fer des Andes; section de San Luis à La Paz et à Mendoza. Compte rendu général.

4291. — **Memoria del ferro-carril Andino.** *Buenos-Aires*, 1883, 1 broch. in-8°.

Rapport du chemin de fer des Andes.

4292. — **Memoria sobre ferro-carriles nacionales y estado de valores, 30 de junio de 1889.** *Buenos-Aires*, 2 vol. in-8°.

Rapport sur les chemins de fer nationaux et état des recettes au 3o juin 1889.

4293. — **Estadistica del comercio y de la navegacion de la Republica Argentina.** *Buenos-Aires*, 1883-1884; 2 vol. grand in-8°.

Statistique du commerce et de la navigation de la République Argentine.

4294. — **Latzina (F.). La République Argentine relativement à l'émigration européenne.** *Buenos-Aires*, 1883; 1 broch. in-4°.

4295. — **Ley de inmigracion y colonizacion de la Republica Argentina sancionada por el congreso nacional de 1876.** *Buenos-Aires*, 1883; 1 broch. in-8°.

Loi sur l'immigration et la colonisation de la République Argentine, sanctionnée par le Congrès national de 1876.

4296. — **Napp (R.). La République Argentine à l'Exposition de Philadelphie.** *Buenos-Ayres*, 1876; 1 vol. in-8°.

4297. — **République Argentine. Exposition universelle de Paris en 1878. Catalogue général.** *Paris*, 1 vol. in-8°.

4298. — **La section anthropologique et paléontologique de la République Argentine à l'Exposition universelle de 1878.** *Paris*, 1 broch. in-8°.

4299. — **Paz (E.-N.), Mendonça (M.). Compte rendu de l'Exposition continentale de la République Argentine ouverte en 1882 dans Buenos-Aires.** 1 vol. in-8°.

4300. — **Bosques nacionales. Disposiciones vigentes sobre su aprovechamiento.** *Buenos-Aires*, 1883; 1 broch. in-8°.

Dispositions en vigueur au sujet de l'économie des forêts nationales.

4301. — **Daireaux (E.).** La vie et les mœurs à La Plata. *Paris*, 1888; 2 vol. grand in-8°.

4302. — **Hippeau (C.).** L'instruction publique dans l'Amérique du Sud. République Argentine. *Paris*, 1 vol. in-12.

4303. — **Zubiaur (Dʳ J.-B.).** Quelques mots sur l'instruction publique et privée dans la République Argentine. *Paris*, 1889; 1 broch. in-8°.

4304. — **El Monitor de la education comun.** *Buenos-Aires*, 1885; 2 broch. grand in-8°.

Le Moniteur de l'instruction publique.

4305. — **Republica Argentina. Educacion comun en la capital, provincias, colonias y territorios federales.** *Buenos-Aires*, 1886; 2 vol. grand in-8°.

République Argentine. L'instruction publique dans la capitale, dans les provinces, dans les colonies et les territoires fédéraux.

4306. — **Memoria del Ministerio del interior presentada al honorable Congreso nacional por el Dʳ Don Bernardo de Irigoyen correspondiente à 1883-1891.** *Buenos-Aires*, 5 vol. in-8°.

Mémoire du Ministère de l'intérieur pour 1883-1891 présenté au Congrès national par le Dʳ B. de Irigoyen.

4307. — **Memoria por el Ministro de justicia, culto e instruccion publica.** *Buenos-Aires*, 1876; 1 vol. in-8°.

Rapport du Ministre de la justice, des cultes et de l'instruction publique.

4308. — **Constitucion de la nacion argentina.** *Buenos-Aires*, 1883; 1 broch. in-32.

Constitution de la nation argentine.

4309. — **Decreto reglamentando la ley de octubre 27 de 1884 sobre derechos de los ocupantes de tierras publicas.** *Buenos-Aires*, 1885; 1 broch. in-12.

Décret réglementant la loi du 27 octobre 1884, relative aux droits des personnes occupant des terrains publics.

4310. — **Ley organica de las municipalidades, de justicia de paz, y decretos reglamentarios de las mismas.** *Buenos-Aires*, 1878; 1 broch. in-8°.

Loi organique des municipalités, de la justice de paix, et décrets réglementaires qui les concernent.

4311.—**Registro estadistico de la Republica Argentina.** *Buenos-Aires*, 1872-1873 ; 1 vol. in-8°.

Index statistique de la République Argentine.

4312. — **Ley sobre obras publicas y decreto sobre confeccion de proyectos.** *Buenos-Aires*, 1882; 1 broch. in-18.

Loi sur les travaux publics et décret concernant l'exécution des plans-projets.

BUENOS-AIRES (PROVINCE DE).

4313. — **Annuaire statistique de la province de Buenos-Aires. République Argentine.** 1882-1883; 5 vol. grand in-8°.

MISSIONS (TERRITOIRE DES).

4314. — **Peyret (Alejo). Cartas sobre Misiones.** *Buenos-Aires*, 1881; 1 vol. in-8°.

Lettres sur les Missions.

4315. — **Lista (Ramon). El territorio de las Misiones.** *Buenos-Aires*, 1883 ; 1 vol. in-4°.

Le territoire des Missions.

4316. — **Gonzalez (M.). El limite oriental del territorio de Misiones.** *Montevideo*, 1882 ; 1 vol. (tome I) petit in-8°.

La limite orientale du territoire des Missions.

PARANA.

4317. — **Revista de la policia del Paraná.** 1889-1890 ; 6 broch. grand in-8°.

Revue de la police du Parana.

SANTIAGO DEL ESTERO (PROVINCE DE).

4318. — **Gancedo (A.). Memoria descriptiva de la provincia de Santiago del Estero.** *Buenos-Aires*, 1885 ; 1 vol. in-8°.

Description de la province de Santiago del Estero.

TUCUMAN (PROVINCE DE).

4319. — **Memoria historica y descriptiva de la provincia de Tucuman.** *Buenos-Aires*, 1882 ; 1 vol. grand in-8°.

Histoire et description de la province de Tucuman.

BUENOS-AIRES.

4320. — Actas de las sesiones de la municipalidad de la ciudad de Buenos-Aires en 1878-1889. 5 vol. in-8°.

Procès-verbaux des séances du Conseil municipal de la ville de Buenos-Aires en 1878-1889.

4321. — Memoria del presidente de la Comision municipal. Ejercicio de 1878. *Buenos-Aires*, 1889; 1 vol. in-8°.

Mémoire du président de la Commission municipale. Exercice de 1878.

4322. — Policia de la capital. Orden del dia. *Buenos-Aires*, 1885-1888; 14 cahiers in-8°.

Police de la capitale. Ordre du jour.

4323. — Revista de la policia de la capital. *Buenos-Aires*, 1889; 1 broch. in-8°.

Revue de la police de la capitale.

4324. — Municipalidad de la capital. Boletin mensual de estadistica. *Buenos-Aires*, 1885-1891; 2 broch. in-8°.

Municipalité de la capitale. Bulletin mensuel de statistique.

4325. — Description des travaux d'assainissement de la ville de Buenos-Aires. Exposition de Paris en 1878. 1 broch. in-8°.

CORDOBA.

4326. — Garro (J.-M.). Bosquejo historico de la Universidad de Cordoba con un apendice de documentos. *Buenos-Aires*, 1882; 1 vol. grand in-8°.

Esquisse historique de l'Université de Cordoba avec documents à l'appui.

4327. — Archivo municipal de Cordoba. 1882-1884; [4 vol. in-8°.

Archives municipales de Cordoba.

4328. — Memoria del intendente municipal. *Cordoba*, 1886-1889; 4 vol. in-4°.

Rapport de l'intendant municipal de Cordoba.

ROSARIO DE SANTA-FÉ.

4329. — **Boletin trimestral de estadistica municipal de la ciudad del Rosario de Santa-Fé.** 1 vol. grand in-8°.

Bulletin trimestriel de statistique municipale de la ville de Rosario de Santa-Fé.

BOLIVIE.

4330. — **Cortès (L.-D.).** **Bolivia.** *Paris*, 1875 ; 1 vol. in-8°.

La Bolivie.

4331. — **Valdès (R.-S.).** **Estudio historico de Bolivia bajo la administracion del general D. José Maria de Acha.** *Santiago*, 1874 ; 1 vol. grand in-12.

Étude historique sur la Bolivie pendant l'administration du général D. J.-M. de Acha.

4332. — **Consejo departamental. Memoria de la administracion.** *La Paz*, 1888 ; 1 vol. in-8°.

Conseil départemental. Rapport de l'administration.

IMPRIMERIE NATIONALE.

BRÉSIL.

4333. — **Le Brésil en 1889 avec une carte de l'empire et des tableaux.** *Paris*, 1 vol. in-8°.

4334. — **Correspondance entre le Gouvernement impérial du Brésil et celui de la République Argentine au sujet des traités conclus avec le Paraguay et de l'évacuation de l'île de l'Atajo.** *Rio-de-Janeiro*, 1872; 1 broch. in-8°.

4335. — **Les négociations avec le Paraguay et la note du Gouvernement argentin du 27 avril 1872.** *Rio-de-Janeiro*, 1 broch. in-8°.

4336. — **Chambre des députés. Discours sur l'élément servile.** *Rio-de-Janeiro*, 1871; 1 broch. in-8°.

4337. — **L'Empire du Brésil à l'Exposition universelle de Vienne en 1873.** *Rio-de-Janeiro*, 1 vol. in-8°.

4338. — **Macedo (J.-M. de).** Notions de chorographie du Brésil. *Leipzig*, 1873; 1 vol. in-8°.

4339. — **Hartt (Ch.-Fr.).** Amazonia tortoise myths. *Rio-de-Janeiro*, 1875; 1 broch. in-8°.

Les mythes de la tortue aux pays de l'Amazone.

CANADA (PUISSANCE DU).

4340. — **Report of the Minister of agriculture, and statistics of Canada.** 1856-1862; 1 vol. in-8°.

Rapport du Ministre de l'agriculture, et statistique du Canada.

4341. — **Hodgins (J.-G.).** The school house. Its architecture. *Toronto*, 1876 ; 1 vol. in-8°.

La maison d'école. Son architecture.

4342. — **Le jour de la fête des arbres. Quelques conseils aux cultivateurs.** *Montréal*, 1884 ; 1 broch. in-12.

4343. — **Yearbook and almanac of British North America.** *Montréal*, 1 broch. in-8°.

Annuaire et almanach de l'Amérique septentrionale anglaise.

4344. — **The year book and almanac of Canada. 1879.** *Montréal and Ottawa*, 1879 ; 1 vol. petit in-8°.

Annuaire et almanach du Canada.   .

4345. — **Militia pensions, war of 1812-1815. Return for 1876-1877; statement.** *Ottawa*, 1 vol. in-8°.

Pensions militaires. Guerre de 1812-1815. Exposé et rapport pour 1876-1877.

4346. — **Todd (Alpheus).** The practice and privileges of the two Houses of Parliament. *Toronto*, 1840 ; 1 vol. petit in-8°.

Pratique et privilèges des deux Chambres du Parlement.

4347. — **Perrault (Jos.-F.).** Lex parliamentaria, ou traité de la loi et coutume des parlements. *Québec*, 1803 ; 1 vol. petit in-8°.

4348. — **The canadian patent office record.** *Ottawa*, 1878-1892 ; 13 vol. grand in-8°.

Archives du bureau des brevets d'invention au Canada.

4349. — **Government map of part of the Dominion of Canada.** 1877 ; 2 feuilles.

Carte officielle d'une partie de la Puissance du Canada.

4350. — Map of the Dominion of Canada. 1883; 2 feuilles.

Carte de la Puissance du Canada.

4351. — Report of the Commission appointed for investigating the books, accounts, and vouchers of the northern railway Company of Canada. *Ottawa*, 1877; 1 vol. in-8°.

Rapport de la Commission nommée pour examiner les livres, les comptes et les titres de la Compagnie du chemin de fer du Nord du Canada.

4352. — Quebec, Montreal, Ottawa. Occidental railway map illustrating the report of W. Shanly on the rival routes between Maskinonge and Montreal. 1876; 1 carte grand in-8°.

Carte du chemin de fer occidental Québec, Montréal, Ottawa. Tracé explicatif du rapport de W. Shanly sur les voies rivales entre Maskinonge et Montréal.

4353. — Tables of the trade and navigation of the province of Canada. 1865; 1 vol. in-8°.

Tableaux du commerce et de la navigation au Canada.

4354. — Rapport des Commissaires de l'Amérique britannique du Nord nommés pour s'enquérir du commerce des Antilles, Mexique et Brésil. *Ottawa*, 1866; 1 vol. in-8°.

4355. — D'Arcy Mᶜ Gee (Th.). Two speeches on the union of the provinces. *Québec*, 1865; 1 broch. in-8°.

Deux discours sur l'union des provinces.

4356. — Report on adulteration of food. *Ottawa*, 1876; 1 broch. in-8°.

Rapport sur la falsification des aliments.

4357. — Wicksteed (R.-J.). The elector's political catechism. *Ottawa*, 1885; 1 broch. in-8°.

Le catéchisme politique de l'électeur.

4358. — Boutillier (T.). Report of the progress of the work of colonization. *Québec*, 1859; 1 broch. in-8°.

Rapport sur les travaux de l'œuvre de colonisation.

4359. — Report on the immigration to Canada. *Québec*, 1862; 1 broch. in-8°.

Rapport sur l'immigration au Canada.

4360. — **Canada. Information for immigrants, settlers, and purchasers of public lands.** *Québec*, 1863; 1 broch. in-8°.

Avis aux immigrants, aux colons et aux acquéreurs de terrains publics au Canada.

4361. — **Report of the chief agent for the superintendence of emigration.** *Ottawa*, 1858-1861 ; 2 broch. in-8°.

Rapport de l'agent principal du service de l'émigration.

4362. — **Report of the select standing Committee on immigration and colonization.** *Ottawa*, 1877; 1 vol. in-8°.

Rapport de la Commission spéciale permanente sur l'immigration et la colonisation.

4363. — **Rapport sur l'agriculture, l'immigration et la colonisation.** *Québec*, 1868; 1 vol. in-8°.

4364. — **Le livre bleu ou état relatif au service public en Canada.** 1864; 1 vol. in-8°.

4365. — **Catalogue of the canadian contributions to the Dublin Exhibition.** 1865; 1 broch. petit in-8°.

Catalogue des objets envoyés par le Canada à l'Exposition de Dublin en 1865.

4366. — **Report of the canadian Commission of the international Exhibition of Philadelphia, 1876.** *Ottawa*, 1 broch. in-8°.

Rapport de la Commission canadienne à l'Exposition internationale de Philadelphie en 1876.

4367. — **Keefer (Th.-C.). Exposition universelle de 1878 à Paris. Manuel et catalogue officiel de la section canadienne.** *Londres*, 1 vol. petit in-8°.

4368. — **Selwyn (A.-R.-C.). List of exhibits in the canadian mineralogical section at the Paris universal Exhibition, 1878.** 1 broch. in-8°.

Liste des objets exposés par la section canadienne de minéralogie à l'Exposition universelle de Paris en 1878.

4369. — **Report, returns and statistics of the inland revenues of the Dominion of Canada.** *Ottawa*, 1877; 1 vol. in-8°.

Rapports et statistiques exposant les revenus intérieurs de la Puissance du Canada.

4370. — Public accounts of Canada. 1863-1884 ; 13 vol. in-8°.
Comptes publics du Canada.

4371. — État et avenir du Canada. *Québec*, 1854 ; 1 broch. in-8°.

4372. — Lovell's gazetteer of British North-America. *Montréal*, 1873 ; 1 vol. grand in-12.
Lowell. Dictionnaire géographique de l'Amérique septentrionale anglaise.

4373. — Canada, a geographical, agricultural and mineralogical sketch. *Québec*, 1865 ; 1 broch. petit in-8°.
Le Canada, esquisse géographique, agricole et minéralogique.

4374. — Report of the Commissioners appointed to explore the country between the St-Maurice and the Ottawa. 1830 ; 1 broch. petit in-8°.
Rapport des Commissaires chargés d'explorer la région comprise entre le Saint-Maurice et l'Ottawa.

4375. — Canadian Tariff. 1866 ; 1 broch. in-8°.
Tarif des douanes au Canada.

4376. — Rapport du Commissaire des terres de la Couronne du Canada. *Outaouais*, 1867 ; 1 vol. in-8°.

4377. — Marling (A.). The Canada educational directory and year book. *Toronto*, 1876 ; 1 vol. petit in-8°.
Almanach et annuaire de l'instruction publique au Canada.

4378. — Chauveau (M.). L'instruction publique au Canada. *Québec*, 1876 ; 1 vol. petit in-8°.

4379. — Circulaire du surintendant de l'instruction publique. Circulaire aux inspecteurs. *Québec*, 1877 ; 2 broch. petit in-8°.

4380. — Annual report of the Department of the interior. *Ottawa*, 1876-1877 ; 1 vol. in-8°.
Rapport annuel du Département de l'intérieur.

4381. — Fremont (J.). Compendium of Dominion laws of Canada. *Montréal*, 1867-1883 ; 1 vol. in-8°.
Résumé des lois de la Puissance du Canada.

4382. — Travaux de la Commission de codification des statuts sur les réformes judiciaires. *Québec*, 1882 ; 1 vol. in-8°.

4383. — **Report of the meteorological service of the Dominion of Canada.** *Ottawa*, 1881; 1 vol. in-8°.

Rapport du service météorologique de la Puissance du Canada.

4384. — **Reports of M.-A. Michel and Dr T. Sterry Hunt on the gold region of Canada.** *Ottawa*, 1866; 1 broch. in-8°.

Rapports sur la région des mines d'or au Canada, par A. Michel et S. Hunt.

4385. — **Sterry Hunt (T.). Petroleum. Its geological relations considered with special reference to its occurrence in Gaspé.** *Québec*, 1865; 1 broch. petit in-8°.

Le pétrole. Ses rapports géologiques considérés spécialement au point de vue des sources de Gaspé.

4386. — **Annual report of the Department of marine and fisheries.** *Ottawa*, 1877-1884; 18 vol. in-8°.

Rapport annuel du Département de la marine et des pêcheries.

4387. — **Rapport annuel de Pierre Fortin, magistrat stipendiaire à bord de «la Canadienne».** *Ottawa*, 1865; 1 broch. in-8°.

4388. — **Report of the Postmaster general.** *Ottawa*, 1877; 1 vol. in-8°.

Rapport du directeur général des postes.

4389. — **Official postal-guide Canada. October 1882.** *Ottawa*, 1 vol. petit in-8°.

Guide postal officiel du Canada. Octobre 1882.

4390. — **Report of the Minister of justice as to the penitentiaries in Canada.** *Ottawa*, 1877; 1 vol. in-8°.

Rapport du Ministre de la justice sur les maisons pénitentiaires du Canada.

4391. — **Rapport du bureau des inspecteurs d'asiles, prisons, etc.** *Québec*, 1864; 1 vol. in-8°.

4392. — **Geological survey of Canada.** *Ottawa*, 1874-1876; 2 vol. in-8°.

Travaux géologiques au Canada.

4393. — **Miscellaneous statistics of Canada.** 1865; 1 broch. in-8°.

Canada. Statistiques diverses.

4394. — **General report of the Minister of public works.** *Ottawa*, 1876; 1 vol. in-8°.

Rapport général du Ministre des travaux publics.

CANADA [BAS]. (PROVINCE DE QUÉBEC.)

4395. — **Rapport du Commissaire des chemins de fer de la province de Québec.** 1882-1883 ; 1 broch. in-8°.

4396. — **Rapport de l'inspecteur des Compagnies d'assurance de la province de Québec.** 1883 ; 1 broch. in-8°.

4397. — **Drapeau (St.). Études sur les développements de la colonisation du Bas Canada.** *Québec*, 1851-1861 ; 1 vol. in-8°.

4398. — **Boutillier (T.). Report on colonization in Lower Canada.** *Québec*, 1857-1867 ; 2 broch. in-8°.
Rapport sur la colonisation du Bas Canada.

4399. — **Discours sur le budget de la province de Québec.** 1882-1883 ; 2 broch. in-8°.

4400. — **État des comptes publics de la province de Québec.** 1883-1884 ; 2 broch. in-8°.

4401. — **Rapport du Commissaire des terres de la Couronne de la province de Québec.** 1883 ; 1 broch. in-8°.

4402. — **Rapport du surintendant de l'éducation pour le Bas Canada.** 1855-1866 ; 3 vol. grand in-8°.

4403. — **Meilleur (J.-B.). Mémorial de l'éducation du Bas Canada.** *Québec*, 1876 ; 1 vol. in-8°.

4404. — **Lois sur l'instruction publique dans la province de Québec.** 1876-1877 ; 2 broch. in-8°.

4405. — **Rapport du Ministre de l'instruction publique pour la province de Québec.** 1867-1874 ; 3 vol. in-8°.

4406. — **Report of the superintendent of public instruction of the province of Quebec.** 1875-1876-1886 ; 8 vol. in-8°.
Rapport du surintendant de l'instruction publique pour la province de Québec.

4407. — **État financier du surintendant de l'instruction publique pour la province de Québec.** 1883 ; 1 broch. in-8°.

4408. — **Code civil du Bas Canada.** *Québec*, 1865 ; 1 vol. in-4°.

4409. — Code civil du Bas Canada. Code de procédure civile du Bas Canada. 2 vol. in-8°.

4410. — **Doutre (G.).** Les lois de la procédure civile dans la province de Québec. *Montréal*, 1867-1869 ; 2 vol. in-12.

4411. — **Bellefeuille (L. de).** Code municipal de la province de Québec tel qu'en force le 1er janvier **1879.** *Montréal*, 1 vol. in-12.

4412. — Débats de la législature de la province de Québec. 1882-1884 ; 3 vol. in-8°.

4413. — Réponses à l'Assemblée législative. Province de Québec. 1884-1885 ; 1 vol. in-8°.

4414. — Province de Québec. Commission chargée de s'enquérir de certaines accusations portées relativement à : 1° l'octroi du contrat pour la construction du Palais de justice; 2° la pétition d'élection faite en **1882** contre l'élection d'un député à l'Assemblée législative pour le district électoral de Jacques Cartier. *Montréal*, 1882 ; 2 vol. in-8°.

4415. — Rapport général du Commissaire de l'agriculture et des travaux publics de la province de Québec. 1883 ; 1 vol. in-8°.

CANADA [HAUT]. (PROVINCE D'ONTARIO.)

4416. — Annual report of the Commissioner of agriculture and arts for the province of Ontario. *Toronto*, 1871-1890 ; 20 vol. in-8°.

Rapport annuel du Commissaire de l'agriculture et des beaux-arts pour la province d'Ontario.

4417. — Ontario agricultural Commission. Report of the Commissioners. *Toronto*, 1881 ; 1 vol. in-8°.

Rapport du Comité d'agriculture de la province d'Ontario.

4418. — **May (S.-P.).** Address delivered before the Council of agricultural and arts Association of Ontario at the annual meeting held in Ottawa. *Toronto*, 1877 ; 1 broch. petit in-8°.

Allocution prononcée devant le Conseil de l'Association pour l'agriculture et les beaux-arts dans la province d'Ontario à la séance annuelle tenue à Ottawa en 1877.

4419. — Report of the fruit growers' Association of the province of Ontario. *Toronto*, 1875 ; 1 broch. in-8°.

Rapport de l'Association des cultivateurs de fruits dans la province d'Ontario.

4420. — Report of the Commissioner of agriculture on the products, manufactures, etc. of Ontario exhibited at the international Exhibition, Philadelphia, 1876. *Toronto*, 1 vol. in-8°.

Rapport du Commissaire de l'agriculture sur les produits, les objets manufacturés, etc., envoyés par la province d'Ontario à l'Exposition internationale de Philadelphie en 1876.

4421. — Annual report of the inspector of asylums, prisons and public charities for the province of Ontario. *Toronto*, 1878-1890 ; 11 vol. in-8°.

Rapport annuel de l'inspecteur des asiles, des prisons et des établissements de l'Assistance publique dans la province d'Ontario.

4422. — The educational Museum and school of art and design for Upper Canada. *Toronto*, 1858 ; 1 broch. in-8°.

Le Musée d'éducation et l'École des beaux-arts et du dessin du Haut Canada.

4423. — Report of the immigration Department for the province of Ontario. *Toronto*, 1869-1890 ; 3 vol. et 3 broch. in-8°.

Rapport du Département de l'immigration pour la province d'Ontario.

4424. — Remarks on Upper Canada surveys. 1862 ; 1 vol. in-8°.

Remarques sur les relevés topographiques du Haut Canada.

4425. — Report of the Commissioner of Crown lands of the province of Ontario. *Toronto*, 1860-1890 ; 2 vol. et 2 broch. in-8°.

Rapport du Commissaire des terres de la Couronne dans la province d'Ontario.

4426. — Education Department, Ontario. Compendium of acts and regulations respecting the public, separate and high schools. *Toronto*, 1878 ; 1 vol. in-8°.

Département de l'éducation, Ontario. Résumé des lois et des règlements concernant les écoles publiques, les écoles spéciales et les écoles supérieures.

4427. — Report of the Minister of education in Ontario, 1882, with the statistics of 1881 ; 1 vol. in-8°.

Rapport du Ministre de l'éducation dans la province d'Ontario pour 1882, avec les statistiques de 1881.

4428. — Annual report of the schools of Ontario (Upper Canada). 1852-1884; 13 vol. in-8°.

Rapport annuel des écoles de la province d'Ontario (Haut Canada).

4429. — Normal school for Ontario (Upper Canada). 1862-1877; 2 vol. in-4°.

L'école normale de la province d'Ontario (Haut Canada).

4430. — The school law. Province of Ontario. *Toronto*, 1883; 1 vol. in-8°.

Législation scolaire pour la province d'Ontario.

4431. — Province of Ontario. Special examination for county inspectors. Examination of public school teachers. 1871-1877; 1 vol. in-4°.

Province d'Ontario. Examen spécial pour les inspecteurs de comtés. Examen pour les professeurs des écoles publiques.

4432. — Hodgins (S.). Special report on the Ontario educational exhibit, and the educational features of the international Exhibition at Philadelphia, 1876. *Toronto*, 1 vol. in-8°.

Rapport spécial sur l'exposition d'instruction publique de la province d'Ontario et sur l'ensemble de l'instruction publique à l'Exposition internationale de Philadelphie en 1876.

4433. — Paris Exhibition, 1878. Educational institutions, province of Ontario, Dominion of Canada. *Toronto*, 1 broch. petit in-8°.

Exposition de Paris en 1878. Les établissements d'instruction publique dans la province d'Ontario, Puissance du Canada.

4434. — The revised statutes of Ontario. *Toronto*, 1877; 2 vol. in-8°.

Revision des statuts de la province d'Ontario.

4435. — Kingsford (R.-E.). Collection of such of the revised statutes of Ontario as relate to municipal matters. *Toronto*, 1878; 1 vol. in-8°.

Recueil des statuts revisés de la province d'Ontario qui ont rapport aux affaires municipales.

4436. — Report of the registrar general of the province of Ontario relating to the registration of births, marriages and deaths. 1876-1885; 12 vol. in-8°.

Rapport du directeur du bureau de l'état civil de la province d'Ontario concernant l'enregistrement des naissances, des mariages et des décès.

4437. — **Report of the Commissioner of public works for the province of Ontario.** *Toronto*, 1874-1890 ; 2 vol. et 2 broch. in-8°.

Rapport du Commissaire des travaux publics pour la province d'Ontario.

COLOMBIE BRITANNIQUE.

4438. — **British Columbia. Births deaths, and marriages; list of voters; expenditure and revenue; lands and works; mines; public schools.** 1876-1877; 1 vol. in-8°.

Colombie britannique. Naissances, décès et mariages; liste d'électeurs; dépenses et revenus; terres et travaux; mines; écoles publiques.

4439. — **Sessional papers. British Columbia.** 1878-1888; 11 vol. in-8°.

Documents parlementaires. Colombie britannique.

NOUVEAU-BRUNSWICK.

4440. — **Report of the medical superintendent of the provincial lunatic Asylum at Saint John N. B. 1877.** *Fredericton*, 1878; 1 broch. in-8°.

Rapport du médecin-surintendant de l'Asile provincial des aliénés à Saint-John, Nouveau-Brunswick.

NOUVELLE-ÉCOSSE.

4441. — **Report of the secretary for agriculture, Nova Scotia.** *Halifax*, 1878-1883; 3 vol. in-8°.

Rapport du secrétaire du Comité central d'agriculture de la Nouvelle-Écosse.

4442. — **Annual report of N. S. hospital for insane.** *Halifax*, 1878-1883 ; 1 vol. in-8°.

Rapport annuel de l'hospice des aliénés de la Nouvelle-Écosse.

4443. — **Financial returns of expenditure and revenue of the province of Nova Scotia.** *Halifax*, 1878-1883 ; 1 vol. in-8°.

Rapports sur les dépenses et les revenus de la province de la Nouvelle-Écosse.

4444. — **Nova Scotia. Expenditure and revenue; railways; roads and bridges; agriculture; hospital for the insane; schools.** 1877-1878; 1 vol. in-8°.

Nouvelle-Écosse. Dépenses et revenus; chemins de fer; routes et ponts; agriculture; hospice pour les aliénés; écoles.

4445. — **Annual report of the superintendent of public schools, Nova Scotia.** *Halifax*, 1878-1884 ; 2 vol. in-8°.

Rapport annuel du surintendant des écoles publiques de la Nouvelle-Écosse.

4446. — **Report of the provincial engineer, Nova Scotia.** *Halifax*, 1879-1883 ; 1 vol. in-8°.

Rapport de l'ingénieur provincial de la Nouvelle-Écosse.

PRINCE EDWARD (ÎLE DU).

4447. — **Prince Edward Island. Public works; public accounts; public schools; hospital for the insane; Crown and public lands; provincial exhibition.** 1877, 1884, 1885, 1890; 2 vol. in-8°.

Île du Prince-Édouard. Travaux publics; comptes publics; écoles publiques; hospice pour les aliénés; terres de la Couronne; exposition provinciale.

4448. — **The acts of the general Assembly of Prince Edward Island.** *Charlotte Town*, 1888-1891 ; 2 vol. in-8°.

Procès-verbaux des séances de l'Assemblée générale de l'Île du Prince-Édouard.

LEEDS ET GRENVILLE (COMTÉS DE).

4449. — **Minutes, reports, bye laws, etc. of the Council of the corporation of the united counties of Leeds and Grenville.** 1882-1883 ; 1 vol. petit in-8°.

Procès-verbaux des séances du Conseil municipal des comtés réunis de Leeds et de Grenville; rapports, règlements locaux, etc.

LINCOLN (COMTÉ DE).

4450. — **Proceedings of the sessions of the municipal Council of the county of Lincoln.** *St-Catharines*, 1886-1883 ; 1 vol. petit in-8°.

Procès-verbaux des séances du Conseil municipal du comté de Lincoln.

LONDON (ONTARIO).

4451. — **Bucke (R.-M.). Report of the Asylum for the insane, London (Ont.).** 1881; 1 broch. petit in-8°.

Rapport sur l'Asile d'aliénés de London (Ontario).

MONTRÉAL.

4452. — Lovell's Montreal directory. 1877-1889; 4 vol. in-8°.
Lovell. Almanach de Montréal.

4453. — Vues de Montréal. Album de photographies petit in-folio.

4454. — Johnston's map of the island and city of Montreal and vicinity. 1872; 1 carte in-12.
Johnston. Carte de l'île et de la ville de Montréal et alentours.

4455. — Plan of the city of Montreal, 1872. Mount Royal. 1877; 4 feuilles.
Plan de la ville de Montréal. Mont Royal.

4456. — Statements relating to the home and foreign trade of the Dominion of Canada, also annual report of the commerce of Montreal. 1877-1885; 3 vol. petit in-8°.
Exposés relatifs au commerce intérieur et extérieur de la Puissance du Canada, et rapport annuel du commerce de Montréal.

4457. — Lesage (L.). Rapport sur l'agrandissement proposé de l'aqueduc de Montréal, avec cartes. 1873; 1 broch. in-8° et cartes.

4458. — Rapport annuel du trésorier de la cité de Montréal. 1863-1883 ; 22 vol. in-8°.

4459. — Glackmeyer (Ch.). Charte et règlements de la cité de Montréal. 1865; 3 vol. in-8°.

4460. — Glackmeyer (Ch.). Appendice à la charte et aux règlements de la cité de Montréal. 1870 ; 1 vol. in-8°.

4461. — Acte pour reviser et refondre la charte de la cité de Montréal. 1874; 1 vol. et 1 broch. in-8°.

4462. — Ramsay. Précis des décisions des tribunaux du district de Montréal. 1854 ; 1 vol. in-8°.

4463. — Cour supérieure, Montréal. Plaidoiries des avocats dans l'affaire Henriette Brown contre la fabrique de Montréal. Refus de sépulture. 1870 ; 1 vol. in-8°.

4464. — **Reports on the accounts of the corporation of the city of Montreal.** 1866-1888; 5 vol. in-8°.

Rapports sur les comptes de la corporation de la cité de Montréal.

4465. — **Annual reports of the harbour Commissioners of Montreal.** 1879-1890 ; 2 vol. in-8°.

Rapports annuels des Commissaires du port de Montréal.

4466. — **Report on a general scheme of improvements for the harbour of Montreal.** 1877; 1 vol. in-8°.

Rapport sur un plan général d'améliorations pour le port de Montréal.

4467. — **Official documents and other informations relating to the improvement of the shipchannel between Montreal and Quebec.** 1884; 1 vol. in-8°.

Documents officiels et autres renseignements concernant l'amélioration du canal navigable entre Montréal et Québec.

4468. — **Ansley (G.-D.). Rapport sur le pavage permanent pour les rues de la ville de Montréal.** 1882 ; 1 broch. in-8°.

QUÉBEC.

4469. — **Larue (P.-H.). Les corporations religieuses de Québec.** 1870 ; 1 broch. grand in-8°.

4470. — **Baldwin (G.-R.). Report on supplying the city of Quebec with pure water.** 1848 ; 1 vol. in-8°.

Rapport sur les moyens d'approvisionner d'eau pure la cité de Québec.

4471. — **Baldwin (G.-R.). Rapport sur la nécessité de nouveaux travaux pour augmenter la quantité d'eau fournie à la cité de Québec.** 1865 ; 1 broch. in-8°.

4472. — **Rapport du chevalier C. Baillairgé, ingénieur de la cité de Québec, sur l'amélioration de son aqueduc.** 10 juin 1881 ; 1 broch. petit in-8°.

4473. — **Report of the city surveyor and waterworks engineer.** *Québec*, 1872-1873; 1 vol. in-8°.

Rapport de l'ingénieur municipal, directeur du service des eaux.

4474. — **City treasurer's accounts, and other documents of the corporation of Quebec.** 1864-1865; 2 vol. grand in-8° et in-8°.

Comptes du trésorier de la cité, et autres documents de la corporation de Québec.

                                         AMÉRIQUE.

4475. — **City treasurer's accounts.** 1870-1888; 16 vol. in-8°.

Comptes et états du trésorier de la cité et autres documents de la corporation de Québec et de l'aqueduc.

4476. — **Hawkins's picture of Quebec with historical recollections.** 1834; 1 vol. in-12.

Hawkins. Tableau de Québec et souvenirs historiques.

4477. — **Règlement de la brigade du feu de la cité de Québec.** 1877; 1 broch. in-18.

4478. — **Lois et règlements pour le gouvernement de la cité de Québec.** 1851; 1 vol. in-8°.

4479. — **Règlements, règles et ordres pour la régie intérieure du Conseil de ville de la cité de Québec.** 1876; 1 broch. petit in-8°.

4480. — **The municipal situation.** *Québec*, 1878 ; 1 broch. in-8°.

État des affaires municipales à Québec en 1878.

4481. — **Municipal statistics or municipal returns.** *Québec*, 1882; 1 broch. in-8°.

Statistiques municipales ou rapports municipaux.

4482. — **Rapport du surintendant des travaux de la corporation de Québec.** 1868; 1 vol. in-8°.

4483. — **Poids et mesures. Extrait des transactions de la Société littéraire et historique de Québec.** *Ottawa*, 1867; 1 broch. in-8°.

4484. — **Baillairgé (Ch.).** Lecture sur le tableau stéréométrique; clef synoptique et appréciations de ce tableau. *Québec*, 1872-1875; 3 broch. petit in-8°.

4485. — **Report of the city engineer. Quebec. River St-Charles.** 1875-1876; 2 broch. in-8°.

Rapport de l'ingénieur de la ville. Québec. Rivière Saint-Charles.

4486. — **Rapport supplémentaire de l'ingénieur de la corporation de Québec. Du chemin de fer du Nord.** 1875; 1 broch. petit in-8°.

4487. — **Plans accompagnant le rapport sur un pont suspendu projeté pour le passage d'un chemin de fer et pour la traversée du fleuve Saint-Laurent à Québec.** 1 atlas in-4°.

TORONTO.

4488. — **The orphans' home, and female aid Society, Toronto. Annual report.** 1876-1884; 1 vol. et 1 broch. petit in-8°.

L'orphelinat et la Société de secours pour les femmes à Toronto. Rapport annuel.

4489. — **Annual report of the girls' home of the city of Toronto.** 1876-1884; 1 vol. in-12.

Rapport annuel de l'Asile de jeunes filles de la ville de Toronto.

4490. — **Annual report of the Committee of management of the boys' home.** *Toronto,* 1877-1884; 1 vol. in-18.

Rapport annuel du Comité d'administration de l'Asile de jeunes garçons à Toronto.

4491. — **Vues de Toronto-Ontario, Canada.** 15 photographies.

4492. — **Toronto public library. Catalogue of central circulating library.** 1884; 1 vol. grand in-12.

Bibliothèque publique de Toronto. Catalogue de la bibliothèque centrale de prêts.

4493. — **Birds-eye view of Toronto.** 1876; 1 carte murale.

Toronto vu à vol d'oiseau.

4494. — **Toronto water works. Report of the city engineer and manager.** 1875-1882; 2 vol. in-8°.

Service des eaux de Toronto. Rapport de l'ingénieur de la ville, directeur du service.

4495. — **Scadding (H.). Toronto's first germ.** 1878; 1 broch. in-8°.

L'origine de Toronto.

4496. — **Scadding (H.). Toronto of old.** 1873; 1 vol. in-8°.

Le vieux Toronto.

4497. — **Timperlake (J.). Illustrated Toronto, past and present.** 1877; 1 vol. in-8°.

Toronto illustré dans le passé et dans le présent.

4498. — **Tax exemptions.** *Toronto*, 1878; 1 broch. in-8°.

Exemptions des taxes.

4499. — **Report of the hon. the provincial secretary on the working of the tavern and shop licences acts.** *Toronto*, 1876-1884; 2 vol. in-8°.

Rapport du secrétaire provincial sur l'application des lois concernant les patentes des cabaretiers et des boutiquiers.

4500. — **Minutes of the proceedings of the public school Board of the city of Toronto.** 1876-1884; 9 vol. in-8°.

Procès-verbaux des séances du Conseil des écoles publiques de la ville de Toronto.

4501. — **Public schools, city of Toronto. Reports.** 1859-1884; 4 vol. petit in-8°.

Écoles publiques de la ville de Toronto. Rapports.

4502. — **A second consolidation of the by-laws of the city of Toronto.** 1876; 1 vol. in-8°.

Second recueil des règlements locaux de la ville de Toronto.

4503. — **Minutes of proceedings of the Council of the corporation of the city of Toronto, province of Ontario.** 1876-1881; 6 vol. in-8°.

Procès-verbaux des séances du Conseil municipal de Toronto, province d'Ontario.

4504. — **City of Toronto. Report of the city engineer on the works performed, and expenditure for the same.** 1877-1884; 1 vol. in-8°.

Ville de Toronto. Rapport de l'ingénieur de la ville sur les travaux accomplis et sur les dépenses qu'ils ont occasionnées.

CHILI.

4505. — **Boletin de la Sociedad nacional de agricultura.** *Santiago*, 1871-1876; 6 vol. in-8°.

Bulletin de la Société nationale d'agriculture.

4506. — **Programa-prospecto de la escuela de agricultura de la quinta normal.** *Santiago*, 1876; 1 broch. in-8°.

Programme-prospectus de l'école d'agriculture de la ferme-modèle.

4507. — **Solano Perez (F.). Memoria sobre el cultivo y beneficio del lino y el cañamo en Chile.** 1883; 1 cahier in-8°.

Rapport sur la culture et le rendement du lin et du chanvre au Chili.

4508. — **Reglamentos para la quinta normal de agricultura.** *Santiago de Chile.* 1858-1862; 2 broch. in-8°.

Règlements de la ferme agricole modèle.

4509. — **Primer congreso libre de agricultores de la Republica de Chile en 1875.** 1 vol. in-8°.

Premier congrès libre des agriculteurs de la République du Chili en 1875.

4510. — **Gay (C.). Historia fisica y politica de Chile. Agricultura.** *Paris, Chile*, 1862-1865; 2 vol. petit in-8°.

Histoire physique et politique du Chili. Agriculture.

4511. — **Le Feuvre (R.-F.), Gonzalez Ugalde (C.). Curso de agricultura teorica i practica. Fisica agricola.** *Santiago*, 1875; 1 vol. in-8°.

Cours d'agriculture théorique et pratique. Physique agricole.

4512. — **Besnard (J.), Corvalan (E.). Curso de agricultura teorica i practica. Zootechnia. Anatomia i fisiologia de los animales domesticos.** *Santiago de Chile*, 1877; 1 vol. in-8°.

Cours d'agriculture théorique et pratique. Zootechnie. Anatomie et physiologie des animaux domestiques.

4513. — **Tornero (S.). Tratado de economia rural.** *Valparaiso*, 1873; 1 vol. in-8°.

Traité d'économie rurale.

4514. — Le Feuvre (R.). El oïdium Tuckeri, enfermedad de las viñas i medios de curarla. *Santiago de Chile*, 1877; 1 broch. in-8°.

L'oïdium, maladie des vignes et moyens de la guérir.

4515. — Repertorio chileno año de 1835. 1 vol. grand in-32.

Répertoire chilien pour 1835.

4516. — Almanaque americano. *Santiago*, 1873-1874; 2 broch. in-12 et in-18.

Almanach américain.

4517. — Memoria de guerra. *Santiago de Chile*, 1870-1874; 4 vol. in-4°.

Rapports du Ministère de la guerre.

4518. — Memoria de guerra y marina. *Santiago de Chile*. 1836-1877; 2 broch. et 3 vol. in-8°.

Rapports des Départements de la guerre et de la marine.

4519. — Varas (J.-A.). Recopilacion de leyes, ordenes, decretos supremos i circulares concernientes al ejercito. *Santiago de Chile*, 1812-1870; 4 vol. in-8°.

Recueil des lois, des ordonnances, des décrets et des circulaires concernant l'armée.

4520. — Castro (R.). Recopilacion de leyes, decretos supremos i circulares vijentes concernientes a la guardia nacional. *Santiago de Chile*, 1835-1877; 1 vol. in-8°.

Recueil des lois, des décrets et des circulaires en vigueur concernant la garde nationale.

4521. — Arteaga (D.-J.). Curso de instruccion special de artilleria escrito en frances por Le Secq de Crepy y traducido al castellano. *Santiago de Chile*, 1848; 1 vol. grand in-12.

Cours spécial d'artillerie écrit en français par Le Secq de Crépy et traduit en espagnol.

4522. — Tactica de artilleria. *Valparaiso*, 1875; 1 vol. in-8°.

Tactique de l'artillerie.

4523. — Videla (S.-G.). Elementos de artilleria. *Santiago*, 1868; 1 broch. petit in-8°.

Éléments d'artillerie.

4524. — Silva Chaves (J.-M.). Tactica de infanteria de linea. *Santiago de Chile*, 1867; 3 vol. in-12.

Tactique de l'infanterie de ligne.

4525. — Prontuario para la instruccion del soldado de caballeria en el manejo del sable. *Santiago*, 1865; 1 broch. petit in-8°.

Manuel pour l'instruction du soldat de cavalerie dans le maniement du sabre.

4526. — Arteaga (D.-J.). Proyecto de Codigo militar. *Santiago de Chile*, 1864; 1 vol. grand in-8°.

Projet de Code militaire.

4527. — Ordenanza para el regimen, disciplina, subordinacion y servicio de los ejercitos de la Republica. *Santiago de Chile*, 1872; 1 broch. in-8°.

Ordonnance relative au gouvernement, à la discipline, à la subordination et au service des armées de la République.

4528. — Sesiones del Congreso constituyente. *Santiago de Chile*, 1826-1827; 1 liasse in-4°.

Sessions de l'Assemblée constituante.

4529. — Sesiones del Congreso nacional. *Santiago de Chile*, 1846-1865; 1 liasse in-4°.

Sessions de l'Assemblée nationale.

4530. — Discurso de su Excelencia el Presidente de la Republica en la apertura del Congreso nacional. *Santiago de Chile*, 1872-1877; 5 broch. in-4°.

Discours du Président de la République du Chili à l'ouverture des sessions de l'Assemblée nationale.

4531. — Sesiones ordinarias y estraordinarias de la Camara de diputados. *Santiago de Chile*, 1866-1877; 22 vol. in-4°.

Sessions ordinaires et extraordinaires de la Chambre des députés.

4532. — Sesiones ordinarias y estraordinarias de la Camara de senadores. *Santiago de Chile*, 1866-1876; 19 cahiers in-4°.

Sessions ordinaires et extraordinaires de la Chambre des sénateurs.

4533. — Sesiones de la Comision conservadora. *Santiago de Chile*, 1876; 1 broch. petit in-folio.

Sessions de la Commission conservatrice.

4534. — M. J. O. Mapa de Chile. 1 carte murale.

Carte du Chili.

4535. — Memoria de los trabajos hechos por la Junta directiva del ferro-carril entre Santiago y Valparaiso. 1853-1854; 1 broch. petit in-8°.

Rapport sur les travaux exécutés par la Commission directrice du chemin de fer entre Santiago et Valparaiso.

4536. — Lei sobre ferrocarriles. *Valparaiso*, 1862; 1 broch. in-12...

Loi sur les chemins de fer.

4537. — Estadistica comercial de la Republica de Chile. 1849-1876; 6 vol. in-4° et in-8°.

Statistique commerciale de la République du Chili.

4538. — Résumé de la statistique commerciale du Chili. 1873-1874; 8 broch. in-8° et in-4°.

4539. — Codigo de comercio de la Republica de Chile. 1866; 1 vol. petit in-4°.

Code de commerce de la République du Chili.

4540. — Mujica (J.-F.). Codigo de comercio concordado. *Santiago de Chile*, 1874; 1 vol. in-8°.

Concordance du Code de commerce.

4541. — Vidal (S.). Manual del comerciante i del abogado. *Santiago*, 1871; 2 vol. in-8°.

Manuel du commerçant et manuel de l'avocat.

4542. — N. N. Tratado de comercio teorico y practico. *Valparaiso*, 1876; 1 vol. in-8°.

Traité de commerce théorique et pratique.

4543. — Alvarado (Alvaro-F.). Tratado de comercio teorico i practico. *Valparaiso*, 1878; 1 vol. in-8°.

Traité de commerce théorique et pratique.

4544. — Bourgeois (L.-A.). Tratado de teneduria de libros por partida doble. *Santiago de Chile*, 1876; 1 vol. in-8°.

Traité de tenue des livres en partie double.

4545. — Donoso (D.-J.). Institutiones de derecho canonico americano. *Valparaiso*, 1848; 1 vol. in-8°.

Principes du droit canonique américain.

4546. — Concha (R.-F.). Derecho publico eclesiastico. *Santiago de Chile*, 1872; 2 vol. in-8°.

Droit public ecclésiastique.

4547. — Ramon Astorga (D.-J.). Boletin eclesiastico, o sea coleccion de edictos, estatutos i decretos de los prelados del arzobispado de Santiago de Chile. 1861; 2 vol. in-8°.

Bulletin ecclésiastique, ou recueil d'édits, de règlements et de décrets des archevêques de Santiago du Chili.

4548. — Documentos de la negociacion hecha en Roma para la abolicion del fuero eclesiastico. *Santiago de Chile*, 1874; 1 broch. in-8°.

Pièces relatives à la négociation suivie à Rome pour l'abolition de la juridiction ecclésiastique.

4549. — Villalon (Z.). Tratado teologico-legal de la justicia, o sea concordancia del derecho chileno con la teologia moral en materia de justicia. *Santiago*, 1871; 1 vol. in-8°.

Traité théologico-légal de la justice, ou concordance du droit chilien avec la théologie morale en matière de justice.

4550. — Erraguriz (C.). Las orijenes de la Iglesia chilena, 1540-1603. *Santiago*, 1873; 1 vol. in-8°.

Les origines de l'Église chilienne.

4551. — Memoria politica sobre si conviene en Chile la libertad de cultos. Julio 1825; 1 broch. grand in-32.

Mémoire politique sur la question de savoir si la liberté des cultes convient au Chili.

4552. — Garcia (R.-V.). Tratado de la verdadera religion y de la vera Iglesia. *Santiago de Chile*, 1848; 1 vol. petit in-8°.

Traité de la vraie religion et de la véritable Église.

4553. — Ramon Saavedra (D.-J.). Pensamientos sobre el catolicismo i la sociedad. *Santiago*, 1863; 1 broch. petit in-8°.

Pensées sur le catholicisme et sur la société.

4554. — Donoso (D.-J.). Guia del parroco i del sacerdote en sus relaciones con la religion i la sociedad. *Santiago*, 1867; 1 vol. in-8°.

Guide du curé et du prêtre dans ses rapports avec la religion et avec la société.

4555. — Donoso (D.-J.). Manual del parroco americano. *Santiago de Chile*, 1844; 1 vol. petit in-8°.

Manuel du curé américain.

4556. — Donoso (D.-J.). Diccionario teologico, canonico, juridico, liturjico, biblico, ec. *Valparaiso*, 1857-1859; 4 vol. in-8°.

Dictionnaire théologique, canonique, juridique, liturgique, biblique, etc.

4557. — Zorobabel Rodriguez. Diccionario de chilenismos. *Santiago*, 1875; 1 vol. petit in-8°.

Dictionnaire de locutions chiliennes.

4558. — Barros (L.). Ensayo sobre la condicion de las clases rurales en Chile. 1875; 1 broch. in-8°.

Essai sur la condition des classes rurales au Chili.

4559. — Lastarria (J.-V.). Lecciones de politica positiva. *Paris, Mexico*, 1875; 1 vol. in-8°.

Leçons de politique positive ou basée sur l'expérience.

4560. — Economia politica. *Santiago*, 1 broch. in-8°.

Économie politique.

4561. — Cruchaga (M.). Tratado elemental de economia politica. *Santiago*, 1870; 1 vol. in-8°.

Traité élémentaire d'économie politique.

4562. — Memoria sobre la colonizacion en Chile. 1849-1872; 2 broch. grand in-8°.

Rapport sur la colonisation au Chili.

4563. — Estatutos para una caja de ahorros especialmente para empleados publicos. *Santiago*, 1858; 1 broch. petit in-8°.

Statuts pour une caisse de secours spécialement destinée aux employés publics.

4564. — Liquidacion de la caja de ahorros especialmente para empleados publicos. *Santiago*, 1873-1876; 4 broch. in-4°.

Liquidation de la caisse de secours spécialement destinée aux employés publics.

4565. — Esposicion nacional de artes e industria de 1872. Memorias premiadas. *Santiago de Chile*, 1873; 1 vol. in-8°.

Exposition nationale des arts et de l'industrie de 1872. Mémoires couronnés.

4566. — Exposition internationale du Chili de 1875. 3 feuilles in-8°.

4567. — Esposicion internacional. Memorias. *Santiago de Chile,* 1874-1875; 2 broch. in-8°.

Exposition internationale du Chili. Rapports.

4568. — Bases de un reglamento de jurados para la Esposicion internacional de Chile en 1875. 1 broch. in-8°.

Bases d'un règlement pour le jury de l'Exposition internationale du Chili en 1875.

4569. — Esposicion internacional de Chile en 1875. Materias primas, esposicion de animales reproductores. 2 broch. in-8°.

Exposition internationale du Chili en 1875. Matières premières, exposition d'animaux reproducteurs.

4570. — Rapport de la Commission suisse à Valparaiso. Exposition internationale de 1875 à Santiago du Chili. 1 broch. in-8°.

4571. — Sève (H.-E.). L'Exposition internationale de 1875 à Santiago du Chili. Publications officielles de la Commission belge. *Valparaiso,* 1 broch. in-8° (1re partie seule).

4572. — Boletin de la Esposicion internacional de Chile en 1875. 4 vol. in-8°.

Bulletin de l'Exposition internationale du Chili en 1875.

4573. — Correo de la Esposicion internacional de Chile en 1875. 1 liasse petit in-4°.

Courrier de l'Exposition internationale du Chili en 1875.

4574. — Memoria de hacienda. *Santiago de Chile,* 1824-1877; 9 vol. petit in-8°.

Rapport du Département des finances.

4575. — Cuenta jeneral de las entradas i gastos fiscales de la Republica de Chile. 1854-1874; 4 vol. in-4°.

Compte général des recettes et des dépenses fiscales de la République du Chili.

4576. — Lei de presupuestos de los gastos jenerales de la administracion publica de Chile. 1846-1878; 6 vol. petit in-4°.

Loi concernant le budget des dépenses générales de l'administration publique au Chili.

4577. — Corta de bosques. Informe de la Comision nombrada para dictaminar esta materia, i reglamento dictado por el Presidente de la Republica. *Santiago*, 1879; 1 broch. in-8°.

Coupe des bois. Avis de la Commission nommée pour faire une enquête à ce sujet, et règlement promulgué par le Président de la République.

4578. — Sève (E.). La patria Chilena. *Valparaiso*, 1 vol. in-8° (1 vol. seul).

Le Chili tel qu'il est.

4579. — Miquel (M.). Ensayo sobre Chile escrito en frances en Hamburgo por V. Perez Rosales. *Santiago*, 1859; 1 vol. in-8°.

Essai sur le Chili, écrit en français par V. P. Rosales, à Hambourg.

4580. — Question de limites entre Chile y la Republica Argentina. *Valparaiso*, 1876; 1 vol. in-8°.

Question de limites entre le Chili et la République Argentine.

4581. — Pissis (A.). Geografia fisica de la Republica de Chile. 1875; 1 vol. in-8° avec atlas.

Géographie physique de la République du Chili.

4582. — Asta-Buruaga (F.-S.). Diccionario jeografico de la Republica de Chile. *Nueva-York*, 1867; 1 vol. petit in-8°.

Dictionnaire géographique de la République du Chili.

4583. — Vicuña Mackenna (B.). De Valparaiso à Santiago. 1877; 2 vol. grand in-12.

4584. — Vicuña Mackenna.(B.). Esploracion de las lagunas Negra i del Encañado en las Cordilleras de San Jose, i del valle de Yeso. *Valparaiso*, 1874; 1 vol. in-8°.

Exploration de la lagune Noire et de la lagune du Canal dans la Cordillère de San-José ainsi que de la vallée du Yeso.

4585. — Notas estadisticas i geograficas relativas a los rios Imperial, Budi, Tolten, Queli i Menguin, de orden del Gobierno de Chile. 1855; 1 broch. grand in-8°.

Notes statistiques et géographiques relatives à divers cours d'eau, publiées par ordre du Gouvernement chilien.

4586. — El paseo de Santa Lucia. *Santiago*, 1873; 1 vol. in-8°.

La promenade de Sainte-Lucie.

4587. — **El Santa Lucia. Guia popular y breve descripcion de este paseo.** *Santiago*, 1874 ; 1 broch. in-8°.

Guide populaire à Sainte-Lucie et courte description de cette promenade.

4588. — **Philippi (R.-A.). Viage al desierto de Atacama hecho de orden del Gobierno de Chile, 1853-1854.** *Halle en Sajonia*, 1 vol. in-4°.

Voyage au désert d'Atacama entrepris par ordre du Gouvernement chilien.

4589. — **Walker Martinez (C.). Pajinas de un viage al traves de la America del Sur.** *Santiago*, 1877; 1 vol. in-8°.

Pages d'un voyage au travers de l'Amérique du Sud.

4590. — **Salas Lavaqué (M.). Compendio de jeografia descriptiva.** *Santiago*, 1877; 1 vol. grand in-12.

Abrégé de géographie descriptive.

4591. — **Gonzalo Cruz. Curso de jeografia.** *Santiago*, 1878; 1 vol. in-12.

Cours de géographie.

4592. — **Febres (El P.-A.). Arte de la lengua general del regno de Chile.** *Lima*, 1764; 1 vol. in-18.

Préceptes de la langue qui se parle généralement dans le royaume du Chili.

4593. — **Larenas de Herrera (H.). Compendio de gramatica castellana.** *Santiago de Chile*, 1877; 1 broch. in-18.

Abrégé de grammaire espagnole.

4594. — **Guillou (M.-F.). Lecciones teorico-practicas de gramatica castellana.** *Santiago de Chile*, 1871-1874; 2 broch. in-18.

Leçons théoriques et pratiques de grammaire espagnole.

4595. — **Andres Bello (D.). Principios de la ortolojia i metrica de la lengua castellana.** *Santiago de Chile*, 1871; 1 vol. in-18.

Principes de l'orthologie et de la métrique espagnole.

4596. — **Bello (D.-F.). Gramatica de la lengua latina aumentata i correjida por J.-Florian Lobeck.** *Santiago de Chile*, 1 vol. in-8°.

Grammaire de la langue latine augmentée et corrigée par Lobeck.

4597. — **Vezzosi (C.-J.-A.). Curso teorico-practico de la lengua italiana.** *Santiago de Chile*, 1877; 1 vol. in-8°.

Cours théorique et pratique de langue italienne.

**4598. — Vargas Fontecilla (F.). La conjugacion de los
verbos franceses.** *Santiago*, 1877; 1 broch. in-8°.

La conjugaison des verbes français.

4599. — Memoria de relaciones esteriores. *Santiago de Chile*,
1846-1872; 14 broch. et 8 vol. in-8°.

Rapport du Département des affaires étrangères.

**4600. — Coleccion de tratados celebrados por la Republica de
Chile con los Estados extranjeros.** 1857-1875; 1 vol. grand
in-8°.

Recueil des traités conclus par la République du Chili avec les États étrangers.

**4601. — Coleccion de ensayos i documentos relativos a la
union i confederacion de los pueblos hispano-americanos.**
Santiago de Chile, 1862; 1 vol. in-8°.

Recueil d'essais et de documents relatifs à l'union et à la confédération des
peuples hispano-américains.

**4602. — Suarez (J.-B.). Rasgos biograficos de mugeres ce-
lebres de Europa.** *Santiago*, 1872; 1 vol. in-12.

Notices biographiques sur diverses femmes célèbres de l'Europe.

4603. — Prolegomenos de la historia universal. *Santiago*,
1 broch. in-8°.

Prolégomènes de l'histoire universelle.

4604. — Coleccion de historiadores de Chile. 1861-1876;
10 vol. et 14 broch. in-8°.

Les historiens du Chili.

4605. — Amunategui (L.). La cronica de 1810. *Santiago*,
1876; 2 vol. in-8°.

La chronique de 1810.

**4606. — Amunategui (L.). Los precursores de la indepen-
dencia de Chile.** 1870-1872; 3 vol. in-8°.

Les précurseurs de l'indépendance du Chili.

**4607. — Barros Arana (D.). Historia jeneral de la inde-
pendencia de Chile.** 1854; 1 vol. in-8°.

Histoire générale de l'indépendance du Chili.

**4608. — Historia jeneral de la Republica de Chile desde su
independencia hasta nuestros dias.** 1866-1868; 3 vol. in-8°.

Histoire générale de la République du Chili depuis son indépendance
jusqu'à nos jours.

4609. — Vicuña Mackenna (B.). La guerra a muerte. Memoria sobre las ultimas campañas de la independencia de Chile, **1819-1824.** *Santiago*, 1868; 1 vol. in-8°.

La guerre à mort. Mémoire sur les dernières campagnes de la guerre de l'indépendance au Chili.

4610. — Amunategui (L.). Compendio de la historia politica y eclesiastica de Chile. 1867; 1 vol. in-18.

Abrégé de l'histoire politique et ecclésiastique du Chili.

4611. — Erraguriz (F.). Chile bajo el imperio de la Constitucion de **1828.** *Santiago*, 1861; 1 vol. in-8°.

Le Chili sous l'empire de la Constitution de 1828.

4612. — Courcelle Seneuil (G.). Agresion de España contra Chile. 1866; 1 broch. in-8°.

Agression de l'Espagne contre le Chili.

4613. — Historia de Chile durante los cuarenta años trascurridos desde 1831 hasta 1871. *Santiago de Chile*, 1875; 1 vol. in-8° (1er vol. seul).

Histoire du Chili durant la période de quarante années comprise entre 1831 et 1871.

4614. — Zapiola (J.). Recuerdos de treinta años : **1810-1840.** *Santiago de Chile*, 1872-1874; 2 vol. in-12.

Souvenirs de trente ans, de 1810 à 1840.

4615. — Avisos y correspondencia. *Santiago de Chile*, 1823-1825; 5 broch. petit in-8°.

Avis et correspondance.

4616. — Exposicion que hace un Peruano al virey Lacerna a cerca del verdadero estato politico de la America en la presente epoca. *Santiago de Chile*, 1822; 1 broch. petit in-8°.

Exposé présenté par un Péruvien au vice-roi Lacerna au sujet du véritable état politique de l'Amérique à l'époque actuelle (1822).

4617. — Los escritores chilenos de la independencia. 1873; 1 broch. petit in-8°.

Les écrivains de l'indépendance au Chili.

4618. — Suarez (J.-B.). Rasgos biograficos de hombres notables de Chile. 1863; 1 vol. in-18.

Notices biographiques sur quelques hommes célèbres du Chili.

4619. — Torres (J.-A.). Oradores chilenos. Retratos parlamentarios. 1860; 1 vol. petit in-8°.

Les orateurs chiliens. Portraits parlementaires.

4620. — Vicuña Mackenna (B.). Introduccion a la historia de los diez años de la administracion Montt. *Valparaiso*, 1863; 2 vol. in-8°.

Introduction à l'histoire des dix années de l'administration de Montt.

4621. — Vicuña Mackenna (B.). Historia de los diez años de la administracion de Don Manuel Montt. *Santiago de Chile*, 1862-1863; 5 vol. in-8°.

Histoire des dix années de l'administration de Don Manuel Montt.

4622. — Vicuña Mackenna (B.). Los Lisperguer y la Quintrala (Doña Catalina de los Rios). *Valparaiso*, 1877; 1 vol. in-8°.

Les Lisperguer et la Quintrala (Catherine).

4623. — Walker Martinez (C.). El dictador Linares. Biografia. *Santiago de Chile*, 1877; 1 broch. in-8°.

Biographie du dictateur Linares.

4624. — Vicuña Mackenna (B.). Lautaro y sus tres campañas contra Santiago, 1553-1557. *Santiago*, 1876; 1 vol. in-8°.

Lautaro et ses trois campagnes contre Santiago.

4625. — Vicuña Mackenna (B.). El ostracismo del jeneral D. Bernardo O'Higgins. *Valparaiso*, 1860; 1 vol. in-8°.

L'ostracisme du général D. B. O'Higgins.

4626. — La corona del heroe. Recopilacion de datos i documentos para perpetuar la memoria del jeneral Don Bernardo O'Higgins. *Santiago de Chile*, 1872; 1 vol. in-8°.

La couronne du héros. Recueil de données et de pièces propres à perpétuer la mémoire du général D. B. O'Higgins.

4627. — La inauguracion de la estatua ecuestre del capitan jeneral Don Bernardo O'Higgins en mayo de 1872. *Santiago de Chile*, 1 broch. in-8°.

Inauguration de la statue équestre du capitaine général D. B. O'Higgins en mai 1873.

4628. — Magallanes (D.-V.). Biografia del iltmo. Señor

obispo de La Serena, doctor **D. Justo Donoso.** *Santiago*, 1871; 1 broch. petit in-8°.

Biographie de l'évêque de La Serena, D. J. Donoso.

4629. — **Corona funebre que a la memoria del iltmo. Señor obispo de Himeria, doctor Don Jose Miguel Aristegui dedica A. M. Arostegui.** *Santiago de Chile*, 1876; 1 broch. in-8°.

Couronne funèbre dédiée par A. M. Arostegui à la mémoire de l'évêque d'Himeria, D. J. M. Aristegui.

4630. — **Barros Arana (D.). Don Claudio Gay. Su vida e sus obras.** *Santiago de Chile*, 1876; 1 vol. in-8°.

Don Claudio Gay. Sa vie et ses œuvres.

4631. — **Luis (M.), Amunatégui (G.-V.). Vida de D. Jose Joaquin Vallejo i de D. Salvador Sanfuentes.** *Santiago*, 1866; 2 vol. in-18.

Vie de D. J. Vallejo et de D. S. Sanfuentes.

4632. — **Amunatégui (M.-L.). Vida de Don Ignacio Domeyco i de Doña Mercedes Marin del Solar.** *Santiago*, 1867; 2 broch. in-18.

Vie de D. I. Domeyco et de Doña Mercedes Marin del Solar.

4633. — **Barros Arana (D.). Compendio de historia de America.** *Santiago*, 1865; 2 vol. in-8°.

Abrégé de l'histoire de l'Amérique.

4634. — **Cortes (J.-D.). Biografia americana o galeria de poetas celebres.** *Santiago*, 1871; 1 vol. in-8°.

Biographie américaine ou galerie des poètes célèbres.

4635. — **Barros Arana (D.). Proceso de Pedro de Valdivia.** *Santiago de Chile*, 1874; 1 vol. in-8°.

Procès de Pedro de Valdivia.

4636. — **Tarifa de avaluos para las aduanas de la Republica.** *Santiago de Chile*, 1832-1833; 2 broch. in-4°.

Tarif des droits de douane au Chili.

4637. — **Adiciones al reglamento de aduanas para los almacenes de deposito y comercio maritimo de transito.** *Santiago*, 1841; 1 broch. petit in-4°.

Additions au règlement sur les douanes pour les magasins de dépôt et le commerce maritime de transit.

4638. — **Proyecto de reforma de la ordenanza de aduanas de 1861.** *Santiago de Chile*, 1863; 1 broch. grand in-12.

Projet d'une réforme de l'ordonnance de 1861 concernant les douanes.

4639. — **Ordenanza de aduanas de la Republica de Chile.** 1872; 1 broch. grand in-12.

Ordonnance concernant les douanes chiliennes.

4640. — **Lei de patentes, 1866. Reglamento e instrucciones para la recaudacion del impuesto de patentes.** *Santiago de Chile*, 1869; 1 broch. grand in-12.

Loi de 1866 sur les patentes. Règlement et instructions concernant la perception de l'impôt des patentes.

4641. — **Recopilacion de leyes, reglamentos, decretos supremos i circulares sobre instruccion primaria en Chile.** 1869; 1 broch. in-8°.

Recueil de lois, de règlements, de décrets et de circulaires concernant l'enseignement primaire au Chili.

4642. — **Ballesteros (M.-E.).** Compilacion de leyes i decretos vijentes en materia de instruccion publica. *Santiago de Chile*, 1872; 1 vol. in-8°.

Recueil des lois et des décrets en vigueur en matière d'instruction publique.

4643. — **Diaz Prado (J.-A.).** Memoria sobre instruccion primaria presentada a la Universidad de Chile. De la instruccion primaria en Chile. 1856; 1 vol. in-8°.

Rapport sur l'enseignement primaire présenté à l'Université du Chili. De l'enseignement primaire au Chili.

4644. — **Boletin de las escuelas.** *Santiago*, 1873-1874; 1 liasse in-8°.

Bulletin des écoles.

4645. — **Luis (M.), Amunátegui (G.-V.).** De la instruccion primaria en Chile. 1856; 1 vol. in-8°.

De l'enseignement primaire au Chili.

4646. — **Programa de instruccion superior para el Instituto nacional.** 1850; 1 broch. in-8°.

Programme de l'enseignement supérieur à l'Institut national.

4647. — **Estatutos de la Sociedad catolica de educacion i re-**

glamento para las escuelas diurnas de la misma sociedad. *Santiago*, 1870; 1 broch. in-8°.

Statuts de la Société catholique d'éducation et règlement pour les écoles diurnes de ladite société.

4648. — **Reglamento para las escuelas de artes i oficios.** *Santiago de Chile*, 1864; 1 broch. petit in-8°.

Règlement pour les écoles d'arts et métiers.

4649. — **Programa de gramatica castellana.** *Santiago*, 1863; 1 broch. in-12.

Programme des classes de grammaire espagnole.

4650. — **Programas de las materias de que daran examen en el presente año 1848 los alumnos que cursan las clases medicas.** *Santiago de Chile*, 1 broch. in-8°.

Programmes des matières sur lesquelles seront examinés cette année (1848) les élèves qui suivent les cours de médecine.

4651. — **La libertad de enseñanza ante la Camara de diputados i el Consejo universitario.** *Santiago*, 1874; 1 vol. in-8°.

La liberté de l'enseignement devant la Chambre des députés et le Conseil universitaire.

4652. — **Anales de la Universidad de Chile.** 1843-1877; 35 vol. in-8°.

Annales de l'Université du Chili.

4653. — **Briseño (D. Ramon).** Indice jeneral de los anales de la Universidad de Chile.** 1856; 1 broch. in-8°.

Index général des annales de l'Université du Chili.

4654. — **Domeyko (J.).** Reseña de los trabajos de la Universidad desde 1855 hasta el presente memoria.** *Santiago*, 1872; 1 broch. in-8°.

Revue des travaux de l'Université depuis 1855 jusqu'au présent rapport.

4655. — **El Araucano.** *Santiago de Chile*, 1871-1877; 5 vol. in-folio.

L'Araucano.

4656. — **Gaceta ministerial de Chile.** *Santiago*, 1818-1822; 1 vol. in-4°.

Gazette ministérielle du Chili.

4657. — **Diario de documentos del Gobierno.** *Santiago de Chile*, 1825-1827; 1 vol. in-4°.

Feuille quotidienne des documents publiés par le Gouvernement.

4658. — **Diario oficial de la Republica de Chile.** *Santiago*, 1877; 3 vol. petit in-folio.

Journal officiel de la République du Chili.

4659. — **Memoria del interior.** *Santiago de Chile*, 1852-1877; 14 vol. in-8°.

Rapports du Ministère de l'intérieur.

4660. — **Gaceta de los tribunales.** *Santiago de Chile*, 1855-1877; 12 vol. in-4°.

Gazette des tribunaux.

4661. — **Real cedula de ereccion del Consulado de Chile expedida en Aranjuez a XXVI de febrero de MDCCXCV.** 1 broch. grand in-12.

Cédule royale pour la création du Consulat du Chili donnée à Aranjuez le 26 février 1795.

4662. — **Constitucion politica del Estado de Chile promulgada el 23 de octubre de 1822.** 1 broch. petit in-8°.

Constitution politique de l'État du Chili promulguée le 23 octobre 1822.

4663. — **Constitucion politica del Estado de Chile promulgada en 29 de diciembre de 1823.** 1 broch. petit in-8°.

Constitution politique de l'État du Chili promulguée le 29 décembre 1823.

4664. — **Constitucion de la Republica de Chile jurada y promulgada el 25 de mayo de 1833.** 1 broch. petit in-8°.

Constitution de la République du Chili jurée et promulguée le 25 mai 1833.

4665. — **Carrasco Albano (M.). Comentarios sobre la Constitucion politica de 1833.** *Santiago*, 1874; 1 vol. in-8°.

Commentaires sur la Constitution politique de 1833.

4666. Constitucion politica de la Republica de Chile. *Santiago*, 1874; 1 vol. in-8°.

Constitution politique de la République du Chili.

4667. — **Proyecto de Constitucion presentado al soberano Congreso constituyente de Chile.** 1823; 1 broch. petit in-8°.

Projet de Constitution présenté à l'Assemblée constituante du Chili en 1823.

4668. — **Boletin de las leyes i decretos del Gobierno.** *Santiago,* 1823-1877; 24 vol. in-8°.

Bulletin des lois et des décrets du Gouvernement.

4669. — **Codigo civil de la Republica de Chile.** 1858; 1 vol. in-8°.

Code civil de la République du Chili.

4670. — **Gormaz (M.).** Indice del Codigo civil. *Santiago,* 1857; 1 vol. in-8°.

Index du Code civil.

4671. — **Gonzalez (F.).** Proyecto de Codigo de enjuicia-miento civil para la Republica de Chile. 1861; 1 vol. in-8°.

Projet de Code de procédure civile pour la République du Chili.

4672. — **Chacon (J.).** Esposicion razonada y estudio comparado del Codigo civil chileno. *Valparaiso,* 1868; 1 vol. in-8°.

Exposition raisonnée et étude comparée du Code civil chilien.

4673. — **Elizalde (M.).** Concordancias de los articulos del Codigo civil chileno entre si e con los articulos del Codigo frances. *Santiago,* 1871; 1 vol. in-8°.

Concordance des articles du Code civil chilien entre eux et avec les articles du Code français.

4674. — **El Codigo civil ante la Universidad.** *Santiago,* 1871; 1 vol. in-8° (1er vol. seul).

Le Code civil devant l'Université.

4675. — **Lastarria (J.-V.).** Instituta del derecho civil chileno. *Gante,* 1864; 1 vol. in-12.

Principes du droit civil chilien.

4676. — **Proyecto de Codigo penal para la Republica de Chile.** 1856; 1 broch. petit in-8° (1 vol. seul).

Projet de Code pénal pour la République du Chili.

4677. — **Codigo penal de la Republica de Chile.** 1874; 1 vol. in-8°.

Code pénal de la République du Chili.

4678. — **Actas de las sesiones de la Comision redactora del Codigo penal chileno.** 1873; 1 vol. in-8°.

Procès-verbaux des séances de la Commission chargée de rédiger le Code pénal chilien.

4679. — **Codigo de aduanas de la Republica de Chile.** *Valparaiso*, 1875; 1 vol. petit in-4°.

Code des douanes de la République du Chili.

4680. — **Proyecto de Codigo rural para la Republica de Chile.** 1875; 1 vol. petit in-4°.

Projet de Code rural pour la République du Chili.

4681. — **Lei de arreglo del regimen interior.** *Santiago*, 1863; 1 vol. in-8° (1er vol. seul).

Loi réglementaire d'administration intérieure.

4682. — **Proyecto de lei sobre rejistros electorales.** *Santiago*, 1869; 1 broch. in-8°.

Projet de loi sur les listes électorales.

4683. — **Lei de elecciones de la Republica de Chile.** 1874; 1 vol. grand in-12.

Loi électorale de la République du Chili.

4684. — **Lei sobre hurtos i robos, 1849.** *Santiago*, 1852; 1 broch. grand in-12.

Loi de 1849 sur les détournements et les vols.

4685. — **Lei del papel sellado de la Republica de Chile.** 1866; 1 broch. grand in-12.

Loi sur le papier timbré dans la République du Chili.

4686. — **Principios elementales de derecho administrativo chileno.** *Santiago*, 1859; 1 vol. in-8°.

Principes élémentaires du droit administratif chilien.

4687. — **Proyecto de lei de organizacion i atribuciones de los tribunales.** *Santiago*, 1874.

Projet de loi concernant l'organisation et les attributions des tribunaux.

4688. — **Lei de organizacion i atribuciones de los tribunales.** *Santiago de Chile*, 1875; 1 vol. in-8°.

Loi concernant l'organisation et les attributions des tribunaux.

4689. — **Vera (R.). Manual para los jueces de distrito y de subdelegacion.** *Santiago de Chile*, 1876; 1 vol. in-8°.

Manuel des juges de district et des juges subdélégués.

4690. — **Ignacio (J.).** Boletin de los principales leyes y decretos vijentes dictados desde **1860** hasta **1871**. *Valparaiso*, 1 vol. in-8°.

Bulletin des lois et des décrets principaux qui sont en vigueur et ont été promulgués de 1860 à 1871.

4691. — **Lira (B.).** Prontuario de los juicios, o tratado de procedimientos judiciales i administrativos con arreglo a la legislacion chilena. 1872; 3 vol. in-8°.

Mémorandum des tribunaux, ou traité de procédure juridique et administrative conformément à la législation chilienne.

4692. — **Lastarria (J.-V.).** Proyectos de lei i discursos parlamentarios. *Santiago*, 1870; 2 vol. in-8°.

Projets de loi et discours parlementaires.

4693. — **Gormaz (V.).** Repertorio de jurisprudencia teorica i practica chilena. 1873; 1 vol. in-8°.

Répertoire de jurisprudence chilienne théorique et pratique.

4694. — **Varas (J.-A.).** Colonizacion de Llanquihue, Valdivia i Arauco, o sea coleccion de las leyes i decretos supremos concernientes a esta materia. *Santiago*, 1872; 1 vol. petit in-8°.

Colonisation de Llanquihue, de Valdivia et d'Arauco, ou recueil des lois et des décrets qui ont été promulgués à ce sujet.

4695. — **Lastarria (J.-V.).** Elementos de derecho publico constitucional. *Santiago*, 1848; 1 vol. in-8°.

Éléments de droit public constitutionnel.

4696. — **Memoria de justicia, culto e instruccion publica.** *Santiago de Chile*, 1841-1877; 24 vol. et broch. in-8°.

Rapport du Département de la justice, des cultes et de l'instruction publique.

4697. — **Derecho romano, derecho penal y otros.** *Santiago*, 1 broch. in-8°.

Droit romain, droit pénal et autres.

4698. — **Briseño (D. Ramon).** Derecho natural o filosofia del derecho. *Valparaiso*, 1870; 1 vol. petit in-8°.

Le droit naturel ou la philosophie du droit.

4699. — **Programas de derecho canonico i de derecho civil.** *Santiago*, 1850; 2 broch. petit in-8°.

Programmes de droit canonique et de droit civil.

4700. — Briseño (D. Ramon). Estadística bibliografica de la literatura chilena. 1862; 1 vol. in-4°.

Statistique bibliographique de la littérature chilienne.

4701. — Vicuña Mackenna (B.). Miscellanea : coleccion de articulos, discursos, biografias, ec. *Santiago*, 1872-1874; 2 vol. in-8°.

Mélanges : recueil d'articles, de discours, de biographies, etc.

4702. — Gonzalez Ugalde (C.). Ultimo libro de lectura. Poemas de la infancia. *Santiago*, 1873; 1 vol. in-8°.

Le dernier livre de lecture. Poèmes de l'enfance.

4703. — La Estrella de Chile. 1872-1877; 10 vol. petit in-4°.

L'Étoile du Chili.

4704. — Revista Chilena. 1875-1878; 11 vol. in-8°.

La Revue chilienne.

4705. — Revista de ciencias i letras. *Santiago*, 1857-1858; 4 broch. in-8°.

Revue des sciences et des lettres.

4706. — Tractatus de re logica, metaphisica et morali pro filiis et alumnis Instituti nacionalis Jacobo Politanæ erudiendis scribebat J.-E. anno MDCCCXXVII. 1 broch. grand in-8°.

Traité de logique, de métaphysique et de morale écrit pour l'instruction des enfants et élèves de l'Institut national J. Politana en 1827.

4707. — Patolojia, anatomia y quimica aplicada a la medicina. *Santiago*, 1 broch. in-8°.

Pathologie, anatomie et chimie appliquée à la médecine.

4708. — Bustillos (J.-V.). Elementos de farmacia aplicada a la medicina. *Santiago*, 1856; 1 vol. in-8°.

Éléments de pharmacie appliquée à la médecine.

4709. — Varquez (A.). Tratado completo de farmacia. *Santiago*, 1877; 1 vol. in-8° (1er vol. seul).

Traité complet de pharmacie.

4710. — Hidalgo (W.). Estudio sobre la ovariotomia e histerotomia. *Santiago*, 1877; 1 broch. in-8°.

Étude sur l'ovariotomie et l'hystérotomie.

4711. — Falb (R.). Estudio sobre los temblores de tierra. *Valparaiso*, 2 vol. petit in-8°.

Étude sur les tremblements de terre.

4712. — Nolf (A.-L.). La métallurgie de l'or au Chili en **1877**. *Santiago*, 1 broch. in-8°.

4713. — Proyecto de Codigo de mineria. *Santiago de Chile*, 1874; 1 broch. in-8°.

Projet d'un Code des mines.

4714. — Codigo de mineria de la Republica de Chile. 1874; 1 broch. in-8°.

Code des minés de la République du Chili.

4715. — Zañartu (J.-L.). Nueva edicion del Codigo de mineria concordado con la antigua ordenanza, la legislacion francesa y belga y el Codigo civil chileno. *Valparaiso*, 1875; 1 vol. in-8°.

Nouvelle édition du Code des mines et concordance de ce Code avec l'ancienne ordonnance, la législation française et la législation belge, et le Code civil chilien.

4716. — Domeyko (J.). Ensayo sobre los depositos metaliferos de Chile. 1876; 1 vol. in-8°.

Essai sur les dépôts métallifères du Chili.

4717. — Domeyko (J.). Elementos de mineralojia. *Santiago*, 1860; 1 vol. in-4°.

Éléments de minéralogie.

4718. — Mineralogia de Chile, apendice a la mineralojia de J. Domeyko. *Santiago de Chile*, 1867; 1 broch. in-8°.

Minéralogie du Chili, appendice à la minéralogie de J. Domeyko.

4719. — Proyecto de lei sobre la organizacion i atribuciones de las municipalidades. *Santiago*, 1854; 1 broch. in-8°.

Projet de loi concernant l'organisation et les attributions des municipalités.

4720. — Memoria de marina. *Santiago de Chile*, 1850-1874; 4 vol. grand in-8° et 10 broch.

Rapports du Département de la marine.

4721. — Anuario hidrografico de la marina de Chile. *Santiago* 1875-1878; 4 vol. in-8°.

Annuaire hydrographique de la marine du Chili.

4722. — Apuntes hidrograficos sobre la costa de Chile. 1866; 1 vol. in-8°.

Observations sur l'hydrographie de la côte du Chili.

4723. — Manual del marino. *Santiago*, 1866; 1 vol. in-8°.

Manuel du marin.

4724. — Lynch Zaldivar (P.). Derrotero del estrecho de Magallanes y canales que conducen al golfo de Penas por R.-C. Mayne, traducido al español. *Valparaiso*, 1874; 1 broch. in-8°.

Routier du détroit de Magellan et des canaux qui conduisent au golfe de Penas par C. Magne, traduit en espagnol.

4725. — Derrotero para las costas de Chile. 1860; 1 broch. petit in-8°.

Routier des côtes du Chili.

4726. — Faros i valizas de la costa de Chile. 1873; 1 broch. in-12.

Phares et balises de la côte du Chili.

4727. — Ordenanza de cuarentena maritima para los puertos de la Republica. *Santiago de Chile*, 1 broch. grand in-12.

Ordonnance concernant la quarantaine maritime dans les ports de la République.

4728. — Programa del curso de filosofia moderna. *Santiago*, 1847; 3 broch. petit in-8°.

Programme du cours de philosophie moderne.

4729. — Varas (J.-M.), Marin (V.). Elementos de ideologia. *Santiago de Chile*, 1830; 1 broch. in-8°.

Éléments d'idéologie.

4730. — Censo jeneral de la poblacion de Chile. 1854-1875; 2 vol. in-4°.

Recensement général de la population du Chili.

4731. — Noticia preliminar del censo jeneral de la Republica. *Santiago*, 1875; 1 broch. in-8°.

Notice préliminaire concernant le recensement général de la République.

4732. — Guia postal de la Republica de Chile. 1875; 1 broch. in-8°.

Guide postal de la République du Chili.

4733. — **Cabrera Gacitua (F.).** Tratado teorico e practico de telegrafia electrica. *Santiago*, 1871 ; 1 vol. in-8°.

Traité théorique et pratique de télégraphie électrique.

4734. — **Toro (D.).** Manual de telegrafia. *Santiago*, 1873 ; 1 broch. petit in-8°.

Manuel de télégraphie.

4735. — Apendice al reino mineral de Chile i de las republicas vicinas. *Santiago*, 1871-1876 ; 3 broch. in-8°.

Appendice au règne minéral du Chili et des républiques voisines.

4736. — El jenero Carabus en Chile. 1 broch. in-8°.

Le genre Carabus au Chili.

4737. — Programas de aritmetica, de jeometria y de trigonometria. *Santiago*, 1845 ; 3 broch. petit in-8°.

Programmes d'arithmétique, de géométrie et de trigonométrie.

4738. — Fisica por Pouillet. *Santiago*, 1 broch. petit in-8°.

La physique de Pouillet.

4739. — **Philippi (R.-A.).** Elementos de botanica. *Santiago de Chile*, 1869 ; 1 vol. in-8°.

Éléments de botanique.

4740. — **Philippi (A.).** Elementos de historia natural. *Santiago*, 1872 ; 1 vol. in-8° et atlas.

Éléments d'histoire naturelle.

4741. — **Torres (D.-A.).** Tratado elemental de quimica. *Santiago*, 1866 ; 1 vol. in-8°.

Traité élémentaire de chimie

4742. — **Crosnier (L.).** Elementos de quimica mineral. *Santiago de Chile*, 1 vol. in-8°.

Éléments de chimie minérale.

4743. — **Bustillos (J.-V.).** Elementos de quimica organica. *Santiago*, 1871 ; 1 vol. in-8°.

Éléments de chimie organique.

4744. — **Domeyko (J.).** Tratado de ensayes tanto por la via seca como por la via humida. *Santiago de Chile*, 1873 ; 1 vol. in-8°.

Traité sur les expériences par la voie sèche et par la voie humide.

4745. — Leroy (A.), Gorbea (A. de). Tratado de jeometria descriptiva. *Santiago*, 1845; 2 vol. grand in-8°.

Traité de géométrie descriptive.

4746. — Brünnow (F.), Moesta (W.). Tratado de astronomia esferica e practica. *Dresde, Leipzig*, 1 vol. in-8°.

Traité d'astronomie sphérique et pratique.

4747. — Picarte (R.). La division reducida a una adicion. *Paris*, 1 vol. in-4°.

La division réduite à une addition.

4748. — Bianchi (J.). Tratado elemental de dibujo lineal. *Santiago*, 1863-1873; 2 broch. in-8°.

Traité élémentaire de dessin linéaire.

4749. — Anuario estadistico de la Republica de Chile. 1861-1876; 14 vol. in-4°.

Annuaire statistique de la République du Chili.

4750. — Stuven (F.). Guia del injeniero mecanico. *Valparaiso*, 1873; 1 vol. in-12.

Guide de l'ingénieur mécanicien.

SANTIAGO DU CHILI.

4751. — Documentos relativos a la Esposicion nacional de agricultura. *Santiago*, 1868; 1 broch. in-8°.

Documents relatifs à l'Exposition nationale d'agriculture à Santiago.

4752. — Informe jeneral sobre los trabajos de la Comision directiva de la Esposicion nacional de agricultura en Santiago de Chile. *Valparaiso*, 1869; 1 vol. petit in-4°.

Rapport général sur les travaux de la Commission directrice de l'Exposition nationale d'agriculture à Santiago du Chili.

4753. — Catalogo del Museo historico del Santa Lucia. *Santiago*, 1875; 1 broch. in-8°.

Catalogue du Musée historique de Sainte-Lucie.

4754. — Distribucion de los premios asignados en los certamenes artisticos, literarios i cientificos celebrados en setiembre de 1877. *Santiago*, 1 broch. in-8°.

Distribution des récompenses affectées aux concours artistiques, littéraires et scientifiques qui ont eu lieu à Santiago en septembre 1877.

4755. — Catalogo por orden alfabetico de los libros que contiene la biblioteca nacional de Santiago de Chile. 1854 ; 1 vol. petit in-4°.

Catalogue par ordre alphabétique des livres que contient la bibliothèque nationale de Santiago du Chili.

4756. — Catalogo alfabetico i por materias de las obras que contiene la biblioteca nacional Egaña de Santiago de Chile. 1866; 10 vol. petit in-4°.

Catalogue alphabétique et par matières des ouvrages que contient la bibliothèque nationale Egaña à Santiago du Chili.

4757. — Reglamento del panteon general de Santiago de Chile. 1824; 1 broch. grand in-12.

Règlement du cimetière général de Santiago du Chili.

4758. — Catalogo razonado de la Esposicion del coloniaje en Santiago de Chile. 1873; 1 broch. petit in-8°.

Catalogue raisonné de l'Exposition d'objets coloniaux à Santiago du Chili.

4759. — Discursos de Monseñor Ignacio Victor Eyzaguirre i de Don Horacio Pinto Agüero en la inauguracion de la Esposicion del coloniaje. *Santiago*, 1873; 1 broch. petit in-8°.

Discours prononcés par Mgr J.-V. Eyzaguirre et D. H.-P. Agüero à l'ouverture de l'Exposition d'objets coloniaux à Santiago.

4760. — Esposicion internacional de Santiago de Chile en 1875. Lista jeneral de premios. 1876 ; 1 broch. in-8°.

Exposition internationale de Santiago du Chili en 1875. Liste générale des récompenses.

4761. — T. S. M. La inundacion del Mapocho. Relacion en prosa i verso. 1877 ; 1 broch. in-12.

L'inondation du Mapocho. Récit en prose et en vers.

4762. — Casanova (M.). Historia del templo de la Compañia de Santiago de Chile y de su incendio de 1863. *Santiago*, 1871 ; 1 broch. petit in-8°.

Histoire du temple de la Compagnie à Santiago du Chili et de l'incendie qui y a éclaté en 1863.

4763. — Lei de montepio militar. *Santiago*, 1855 ; 1 broch. grand in-12.

Loi concernant le mont-de-piété militaire.

4764. — Recopilacion de las leyes, ordenanzas, reglamentos de policia vigentes en el departamento de Santiago. 1870; 1 vol. in-8°.

Recueil des lois, des ordonnances et des règlements de police en vigueur dans le département de Santiago.

4765. — La transformacion de Santiago. Notas e indicaciones. 1872; 1 vol. in-8°.

La transformation de Santiago. Notes et indications.

4766. — Ansart (E.). La canalizacion del Mapocho. Proyecto. *Santiago*, 1873; 1 broch. petit in-8°.

Projet de canalisation du Mapocho.

VALPARAISO.

4767. — P. C. Wheelwright i la provision de agua a Valparaiso. Cartas a un amigo. 1876; 1 vol. in-8°.

Wheelwright et l'approvisionnement de l'eau à Valparaiso. Lettres à un ami.

4768. — Vicuña Mackenna (B.). Historia de Valparaiso. 1536-1868; 2 vol. in-8°.

Histoire de Valparaiso.

4769. — Reglamento para los establicimientos municipales de instruccion primaria de Valparaiso. 1861; 1 broch. petit in-8°.

Règlement pour les établissements municipaux d'enseignement primaire à Valparaiso.

4770. — Reglamento para el liceo de Valparaiso. *Santiago de Chile*, 1864; 1 broch. petit in-8°.

Règlement pour le lycée de Valparaiso.

4771. — Peña (S.). Recopilacion de las disposiciones vijentes en el departamento de Valparaiso sobre los distintos ramos de la administracion local. 1872; 1 vol. in-8°.

Recueil des dispositions en vigueur dans le département de Valparaiso pour les différentes branches de l'administration locale.

4772. — Documentos municipales y administrativos de Valparaiso. 1875-1885; 5 vol. in-8°.

Documents municipaux et administratifs concernant Valparaiso.

4773. — Anales de la ilustre municipalidad de Valparaiso. 1872; 1 vol. in-8°.

Annales de la municipalité de Valparaiso.

4774.— Memoria que el intendente de Valparaiso presenta al Señor Ministro de la interior. 1875-1885; 1 vol. in-8° et 2 broch.

Rapport présenté au Ministre de l'intérieur par l'intendant de Valparaiso.

4775. — Reglamento para el gremio de fleteros en el puerto de Valparaiso. *Santiago*, 1861; 1 broch. petit in-8°.

Règlement pour le corps des mariniers du port de Valparaiso.

4776. — Informe jeneral sobre el proyecto de obras fiscales anexas a la aduana de Valparaiso. *Santiago de Chile,* 1869; 1 broch. in-8°.

Rapport général sur le projet des travaux à exécuter aux frais de l'État à la douane de Valparaiso.

COLOMBIE (ÉTATS-UNIS DE).

4777. — **Pereira (R.-S.).** Les États-Unis de Colombie. Précis d'histoire et de géographie. *Paris*, 1883 ; 1 vol. in-8°.

COSTA-RICA.

4778. — **Mora (F.).** Guia de ganaderos. *Managua*, 1888 ; 2 vol. petit in-8°.

Guide des possesseurs de troupeaux.

4779. — **Nuñez (M.-J.).** Nociones de teoria musical. *San José*, 1888 ; 1 broch. grand in-8°.

Notions de théorie musicale.

4780. — **Zelédon (P.-P.).** Informe sobre la cuestion de validez del tratado de limites de Costa-Rica y Nicaragua, y puntos accesorios. *Washington D.C.*, 1887 ; 1 vol. in-8°.

Rapport sur la question de la validité du traité concernant la délimitation des frontières entre Costa-Rica et Nicaragua, et points accessoires.

4781. — **Zelédon (P.-P.).** Réplica al alegato de Nicaragua en la cuestion sobre validez o nulidad del tratado de limites de 15 de abril de 1858. *Washington D.C.*, 1887 ; 1 vol. in-8°.

Réponse au factum de Nicaragua, au sujet de la question de la validité ou de la nullité du traité de délimitation de frontières du 15 avril 1858.

4782. — **The case of the Republic of Nicaragua submitted to H. E. Hon. G. Cleveland, president of the United States, arbitrator under the treaty of Guatemala of december 24th 1886.** *Washington*, 1888 ; 1 broch. in-8°.

Le cas de la République de Nicaragua soumis à S. E. G. Cleveland, président des États-Unis, choisi pour arbitre en vertu du traité de Guatemala du 24 décembre 1886.

4783. — **Calvo (J.-B.).** Apuntamientos geograficos, estadisticos é historicos. *San José de Costa-Rica*, 1886 ; 1 vol. in-8°.

Extraits géographiques, statistiques et historiques.

4784. — **Viquez (P.).** Relacion del viaje del Señor Presidente de Costa-Rica, general Don Bernardo Soto, á la Republica de Nicaragua. *San José*, 1887 ; 1 vol. in-8°.

Relation du voyage du Président de Costa-Rica à la République de Nicaragua.

4785. — **Ley de education comun y reglamento de la misma.** *San José de Costa-Rica*, 1887 ; 1 broch. petit in-8°.

Loi et règlement concernant l'enseignement primaire.

4786. — **Jimenez (R.). Instruccion civica para uso de las escuelas de Costa-Rica.** *San José*, 1888 ; 1 broch. petit in-8°.

Instruction civique à l'usage des écoles de Costa-Rica.

4787. — **Reglamento del liceo de Costa-Rica.** *San José*, 1888 ; 1 broch. grand in-8°.

Règlement du Lycée de Costa-Rica.

4788. — **Republica de Costa-Rica. Codigo de procidimientos civiles.** *San José*, 1887 ; 1 vol. grand in-8°.

République de Costa-Rica. Code de procédure civile.

4789. — **Codigo penal de la Republica de Costa-Rica emitido por el gran Consejo nacional y sancionado el 27 de abril de 1880.** *San José*, 1 vol. in-8°.

Code pénal de la République de Costa-Rica émis par le grand Conseil national et sanctionné le 27 avril 1880.

4790. — **Biolley (P.). Elementos de historia natural : botanica.** *San José*, 1887 ; 1 broch. petit in-8°.

Éléments d'histoire naturelle : botanique.

4791. — **Anuario estadistico de la Republica de Costa-Rica.** 1886-1891 ; 3 vol. in-4°.

Annuaire statistique de la République de Costa-Rica.

ÉQUATEUR.

4792. — Cevallos (P.-F.). Resumen de la historia del Ecuador desde su origen hasta **1845**. *Guayaquil*, 1886; 6 vol. in-8°.

Résumé de l'histoire de l'Équateur depuis son origine jusqu'en 1845.

ÉTATS-UNIS D'AMÉRIQUE.

4793. — Breuil (E.). L'agriculture des États-Unis. *Paris*, 1881 ; 1 vol. grand in-8°.

4794. — Read (C.), Pell (A.). L'agriculture des États-Unis. *Paris*, 1881 ; 1 vol. in-8°.

4795. — U. S. Department of agriculture. Bulletin 1. *Washington*, 1889 ; 1 vol. in-8°.
Département de l'agriculture des États-Unis. Bulletin.

4796. — U. S. Department of agriculture. North-American fauna. *Washington*, 1889 ; 2 broch. in-8°.
Département de l'agriculture des États-Unis. Faune de l'Amérique du Nord.

4797. — Foville (A.). Les aliénés aux États-Unis. Législation et assistance. *Paris*, 1873 ; 1 vol. in-8°.

4798. — The american Almanac and repository of useful knowledge for the year 1848. *Boston*, 1 vol. grand in-12.
Almanach américain et recueil de connaissances utiles pour l'année 1848.

4799. — American Almanac and treasury of facts statistical, financial, and political. *New-York, Washington*, 1880-1882 ; 2 vol. grand in-12.
Almanach américain et recueil de faits se rapportant à la statistique, aux finances, à la politique.

4800. — A perpetual calendar for old and new style. *Boston*, 1848 ; 1 broch. petit in-8°.
Calendrier perpétuel julien et grégorien.

4801. — Poore (B.-P.). Congressional directory. *Washington*, 1875 ; 1 broch. in-8°.
Almanach du Congrès pour 1875.

4802. — Roussillon (V.). Puissance militaire des États-Unis d'Amérique d'après la guerre de sécession, 1861-1865. *Paris*, 1866 ; 1 vol. in-8°.

4803. — Trueman Cross (Col.). Military laws of the United States included those relating to the marine corps. *Washington city*, 1838; 1 vol. in-8°.

Lois militaires des États-Unis y compris les lois relatives au corps de la marine.

4804. — Reports of experiments with small arms for the military service. **U. S.** army. *Washington*, 1856; 1 vol. in-8°.

Rapports sur des expériences faites avec des armes de petit calibre destinées au service de l'armée des États-Unis.

4805. — Hart (C. de). Observations on military law, and the constitution and practice of Courts martial. *New-York*, 1846; 1 vol. in-8°.

Observations sur les lois militaires, sur la constitution et les procédés des Cours martiales.

4806. — Woodbridge (D' W.-E.). Measurement of powder pressures in cannon. *Washington*, 1879; 1 broch. in-8°.

Mesure de la pression de la poudre dans les canons.

4807. — Cushing (L.-S.). Elements of the law and practice of legislative assemblies in the United States of America. *Boston*, 1874; 1 vol. in-8°.

Principes des lois et des usages qui régissent les assemblées législatives dans les États-Unis d'Amérique.

4808. — Wynen (P.). Revue des établissements de bienfaisance aux États-Unis d'Amérique. *Anvers*, 1876; 1 vol. in-8°.

4809. — Annual reports of the supervising surgeon-general of the marine hospital service of the United States. 1875-1877; 2 vol. in-8°.

Rapports annuels du médecin en chef, inspecteur du service de l'hôpital de la marine aux États-Unis.

4810. — Charities of France in 1866. *Boston*, 1 vol. in-8°.

La charité en France en 1866.

4811. — Bunyan (J.). The pilgrim's progress through this world to the next, 1628, printed for the education of the blind. *Boston*; 1836; 1 vol. in-4°.

La marche du pèlerin à travers ce monde pour arriver à l'autre. Édition imprimée pour l'instruction des aveugles.

4812. — **Bulletin of the United States national Museum.** *Washington*, 1877; 1 vol. in-8°.

Bulletin du Musée national des États-Unis.

4813. — **Mapes (J.).** **The american repertory of arts, sciences and manufactures.** *New-York*, 1840-1842; 4 vol. in-8°.

Le répertoire américain des arts, des sciences et des manufactures.

4814. — **Mason (L.), Webb (J.). The Vocalist, consisting of short and easy glees or songs in parts.** *Boston*, 1 vol. in-12.

Le Vocaliste, ou recueil de chansons courtes et faciles à plusieurs parties.

4815. — **Public libraries of the United States of America. Special report.** 1876; 1 vol. in-8°.

Rapport spécial sur les bibliothèques publiques des États-Unis d'Amérique.

4816. — **Dewey (M.). Decimal classification and relative index for arranging, cataloging, and indexing public and private libraries.** *Boston*, 1885, 1 vol. in-8°.

Classification décimale et index approprié pour le classement des bibliothèques publiques et privées et la disposition des catalogues et des index.

4817. — **Barrault (E.). Législation des États-Unis pour les brevets d'invention, dessins et modèles de fabriques et d'art.** *Paris*, 1874; 1 broch. petit in-18.

4818. — **Curtis (G.-T.). A treatise on the law of patents for useful inventions as enacted and administered in the United States of America.** *Boston*, 1874; 1 vol. in-8°.

Traité sur la législation des brevets pour inventions utiles, telle qu'elle est établie et appliquée dans les États-Unis d'Amérique.

4819. — **Bump (O.-F.). The law of patents, trade-marks, and copy-rights consisting of the sections of the revised statutes of the United States.** *New-York*, 1877; 1 vol. in-8°.

Les lois sur les brevets, les marques de commerce et les droits de propriété, tirées des divers chapitres de la revision des statuts des États-Unis.

4820. — **Wind and current chart; storm and rain chart; pilot chart.** 12 cartes.

Carte des vents et des courants; carte des tempêtes et des pluies; carte côtière.

4821. — **Walker (F.-A.). Statistical atlas of the United

States based on the results of the ninth census, 1870;
1 atlas in-folio.

Atlas statistique des États-Unis, basé sur les résultats du neuvième recensement en 1870.

4822. — Lavoinne (E.), Pontzen (E.). Les chemins de fer
en Amérique. *Paris*, 1880; 1 vol. in-8° et 1 atlas.

4823. — Report of the Commissioner of railroads to the Secretary of the interior. *Washington*, 1884; 1 vol. in-8°.

Rapport du Commissaire des chemins de fer au Ministre de l'intérieur.

**4824. — Summary statement of the imports and exports of
the United States.** 1878-1879; 1 broch. in-4°.

État sommaire des importations et des exportations des États-Unis en 1878-1879.

**4825. — Quarterly report of the chief of the bureau of statistics, treasury Department, relative to the imports, exports,
immigration and navigation of the United States.** 1879-1884; 3 vol. in-8°.

Rapport trimestriel du chef du bureau de statistique au Ministère des finances sur les importations, les exportations, l'immigration et la navigation aux États-Unis.

4826. — Treasury Department. Report on the internal commerce of the United States. 1881-1882; 1 vol. in-8°.

Ministère des finances. Rapport sur le commerce intérieur des États-Unis.

**4827. — Treasury Department. Annual report on the foreign
commerce of the United States.** *Washington*, 1884; 1 broch.
in-8°.

Ministère des finances. Rapport annuel sur le commerce des États-Unis avec l'étranger.

**4828. — Treasury Department. Report and statements of the
chief of the bureau of statistics on the commerce and navigation of the United States.** *Washington*, 1886; 1 vol. in-8°.

Ministère des finances. Rapport et comptes rendus du chef du bureau de statistique sur le commerce et la navigation aux États-Unis.

4829. — Hudson (S.-A.). Law for the clergy : a compilation
of the statutes of the States of Illinois, Indiana, Iowa, Michigan, Minnesota, Ohio and Wisconsin relating to the duties of clergymen. *Chicago*, 1877; 1 vol. in-12.

Lois concernant le clergé : compilation extraite des statuts de divers États de l'Union, statuts relatifs aux devoirs des ecclésiastiques.

4830. — **Farmer (J.-S.)** Americanisms old and new; a dictionary of words, phrases and colloquialisms peculiar to the United States, British America, the West Indies, etc. *London*, 1889; 1 vol. in-8°.

Américanismes anciens et nouveaux : dictionnaire des mots, des phrases et des locutions particulières aux États-Unis, à l'Amérique anglaise, aux Indes occidentales, etc.

4831. — **Chandler's common school grammar. A grammar of the english language adapted to the schools of America.** *Philadelphia*, 1847; 1 vol. in-12.

Chandler. Grammaire des écoles communales. Grammaire de la langue anglaise, adaptée aux écoles d'Amérique.

4832. — **Cobb's abridgement of J. Walker's critical pronouncing dictionary of the english language.** *Hartford*, 1851; 1 vol. grand in-32.

Cobb. Abrégé du dictionnaire critique de prononciation de la langue anglaise par Walker.

4833. — **Webster (N.).** An american dictionary of the english language revised by Chauncey A. Goodrich. *New-York*, 1849; 1 vol. in-8°.

Dictionnaire américain de la langue anglaise, revu par Goodrich.

4834. — **Walker (J.).** A critical pronouncing dictionary of the english language. *Philadelphia*, 1849; 1 vol. grand in-32.

Dictionnaire critique de prononciation de la langue anglaise.

4835. — **A new and copious lexicon of the latin language.** *Boston*, 1849; 1 vol. in-8°.

Nouveau et copieux dictionnaire de la langue latine.

4836. — **Potomac aqueduct. Hydrographic survey of the Potomac river near Georgetown.** 1832; 24 feuilles.

L'aqueduc du Potomac. Exploration hydrographique de la rivière Potomac, près de Georgetown.

4837. — **Steam carbon gas must be the gas of the future.** *Philadelphia*, 1883; 1 broch. in-8°.

Le gaz atmocarbonique doit être le gaz de l'avenir.

4838. — **Tocqueville (A. de).** De la démocratie en Amérique. *Paris*, 1874; 3 vol. in-8°.

4839. — **Marigny (B.).** Réflexions sur la politique des États-Unis. *Nouvelle-Orléans*, 1851; 1 broch. in-8°.

4840. — **Seaman (C.), Hippert (Th.).** Le système du Gouvernement américain. *Bruxelles, Paris*, 1872; 1 vol. in-8°.

4841. — **Varnum (B.).** The seat of Government of the United States. *New-York*, 1848; 1 broch. in-8°.

Le siège du Gouvernement aux États-Unis.

4842. — **Lieber (F.).** On civil liberty and self-government. *Philadelphia*, 1877; 1 vol. in-8°.

Sur la liberté civile et l'autonomie gouvernementale.

4843. — **Ely (R.-T.).** Recent american socialism. *Baltimore*, 1885; 1 broch. in-8°.

Le socialisme moderne en Amérique.

4844. — **Colton (Calvin).** Public economy for the United States. *New-York*, 1848; 1 vol. in-8°.

L'économie publique aux États-Unis.

4845. — **African colonization. Slavetrade-commerce. Report of Mr Kennedy of Maryland.** *Washington*, 1842; 1 vol. in-8°.

Colonisation de l'Afrique. Rapport de M. Kennedy du Maryland sur le trafic des esclaves.

4846. — **Young (E.).** Rapport spécial sur l'immigration. *Washington*, 1872; 1 vol. in-8°.

4847. — **Lamarre (C.), Blanchère (R. de la).** Les États-Unis et l'Exposition de 1878. *Paris*, 1 vol. in-12.

4848. — **Pickering (T.-R.).** Paris universal Exposition M DCCCLXXVIII. United States official catalogue. *London*, 1 vol. grand in-12.

Exposition universelle de Paris en 1878. Catalogue officiel des États-Unis.

4849. — **Report of the Board on behalf of United States executive Departments at the international Exhibition held at Philadelphia P. A. 1876.** *Washington*, 1884; 2 vol. in-8°.

Rapport, au nom du Gouvernement des États-Unis, de la Commission de l'Exposition universelle tenue à Philadelphie (Pens.) en 1876.

4850. — **Hock (Dr C.-Freih. von).** Die Finanzen und die Finanzgeschichte der Vereinigten Staaten von America. *Stuttgart*, 1867; 1 vol. in-8°.

Les finances et l'histoire financière des États-Unis d'Amérique.

4851. — Annual report of the comptroller of the currency. United States. *Washington*, 1885-1888; 4 vol. in-8°.

Rapport annuel du contrôleur des valeurs courantes aux États-Unis.

4852. — **Jannet (C.).** Les États-Unis contemporains. *Paris*, 1877; 2 vol. in-8°.

4853. — **Jonveaux (E.).** L'Amérique actuelle. *Paris*, 1869; 1 vol. grand in-12.

4854. — **Talleyrand-Périgord (Marquis de).** Étude sur la République des États-Unis d'Amérique (1776-1876). *New-York*, 1 vol. in-8°.

4855. — **Humphreys (A.), Abbot (H.-L.).** Report upon the physics and hydraulics of the Mississippi river. *Philadelphia*, 1861; 1 vol. in-4°.

Rapport sur les conditions physiques et hydrauliques du Mississippi.

4856. — **Steele's book of Niagara falls.** *Buffalo*, 1840; 1 vol. grand in-12.

Steele. Le livre de la cataracte du Niagara.

4857. — **Warren (G.-K.).** Engineer Department, United States army. An essay concerning important physical features exhibited in the valley of the Minnesota river. 1874; 1 broch. in-8°.

Département du génie militaire aux États-Unis. Essai sur les formes remarquables qui s'observent dans la vallée de la rivière Minnesota.

4858. — Preliminary report of the United States geological survey of Wyoming and portions of contiguous territories. 1871; 1 vol. in-8°.

Rapport préliminaire de la Commission des États-Unis, chargée d'étudier la géologie du Wyoming et de diverses portions des territoires qui y touchent.

4859. — Department of the interior. Report of the United States geological survey of the territories. 1873-1883; 7 vol. in-4° et in-8°.

Ministère de l'intérieur. Rapport de la Commission chargée d'étudier la géologie des territoires des États-Unis.

4860. — Bulletin of the United States geological and geographical survey of the territories. 1878; 1 vol. grand in-8°.

Bulletin de la Commission chargée d'étudier la géologie et la géographie des territoires des États-Unis.

4861. — **Catalogue of the publications of the United States geological survey of the territories.** 1874; 1 broch. in-8°.

Catalogue des publications de la Commission chargée d'étudier la géologie des territoires des États-Unis.

4862. — **Powel (J.-W.).** Atlas accompanying the report on the geology of a portion of the Uinta mountains. 1876; 1 atlas.

Atlas accompagnant le rapport sur la géologie d'une portion des monts Uinta.

4863. — **Preliminary report of the field work of the U. S. geological and geographical survey of the territories for the season of 1877.** 1 broch. in-8°.

Rapport préliminaire des travaux exécutés sur le terrain, pendant la campagne de 1877, par la Commission chargée d'étudier la géologie et la géographie des territoires des États-Unis.

4864. — **Powell (J.-W.).** Report on the geographical and geological survey of the Rocky Mountain region. *Washington*, 1877.

Rapport de la Commission chargée d'étudier la géographie et la géologie de la région des Montagnes Rocheuses.

4865. — **Exploration of the Colorado river of the West and its tributaries.** *Washington*, 1869-1872; 1 vol. petit in-4°.

Exploration de la rivière Colorado de l'Ouest et de ses affluents.

4866. — **Montgomery (Cora).** The queen of islands and king of rivers. *New-York*, 1880; 1 broch. grand in-12.

La reine des îles et le roi des fleuves.

4867. — **Grammar and dictionary of the dakota language.** *Washington city, New-York*, 1852; 1 vol. in-8°.

Grammaire et dictionnaire de la langue dakota.

4868. — **Smith's new grammar. English grammar on the productive system.** *Philadelphia*, 1850; 1 vol. in-12.

Nouvelle grammaire de Smith. Grammaire anglaise d'après le système qui oblige les élèves à produire d'eux-mêmes.

4869. — **Bancroft (G.), Gamond (Gatti de).** Histoire des États-Unis depuis la découverte du continent américain. *Paris, Bruxelles, Leipzig*, 1861-1864; 9 vol. in-8°.

4870. — **Higginson (T.-W.), Varenberg (A.), Ovree (G.).**

Histoire des États-Unis racontée à la jeunesse. *Paris*, 1 vol. grand in-12.

4871. — **Nolte (F.).** **Histoire des États-Unis d'Amérique depuis les temps les plus reculés jusqu'à nos jours.** *Paris*, 1879; 2 vol. in-8°.

4872. — **Laugel (A.).** **Les États-Unis pendant la guerre, 1861-1865.** *Paris, Londres, New-York*, 1866; 1 vol. grand in-12.

4873. — **Witt (C. de).** **Thomas Jefferson. Étude historique sur la démocratie américaine.** *Paris*, 1861; 1 vol. in-8°.

4874. — **Witt (C. de).** **Histoire de Washington et de la fondation de la République des États-Unis.** *Paris*, 1878; 1 vol. in-8°.

4875. — **Gigot (A.).** **La démocratie autoritaire aux États-Unis. Le général André Jackson.** *Paris*, 1885; 1 vol. petit in-8°.

4876. — **Holst (D^r von).** **Verfassungsgeschichte der Vereinigten Staaten von America seit der Administration Jackson's.** *Berlin*, 1878-1888; 4 vol. in-8°.
Histoire constitutionnelle des États-Unis d'Amérique depuis l'administration de Jackson.

4877. — **Sparks (J.).** **The writings of George Washington.** 1848; 9 vol. in-8°.
Les écrits de George Washington.

4878. — **Barber (J.-W.).** **Incidents of american history.** *New-York*, 1850; 1 vol. in-12.
Faits remarquables de l'histoire de l'Amérique.

4879. — **Bancroft (E.).** **Remarks on the review of the controversy between Great Britain and her colonies.** *New-London*, 1769; 1 broch. grand in-12.
Remarques sur la revue de la controverse entre la Grande-Bretagne et ses colonies.

4880. — **Frost (J.).** **History of the United States for the use of common schools.** *Philadelphia*, 1850; 1 vol. in-18.
Histoire des États-Unis à l'usage des écoles communales.

4881. — Watson (H.-C.), Patton (J.-H.). History of the United States of America from the discovery to the present time. *New-York*, 1880; 1 vol. in-8°.

Histoire des États-Unis d'Amérique depuis la découverte jusqu'à nos jours.

4882. — Curtis (G.-T.). History of the origin, formation, and adoption of the Constitution of the United States. *New-York*, 1860; 2 vol. in-8°.

Histoire de l'origine, de la formation et de l'adoption de la Constitution des États-Unis.

4883. — Noyes (H.). History of american socialisms. *Philadelphia, London*, 1870; 1 vol. in-8°.

Histoire des socialismes américains.

4884. — Mexican affairs. Executive documents. *Washington*, 1865-1867; 3 vol. in-8°.

Documents officiels concernant les affaires mexicaines.

4885. — Jay (W.). A review of the causes and consequences of the mexican war. *Boston*, 1849; 1 vol. in-12.

Revue des causes et des conséquences de la guerre du Mexique.

4886. — Donaldson (Th.). The public domain; its history, with statistics. *Washington*, 1884; 1 vol. in-8°.

Étude historique et documents statistiques concernant le domaine public.

4887. — Gammell (W.). A history of american baptist missions in Asia, Africa, Europe, and North America. *Boston*, 1849; 1 vol. grand in-12.

Histoire des missions baptistes américaines en Asie, en Afrique, en Europe et dans l'Amérique du Nord.

4888. — Papers relating to the treaty of Washington. 1872; 5 vol. in-8°.

Pièces relatives au traité de Washington.

4889. — Carey (H.-C.). The past, the present, and the future. *Philadelphia*, 1848; 1 vol. in-8°.

Le passé, le présent et l'avenir.

4890. — A memorial of Joseph Henry. *Washington*, 1880; 1 vol. in-8°.

Notice sur la vie de Joseph Henry.

4891. — Dickerson (E.-N.). Joseph Henry and the magnetic telegraph. *New-York*, 1885 ; 1 broch. in-8°.

Joseph Henry et le télégraphe magnétique.

4892. — Williams (Rev. E.). Life of Te-ho-ra-gwa-ne-gen, alias Thomas Williams, a chief of the Caughnawaga tribe of Indians in Canada. *Albany, N.-Y.*, 1859 ; 1 vol. in-8°.

Vie de Te-ho-ra-gwa-ne-gen, autrement dit Thomas Williams, chef de la tribu canadienne des Indiens Caughnawaga.

4893. — Franco-german war and insurrection of the Commune. Correspondence of E.-B. Washburne, envoy extraordinary and minister plenipotentiary of the United States to France. *Washington*, 1878 ; 1 vol. in-8°.

La guerre franco-allemande et l'insurrection de la Commune. Correspondance de E.-B. Washburne, envoyé extraordinaire et ministre plénipotentiaire des États-Unis en France.

4894. — Papers relating to the foreign relations of the United States, december 5 1870. *Washington*, 1 vol. in-8°.

Documents relatifs aux relations des États-Unis avec l'étranger, 5 décembre 1870.

4895. — Hildreth (R.). The history of the United States of America. *New-York*, 1849-1855 ; 6 vol. in-8°.

Histoire des États-Unis d'Amérique.

4896. — Colton (Calvin). The life and times of Henry Clay. *New-York*, 1846 ; 2 vol. in-8°.

La vie et l'époque d'Henry Clay.

4897. — Newberry (S.). The U. S. sanitary Commission in the valley of the Mississippi during the war of the rebellion, 1861-1866. *Cleveland*, 1871 ; 1 vol. in-8°.

La Commission d'hygiène des États-Unis dans la vallée du Mississippi pendant la guerre de sécession.

4898. — An act to prevent the introduction of contagious or infectious diseases into the United States. *Washington*, 1879 ; 1 broch. in-8°.

Loi pour prévenir l'introduction de maladies contagieuses ou épidémiques aux États-Unis.

4899. — Wells (M.). Les impôts aux États-Unis. Rapport au ministre des finances. *Washington*, 1869 ; *Paris*, 1871 ; 1 broch. in-4°.

4900. — **Annual report of the Commissioner of labor.** *Washington*, 1866; 2 vol. in-8°.

Rapport annuel du Bureau du travail.

4901. — **Matile (G.-A.). Les écoles de droit aux États-Unis.** *Paris*, 1864; 1 broch. in-8°.

4902. — **Hippeau (C.). L'instruction publique aux États-Unis.** *Paris*, 1872; 1 vol. in-12.

4903. — **Report of the Commissioner of education.** *Washington*, 1870-1888; 22 vol. in-8°.

Rapport du Surintendant des études.

4904. — **Industrial education in the United States. A special report prepared by the U. S. Bureau of education.** *Washington*, 1883; 1 vol. in-8°.

Rapport spécial du Bureau d'éducation sur l'enseignement industriel aux États-Unis.

4905. — **Educational exhibits and conventions at the world's industrial and cotton centennial Exposition.** *New-Orléans*, 1884-1885; 1 vol. in-8°.

Expositions d'objets concernant l'éducation et réunions de professeurs à l'Exposition centenaire universelle du coton et de l'industrie à la Nouvelle-Orléans.

4906. — **Circulars of information of the Bureau of education. Department of the interior.** 1871-1891; 10 vol. in-8°.

Circulaires-avis du Bureau d'éducation. Ministère de l'intérieur.

4907. — **Suggestions for a free school policy for United States land grantees.** 1872; 1 broch. in-8°.

Propositions pour l'adoption du système des écoles libres par les concessionnaires de terres aux États-Unis.

4908. — **A statement of the theory of education in the United States of America.** 1874; 1 broch. in-8°.

Exposition du système d'éducation aux États-Unis d'Amérique.

4909. — **Shiras (A.), Warren (Ch.). The national Bureau of education, its history, work, and limitations.** *Washington*, 1875; 2 broch. in-8°.

Le Bureau national d'éducation, son histoire, ses travaux et les restrictions qui lui sont imposées.

4910. — **Bureau of education. Educational conventions and anniversaries during the summer of 1876.** 1 broch. in-8°.

Bureau d'éducation. Congrès et anniversaires scolaires durant l'été de 1876.

4911. — **Annual report of the Secretary of the interior on the operations of the Department.** 1876-1889; 21 vol. in-8°.

Rapport annuel du Ministre de l'intérieur sur les actes de son département.

4912. — **Report of the Commissioner of indian affairs to the Secretary of the interior.** *Washington*, 1884; 1 vol. in-8°.

Rapport du Commissaire des affaires indiennes au Ministre de l'intérieur.

4913. — **Reports to the Secretary of the interior.** *Washington*, 1884; 2 vol. in-8°.

Rapports au Ministre de l'intérieur.

4914. — **Laboulaye (E.). De la Constitution américaine et de l'utilité de son étude.** *Paris*, 1850; 1 broch. in-8°.

4915. — **Chambrun (A. de). Le pouvoir exécutif aux États-Unis.** *Paris*, 1876; 1 vol. in-8°.

4916. — **Gourd (A.). Les chartes coloniales et les Constitutions des États-Unis de l'Amérique du Nord.** *Paris*, 1885; 2 vol. in-8°.

4917. — **Vossion (L.). La Constitution américaine et ses amendements. Texte, notice historique et commentaire.** *Paris*, 1889; 1 broch. in-8°.

4918. — **Jacquême (M.). Douanes et navigation. Législation des États-Unis d'Amérique.** *Paris*, 1880; 1 vol. in-4°.

4919. — **Hough (F.-B.). American Constitutions, comprising the Constitution of each State in the Union, and of the United States.** *Albany*, 1872; 1 vol. in-8°.

Constitutions américaines comprenant la Constitution des États-Unis et celle de chaque État de l'Union.

4920. — **Laws of the United States of America from the 4ᵗʰ of march 1789 to the 4ᵗʰ of march 1815.** *Philadelphia*, *Washington City*, 5 vol. in-8°.

Lois des États-Unis d'Amérique du 4 mars 1789 au 4 mars 1815.

4921. — **Lomax (J.-T.). Digest of the laws respecting real property generally adopted and in use in the United States,**

embracing, more especially, the law of real property in Virginia. *Philadelphia*, 3 vol. in-8°.

Digeste des lois sur la propriété immobilière telles qu'elles sont généralement adoptées et appliquées aux États-Unis, comprenant plus spécialement les lois sur la propriété immobilière en vigueur dans la Virginie.

4922. — Elliot (J.). Diplomatic Code of the United States of America, with an index. *Washington*, 1827 ; 1 vol. in-8°.

Code diplomatique des États-Unis d'Amérique avec index.

4923. — Story (J.). Commentaries on the Constitution of the United States. *Boston, Cambridge*, 1833 ; 3 vol. in-8°.

Commentaires sur la Constitution des États-Unis.

4924. — Revised Statutes of the United States, 1873-1874, with an appendix. *Washington*, 1875 ; 1 vol. petit in-4°.

Revision des statuts des États-Unis, avec un appendice.

4925. — M'Kinney (Mordecai). The United States constitutional manual. *Harrisburg*, 1845 ; 1 vol. petit in-8°.

Le Manuel constitutionnel des États-Unis.

4926. — Jefferson (Th.). A manual of parliamentary practice. *Philadelphia*, 1848 ; 1 vol. in-12.

Manuel de procédure parlementaire.

4927. — General regulations under the revenue and collection laws of the United States. *Washington*, 1857 ; 1 vol. in-8°.

Règlements généraux basés sur les lois qui concernent le revenu et la perception aux États-Unis.

4928. — Story (J.). Commentaries on the law of bailments. *Boston, London*, 1846 ; 1 vol. in-8°.

Commentaires sur la législation relative aux dépôts.

4929. — Story (J.). Commentaries on the law of partnership. *Boston, London*, 1846 ; 1 vol. in-8°.

Commentaires sur la législation relative aux sociétés.

4930. — Lewis (E.). An abridgment of the criminal law of the United States. *Philadelphia*, 1848 ; 1 vol. in-8°.

Abrégé de la législation criminelle aux États-Unis.

4931. — Story (J.). Commentaries on the law of agency. *Boston, London*, 1846 ; 1 vol. in-8°.

Commentaires sur la législation relative à l'agence.

4932. — **Dane (N.). A general abridgment and digest of american law.** *Boston*, 1828-1829 ; 9 vol. in-8°.

Abrégé et recueil général de la législation américaine.

4933. — **Thornton (J.-B.). A digest of the conveyancing, testamentary, and registry laws of all the States of the Union.** *Philadelphia*, 1847 ; 1 vol. in-8°.

Recueil des lois de tous les États de l'Union concernant les translations de propriétés, les testaments et l'enregistrement.

4934. — **Story (J.). Commentaries on the law of promissory notes.** *Boston, London*, 1847 ; 1 vol. in-8°.

Commentaires sur la législation relative aux billets simples et aux billets à ordre.

4935. — **Bouvier (J.). A law dictionary adapted to the Constitution and laws of the United States of America.** *Philadelphia*, 1879 ; 2 vol. in-8°.

Dictionnaire de législation adapté à la Constitution et aux lois des États-Unis d'Amérique.

4936. — **Smith (T.-L.). Elements of the laws, or outlines of the system of civil and criminal laws in force in the United States, and in the several States of the Union.** *Philadelphia*, 1878 ; 1 vol. grand in-12.

Principes de législation, ou esquisse du système de lois civiles et criminelles en vigueur aux États-Unis et dans les divers États de l'Union.

4937. — **Greenleaf (S.). A treatise on the law of evidence.** *Boston, London*, 1846 ; 2 vol. in-8°.

Traité sur la législation relative aux preuves.

4938. — **Kent (J.). Commentaries on american law.** *Boston*, 1873 ; 4 vol. in-8°.

Commentaires sur les lois américaines.

4939. — **A digest of the existing oommercial regulations of foreign countries with which the United States have intercourse.** *City of Washington*, 1833-1836 ; 3 vol. in-8°.

Recueil des règlements commerciaux en vigueur dans les pays étrangers avec lesquels les États-Unis ont des relations.

4940. — **Report of the attorney general of the United States.** *Washington*, 1886 ; 1 vol. in-8°.

Rapport de l'attorney général des États-Unis.

4941. — **Land laws of the United States.** *Washington*, 1884; 3 vol. in-8°.

Législation territoriale des États-Unis.

4942. — **Ewing (J.). A treatise on the office and duty of a justice of the peace.** *Trenton N. J.*, 1 vol. in-8°.

Traité sur la charge et les devoirs du juge de paix.

4943. — **An abridgment of Burn's justice of the peace and parish officer.** *Boston*, 1773; 1 vol. in-8°.

Abrégé de l'ouvrage de Burn intitulé «Le Juge de paix et l'administrateur de paroisse».

4944. — **Mac Mellan (D.-C.). The elective franchise in the United States.** *New-York*, 1878; 1 vol. petit in-8°.

Le droit électoral aux États-Unis.

4945. — **Lefebvre (Dr R.). Paris en Amérique.** *Paris*, 1879; 1 vol. in-12.

4946. — **The Literary News, an eclectic review of current literature.** *New-York*, 1884-1892; 8 vol. in-8°.

Les Nouvelles littéraires, revue éclectique de littérature courante.

4947. — **Ludewig (H.-C.). The literature of american local history, a bibliographical essay.** *New-York*, 1846; 1 vol. in-8°.

Essai de bibliographie concernant la littérature de l'histoire locale en Amérique.

4948. — **The king of the Hurons.** *New-York*, 1850; 1 vol. grand in-12.

Le roi des Hurons.

4949. — **Turner (F.). Treatise of french poetry.** *New-Haven Con.* 1838; 1 vol. in-12.

Traité de poésie française.

4950. — **Democracy, an american novel.** *London*, 1882; 1 vol. grand in-12.

La Démocratie, roman américain.

4951. — **Hawthorne (N.). Mosses from an old manse.** *New-York*, 1846; 1 vol. in-8°.

Mousses d'un vieux presbytère.

4952. — **Simms (J.-R.).** The american Spy or freedom's early sacrifice, a tale of the Revolution founded upon fact. *Albany*, 1846; 1 broch. in-8°.

L'Espion américain ou le premier sacrifice à la liberté, histoire du temps de la Révolution basée sur un fait réel.

4953. — **Introduction to the primary reader of Russell's elementary series.** *Boston*, 1 vol. petit in-18.

Introduction au premier livre de lecture de la série d'ouvrages élémentaires publiés par Russell.

4954. — **Towndrow (T.).** A complete guide to the art of writing short-hand. *New-York*, 1841; 1 vol. in-12.

Guide complet dans l'art de la sténographie.

4955. — Ἀπλοῦν Ἀλφαβητάριον διὰ τὰ παιδία, ἐν Ἀνδοβηρίᾳ τῆς Ἀμερίκης. 1831; 1 broch. in-12.

Abécédaire pour les enfants. Andover, Amérique.

4956. — **Guichet (Dr A.).** Les États-Unis. Notes sur l'organisation scientifique, les facultés de médecine, les hôpitaux, la prostitution, la syphilis, l'hygiène, etc. *Paris*, 1877; 1 vol. in-18.

4957. — **Valcourt (Th. de).** Les institutions médicales aux États-Unis de l'Amérique du Nord. *Paris*, 1860; 1 vol. in-8°.

4958. — **Beck (Th.-R.).** Elements of medical jurisprudence. *Albany*, 1851; 2 vol. in-8°.

Éléments de jurisprudence médicale.

4959. — **The nomenclature of diseases, prepared for the use of the medical officers of the United States marine-hospital service.** *Washington*, 1878; 1 vol. in-8°.

Liste de maladies dressée pour les fonctionnaires du service médical de l'hôpital de la marine aux États-Unis.

4960. — **The cholera epidemic of 1873 in the United States.** 1 vol. in-8°.

L'épidémie cholérique aux États-Unis en 1873.

4961. — **Toner (J.-M.).** Contributions to the annals of medical progress and medical education in the United States before and during the war of independence. 1874; 1 broch. in-8°.

Tribut apporté aux annales des progrès de la médecine et de l'enseignement médical aux États-Unis avant et pendant la guerre de l'indépendance.

4962. — Lusk (W.-T.). On the necessity of caution in the use of chloroforme during labor. *New-York*, 1 broch. petit in-8°.

De la nécessité d'être prudent dans l'emploi du chloroforme pendant les opérations.

4963. — Payne (M.). The institutes of medicine. *New-York, London*, 1870; 1 vol. in-8°.

Les principes de la médecine.

4964. — Cholera disinfection. What to use and how to do it. *San Francisco*, 1884; 1 broch. grand in-32.

Désinfectant préventif du choléra. Ce qu'il faut employer et comment il faut procéder.

4965. — Loomis (E.)., Brocard (H.). Mémoires de météorologie dynamique. Exposé des résultats de la discussion des cartes du temps des États-Unis, ainsi que d'autres documents. *Paris*, 1879; 1 vol. in-8°.

4966. — Bulletin of international meteorological observations taken simultaneously. 1875-1884; 38 vol. grand in-8° et in-4°.

Bulletin des observations météorologiques internationales prises simultanément.

4967. — Pomeroy (J.-N.). An introduction to municipal law. *New-York*, 1880; 1 vol. in-8°.

Introduction à la législation des municipalités.

4968. — Dillon (J.-F.). Commentaries on the law of municipal corporations. *Boston*, 1881; 2 vol. in-8°.

Commentaires sur la législation des corporations municipales.

4969. — Report of the Superintendent of the coast survey 1851-1866; 12 vol. in-8° et in-4°.

Rapport du Surintendant des travaux concernant le relevé des côtes.

4970. — Paine (M.). Physiology of the soul and instinct as distinguished from materialism. *New-York*, 1872; 1 vol. in-8°.

Physiologie de l'âme et de l'instinct opposée aux opinions matérialistes.

4971. — Upham (Th.-C.). Elements of mental philosophy. *Portland*, 1834; 2 vol. in-8°.

Éléments de la philosophie de l'intellect.

4972. — **Upham (Th.-C.).** A philosophical and practical treatise on the will. *Portland*, 1839; 1 vol. in-8°.

Traité philosophique et pratique de la volonté.

4973. — **Swedenborg (E.).** Delights of wisdom concerning conjugal love, after which follows Pleasures of insanity concerning scortatory love. *Boston*, 1849; 1 vol. in-8°.

Les «Délices de la sagesse» ou traité de l'amour conjugal, suivis des «Plaisirs de la folie» ou traité de l'amour illégitime.

4974. — **Kennedy (C.-G.).** Preliminary report on the eight census, **1860.** *Washington*, 1862; 1 vol. in-8°.

Rapport préliminaire sur le huitième recensement : 1860.

4975. — **Walker (T.-A.).** A compendium of the ninth census, June 1 1870. *Washington*, 1872; 1 vol. in-8°.

Résumé du neuvième recensement : 1er juin 1870.

4976. — **Compendium of the tenth census. June 1 1880.** *Washington,* 2 vol. in-8°.

Résumé du dixième recensement : 1er juin 1880.

4977. — **Tenth census of the United States, 1880.** *Washington,* 3 vol. in-4°.

Dixième recensement des États-Unis : 1880.

4978. — **Annual report of the chief signal officer to the Secretary of war.** *Washington,* 1871-1890; 19 vol. in-8°.

Rapport annuel du chef du service des signaux au Ministre de la guerre.

4979. — **War Department. Daily bulletin of weather-reports, signal-service, United States army.** *Washington,* 1872-1877 35 vol. petit in-4°.

Ministère de la guerre. Bulletin quotidien des rapports météorologiques publiés par le service militaire des signaux aux États-Unis.

4980. — **War Department. Monthly weather review.** *Washington,* 1885-1886; 2 vol. petit in-4°.

Ministère de la guerre. Revue mensuelle de la température.

4981. — **Whitfield (R.-P.).** Preliminary report on the paleontology of the Black Hills. 1877; 1 broch. in-8°.

Rapport préliminaire sur la paléontologie des Montagnes Noires.

4982. — **Toner (J.-M.).** Address before the Rocky Moun-

tain medical association, June 1877, containing some observations on the geological age of the world. *Washington*,
1 broch. petit in-8°.

Adresse présentée à l'association médicale des Montagnes-Rocheuses en juin
1877, et contenant quelques observations sur l'âge géologique du monde.

4983. — **Webster (Th.), Parkis (Mᵣˢ).** An encyclopaedia
of domestic economy. *New-York*, 1845 ; 2 vol. in-8°.

Encyclopédie d'économie domestique.

4984. — **Memoirs of the american Academy of arts and
sciences.** *Boston*, 1833-1888 ; 15 vol. in-4°.

Mémoires de l'Académie américaine des arts et des sciences.

4985. — **Proceedings of the american Academy of arts and
sciences.** *Boston*, 1861-1890 ; 20 vol. in-8°.

Actes de l'Académie américaine des arts et des sciences.

4986. — **Annual report of the trustees of the Cooper Union
for the advancement of science and art,** *New-York*, 1861-
1891 ; 3 vol. in-8°.

Rapport annuel des administrateurs de l'Union Cooper pour l'avancement
des sciences et des arts.

4987. — **Memoirs of the national Academy of sciences.**
Washington, 1883 ; 4 vol. in-4°.

Mémoires de l'Académie nationale des sciences.

4988. — **Proceedings of the national Academy of sciences.**
Washington, 1884 ; 1 broch. in-8°.

Actes de l'Académie nationale des sciences.

4989. — **Report of the national Academy of sciences.** *Washington*,
1883-1884 ; 2 broch. in-8°.

Rapport de l'Académie nationale des sciences.

4990. — **Statistical abstract of the United States.** *Washington*,
1881-1885 ; 3 broch. in-8°.

Documents statistiques concernant les États-Unis.

4991. — **Seybert (A.).** Statistical annals of the United
States of America. *Philadelphia*, 1818 ; 1 vol. grand in-8°.

Annales statistiques des États-Unis d'Amérique.

4992. — **Anderson (H.).** Specifications of an original plan hitherto entirely unknown for the construction of submarine tunnels. *San Francisco*, 1876 ; 1 broch. in-18.

Description d'un plan original, jusqu'ici tout à fait inconnu, pour la construction des tunnels sous-marins.

4993. — **Schumann (F.).** A manual of heating and ventilation in their practical application for the use of engineers and architects. *New-York*, 1877 ; 1 vol. in-12.

Manuel d'application pratique du chauffage et de la ventilation à l'usage des ingénieurs et des architectes.

4994. —**Banderali (M.).** Les chemins de fer métropolitains à New-York et dans les grandes cités américaines. *Paris*, 1886 ; 1 broch. grand in-8°.

ÉTATS DE L'UNION.

ALABAMA.

4995. — **Tuomey (M.).** Report on the geology of Alabama. *Tuscaloosa*, 1850 ; 1 vol. petit in-8°.

Rapport sur la géologie de l'Alabama.

ARKANSAS.

4996. — Revised statutes of the State of Arkansas. *Boston*, 1838 ; 1 vol. in-8°.

Revision des statuts de l'État d'Arkansas.

CALIFORNIE.

4997. — **Donnat (L.).** L'État de Californie. *Paris*, 1878 ; 1 vol. in-12.

4998. — **Frignet (E.).** La Californie. Histoire des progrès de l'un des États-Unis d'Amérique. *Paris*, 1867 ; 1 vol. in-8°.

4999. — **Lévis (Daniel).** Les Français en Californie. *San Francisco*, 1885 ; 1 vol. in-8°.

5000. — **Tyson (P.-T.).** Geology and industrial resources of California. *Baltimore*, 1851 ; 1 vol. in-8°.

Géologie et ressources industrielles de la Californie.

5001. — California Academy of sciences. Notes on the Aleutian Islands by **W.-H. Dall.** 1874; 2 broch. in-8°.

Académie des sciences de Californie. Notices sur les Îles Aléoutiennes, par Dall.

SAN FRANCISCO.

5002. — Rapport annuel du Conseil d'administration de la ligue nationale française. *San Francisco*, 1880-1886; 1 vol. in-12.

5003. — Rapport annuel de la bibliothèque de la ligue nationale française de San Francisco. 1877; 1 broch. in-8°.

5004. — Jahres-Bericht des Directoriums des ersten Feuerbestattungs-Vereins von San Francisco. 1883; 1 broch. in-8°.

Rapport annuel de la Direction de la première Société de crémation de San Francisco.

5005. — Mendell (H.). Report on the various projects for the water supply of San Francisco (Cal.). 1877; 1 broch. in-8°.

Rapport sur les divers projets ayant pour but d'approvisionner d'eau la ville de San Francisco.

5006. — Annual report of the health officer of the city and county of San Francisco. 1884; 1 broch. in-8°.

Rapport annuel du service sanitaire de la ville et du comté de San Francisco.

5007. — Annual report of the Board of fire commissioners of the San Francisco paid fire Department. 1880; 1 broch. in-8°.

Rapport annuel du service subventionné des secours contre l'incendie à San Francisco.

5008. — Ordinances of the fire Department of San Francisco. 1880; 1 broch. petit in-18.

Ordonnances du Département des secours contre l'incendie à San Francisco.

5009. — Annual report of the Superintendent of public schools. City and county of San Francisco. 1872-1885; 14 vol. in-8°.

Rapport annuel du Surintendant des écoles publiques de la ville et du comté de San Francisco.

5010. — Annual report of the Coroner of the city and county of San Francisco. 1880 ; 2 broch. in-8°.

Rapport annuel du Coroner de la ville et du comté de San Francisco.

5011. — San Francisco municipal reports. 1876-1889 ; 10 vol. in-8°.

San Francisco. Rapports municipaux.

5012. — Address of the mayor of the city and county of San Francisco to the Board of supervisors. 1877 ; 1 broch. in-8°.

Adresse du maire de la ville et du comté de San Francisco au Conseil des directeurs.

STOCKTON.

5013. — Report of the Superintendent of the insane Asylum of the State of California at Stockton. 1882 ; 2 broch. in-8°.

Rapport du Surintendant de l'Asile des aliénés de l'État de Californie à Stockton.

CAROLINE DU NORD.

5014. — Documents : executive and legislative session 1856-1857, North-Carolina. *Raleigh*, 1 vol. in-8°.

Documents concernant la session du Conseil exécutif et du Conseil législatif de la Caroline du Nord en 1856-1857.

CAROLINE DU SUD.

5015. — The proceedings of the agricultural Convention and of the state agricultural Society of South Carolina from 1839 to 1845. *Columbia*, 1846 ; 1 vol. in-8°.

Actes de la Convention d'agriculture et de la Société d'agriculture de l'État de la Caroline du Sud de 1839 à 1845.

5016. — The statutes at large of South Carolina. *Columbia S. C.*, 1836-1841 ; 1 vol. in-8°.

Statuts détaillés de la Caroline du Sud.

5017. — Rice (W.). A digested index of the statute law of South Carolina from the earliest period to the year 1836 inclusive. *Charleston*, 1 vol. in-8°.

Index méthodique des lois fondamentales de la Caroline du Sud depuis les temps les plus reculés jusqu'à l'année 1836 inclusivement.

5018. — **Pressley (B.-C.).** The law of magistrates and constables in the State of South Carolina. *Charleston S. C.*, 1848 ; 1 vol. in-8°.

Lois concernant les magistrats et les constables de la Caroline du Sud.

5019. — **Tuomey (M.).** Report on the geology of South Carolina. *Columbia S. C.*, 1848 ; 1 vol. in-8°.

Rapport sur la géologie de la Caroline du Sud.

CHARLESTON.

5020. — **Eckhard (G.-B.).** A digest of the ordinances of the City Council of Charleston from the year 1783 to oct. 1844. 1 vol. in-8°.

Recueil des arrêtés du Conseil municipal de Charleston de l'année 1783 au mois d'octobre 1844.

COLUMBIA (DISTRICT DE).

5021. — Report of the Commissioners of the district of Columbia. *Washington*, 1874-1885 ; 13 vol. in-8°.

Rapport des Commissaires du district de Columbia.

5022. — Report of the health officer of the district of Columbia. *Washington*, 1879-1889 ; 10 vol. in-8°.

Rapport du directeur du bureau de la santé dans le district de Columbia.

5023. — Special report of the Commissioner of education on the condition and improvement of public schools in the district of Columbia. *Washington*, 1871 ; 1 vol. in-8°.

Rapport spécial du Surintendant des études sur la situation et sur les progrès des écoles publiques dans le district de Columbia.

5024. — Report of the Board of trustees of public schools of the district of Columbia. *Washington*, 1874-1889 ; 6 vol. in-8°.

Rapport du Conseil des administrateurs des écoles publiques du district de Columbia.

5025. — An act providing a permanent form of government for the district of Columbia approved june 11 1878. 1 broch. in-8°.

Loi du 11 juin 1878 assurant une forme permanente de gouvernement au district de Columbia.

5026. — Report of the Board of public works of the district of Columbia. *Washington*, 1872; 1 vol. in-8°.

Rapport du Conseil des travaux publics du district de Columbia.

5027. — Annual report of the operations of the engineer Department of the district of Columbia. *Washington*, 1880-1883; 4 vol. in-8°.

Rapport annuel des travaux des ingénieurs du district de Columbia.

WASHINGTON.

5028. — Jewett (Ch.). Smithsonian report on the construction of catalogues of libraries. *Washington*, 1853; 1 vol. in-8°.

Rapport de l'Institut smithsonien sur l'établissement des catalogues de bibliothèques.

5029. — Mills (R.). Guide to the Capitol and national executive offices of the United States. *Washington*, 1847-1848; 1 vol. in-12.

Guide au Capitole et aux bureaux du pouvoir exécutif national des États-Unis.

5030. — Morin (A.), Young (C.-B.). Warming and ventilating occupied buildings. Translated for the smithsonian Institution. *Washington*, 1882; 1 broch. in-8°.

Chauffage et ventilation des logements habités. Traduction faite pour l'Institut smithsonien.

5031. — Annual report of the Superintendent of public schools of Washington D. C. 1872-1873; 1 broch. in-8°.

Rapport annuel du Surintendant des écoles publiques de Washington.

5032. — Report of the Board of trustees of public schools of the city of Washington. 1870-1874; 4 vol. in-8°.

Rapport du Conseil des administrateurs des écoles publiques de la ville de Washington.

5033. — Laws of the corporation of the city of Washington passed by the forty-second Council. 1845, 1 vol. petit in-8°.

Arrêtés du Conseil municipal de la ville de Washington pris dans sa 42ᵉ session.

5034. — Laws of the corporation of the city of Washington to the end of the thirtieth Council. June 1833; 1 vol. in-8°.

Arrêtés du Conseil municipal de la ville de Washington jusqu'à la fin de sa 30ᵉ session.

5035. — **Smithsonian contributions to knowledge.** City of Washington. 1870-1890; 26 vol. in-4°.

Tribut apporté à la science par l'Institut smithsonien de Washington.

5036. — **Smithsonian miscellaneous collections.** *Washington*, 1862-1891; 31 vol. in-8°.

Collections diverses de l'Institut smithsonien.

5037. — **Annual report of the Board of regents of the smithsonian Institution.** *Washington*, 1847-1888; 40 vol. in-8°.

Rapport annuel du Conseil des régents de l'Institut smithsonien.

5038. — **Annual report of the Bureau of ethnology to the secretary of the smithsonian Institution.** *Washington*, 1879-1885; 6 vol. petit in-4°.

Rapport annuel du Bureau d'ethnologie au secrétaire de l'Institut smithsonien.

5039. — **Rau (Ch.).** Articles of anthropological subjects contributed to annual reports of the smithsonian Institution from 1863 to 1877. *Washington*, 1882; 1 broch. in-8°.

Articles d'anthropologie insérés dans les rapports annuels de l'Institut smithsonien de 1863 à 1877.

5040. — **Directions for collecting, preserving, and transporting specimens of natural history. Smithsonian Institution.** *Washington*, 1852; 1 broch. in-8°.

Indications sur la manière de collectionner, de conserver et de transporter les spécimens d'histoire naturelle. Institut smithsonien.

5041. — **Girard (C.).** Bibliographia americana historico-naturalis A. D. 1851. Smithsonian report. *Washington*, 1852; 1 broch. in-8°.

Bibliographie américaine d'histoire naturelle, année 1851. Rapport de l'Institut smithsonien.

5042. — **Greene (Lieut. F.-V.).** City of Washington. Statistical maps. 1880; 1 atlas.

Ville de Washington. Cartes statistiques.

CONNECTICUT.

5043. — **Report of the state Board of health of the State of Connecticut.** 1881-1884; 3 vol. in-8°.

Rapport du Conseil de santé de l'État de Connecticut.

5044. — **Acts and laws of His Majesty's english colony of Connecticut in New-England, in America.** *New-London*, 1750; 1 vol. grand in-8°.

Lois concernant la royale colonie anglaise de Connecticut dans la Nouvelle-Angleterre, en Amérique.

5045. — **The revised statutes of Connecticut.** *Hartford*, 1849; 1 vol. in-8°.

Revision des statuts du Connecticut.

5046. — **The statutes of the State of Connecticut.** *New-Haven*, 1854; 1 vol. in-8°.

Les statuts de l'État de Connecticut.

MERIDEN.

5047. — **Report of the acting school visitors of Meriden, Connecticut.** *West-Meriden. Conn.*, 1873; 1 broch. in-8°.

Rapport des inspecteurs de service sur les écoles de Mériden, dans le Connecticut.

DAKOTA.

5048. — **Jenney (W.). The mineral wealth, climate and rain-fall, and natural resources of the Black Hills of Dakota.** 1876; 1 broch. in-8°.

Les richesses minérales, le climat, les pluies et les ressources naturelles des Montagnes Noires du Dakota.

DELAWARE.

5049. — **Laws of the State of Delaware.** *Dover. Del.*, 1849; 1 vol. in-8°.

Lois de l'État de Delaware.

GÉORGIE.

5050. — **Acts of the general Assembly of the State of Georgia passed in Milledgeville,** 1853-1854; *Savannah*, 1 vol. in-8°.

Lois votées à Milledgeville par l'Assemblée générale de l'État de Géorgie en 1853-1854.

ILLINOIS.

5051. — Revised statutes of the State of Illinois. *Springfield,*
1845; 1 vol. in-8°.

Revision des statuts de l'État d'Illinois.

**5052. — Purple (N.-H.). Compilation of all the general
laws concerning real estate in the State of Illinois.** *Quincy,*
1849; 1 vol. in-8°.

Compilation de toutes les lois générales concernant les biens-immeubles dans
l'État d'Illinois.

**5053. — Gilman (C.). Reports of cases argued and deter-
mined in the supreme Court of the State of Illinois.** *Quincy,*
1846-1849; 5 vol. in-8°.

Comptes rendus des cas plaidés et jugés à la Cour suprême de l'État
d'Illinois.

CHICAGO.

**5054. — Annual report of the Board of directors of the Chicago
public library.** 1873-1882 ; 1 vol. in-8°.

Rapport annuel du Conseil des directeurs de la bibliothèque publique de
Chicago.

5055. — Finding lists of the Chicago public library. 1881-
1882 ; 2 vol. in-8°.

Catalogues de la bibliothèque publique de Chicago.

**5056. — Proceedings of the trustees of the Newberry library,
Chicago.** 1887-1890 ; 2 broch. in-8°.

Actes des administrateurs de la bibliothèque Newberry à Chicago.

**5057. — Report of the Department of health of the city of
Chicago.** 1877-1889 ; 3 broch. in-8°.

Rapport du service de la santé de la ville de Chicago.

**5058. — City of Chicago. Annual report of the Board of edu-
cation.** 1872-1875 ; 4 vol. in-8°.

Rapport annuel du Conseil d'éducation de la ville de Chicago.

5059. — Manual public schools. City of Chicago. 1875-1876;
1 broch. grand in-12.

Manuel des écoles publiques de la ville de Chicago.

5060. — **Annual report of the Board of inspectors of the house of correction of the city of Chicago.** 1882 ; 1 broch. in-8°.

Rapport annuel du Conseil des inspecteurs de la maison de correction de la ville de Chicago.

5061. — **Report of the Department of public works to the City Council of the city of Chicago.** 1884; 1 vol. in-8°.

Rapport de l'administration des travaux publics au Conseil municipal de la ville de Chicago.

KANKAKEE.

5062. — **Biennial report of the trustees, superintendent, treasurer, and architect of the Illinois Eastern hospital for the insane at Kankakee.** *Springfield. Ill.*, 1878-1888 ; 6 broch. in-8°.

Rapport bi-annuel des administrateurs, du surintendant, du trésorier et de l'architecte de l'hospice Oriental des aliénés à Kankakee, Illinois.

INDIANA.

5063. — **The revised statutes of the State of Indiana.** *Indianapolis*, 1843-1852; 3 vol. in-8°.

Revision des statuts de l'État d'Indiana.

5064. — **Laws of the State of Indiana.** *Indianapolis*, 1825-1844 ; 8 vol. petit in-8°.

Lois de l'État d'Indiana.

5065. — **The revised laws of Indiana.** *Indianapolis*, 1831; 1 vol. in-8°.

Revision des lois de l'Indiana.

5066. — **Annual report of the Department of statistics and geology of the State of Indiana.** 1879-1888 ; 8 vol. in-8°.

Rapport annuel du Département de la statistique et de la géologie dans l'État d'Indiana.

IOWA.

5067. — **Proceedings of the grand lodge of Iowa.** *Muscatine* 1858; 2 vol. petit in-8°.

Actes de la grande loge de l'Iowa.

KENTUCKY.

5068. — Report of the state Board of health of Kentucky. *Francfort Ken.*, 1878; 1 broch. in-8°.

Rapport du Conseil de santé de l'État de Kentucky.

5069. — The statute law of Kentucky. *Francfort Ken.*, 1809-1819; 5 vol. petit in-8°.

Lois fondamentales du Kentucky.

5070. — Kentucky. Legislative documents. *Francfort Ken.*, 1 vol. in-8°.

Documents législatifs concernant le Kentucky.

5071. — Proceedings of the annual meeting of the polytechnic Society of Kentucky. April 16 1883. *Louisville*, 1 broch. in-8°.

Procès-verbaux de la réunion annuelle de la Société polytechnique du Kentucky. 16 avril 1883.

LOUISVILLE.

5072. — Charter of the city of Louisville. 1 vol. in-8°.
Charte de Louisville.

5073. — Lucas (O.). General ordinances of the city of Louisville for the years 1876 and 1877, with an appendix. 1 vol. in-8°.

Arrêtés généraux du Conseil municipal de Louisville pour 1876 et 1877, avec un appendice.

LOUISIANE.

5074. — Annual report of the Board of health of the State of Louisiana. *New-Orleans*, 1879-1882 ; 2 vol. in-8°.
Rapport annuel du Conseil de santé de la Louisiane.

5075. — Constitution de l'État de la Louisiane, 1852. *Nouvelle-Orléans*, 1 broch. in-8°.

5076. — Lislet (L.-M.). Digeste général des actes de la législature de la Louisiane depuis l'année 1804 jusqu'à 1827. *Nouvelle-Orléans*, 2 vol. in-8°.

5077. — **The consolidation and revision of the statutes of the State, of a general nature.** *New-Orleans*, 1852 ; 1 vol. in-8°.

Consolidation et revision des lois de l'État qui sont d'une nature générale.

5078. — **Civil Code of the State of Louisiana.** *New-Orleans*, 1853 ; 1 vol. in-8°.

Code civil de la Louisiane.

NOUVELLE-ORLÉANS.

5079. — **The amended charter of the city of New-Orleans.** 1879 ; 1 vol. petit in-8°.

Réforme de la charte de la Nouvelle-Orléans.

5080. — **Abzac (Le vicomte d').** **Enquête sur la navigation, l'immigration et le commerce français à la Nouvelle-Orléans en 1876.** *Paris*, 1 broch. in-8°.

MAINE.

5081. — **Public acts of the State of Maine.** *Augusta*, 1820-1839 ; 2 vol. in-8°.

Actes publics de l'État du Maine.

5082. — **Holmes (E.).** **Report of an exploration and survey of the territory on the Aroostook river during the spring and autumn of 1838.** *Augusta (Maine)*, 1 broch. petit in-8°.

Rapport d'une exploration et d'un relèvement du territoire de la rivière Aroostook pendant le printemps et l'automne de 1838.

5083. — **The revised statutes of the State of Maine.** *Augusta*, 1840-1841 ; 1 vol. in-8°.

Revision des statuts de l'État du Maine.

5084. — **Lord (J.-P.).** **The Maine townsman.** *Portland*, 1847 ; 1 vol. grand in-12.

Le bourgeois du Maine.

MARYLAND.

5085. — **Dorsey (Cl.).** **The general public statutory law and public local law of the State of Maryland.** *Baltimore*, 1840 ; 3 vol. in-8°.

Statuts publics généraux et lois publiques locales de l'État de Maryland.

BALTIMORE.

5086. — **The City hall.** *Baltimore*, 1877; 1 vol. petit in-4°.
L'hôtel de ville de Baltimore.

5087. — **Report of a joint Committee in relation to the books transmitted from Paris.** *Baltimore*, 1844; 1 broch. in-8°.
Rapport d'une Commission relativement aux livres envoyés de Paris.

5088. — **Register of the corporation officers of Baltimore City.** 1876; 1 broch. in-8°.
Liste des fonctionnaires municipaux de la ville de Baltimore.

5089. — **Scharf (Col. J.-Th.).** The chronicles of Baltimore. 1874; 1 vol. in-8°.
Les chroniques de Baltimore.

5090. — **Howard (G.).** The monumental City; its past history, and present resources. *Baltimore*, 1873; 1 vol. in-8°.
La Cité monumentale, son histoire dans le passé et ses ressources présentes.

5091. — **Annual report of the health Department to the mayor and City Council of Baltimore.** 1877-1890; 14 vol. in-8°.
Rapport annuel du service de la santé au maire et au Conseil municipal de Baltimore.

5092. — **Report of the Commission on the establishment of manufactures to the mayor and City Council of Baltimore.** 1877; 1 broch. in-8°.
Rapport de la Commission d'enquête sur l'établissement de manufactures au maire et au Conseil municipal de Baltimore.

5093. — **Mayer (L.).** The Baltimore City Code. 1869-1879; 2 vol. in-8°.
Code des lois relatives à la ville de Baltimore.

5094. — **Supplement to the Baltimore City Code comprising the acts of the general Assembly of Maryland.** 1870-1885; 2 vol. in-8°.
Supplément au Code des lois relatives à la ville de Baltimore, comprenant les actes de l'Assemblée générale du Maryland.

5095. — **The mayor's message and reports of the City officers**

made to the City Council of Baltimore. 1869-1889; 26 vol.
in-8°.

Message du maire et rapports des fonctionnaires municipaux au Conseil municipal de Baltimore.

5096. — **Journal of proceedings of the second branch City Council of Baltimore.** 1858-1881 ; 19 vol. in-8°.

Procès-verbaux des séances de la seconde section du Conseil municipal de Baltimore.

5097. — **Journal of proceedings of the first branch City Council of Baltimore.** 1830-1881 ; 23 vol. in-8°.

Procès-verbaux des séances de la première section du Conseil municipal de Baltimore.

5098. — **Ordinances of the Corporation of the city of Baltimore.** 1797-1831.

Arrêtés du Conseil municipal de Baltimore.

5099. — **The ordinances of the mayor and City Council of Baltimore.** 1830-1870; 35 vol. in-8°.

Arrêtés du maire et du Conseil municipal de Baltimore.

5100. — **The ordinances and resolutions of the mayor and City Council of Baltimore.** 1872-1890 ; 17 vol. in-8°.

Arrêtés et décisions du Maire et du Conseil municipal de Baltimore.

5101. — **Weekly return of deaths and interments in Baltimore.** 1879-1890; 7 vol. in-8°.

Relevé hebdomadaire des décès et des inhumations à Baltimore.

MASSACHUSETTS.

5102. — **Annual report of the secretary of the Massachusetts Board of agriculture.** *Boston*, 1889; 6 vol. in-8°.

Rapport annuel du secrétaire du Conseil d'agriculture du Massachusetts.

5103. — **Commonwealth of Massachusetts. Manual for the use of the general Court.** *Boston*, 1885; 1 vol. in-12.

République de Massachusetts. Manuel à l'usage des membres du Parlement.

5104. — **Annual report of the Board of state charities of Massachusetts.** *Boston*, 1878-1879; 2 vol. in-8°.

Rapport annuel du Conseil de l'Assistance publique de l'État de Massachusetts.

**5105. — Commonwealth of Massachusetts. Annual report of
the Board of railroad Commissioners.** *Boston*, 1878-1891;
14 vol. in-8°.

République de Massachusetts. Rapport annuel du Conseil des directeurs des
chemins de fer.

**5106. — Palfreg (J.-G.). Tables of bearings, distances, lati-
tudes, longitudes, etc. ascertained by the astronomical and
trigonometrical survey of Massachusetts.** *Boston*, 1846 ; 1 vol.
in-8°.

Tables de hauteurs, de distances, de latitudes, de longitudes, etc., vérifiées
par la Commission du relevé astronomique et trigonométrique du Massachusetts.

**5107. — Shurtleff (N.-S.). Records of the Governor and
Company of the Massachusetts bay in New-England.** *Boston*,
1628-1674 ; 5 vol. in-4°.

Comptes rendus du Gouverneur et de la Compagnie de la baie de Massachusetts dans la Nouvelle-Angleterre.

5108. — Collections of the Massachusetts historical Society.
1792-1794 ; 3 vol. in-8°.

Collections de la Société historique du Massachusetts.

5109. — Proceedings of the Massachusetts historical Society.
1855-1863 ; 4 vol. in-8°.

Actes de la Société historique du Massachusetts.

**5110. — Annual report of the state Board of health, lunacy,
and charities of Massachusetts.** *Boston*, 1870-1890; 30 vol.
in-8°.

Rapport annuel du Conseil de santé, de surveillance des aliénés et d'Assistance publique de l'État de Massachusetts.

**5111. — The official record of the state Board of health of
Massachusetts.** *Cambridge*, 1874 ; 1 vol. in-8°.

Archives officielles du Conseil de santé de l'État de Massachusetts.

**5112. — The perpetual laws of the Commonwealth of Massa-
chusetts from the commencement of the Constitution in october 1780 to the last wednesday in may 1789.** *Boston*, 1 vol.
petit in-4°.

Lois permanentes de la République de Massachusetts depuis l'établissement
de la Constitution en octobre 1780, jusqu'au dernier mercredi du mois de
mai 1789.

5113. — Stearns (A.), Shaw (L.). The general laws of Massachusetts from the adoption of the Constitution to february **1822.** *Boston*, 2 vol. in-8°.

Lois générales du Massachusetts depuis l'adoption de la Constitution jusqu'au mois de février 1822.

5114. — Herrick (W.-A.). The powers, duties, and liabilities of town and parish officers in Massachusetts. *Boston*, 1880; 1 vol. in-8°.

Les droits, les devoirs et les responsabilités des fonctionnaires des villes et des paroisses dans le Massachusetts.

5115. — A report on spasmodic cholera. Massachusetts medical Society. *Boston*, 1832; 1 vol. in-8°.

Rapport sur le choléra spasmodique. Société médicale du Massachusetts.

5116. — The census of Massachusetts. *Boston*, 1875-1880; 2 vol. in-8°.

Recensement du Massachusetts.

5117. — Report to the legislature of Massachusetts relating to the registry and return of births, marriages, and deaths in the Commonwealth. 1869-1889; 17 vol. in-8°.

Rapport au Conseil législatif du Massachusetts relatif au relevé et à l'enregistrement des naissances, des mariages et des décès dans la République.

5118. — Hitchcock (Ed.). Final Report on the geology of Massachusetts. *Amherst*, 1841; 1 vol. in-4°.

Dernier rapport sur la géologie du Massachusetts.

BARRE.

5119. — Report of the private institution for the education of feeble-minded youth. *Barre, Massachusetts*, 1888-1890; 2 broch. in-8°.

Rapport de l'institution privée pour l'éducation des jeunes idiots.

BOSTON.

5120. — City of Boston. Report of the trustees of the city hospital. 1881-1882; 1 broch. in-8°.

Rapport des administrateurs de l'hôpital municipal de Boston.

5121. — **City of Boston. Annual report of the trustees of the public library.** 1852-1890; 4 vol. in-8°.

Rapport annuel des administrateurs de la bibliothèque publique de la ville de Boston.

5122. — **Bulletin of the Boston public library.** 1891; 1 vol. in-8°.

Bulletin de la bibliothèque publique de Boston.

5123. — **Boston public library. Handbook for readers, and regulations.** 1876-1883; 3 vol. in-32.

Bibliothèque publique de Boston. Manuel des lecteurs, et règlements.

5124. — **Public library of the city of Boston. Catalogues and indices.** 1861-1878; 10 vol. et broch. grand in-8°.

Bibliothèque publique de la ville de Boston. Catalogues et index divers.

5125. — **Annual report of the Boston water board.** 1876-1891; 10 vol. in-8°.

Rapport aunuel du service des eaux de Boston.

5126. — **Hearings by the Board of Aldermen of Boston on the petition of the citizens' gas light C**o. 1874; 1 vol. in-8°.

Auditions par le Conseil des Aldermen de Boston des avis concernant la requête de la Compagnie civique de l'éclairage au gaz.

5127. — **City of Boston. Report of the gas commissioners.** 1876; 1 broch. in-8°.

Rapport de l'administration du gaz à Boston.

5128. — **Report of the joint special Committee on improved sewerage.** *Boston*, 1871; 1 broch. in-8°.

Rapport de la Commission spéciale pour l'amélioration du système des égouts.

5129. — **Auditor's annual report of the receipts and expenditures of the city of Boston and the county of Suffolk, State of Massachusetts.** 1855-1892; 37 vol. in-8°.

Rapport annuel du vérificateur des comptes sur les recettes et les dépenses de la ville de Boston et du comté de Suffolk, dans l'État de Massachusetts.

5130. — **Winsor (S.). The memorial history of Boston, including Suffolk county, Massachusetts.** 1630-1880; 4 vol. grand in-8°.

Histoire commémorative de Boston, y compris le comté de Suffolk, État de Massachusetts.

5131. — The New England historical and genealogical register. *Boston*, 1847-1848; 2 vol. in-8°.

Registre historique et généalogique de la Nouvelle-Angleterre.

5132. — City of Boston. Digest of statutes and ordinances relating to the public health. 1873; 1 vol. in-8°.

Ville de Boston. Recueil de lois et d'ordonnances relatives à la santé publique.

5133. — The sanitary condition of Boston. Report of a medical Commission. 1875; 1 vol. in-8°.

Rapport d'une Commission médicale sur l'état sanitaire de Boston.

5134. — Annual report of the Board of health of the city of Boston. 1875-1883 ; 3 vol. in-8°.

Rapport annuel du Conseil de santé de la ville de Boston.

5135. — City of Boston. Annual report of the Board of fire commissioners. 1880-1883; 4 vol. in-8°.

Ville de Boston. Rapport annuel du service des secours contre l'incendie.

5136. — Rules and regulations for the government of the officers and members of the Boston fire Department. 1880; 1 broch. in-12.

Règlements et dispositions concernant les chefs et les employés du service des secours contre l'incendie à Boston.

5137. — Specimen of modern printing types cast at the letter foundry of the Boston type and stereotype Company. *Boston*, 1845; 1 vol. in-8°.

Spécimen de caractères modernes d'imprimerie provenant de la fonderie de la Société d'imprimerie et de stéréotypie de Boston.

5138. — Annual report of the school Committee of the city of Boston. 1863-1883; 19 vol. in-8°.

Rapport annuel de la Commission des écoles de la ville de Boston.

5139. — Proceedings of the school Committee of Boston. 1878-1883; 3 vol. in-8°.

Actes de la Commission des écoles de Boston.

5140. — Semi-annual report of the Superintendent of public schools of the city of Boston. September 1874; 1 vol. in-8°.

Rapport semestriel du Surintendant des écoles publiques de la ville de Boston.

5141. — **Walton (G.-A.). Report of examinations of public schools in Norfolk county (Massachusetts).** *Boston,* 1881; 1 vol. in-8°.

Rapport de l'inspection des écoles publiques dans le comté de Norfolk (Massachusetts).

5142. — **Blodgett (A.-N.). The management of chronic inebriates and insane drunkards.** *Boston,* 1882; 1 broch. in-8°.

Le traitement de l'ivresse chronique et de la démence alcoolique.

5143. — **The charter and ordinances of the city of Boston.** 1850-1856; 2 vol. in-8°.

Charte et ordonnances de la ville de Boston.

5144. — **Municipal register containing the city charter, and rules and orders of the City Council, and a list of the officers of the city of Boston.** 1856; 1 vol. in-8°.

Livret municipal contenant la charte de la ville, les règlements et arrêtés du Conseil municipal, et une liste des fonctionnaires de la ville de Boston.

5145. — **Report of proceedings of the City Council of Boston.** 1869-1884; 16 vol. in-8°.

Rapport sur les actes du Conseil municipal de Boston.

5146. — **Journal of the common Council of the city of Boston.** 1868-1873 ; 6 vol. in-8°.

Journal du Conseil municipal de Boston.

5147. — **Ordinances, and rules and orders of the city of Boston.** 1876; 1 vol. in-8°.

Ordonnances, règlements et arrêtés de la ville de Boston.

5148. — **Inaugural addresses of the mayors of Boston to the City Council.** 1861-1877; 2 vol. in-8°.

Discours d'inauguration prononcés par différents maires devant le Conseil municipal de Boston.

5149. — **Oration delivered before the City Council and citizens of Boston july 4 1876 by Hon. R.-C. Winthop.** 1 vol. in-8°.

Discours prononcé le 4 juillet 1876 devant le Conseil municipal et les citoyens de Boston par R.-C. Winthop.

5150. — **Oration delivered before the City Council and citizens of Boston july 4 1877 by Hon. W.-W. Warren.** 1 broch. in-8°.

Discours prononcé le 4 juillet 1877 devant le Conseil municipal et les citoyens de Boston par W. Warren.

5151. — **Statutes, ordinances, and rules and regulations for the government of the Boston police.** 1878; 1 vol. petit in-8°.

Statuts, ordonnances, règlements et dispositions concernant la direction de la police de Boston.

5152. — **Annual report of the city registrar of the births, marriages, and deaths in the city of Boston.** 1876-1883; 3 vol. in-8°.

Rapport annuel du bureau municipal d'enregistrement des naissances, des mariages et des décès dans la ville de Boston.

5153. — **Annual report of the bureau of statistics of labor.** *Boston*, 1870-1889; 13 vol. in-8°.

Rapport annuel du bureau de la statistique du travail.

5154. — **Annual report of the city engineer.** *Boston*, 1877-1883; 3 vol. in-8°.

Rapport annuel de l'ingénieur municipal de Boston.

CAMBRIDGE (MASS.).

5155. — **City of Cambridge. The annual report of the auditor of accounts to the City Council.** 1883; 1 broch. in-8°.

Rapport annuel du vérificateur des comptes au Conseil municipal de la ville de Cambridge.

5156. — **Pierce (B.). History of Harvard University.** *Cambridge*, 1883; 1 vol. petit in-8°.

Histoire de l'Université d'Harvard.

5157. — **City of Cambridge. The mayor's address, and the annual reports made to the City Council.** 1883-1886; 7 vol. in-8°.

Ville de Cambridge. Adresse du maire et rapports annuels présentés au Conseil municipal.

LOWELL (MASS.)

5158. — **Annual report of the receipts and expenditures of the city of Lowell (Massachusetts).** 1837; 1 vol. petit in-8°.

Rapport annuel des recettes et des dépenses de la ville de Lowell (Massachusetts).

5159. — Handbook for the visitor to Lowell (Massachusetts). 1848; 1 broch. in-12.

Manuel du visiteur de Lowell (Massachusetts).

QUINCY (MASS.).

5160. — **Adams (Ch.-F.).** The new departure in the common schools of Quincy. 1875; 1 vol. in-8°.

Le nouveau point de départ des écoles communales de Quincy.

SALEM (MASS.)

5161. — City of Salem. Address of the mayor upon the organization of the city government. 1852; 1 broch. in-8°.

Ville de Salem. Discours du maire sur l'organisation de l'administration municipale.

SPRINGFIELD (MASS.).

5162. — Report of the school Committee of the city of Springfield (Massachusetts). 1871; 1 broch. in-8°.

Rapport de la Commission des écoles de la ville de Springfield (Massachusetts).

WORCESTER (MASS.)

5163. — Free public library Worcester Mass. U. S. A. Rules, documents, and report. 1881; 1 broch. in-8°.

Bibliothèque publique gratuite de Worcester, Massachusetts (États-Unis d'Amérique). Règlements, documents et rapport.

5164. — **Green (S.-S.).** Free public library Worcester Mass. U. S. A. Papers on library management. 1882; 1 vol. in-8°.

Bibliothèque publique gratuite de Worcester, Massachusetts (États-Unis d'Amérique). Notes concernant l'administration des bibliothèques.

MICHIGAN.

5165. — **Brook (A.-T.).** A particular account of the rise and development of the University of Michigan. *Cincinnati*, 1875; 1 vol. in-8°.

Exposé spécial de la naissance et du développement de l'Université du Michigan.

5166. — **Acts of the législature of the State of Michigan.** *Detroit*, 1836; 1 vol. petit in-8°.

Actes de la législature de l'État de Michigan.

5167. — **The revised statutes of the State of Michigan.** *Detroit*, 1838; 1 vol. in-8°.

Revision des statuts de l'État de Michigan.

DÉTROIT.

5168. — **Annual reports of the city of Detroit.** 1871-1884; 16 vol. petit in-8°.

Rapports annuels de la ville de Détroit.

5169. — **Journal of the common Council of the city of Detroit.** 1861-1885; 25 vol. in-8°.

Procès-verbaux du Conseil municipal de la ville de Détroit.

MINNESOTA.

5170. — **Materials for the future history of Minnesota.** *Saint-Paul*, 1856; 1 vol. in-8°.

Matériaux pour l'histoire future du Minnesota.

5171. — **The revised statutes of the territory of Minnesota.** *Saint-Paul*, 1851; 1 vol. in-8°.

Revision des statuts du territoire de Minnesota.

5172. — **Laws of the territory of Minnesota.** *Saint-Paul*, 1852; 1 broch. in-8°.

Lois du territoire de Minnesota.

5173. — **The geological and natural history survey of Minnesota.** 1872-1885; 7 vol. in-8°.

Géologie et histoire naturelle du Minnesota.

MISSISSIPPI.

5174. — **Laws of the State of Mississippi.** *Jackson*, 1838; 1 vol. in-8°.

Lois de l'État de Mississippi.

MISSOURI.

5175. — Acts of the first general Assembly of the State of Missouri, 18 september 1820. *Saint-Louis*, 1 vol. in-8°.

Actes de la première Assemblée générale de l'État de Missouri, le 18 septembre 1820.

5176. — Local laws and private acts of the State of Missouri. *City of Jefferson*, 1845; 1 vol. petit in-8°.

Lois locales et règlements particuliers de l'État de Missouri.

5177. — Laws of the State of Missouri. *City of Jefferson*, 1847; 1 vol. in-8°.

Lois de l'État de Missouri.

SAINT-LOUIS.

5178. — Annual report of the Saint-Louis public school library. 1884-1890; 3 broch. in-8°.

Rapport annuel de la bibliothèque scolaire publique de Saint-Louis.

5179. — Crunden (F.-M.). The function of a public library and ist value to a community. *Saint-Louis*, 1884; 1 broch. in-8°.

Fonction d'une bibliothèque publique et sa valeur au point de vue de la communauté.

5180. — Saint-Louis public school library bulletin. 1882-1883; 3 broch. in-8°.

Bulletin de la bibliothèque scolaire publique de Saint-Louis.

5181. — The city of Saint-Louis : its history, growth, and industries. *Saint-Louis*, 1880; 1 broch. in-8°.

La ville de Saint-Louis, son histoire, son développement, son industrie.

5182. — Annual report of the Board of health of the city of Saint-Louis. 1876-1881; 2 vol. in-8°.

Rapport annuel du service de la santé de la ville de Saint-Louis.

5183. — Annual reports of the Board of directors of the Saint-Louis public schools. 1860-1880; 18 vol. in-8°.

Rapports annuels du Conseil des directeurs des écoles publiques de Saint-Louis.

5184. — **The Central law journal.** *Saint-Louis*, 1877; 1 broch.
grand in-8°.

Le bulletin central des lois.

5185. — **The revised ordinances of the city of Saint-Louis.**
1871-1881; 2 vol. in-8°.

Revision des règlements de la ville de Saint-Louis.

5186. — **Scheme for the separation and reorganisation of the
government of Saint-Louis City and county, and charter for
the city of Saint-Louis.** 1877; 1 vol. in-8°.

Projet de séparation de l'administration de la ville de Saint-Louis d'avec
celle du comté, et réorganisation de ces administrations. Charte pour la ville
de Saint-Louis.

5187. — **Mayor's message with accompanying documents to
the City Council of the city of Saint-Louis. Mo.** 1870-1888;
18 vol. in-8°.

Message du maire au Conseil municipal de la ville de Saint-Louis (Miss.)
et documents qui l'accompagnent.

5188. — **Journal of the City Council of the city of Saint-Louis.
Mo.** 1872-1878 ; 3 vol. in-8°.

Procès-verbaux du Conseil municipal de la ville de Saint-Louis (Miss.).

5189. — **Journal of the House of delegates.** *Saint-Louis*, 1877-
1878; 2 vol. in-8°.

Procès-verbaux de la Chambre des délégués.

NEW-HAMPSHIRE.

5190. — **Annual reports of the trustees, superintendent,
treasurer, and financial agent of the New-Hampshire Asylum
for the insane to the Governor and Council.** *Manchester*, 1880;
1 broch. in-8°.

Rapports annuels des administrateurs, du surintendant, du trésorier et de
l'agent comptable de l'Asile des aliénés du New-Hampshire au Gouverneur et
au Conseil.

5191. — **A guide to officers of towns, adapted to the revised
statutes of New-Hampshire.** *Concord*, 1847; 1 vol. grand
in-12.

Guide pour les fonctionnaires des villes adapté à la revision des statuts du
New-Hampshire.

5192. — **Whiton (J.-M.).** Sketches of the history of New-Hampshire. *Concord*, 1834 ; 1 vol. in-12.

Esquisses de l'histoire du New-Hampshire.

5193. — **Collections of the New-Hampshire historical Society.** *Concord*, 1826-1837 ; 5 vol. in-8°.

Collections de la Société historique du New-Hampshire.

5194. — **The revised statutes of the State of New-Hampshire.** *Concord*, 1843 ; 1 vol. in-8°.

Revision des statuts de l'État de New-Hampshire.

5195. — **Jackson (C.-T.).** First annual report on the geology of the State of New-Hampshire. *Concord*, 1841 ; 1 vol. in-8°.

Premier rapport annuel sur la géologie de l'État de New-Hampshire.

5196. — **Jackson (C.-T.).** Final report on the geology and mineralogy of the State of New-Hampshire. *Concord N.-H.*, 1844 ; 1 vol. grand in-8°.

Rapport final sur la géologie et la minéralogie de l'État de New-Hampshire.

NEW-JERSEY.

5197. — **Statutes of the State of New-Jersey.** *Trenton*, 1847 ; 1 vol. in-8°.

Statuts de l'État de New-Jersey.

5198. — **Paterson (W.).** Laws of the State of New-Jersey. *Newark*, 1800 ; 1 vol. in-8°.

Lois de l'État de New-Jersey.

NEWARK.

5199. — **Newark aqueduc Board. Report on additional water supply.** 1879 ; 1 vol. in-8°.

Direction du service des eaux à Newark. Rapport sur un supplément d'eau à fournir à la ville.

5200. — **The mayor's message together with the reports of the city officers of the city of Newark N.-J.** 1870-1884 ; 9 vol. in-8°.

Message du maire et rapports des fonctionnaires municipaux de la ville de Newark.

NEW-YORK (ÉTAT DE).

5201. — Transactions of the New-York state agricultural Society. *Troy*, 1883-1886; 1 vol. in-8°.

Actes de la Société d'agriculture de l'État de New-York.

5202. — Jahres-Bericht des Comptrollers vom Staat New-York. *Albany*, 1876; 1 broch. in-8°.

Rapport annuel du contrôleur de l'État de New-York.

5203. — Brodhead (J.-R.). Documents relating to the colonial history of the State of New-York, procured in Holland, England, and France. *Albany*, 1856-1860; 10 vol. in-4°.

Documents relatifs à l'histoire coloniale de l'État de New-York recueillis en Hollande, en Angleterre et en France.

5204. — O'Callaghan (E.-B.). General index to the documents relating to the colonial history of the State of New-York. *Albany*, 1861 ; 1 vol. in-4°.

Index général des documents relatifs à l'histoire coloniale de l'État de New-York.

5205. — The original text of the revised statutes of the State of New-York. *Albany*, 1828; 1 vol. in-8°.

Revision des statuts de l'État de New-York : texte original.

5206. — The Code of criminal procedure of the State of New-York. *Albany*, 1850; 1 vol. in-8°.

Code de procédure criminelle de l'État de New-York.

5207. — Laws of the State of New-York in relation to the Erie and Champlain canals. *Albany*, 1825; 2 vol. in-8°.

Lois de l'État de New-York relatives aux canaux du lac Erié et du lac Champlain.

5208. — The Code of procedure of the State of New-York. *Albany*, 1849; 1 vol. in-8°.

Code de procédure de l'État de New-York.

5209. — Annual report of the bureau of statistics of labor of the State of New-York. 1886; 1 vol. in-8°.

Rapport annuel du bureau de la statistique du travail dans l'État de New-York.

ALBANY.

5210. — Laws and ordinances of the common Council of the city of Albany. 1845; 1 vol. in-8°.

Ordonnances et arrêtés du Conseil municipal de la ville d'Albany.'

5211. — Annual report of the regents of the University on the condition of the state cabinet of natural history. *Albany*, 1850; 1 vol. in-8°.

Rapport annuel des régents de l'Université sur l'état du cabinet national d'histoire naturelle.

BROOKLYN.

5212. — The proceedings of the medical Society of the county of Kings. *Brooklyn N.-Y.*, 1878; 1 broch. in-8°.

Actes de la Société médicale du comté de Kings.

5213. — Report of the comptroller of the receipts and expenditures of the corporation of the city of Brooklyn. 1876-1877; 2 broch. in-8°.

Rapport du contrôleur des recettes et des dépenses de la corporation de la ville de Brooklyn.

5214. — Report of the Board of health of the city of Brooklyn. 1873-1886; 4 vol. in-8°.

Rapport du Conseil de santé de la ville de Brooklyn.

5215. — Report of the collector of taxes and assessments from july 1875 to march 1877. *Brooklyn*, 1 broch. in-8°.

Rapport du percepteur des taxes et impositions de juillet 1875 à mars 1877.

5216. — Report of the Superintendent of public instruction of the city of Brooklyn. 1876-1877; 2 vol. in-8°.

Rapport du Surintendant de l'instruction publique dans la ville de Brooklyn.

5217. — Charter of the city of Brooklyn passed june 28 1873.

Charte de la ville de Brooklyn du 28 juin 1873.

5218. — Annual message of the mayor of Brooklyn and do-

cuments addressed to the common Council. 1877-1890 ;
12 vol. in-8°.

Message annuel du maire de Brooklyn et documents adressés au Conseil
municipal.

5219. — Report of the Department of police and excise of the
city of Brooklyn N.-Y. 1876-1877 ; 2 vol. in-8°.

Rapport de la police et de l'administration des contributions indirectes de la
ville de Brooklyn.

5220. — Report of the Board of commissioners of city works
made to the common Council of the city of Brooklyn. 1876-
1877 ; 2 broch. in-8°.

Rapport des directeurs des travaux de la ville au Conseil municipal de
Brooklyn.

BUFFALO.

5221. — Report of the commissioners of the Erie county penitentiary to the Board of supervisors of the county of Erie.
Buffalo, 1868 ; 1 broch. in-8°.

Rapport des administrateurs du pénitentiaire du comté d'Erié au Conseil
des inspecteurs de ce comté.

5222. — Report of the Board of managers of the Buffalo state
Asylum for the insane. 1872 ; 1 broch. in-8°.

Rapport des administrateurs de l'Asile national des aliénés à Buffalo.

5223. — Report of the Buffalo general hospital. 1875-1877 ;
2 broch. in-8°.

Rapport de l'hôpital général de Buffalo.

5224. — Statistics and information relative to the trade and
commerce of Buffalo. 1872-1874 ; 2 broch. in-8°.

Données statistiques et renseignements sur le commerce de Buffalo.

5225. — Annual report of the Buffalo City waterworks.
1869-1877 ; 1 vol. in-8°.

Rapport annuel du service des eaux de la ville de Buffalo.

5226. — Comptrollers report containing the annual statement
of the fiscal affairs of the city of Buffalo. 1874-1877 ; 2 vol.
in-8°.

Rapport du contrôleur contenant le compte rendu annuel de l'état des
finances de la ville de Buffalo.

5227. — **Report of the superintendent of the Buffalo fire Department.** 1875 ; 1 broch. in-8°.

Rapport du surintendant du service des secours contre les incendies à Buffalo.

5228. — **Proceedings of the common Council of the city of Buffalo.** 1877 ; 1 vol. in-8°.

Procès-verbaux du Conseil municipal de la ville de Buffalo.

5229. — **Annual message of the mayor of Buffalo N.-Y.** 1876-1879 ; 1 vol. in-8°.

Message annuel du Maire de Buffalo.

5230. — **Report of the superintendent of police to the Board of police of Buffalo.** 1875-1877 ; 3 broch. in-8°.

Rapport du surintendant de la police à l'administration de la police de la ville de Buffalo.

5231. — **City ordinances in relation to bridges.** *Buffalo*, 1874 ; 1 broch. in-8°.

Arrêtés municipaux concernant les ponts.

5232. — **Report of the city engineer.** *Buffalo N.-Y.* ; 1874-1876 ; 3 broch. in-8°.

Rapport de l'ingénieur de la ville.

5233. — **Report of the Buffalo park commissioners.** 1876 ; 2 broch. in-8°.

Rapport des commissaires du parc de Buffalo.

ITHACA (N.-Y.).

5234. — **The Cornell University register.** *Ithaca N.-Y.*, 1888-1889 ; 1 vol. petit in-8°.

Annales de l'Université de Cornell.

NEW-YORK.

5235. — **Doggett's New-York City Directory.** 1850-1851 ; 1 vol. in-8°.

Doggett. Almanach du commerce de la ville de New-York.

5236. — **Mahan (D.-M.).** An elementary course of civil engineering for the use of the cadets of the United States military Academy. *New-York*, 1846; 1 vol. in-8°.

Cours élémentaire de génie civil à l'usage des cadets de l'École militaire des États-Unis.

5237. — **Annual report of the commissioners of public charities and correction, New-York City.** 1869-1881 ; 10 vol. in-8°.

Rapport annuel des administrateurs de l'Assistance publique et des maisons de correction de la ville de New-York.

5238. — **Annual report of the state of the New-York hospital and Bloomingdale Asylum.** 1882; 1 broch. in-8°.

Rapport annuel sur la situation de l'hôpital de New-York et de l'Asile de Bloomingdale.

5239. — **Map of the central parc, N.-Y.** 1 carte.

Plan du parc central de New-York.

5240. — **Knickerboeker (D.). A history of New-York from the beginning of the world to the end of the dutch dynasty.** *Philadelphia*, 1838; 2 vol. petit in-8°.

Histoire de New-York depuis le commencement du monde jusqu'à la fin de la dynastie hollandaise.

5241. — **Annual report of the Board of health, city of New-York.** 1871-1875; 4 vol. in-8°.

Rapport annuel du Conseil de santé de la ville de New-York.

5242. — **Annual report of the Board of education of the city and county of New-York.** 1875-1889; 10 vol. in-8°.

Rapport annuel du Conseil d'éducation de la ville et du comté de New-York.

5243. — **Manual of the Board of education of the city and county of New-York.** 1878; 1 vol. in-8°.

Manuel du Conseil d'éducation de la ville et du comté de New-York.

5244. — **Butler (B.). Plan for the organization of a law faculty in the University of the city of New-York.** 1835; 1 vol. in-8°.

Plan pour l'organisation d'une faculté de droit à l'Université de la ville de New-York.

5245. — **Moore (N.-F.). An historical sketch of Columbia college in the city of New-York.** 1846; 1 vol. in-12.

Esquisse historique sur le collège de Columbia dans la ville de New-York.

5246. — The holy Bible containing the Old and New Testaments. *New-York*, 1847; 1 vol. grand in-8°.

La Sainte-Bible contenant l'Ancien et le Nouveau Testament.

5247. — Laws of the State of New-York relating particularly to the city of New-York. 1833 ; 1 vol. in-8°.

Lois de l'État de New-York particulièrement relatives à la ville de New-York.

5248. — The charter of the city of New-York. 1836 ; 1 vol. in-8°.

Charte de la ville de New-York.

5249. — An act to reorganize the local government of the city of New-York passed april 30 1873, as amended. 1878; 1 broch. in-8°.

Amendement de la loi du 30 avril 1873 concernant la réorganisation de l'administration locale de la ville de New-York.

5250. — Proceedings of the Board of aldermen of the city of New-York. 1876-1877; 8 vol. in-8°.

Procès-verbaux des séances du Conseil des aldermen de la ville de New-York.

5251. — Ordinances, resolutions, etc. passed by the common Council of the city of New-York and approved by the mayor. 1875-1882; 7 vol. in-8°.

Ordonnances, résolutions, etc. du Conseil municipal de la ville de New-York approuvées par le maire.

5252. — Documents of the Board of aldermen of the city of New-York. 1876-1878; 5 vol. in-8°.

Documents publiés par le Conseil des aldermen de la ville de New-York.

5253. — The City record, official journal, New-York. 1873-1883; 41 vol. in-folio.

Les Archives municipales, journal officiel de New-York.

5254. — Message of the mayor of the city of New-York to the common Council. 1878-1891 ; 2 broch. in-8°.

Message du maire de la ville de New-York au Conseil municipal.

5255. — Nagle (J.-T.). Summary of births, marriages, still-births, deaths, etc. in New-York City compared with

352 american and foreign cities for the year 1878. *New-York*, 1879 ; 1 broch. in-8°.

Résumé des naissances, des mariages, du nombre des enfants mort-nés, des décès, etc. dans la ville de New-York, comparé avec 352 villes de l'Amérique et de l'étranger, pour l'année 1878.

5256. — **Nagle (J.-T.). Suicides in New-York City during the eleven years ending dec. 31 1880.** *Cambridge*, 1882 ; 1 broch. in-8°.

Suicides dans la ville de New-York durant les onze années qui se terminent au 31 décembre 1880.

5257. — **Cooper Union. Address of the graduates and pupils to Peter Cooper Esq., and his reply at the annual commencement, may 31 1875.** *New-York*, 1 broch. in-8°.

Adresse des gradués et des élèves de l'Union Cooper à M. P. Cooper, et sa réponse à l'occasion de l'ouverture annuelle au 31 mai 1875.

5258. — **Annual report and documents of New-York Institution for the instruction of the deaf and dumb.** 1882-1883 ; 2 broch. in-8°.

Rapport annuel et documents de l'Institut de New-York pour l'instruction des sourds-muets.

5259. — **Report of the Department of public works of the city of New-York.** 1877-1889 ; 13 vol. in-8°.

Rapport de l'administration des travaux publics de la ville de New-York.

5260. — **Annual report of the Department of docks.** *New-York*, 1877-1890 ; 3 vol. in-8°.

Rapport annuel de l'administration des docks.

5261. — **Report of the Board of commissioners of the Department of public parks, and central park views, New-York.** 1871-1873 ; 3 vol. et 2 albums in-8°.

Rapport des commissaires-administrateurs des parcs publics, et vues du parc central de New-York.

ROCHESTER (N.-Y.).

5262. — **Ordinances of the city of Rochester.** 1848 ; 1 broch. grand in-12.

Ordonnances de la ville de Rochester.

OHIO.

5263. — **Taylor (J.).** A manual of the Ohio school system. *Cincinnati,* 1857; 1 vol. in-8°.

Manuel du système suivi dans les écoles de l'Ohio.

5264. — **Statutes of the State of Ohio of a general nature.** *Columbus,* 1841; 1 vol. in-8°.

Statuts généraux de l'État d'Ohio.

5265. — **The law of municipal corporations in the State of Ohio.** *Cincinnati,* 1875; 1 vol. in-8°.

Lois relatives aux municipalités dans l'État d'Ohio.

CINCINNATI.

5266. — **Annual report of the librarian and treasurer of the public library of Cincinnati.** 1882; 1 broch. in-8°.

Rapport annuel du bibliothécaire et du trésorier de la bibliothèque publique de Cincinnati.

5267. — **Drake (D.).** Picture of Cincinnati and the Miami country. 1815; 1 vol. in-12.

Description de Cincinnati et du pays de Miami.

5268. — **Common schools of Cincinnati annual report.** 1869-1876; 3 vol. in-8°.

Rapport annuel des écoles communales de Cincinnati.

5269. — **Desportes (M.-F.).** Rapport sur le Congrès national pénitentiaire tenu à Cincinnati les 12 et 18 octobre 1870. *Paris,* 1875; 1 broch. in-8°.

5270. — **Annual report of the Board of public works of Cincinnati.** *Ohio,* 1876; 1 vol. in-8°.

Rapport annuel de l'administration des travaux publics de Cincinnati.

CLEVELAND.

5271. — **Cleveland City hospital reports.** 1877; 1 broch. in-8°.

Rapports de l'hôpital municipal de Cleveland.

5272. — **Wells (F.). Report of the health Department made to the Board of police commissioners of the city of Cleveland.** 1877; 1 broch. in-8°.

Rapport du service de la santé à l'administration de la police de la ville de Cleveland.

5273. — **Cleveland public schools. Report of the Board of education.** 1870-1873; 2 vol. in-8°.

Écoles publiques de Cleveland. Rapport du Conseil d'éducation.

5274. — **Wells (F.). Introductory lecture to the students of the Cleveland medical school.** 1871; 1 broch. in-8°.

Discours d'ouverture adressé aux étudiants de l'École de médecine de Cleveland.

5275. — **Annual message of the mayor to the City Council, and inaugural, address.** *Cleveland*, 1879-1883; 4 broch. in-8°.

Message annuel du maire de Cleveland au Conseil municipal et discours d'inauguration.

5276. — **Reports of the departments of the government of the city of Cleveland together with the annual message of the mayor.** 1882-1885; 10 vol. in-8°.

Rapports des divers services de l'administration de la ville de Cleveland avec le message annuel du maire.

5277. — **Wells (F.). Filth and its relation to disease. A report made to the Board of police commissioners of the city of Cleveland.** 1876; 1 vol. in-8°.

Les immondices et leur influence sur les maladies. Rapport présenté à l'administration de la police de la ville de Cleveland.

ORÉGON (TERRITOIRE DE L').

5278. — **Kelley (H.-J.). History of the colonization of the Oregon territory.** *Worcester*, 1850; 1 broch. in-8°.

Histoire de la colonisation du territoire de l'Orégon.

PENNSYLVANIE.

5279. — **Annual report of the trustees and superintendent of the state lunatic hospital of Pennsylvania.** *Harrisburg*, 1877-1890; 3 vol. in-8°.

Rapport annuel des administrateurs et du surintendant de l'hôpital public des aliénés de la Pennsylvanie.

5280. — Annual report of the Board of commissioners of public charities of the State of Pennsylvania. *Harrisburg*, 1875-1890; 14 vol. in-8°.

Rapport annuel de l'administration de l'Assistance publique de l'État de Pennsylvanie.

5281. — Report of the managers of the Western Pennsylvania hospital. 1877-1885; 2 vol. in-8°.

Rapport des gérants de l'hôpital de la Pennsylvanie occidentale.

5282. — **Trego (Ch.-B.)**. A geography of Pennsylvania. *Philadelphia*, 1843; 1 vol. in-12.

Géographie de la Pennsylvanie.

5283. — **Hazard (S.)**. Pennsylvania archives. 1664-1786; 10 vol. in-8°.

Archives de la Pennsylvanie.

5284. — Laws of the Commonwealth of Pennsylvania. *Philadelphia*, 1810-1844; 10 vol. in-8°.

Lois de la République de Pennsylvanie.

5285. — Laws of the general Assembly of the Commonwealth of Pennsylvania. *Harrisburg*, 1889; 1 vol. in-8°.

Lois édictées par l'Assemblée générale de la République de Pennsylvanie.

5286. — The general laws of Pennsylvania from 1700 to 1846. *Philadelphia*, 1847; 1 vol. in-8°.

Lois générales de la Pennsylvanie de 1700 à 1846.

5287. — **Brackenbridgen (H.-H.)**. Law miscellanies. Pennsylvania, United States. *Philadelphia*, 1814; 1 vol. in-8°.

Mélanges de jurisprudence. Pennsylvanie, États-Unis.

5288. — Report of the special Committee of the Board of directors of the Pennsylvania Institution for the deaf and dumb. *Philadelphia*, 1884; 1 broch. in-8°.

Rapport du Comité spécial du Conseil des directeurs de l'Institut pennsylvanien pour les sourds-muets.

5289. — Pennsylvania school architecture. A manual of directions and plans for grading, locating, constructing, heating, ventilating, and furnishing common school houses. *Harrisburg*, 1855; 1 vol. grand in-8°.

Construction des écoles en Pennsylvanie. Manuel d'instructions et de plans concernant l'emplacement à choisir pour les maisons d'écoles communales, leur classification, leur construction, leur chauffage, leur ventilation et leur ameublement.

DANVILLE (PA.).

5290. — Official report of the trustees and officers of the state hospital for the insane at Danville, Pa. 1880-1890 ; 9 vol. petit in-8°.

Rapport officiel des administrateurs et des fonctionnaires de l'hôpital public pour aliénés établi à Danville.

NORRISTOWN (PA.).

5291. — Report of the state hospital for the insane, for the S.-E. district of Pennsylvania, at Norristown, Pa. 1882-1890 ; 2 vol. in-8°.

Rapport de l'hôpital public d'aliénés, pour le dictrict S.-E. de la Pennsylvanie, établi à Norristown.

PHILADELPHIE.

5292. — Report on the state of the Asylum for the relief of persons deprived of the use of their reason. *Philadelphia*, 1881 ; 1 broch. in-8°.

Rapport sur la situation de l'Asile ou Maison de secours pour les personnes privées de l'usage de la raison.

5293. — Statement of the guardians for the relief and employment of the poor of the city of Philadelphia. 1883 ; 1 broch. in-8°.

Compte rendu des administrateurs chargés de secourir et de faire travailler les indigents de la ville de Philadelphie.

5294. — White (Dr** W.). Society for organizing charities. First aid to the injured.** *Philadelphia*, 1883 ; 1 broch. in-8°.

Société pour l'organisation de l'Assistance publique. Premiers secours à donner aux blessés.

5295. — Bulletin of the library Company of Philadelphia. 1883 ; 1 broch. in-8°.

Bulletin de la Société des bibliothèques de Philadelphie.

5296. — Report of the water supply for the city of Philadelphia made by the Commission of engineers. 1875-1887 ; 3 vol. in-8°.

Rapport de la Commission des ingénieurs de la ville de Philadelphie sur le service des eaux.

5297.— Report of the chief engineer of the Philadelphia water Department. 1883-1886; 4 vol. in-8°.

Rapport de l'ingénieur en chef du service des eaux à Philadelphie.

5298. — Report of the chief of the electrical Department. *Philadelphia*, 1890; 4 broch. in-8°.

Rapport du chef du service de l'électricité à Philadelphie.

5299. — The new era and gas reform. *Philadelphia*, 1 broch. in-8°.

La nouvelle ère et la réforme du gaz.

5300. — The international conference on education, held at Philadelphia july 17 and 18, in connexion with the international Exhibition of 1876. *Washington*, 1877; 1 broch. in-8°.

Conférence internationale sur l'éducation qui a eu lieu à Philadelphie le 17 et le 18 juillet, pendant l'Exposition internationale de 1876.

5301. — Report of the city controller, Philadelphia. 1883-1890; 7 vol. in-8°.

Rapport du contrôleur municipal de Philadelphie.

5302. — Westcott (T.). The official guide book of Philadelphia. 1 vol. in-12.

Guide officiel de Philadelphie.

5303. — Report of the Board of health of the city and port of Philadelphia to the mayor. 1860-1884; 6 vol. in-8°.

Rapport du Conseil de santé de la ville et du port de Philadelphie, présenté au maire.

5304. — Annual message of the mayor of the city of Philadelphia, with annual report of the director of the Department of public safety, and annual report of the Bureau of health. 1887; 1 vol. in-8°.

Message annuel du maire de la ville de Philadelphie, avec le rapport annuel du directeur du département de la sûreté publique, et le rapport annuel du service de la santé.

5305. — Sanitary and preventing mesures against the yellow fever. *Philadelphia*, 1878; 1 broch. in-8°.

Mesures hygiéniques et préventives contre la fièvre jaune.

5306. — Annual report of the Board of public education of the first school district of Pennsylvania, comprising the city of Philadelphia. 1871-1889; 11 vol. in-8°.

Rapport annuel du Conseil de l'instruction publique pour le premier district scolaire de Pennsylvanie, comprenant la ville de Philadelphie.

5307. — **Report of the president of the Board of public education, Philadelphia.** 1885; 1 broch. in-8°.

Rapport du président du Conseil de l'instruction publique à Philadelphie.

5308. — **Paist (H.). Manual of the Councils of the city of Philadelphia.** 1877; 1 broch. grand in-32.

Manuel des Conseillers municipaux de la ville de Philadelphie.

5309. — **Annual message of the mayor of the city of Philadelphia, with the accompanying documents.** 1873-1889; 10 vol. in-8°.

Message annuel du maire de la ville de Philadelphie, et documents qui l'accompagnent.

5310. — **Ordinances of the city of Philadelphia.** 1873-1890; 10 vol. in-8°.

Arrêtés du Conseil municipal de Philadelphie.

5311. — **Annual report of the chief of police of the city of Philadelphia.** 1874-1888; 8 vol. in-8°.

Rapport annuel du chef de la police de la ville de Philadelphie.

5312. — **The police telephone and signal service system as operated in the city of Philadelphia, Pa.** 1886; 1 broch. in-8°.

Le téléphone de la police et le service des signaux d'après le système mis en pratique dans la ville de Philadelphie.

5313. — **Manual of rules and regulations for the government of the police force of the city of Philadelphia.** 1875; 1 broch. in-8°.

Manuel de règlements et de dispositions pour la direction de la police de la ville de Philadelphie.

5314. — **Health officer's annual report, births, marriages, and deaths for the city of Philadelphia.** 1876-1883; 9 vol. in-8°.

Rapport annuel du chef du service de la santé sur les naissances, les mariages et les décès dans la ville de Philadelphie.

5315. — **Reports of the Commissioners for the erection of the public buildings.** *Philadelphia*, 1882-1891; 7 vol. in-8°.

Rapports de la Commission des constructions publiques.

WARREN (PA.).

5316. — Report of the trustees of the state hospital for the insane, Warren Penn'a. 1881-1890; 2 vol. in-8°.

Rapport des administrateurs de l'hôpital public pour les aliénés établi à Warren.

RHODE ISLAND.

5317. — Report of the Board of education together with the report of the Commissioner of public schools of Rhode-Island. 1877-1881; 6 vol. in-8°.

Rapport du Conseil d'éducation et rapport du Surintendant des écoles publiques de l'État de Rhode-Island.

5318. — The constitution of the State of Rhode-Island and Providence plantations. 1842; 1 vol. petit in-8°.

Constitution de l'État de Rhode-Island et de la colonie de Providence.

5319. — Public laws of the State of Rhode-Island and Providence plantations. 1844; 1 vol. in-8°.

Droit public de l'État de Rhode-Island et de la colonie de Providence.

NEWPORT (R. I.).

5320. — Waring (G.-E.). The separate system of sewerage. *Newport, R. I.*, 1862; 1 broch. in-12.

Le système de séparation appliqué aux eaux des égouts.

5321. — Report of the school Committee of the city of Newport, R. I. 1872-1873; 1 broch. in-8°.

Rapport de la Commission des écoles de la ville de Newport.

PROVIDENCE.

5322. — Annual report of the librarian of the Providence public library. 1881-1886; 1 vol. in-8°.

Rapport annuel du bibliothécaire de la bibliothèque publique de Providence.

5323. — Ceremonies at the unveiling of the monument of Ro-

ger Williams erected by the city of Providence. 1877; 1 vol.
in-8°.

Cérémonies qui ont eu lieu à l'occasion du découvrement du monument de
Roger Williams, érigé par la ville de Providence.

5324. — **The City Hall, Providence.** 1881; 1 vol. in-8°.

L'hôtel de ville de Providence.

5325. — **The two hundred and fiftieth anniversary of the set-
tlement of Providence, 1636-1886, june 23 and 24 1886.** *Providence*, 1887; 1 vol. in-4°.

Le 250ᵉ anniversaire de la colonisation de Providence, 23 et 24 juin 1886.

5326. — **Statutes of the State of Rhode-Island relating to the
city of Providence.** 1887; 1 vol. in-8°.

Statuts de l'État de Rhode-Island relatifs à la ville de Providence.

5327. — **The charter and ordinances of the city of Providence.**
1845; 1 vol. in-8°.

Charte et ordonnances de la ville de Providence.

5328. — **Providence City documents.** 1869-1890; 25 vol. in-8°.

Documents concernant la ville de Providence.

5329. — **Address of the mayor of the city of Providence.** 1878-
1891; 3 broch. in-8°.

Discours du maire de la ville de Providence.

TENNESSEE.

5330. — **Safford (M.).** Geological map of the State of Tennessee. 1 carte.

Carte géologique de l'État de Tennessee.

5331. — **Description of the state capitol of Tennessee.** *Nashville*, 1859; 1 broch. petit in-8°.

Description du capitole de l'État de Tennessee.

5332. — **A compilation of the statutes of Tennessee.** *Nashville
(Tenn.)*, 1836; 1 vol. in-8°.

Compilation des statuts du Tennessee.

5333. — **Safford (J.-M.).** A geological reconnaissance of the
State of Tennessee. *Nashville (Tenn.)*, 1856; 1 vol. in-8°.

Reconnaissance géologique de l'État de Tennessee.

TEXAS.

5334. — **Constitution of the State of Texas.** *Austin*, 1845;
1 broch. in-8°.

Constitution de l'État du Texas.

VERMONT.

5335. — **Thompson (Z.).** Geography and geology of Vermont. *Burlington*, 1848; 1 vol. in-12.

Géographie et géologie du Vermont.

5336. — **The revised statutes of the State of Vermont.** *Burlington*, 1840; 1 vol. in-8°.

Revision des statuts de l'État de Vermont.

5337. — **The laws of Vermont.** *Windsor*, 1825; 1 vol. in-8°.

Les lois du Vermont.

5338. — **The laws of Vermont of a public and permanent nature.** *Montpelier*, 1834; 1 vol. in-8°.

Les lois du Vermont qui ont un caractère public et permanent.

5339. — **Washburn (P.-T.).** A digest of all the cases deci-
ded in the supreme Court of the State of Vermont. *Woodstock*,
1845; 1 vol. in-8°.

Recueil de tous les cas sur lesquels il a été prononcé par la Cour suprême de
l'État de Vermont.

MONTPELIER (VERMONT).

5340. — **Gridley (Rev. J.).** History of Montpelier. 1842;
1 broch. in-8°.

Histoire de Montpelier.

VIRGINIE.

5341. — **Reports of the Board of directors and of the medical
superintendent of the central lunatic Asylum, Virginia.** *Richmond*, 1877-1878; 1 broch. petit in-8°.

Rapport des directeurs et du surintendant médical de l'Asile central des aliénés de la Virginie.

5342. — Maury (M.-F.), Fontaine (M.). Resources of West Virginia. *Wheeling*, 1876; 1 vol. petit in-8°.

Les ressources de la Virginie occidentale.

5343. — The Code of Virginia. *Richmond*, 1849; 1 vol. in-8°.

Code de la Virginie.

5344. — A collection of all such acts of the general Assembly of Virginia, of a public and permanent nature, as are now in force. *Richmond*, 1803; 1 vol. in-8°.

Recueil de tous les· actes de l'Assemblée générale de la Virginie qui, ayant un caractère public et permanent, sont actuellement en vigueur.

5345. — Saint-George Tucker (H.). Commentaries on the laws of Virginia. *Richmond*, 1846; 2 vol. in-8°.

Commentaires sur les lois de la Virginie.

WISCONSIN.

5346. — Annual report of the Northern hospital for the insane of the State of Wisconsin. *Madison*, 1879-1888; 1 vol. petit in-8°.

Rapport annuel de l'hospice du Nord pour aliénés, dans l'État de Wisconsin.

5347. — Colton's township map of the State of Wisconsin 1857; 1 carte petit in-8°.

Colton. Carte du territoire de l'État de Wisconsin.

5348. — The Code of procedure of the State of Wisconsin. *Madison*, 1850; 1 vol. in-8°.

Code de procédure de l'État de Wisconsin.

5349. — Annual report of the state Board of supervision of Wisconsin charitable, reformatory, and penal institutions. 1881-1888; 8 vol. in-8°.

Rapport annuel du Conseil supérieur d'inspection des établissements de charité, des maisons de correction et des pénitentiaires de l'État de Wisconsin.

5350. — Geology of Wisconsin. 1873-1879; 4 vol. in-4° et 3 atlas in-folio.

Géologie du Wisconsin.

MADISON.

5351. — **Draper (L.-C.).** Madison the capital of Wisconsin. 1857; 1 broch. petit in-8°.

Madison, capitale du Wisconsin.

5352. — **Charter of the city of Madison.** 1856; 1 broch. petit in-8°.

Charte de la ville de Madison.

MILLWAUKEE.

5353. — **Lapham (A.).** Map of Milwaukee. 1856; 1 feuille in-8°.

Plan de Milwaukee.

5354. — **Milwaukee water-works. Reports on the trial of duty and capacity of the pumping engines.** 1875; 1 broch. petit in-8°.

Service des eaux à Milwaukee. Rapports sur les expériences faites au sujet du fonctionnement et de la capacité des pompes.

5355. — **Laws and ordinances under which the bonds of the city of Milwaukee (Wis.) vere issued.** 1883; 1 broch. petit in-8°.

Lois et ordonnances en vertu desquelles ont été émis les bons de la ville de Milwaukee.

5356. — **Annual report of the Board of health of the city of Milwaukee.** 1877-1880; 4 vol. in-8°.

Rapport annuel du Conseil de santé de la ville de Milwaukee.

5357. — **Annual report of the fire Department of the city of Milwaukee.** 1873-1888; 2 vol. in-8°.

Rapport annuel sur le service des secours contre l'incendie dans la ville de Milwaukee.

5358. — **Annual report of the Board of school commissioners of the city of Milwaukee.** 1873-1875; 2 vol. in-8°.

Rapport annuel de la Commission des écoles de la ville de Milwaukee.

5359. — **Annual report of the school Board of the city of Milwaukee.** 1875-1881; 9 vol. in-8°.

Rapport annuel du Conseil des écoles de la ville de Milwaukee.

5360. — City documents. Mayor's address to the common Council of the city of Milwaukee, and annual report of the city comptroller. 1876-1889; 7 vol. in-8°.

Documents municipaux. Adresse du maire au Conseil municipal de la ville de Milwaukee et rapport annuel du contrôleur de la ville.

5361. — City of Milwaukee department reports. 1880-1885; 6 vol. in-8°.

Rapports des diverses administrations de la ville de Milwaukee.

5362. — Office of the Board of health of the city of Milwaukee : statement of mortality for the month of january 1878 with meteorological observations. 1 broch. in-8°.

Bureau du Conseil de santé de la ville de Milwaukee : compte rendu de la mortalité pour le mois de janvier 1878, et observations météorologiques.

5363. — Report of the Board of public works of the city of Milwaukee. 1875-1878; 1 vol. in-8°.

Rapport de l'administration des travaux publics de la ville de Milwaukee.

GUATÉMALA.

5364. — Montúfar (L.). Walker en Centro-America. *Guaté-mala*, 1887; 1 vol. in-8°.

Walker dans l'Amérique centrale.

HAÏTI.

5365. — **République d'Haïti. Documents diplomatiques. Relations extérieures. Affaire Maunder.** *Paris*, 1882; 2 broch.
in-4°.

5366. — **Janvier (L.-G.). Les constitutions d'Haïti, 1801-
1885.** *Paris*, 1886; 1 vol. in-8°.

MEXIQUE.

5367. — **Map of the Republic of Mexico.** 1 carte in-18.

Carte de la République du Mexique.

5368. — **Prescott (W.).** **Historia de la conquista de Mejico.** *Santiago*, 1859; 4 vol. petit in-8°.

Histoire de la conquête du Mexique.

5369. — **Correspondance diplomatique sur le cas du citoyen des États-Unis d'Amérique A.-K. Cutting.** *Mexico*, 1886; 1 broch. petit in-8°.

5370. — **Boletin del Consejo superior de salubridad del distrito federal.** *Mexico*, 1881-1883; 1 vol. petit in-4°.

Bulletin du Conseil supérieur d'hygiène du district fédéral.

5371. — **Memoria que el presidente del Consejo superior de salubridad rende á la secretaria de Gobernacion.** *Mexico*, 1887; 1 broch. petit in-4°.

Mémoire présenté au secrétaire du Gouvernement par le président du Conseil supérieur d'hygiène.

5372. — **Dictamenes y resoluciones del Congreso nacional de higiene.** *Mexico*, 1884; 1 broch. petit in-4°.

Décisions et résolutions du Congrès national d'hygiène.

5373. — **Memorias del primo Congreso higienico-pedagogico reunido en la ciudad de Mexico.** 1882; 1 vol. in-8°.

Rapports du premier Congrès hygiénico-pédagogique réuni dans la ville de Mexico.

5374. — **Mission scientifique au Mexique et dans l'Amérique centrale.** 1870; 8 vol. in-4°.

GUADALUPE (MEXIQUE).

5375. — **Nuevos baños ferruginosos en la villa de Guadalupe.** *Mexico*, 1880; 1 broch. in-18.

Nouveaux bains ferrugineux dans la ville de Guadalupe.

PUEBLA (MEXIQUE).

5376. — **Mackenna (B.-V.).** La defensa de Puebla por el
general Jesus Gonsalez Ortega. *Santiago*, 1864; 1 broch.
in-8°.

La défense de Puebla par le général J.-G. Ortega.

PÉROU.

5377. — Carrey (E.). Le Pérou. *Paris*, 1873; 1 vol. in-4°.

5378. — Markham (C.-R.). Peru. *London*, 1880; 1 vol. in-12.

Le Pérou.

5379. — Albertini (L.-E.). Le Pérou en **1878.** Notice historique et statistique. *Paris*, 1 broch. in-8°.

5380. — Prescott (G.-H.). Historia de la conquista del Perú. *Santiago*, 1859; 3 vol. petit in-8°.

Histoire de la conquête du Pérou.

5381. — Zegarra (F.-C.). La condicion juridica de los estranjeros en el Perú. *Santiago*, 1872; 1 vol. in-8°.

La condition juridique des étrangers au Pérou.

URUGUAY.

5382. — Mensaje del Presidente de la República á la Asamblea general en la clausura del 3er periodo de la XIVᵃ legislatura. *Montevideo,* 1884; 1 broch. grand in-8°.

Message du Président de la République de l'Uruguay à l'Assemblée générale, lors de la troisième période de la XIV° législature.

5383. — Actas de las sesiones del Congreso sud-americano de derecho internacional privado instalado en Montevideo el 25 de agosto de 1888 y clausurado el 18 de febrero de 1889. *Buenos-Aires,* 1 vol. grand in-8°.

Procès-verbaux des séances du Congrès sud-américain de droit international privé, ouvert à Montevideo le 25 août 1888, et fermé le 18 février 1889.

5384. — Commerce extérieur et mouvement de navigation de la République orientale de l'Uruguay. *Montevideo,* 1888-1889; 2 broch. in-8°.

5385. — La République orientale de l'Uruguay à l'Exposition de Vienne. *Montevideo,* 1873; 1 vol. petit in-8°.

5386. — Roustan (H.). La République de l'Uruguay à l'Exposition universelle de Paris de 1889. *Montevideo,* 1 broch. grand in-8°.

5387. — Memoria del Ministerio de hacienda. *Montevideo,* 1883-1884; 1 vol. in-8°.

Rapport du Ministère des finances.

5388. — Leyes de impuestos para el año economico de 1884-1885. *Montevideo,* 1 broch. grand in-8°.

Lois sur les impôts pour l'exercice 1884-1885.

5389. — Memoria por el inspector nacional de instruccion primaria. *Montevideo,* 1876-1884; 6 vol. in-8°.

Rapport de l'inspecteur national de l'enseignement primaire.

5390. — Estadistica escolar de la República oriental del Uruguay. *Montevideo,* 1881; 1 vol. grand in-8°.

Statistique scolaire de la République orientale de l'Uruguay.

5391. — La enciclopedia de education, 1878-1880. Legislacion escolar vigente, 1882. *Montevideo*, 9 vol. in-8°.

Encyclopédie de l'éducation. Législation scolaire en vigueur en 1882.

5392. — Los horarios escolares. Mocion por el inspector nacional J. A. Varela. *Montevideo*, 1885; 1 broch. in-8°.

Les heures de classe. Projet présenté par l'inspecteur national J.-A. Varela.

5393. — Memoria de la direccion de estadistica general relativa al establicimiento y funcionamiento del registro de estado civil en la República. *Montevideo*, 1884; 1 vol. grand in-8°.

Mémoire de la direction de la statistique générale relatif à l'établissement et au fonctionnement du registre de l'état civil dans la République.

5394. — République orientale de l'Uruguay. Résumé statistique pour l'Exposition universelle de Paris. *Montevideo*, 1878; 1 broch. grand in-8°.

5395. — Anuario estadistico de la República oriental del Uruguay. *Montevideo*, 1872-1889; 10 vol. grand in-8°.

Annuaire statistique de la République orientale de l'Uruguay.

5396. — Sinopsis estadistica de la República oriental del Uruguay. 1876-1878; 1 broch. grand in-8°.

Aperçu statistique de la République orientale de l'Uruguay.

MONTEVIDEO.

5397. — Société française de secours mutuels. Extraits du procès-verbal. *Montevideo*, 1884-1885; 1 broch. in-8°.

ASIE.

ANNAM.

5398. — **Trương-Vĩnh-Ký (P.-J.-B.).** Vocabulaire anna-
mite-français. *Saïgon*, 1887; 1 vol. in-8°.

5399. — **Trương-Vĩnh-Ký (P.-J.-B.).** Grammaire de la
langue annamite. *Saïgon*, 1883; 1 vol. in-8°.

5400. — **Trương-Vĩnh-Ký (P.-J.-B.).** Guide de la conversation annamite. *Saïgon*, 1 broch. in-8°.

ASIE CENTRALE.

5401. — **Imbault-Huart (C.).** Recueil de documents sur
l'Asie centrale. *Paris*, 1881; 1 vol. grand in-8°.

5402. — Записки о нѣкоторыхъ народахъ и земляхъ сред-
ней части Азіи. — С.-Пётербургъ, 1821; 1 broch. in-8°.

Mémoires concernant quelques peuples et quelques contrées du centre de
l'Asie. Saint-Pétersbourg.

BIRMANIE.

5403. — **Judson (A.). Grammatical notices of the burmese
language.** *Maulmain*, 1842; 1 broch. grand in-12.
Notes grammaticales sur la langue birmane.

5404. — **The new Testament of our Lord and Saviour Jesus-
Christ,** ကယ်တင်တော်မူသောအရှင် သခင်ယေရှုခရစ်၏
ဓမ္မသစ်ကျမ်. *Maulmain*, 1837; 1 vol. in-8°.
Le Nouveau testament en langue birmane.

5405. — **The new Testament of our Lord and Saviour Jesus-
Christ,** ညီသာသ္လွုင်သွ়းကို်ဂလာစုပါလိ သ္ုပတ်ဓမ္မတမိ.
Maulmain, 1847; 1 vol. in-8°.
Le Nouveau testament traduit en pégouan.

CHINE.

5406. — **Perny (Paul).** Grammairé de la langue chinoise, orale et écrite. *Paris*, 1873-1876; 2 vol. grand in-8°.

INDES BRITANNIQUES.

5407. — **Lamarre (C.), Fontpertuis (A.-F. de).** L'Inde britannique à l'Exposition de 1878. *Paris;* 1 broch. petit in-8°.

5408. — **Birdwood (C.-M.).** Exposition universelle de 1878 à Paris. Manuel de la section des Indes britanniques. *Londres, Paris;* 2 broch. petit in-8°.

5409. — **Sénart (E.).** महावस्तु अवदानं. Le Mahâvastu, texte sanscrit, publié et accompagné d'introductions et d'un commentaire. *Paris,* 1882; 1 vol. in-8° (1 vol. seul).

BENGALE.

5410. — **Report on municipal taxation and expenditure in the lower provinces of Bengal.** 1881-1887; 2 vol. in-8°.

Rapport sur les taxes et les dépenses municipales dans les provinces inférieures du Bengale.

5411. — **Murray.** Handbook of the Bengal Presidency. *London,* 1882; 1 vol. in-12.

Manuel de la Présidence du Bengale.

5412. — **Annual report of the sanitary commissioner of Bengal.** 1881-1888; 3 vol. in-4°.

Rapport annuel du délégué au service de la santé pour le Bengale.

5413. — **McCann (Hugh.-W.).** Report on the dyes and tans of Bengal. *Calcutta,* 1883; 1 vol. in-8°.

Rapport annuel sur les teintures et les tans au Bengale.

5414. — **Report on the administration of Bengal.** *Calcutta,* 1881-1890; 6 vol. in-8°.

Rapport sur l'administration du Bengale.

CALCUTTA.

5415. — Budget estimate of income and expenditure of the Calcutta municipality. 1878; 1 broch. in-4°.

Estimation budgétaire des revenus et des dépenses de la municipalité de Calcutta.

5416. — Administration report of the commissioners of the town of Calcutta. 1876-1890; 13 vol. in-4°.

Rapport administratif de la municipalité de Calcutta.

5417. — Progress report of the municipality of Calcutta. 1877; 2 broch. in-4°.

Rapport sur les travaux de la municipalité de Calcutta.

5418. — Beverley (H.). Report on the census of the town of Calcutta. 1876-1881; 2 vol. in-4°.

Rapport sur le recensement de la ville de Calcutta en 1876 et 1881.

BOMBAY (PRÉSIDENCE DE).

5419. — Annual administration and progress report on the lunatic Asylums in the Bombay Presidency. 1875-1890; 4 vol. in-4° et in-8°.

Rapport annuel sur l'administration et sur la marche des Asiles d'aliénés dans la Présidence de Bombay.

5420. — Annual administration and progress reports on the dispensaries of the Bombay Presidency. 1873-1876; 2 broch. in-8°.

Rapports annuels sur l'administration et sur la marche des dispensaires de la Présidence de Bombay.

5421. — Annual administration and progress report of the civil hospitals in the Bombay Presidency. 1873-1877; 2 vol. in-8°.

Rapport annuel sur l'administration et sur la marche des hôpitaux civils de la Présidence de Bombay.

5422. — Administration and progress report on the civil hospitals and dispensaries under the Government of Bombay. 1874-1890; 5 vol. in-4°.

Rapport sur l'administration et sur la marche des hôpitaux civils et des dispensaires qui dépendent du Gouvernement de Bombay.

5423. — **Annual statement of the trade and navigation of the Presidency of Bombay.** 1867-1887; 18 vol. grand in-4°.

Compte rendu annuel du commerce et de la navigation dans la Présidence de Bombay.

5424. — **Administration reports of the forest department in the Bombay Presidency, including Sind.** 1860-1890; 12 vol. in-4° et in-8°.

Rapports de l'administration des forêts dans la Présidence de Bombay, y compris le Sind.

5425. — **Gazetteer of the Bombay Presidency prepared under the orders of Government.** *Bombay,* 1877-1886; 25 vol. in-8°.

Revue encyclopédique de la Présidence de Bombay, rédigée par ordre du Gouvernement.

5426. — **Murray. Handbook of the Bombay Presidency.** *London,* 1881; 1 vol. in-12.

Manuel de la Présidence de Bombay.

5427. — **Selections from the records of the Bombay Government.** *Bombay,* 1852-1879; 36 vol. et broch. in-4° et in-8°.

Extraits des Archives du Gouvernement de Bombay. Rapports et documents divers concernant plusieurs districts et perceptions de l'Inde occidentale.

5428. — **Annual report of the sanitary commissioner of the Government of Bombay.** 1872-1890; 20 vol. in-4°.

Rapport annuel du délégué au service de la santé pour le Gouvernement de Bombay.

5429. — **Report on enteric fever. Sanitary department. Bombay.** *Poona,* 1883; 1 vol. in-4°.

Rapport sur la fièvre entérique. Service de la santé dans la Présidence de Bombay.

5430. — **Reports on military cantonments and civil stations in the Presidency of Bombay, inspected by the sanitary commissioner.** 1875-1876; 1 vol. in-4°.

Rapports sur les cantonnements militaires et sur les postes civils de la Présidence de Bombay, inspectés par le délégué au service de la santé.

5431. — **Report on municipal taxation and expenditure in the Bombay Presidency, including Sind.** 1879-1890; 1 vol. in-4°.

Rapport sur les taxes et les dépenses municipales dans la Présidence de Bombay, y compris le Sind.

5432. — Customs revenue report. *Bombay,* 1866-1890; 5 vol. in-4°.

Rapport sur l'administration des douanes.

5433. — **Report of the administration of the salt. Bombay Presidency.** 1862-1884; 3 vol. in-4°.

Rapport de l'administration des salines. Présidence de Bombay.

5434. — **Annual report on cotton for the Bombay Presidency.** 1868-1883; 4 vol. in-8°.

Rapport annuel sur les cotons. Présidence de Bombay.

5435. — **Opium revenue report. Bombay Presidency.** 1867-1884; 1 vol. in-4°.

Rapport sur l'opium. Présidence de Bombay.

5436. — **Report of the department of public instruction in the Bombay Presidency.** 1865-1891; 13 vol. in-4° et in-8°.

Rapport du directeur de l'instruction publique dans la Présidence de Bombay.

5437. — **Reports on the leasehold and certain other villages in the Salsette taluka of the Thanna collectorate.** *Bombay,* 1875; 1 broch. in-8°.

Rapports sur la tenure par bail et sur la tenure d'autre sorte de quelques villages dans le canton de Salsette, de la perception de Thanna.

5438. — **Venayak (Bulwantrao). A free translation of the Putwardhani Punchang or Putwardhan's almanack from sanscrit and marathi into english.** *Bombay,* 2 cahiers in-12 oblong.

Traduction libre de l'almanach de Putwardhan, ouvrage traduit du sanscrit et du mahratte en anglais.

5439. — **Annual administration and progress reports on the indian medical department.** *Bombay,* 1872-1873; 1 broch. in-8°.

Rapports annuels sur l'administration et sur la marche du service médical pour les Indiens.

5440. — **Report on vaccination throughout the Bombay Presidency and Sind.** 1855-1891; 6 vol. in-8°.

Rapport sur la vaccination dans la Présidence de Bombay et dans le Sind.

5441. — **Report on the administration of the meteorological**

department in **Western India.** *Bombay*, 1876-1877; 1 broch. in-4°.

Rapport sur l'administration du service météorologique dans l'Inde occidentale.

5442. — **Police reports of the northern and southern divisions of the Bombay Presidency.** 1872-1873; 2 vol. in-8°.

Rapports de la police des districts septentrionaux et des districts méridionaux de la Présidence de Bombay.

5443. — **Police reports of the Bombay Presidency, including Sind.** 1874-1889; 11 vol. in-4° et in-8°.

Rapports de la police de la Présidence de Bombay, y compris le Sind.

5444. — **Census of the Bombay Presidency, 21st februar 1872.** 4 vol. grand in-4°.

Recensement de la Présidence de Bombay, 21 février 1872.

5445. — **Report on the jails of the Bombay Presidency for the year 1862.** 1 vol. in-8°.

Rapport sur les prisons de la Présidence de Bombay pour l'année 1862.

5446. — **Annual reports of the Bombay jails.** 1872-1889; 7 vol. in-8°.

Rapports annuels sur les prisons de la Présidence de Bombay.

5447. — **Report on the administration of the Bombay Presidency.** 1862-1890; 28 vol. in-8°.

Rapport sur l'administration de la Présidence de Bombay.

5448. — **Report of the chemical analyser to Government.** *Bombay*, 1875; 1 broch. in-8°.

Rapport de l'analyste chimique du Gouvernement.

5449. — **Archeological survey of Western India.** *Bombay*, 1870-1880; 3 vol. et 1 broch. grand in-8°.

Exploration archéologique de l'Inde occidentale.

SIND (PROVINCE DU).

5450. — **Annual statement of the trade and navigation of the province of Sind.** *Kurrachee-Bombay*, 1868-1876; 4 vol. grand in-4°.

Compte rendu annuel du commerce et de la navigation dans la province du Sind.

5451. — **Annual police report. Province of Sind.** *Bombay,* 1872-1873; 2 vol. in-8°.

Rapport annuel de la police. Province du Sind.

BOMBAY.

5452. — **Report of the sanitary commissioner for Bombay.** 1864-1870; 7 vol. in-4° et in-8°.

Rapport du délégué au service de la santé pour Bombay.

5453. — **Annual report of the municipal Commissioner of Bombay.** 1866-1890; 20 vol. grand in-4°.

Rapport annuel de la Commission municipale de Bombay.

5454. — **Annual police return showing the state of crime in the town and island of Bombay.** 1872-1889; 4 vol. in-4°.

Rapport annuel de la police donnant la statistique des crimes pour la ville et pour l'île de Bombay.

MADRAS (PROVINCE DE).

5455. — **Annual report on the lunatic Asylums in the Madras Presidency.** 1873-1887; 4 vol. in-4° et in-8°.

Rapport annuel sur les Asiles pour aliénés dans la Présidence de Madras.

5456. — **Annual report on the civil hospitals and dispensaries in the Madras Presidency.** 1860-1890; 37 vol. in-8° et in-4°.

Rapport annuel sur les hôpitaux et les dispensaires civils dans la Présidence de Madras.

5457. — **Annual medical report of the Madras government lying-in hospital.** 1876-1880; 1 vol. et 1 broch. in-8° et in-4°.

Rapport médical annuel sur la maison d'accouchement du Gouvernement de Madras.

5458. — **Map of the Madras Presidency to accompany the administration report for 1871-1872.** 1 carte in-8°.

Carte de la Présidence de Madras accompagnant le rapport administratif pour 1871-1872.

5459. — **Government of Madras. Public works department.**

Classified list, and distribution return of establishment.
1878-1880; 2 vol. in-8°.

Gouvernement de Madras. Département des travaux publics. Liste des fonctionnaires selon leur rang, et distribution du service entre eux.

5460. — **Papers relating to the uncovenant civil service examination, as pursued in the Madras Presidency.** 1865-1872;
5 vol. in-8°.

Pièces relatives aux examens pour l'admission au service civil libre, tels
qu'ils ont lieu dans la Présidence de Madras.

5461. — **Uncovenanted service. Examination rules.** *Madras,*
1854; 1 broch. in-8°.

Service civil libre. Règlements pour les examens.

5462. — **Walch (George-T.). Notes on some of the chief
navigable rivers and canals in the United States and Canada, made for the Government of Madras during a tour in
1876.** *Madras;* 1 vol. in-8°.

Notes sur quelques-unes des principales rivières navigables et des principaux
canaux des États-Unis et du Canada, prises pour le gouvernement de Madras,
pendant un voyage exécuté en 1876.

5463. — **Murray. Handbook of the Madras Presidency.** *London,* 1879; 1 vol. in-12.

Manuel de la Présidence de Madras.

5464. — **Report on public instruction in the Madras Presidency.** 1875-1890; 16 vol. in-8°.

Rapport sur l'instruction publique dans la Présidence de Madras.

5465. — **Report on vaccination throughout the Presidency and
provinces of Madras.** 1860-1873; 5 vol. et 1 broch. in-8° et
in-4°.

Rapport sur la vaccination dans la Présidence de Madras et dans les provinces qui en dépendent.

5466. — **Report on the treatment of leprosy with gurjun oil
and other remedies in hospitals of the Madras Presidency.**
1876; 1 broch. in-8°.

Rapport sur le traitement de la lèpre par l'huile de gurjun et au moyen
d'autres médicaments dans les hôpitaux de la Présidence de Madras.

5467. — **Report on the administration of the registration de-**

partment in the Madras Presidency. 1875-1891; 5 vol. in-4°.

Rapport sur l'administration de l'enregistrement dans la Présidence de Madras.

5468. — **Administration report of the inspector general of jails in the Presidency of Madras.** 1860-1873; 4 vol. in-8°.

Rapport administratif de l'inspecteur général des prisons dans la Présidence de Madras.

5469. — **Report on the administration of the jails of the Madras Presidency.** 1874-1890; 20 vol. in-8° et in-4°.

Rapport sur l'administration des prisons de la Présidence de Madras.

5470. — **Judicial statements (Criminal), Madras Presidency.** 1873-1876; 4 broch. in-4°.

Relevé des affaires criminelles dans la Présidence de Madras.

5471. — **Report on the criminal statistics of the Madras Presidency.** 1869-1884; 3 vol. in-folio.

Rapport sur la statistique criminelle de la Présidence de Madras.

5472. — **Report on the administration of the Madras Presidency.** 1863-1890; 20 vol. in-8° et in-4°.

Rapport sur l'administration de la Présidence de Madras.

5473. — **Maclean (C.-E.). Standing information regarding the official administration of the Madras Presidency in each department.** 1879; 2 vol. in-8°.

Renseignements fondamentaux sur l'administration officielle de la Présidence de Madras dans chaque département.

5474. — **Manual of the administration of the Madras Presidency.** 1885; 3 vol. in-4°.

Manuel de l'administration de la Présidence de Madras.

5475. — **Administration report of the public works department, (general, and buildings and roads branch). Madras Presidency.** 1877-1889; 2 vol. in-4°.

Rapport administratif du département des travaux publics en général, ainsi que de la section des bâtiments et des routes. Présidence de Madras.

5476. — **Administration report of the public works department, irrigation branch, in the Madras Presidency.** 1877-1886; 2 vol. in-4°.

Rapport administratif de la section d'irrigation du département des travaux publics dans la Présidence de Madras.

MADRAS.

5477. — Catalogue of books in the library of the government central Museum, Madras. 1874-1876; 2 broch. in-8°.

Catalogue des livres de la bibliothèque du Musée public central de Madras.

5478. — Statement of cases disposed of and committed for trial in the Madras police offices. 1860-1861; 2 broch. in-4°.

Exposé des causes envoyées devant les tribunaux de police de Madras, et jugées par ces tribunaux.

5479. — Returns of cases instituted in the Madras Court of small causes. 1860-1886; 3 vol. in-4°.

Relevé des causes portées devant la justice de paix de Madras.

5480. — Annual report of the Madras medical College. 1860-1885; 7 vol. in-8°.

Rapport annuel de la Faculté de médecine de Madras.

5481. — Administration report of the Madras police. 1866-1890; 16 vol. in-4°.

Rapport administratif de la police de Madras.

5482. — Imperial returns. Madras police. 1872-1876; 5 broch. in-4°.

Rapports du Gouvernement. Police de Madras.

5483. — Census of the town of Madras. 1871; 1 vol. in-4°.

Recensement de la ville de Madras en 1871.

5484. — Descriptive catalogue of rock-specimens in the lithological collection in the government central Museum, Madras. 1867; 1 broch. in-8°.

Catalogue descriptif des spécimens de roches de la collection lithologique du Musée public central de Madras.

5485. — Catalogue of the mollusca in the collection of the government central Museum, Madras. 1867; 1 broch. in-8°.

Catalogue des mollusques de la collection du Musée public central de Madras.

5486. — Catalogue of the fishes in the collection of the government central Museum, Madras. 1874; 1 broch. in-8°.

Catalogue des poissons de la collection du Musée public central de Madras.

5487. — **Catalogue of coins in the collection of the government central Museum, Madras.** 1874; 1 broch. in-8°.
Catalogue des monnaies de la collection du Musée public central de Madras.

5488. — **Catalogue of mammals in the government central Museum, Madras.** 1877; 1 broch. in-8°.
Catalogue des mammifères du Musée public central de Madras.

ASSAM.

5489. — **Brown (E.-W. and N.). Elementary arithmetic.** *Sibsagor, Asam,* 1 broch. grand in-12.
Arithmétique élémentaire, en assamite, dialecte bengali.

REGION LEPCHA.

5490. — **Mainwaring (Col. G.-B.). A grammar of the róng (lepcha) language.** *Calcutta,* 1876; 1 vol. in-4°.
Grammaire de la langue róng ou Lepcha.

RÉGION MAHRATTE.

5491. — **Navalkar (Ganpatrao R.). The student's márathí grammar.** *Bombay,* 1880; 1 vol. in-8°.
Grammaire pour l'étude de la langue mahratte.

5492. — **History of Joseph,** योसेफाची गोष्ट. *Bombay,* 1840; 1 vol. in-8°.
Histoire de Joseph (en mahratte).

REGION MALAYALIM.

5493. — **Peet (J.). A grammar of the malayalim language.** *Cottayam,* 1860; 1 vol. in-8°.
Grammaire de la langue malayalim.

ORISSA.

5494. — **Maltby (J.). Practical handbook of the uriya or ódiyá language.** *Calcutta,* 1874; 1 vol. in-8°.
Manuel pratique de la langue orissa.

REGION SANTHALI.

5495. — Skrefsrud (Rév.). A grammar of the santhal language. *Bénarès*, 1873; 1 vol. in-8°.

Grammaire de la langue santhali.

REGION TAMOULE.

5496. — Hutchings (S.). An english and tamil dictionary. *Madras*, 1844; 1 vol. in-8°.

Dictionnaire anglais-tamoul.

5497. — Rhenins (C.-T.-E.). A grammar of the tamil language. *Madras*, 1846; 1 vol. in-8°.

Grammaire de la langue tamoul.

5498. — The New Testament of our Lord and Saviour Jesus-Christ, in tamil, உலகஇரட்சகராகிய இயேசுக்கிறீஸ்து நாதர் அருளிச்செய்த புதிய ஏறபாடு. *Madras*, 1846; 1 vol. in-8°.

Le Nouveau Testament en tamoul.

INDE FRANÇAISE.

5499. — Laude (M.). Établissements français de l'Inde. Recueil de législation. *Paris*, 1869; 1 vol. in-8°.

INDE PORTUGAISE.

5500. — Biker (J.-F. Judice). Colleção de tratados e concertos de pazes que o Estado da India portugueza fez com os reis e senhores com quem tuve relações nas partes de Asia e Africa oriental, desde o principio da conquista até ao fim do seculo **XVIII.** *Lisboa*, 1882; 2 vol. in-8°.

Collection des accords et des traités de paix survenus entre l'Inde portugaise et les rois ou chefs avec lesquels elle fut en relation depuis le commencement de la conquête jusqu'à la fin du xviiie siècle.

JAPON.

5501. — 西畫指南. 1875; 2 vol., 22 centimètres.
Dessins occidentaux tirés des contrées du Midi.

5502. — 地理描圖法. 1876; 1 vol., 22 centimètres.
Instructions concernant le dessin des cartes géographiques.

5503. — 地圖理法描習圖紙. 1876; 1 carte, 32 centimètres.
Direction pour dessiner les cartes géographiques.

5504. — 實測日本地圖. 4 cartes oblongues, 21 centimètres.
Cartes donnant le tracé réel des côtes du Japon.

5505. — 地理描圖法模範圖引. 1876; 1 atlas, 32 centim. 1/4.
Cartes géographiques peintes, avec direction pour le tracé des cartes.

5506. — 地球暗射圖符號解. 1872; 1 vol., 22 centimètres.
Explication des caractères et des chiffres de la carte muétte en relief du globe terrestre.

5507. — 日本暗射地圖符合解. 1877; 1 vol., 22 centimètres.
Explication des chiffres de la carte muette en relief du Japon.

5508. — **Mappemonde muette (Japon).** 1 carte murale.

5509. — **Carte générale du Japon.** 1 carte murale.

5510. — **Carte de la partie septentrionale du Japon.** 1 carte murale.

5511. — **Carte de la partie méridionale du Japon.** 1 carte murale.

5512. — **Shibata (M.), Koyas (T.). An english and japanese dictionary.** 1873-1874; 1 vol. in-8°.
Dictionnaire anglais-japonais.

5513. — 語畫木. 1871; 13 vol., 25 centim. 1/4.
Dictionnaire de philologie japonaise.

5514. — 語畫木別記. 1871; 1 vol., 25 centim. 1/2.
Dictionnaire des signes distinctifs.

5515. — 語畫木活語指堂. 1871; 1 vol., 25 centim. 1/2.
Dictionnaire des verbes.

5516. — **Le Japon à l'Exposition universelle de 1878.** *Paris;*
2 vol. in-8°.

5517. — 士ダ大ヴ辟イ玉ツ蕘モ邇ヶ矢稟報. 1877; 1 vol.,
22 centimètres.
Rapport du Dr David Murray sur l'exposition de Philadelphie de 1876.

5518. — **Mosman (S.). Japan.** *London,* 1880; 1 vol. in-12.
Le Japon.

5519. — 地理初步. 1874; 1 vol., 22 centimètres.
Premier pas dans l'étude de la géographie.

5520. — 日本地誌略. 1877; 4 vol., 22 centimètres.
Résumé de la géographie du Japon.

5521. — 小學地誌. 1880; 3 vol., 22 centimètres.
Enseignement élémentaire. Leçons de géographie.

5522. — 輿地誌略. 1877; 5 vol., 17 centim. 1/2.
Résumé des connaissances géographiques.

5523. — 小學日本地理書. 1875-1877; 3 vol., 22 centimètres.
Enseignement élémentaire. Traité de la géographie du Japon.

5524. — **Rosny (L. de). Introduction à l'étude de la langue
japonaise.** *Paris,* 1857; 1 vol. in-8°.

5525. — 豊骨操圖. 1 vol. oblong, 11 centimètres.
Images représentant divers exercices du corps.

5526. — 豊骨操傳習所規則. 1884; 1 vol., 20 centim. 3/4.
Règlement pour les établissements où s'enseignent les exercices du corps.

5527. — 日本田各史. 1875; 2 vol., 22 centimètres.
Résumé des chroniques du Japon.

5528. — 萬 國 史 田 各 . 1874; 2 vol., 22 centim. 1/2.
Résumé des chroniques des 10,000 royaumes.

5529. — 改 正 史 田 各 . 1874-1875; 4 vol., 22 centimètres.
Résumés historiques revisés.

5530. — 國 史 安 木 . 1877; 2 vol., 19 centim. 1/4.
Extraits historiqnes.

5531. — 御 謚 號 年 號 讀 例 . 1 vol., 22 centim. 1/2.
Livre réglementaire des ères et des noms posthumes des souverains.

5532. — 漢 史 斑 . 1877; 4 vol., 22 centimètres.
Esquisse de l'histoire des dynasties.

5533. — **Rosny (L. de).** Traité de l'éducation des vers à soie
au Japon par Sira-Kawa de Sendaï (Osyou). *Paris*, 1868,
1 vol. in-8°.

5534. — Japanese Code of education. *Tokió*, 1879-1880; 2 broch.
petit in-8°.
Code de l'instruction publique au Japon.

5535. — Annual report of the Minister of education. *Tokió*,
1876-1887; 2 vol. petit in-8°.
Rapport annuel du Ministre de l'instruction publique.

5536. — Report of the Minister of education. 1873; 1 vol.
in-8°.
Rapport du Ministre de l'instruction publique.

5537. — Memoirs of the literature College, imperial University
of Japan. *Tokio*, 1887; 1 vol. petit in-4°.
Mémoires de la Faculté des lettres de l'Université impériale du Japon.

5538. — Imperial ordinances relating to the University and
the schools. 9 broch. petit in-8°.
Ordonnances impériales concernant l'Université et les écoles.

5539. — Ordinances of the Department of education. 15 broch.
grand in-12.
Ordonnances du Département de l'éducation.

5540. — Instructions and notifications of the Department of
education. 6 broch. petit in-8°.
Instructions et notifications du Département de l'éducation.

5541. — **Regulations of the Japanese educational Society.** *To-kiô*, 1886; 1 broch. grand in-12.
Règlements de la Société japonaise d'éducation.

5542. — **A short history of the japanese educational Society, and its present condition.** *Tokio*, 1886; 1 broch. grand in-12.
Courte histoire de la Société japonaise d'éducation, et son état présent.

5543. — **A short history of the Department of education.** *Tokyo*, 1887; 1 vol. petit in-8°.
Courte histoire du Département de l'éducation.

5544. — **Descriptive outlines of the various schools in Japan.** *Tokyo*, 1887; 1 vol. petit in-8°.
Description sommaire des diverses écoles du Japon.

5545. — **Outlines of the modern education in Japan.** *Tokyo*, 1888; 1 vol. in-8°.
Esquisse de l'éducation moderne au Japon.

5546. — 米國百年期博覽會敎育報告. 1877; 4 vol., 22 centimètres.
Commission de l'Exposition centenaire d'Amérique. Rapport sur l'éducation.

5547. — 文部省布達全書. 1871-1872; 3 vol., 19 centim. 1/4.
Ministère de l'instruction publique. Compte rendu complet et détaillé.

5548. — 文部省雜誌. 1876; 1 vol., 20 centim. 3/4.
Mémoires divers du Ministère de l'instruction publique.

5549. — 日本敎育史略. 1877; 1 vol., 20 centim. 1/2.
Résumé de l'histoire de l'instruction publique au Japon.

5550. — 文部省年報. 1878-1883; 7 vol., 26 centimètres.
Rapport annuel du Ministère de l'instruction publique.

5551. — 音樂取調成績申報書. 1884; 1 vol., 22 centimètres.
Rapport sur l'étude du chant et l'amélioration des études musicales.

5552. — 學制. 1 vol., 21 centim. 1/2.
Code de l'enseignement.

5553. — **Boissonade (G.).** Projet de Code civil pour l'Empire du Japon. *Tokio*, 1882-1883; 3 vol. in-8°.

5554. — Boissonade (G.). Projet de Code de procédure criminelle pour l'Empire du Japon. *Tokio*, 1882; 1 vol. in-8°.

5555. — 新 約 全 書. 1875; 1 vol., 15 centim. 3/4.
Nouveau livre complet des contrats.

5556. — 文 藝 類 纂. 1878; 8 vol., 25 centim. 1/2.
Résumé des diverses espèces de littérature.

5557. — Album japonais. Travaux divers, jeux, scènes de famille, instruments, costumes. 1 vol. grand in-4°.

5558. — 小 學 讀 本. 1874; 6 vol., 22 centimètres.
Enseignement élémentaire. Principes de lecture.

5559. — 小 學 習 字 手 本. 1874; 2 vol.; 22 centimètres.
Enseignement élémentaire. Manuel d'exercices de lecture.

5560. — 習 字 臨 本. 1875; 1 cah., 22 centimètres.
Cahier d'exercices de lecture.

5561. — 小 學 入 門. 1874; 1 vol., 22 centim. 1/2.
Introduction aux exercices élémentaires.

5562. — 單 語 編. 1872; 3 vol., 22 centim. 1/2.
Recueil de mots simples.

5563. — 書 賣 片 月 用 支. 1874-1875; 4 vol., 22 centimètres.
Tableaux imprimés, modèles d'écriture élégante.

5564. — 小 學 普 通 畫 學 本. 1878-1879; 21 cah. oblongs, 14 centim. 1/4.
Petit cours pour acquérir tout ce qu'il est essentiel de savoir dans l'art du dessin.

5565. — 小 學 習 畫 占 丁. 8 cah. oblongs, 14 centim. 1/2.
Modèles de dessins à l'usage de l'école primaire.

5566. — 圖 彨 土 階 梯. 1872; 8 cah. oblongs, 16 centimètres.
Cours gradué de dessin.

5567. — 小 學 畫 學 書. 1873; 1 vol., 23 centimètres.
Enseignement élémentaire. Petit cours de dessin.

5568. — 日 本 產 勿 才 志. 1873, 1876, 1877; 16 vol., 25 centim. 3/4.
Étude sur les productions du Japon. Plantes, animaux.

5569. — 小學脩身訓. 1880; 2 vol., 22 centim. 1/2.
Enseignement élémentaire. Instructions morales.

5570. — 師校範編學輯　小學讀本. 1874; 4 vol., 22 centimètres.
Récits comparés propres à enseigner les règles d'une bonne conduite. Livre d'instruction élémentaire.

5571. — 小學算術書. 1873-1876; 5 vol., 22 centim. 1/2.
Enseignement élémentaire. Cours de calcul.

5572. — 色圖釋. 1 vol., 22 centimètres.
Explication du tableau des couleurs.

5573. — 小學作法書. 1885; 3 vol., 22 centimètres.
Morale pratique.

5574. — 小學唱歌崔木. 1881; 3 cah. oblongs, 12 centim. 1/2.
Recueil de chants pour les écoles élémentaires.

5575. — 小學指教圖. 1879; 5 tableaux.
Enseignement élémentaire. Tableaux indicateurs instructifs.

5576. — 小學修身書初等科之部. 1883; 6 vol., 22 centimètres.
Leçons de morale à l'usage des écoles primaires élémentaires.

5577. — 小學修身書中等科之部. 1884; 6 vol., 22 centimètres.
Leçons de morale à l'usage des écoles primaires moyennes.

5578. — 咨府縣金石討驗記. 1875-1876; 2 vol., 18 centim. 1/2.
Mémoire sur l'étude des pierres et des métaux de diverses provinces et de divers districts.

5579. — 涅氏治金學. 1884; 2 vol., petit in-8°.
Leçons de métallurgie.

5580. — **List of the Japanese lighthouses, lightships, buoys, and beacons.** 1884-1887; 2 vol. petit in-32 oblong.
Liste des phares, phares flottants, bouées et balises du Japon.

5581. — 大日本沿口海實測錄. 14 vol., 25 centim. 1/4.
Liste des sondages exécutés dans la mer qui baigne les côtes du Japon.

5582. — **Mittheilungen der deutschen Gesellschaft für Natur- und Völkerkunde Ostasiens.** *Yokohama*, 1880; 1 broch. in-8°.

Comptes rendus de la Société allemande pour l'histoire naturelle et l'ethnographie de l'Asie orientale.

5583. — **Journal of the College of science. Imperial University Japan.** *Tôkyô*, 1886-1887; 2 vol. in-8°.

Journal de la Faculté des sciences de l'Université impériale du Japon.

5584. — 小學數學書. 1874-1877; 2 vol., 22 centimètres.

Enseignement élémentaire. Traité de mathématiques.

5585. — 代數學. 1876-1877; 6 vol., 22 centimètres.

Leçons d'algèbre.

5586. — 晶形學. 1879; 1 vol., 17 centim. 3/4.

Leçons de cristallographie.

5587. — 動物通解. 1885; 2 vol., 20 centimètres.

Notices générales de zoologie.

OSAKA.

5588. — 大阪中學校規則. 1882; 1 vol., 20 centim. 3/4.

Règlement de l'École d'Osaka.

TOKIO.

5589. — **Regulations of the Tokiô Academy.** 1 broch. petit in-8°.

Règlements de l'Académie de Tokio.

5590. — 東京師範學校附屬小學校規則. 1883; 2 vol., 21 centimètres.

Règlement de l'École élémentaire annexée à l'École normale de Tokio.

5591. — 東京師學範校小學師範學科規則. 1883; 1 vol., 21 centimètres.

École normale de Tokio. Règlement pour l'École normale d'enseignement élémentaire.

5592. — 東京師學範校中學師範學科規則. 1883; 1 vol., 21 centimètres.

École normale de Tokio. Règlement pour l'École normale d'enseignement secondaire.

5593. — 東京大學法理文三學部一覽. 1883-1884;
4 vol., 19 centim. 1/2.

Coup d'œil sur les trois sections de la Faculté des lettres à l'Université de Tokio.

5594. — 東京大學醫酉學部一覽. 1882-1883; 1 vol.,
20 centimètres.

Coup d'œil sur la Faculté de médecine de l'Université de Tokio.

5595. — 東京大學醫酉學部第四六年報. 1878-1880;
3 vol., 19 centim. 1/2.

Rapport de la Faculté de médecine de l'Université de Tokio.

5596. — 東京職工學校規則. 1883; 1 broch., 20 centimètres.

Règlement de l'École manufacturière de Tokio.

5597.— 東京大學豫備門一覽. 1883-1886; 1 vol., 20 centimètres.

Coup d'œil sur l'École préparatoire annexée à l'Université de Tokio.

5598.— 東京大學第一年第二年報. 1880-1881; 2 vol.,
22 centimètres.

Rapports de l'Université de Tokio.

5599. — 東大京學法理文三學部第五七年報. 1877-
1879; 2 vol.; 22 centimètres.

Université de Tokio. Rapport des trois sections de la Faculté des lettres.

5600.— 東京開成學校第二四年報. 1874-1876; 3 vol.,
22 à 23 centimètres.

Rapport de l'École de perfectionnement de Tokio.

5601. — 東京女子師範學校第三六年報. 1876-1877,
1879-1880; 4 vol., 19 centimètres.

Rapport de l'École normale de jeunes filles de Tokio.

5602.— 東京女子師範學校規則. 1883; 2 broch., 18 centim. 1/2.

Règlement de l'École normale de jeunes filles de Tokio.

5603. — 東京女子師範學校附屬女兒小學校規則.
1883; 1 vol., 18 centim. 1/2.

Règlement pour l'École élémentaire de jeunes filles annexée à l'École normale de jeunes filles de Tokio.

5604. — 東京女子師範學校附屬高等女學校規則.
1883 ; 1 vol. 18 centim. 1/2.

Règlement pour l'École supérieure de femmes annexée à l'École normale de jeunes filles de Tokio.

5605. — 東京女子師範學校附屬幼稚園規則. 1884 ;
1 broch., 18 centim. 1/2.

Règlement pour le Jardin (asile) de jeunes garçons annexé à l'École normale de jeunes filles de Tokio.

PERSE.

5606. — **Querry (A.).** Droit musulman. Recueil de lois concernant les musulmans schyites. *Paris*, 1871-1872; 2 vol. in-8°.

SIAM.

5607. — **Gréhan (A.).** Le royaume de Siam. *Paris*, 1878;
1 vol. in-8°.

5608. — **Jones (J.-T.).** Brief grammatical notices of the sia-
mese language. *Bangkok*, 1842; 1 vol. in-8°.
Courtes notes grammaticales sur la langue siamoise.

5609. — **Jones (S.-T.).** The four gospels and acts in sia-
mese พระคฤษฐวงษทั้งสี่ กับกิจการทูตพระเยซู ฯ. *Bangkok*, 1842; 2 vol. in-8°.
Les quatre évangiles et les actes en siamois.

SIBÉRIE.

5610. — ПУЦИЛЛО (П.). Указатель дѣламъ и рукописямъ относящимся до Сибири. — Москва, 1879; 1 broch. in-8°.

P. Poutsillo. Index des ouvrages et des manuscrits concernant la Sibérie.

5611. — Экономическое состояніе городскихъ поселеній Сибири. — С.-Петербургъ, 1882; 1 vol. in-8°.

Situation économique des colonies urbaines de la Sibérie.

5612. — Къ вопросу кто былъ Ермакъ Тимоѳеевъ покоритель Сибири. — 1 broch. petit in-8°.

Sur la question de savoir ce qu'était Iermack Timotheeff, le conquérant de la Sibérie.

TRANSCAUCASIE.

5613. — **Tornauw (N. de), Eschbach (M.).** Le droit musulman (Transcaucasie) exposé d'après les sources. *Paris*, 1860; 1 vol. in-8°.

TURQUIE D'ASIE.

5614. — Murray. Handbook for travellers in Turkey in Asia including Constantinople, etc. *London*, 1878; 1 vol. in-12.

Manuel du voyageur dans la Turquie d'Asie, à Constantinople, etc.

ARMÉNIE.

5615. — Nar Bey (A. de). Dictionnaire arménien-français. *Paris*, 1872; 1 vol. in-18.

5616. — Եղիշէի վարդապետի վասն Ս. Վարդանայ եւ Հայոց պատերազմին. — ի Վենետիկ, 1852; 1 vol. petit in-32.

Le docteur Ieghisché. Sur Vartan et les guerres d'Arménie. *Venise*, 1852.

5617. — Ակտ բլ ա'թիգատէն ծնեէտի քիթապ եարնի Սօղոիշ քիթապընտան Ըսթէր քիթապընատէք. — ի Զմիրնէ, 1841; 1 vol. in-12.

Dix-sept livres de l'Ancien Testament, savoir : du livre de la Genèse au livre d'Esther. *Smyrne*, 1841.

5618. — Մտաւոր եւ գրաւոր Թուաբանութիւն Թարգմանեաց Ջանգդիականէն. — ի Կոստանդնուպօլիս, 1 vol. grand in-12.

Arithmétique théorique et pratique, traduite par Jangghiaka. *Constantinople.*

SYRIE.

5619. — Cherbonneau (A.). Dictionnaire arabe-français. Langue écrite. *Paris*, 1876; 2 vol. in-12.

5620. — Preiswerk (S.). Grammaire hébraïque. *Bâle, Genève*, 1871; 1 vol. in-8°.

5621. — Fessler (Innocenti). Institvtiones linguarum orientalium. Pars posterior institutiones linguarum chaldaicæ, syriacæ et arabicæ complectens. *Wratislaviae*, 1779; 1 vol. petit in-8°.

Principes des langues orientales. Seconde partie comprenant les principes du chaldéen, du syriaque et de l'arabe.

5622. — Caussin de Perceval (A.-P.). Grammaire arabe vulgaire pour les dialectes d'Orient et de Barbarie. *Paris*, 1880; 1 vol. in-8°.

5623. — Baedeker (K.). Palestine et Syrie. Manuel du voyageur. *Leipzig*, 1882; 1 vol. in-18.

5624. — Murray. Handbook for travellers in Syria and Palestina. *London*, 1875; 1 vol. in-12.

Manuel du voyageur en Syrie et en Palestine.

5625. — كتاب الزبور الالهى لداود النبى وعدة مزموراته ميّة وخمسون مزمورًا منقسمة حسب ترتيب الاباء القديسين الشرقيين الى سبعة اسحار معينة لسبعة اسحار السبت ومتضمنة عشرين كاتزما خشوعية ۞ قد طبعت الان على الترتيب المذكور فى دير القديس يوحنا الصابغ المعروف فى جبل لبنان بعمل الرهبان لقانونيين الباسليين مسيحيّة ۞ (سنة ١٨٥٤)

Livre des divins psaumes du prophète David au nombre de cent cinquante, lesquels forment, d'après l'ordre adopté par les Pères orientaux, sept parties disposées par matières et comprenant vingt sections. Imprimé dans l'ordre mentionné au couvent de Saint-Jean-Baptiste du mont Liban, par les soins des moines, l'an du Christ 1854.

5626. — Redlich (J.). תּוֹרַת הַלָּשׁוֹן וְהַמִּקְרָא. Hebraisches Sprach- und Lesebuch für den ersten Unterricht in israelitischen Volksschulen. *Wien*, 1879; 1 broch. petit in-8°.

Livre de conversation et de lecture hébraïque pour l'enseignement élémentaire dans les écoles populaires israélites.

5627. — Fuchs (R.). רֵאשִׁת לִמּוּדִים. Hebraische Fibel. Erste Abtheilung. Die Leselehre. *Wien*, 1879; 1 broch. petit in-8°.

Abécédaire hébraïque. Première partie. Lecture.

OCÉANIE.

AUSTRALIE.

5628. — **Fitzgerald (F.-V.).** Australia. *London*, 1881; 1 vol. in-12.

L'Australie.

AUSTRALIE MÉRIDIONALE.

5629. — **Boothby (J.).** The Adelaide almanac and directory for South Australia. 1879-1889; 11 vol. petit in-8°.

Almanach d'Adélaïde et de l'Australie méridionale.

5630. — The south australian municipal calendar. 1882-1889; 2 vol. petit in-8°.

Calendrier municipal de l'Australie méridionale.

5631. — **Bibliography of South Australia.** *London*, 1886; 1 broch. in-8°.

Bibliographie de l'Australie méridionale.

5632. — **Plan of the southern portion of the province of South Australia.** 1875; 1 carte.

Plan de la partie sud de l'Australie méridionale.

5633. — **South Australia forest Board annual report.** *Adelaide*, 1878-1886; 1 vol. in-4°.

Rapport annuel de l'administration des forêts de l'Australie méridionale.

5634. — **South Australia, its history, progress, resources, and present position.** *Adelaide*, 1879; 1 broch. petit in-8°.

L'Australie méridionale, son histoire, ses progrès, ses ressources et son état présent.

5635. — **Worsnop (Th.).** The south australian tourist's guide. *Adelaide*, 1887; 1 vol. in-12.

Guide du touriste dans l'Australie méridionale.

5636. — **Harcus (W.). South Australia, its history, resources, and productions.** *London*, 1876; 1 vol. petit in-8°.

L'Australie méridionale, son histoire, ses ressources et ses productions.

5637. — **South Australia. Report of the central Board of health.** 1885; 1 broch. in-4°.

Australie méridionale. Rapport du Conseil d'hygiène.

5638. — **The municipal association of South Australia. President's report.** 1887; broch. petit in-8°.

Association municipale de l'Australie méridionale. Rapport du président.

5639. — **Corporation acts. South Australia.** 1861-1877; 1 vol. grand in-8°.

Actes concernant les municipalités. Australie méridionale.

5640. — **Report on the post-office, telegraph, and observatory departments.** *Adelaide*, 1885; 1 vol. in-4°.

Rapport sur les postes, les télégraphes et l'observatoire.

5641. — **South Australia. Acts of Parliament.** 1877-1878; 1 vol. petit in-4°.

Australie méridionale. Actes du Parlement.

5642. — **Proceedings of the Parliament of South Australia.** 1871-1888; 44 vol. in-4°.

Procès-verbaux des séances du Parlement de l'Australie méridionale.

5643. — **Boothby (J.). Statistical sketch of South Australia.** 1879; 1 broch. petit in-8°.

Esquisse statistique de l'Australie méridionale.

5644. — **Statistical register of the province of South Australia.** 1878; 1 vol. in-4°.

Statistique de l'Australie méridionale.

ADÉLAÏDE.

5645. — **City of Adelaide. Citizens' roll.** 1886-1887, 1887-1888, 1888-1889; 3 broch. in-4°.

Liste des citoyens de la ville d'Adélaïde.

5646. — **Fieldhouse. Map of the city of Adelaide.** 1 carte.

Plan de la ville d'Adélaïde.

5647. — **Plan of the botanic garden and proposed park as designed by Dr Schomburgk.** *Adelaide*, 1874; 1 carte.

Plan du jardin botanique et du parc projeté, d'après les dessins du docteur Schomburgk.

5648. — **Adelaide jubilee international Exhibition. Opening ceremony. June 21 1887.** 1 broch. in-8°.

Exposition internationale d'Adélaïde, à l'occasion du jubilé de la reine Victoria. Cérémonie d'ouverture.

5649. — **Worsnop (Th.). History of the city of Adelaide.** 1878; 1 vol. petit in-8°.

Histoire de la ville d'Adélaïde.

5650. — **Todd (Ch.). Meteorological observations made at the Adelaide observatory.** 1878; 1 vol. in-4°.

Observations météorologiques faites à l'observatoire d'Adélaïde.

5651. — **Worsnop (Th.). By-laws, rules, orders, and regulations of the corporation of Adelaide.** 1874; 1 broch. petit in-8°.

Lois locales, règlements et ordonnances de la municipalité d'Adélaïde.

5652. — **City of Adelaide. Mayor's report.** 1877-1889; 4 vol. petit in-8°.

Ville d'Adélaïde. Rapport du maire.

5653. — **City of Adelaide. City Council meetings.** 1872-1887; 16 vol. in-4°.

Ville d'Adélaïde. Séances du Conseil municipal.

5654. — **Schomburgk (R.). Catalogue of the plants under cultivation in the government botanic garden Adelaide, South Australia.** 1878; 1 vol. petit in-8°.

Catalogue des plantes cultivées au jardin botanique du Gouvernement, à Adélaïde. Australie méridionale.

NOUVELLE-GALLES DU SUD.

5655. — **Combes (E.). New South Wales. Report on technical education.** *Sydney*, 1887; 1 vol. in-4°.

Nouvelle-Galles du Sud. Rapport sur l'enseignement technique.

5656. — **New South Wales in 1881.** *Sydney*, 1882; 1 vol. in-8°.

La Nouvelle-Galles du Sud en 1881.

QUEENSLAND.

5657. — Pugh's Queensland almanac. *Brisbane,* 1878-1888;
10 vol. grand in-12.
Pugh. Almanach du Queensland.

5658. — Queensland. Annual report of the Commission for railways. *Brisbane,* 1882-1887; 5 vol. in-4°.
Queensland. Rapport annuel de la Commission des chemins de fer.

5659. — The colony of Queensland as a field for emigration.
1 broch. petit in-8°.
La colonie du Queensland considérée comme un champ ouvert à l'émigration.

5660. — Acts and regulations relating to the waste lands of the colony of Queensland. *Brisbane,* 1881; 1 vol. in-8°.
Lois et règlements concernant les terres incultes du Queensland.

5661. — Queensland. Municipal conference, 1882. Official report of proceedings. *Brisbane,* 1 broch. in-8°.
Queensland. Conférence municipale de 1882. Rapport officiel des séances.

5662. — Queensland. Vital statistics. 1882-1887; 5 vol.
in-4°.
Queensland. Statistique de l'état civil.

5663. — Queensland. Census, 1886. *Brisbane,* 2 vol. et 1 broch.
in-4°.
Queensland. Recensement de 1886.

5664. — Statistics of the colony of Queensland. 1881-1889;
9 vol. in-4°.
Statistique de la colonie de Queensland.

5665. — Queensland. Annual report of the department of public lands. *Brisbane,* 1882-1887; 1 vol. in-4°.
Queensland. Rapport annuel de l'administration des terrains publics.

BRISBANE.

5666. — Brisbane municipal Council. Statement of accounts.
1878-1887; 1 vol. in-4°.
Conseil municipal de Brisbane. Relevé des comptes.

5667. — **Reports of the Brisbane municipality.** 1877-1890;
2 vol. in-8°.

Rapports de la municipalité de Brisbane.

VICTORIA.

5668. — Hayter (H.). **Victorian year book.** *Melbourne, London,*
1875-1877; 1 vol. in-8°.

Annuaire de Victoria.

**5669. — Official record on the social and economic resources
of the colony of Victoria.** *Melbourne,* 1875; 1 vol. petit in-8°.

Compte rendu officiel des ressources sociales et économiques de la colonie de
Victoria.

5670. — Archer (H.), Lissignol (E.). **Progrès de Victoria
depuis 1835 jusqu'à 1866.** *Melbourne,* 1 broch. petit in-8°.

**5671. — Selwyn (A.-R.-C.), Ulrich (G.-H.-F.), Lissi-
gnol (E.).** **Notes sur la géographie physique de Victoria.**
Melbourne, 1 broch. in-8°.

5672. — Victoria. Report of the Board of education. 1863-
1885; 16 vol. in-4°.

Victoria. Rapport du Conseil d'éducation.

MELBOURNE.

5673. — Panorama of the city of Melbourne, Australia. 1 album
in-folio.

Panorama de la ville de Melbourne (Australie).

5674. — Views of Melbourne and suburbs. Colony of Victoria.
1 album in-folio oblong.

Vues de Melbourne et de ses faubourgs. Colonie de Victoria.

5675. — The catalogue of the Melbourne public library. 1861;
1 vol. in-8°.

Catalogue de la bibliothèque publique de Melbourne.

**5676. — Exposition universelle de Melbourne de 1880. Section
française. Catalogue officiel.** *Londres,* 1 vol. in-8°.

5677. — City of Melbourne. Proceedings of the City Council.
1860-1886; 26 vol. in-4°.

Ville de Melbourne. Procès-verbaux des séances du Conseil municipal.

5678. — Gibbon (G.-Fitz). To the mayor, and the aldermen, and councillors of the city of Melbourne. Matters of municipal interest. *Melbourne*, 1877; 1 broch. petit in-8°.

Au maire, aux aldermen et aux conseillers de la ville de Melbourne. Matières d'intérêt municipal.

HAWAII (SANDWICH).

5679. — **Remarks on the «Tour around Hawaï» by the mis-sionaries MM. Ellis, Thurston, Bishop, and Goodrich.** *Salem*, 1848; 1 broch. petit in-8°.

Remarques sur le *Voyage autour d'Hawaii*, par les missionnaires Ellis, Thurston, Bishop et Goodrich.

5680. — **L'instruction obligatoire aux îles Sandwich.** *Paris*, 1872; 1 broch. grand in-32.

NOUKA HIVA (MARQUISES).

5681. — **Hale (Ch.). A vocabulary of the Nukahiwa language.** *Boston*, 1848; 1 vol. in-18.

Vocabulaire de la langue Nouka-Hiva.

5682. — **Melville (H.). Typee, a peep at polynesian life du-ring a four months' residence in a valley of the Marquesas.** *New-York*, 1849; 1 vol. grand in-12.

Typee, coup d'œil sur la vie polynésienne pendant un séjour de quatre mois dans une vallée des Marquises.

PÂQUES (ÎLE DE).

5683. — **Harrison (J.-P).** Los jeroglificos de la isla de Pascua. *Santiago*, 1875; 1 broch. in-12.

Les hiéroglyphes de l'île de Pâques.

PHILIPPINES.

5684. — **Barrantes (V.).** La instruccion primaria en Filipinas. *Madrid, Manilla*, 1869; 1 broch. in-18.

L'enseignement primaire aux Philippines.

SUMATRA.

5685. — **Bergsma (A.), Bucker Overbeek (L.).** Bijdrage tot de kennis der weêrsgesteldheid ter kuste van Atjeh. *Batavia*, 1877; 1 broch. in-8°.

Pièces pour aider à la connaissance des conditions atmosphériques de la côte d'Atchim.

5686. — **Gillis (D.-D).** Sailing directions for the pepper ports on the west coast of Sumatra north of Analaboo. *Salem Mass*, 1839; 1 broch. grand in-12.

Indications pour les navires qui vont charger du poivre sur la côte ouest de Sumatra au nord d'Analaboo.

TASMANIE.

5687. — Walch's tasmanian almanac. 1879-1889; 11 vol. in-12.

Walch. Almanach de la Tasmanie.

5688. — Tasmania. The police act. 1865; 1 broch. in-4°.

Tasmanie. Loi concernant la police.

5689. — Tasmania. Census, 1881. General report. 1 vol. in-4°.

Tasmanie. Recensement de 1881. Rapport général.

5690. — Tasmania. Journal of the legislative Council. 1876-1889; 31 vol. in-4°.

Tasmanie. Comptes rendus des séances du Conseil législatif.

5691. — **Tasmania. Journals of the house of Assembly.** 1876-1883; 16 vol. in-4°.

Tasmanie. Comptes rendus des séances du Parlement.

5692. — **Statistics of the colony of Tasmania.** 1876-1887; 8 vol. in-4°.

Statistique de la Tasmanie.

AFRIQUE.

ALGÉRIE ET TUNIS.

5693. — **Murray.** Handbook for travellers in Algeria and Tunis. *London*, 1878; 1 vol. in-12.
Manuel du voyageur en Algérie et à Tunis.

5694. — **Haeger (Eben).** Code rabbinique. *Paris, Alger*, 1868-1869; 2 vol. in-8°.

5695. — **Santayra, Cherbonneau (E.).** Droit musulman : du droit personnel et des successions. *Paris*, 1873-1874; 2 vol. in-8°.

5696. — **Houdas (O.), Martel (F.).** Traité de droit musulman. La tohfat d'Ebn-Acem. *Alger*, 1882; 1 vol. in-8°.

ÉGYPTE.

5697. — Le commerce extérieur de l'Égypte. *Le Caire*, 1874-1883; 2 vol. in-8°.

5698. — **Stanley-Lane-Poole.** Foreign countries and British colonies. Egypt. *London*, 1881; 1 vol. in-12.
Pays étrangers et colonies britanniques. Égypte.

5699. — **Murray.** A handbook for travellers in lower and upper Egypt. *London*, 1880; 2 vol. in-12.
Manuel du voyageur dans la basse et dans la haute Égypte.

5700. — **Doz (V.-E.).** L'instruction publique en Égypte. *Paris*, 1872; 1 vol. in-8°.

5701. — **Codes égyptiens précédés du règlement d'organisation judiciaire. *Alexandrie*, 1875; 1 vol. in-12.

5702. — **La navigation par le canal de Suez.** *Le Caire*, 1880-1881; 1 vol. in-8°.

5703. — **Linant de Bellefonds bey.** Mémoires sur les principaux travaux d'utilité publique exécutés en Égypte depuis la plus haute antiquité jusqu'à nos jours. *Paris*, 1872-1873; 1 vol. in-8° et 1 atlas.

LIBÉRIA.

5704. — Lugenbeel (L.-W.). Sketches of Liberia. *Washington,* 1858; 1 broch. in-8°.

Esquisse de la République de Libéria.

5705. — Anderson (B.). Narrative of a journey to Musardu, the capital of the Western Mandingoes. *New-York,* 1870, 1 vol. petit in-8°.

Relation d'un voyage à Musardu, capitale des Mandingues occidentaux.

MADAGASCAR.

5706. — **Escamps (H. d').** Histoire et géographie de Mada-
gascar. *Paris*, 1884; 1 vol. petit in-8°.

MAROC.

5707. — Kerdec Chèny (A. de). Guide du voyageur au Maroc et guide du touriste. *Tanger*, 1888 ; 1 vol. in-18.

RÉGION GREBO.

5708. —. **Dictionary of the grebo language.** *Fair Hope, Cap Palmas, West Africa*, 1839; 1 vol. in-12.

Dictionnaire de la langue grebo.

INTERNATIONAUX.

5709. — **Mauny-Mornay (M. de).** Pratique et législation des irrigations dans l'Italie supérieure et dans quelques États d'Allemagne, 2e partie, législation. *Paris*, 1844; 1 vol. in-8°.

5710. — **Neszler (J.).** Die Rebwurzellaus, ihr Vorkommen bei Genf und in Südfrankreich, ihr etwaiges Auftreten auch in Deutschland, und die Mittel sie zu bekämpfen. *Stuttgart*, 1875; 1 broch. in-8°.

> Le phylloxera, son apparition à Genève et dans le midi de la France, son invasion possible en Allemagne, et les moyens de le combattre.

5711. — **Almanach de Gotha.** 1830-1892; 60 vol. in-32.

5712. — **Album international des villes d'eaux, des manufacturiers, du commerce et de l'industrie.** *Paris*, 1878; 1 vol. grand in-4°.

5713. — **Rau (S.).** L'état militaire des principales puissances étrangères au printemps de 1880. *Paris;* 1 vol. grand in-12.

5714. — **Claser (E.).** Les armées de l'Europe. *Bruxelles, Paris*, 1875; 1 vol. in-8°.

5715. — **Hennebert (Lieut.-col.).** L'Europe sous les armes. *Paris*, 1884; 1 vol. grand in-12.

5716. — **Gomel (C.).** Essai historique sur les Chambres hautes françaises et étrangères. *Paris*, 1873; 1 broch. in-8°.

5717. — **Daguin (F.).** Notice sur le règlement du Reichstag allemand et sur les règlements du Reichsrath autrichien. *Paris*, 1876; 1 broch. in-8°.

5718. — **Joly (M. de).** Rapport sur l'installation des Parlements d'Autriche et d'Allemagne. *Paris*, 1881; 1 broch. grand in-8°.

5719. — Charbonnier (J.). Organisation électorale et représentative de tous les pays civilisés. *Paris*, 1883; 1 vol. in-8°.

5720. — Reynaert (A.). Histoire de la discipline parlementaire. *Paris*, 1884; 2 vol. in-8°.

5721. — Ladame. Les orphelinats de la Suisse et des principaux pays de l'Europe. *Paris, Genève*, 1879; 1 vol. petit in-8°.

5722. — Danhauser. Rapport sur l'organisation de l'enseignement musical dans les établissements publics de Belgique et de Hollande. *Paris*, 1881; 1 broch. in-8°.

5723. — Falke (J. von). Der Garten, seine Kunst und Kunstgeschichte. *Berlin, Stuttgart*; 1 vol. petit in-8°.

Les jardins, l'art du jardinage et l'histoire de l'horticulture.

5724. — Meyer (G.). Lehrbuch der schönen Gartenkunst. *Berlin*, 1862; 1 vol. in-folio.

Traité d'horticulture pour les jardins d'agrément.

5725. — Bibliothèque du Comité de législation étrangère. Catalogue. *Paris*, 1879; 1 vol. in-8°.

5726. — Edwards (Edward). Libraries and founders of libraries, *London, Leipzig, Brussels*, 1865; 1 vol. in-8°.

Les bibliothèques et les fondateurs de bibliothèques.

5727. — Edwards (Edward). Memoirs of libraries including a handbook of library economy. *London*, 1859; 2 vol. in-8°.

Mémoires des bibliothèques comprenant un manuel de bibliotechnie.

5728. — The library journal, official organ of the library associations of America and of the United Kingdom, *New-York, London*, 1876-1892; 16 vol. in-8°.

Le journal des bibliothèques, organe officiel des associations de bibliothèques de l'Amérique et du Royaume-Uni.

5729. — Bulletin mensuel des publications étrangères reçues par le département des imprimés de la Bibliothèque nationale. 1877-1892; 16 vol. in-8°.

5730. — Edwards (Edward). Free town libraries, their formation, management, and history in Britain, France, Germany, and America. *London*, 1869; 1 vol. in-8°.

Les bibliothèques publiques municipales, leur formation, leur fonctionnement et leur histoire dans la Grande-Bretagne, en France, en Allemagne et en Amérique.

5731. — **Dardenne (E.).** Commission des bibliothèques.
Rapport. *Paris*, 1883; 1 broch. in-8°.

5732. — **Centralblat für Bibliothekswesen.** *Leipzig*, 1884-1892;
9 vol. in-8°.
Feuille centrale des bibliothèques.

5733. — **Rhees (W.-J.).** Manual of public libraries, institutions, and societies in the United States and the british
provinces of North America. *Philadelphia*, 1859; 1 vol. in-8°.
Manuel des bibliothèques publiques, des institutions et des sociétés aux États-
Unis et dans les provinces britanniques de l'Amérique du Nord.

5734. — **Webster (T.).** Congrès international des brevets
d'invention tenu à l'Exposition universelle de Vienne. Rapport.
Paris, 1877; 1 vol. in-8°.

5735. — **Tolhausen (A.).** A synopsis of the patent laws of
various countries. *London*, 1857; 1 vol. in-12.
Synopsis des lois sur les brevets d'invention dans différents pays.

5736. — **Stieler (A.).** Hand-Atlas über alle Theile der Erde.
Gotha, 1 atlas petit in-folio.
Atlas manuel comprenant toutes les parties du monde.

5737. — **Kiepert (H.).** Ethnographische Uebersichtskarte
des europäischen Orients. *Berlin*, 1877; 1 carte petit in-8°.
Carte ethnographique de l'Europe orientale.

5738. — **Kiepert (H.).** Karte der Staten auf der Balkan-
Halbinsel nach den Grenzbestimmungen des Friedens von
S. Stefano, 3 März 1878. *Berlin*; 1 carte petit in-8°.
Carte des États de la péninsule des Balkans, d'après les limites fixées par la
paix de San Stefano, le 3 mars 1878.

5739. — **Hennequin.** Carte géologique de l'Europe. *Bruxelles*,
1885; 1 carte.

5740. — **Europe orientale.** 1 collection de cartes.

5741. — **Atlas des ports étrangers.** *Paris*, 1884-1888. 3 vol.
in-4°.

5742. — **Berghaus-Gönezy.** Wandkarte von Europa. 1870;
1 carte.
Carte murale de l'Europe.

5743. — **Commission d'enquête sur les chemins de fer. Rap-**
ports de la mission en Angleterre et de la mission en Allemagne. *Paris*, 1862; 1 vol. in-4°.

5744. — **Congrès international d'hygiène et de démographie à**
Genève, 1882. Extrait de la crémation. 1 broch. in-8°.

5745. — **Pini (Dʳ G.)**. La crémation en Italie et à l'étranger,
de 1774 jusqu'à nos jours. *Milan*, 1885; 1 vol. in-8°.

5746. — **Manuel de droit commercial français et étranger.**
Paris, 1874; 1 vol. petit in-8°.

5747. — **Heyd (W.)**. Histoire du commerce du Levant au
moyen âge. *Leipzig*, 1885-1886; 2 vol. in-8°.

5748. — **Lyon-Caen (Ch.)**. Tableau des lois commerciales
en vigueur dans les principaux États de l'Europe et de
l'Amérique. *Paris*, 1881; 1 broch. in-8°.

5749. — **Jourdan (E.), Dumont (G.)**. Étude sur les écoles
de commerce en Europe (moins la France) et aux États-
Unis d'Amérique. *Paris*, 1886; 1 vol. in-8°.

5750. — **Tolhausen (A.)**. Dictionnaire technologique dans
les langues française, anglaise et allemande, renfermant les
termes techniques usités dans les arts et métiers et dans
l'industrie en général. *Leipzig*, 1877; 3 vol. in-12.

5751. — **Ramée (D.)**. Dictionnaire général d'architecture en
français, allemand, anglais et italien. *Paris*, 1868; 1 vol.
in-8°.

5752. — **Zlatagorskoï (E.)**. Essai d'un dictionnaire des
homonymes de la langue française, avec la traduction allemande, russe, anglaise. *Paris*, 1882; 1 vol. in-8°.

5753. — Краткій военно-техническій русско-французско-
турецко-персидскій словарь. — С. Петербургъ, 1887; 1 brochure petit in-8°.

Petit dictionnaire militaire technique en russe, français, turc et persan.
Saint-Pétersbourg.

5754. — **Vogel (C.)**. Le monde terrestre au point actuel de
la civilisation. *Paris*, 1880; 3 vol. in-8°.

5755. — **Bagehot (W.).** Lois scientifiques du développement des nations. *Paris*, 1882; 1 vol. in-8°.

5756. — **Maine (H.-S.).** Étude sur l'histoire des institutions primitives. *Paris*, 1880; 1 vol. in-8°.

5757. — **Lewis (Sir George C.), Mervoyer (P.-M.).** Quelle est la meilleure forme de gouvernement? *Paris*, 1867; 1 vol. in-12.

5758. — **Bluntschli, Riedmatten (A. de).** La politique. *Paris*, 1 vol. petit in-8°.

5759. — **Smith (Adam).** An inquiry into the nature and causes of the wealth of nations. *Hartford*, 1818; 2 vol. in-8°.

Recherches sur la nature et les causes de la richesse des nations.

5760. — **The monetary conference. Questions addressed to the british and belgian delegates by Henri Cernuschi, delegate of France.** *London*, 1881; 1 vol. petit in-8°.

La conférence monétaire. Questions adressées aux délégués d'Angleterre et de Belgique par H. Cernuschi, délégué de France.

5761. — **Prize essays on a Congress of nations.** *Boston*, 1840; 1 vol. in-8°.

Essais sur un Congrès des nations.

5762. — **Stuart Mill, Dupont White.** Le gouvernement représentatif. *Paris*, 1877; 2 vol. grand in-12.

5763. — **Stuart Mill, Dupont White.** La liberté. *Paris*, 1877; 1 vol. grand in-12.

5764. — **Probyn (S.-W.).** Systems of land tenure in various countries. 1 vol. grand in-12.

Systèmes d'amodiations dans différents pays.

5765. — **Cibrario (L.), Barneaud (M.).** Économie politique au moyen âge. *Paris*, 1859; 2 vol. in-8°.

5766. — **Spencer (H.).** Introduction à la science sociale. *Paris*, 1878; 1 vol. in-8°.

5767. — **Martens (Ch. de).** Le guide diplomatique. Précis des droits et des fonctions des agents diplomatiques et consulaires. *Leipzig*, 1866.

5768. — **Lavallée (R.).** Les classes ouvrières en Europe. Étude sur leur situation matérielle et morale. *Paris*, 1882; 2 vol. in-8°.

5769. — Conférence monétaire internationale. Procès-verbaux, **1881.** *Paris*; 2 vol. in-4°.

5770. — Essai sur la condition des femmes en Europe et en Amérique. *Paris*, 1882; 1 vol. grand in-12.

5771. — **Humboldt (G. de), Chrétien (H.).** Essai sur les limites de l'action de l'État. *Paris, Londres, New-York*, 1867; 1 vol. grand in-12.

5772. — **Ferrand (Joseph).** Les pays libres. *Paris*, 1884; 1 vol. grand in-12.

5773. — Monte Carlo and public opinion. *London*, 1884; 1 vol. grand in-12.

Monte Carlo et l'opinion publique.

5774. — **Schmoller (G.).** Zur Social- und Gewerbepolitik der Gegenwart. Reden und Aufsätze. *Leipzig*, 1890, 1 vol. in-8°.

Sur la politique industrielle et sociale du temps présent. Discours et mémoires.

5775. — Relatorio acerca dos systemas modernos de canalisâçao empregados na Europa para esgoto das cidades. *Lisboa*, 1879; 1 vol. petit in-4° et atlas.

Rapport sur les systèmes de canalisation employés en Europe pour les égouts des villes.

5776. — **Overbeck de Meijer (Van).** Les systèmes d'évacuation des eaux et immondices d'une ville. *Paris*, 1880; 1 broch. petit in-8°.

5777. — **Babut du Marès (J.).** Le sewage, son utilisation et son épuration. *Bruxelles, Paris*, 1883; 1 vol. in-8°.

5778. — Congrès international de Genève, **1882.** Compte rendu. Étiologie et prophylaxie de la fièvre typhoïde. Les vidanges et les égouts. 1 broch. in-8°.

5779. — **Ozenne, Sommerard (Du).** Rapports sur les expositions internationales de Londres en **1871**, en **1872** et en **1874**; de Vienne en **1873**, et de Philadelphie en **1876**. 1 broch. in-8°.

5780. — **Exposition universelle de 1867.** 14 vol. in-8° et in-12.

5781. — **Körösi (L.).** Bulletin annuel des finances des grandes villes. *Budapest, Paris, Berlin*, 1878-1886; 2 vol. in-8°.

5782. — **Mulhall (M.-G.).** Balance-sheet of the world, 1870-1880. *London*, 1881; 1 vol. grand in-12.

Bilan des divers États du globe.

5783. — **Maubuisson (M.).** Discussion et contrôle des budgets dans différents pays (Cobden Club). *Paris*, 1 vol. grand in-12.

5784. — **Dreyfus (F.-C.).** Les budgets de l'Europe et des États-Unis (Cobden Club). *Paris*, 1882; 1 vol. grand in-12.

5785. **Mulhall (M.-G.).** The progress of the world in arts, agriculture, commerce, manufactures, instruction, railways, and public wealth, since the beginning of the nineteenth century. *London*, 1880; 1 vol. grand in-12.

Les progrès du monde dans les arts, l'agriculture, le commerce, les manufactures, l'instruction, les chemins de fer et la richesse publique, depuis le commencement du xixe siècle.

5786. — **Malte-Brun (V.-A.).** Géographie physique. politique, agricole, industrielle et commerciale de la Perse, de l'Afghanistan et du Beloutchistan. *Paris*, 1873; 1 broch. in-12.

5787. — **Carnarvon (Earl of).** Portugal and Galicia, with a review of the social and political state of the Basque provinces. *London*, 1848, 1 vol. in-12.

Le Portugal et la Galice, avec un aperçu de l'état social et politique des provinces basques.

5788. — **Spencer (Rev. J.-A.).** The East : sketches of travel in Egypt and the Holy Land. *New-York*, 1850; 1 vol. petit in-8°.

L'Orient : esquisses de voyage en Égypte et dans la Terre-Sainte.

5789. — **Commission internationale de l'Association africaine.** Juin 1877. *Bruxelles;* 1 broch. in-4°.

5790. — **Wiener (C.).** Pérou et Bolivie. Récit de voyage. *Paris*, 1880; 1 vol. petit in-4°.

5791. — **Eden (C.-H.).** The West-Indies. *London*, 1880; 1 vol. in-12.

Les Antilles (Indes occidentales).

5792. — **Nielsen (Yngvar).** Norwegen, Schweden und Dänemark. *Leipzig*, 1879; 1 vol. petit in-8°.

Suède, Norvège et Danemark.

5793. — **Guides Joanne.** Itinéraire descriptif, historique et archéologique de l'Orient, par **Isambert.** *Paris*, 1873-1878; 2 vol. grand in-12.

5794. — **Lavigne (A.-G. de).** Itinéraire général descriptif, historique et artistique de l'Espagne et du Portugal. *Paris*, 1880; 1 vol. in-12.

5795. — **Collection des guides Joanne.** Allemagne méridionale, Vienne, Stuttgart, Munich, Salzbourg, Innsbruk, Trieste, Pesth et Prague. *Paris*, 1877; 1 vol. grand in-12.

5796. — **Collection des guides Joanne.** Guide du voyageur en Europe. *Paris*, 1867; 1 vol. in-12.

5797. — **Baedeker (K.).** Belgique et Hollande. Manuel du voyageur. *Leipzig*, 1878; 1 vol. in-18.

5798. — **Rosway (A.).** Nouveau guide du touriste en Espagne et en Portugal. *Madrid*, 1879; 1 vol. grand in-12.

5799. — **Baedeker (K.).** L'Allemagne et l'Autriche, avec quelques parties des pays limitrophes. Manuel du voyageur. *Leipzig*, 1881; 1 vol. in-18.

5800. — **Appleton's general guide to the United States and Canada.** *Edinburg*, *New-York*, 1882; 1 vol. in-12.

Appleton. Guide général aux États-Unis et au Canada.

5801. — **Appleton's european guide book for english speaking travellers, illustrated.** *New-York*, *London*, 2 vol. in-12.

Appleton. Guide en Europe à l'usage des voyageurs qui parlent l'anglais, ouvrage illustré.

5802. — **Playfair (Lieut.-col. S.).** Handbook to the Mediterranean. *London*, 1881; 1 vol. in-12.

Manuel du voyageur sur les côtes de la Méditerranée.

5803. — **Joanne.** Hollande et bords du Rhin. *Paris*, 1887; 1 vol. in-32.

5804. — **Sybel (H. de), Dosquet (Mlle M.).** Histoire de l'Europe pendant la Révolution française. *Paris, Londres, New-York*, 1869-1870; 6 vol. in-8°.

5805. — **Deberle (A.).** Histoire de l'Amérique du Sud depuis la conquête jusqu'à nos jours. *Paris*, 1876; 1 vol. grand in-12.

5806. — **Rochau (De).** Histoire de la Restauration. *Paris, Londres, New-York*, 1867; 1 vol. grand in-12.

5807. — **May (Th.-E.).** Democracy in Europe. *London*, 1877; 2 vol. in-8°.
La démocratie en Europe.

5808. — **Hallam (H.).** View of the state of Europe during the middle ages. *London*, 1878; 3 vol. grand in-12.
Coup d'œil sur l'état de l'Europe au moyen âge.

5809. — **Gervinus (G.), Minssen (J.-F.).** Histoire du XIXe siècle depuis les traités de Vienne. *Paris*, 1864-1876; 23 vol. in-8°.

5810. — **Archibald Alison (Sir).** History of Europe from the fall of Napoleon in MDCCCXV to the accession of Louis Napoleon in MDCCCLII. *Edinburgh, London*, 1861-1871; 8 vol. grand in-12.
Histoire de l'Europe depuis la chute de Napoléon en 1815 jusqu'à l'avènement de Louis-Napoléon en 1852.

5811. — **Belval (Th.).** Essai sur l'organisation générale de l'hygiène publique. *Bruxelles*, 1876; 1 vol. in-8°.

5812. — **Frédéricq (D^r).** Hygiène populaire. *Gand, Paris*, 1 vol. grand in-12.

5813. — Congrès international pharmaceutique. *Bruxelles*, 1885.

———— L'entente internationale contre la falsification des denrées alimentaires et des boissons. *Ixelles*, 1885; 1 broch. petit in-8°.

5814. — **Seneuil (J.-H.-C.)**. Examen comparativo de la tarifa e legislacion aduanera de Chile, con las de Francia,
Gran Bretaña i Estados Unidos. *Santiago*, 1856; 1 broch. petit in-8°.

Examen comparatif des tarifs et de la législation douanière du Chili, de la
France, de la Grande-Bretagne et des États-Unis.

5815. — **Rapport sur l'organisation de l'enseignement industriel en Allemagne et en Suisse.** 1864; 1 vol. in-4°.

5816. — **Vachon (M.)**. Rapports sur les musées et les écoles
d'art industriel et sur la situation des industries artistiques
en Belgique et en Hollande. *Paris*, 1888; 1 broch. petit
in-4°.

5817. — **Bain (A.)**. La science de l'éducation. *Paris*, 1882;
1 vol. in-8°.

5818. — **Buse (J.)**. La question de l'instruction publique devant la Convention nationale. *Bruxelles*, 1879; 1 broch.
in-8°.

5819. — **Rebière (M.)**. De l'instruction en Allemagne et en
Angleterre. *Paris*, 1873; 1 broch. in-8°.

5820. — **Barnard (H.)**. National education in Europe. *Hartford*, 1854; 1 vol. in-8°.

L'éducation nationale en Europe.

5821. — **Monnier (F.)**. L'instruction populaire en Allemagne, en Suisse et dans les pays scandinaves. *Paris*, 1866;
1 vol. in-8°.

5822. — **Draper (J.-W.), Aubert (L.)**. Histoire du développement intellectuel de l'Europe. *Paris*, 1868-1869; 3 vol.
in-8°.

5823. — **Faucher (J.)**. Vergleichende Culturbilder aus den
vier europaïschen Millionen-Städter : Berlin, Wien, Paris,
London. *Hannover*, 1877; 1 vol. petit in-8°.

Tableaux comparatifs de la culture intellectuelle dans les quatre villes euro-
péennes peuplées chacune d'un million d'habitants et plus.

5824. — **Wurtz (A.)**. Les hautes études pratiques dans les
universités d'Allemagne et d'Autriche-Hongrie : Berlin, Budapest, Graz, Leipzig, Munich. *Paris*, 1882; 2 vol. in-4°.

5825. — **Bréal (Michel).** Excursions pédagogiques. *Paris,* 1882; 1 vol. grand in-12.

5826. — .Mélanges. Instruction publique. Allemagne sud, Vaud, Bavière, Aberdeen, Paris. 1835-1837; 1 vol. petit in-8°.

5827. — **Baudouin (J.-M.).** Rapport sur l'état actuel de l'enseignement spécial et de l'enseignement primaire en Belgique, en Allemagne et en Suisse. *Paris,* 1865; 1 vol. in-8°.

5828. — **Ahrens (H.), Chauffard (A.).** Encyclopédie juridique ou exposition organique de la science du droit privé, public et international. 2 vol. petit in-8°.

5829. — **Heffter (A.-G.), Bergson (J.).** Le droit international de l'Europe. *Berlin, Paris,* 1873-1888; 2 vol. in-8°.

5830. — Annuaire de l'Institut de droit international. *Gand, Berlin, Paris,* 1877-1886; 7 vol. grand in-12.

5831. — **Feraud-Giraud (L.-J.-D.).** De la juridiction française dans les échelles du Levant et de Barbarie. *Paris,* 1871; 2 vol. petit in-8°.

5832. — Archives de droit international et de législation comparée. *Londres, Berlin, Paris, New-York,* 1874; 1 vol. iu-8°.

5833. — **Field (D.-D.), Rolin (M.-A.).** Projet d'un Code international. *Paris, Gand,* 1881; 1 vol. in-8°.

5834. — **Rüttimann.** Das nord-amerikanische Bundesstaatsrecht verglichen mit den politischen Einrichtungen der Schweiz. *Zürich,* 1867-1876; 1 vol. petit in-8°.

La constitution fédérale de l'Amérique du Nord comparée avec les institutions publiques de la Suisse.

5835. — **Carnazza-Amari.** Traité de droit international public en temps de paix. *Paris,* 1880; 2 vol. petit in-8°.

5836. — **Fiore (P.), Pradier-Fodéré.** Droit international privé. *Paris,* 1875; 1 vol. petit in-8°.

5837. — **Brocher (C.).** Nouveau traité de droit international privé. *Genève, Paris,* 1876; 1 vol. petit in-8°.

5838. — **Foucher (V.)**. Collection des lois civiles et criminelles des États modernes. 1833-1864; 11 vol. petit in-8°.

5839. — **Mittermaier (J.-A.), Chauffard (A.)**. Traité de
la procédure criminelle en Angleterre et dans l'Amérique du
Nord. *Paris*, 1868; 1 vol. petit in-8°.

5840. — **Angelot (V.-F.)**. Sommaire des législations des
États du Nord : Danemark, Norvège, Suède, Finlande et
Russie. *Paris*, 1834; 1 vol. petit in-8°.

5841. — Collection des constitutions, chartes et lois fondamentales des peuples de l'Europe et des deux Amériques. *Paris*,
Rouen, 1823; 6 vol. petit in-8°.

5842. — **Sismonde de Sismondi (L.)**. Études sur les constitutions des peuples libres. *Bruxelles*, 1843; 1 vol. in-8°.

5843. — **Wheaton (H.)**. Elements of international law.
Philadelphia, 1846; 1 vol. in-8°.
Éléments de droit international.

5844. — **Wharton (F.)**. A treatise on the conflict of laws,
or private international law. *Philadelphia*, 1872; 1 vol. in-8°.
Traité sur le conflit des lois, ou droit international privé.

5845. — **Wheaton (H.)**. History of the law of nations in
Europa and America. *New-York*, 1845; 1 vol. in-8°.
Histoire de la législation internationale en Europe et en Amérique.

5846. — **Story (J.)**. Commentaries on the conflict of laws.
Boston, London, 1847; 1 vol. in-8°.
Commentaires sur le conflit des lois.

5847. — **Story (J.)**. Commentaries on equity jurisprudence, as
administered in England and America. *Boston, London*, 1846;
2 vol. in-8°.
Commentaires sur la jurisprudence d'équité, telle qu'on l'applique en Angleterre et en Amérique.

5848. — **Story (J.)**. Commentaries on equity pleadings, ac-
cording to the practice of the Courts of equity of England
and America. *Boston, London*, 1848; 1 vol. in-8°.
Commentaires sur les plaidoiries qui prennent pour base l'équité, selon la
pratique suivie devant les tribunaux d'équité en Angleterre et en Amérique.

5849. — Story (J.). Commentaries on the law of bills of exchange foreign and inland, as administered in England and America. *Boston, London,* 1847; 1 vol. in-8°.

Commentaires sur la législation relative aux lettres de change de l'intérieur du pays et de l'étranger, telle qu'elle est appliquée en Angleterre et en Amérique.

5850. — Albertini (L.-E.). Derecho diplomatico en sus aplicaciones especiales á las republicas sud-americanas. *Paris,* 1866; 1 vol. petit in-8°.

Le droit diplomatique et ses applications spéciales aux républiques sud-américaines.

5851. — Gneist (R.). Verwaltung, Justiz Rechtsweg, Staatsverwaltung und Selbstverwaltung nach englischen und deutschen Verhältnissen. *Berlin,* 1869; 1 vol. in-8°.

L'administration, la procédure judiciaire, le gouvernement et l'autonomie d'après ce qui a lieu en Angleterre et en Allemagne.

5852. — Grünwald (L.). Der österreichische Verwaltungs-Gerichtshof mit Vergleichung des bestehenden Rechtes in England, Frankreich, Italien, Baden und Preussen. *Wien,* 1875; 1 broch. in-8°.

Le tribunal administratif en Autriche comparé avec le droit existant en Angleterre, en France, en Italie, à Bade et en Prusse.

5853. — Summer Maine (H.), Seneuil (J.-G.-C.). L'ancien droit considéré dans ses rapports avec l'histoire de la société primitive et avec les idées modernes. *Paris,* 1874; 1 vol. petit in-8°.

5854. — Field (D.-D.). Outlines of international Code. *New-York, London,* 1876; 1 vol. in-8°.

Esquisse d'un Code international.

5855. — Baker (S.). Halleck's international law. 2 vol. in-8°.

Législation internationale d'Halleck.

5856. — Klüber (J.-L.), Ott (A.). Le droit des gens moderne de l'Europe. *Paris,* 1874; 1 vol. grand in-12.

5857. — Revue de droit international et de législation comparée. *Bruxelles, Leipzig, Berlin, Paris,* 1869-1890; 22 vol. in-8°.

5858. — **Pradier-Fodéré (P.).** Cours de droit diplomatique. *Paris*, 1881; 2 vol. in-8°.

5859. — **Bluntschli (M.), Lardy (M.-C.).** Le droit international codifié. *Paris*, 1874; 1 vol. grand in-4°.

5860. — **Carathéodory (E.).** Le droit international concernant les grands cours d'eau. *Leipzig*, 1861; 1 vol. in-8°.

5861. — **Lawrence (W.-B.).** Étude de législation comparée et de droit international sur le mariage. *Gand*, 1870; 1 vol. in-8°.

5862. — **Brocher (Ch.).** Cours de droit international privé. *Paris, Genève*, 1882-1885; 3 vol. in-8°.

5863. — **Laferrière (E.), Batbie (A.).** Les constitutions d'Europe et d'Amérique. *Paris*, 1869; 1 vol. in-8°.

5864. — **Dareste (F.-R. et P.).** Les constitutions modernes. Recueil des constitutions actuellement en vigueur dans les divers États d'Europe, d'Amérique et du monde civilisé. *Paris*, 1880-1883; 2 vol. in-8°.

5865. — **Martens (F. de), Léo (A.).** Traité de droit international. *Paris*, 1883; 1 vol. in-8°.

5866. — **Kummer (Dr J.-J.).** Die Gesetzgebung der europäischen Staaten betreffend die Staatsaufsicht über die privaten Versicherungsanstalten. *Bern*, 1883; 1 broch. grand in-8°.

Législation des États européens concernant la surveillance exercée par l'État sur les établissements d'assurances dirigés par des particuliers.

5867. — **Amiaud (A.).** Aperçu de l'état actuel des législations civiles de l'Europe, de l'Amérique, etc. *Paris*, 1884; 1 vol. in-8°.

5868. — **Mofray (M. de).** La justice civile en Europe. *Paris*, 1876; 1 broch. in-8°.

5869. — **Pradier-Fodéré.** Traité de droit international public européen et américain. *Paris*, 1885; 3 vol. in-8°.

5870. — **Boutmy (E.).** Études de droit constitutionnel : France, Angleterre, États-Unis. *Paris*, 1885; 1 vol. grand in-12.

5871. — Hallam (H.). Introduction to the literature of Europe in the fifteenth, sixteenth, and seventeenth centuries. *London*, 1879; 4 vol. in-12.

Introduction à la littérature de l'Europe au xve, au xvie et au xviie siècle.

5872. — Eriksen (W.). Les échanges internationaux littéraires et scientifiques. 1832-1880; 1 broch. in-8°.

5873. — Béchard (F.). Lois municipales des républiques de la Suisse et des États-Unis. *Paris*, 1852; 1 vol. in-12.

5874. — Ferron (H. de). Institutions municipales et provinciales comparées. *Paris*, 1884; 1 vol. in-8°.

5875. — Manfrin (Pietro). Il sistema municipale inglese e la legge comunale italiana : studj comparativi. *Padova*, 1872; 1 vol. in-12.

Études comparatives du système municipal anglais et de la législation communale italienne.

5876. — Zentralblatt für städtische Verwaltung. Deutschland, Œsterreich-Ungarn, Schweiz. *Wien, Leipzig*, 1889-1892; 3 vol. in-4°.

Feuille centrale d'administration municipale. Allemagne, Autriche-Hongrie, Suisse.

5877. — Introduction to James P. Espy's philosophy of storms. 1 broch. petit in-8°.

Introduction à la loi des tempêtes d'Espy.

5878. — Statistique internationale. Navigation maritime. *Christiania, Paris, London, Leipzig*, 1881-1887; 2 vol. in-4°.

5879. — Vigano (F.), Favre (Mme J.). La fraternité humaine. *Paris*, 1880; 1 vol. in-8°.

5880. — Resumen de los trabajos de la Comision internacional del metro, 1872; de los trabajos del Comité permanente, 1874; de los trabajos hechos para la determinacion del metro y kilogramo internacionales, 1875. *Madrid*, 3 vol. grand in-8°.

Résumé des travaux de la Commission internationale du mètre, des travaux du Comité permanent, des travaux exécutés pour la détermination du mètre et du kilogramme internationaux.

5881. — Travaux et mémoires du Bureau international des poids et mesures. *Paris, Néuchâtel*, 1881-1888; 6 vol. grand in-4°.

5882. — **Robijns (J.).** Numero dei divorzi e separazioni in Belgio, Olanda e Francia paragonati alla popolazione respettiva e al numero dei matrimoni. *Roma*, 1881; 1 broch. in-8°.

Nombre des divorces et des séparations en Belgique, en Hollande et en France, comparé à la population et au nombre des mariages.

5883. — **Normand (M.).** Dispositions générales et particulières, relatives à la construction des prisons suivant le système cellulaire. *Paris*, 1875; 1 vol. in-8°.

5884. — **Cunningham (F.), Buxton (T.-F.).** Notes sur les prisons de la Suisse et sur quelques-unes du continent de l'Europe, suivies de la description des prisons améliorées de Gand, Philadelphie, Bury, Ilchester et Millbank. *Genève*, 1828; 1 vol. petit in-8°.

5885. — **Guillaume (Dʳ).** Le Congrès pénitentiaire international de Stockholm, 15-26 août 1878. Comptes rendus des séances. *Stockholm*, 1879; 2 vol. in-8°.

5886. — **Bertillon (A.).** Anthropometrical descriptions. New method of determining individual identity. Conference given at the international penitentiary Congress at Rome, 1885. *Melun*, 1887; 1 broch. in-8°.

Signalements anthropométriques. Nouvelle méthode pour établir l'identité individuelle. Conférence faite au Congrès pénitentiaire international à Rome.

5887. — **Draper (J.-W.).** Les conflits de la science et de la religion. *Paris*, 1879; 1 vol. in-8°.

5888. — **Hovelacque (A.).** La linguistique. *Paris*, 1888; 1 vol. grand in-12.

5889. — **Kőrösi (J.).** Statistique internationale des grandes villes : Buda-Pest, Paris, Berlin. 1876-1877; 2 vol. petit in-4°.

5890. — **Kőrösi (J.).** Bulletin hebdomadaire de statistique internationale. 1878-1892; 3 vol. in-8°.

5891. — **Kőrösi (J.).** Projet d'un recensement du monde. Étude de statistique internationale. *Paris*,. 1881; 1 broch. in-8°.

5892. — **Strelbitsky (J.), Masson (N.).** Superficie de l'Europe. *Saint-Pétersbourg*, 1882; 1 vol. grand in-4°.

5893. — **Bulletin de l'Institut** international de statistique. *Rome*, 1886-1890; 8 vol. in-8°.

5894. — **The famous parks and gardens of the world.** *London*, 1880; 1 vol. in-4°.
Les parcs et les jardins célèbres du monde.

5895. — **Veron Duverger.** De l'organisation des travaux publics en Belgique et en Hollande. *Paris*, 1885; 1 vol. in-4°.

5896. — **Note sur les tramways de Francfort-sur-le-Mein,** Bruxelles, Lille et Genève. *Paris*, 1870; 1 broch. in-8°.

5897. — **Clark (K.), Chemin (O.).** Tramways: Construction et exploitation. *Paris*, 1880; 1 vol. in-8° et 1 atlas.

TABLE ALPHABÉTIQUE

DES ÉTATS, DES PROVINCES ET DES VILLES.

Les chiffres correspondent aux numéros du Catalogue.

CATALOGUE PAR MATIÈRES.

Les chiffres correspondent aux numéros du Catalogue
par États, provinces et villes.

ABATTOIRS.

ALLEMAGNE, 1.
Carlsruhe, 191.
Bavière, 226.
Munich, 279, 280.
Nuremberg, 313 à 316.
Wurtzbourg, 353.
Berlin, 563.
Danzig, 628.
Stuttgart, 858.
HONGRIE. — Budapest, 1282.
Pest, 1343.

BELGIQUE. — Bruxelles, 1596.
GRANDE-BRETAGNE ET IRLANDE. — Manchester, 251.
Glascow, 2579.
ITALIE. — Bologne, 2976, 2977.
Milan, 3130, 3131.
PAYS-BAS. — Utrecht, 3480.
PORTUGAL. — Lisbonne, 3619 à 3621.
RUSSIE. — Odessa, 3845 à 3847.
Riga, 3861.
Saint-Pétersbourg, 3880.

AGRICULTURE.

BÉTAIL, HORTICULTURE, VITICULTURE.

ALLEMAGNE, 2.
Oldenbourg, 431.
Saxe, 694.
Ellwangen, 843.
Hohenheim, 848 à 852.
Kirchberg, 853, 854.
Reutlingen, 855.
Ulm, 893.
Weinsberg, 895, 896.
AUTRICHE, 907.
Vienne, 1063.
HONGRIE, 1150, 1151.
BELGIQUE, 1365, 1366.
Hainaut, 1550.

ESPAGNE, 1801.
GRANDE-BRETAGNE ET IRLANDE, 1919 à 1921.
Angleterre, 2071.
Irlande, 2614.
GRÈCE, 2629.
ITALIE, 2658 à 2675.
Milanais, 2926.
Venise (Province), 2949.
Florence, 3074 à 3076.
Pignerole, 3208.
Turin, 3238.
PAYS-BAS, 3303.
PORTUGAL, 3563 à 3567.

PORTUGAL. (*Suite.*)
Béja, 3615.
Cintra, 3616, 3617.
Lisbonne, 3622.
ROUMANIE, 3655.
SUÈDE. — Gårdsjö, 3956.
NORVÈGE, 3969.
SUISSE, 4007.
Grisons, 4184.
TURQUIE. — Sadovo. 4280.

RÉPUBLIQUE ARGENTINE, 4282, 4283.
CANADA, 4340 à 4342.

CANADA. (*Suite.*)
Canada (Haut-), 4416 à 4420.
Nouvelle-Écosse, 4441.
CHILI, 4505 à 4514.
Santiago, 4751, 4752.
COSTA-RICA, 4778.
ÉTATS-UNIS, 4793 à 4796.
Caroline (Sud), 5015.
Massachusetts, 5102.
New-York (État), 5201.

INTERNATIONAUX, 5709, 5710.

ALIÉNÉS.

ALLEMAGNE. — Illenau, 222.
Berlin, 564.
BELGIQUE, 1367, 1368.
Brabant, 1527.
DANEMARK. — Copenhague, 1764.
GRANDE-BRETAGNE ET IRLANDE, 1922 à
1924.
Birmingham, 2192.
Earlswood (Londres), 2398.
Stone (Londres), 2518.
Écosse, 2560, 2561.
ITALIE, 2676.
PAYS-BAS, 3304.
Meerenberg, 3480.

CANADA. — Nouveau - Brunswick,
4440.
Nouvelle-Écosse, 4442.

CANADA. (*Suite.*)
London (Ontario), 4451.
ÉTATS-UNIS, 4797.
Californie. — Stockton, 5013.
Kankakee, 5062.
Massachusetts. — Barre, 5119.
New-Hampshire, 5190.
New-York. — Buffalo, 5222.
Pennsylvanie, 5279.
Danville, 5290.
Norristown, 5291.
Philadelphie, 5292.
Warren, 5316.
Virginie, 5341.
Wisconsin, 5346.

INDES BRITANNIQUES. — Bombay, 5419.
Madras, 5455.

ANNUAIRES.
ALMANACHS.

ALLEMAGNE, 3.
Nuremberg, 317.
Saxe, 695.
Wurtemberg, 797.

HONGRIE. — Budapest, 1283.
ESPAGNE, 1802.
GRANDE-BRETAGNE ET IRLANDE, 1925 à
1927.

ARCHITECTURE.

ARMÉES.

GUERRE.

ASSEMBLÉES LÉGISLATIVES.
CHAMBRES DES DÉPUTÉS, SÉNATS.

ASSISTANCE PUBLIQUE.
BIENFAISANCE, HÔPITAUX, HOSPICES.

AVEUGLES.

BEAUX-ARTS.

ALBUMS, MUSÉES, PHOTOGRAPHIES.

BIBLIOTHÈQUES.

BIBLIOGRAPHIES.

BREVETS D'INVENTION.

CAISSES D'ÉPARGNE.

CARTES ET PLANS.

CHEMINS DE FER.

ALLEMAGNE. — Bade (Grand-Duché), 161.
 Prusse, 441, 442.
 Berlin, 569, 570.
 Saxe, 696, 697.
AUTRICHE-HONGRIE, 899.
 Vienne, 1086.
 Hongrie, 1161 à 1164.
BELGIQUE, 1385 à 1389.
ESPAGNE, 1807 à 1809.
GRANDE-BRETAGNE ET IRLANDE, 1948.
 Angleterre, 2088 à 2091.
 Londres (Métropole), 2265.
ITALIE, 2699 à 2709.
 Naples (Province), 2927.
 Venise (Province), 2952 à 2958.
 Bologne, 2996, 2997.

PORTUGAL, 3569.
 Beira Alta (Province), 3613.
 Minho e Douro, 3614.
RUSSIE, 3690, 3691.
SUISSE, 4023.

ARGENTINE (RÉPUBLIQUE), 4286 à 4292.
CANADA, 4351, 4352.
 Canada (Bas-), 4395.
CHILI, 4535, 4536.
ÉTATS-UNIS, 4822, 4823.
 Massachusetts, 5105.

AUSTRALIE. — Queensland, 5658.

INTERNATIONAUX, 5743.

CIMETIÈRES.
CRÉMATION, POMPES FUNÈBRES.

ALLEMAGNE. — Nuremberg, 323, 324.
 Chemnitz, 729.
 Dresde, 756.
AUTRICHE-HONGRIE. — Vienne, 1087.
BELGIQUE, 1390 à 1392.
ESPAGNE. — Madrid, 1880 à 1884.
GRANDE-BRETAGNE ET IRLANDE, 1949.
 Birmingham, 2196.
 Londres (Métr.), 2266, 2267.
 Little Ilford (Londres), 2399.
 Salford, 2546.
ITALIE, 2710,
 Bologne, 2998.

ITALIE. (*Suite.*)
 Brescia, 3069.
 Milan, 3143 à 3146.
 Turin, 3243.
PAYS-BAS, 3317.
PORTUGAL. — Lisbonne, 3625.
SUÈDE, 3944.
SUISSE. — Genève, 4168.
 Zurich, 4258.

CHILI. — Santiago, 4757.
ÉTATS-UNIS. — San Francisco, 5004.

INTERNATIONAUX, 5744, 5745.

COMMERCE.

CULTES.

DICTIONNAIRES.

VOCABULAIRES.

EAUX.

AQUEDUCS.

ÉTATS-UNIS. (*Suite.*)
    Newark, 5199.
    Buffalo, 5225.
    Philadelphie, 5296, 5297.

ÉTATS-UNIS. (*Suite.*)
    Milwaukee, 5354.
MEXIQUE. — Guadalupe, 5375.

ÉCLAIRAGE.
ÉLECTRICITÉ, GAZ.

ALLEMAGNE, 618.
AUTRICHE-HONGRIE. — Prague, 1001.
    Vienne, 1041 à 1044.
    Budapest, 1294, 1295.
    Pest, 1349.
BELGIQUE. — Bruxelles, 1601.
    Liège, 1649.
    Mons, 1680.
    Tournai, 1697.
GRANDE-BRETAGNE ET IRLANDE. — Londres (Métropole), 2272 à 2277.
    Manchester, 2525.
    Glasgow, 2591, 2592.

ITALIE, 2724.
    Bologne, 3001, 3002.
    Turin, 3244, 3245.
PAYS-BAS. — Utrecht, 3496 à 3500.
PORTUGAL. — Lisbonne, 3627.
RUSSIE. — Odessa, 3852.
SUISSE. — Berne, 4134.

ÉTATS-UNIS, 4837.
    Boston, 5126, 5127.
    Philadelphie, 5298, 5299.

ÉCONOMIE POLITIQUE.
ÉCONOMIE DOMESTIQUE, ÉCONOMIE SOCIALE.

ALLEMAGNE, 30 à 42.
    Oldenbourg, 433.
    Prusse, 447, 448.
    Berlin, 572.
AUTRICHE, 916.
    Prague, 1002.
BELGIQUE, 1395 à 1397.
    Bruxelles, 1602, 1603.
DANEMARK, 1729.
ESPAGNE, 1814, 1815.
GRANDE-BRETAGNE ET IRLANDE, 1956 à 1964.
    Angleterre, 2098 à 2106.
    Londres (Métropole), 2278.
    Glasgow, 2593, 2594.
ITALIE, 2725 à 2727.
    Venise (Province), 2959.

ITALIE. (*Suite.*)
    Bologne, 3003, 3004.
PAYS-BAS, 3322, 3323.
PORTUGAL, 3575.
RUSSIE, 3696, 3697.
    Saint-Pétersbourg, 3894.
SUÈDE ET NORVÈGE, 3930.
    Suède, 3946, 3947.
    Norvège, 3975.
    Christiania, 3995.
SUISSE, 4031 à 4034.

BRÉSIL, 4334 à 4336.
CANADA, 4355 à 4357.
    Canada (Bas-), 4396.
CHILI, 4558 à 4561.
COSTA-RICA, 4780 à 4782.

ÉGOUTS.

ÉMIGRATION.

COLONISATION.

EMPLOYÉS.

FONCTIONNAIRES.

EXPOSITIONS.

EXPROPRIATION.

FINANCES.

BUDGETS, COMPTES.

FORÊTS.

GÉNÉRALITÉS.

GÉOGRAPHIE.

VOYAGES.

GRAMMAIRES.

PORTUGAL, 3585.
ROUMANIE, 3662.
RUSSIE, 3708 à 3710.
    Polonais, 3924.
SUÈDE, 3950.
TURQUIE, 4273.
CHILI, 4592 à 4598.
ÉTATS-UNIS, 4867, 4868,

ANNAM, 5349, 5400.
BIRMANIE, 5403.

CHINE, 5406.
INDES BRITANNIQUES. — Lepcha, 5490.
    Mahratte, 5491.
    Malayalim, 5493.
    Orissa, 5494.
    Santhali, 5495.
    Tamoul, 5497.
JAPON, 5524.
SIAM, 5608.
TURQUIE D'ASIE. — Syrie, 5620 à 5622.

GUIDES.

ITINÉRAIRES.

ALLEMAGNE, 54 à 57.
    Carlsruhe, 200.
AUTRICHE-HONGRIE. — Brunn, 973.
BELGIQUE, 1409 à 1414.
ESPAGNE, 1823.
GRANDE-BRETAGNE ET IRLANDE, 1978 à 1984.
    Angleterre, 2120.
    Londres (Métr.), 2295 à 2298.
    Écosse, 2562.
    Irlande, 2616.
    Bray, 2624.
ITALIE, 2769 à 2771.
    Rome, 3214.
    Venise, 3286.
PAYS-BAS, 3331.
PORTUGAL, 3586, 3587.
RUSSIE, 3711, 3712,
    Moscou, 3819.
SUÈDE ET NORVÈGE, 3932, 3933.
    Suède, 3951.

SUÈDE ET NORVÈGE. (*Suite.*)
    Norvège, 3979.
SUISSE, 4045 à 4049.

ÉTATS-UNIS. — Washington, 5029.
    Lowell (Mass.), 5159.
    Philadelphie, 5302.

INDES BRITANNIQUES. — Bengale, 5411.
    Bombay (Présidence), 5426.
    Madras (Présidence), 5463.
TURQUIE D'ASIE, 5614.
    Syrie, 5623, 5624.
AUSTRALIE méridionale, 5635.

ALGÉRIE ET TUNISIE, 5693.
ÉGYPTE, 5699.
MAROC, 5707.

INTERNATIONAUX, 5793 à 5803.

GYMNASTIQUE.

ALLEMAGNE. — Prusse, 453.
    Wurtemberg, 808.
AUTRICHE, 920.

SUISSE. — Berne (Canton), 4126.

JAPON, 5525, 5526.

HISTOIRE.

ANNALES, ARCHÉOLOGIE, ARCHIVES.

HYGIÈNE.

IMPÔTS.

CADASTRE, DOUANES, TARIFS.

INCENDIES (SERVICE DES SECOURS CONTRE LES).

POMPIERS.

INDUSTRIE.

FABRIQUES.

INSTRUCTION PUBLIQUE.
ÉCOLES.

ÉTATS-UNIS, 4901 à 4910.
   San Francisco, 5009.
   Columbia (District), 5023, 5024.
   Washington, 5031, 5032.
   Connecticut. — Meriden, 5047.
   Chicago, 5058, 5059.
   Boston, 5138, 5141.
   Cambridge (Mass.), 5156.
   Quincy (Mass.), 5160.
   Springfield (Mass.), 5162.
   Michigan, 5165.
   Saint-Louis, 5183.
   Brooklyn, 5216.
   Ithaca (N.-Y.), 5234.
   New-York, 5242 à 5245.
   Ohio, 5263.
   Cincinnati, 5268.
   Cleveland (O.), 5273.
   Philadelphie, 5306, 5307.
   Rhode Island, 5317.

ÉTATS-UNIS. (*Suite.*)
   Newport (R. I.), 5321.
   Milwaukee, 5358, 5359.
URUGUAY, 5389 à 5392.

INDES BRITANNIQUES. — Bombay (Présidence), 5436.
   Madras (Présidence), 5464.
JAPON, 5534 à 5552.
   Osaka, 5588.
   Tokio, 5589 à 5605.

AUSTRALIE. — Victoria, 5672.
HAWAÏ, 5680.
PHILIPPINES, 5684.

ÉGYPTE, 5700.

INTERNATIONAUX, 5817 à 5827.

INTÉRIEUR (MINISTÈRE DE L').

ALLEMAGNE. — Bade (Grand-Duché), 173.
   Hambourg, 390.
PORTUGAL, 3594.
SUISSE, 4071.

ARGENTINE (RÉPUBLIQUE), 4306.
CANADA, 4380.
CHILI, 4655 à 4659.
ÉTATS-UNIS, 4911 à 4913.

LÉGISLATION.

CODES, DROIT, JURISPRUDENCE, TRIBUNAUX.

ALLEMAGNE, 87 à 118.
   Alsace-Lorraine, 145 à 150.
   Bade (Grand-Duché), 174 à 177.
   Carlsruhe, 214 à 216.
   Bavière, 244 à 248.
   Augsbourg, 272.
   Nuremberg, 342.
   Wurtzbourg, 362.
   Brême, 371.
   Hambourg, 391.

Hesse-Darmstadt (Grand-Duché), 397.
Lubeck, 429.
Prusse, 478 à 495.
Hanovre, 508.
Province Rhénane, 512 à 514.
Schleswig-Holstein, 520.
Altona, 543.
Barmen, 595.
Francfort-sur-le-Mein, 655.

LITTÉRATURE.

LIVRES DE CLASSE.

MARCHÉS.

HALLES.

MÉDECINE.

ART VÉTÉRINAIRE, PHARMACIE.

MÉTÉOROLOGIE.

ALLEMAGNE. — Bade (Grand-Duché), 182.
  Saxe, 718.
ITALIE, 2833.
  Rome, 3223.
PORTUGAL, 3604.
NORVÈGE. — Christiania, 3998.

CANADA, 4383.
CHILI, 4711.
ÉTATS-UNIS, 4965, 4966.

INDES BRITANNIQUES. — Bombay (Présidence), 5441.

AUSTRALIE. — Adélaïde, 5650.

MINES.
CARRIÈRES, MÉTALLURGIE.

HONGRIE, 1262.
BELGIQUE, 1492 à 1496.
  Hainaut, 1553, 1554.
  Luxembourg (Province), 1579.
  Namur (Province), 1584.
ESPAGNE, 1851.
  Asturies, 1869.

GRÈCE, 2646.
SUISSE. — Berne (Canton), 4133.

CANADA, 4384, 4385.
CHILI, 4712 à 4718.

JAPON, 5578, 5579.

MONTS-DE-PIÉTÉ.

ALLEMAGNE. — Chemnitz, 739.
  Leipzig, 787.
AUTRICHE-HONGRIE. — Trieste, 1055, 1056.
BELGIQUE, 1497.
ESPAGNE, 1852.

ESPAGNE. (*Suite.*)
  Madrid, 1906.
IRLANDE. — Limerick, 2628.
PAYS-BAS. — Utrecht, 3545 à 3547.

CHILI. — Santiago, 4763.

MUNICIPALITÉS (ORGANISATION DES).
MANUELS, RÈGLEMENTS.

ALLEMAGNE, 124 à 131.
  Alsace-Lorraine, 151.
  Bavière, 252 à 254.
  Munich, 305.
  Nuremberg, 344.
  Prusse, 497, 498.
  Hesse, 509.
  Nassau, 510.
  Prusse orientale, 511.

ALLEMAGNE. (*Suite.*)
  Province Rhénane, 515 à 517.
  Schelswig-Holstein, 518, 519.
  Francfort-sur-le-Mein, 656.
  Halle, 672.
  Saxe, 719, 720.
  Dresde, 766.
  Saxe-Weimar (Grand-Duché), 796.

MUNICIPAUX (CONSEILS).

DÉLIBÉRATIONS, FEUILLES MUNICIPALES, RAPPORTS.

NAVIGATION.

PORTS.

OCTROIS.

Belgique, 1499, 1500.
Espagne. — Madrid, 1912.
Grèce. — Athènes, 2657.

Italie. — Bologne, 3043 à 3045.
Suisse. — Genève, 4180.

PHILOSOPHIE.

Angleterre, 2180.

Chili, 4728, 4729.

États-Unis, 4970 à 4973.

Internationaux, 5879.

POIDS ET MESURES.

Espagne, 1857.
Angleterre. — Sheffield, 2556.
Italie. — Bologne, 3046.

Canada. — Québec, 4483.

Internationaux, 5880, 5881.

POLICE.

Allemagne, 133, 134.
    Alsace-Lorraine, 152.
    Strasbourg, 154.
    Nuremberg, 348.
    Wurtzbourg, 365 à 367.
    Prusse, 499, 500.
    Berlin, 593.
    Leipzig, 792.
Autriche, 951.
    Vienne, 1130.
    Hongrie, 1267.
    Budapest, 1331 à 1334.
Belgique, 1501, 1502.
    Tournai, 1703 à 1705.
Danemark. — Copenhague, 1794, 1795.
Espagne. — Madrid, 1913, 1914.
Grande-Bretagne et Irlande. — Birmingham, 2207.
    Bolton, 2217.
    Liverpool, 2239.
    Londres (Métr.), 2349 à 2351.
    Édimbourg, 2578.
Italie. — Bologne, 3047.
    Messine, 3128.

Italie. (*Suite.*)
    Milan, 3165.
    Rome, 3231.
    Turin, 3268 à 3270.
Russie. — Moscou, 3833.
Suède et Norvège, 3938.
    Stockholm, 3966.

Argentine (République), 4317.
    Buénos-Aires, 4322, 4323.
Chili. — Santiago, 4764.
États-Unis. — Boston, 5161.
    Brooklyn, 5219.
    Buffalo, 5230.
    Cleveland, 5277.
    Philadelphie, 5311 à 5313.

Indes britanniques. — Bombay (Présidence), 5442, 5443.
    Sind (Province), 5451.
    Bombay, 5454.
    Madras, 5481, 5482.

Australie. — Tasmanie, 5688.

POPULATION.
ÉTAT CIVIL, RECENSEMENTS.

POSTES ET TÉLÉGRAPHES.

ANGLETERRE. — Londres (Métropole),
2353, 2354.
ITALIE, 2852 à 2855.
PAYS-BAS, 3369.
    Utrecht, 3551.
PORTUGAL, 3607.
RUSSIE, 3769.

NORVÈGE, 3985.

CANADA, 4388, 4389.
CHILI, 4732 à 4734.

AUSTRALIE méridionale, 5640.

PRISONS.
RÉGIME PÉNITENTIAIRE.

ALLEMAGNE, 135.
    Berlin, 598, 599.
    Gluckstadt, 664.
AUTRICHE-HONGRIE. — Pest, 1361,
1362.
BELGIQUE, 1506.
GRANDE-BRETAGNE ET IRLANDE, 2060,
2061.
ITALIE, 2856, 2857.
PAYS-BAS, 3369.
ROUMANIE, 3670.
RUSSIE. — Saint-Pétersbourg, 3916.
SUÈDE, 3954.
    Stockholm, 3967.
SUISSE, 4088.
    Appenzell (Canton), 4095, 4096.
    Argovie, 4099, 4100.
    Lenzbourg, 4102.
    Bâle Campagne, 4106.
    Bâle Ville (Canton), 4117.
    Fribourg (Canton), 4149.
    Genève (Canton), 4161.
    Glaris (Canton), 4183.

SUISSE. (*Suite.*)
    Grisons, 4185.
    Lucerne (Canton), 4189, 4190.
    Neuchâtel (Canton), 4195, 4196.
    Saint-Gall (Canton), 4205, 4206.
    Schwyz (Canton), 4209, 4210.
    Thurgovie, 4224.
    Valais, 4231.
    Vaud, 4233, 4234.
    Zug (Canton), 4240.
    Zurich (Canton), 4250, 4251.

CANADA, 4390, 4391.
ÉTATS-UNIS. — Chicago, 5060.
    Buffalo, 5221.
    Cincinnati, 5269.
    Wisconsin, 5349.

INDES BRITANNIQUES. — Bombay (Présidence), 5445, 5446.
    Madras (Présid.), 5468 à 5471.

INTERNATIONAUX, 5883 à 5886.

PROSTITUTION.

AUTRICHE-HONGRIE. — Vienne, 1134.
BELGIQUE. — Bruxelles, 1625.

ITALIE. — Milan, 3168.
PAYS-BAS. — Utrecht, 3552.

PROVINCIAUX (CONSEILS).
DÉLIBÉRATIONS, RAPPORTS.

SCIENCES.

SOURDS-MUETS.

STATISTIQUE.

THÉÂTRES.

TRAVAUX PUBLICS.
GÉNIE.

VOIRIE.

OMNIBUS, ROUTES, TRAMWAYS.

ALLEMAGNE. — Nuremberg, 351, 352.
Berlin, 603.
Breslau, 612.
AUTRICHE-HONGRIE. — Prague, 1030.
Vienne, 1145.
Hongrie, 1280, 1281.
BELGIQUE, 1523, 1524.
Bruxelles, 1627, 1628.
Mons, 1687, 1688.
ESPAGNE, 1867, 1868.
GRANDE-BRETAGNE ET IRLANDE, 2070.
Angleterre, 2188.
Londres (Métr.), 2370, 2371.
Paddington (Londres), 2400.
Glasgow, 2611 à 2613.
ITALIE, 2900 à 2904.
Florence (Province), 2918.
Lombardie, 2924, 2925.
Turin (Province), 2946, 2947.

ITALIE. (*Suite.*)
Bologne, 3056 à 3068.
Milan, 3170.
Rome, 3237.
PAYS-BAS. — Limbourg (Duché), 3441.
Utrecht, 3560 à 3562.
PORTUGAL. — Lisbonne, 3643, 3644.
RUSSIE, 3774, 3775.
Kieff, 3796.
Moscou, 3843.
Odessa, 3858, 3859.
Riga, 3879.
SUISSE. — Zurich, 4271.

CANADA. — Montréal, 4468.
ÉTATS-UNIS, 4994.

INTERNATIONAUX, 5896, 5897.

VOITURES.

AUTRICHE-HONGRIE. — Vienne, 1146.
ESPAGNE. — Madrid, 1917.
Valence, 1918.

ANGLETERRE. — Manchester, 2529.
ITALIE. — Milan, 3171.

TABLE ALPHABÉTIQUE

DES MATIÈRES.

TABLE ALPHABÉTIQUE

DES AUTEURS.

Les chiffres correspondent aux numéros du Catalogue
par États, provinces et villes.

44

ERRATA.

———

Page 28, ligne 18, *au lieu de :* commerciaux, *lire :* communaux.

  28, ligne 27, *au lieu de :* commerciaux, *lire :* communaux.

  55, lignes 24 et 25, *au lieu de :* vr-ordnungen, *lire :* ver-ordnungen.

109, ligne 14, *au lieu de :* erläutern de, *lire :* erläuternde.

141, ligne 4, *au lieu de :* insttutrices, *lire :* institutrices.

181, ligne dernière, *au lieu de :* Soro, *lire :* Sore.

268, ligne 24, *au lieu de :* géograpbie, *lire :* géographie.

294, ligne 26, *au lieu de :* rota, *lire :* rotta.

326, lignes 27 et 28, *au lieu de :* se-zione, *lire :* se-zioni.

367, ligne 5, *au lieu de :* Viconde, *lire :* Visconde.

512, ligne 30, *au lieu de :* oommercial, *lire :* commercial.

539, ligne 17, *au lieu de :* ist, *lire :* its.

544, ligne 32, *au lieu de :* comptrollers, *lire :* comptroller's.

572, ligne 10, *au lieu de :* 1, *lire :* 1er.

625, ligne 7, *au lieu de :* spéciai, *lire :* spécial.

665, première colonne, ligne 13, *au lieu de :* Soro, *lire :* Sore.